DICTIONNAIRE TOPOGRAPHIQUE

DU

DÉPARTEMENT DE LA MEURTHE

RÉDIGÉ SOUS LES AUSPICES

DE LA SOCIÉTÉ D'ARCHÉOLOGIE LORRAINE

PAR M. HENRI LEPAGE

PRÉSIDENT DE CETTE SOCIÉTÉ
CORRESPONDANT DU MINISTÈRE DE L'INSTRUCTION PUBLIQUE POUR LES TRAVAUX HISTORIQUES
CHEVALIER DE LA LÉGION D'HONNEUR
ARCHIVISTE DU DÉPARTEMENT

PARIS

IMPRIMERIE IMPÉRIALE

MDCCCLXII

DICTIONNAIRE TOPOGRAPHIQUE

DE

LA FRANCE

COMPRENANT

LES NOMS DE LIEU ANCIENS ET MODERNES

PUBLIÉ

PAR ORDRE DU MINISTRE DE L'INSTRUCTION PUBLIQUE

ET SOUS LA DIRECTION

DU COMITÉ DES TRAVAUX HISTORIQUES ET DES SOCIÉTÉS SAVANTES

INTRODUCTION.

I.

Le département de la Meurthe, dans sa plus grande longueur, s'étend du 48° degré 22 minutes 1/2 au 49° degré 2 minutes de latitude, et, dans sa plus grande largeur, du 3° degré 22 minutes au 4° degré 56 minutes de longitude, à l'est du méridien de Paris. Nancy, son chef-lieu, a pour latitude 48° 42′ et pour longitude 3° 50′ 16″.

Ce département est borné au levant par celui du Bas-Rhin, au midi par celui des Vosges, au couchant et au nord par ceux de la Meuse et de la Moselle.

Il est traversé par la ligne principale du chemin de fer de Paris à Strasbourg et par les embranchements de Paris à Forbach et de Nancy à Vesoul.

D'après le cadastre, l'étendue de sa superficie est de 609,406 hectares 59 ares, qui se subdivisent ainsi qu'il suit :

Terres labourables.................................	301,225^h	15^a
Prairies naturelles.................................	65,720	53
Vergers, pépinières, jardins.......................	9,141	27
Oseraies, aunaies, saussaies.......................	270	03
Landes, pâtis, bruyères...........................	10,695	23
Vignes..	15,521	42
Bois et forêts.....................................	185,675	47
Propriétés bâties..................................	1,783	40
Cimetières, églises, presbytères, bâtiments publics.......	226	98
Étangs, abreuvoirs, mares, canaux d'irrigation.........	3,741	03
Canaux de navigation..............................	75	62
Rivières, lacs, ruisseaux...........................	3,187	68
Routes, chemins, places publiques, rues.............	11,788	20
Carrières et mines.................................	138	11
Écluses...	37	58
Autres objets non imposables......................	178	80

INTRODUCTION.

Ce département présente un terrain inégal, s'élevant de l'ouest à l'est; on n'y rencontre ni plaines bien étendues ni montagnes proprement dites; il est divisé en vallons nombreux par une multitude de collines qui n'ont généralement pas plus de 200 mètres d'élévation [1]. Cependant la partie orientale renferme, sur environ 6 myriamètres et demi de longueur, une portion du revers occidental des Vosges, dont la chaîne se dirige du sud au nord, presque parallèlement au cours du Rhin.

Quatre rivières principales traversent le département; ce sont: la Sarre, la Meurthe, la Moselle et la Seille. Leurs affluents les plus importants sont : pour la Meurthe, la Plaine, la Vezouse, la Mortagne, le Sanon et l'Amezule; pour la Moselle, le Madon, l'Ache, le Mad et l'Ingressin; pour la Seille, enfin, le Spin, le Verbach et la Petite-Seille. Indépendamment de ces cours d'eau et de beaucoup d'autres moins considérables, indépendamment des eaux salées si communes dans la vallée de la Seille et aux environs de Rosières-aux-Salines, le sol est couvert de nombreux étangs, dont les principaux sont ceux du Stock, de Mittersheim, de Foulcrey, de Mosé (dans la forêt la Reine), de la Garde, de Gondrexange, de Torcheville, et celui de Lindre, que son étendue doit faire considérer plutôt comme un lac que comme un étang.

Peu de parties de la France sont ombragées par une aussi grande masse de forêts, car elles occupent environ 186,000 hectares sur une surface de 609,406.

Le département des Vosges exerce une notable influence sur la température de celui de la Meurthe. Ses montagnes arrêtent les vents du sud, et lorsqu'ils y parviennent, ils sont chargés d'humidité et ont perdu leur chaleur, surtout au printemps et en automne, ce qui est dû à une immense évaporation et à la présence de la neige qui couvre les sommités de ces montagnes une grande partie de l'année. Les vents froids du nord lui arrivent, au contraire, avec une extrême facilité, rien ne s'opposant à leur souffle.

Il résulte des observations météorologiques faites pendant une période de trente-sept années, que la température moyenne de la Meurthe est $+ 7° 6/100$ [2].

Ce département ne présente point de terrains dits *d'épanchement;* il ne renferme que des terrains *stratifiés,* qu'on y rencontre au nombre de onze seulement, savoir : 1° le grès rouge; 2° le grès des Vosges; 3° le grès bigarré; 4° le muschelkalk; 5° les marnes irisées; 6° le grès infraliasique; 7° le calcaire à gryphées arquées; 8° l'oolithe infé-

---

[1] Il existe quelques montagnes dont l'élévation est plus considérable: telles sont celles de Sion, 495 mèt. de Vandeléville, 460; de Favières, 431; d'Amance, 410; de Delme, 399; de Malzéville, 369, etc.

[2] Extrait de la *Météorologie de la Meurthe,* par M. le docteur Simonin père, insérée dans la Statistique de ce département, par M. Henri Lepage; Nancy, 1843.

rieure avec les marnes supraliasiques; 9° l'oolithe moyenne; 10° le terrain diluvien; 11° le terrain moderne [1].

1° Grès rouge.

Il forme le terrain stratifié le plus ancien qui apparaisse dans le département de la Meurthe. A la roche qui le compose essentiellement il s'en trouve habituellement associée une autre qu'on appelle *argilophyre*, et qui s'exploite, pour l'entretien des routes, près de Raon-lez-l'Eau.

2° Grès vosgien.

Ce grès repose distinctement sur l'argilophyre de Raon-lez-l'Eau et règne ensuite sur une grande étendue, en allant vers l'ouest. La bande qu'il forme à travers le département, et qui occupe la région presque exclusivement couverte de bois, se dirige environ du N. E. au S. O., et sa plus grande largeur atteint 14 kilomètres.

3° Grès bigarré.

Plus à l'ouest encore paraît une nouvelle bande qui est constituée par le grès bigarré. Cette bande est beaucoup moins large que celle du grès vosgien, et se réduit même en un point à un kilomètre. C'est dans la partie inférieure de cette formation que se trouvent les belles pierres de taille dites *pierres de sable*, qui s'emploient dans la partie est du département.

4° Muschelkalk.

Cette formation, qui apparaît plus encore à l'ouest, recouvrant le grès bigarré, se subdivise en deux :

L'inférieure, sous le nom de *groupe marneux*;

La supérieure, sous le nom de *groupe calcaire*. Ce dernier fournit exclusivement les pierres à bâtir.

5° Marnes irisées ou keuper.

En avançant toujours vers l'ouest, les marnes irisées succèdent au muschelkalk. Ce terrain, qui est le plus important de tous ceux du département en raison du sel gemme qu'il recèle, est beaucoup plus développé que les précédents, surtout vers la limite

---

[1] Nous avons puisé ces renseignements dans l'*Aperçu de la constitution géologique de la Meurthe*, rédigé par M. Levallois, inspecteur général des mines, pour accompagner la Carte géologique du département.

nord, où il a jusqu'à 37 kilomètres de largeur. Il se divise en trois groupes : *gypse et dolomie inférieurs*, *gypse et dolomie moyens*, *gypse et dolomie supérieurs*.

6° Grès infraliasique.

Ce grès ne forme qu'une bande étroite qui suit tous les contours des marnes irisées du groupe supérieur, avec lesquelles il alterne même au contact.

7° Calcaire à gryphées arquées.

Les bancs supérieurs de ce terrain contiennent habituellement, dans le département de la Meurthe, en même temps que les gryphées arquées qui les caractérisent, quelques bélemnites courtes.

8° Oolithe inférieure ou marnes supraliasiques.

Les marnes supraliasiques forment trois sous-divisions :

Marnes inférieures, reposant immédiatement sur le calcaire à gryphées arquées et exploitées pour terre à tuiles et à briques;

Marnes moyennes, comprenant des marnes bleues, puis un système de marnes schisteuses ou schisto-bitumeuses;

Marnes supérieures, renfermant un grès argileux qui correspond au *marly-sandstone* des Anglais, puis un système de couches de fer hydroxydé connues sous le nom de *minerai oolithique*, le tout couronné par des marnes grises ou bleues.

L'oolithe inférieure peut se partager en deux groupes :

L'oolithe *inférieure proprement dite*; la *grande oolithe*.

La première constitue une division presque exclusivement composée de calcaire : aussi donne-t-elle lieu à de nombreuses exploitations de carrières qui fournissent la majeure partie des moellons et des pierres de taille employés dans la moitié occidentale du département.

La seconde comprend non-seulement le calcaire connu sous le nom de grande oolithe, mais encore les couches moins importantes qui lui sont superposées, et qui peuvent représenter le *bradford-clay*, le *forest-marble* et le *corn-brash* des Anglais. De nombreuses carrières de moellons et de pierres de taille sont aussi ouvertes dans ce groupe.

9° Oolithe moyenne.

L'étage oolithique moyen se divise en deux groupes :

L'inférieur, particulièrement marneux, correspond à l'*argile d'Oxford* et fournit des argiles pour la fabrication des tuiles.

Le supérieur, exclusivement calcaire, correspond au *coral-rag* des Anglais. On l'appelle *calcaire corallien*, en y comprenant le *calcaire madréporique*, l'*oolithe corallienne*, le *calcaire à nérinées* et même le *calcaire à astartes*.

L'étage oolithique moyen s'accuse par de longues crêtes rectilignes couvertes de vignobles, qui s'alignent du nord au sud et forment ce qu'on appelle les côtes du pays de Toul.

10° TERRAIN DILUVIEN.

Il est composé d'une argile jaune d'ocre, jaspée de blanc, qui présente souvent, sur les surfaces de séparation, des enduits bleuâtres dus à de l'oxyde de manganèse. Cette argile couronne des plateaux très-élevés; on la trouve aussi dans le fond et sur les flancs des vallées, mais mêlée alors de cailloux quartzeux, granitiques, dioritiques ou autres, propres à ces vallées.

11° TERRAIN MODERNE.

Les roches de formation contemporaines sont de deux sortes : la tourbe et le tuf ou travertin.

La *tourbe* se trouve sur un assez grand nombre de points du département; mais nulle part elle n'est l'objet d'une exploitation importante.

Le *tuf* ou *travertin* a été observé jusqu'ici dans six communes différentes : Bioncourt, Vuisse, Morville-sur-Seille, Lenoncourt, Liverdun et Athienville.

On a dit plus haut que le département de la Meurthe ne renferme pas de terrains d'épanchement. Cela doit s'entendre en ce sens que les terrains de cet ordre ne font point partie de sa charpente minérale essentielle, mais n'excluent pas la présence de roches fondues qui se seraient introduites après coup à travers les couches sédimentaires et se seraient épanouies à la surface du sol.

Tel est le filon ou dike de *basalte* de la côte d'Essey. Mais si c'est là le seul point où il existe, à vrai dire, des roches fondues dans le département de la Meurthe, les actions ignées ne s'en sont pas moins révélées de différentes autres manières, et d'abord à la côte d'Essey elle-même, par les modifications essentielles que le contact du basalte a fait subir aux roches stratifiées qui l'encaissent; puis encore par l'argilophyre de Raon-lez-l'Eau, et enfin par les roches singulières que l'on observe à la côte de Thelod.

II.

La contrée qui reçut plus tard le nom de Lorraine, et dans laquelle le département de la Meurthe se trouve compris, était anciennement habitée par plusieurs petits peuples sur l'origine desquels les savants ne sont pas d'accord. Ce qui semble positif, c'est que la Gaule fut le théâtre de deux grandes invasions. Vers le viie siècle avant notre ère, des tribus germaines ou teutoniques, pressées par d'autres nations, s'avancèrent dans la vallée du Danube et chassèrent vers l'ouest les tribus kimriques établies dans cette vallée. Ces peuplades franchirent le Rhin et chassèrent vers le midi les Galls, qui jusqu'alors avaient à peu près occupé seuls le sol de la Gaule.

Les envahisseurs ne furent pas longtemps tranquilles : plusieurs tribus kimriques, venues les dernières, s'étaient fixées sur la rive droite du Rhin, où elles avaient formé, sous le nom de Belgs ou Belges, une confédération puissante. Poussés en avant par les Germains, les Belges se décidèrent, vers le milieu du ive siècle avant Jésus-Christ, à franchir le Rhin et à chercher un établissement dans la contrée où leurs frères avaient conquis une patrie environ trois siècles auparavant. Les Kimris ne purent leur résister, et bientôt la confédération des Belges eut occupé le pays renfermé entre le Rhin, la chaîne des Vosges, la Seine et le bras de mer qui sépare la France de l'Angleterre [1].

On ne possède aucun renseignement précis sur l'état de la Belgique depuis cette époque jusqu'aux guerres contre les Romains. Lorsque Jules César entreprit de soumettre cette partie de la Gaule, les peuples qui habitaient le territoire formant la Lorraine étaient au nombre de trois seulement : les *Treviri*, les *Mediomatrici* et les *Leuci*. Les Mediomatrici eurent plus tard pour voisins, au pied du Donon, la peuplade germanique des *Tribocci* (Triboques), laquelle, peu avant la mort de César, se jeta sur la portion septentrionale de l'Alsace. On trouve de nombreux vestiges de son séjour dans le petit pays connu sous le nom de comté de Dabo [2].

Auguste modifia les grandes divisions territoriales de la Gaule : la Belgique comprit, outre les nations belges proprement dites, tous les peuples qui habitaient entre la Marne et la Seine et entre la Saône et le Rhône supérieur. Mais il ne toucha pas aux limites des nations elles-mêmes : le pays de chacun de ces peuples demeura ce qu'il était avant la conquête, et reçut le nom latin de *civitas* (cité), que l'on employait éga-

---

[1] Voy. *Histoire de Lorraine*, par M. Aug. Digot, t. I, p. 28 et suiv.

[2] Voy. le *Comté de Dachsbourg*, par M. Beaulieu.

INTRODUCTION.

lement pour indiquer l'universalité de ses habitants, et qui dans la suite désigna la capitale ou le chef-lieu du territoire.

Sous Constantin le Grand, c'est-à-dire au commencement du IVe siècle de notre ère, les anciennes divisions furent changées, et la Gaule se trouva partagée en dix-sept grandes provinces, renfermant chacune plusieurs cités ou nations différentes. Les cités des Treviri, des Mediomatrici et des Leuci formèrent la Première Belgique, conjointement avec un quatrième peuple, les *Verodunenses*, dont le territoire fut créé aux dépens du pays médiomatricien. Ces cités avaient pour capitales les villes de Trèves, Metz, Toul et Verdun, et se subdivisaient en un certain nombre de districts, désignés sous le nom de *pagus*.

Les monuments géographiques nous manquent pour bien faire connaître les *pagi* qui existaient à cette époque; mais on les retrouve, tels ou à peu près tels qu'ils devaient être alors, dans les documents du moyen âge, quand les diocèses avaient remplacé les cités.

C'étaient (pour la portion de territoire dont nous nous occupons) : dans le diocèse de Verdun, les *pagi Carmensis, Scarmensis* ou *Carmis* (pays de Carme [1]), dont l'étendue était peu considérable.

Dans le diocèse de Metz : le *pagus Mosellensis, Metensis* ou *Metingow*, traversé du sud au nord par la Moselle et ayant Metz pour chef-lieu; à droite et à l'orient de cette rivière, le *pagus Salinensis* (Saulnois), où coulait la Seille, de qui il empruntait son nom, ainsi que des nombreuses sources d'eau salée qu'on y exploitait; dans le Saulnois était enclavé le petit *pagus Gerbercursis*, dont le chef-lieu paraît avoir été le village de Gerbécourt. Plus à l'est étaient le *pagus Nidensis*, ainsi appelé à cause de la *Nita* ou *Nida* (la Nied); le *pagus Saravensis superior*, baigné par la Sarre; enfin, sur la gauche de la Moselle, le *pagus Wabrensis* (la Voivre), contigu au district du diocèse de Verdun qui portait le même nom.

Le diocèse de Toul comprenait : le *pagus Tullensis* (Toulois), qui embrassait la ville de Toul et ses environs. Au nord-est, en allant de cette ville à Metz, le *pagus Scarponensis* (Scarponais), borné au midi par un vaste territoire qui allait jusqu'au centre des Vosges, et qui porte dans les diplômes du moyen âge le nom de *pagus Calvomontensis* ou *Calmontensis* (Chaumontois). Sa capitale est restée jusqu'à présent inconnue : les uns supposent que ce pouvait être l'ancien château de Chaumont, bâti sur une montagne, près de Saint-Dié; les autres, une localité depuis longtemps détruite, appelée aussi Chaumont, et remplacée aujourd'hui par un simple moulin qui dépend

---

[1] Voy. ce mot et les suivants dans le Dictionnaire.

de la commune d'Einvaux. Dans la partie septentrionale du Chaumontois était enclavé un canton assez resserré, le *Portensis pagus* (Portois), qui tirait sa dénomination d'une bourgade nommée alors *Portus*, et plus tard Saint-Nicolas-du-Port. A l'ouest de ce dernier était situé un district de peu d'étendue, le *pagus Vermensis*, renfermant seulement quelques villages qui nous ont transmis le souvenir de la circonscription à laquelle ils appartenaient, par l'addition à leur nom du nom francisé de l'ancien *pagus* : tels sont Ville et Manoncourt-en-*Vermois* [1]. A l'ouest de ce petit district on trouvait le *pagus Segintensis*, dont se formèrent le comté de Vaudémont et le grand doyenné ecclésiastique du Saintois. Les derniers cantons compris dans le diocèse de Toul dont nous ayons à parler étaient : le *pagus Bedensis*, que les auteurs nomment en français Bédois ou Béden, et dans lequel était enclavé le bourg de Foug; le *pagus Vallium* (pays de Vaux ou des Vaux), qui s'étendait depuis Toul jusqu'à Vaucouleurs; enfin, le *pagus Albensis* ou *Albechowa*, dont plusieurs historiens ont fait le pays d'Albe, et qui n'est autre que le Blâmontois ou contrée arrosée par la Vezouse, dont le nom allemand est *Weiss* ou *Wiss* (blanc).

Outre ces *pagi*, les diplômes anciens mentionnent divers petits comtés formés à leurs dépens et placés dans leur circonscription : tels étaient le *comitatus Dextroch*, comté de Destrich; le *comitatus Mortisna*, comté de Mortagne; le comté du comte Ripaldus, dans le Chaumontois; le *comitatus Sarraburg*, comté de Sarrebourg, etc.

La circonscription du degré immédiatement inférieur aux *pagi* et aux comtés était la centaine (*centena*), dont on rencontre quelques vestiges dans les chroniques et les titres du moyen âge. C'est ainsi qu'on connaît les centaines d'Arnaville, Norroy, Pagny et Pont-à-Mousson, mentionnées seulement au XIVe et au XVe siècle, mais dont l'origine est plus ancienne; et les fiefs dits de la Centaine, à Bouvron et à Thuilley-aux-Groseilles. Un chemin du territoire de Bouxières-sous-Froidmont porte encore aujourd'hui le nom de chemin de la Centaine.

Chacune de ces dernières circonscriptions comprenait plusieurs *finis*; la *finis* [2], appelée aussi quelquefois *terminus*, correspondait à nos villages actuels, dont une grande partie existait déjà sur la fin du Xe siècle. Les documents qui nous ont été conservés le prouvent d'une manière irrécusable, et il serait plus facile encore de l'établir si l'on possédait tous les titres qui formaient autrefois les archives des maisons religieuses.

Aux divisions établies sous la période gallo-romaine succédèrent les divisions ecclésiastiques, que l'on prétend avoir été fréquemment calquées sur elles. Il serait difficile

---

[1] Le Vermois forma dans la suite une mairie, dont le ressort paraît avoir été le même que celui du pagus. Il en fut ainsi, sans doute, sur plusieurs autres points de notre pays où l'on trouve des circonscriptions de ce genre.

[2] D'où est venu le mot *finage*.

INTRODUCTION.

d'établir ce fait d'une manière certaine pour notre pays, d'autant plus que les Pouillés de nos diocèses ne remontent guère au delà du siècle dernier, et qu'il s'était peut-être opéré, depuis les temps reculés jusqu'à cette époque, des changements de délimitations qui nous sont inconnus. On ne voit guère dans le diocèse de Toul qu'un doyenné correspondant assez exactement, par l'étendue, à un ancien *pagus* : c'est celui du Saintois, dont le nom même semble indiquer les rapports intimes avec la circonscription administrative que peut-être il représentait.

Le territoire qui forme le département de la Meurthe dépendait de trois diocèses : celui de Toul, qui en occupait la majeure partie; ceux de Metz et de Strasbourg. De ce dernier, le doyenné de Saverne seul comprenait un petit nombre de villages de l'extrémité est de l'arrondissement de Sarrebourg. Il y avait en outre, dans la principauté de Lixheim, quelques paroisses qui prétendaient ne dépendre d'aucun diocèse.

Le diocèse de Toul était partagé en six archidiaconés[1] :

1° Le grand archidiaconé de Toul;

2° L'archidiaconé de Port (Saint-Nicolas);

3° L'archidiaconé de Vittel;

4° L'archidiaconé de Reynel;

5° L'archidiaconé de Vosges;

6° L'archidiaconé de Ligny.

Le grand archidiaconé de Toul ne comprenait que le doyenné de ce nom. L'archidiaconé de Port était partagé en cinq doyennés[2] :

1° Doyenné de Port;

2° Doyenné de Dieulouard;

3° Doyenné de Prény;

4° Doyenné de Deneuvre;

5° Doyenné de Salm, démembré de celui de Deneuvre au XVIIe siècle.

L'archidiaconé de Vittel comprenait :

1° Le doyenné de Vittel, dont toutes les paroisses appartiennent aujourd'hui au département des Vosges;

2° Le doyenné du Saintois, comprenant quelques paroisses de ce département; le reste, de la Meurthe;

3° Le doyenné de Neufchâteau, qui ne renfermait de ce dernier département que la paroisse de Mont-l'Étroit;

---

[1] Ceux de Gondrecourt et de Bar avaient été supprimés vers le XIIIe siècle et réunis à ceux de Ligny et de Reynel, dont ils formèrent deux doyennés (*Topographie ecclésiastique de la France*, par M. J. Desnoyers).

[2] Voy. l'article des doyennés dans le Dictionnaire.

4° Le doyenné de Châtenois;

5° Le doyenné de Bourmont, composé de paroisses des Vosges et de la Haute-Marne;

L'archidiaconé de Reynel était partagé en cinq doyennés :

1° Doyenné de Reynel;

2° Doyenné de Bar;

3° Doyenné de Dammarie;

4° Doyenné de la rivière de Blaise;

5° Doyenné de Robert-Espagne.

La circonscription de ces doyennés s'étendait principalement sur la Meuse.

L'archidiaconé de Vosges comprenait :

1° Le doyenné de Remiremont;

2° Le doyenné d'Épinal;

3° Le doyenné de Poussay;

4° Le doyenné de Jorxey.

De ces doyennés, ceux d'Épinal et de Poussay étaient les seuls qui renfermassent des paroisses de la Meurthe : le premier six[1], le second une, celle d'Aboncourt-en-Vosges.

L'archidiaconé de Ligny renfermait :

1° Le doyenné de Ligny;

2° Le doyenné de Belrain;

3° Le doyenné de Gondrecourt;

4° Le doyenné de Meuse-Commercy;

5° Le doyenné de Meuse-Vaucouleurs[2].

Il n'y avait que ces deux derniers doyennés qui comprissent des paroisses appartenant aujourd'hui au département de la Meurthe.

Le diocèse de Toul fut démembré, en 1778, pour former les évêchés de Nancy et de Saint-Dié. On divisa le premier en deux archidiaconés :

1° Archidiaconé de Nancy;

2° Archidiaconé de Lunéville.

L'archidiaconé de Nancy était composé de quatre doyennés, renfermant des paroisses détachées des doyennés de Port et du Saintois; c'étaient :

1° Le doyenné d'Amance;

2° Le doyenné de Flavigny;

3° Le doyenné de Nancy;

---

[1] Voy. l'article *Épinal* au Dictionnaire. — [2] Voy. ces deux derniers mots au Dictionnaire.

4° Le doyenné de Rosières-aux-Salines.

L'archidiaconé de Lunéville comprenait cinq doyennés :

1° Doyenné de Blâmont;
2° Doyenné de Bayon;
3° Doyenné de Charmes-sur-Moselle;
4° Doyenné de Gerbéviller;
5° Doyenné de Lunéville.

Les paroisses dépendant de ces nouvelles circonscriptions avaient été détachées des doyennés de Deneuvre, d'Épinal, de Port, de Salm et du Saintois.

Le diocèse de Metz était divisé en quatre archidiaconés[1] :

1° Celui de Metz, dit le grand archidiaconé;
2° L'archidiaconé de Marsal;
3° L'archidiaconé de Vic;
4° L'archidiaconé de Sarrebourg.

Ces archidiaconés se subdivisaient en archiprêtrés.

Celui de Metz en renfermait trois :

1° Archiprêtré de Metz;
2° Archiprêtré du Val-de-Metz;
3° Archiprêtré de Noisseville.

L'archidiaconé de Marsal en comprenait huit :

1° Archiprêtré de Marsal;
2° Archiprêtré de Morhange;
3° Archiprêtré d'Haboudange;
4° Archiprêtré de Thionville;
5° Archiprêtré de Rombas;
6° Archiprêtré de Kédange;
7° Archiprêtré de Varise;
8° Archiprêtré de Saint-Avold.

L'archidiaconé de Vic se subdivisait en cinq archiprêtrés :

1° Archiprêtré de Delme;
2° Archiprêtré de Mousson;
3° Archiprêtré de Nomeny;
4° Archiprêtré de Gorze;
5° Archiprêtré d'Hatrize.

---

[1] Suivant les Bénédictins (*Histoire de Metz*, t. II, p. 588), cette division aurait eu lieu vers le xv° siècle.

Enfin, l'archidiaconé de Sarrebourg comprenait :
1° L'archiprêtré de Sarrebourg;
2° L'archiprêtré de Saint-Arnoald (Prusse);
3° L'archiprêtré de Bouquenom (Sarre-Union);
4° L'archiprêtré de Neuf-Moutier (Bavière Rhénane);
5° L'archiprêtré d'Hornbach (Bavière Rhénane);
6° L'archiprêtré de Vergaville.

De ces archiprêtrés, ceux de Marsal, Morhange, Haboudange, Delme, Mousson, Nomeny, Gorze, Sarrebourg, Bouquenom et Vergaville[1] étaient les seuls qui renfermassent des paroisses comprises aujourd'hui dans le département de la Meurthe.

Après avoir indiqué ces divisions ecclésiastiques, nous allons faire connaître les divisions civiles et administratives.

Les différents *pagi* de la période gallo-romaine, mentionnés plus haut, après avoir fait partie du royaume d'Austrasie, entrèrent dans le duché de la Haute-Lorraine ou Lorraine Mosellane, ainsi appelée parce que la Moselle y prenait sa source et la traversait du sud au nord. Mais ce pays n'appartenait pas tout entier aux ducs bénéficiaires : sans parler des comtes de Bar, dont les États étaient assez vastes, des villes de Metz, Toul et Verdun, et de leurs territoires, qui étaient du domaine des évêques, plusieurs comtes, parmi lesquels ceux de Salm et de Dagsbourg (Dabo), s'étaient établis sur divers points et avaient fini par conquérir une sorte d'indépendance.

On n'a point de documents qui permettent d'indiquer quelles transformations s'opérèrent dans les divisions administratives de notre pays sous les ducs bénéficiaires et sous les premiers ducs héréditaires de Lorraine. Tout ce qu'on sait d'une manière à peu près positive, c'est que la création des prévôtés remonte au règne de Mathieu Ier (1139-1176), et celle des bailliages à Mathieu II (1220-1251). Doit-on en conclure que la Lorraine fût, dès ces époques, partagée en circonscriptions prévôtales et bailliagères, comme nous la voyons plus tard? Cela n'est pas probable; en tout cas, c'est seulement au xive siècle que les historiens nous la montrent divisée en trois grands ressorts administratifs et judiciaires, désignés sous les noms de bailliages de Nancy, Vosge et Allemagne. Il n'est pas question des prévôtés; néanmoins il y a tout lieu de penser qu'elles furent organisées en même temps que les bailliages, vastes districts dont elles formaient comme les cantons. On ne dit rien non plus des grueries, qui avaient pour objet l'administration des forêts de l'État, et dont le ressort était généralement le même que celui des prévôtés. Au reste, les documents des xve, xvie et xviie siècles prouvent

---

[1] Voy. ces mots au Dictionnaire.

que, le plus souvent, les fonctions de gruyer[1] et de prévôt étaient exercées par un seul individu, qui se qualifie fréquemment encore de capitaine[2] ou châtelain et receveur. Sa principale mission, en effet, au point de vue administratif, était de percevoir les revenus de toute nature du domaine ducal, dans sa circonscription, et d'acquitter les dépenses ordinaires et extraordinaires. Le reliquat de ses recettes en argent était versé dans la caisse du receveur général de Lorraine, et il justifiait de sa gestion devant la Chambre des Comptes, en lui adressant ses registres annuels, que celle-ci contrôlait et revêtait ensuite de son approbation.

C'est ce que n'indiquent pas nos recueils d'ordonnances, qui ne nous représentent les prévôts que comme des gens de robe et d'épée. Il est vrai que ces officiers ne remplissaient pas toujours les fonctions de receveurs, mais on les en voit fréquemment investis.

Quant aux baillis, on n'en fait également que des magistrats et des commandants militaires, quoique probablement ils eussent encore des attributions civiles. Mais, en l'absence de renseignements précis, je n'oserais rien affirmer à cet égard.

Il faut arriver jusqu'à la fin du xvi° siècle pour rencontrer un document qui fasse connaître d'une manière exacte et complète les anciennes divisions et subdivisions administratives de notre pays. C'est en 1594 que, d'après les ordres du duc Charles III, Thierry Alix, seigneur de Veroncourt, président de la Chambre des Comptes, rédigea son *Dénombrement du duché de Lorraine*, dans lequel, outre ces divisions et subdivisions, il indique les fiefs, les terres appartenant au clergé, celles qui formaient le domaine ducal, et les terres partagées soit entre les seigneurs et le clergé, soit entre le clergé et le domaine, soit entre le domaine et les possesseurs de fiefs[3].

D'après ce Dénombrement, le duché de Lorraine se composait alors de huit bailliages : ceux de Nancy, Vosge, Allemagne, Vaudémont, Épinal, Châtel-sur-Moselle, Hattonchâtel et Apremont; de quatre comtés : ceux de Vaudémont, Blâmont, Chaligny et Bitche (Moselle); enfin, de plusieurs villes et châtellenies qui n'étaient de bailliage : Blâmont, Deneuvre, Marsal, Phalsbourg, Sarrebourg, la terre de Saarecke, etc.

---

[1] Ce mot vient de l'allemand *gruen* ou *groen* (vert), à cause du costume que portaient déjà les agents de l'administration forestière. «Gruarius,» dit du Cange dans son *Glossaire*, «secundum locorum discrimina *verdier, forestier, chastellain, maître sergent*, etc. Ex «germanico nempe *gruen*, vel *groen*, viridis, unde «nostris viridarius, idem qui gruarius.» Je ferai observer qu'en Lorraine le mot *forestier* n'était pas synonyme de *gruyer*; il désignait des officiers subalternes dont les fonctions étaient à peu près celles de nos gardes des bois.

[2] Il est aussi fait mention de *capitaineries*, notamment à Mousson et à l'Avant-Garde.

[3] Outre les prévôtés et les bailliages, il y avait encore, au point de vue judiciaire, des juridictions subalternes désignées sous les noms de *féautés* et de *mèrescourts*, lesquelles étaient le plus souvent purement seigneuriales.

INTRODUCTION.

La portion de territoire qui forme aujourd'hui le département de la Meurthe[1] comprenait :

1° Dans le bailliage de Nancy, la prévôté et la châtellenie de ce nom, de laquelle dépendaient les terres de l'Avant-Garde, de Pierrefort et de Haye et le comté de Chaligny; les prévôtés et châtellenies de Rosières, Einville, Lunéville, Amance, Condé (Custines) et Val-des-Faulx, Prény, Gondreville, Azerailles;

2° Dans le bailliage de Vosge, quatre villages seulement de la prévôté et châtellenie de Charmes et un de la prévôté de Dompaire (celui d'Aboncourt-en-Vosges);

3° Dans le bailliage d'Allemagne, les châtellenies de Dieuze et de Morsperg (Marimont), la terre et seigneurie de Morhange;

4° La majeure partie du bailliage du comté de Vaudémont;

5° Dans le bailliage de Châtel, la terre de Bainville-aux-Miroirs et quelques villages;

6° Dans le bailliage d'Apremont, deux villages.

Les divisions indiquées dans le Dénombrement du président Alix paraissent avoir subsisté, sauf quelques légères modifications[2], jusqu'au règne de Léopold. L'édit du 31 août 1698[3] créa de nouvelles juridictions et changea le ressort des anciennes. C'est à cette occasion, sans doute, que le géographe Bugnon fut chargé de rédiger son *Polium* des duchés de Lorraine et Barrois, où, comme dans le travail fait par les ordres du duc Charles III, on trouve la nomenclature des circonscriptions administratives et celle des lieux qui y étaient compris. Voici le tableau sommaire de ces circonscriptions :

Duché de Lorraine.

1° Bailliage de Nancy, comprenant les prévôtés de Nancy, Saint-Nicolas, Rosières, Amance, Château-Salins, Gondreville, Prény, Pompey, Condé, Chaligny, Marsal et Einville;

2° Bailliage de Lunéville, ayant dans son ressort les prévôtés de Lunéville, Azerailles, Blâmont, Deneuvre, et celle du comté de Salm, sous le nom de Badonviller;

3° Dans le bailliage de Vosge, la prévôté de Charmes, renfermant seule quelques villages du département de la Meurthe;

4° Bailliages particuliers et siéges bailliagers : Châtel, Nomeny et Vaudémont, ce dernier ayant Vézelise pour chef-lieu;

---

[1] Les divisions indiquées ci-après, ne s'appliquent toujours qu'à cette portion de territoire. Leur circonscription est indiquée dans le Dictionnaire, à l'article de chacune d'entre elles.

[2] Au mois de février 1685, Louis XIV avait supprimé le bailliage de Nancy et réparti son ressort au présidial de Metz.

[3] D'après cet édit, les prévôts furent établis juges en première instance, chefs de police et gruyers, dans presque tous leurs ressorts.

5° Bailliage d'Allemagne, comprenant les prévôtés de Dieuze et d'Insming, la terre de Saarecke, la prévôté et principauté de Lixheim et la seigneurie de Fénétrange.

Duché de Bar.

1° Bailliage de Saint-Mihiel, avec partie des prévôtés d'Apremont, de Bouconville et de Foug.

2° Bailliage de Pont-à-Mousson, ayant dans son ressort la prévôté de ce nom et celles de Thiaucourt et de Mandres-aux-Quatre-Tours.

Les divisions établies en 1698 se conservèrent, à part quelques changements, jusqu'en 1751. Durant cet intervalle, des modifications avaient été introduites dans une branche importante de l'administration : par son édit du mois de décembre 1747, Stanislas avait supprimé les offices de grands gruyers, maîtres et réformateurs des eaux et forêts, ainsi que les charges de gruyers, et créé quinze maîtrises particulières, savoir : une à Nancy, ayant pour ressort les grueries de Nancy, Chaligny, Rosières, Gondreville, Val-des-Faulx, l'Avant-Garde, Amance et Château-Salins; une à Lunéville, comprenant les grueries de Lunéville, Einville, Blâmont, Azerailles et Deneuvre; une à Saint-Dié, de laquelle dépendait la gruerie de Badonviller; une à Neufchâteau, dans le ressort de laquelle fut placée la gruerie de Vézelise; une à Dieuze, avec la gruerie de cette ville et celle de Marsal; une à Sarreguemines, comprenant les grueries de Lixheim et de Fénétrange; une à Saint-Mihiel, renfermant les grueries de Mandres, Foug et Thiaucourt; enfin, une à Pont-à-Mousson, ayant pour ressort les grueries de Pont-à-Mousson, Pagny et Nomeny.

L'édit du mois de juin 1751 supprima presque toutes les prévôtés, excepté, pour notre circonscription, celle de Badonviller, et créa des bailliages royaux dans les villes de Blâmont, Charmes, Château-Salins, Châtel, Commercy, Darney (duquel dépendait le village d'Aboncourt), Dieuze, Fénétrange, Lixheim, Lunéville, Nancy, Nomeny, Pont-à-Mousson, Thiaucourt et Vézelise, modifiant plus ou moins le ressort des anciens bailliages.

A partir de 1766, époque où elle fut réunie à la France, la Lorraine reçut une organisation analogue à celle des autres provinces du royaume, c'est-à-dire qu'elle fut administrée par un intendant ayant sous ses ordres des subdélégués; les bailliages devinrent alors des subdélégations, avec la même circonscription que précédemment.

Le 8 juillet 1787, le roi fit un règlement sur la formation et la composition des assemblées provinciales des duchés de Lorraine et de Bar, et ils furent divisés en douze districts, dont il y eut des chefs-lieux à Nancy, Lunéville et Pont-à-Mousson.

Quant à la portion de notre département comprise dans ce qu'on appelait la province des Trois-Évêchés, on ne possède d'autre division officielle que celle qui est indiquée dans le *Traité du département de Metz*, publié par Stemer en 1756; nous y trouvons les circonscriptions suivantes :

1° Dans le bailliage de Toul, les châtellenies de Blénod, Brixey, Maizières, et la prévôté de Liverdun, du temporel de l'évêché de Toul, et formant le bailliage de l'évêché, dont les appels ressortissaient au bailliage royal; les prévôtés de Vicherey, Villey-Saint-Étienne et Void, dépendant du temporel du chapitre de la cathédrale, plus quatre hautes justices à des laïques, parmi lesquelles Housselmont et Ménil-la-Tour;

2° Dans le bailliage de Verdun, la prévôté de Dieulouard, du domaine de l'évêché de Verdun;

3° Dans le bailliage de Sarrelouis, Donnelay, Gelucourt, Juvelise et Lezey, qualifiés villages de la route, cédés en exécution de l'article 13 du traité de 1661;

4° Dans le bailliage de Vic, les châtellenies de Vic, la Garde, Fribourg, Albestroff, Haboudange, Moyen, Baccarat; la mairie de Réméréville, du domaine de l'évêché de Metz; plus beaucoup de villages qui n'étaient pas du domaine de l'évêché;

5° Les prévôtés de Phalsbourg et de Sarrebourg, créées en 1661, et dont les appels ressortissaient au bailliage de Sarrelouis.

Il y avait pour les Trois-Évêchés, comme pour la Lorraine et le Barrois, une intendance, appelée aussi généralité du département de Metz. Elle comprenait onze subdélégations, parmi lesquelles cinq seulement renfermaient des communes du département de la Meurthe : les subdélégations de Phalsbourg, Sarrebourg, Toul, Vic et Metz. De cette dernière ne dépendaient que Baudrecourt, Morville-sur-Nied et Saint-Epvre.

Ainsi qu'on vient de le voir, le territoire formant le département de la Meurthe appartenait, sur la fin du siècle dernier, à deux provinces distinctes, et se partageait entre un grand nombre de circonscriptions administratives d'origines diverses. Cet état de choses devait bientôt cesser. Par décrets des 15 janvier, 16 et 26 février 1790, l'Assemblée nationale ordonnait la division de la France en 83 départements et leur subdivision en districts et en cantons. Celui de la Meurthe, qui conserva momentanément le nom de Lorraine, fut partagé en 9 districts, 740 cantons et 720 municipalités ou communes. Les chefs-lieux des districts furent Blâmont, Dieuze, Lunéville, Nancy, Pont-à-Mousson, Sarrebourg, Toul, Vézelise, Vic (provisoirement, puis Château-Salins). On trouvera le détail de cette division dans le Dictionnaire [1].

---

[1] Cette première division, que nous avons donnée d'après un document officiel, subit presque immédiatement des modifications dans le nombre et dans la circonscription des cantons; plusieurs furent supprimés : ceux d'Alteville, d'Altroff et d'Angviller, du district de Dieuze; celui de Villers-sous-Prény, du district de

La loi du 28 pluviôse an VIII et l'arrêté des consuls du 17 ventôse suivant modifièrent cette organisation : les districts furent supprimés, et le département de la Meurthe fut partagé en 5 arrondissements communaux ou sous-préfectures et en 71 cantons, dans l'ordre et de la manière ci-après :

1° Arrondissement de Toul, formé de 16 cantons ayant appartenu au district de ce nom et à ceux de Pont-à-Mousson et de Vézelise, savoir : Toul, Allamps, Bicqueley, Blénod, Colombey, Dieulouard, Favières, Flirey (au lieu de Bernécourt), Foug, Gondreville (au lieu de Fontenoy), Jaillon, Lucey, Pagny, Royaumeix, Thiaucourt et Vandeléville;

2° Arrondissement de Nancy, formé de 14 cantons ayant appartenu au district de ce nom et à ceux de Château-Salins et de Pont-à-Mousson, savoir : Nancy, Nancy *extra muros*, Amance, Belleau, Custines, Frouard, Lenoncourt (au lieu de Buissoncourt), Lucy (au lieu de Morville-lez-Vic), Morville-sur-Seille, Nomeny, Pont-à-Mousson, Pont-Saint-Vincent, Rosières-aux-Salines et Saint-Nicolas;

3° Arrondissement de Château-Salins, formé de 12 cantons ayant appartenu au district de ce nom et à celui de Dieuze, savoir : Château-Salins, Albestroff, Arracourt, Bassing, Bioncourt, Bourdonnay, Conthil, Dalhain (au lieu d'Haboudange), Delme, Dieuze, Marsal et Vic;

4° Arrondissement de Sarrebourg, formé de 10 cantons ayant appartenu au district de ce nom et à ceux de Blâmont et de Dieuze, savoir : Sarrebourg, Cirey, Fénétrange (au lieu de Berthelming), Fribourg (avec portion des cantons d'Alteville et d'Angviller), Lixheim, Lorquin, Niderviller, Phalsbourg, Réchicourt-le-Château et Walscheid;

5° Arrondissement de Lunéville, formé de 19 cantons ayant appartenu au district de ce nom et à ceux de Blâmont et de Vézelise, savoir : Lunéville, Lunéville *extra muros*, Azerailles, Baccarat, Badonviller, Bayon, Blainville-sur-l'Eau, Blâmont, Crévic, Einville, Gerbéviller, Haroué, la Neuveville-aux-Bois (au lieu de Bénaménil), Leintrey, Neuviller-sur-Moselle, Ogéviller, Pulligny, Vaudémont et Vézelise.

L'arrêté du Gouvernement du 17 frimaire an X distribua le département en 29 cantons ou arrondissements de justices de paix, en maintenant les 5 arrondissements précédemment créés. Ces dernières divisions reçurent encore elles-mêmes quelques modifications : en 1819, la commune de Barbonville fut détachée du canton de Gerbéviller et réunie à celui de Bayon; l'année suivante, Bouxières-aux-Chênes

Pont-à-Mousson, réuni au canton de Pagny; celui de Favières, du district de Vézelise, rétabli plus tard; enfin, les chefs-lieux de plusieurs cantons furent changés. C'est ce qui nous a engagé à donner le tableau ci-dessus, que nous avons emprunté à un Annuaire de l'an X.

passa du canton de Nomeny dans celui de Nancy-Est; Hartzviller, du canton de Phalsbourg dans celui de Sarrebourg, auquel fut aussi attribuée la commune de Rhodes qui dépendait auparavant de Lorquin; enfin, en 1821, la commune de Nonhigny fut détachée de l'arrondissement de Sarrebourg pour passer dans celui de Lunéville, et sept communes de l'arrondissement de Toul, savoir : Belleville et Dieulouard, du canton de Domêvre, Norroy, Pagny, Prény, Vandières et Villers-sous-Prény, du canton de Thiaucourt, furent réunies à l'arrondissement de Nancy et au canton de Pont-à-Mousson.

Ce furent les derniers changements apportés dans les circonscriptions administratives du département de la Meurthe, lequel est divisé en 5 arrondissements, 29 cantons et 714 municipalités ou communes. Voici le tableau de ces circonscriptions :

I. ARRONDISSEMENT DE CHÂTEAU-SALINS.

(5 cantons, 147 communes, 61,768 habitants.)

1° CANTON D'ALBESTROFF.

(26 communes, 11,127 habitants.)

Albestroff, Altroff, Bénestroff, Bermering, Givrycourt, Guinzeling, Hunskirich, Insming, Insviller, Léning, Lhor, Lostroff, Loudrefing, Marimont, Molring, Mont-Didier, Munster, Nébing, Neuf-Village, Réning, Rodalbe, Torcheville, Vahl, Vibersviller, Virming, Vittersbourg.

2° CANTON DE CHÂTEAU-SALINS.

(38 communes, 14,019 habitants.)

Aboncourt, Achain, Amelécourt, Attilloncourt, Bellange, Bioncourt, Burlioncourt, Chambrey, Château-Salins, Château-Voué, Conthil, Coutures, Dalhain, Dédeling, Fresnes-en-Saulnois, Gerbécourt, Grémecey, Haboudange, Hampont, Haraucourt-sur-Seille, Lidrequin, Lubécourt, Manhoué, Mazerules, Moncel, Morville-lez-Vic, Obreck, Pettoncourt, Pévange, Puttigny, Riche, Salival, Salone, Sornéville, Sotzeling, Vannecourt, Vaxy, Vuisse.

3° CANTON DE DELME.

(36 communes, 11,871 habitants.)

Ajoncourt, Alaincourt, Aulnois, Bacourt, Baudrecourt, Bréhain, Château-Bréhain, Chénois, Chicourt, Craincourt, Delme, Donjeux, Faxe, Fonteny, Fossieux, Frémery, Hannocourt, Jallaucourt, Juville, Lemoncourt, Lesse, Liocourt, Lucy, Malaucourt, Marthil, Morville-sur-Nied, la Neuveville-en-Saulnois, Oriocourt, Oron, Prévocourt, Puzieux, Saint-Epvre, Tincry, Villers-aux-Oies, Viviers, Xocourt.

INTRODUCTION.

4° CANTON DE DIEUZE.
(23 communes, 10,926 habitants.)

Bassing, Bidestroff, Blanche-Église, Bourgaltroff, Cutting, Dieuze, Domnom, Gelucourt, Guébestroff, Guéblange, Guébling, Guénestroff, Kerprich-lez-Dieuze, Lidrezing, Lindre-Basse, Lindre-Haute, Mulcey, Rorbach, Saint-Médard, Tarquinpol, Vergaville, Zarbeling, Zommange.

5° CANTON DE VIC.
(24 communes, 13,825 habitants.)

Arracourt, Athienville, Bathelémont-lez-Bauzemont, Bezange-la-Grande, Bezange-la-Petite, Bourdonnay, Bures, Coincourt, Donnelay, la Garde, Hellocourt, Juvelise, Juvrecourt, Ley, Lezey, Maizières, Marsal, Moncourt, Moyenvic, Ommeray, Réchicourt-la-Petite, Vic, Xanrey, Xures.

II. ARRONDISSEMENT DE LUNÉVILLE.
(6 cantons, 145 communes, 84,746 habitants.)

1° CANTON DE BACCARAT.
(30 communes, 19,770 habitants.)

Angomont, Azerailles, Baccarat, Badonviller, Bertrichamps, Bionville, Bréménil, Brouville, la Chapelle, Deneuvre, Fenneviller, Fontenoy-la-Joute, Gélacourt, Glonville, Hablainville, Merviller, Migneville, Montigny, Neuf-Maisons, Neuviller-lez-Badonviller, Pettonville, Pexonne, Pierre-Percée, Réhéray, Saint-Maurice, Sainte-Pôle, Thiaville, Vacqueville, Vaxainville, Veney.

2° CANTON DE BAYON.
(27 communes, 10,415 habitants.)

Barbonville, Bayon, Blainville-sur-l'Eau, Borville, Brémoncourt, Charmois, Clayeures, Damelevières, Domptail, Einvaux, Froville, Haigneville, Haussonville, Landécourt, Lorey, Loro-Montzey, Méhoncourt, Romain, Rozelieures, Saint-Boing, Saint-Germain, Saint-Mard, Saint-Remy-aux-Bois, Velle-sur-Moselle, Vigneules, Villacourt, Virecourt.

3° CANTON DE BLAMONT.
(31 communes, 12,907 habitants.)

Amenoncourt, Ancerviller, Autrepierre, Barbas, Blâmont, Blémerey, Buriville, Chazelles, Domèvre-sur-Vezouse, Domjevin, Embermenil, Fréménil, Frémonville, Gogney, Gondrexon, Halloville,

Harboué, Herbéviller, Leintrey, Montreux, Nonhigny, Ogéviller, Réclonville, Reillon, Remoncourt, Repaix, Saint-Martin, Vaucourt, Vého, Verdenal, Xousse.

4° CANTON DE GERBÉVILLER.

(21 communes, 9,857 habitants.)

Essey-la-Côte, Flin, Fraimbois, Franconville, Gerbéviller, Giriviller, Haudonville, Hériménil, Magnières, la Math, Mattexey, Mont, Moriviller, Moyen, Rehainviller, Rémenoville, Séranville, Vallois, Vathiménil, Vennezey, Xermaménil.

5° CANTON DE LUNÉVILLE-NORD.

(19 communes, 15,649 habitants.)

Anthelupt, Bauzemont, Bienville-la-Petite, Bonviller, Courbessaux, Crévic, Deuxville, Drouville, Einville, Flainval, Hoëville, Hudiviller, Lunéville, Maixe, Raville, Serres, Sommerviller, Valhey, Vitrimont.

6° CANTON DE LUNÉVILLE-SUD-EST.

(17 communes, 16,148 habitants.)

Bénaménil, Chanteheux, Chenevières, Crion, Croismare, Hénaménil, Jolivet, Manonviller, Marainviller, Moncel-lez-Lunéville, Mouacourt, la Neuveville-aux-Bois, Parroy, la Ronxe, Saint-Clément, Sionviller, Thiébauménil.

III. ARRONDISSEMENT DE NANCY.

(8 cantons, 187 communes, 149,957 habitants.)

1° CANTON D'HAROUÉ.

(30 communes, 11,600 habitants.)

Affracourt, Bainville-aux-Miroirs, Benney, Bouzanville, Bralleville, Ceintrey, Crantenoy, Crévéchamps, Diarville, Gerbécourt-et-Haplemont, Germonville, Gripport, Haroué, Housséville, Jevoncourt, Lebeuville, Lemainville, Mangonville, le Ménil-Mitry, la Neuveville-devant-Bayon, Neuviller-sur-Moselle, Ormes-et-Ville, Roville, Saint-Firmin, Saint-Remimont, Tantonville, Vaudeville, Vaudigny, Voinémont, Xirocourt.

2° CANTON DE NANCY-EST.

(22 communes, 31,293 habitants.)

Agincourt, l'Aître-sous-Amance, Amance, Bouxières-aux-Chênes, Bouxières-aux-Dames, Champenoux, Champigneules, Custines, Dommartemont, Dommartin-sous-Amance, Essey-lez-Nancy, Eulmont,

INTRODUCTION.

Lay-Saint-Christophe, Malzéville, Nancy-Est, la Neuvelotte, Pixerécourt, Pulnoy, Saint-Max, Séchamps, Velaine-sous-Amance.

3° CANTON DE NANCY-NORD.

(9 communes, 19,427 habitants.)

Chaligny, Frouard, Laxou, Marbache, Maron, Maxéville, Nancy-Nord, Pompey, Velaine-en-Haye, Villers-lez-Nancy.

4° CANTON DE NANCY-OUEST.

(11 communes, 24,365 habitants.)

Chavigny, Heillecourt, Houdemont, Jarville, Ludres, Méréville, Messein, Nancy-Ouest, Neuves-Maisons, Pont-Saint-Vincent, Tomblaine, Vandœuvre.

5° CANTON DE NOMENY.

(30 communes, 12,454 habitants.)

Abaucourt, Armaucourt, Arrayè-et-Han, Belleau, Bey, Bratte, Brin, Chenicourt, Clémery, Éply, Faulx, Jeandelaincourt, Lanfroicourt, Létricourt, Leyr, Lixières, Mailly, Malleloy, Manoncourt-sur-Seille, Moivron, Montenoy, Morey, Nomeny, Phlin, Prévocourt, Rouves, Serrières, Sivry, Thézey-Saint-Martin, Villers-lez-Moivron.

6° CANTON DE PONT-À-MOUSSON.

(27 communes, 20,948 habitants.)

Atton, Autreville, Belleville, Bezaumont, Blénod-lez-Pont-à-Mousson, Bouxières-sous-Froidmont, Champey, Dieulouard, Jezainville, Landremont, Loisy, Maidières, les Ménils, Millery, Montauville, Morville-sur-Seille, Mousson, Norroy, Pagny-sur-Moselle, Pont-à-Mousson, Port-sur-Seille, Prény, Sainte-Geneviève, Vandières, Ville-au-Val, Villers-sous-Prény, Vittonville.

7° CANTON DE SAINT-NICOLAS.

(25 communes, 17,232 habitants.)

Art-sur-Meurthe, Azelot, Buissoncourt, Burthecourt-aux-Chênes, Cercueil, Coiviller, Dombasle, Erbéviller, Ferrières, Flavigny, Fléville, Gellenoncourt, Haraucourt, Lenoncourt, Lupcourt, Manoncourt-en-Vermois, la Neuveville-devant-Nancy, Réméréville, Richardménil, Rosières-aux-Salines, Saffais, Saint-Nicolas, Tonnoy, Varangéville, Ville-en-Vermois.

8° CANTON DE VÉZELISE.

(33 communes, 12,638 habitants.)

L'Alœuf, Autrey, Chaouilley, Clérey, Dommarie-Eulmont, Étreval, Forcelles-Saint-Gorgon, Forcelles-sous-Gugney, Fraisnes-en-Saintois, Frolois, Goviller, Gugney, Hammeville, Houdelmont,

Houdreville, Marthemont, Ognéville, Omelmont, Parey-Saint-Césaire, Pierreville, Praye, Pulligny, Quevilloncourt, Saxon-Sion, Thelod, They, Thorey, Vaudémont, Vézelise, Viterne, Vitrey, Vroncourt, Xeuilley.

IV. ARRONDISSEMENT DE SARREBOURG.

(5 cantons, 116 communes, 70,118 habitants.)

1° CANTON DE FÉNÉTRANGE.

(21 communes, 11,329 habitants.)

Angviller, Berthelming, Bettborn, Bickenholtz, Bisping, Dolving, Fénétrange, Fleisheim, Gosselming, Hellering, Hilbesheim, Mittersheim, Niderstinzel, Oberstinzel, Postroff, Romelfing, Saint-Jean-de-Bassel, Sarraltroff, Schalbach, Veckersviller, Vieux-Lixheim.

2° CANTON DE LORQUIN.

(26 communes, 16,328 habitants.)

Abreschwiller, Aspach, Bertrambois, Cirey, Fraquelfing, Hattigny, Héming, Hermelange, Lafrimbolle, Landange, Lorquin, les Métairies-de-Saint-Quirin, Neuf-Moulins, la Neuveville-lez-Lorquin, Niderhoff, Nitting, Parux, Petit-Mont, Raon-lez-l'Eau, Saint-Quirin, Saint-Sauveur, Tanconville, Turquestein, Val-de-Bon-Moutier, Vasperviller, Voyer.

3° CANTON DE PHALSBOURG.

(26 communes, 17,447 habitants.)

Arscheviller, Berling, Bourscheid, Brouviller, Dabo, Danne-et-Quatre-Vents, Dannelbourg, Garrebourg, Guntzviller, Hangviller, Hazelbourg, Henridorff, Hérange, Hultenhausen, Lixheim, Lutzelbourg, Metting, Mittelbronn, Phalsbourg, Saint-Jean-Courtzerode, Saint-Louis, Valtembourg, Veischeim, Vilsberg, Vintersbourg, Zilling.

4° CANTON DE RÉCHICOURT-LE-CHÂTEAU.

(18 communes, 8,177 habitants.)

Assenoncourt, Avricourt, Azoudange, Desseling, Foulcrey, Fribourg, Gondrexange, Guermange, la Haye-des-Allemands, Hertzing, Ibigny, Igney, Languimberg, Moussey, Réchicourt-le-Château, Richeval, Romécourt, Saint-Georges.

5° CANTON DE SARREBOURG.

(25 communes, 16,837 habitants.)

Barchain, Bébing, Bieberskirch, Brouderdorff, Bühl, Diane-Capelle, Harreberg, Hartzviller, Haut-Clocher, Hesse, Hoff, Hommarting, Hommert, Imling, Kerprich-aux-Bois, Langatte, Nider-

INTRODUCTION.

viller, Plaine-de-Valsch, Réding, Rhodes, Sarrebourg, Schneckenbüsch, Trois-Fontaines, Walscheid, Xouaxange.

V. ARRONDISSEMENT DE TOUL.

(5 cantons, 119 communes, 62,054 habitants.)

1° CANTON DE COLOMBEY.

(32 communes, 13,817 habitants.)

Aboncourt, Allain-aux-Bœufs, Allamps, Bagneux, Barisey-au-Plain, Barisey-la-Côte, Battigny, Beuvezin, Colombey, Courcelles, Crépey, Dolcourt, Favières, Fécocourt, Gélaucourt, Gémonville, Germiny, Gibeaumeix, Grimonviller, Housselmont, Mont-l'Étroit, Pulney, Saulxerotte, Saulxures-lez-Vannes, Selaincourt, Thuilley-aux-Groseilles, Tramont-Émy, Tramont-Lassus, Tramont-Saint-André, Uruffe, Vandeléville, Vannes.

2° CANTON DE DOMÈVRE-EN-HAYE.

(27 communes, 10,252 habitants.)

Andilly, Ansauville, Avrainville, Beaumont, Bernécourt, Domèvre-en-Haye, Francheville, Gezoncourt, Griscourt, Grosrouvre, Hamonville, Jaillon, Liverdun, Mamey, Mandres-aux-Quatre-Tours, Manoncourt-en-Voivre, Manonville, Martincourt, Minorville, Noviant-aux-Prés, Rogéville, Rosières-en-Haye, Royaumeix, Saizerais, Tremblecourt, Villers-en-Haye, Villey-Saint-Étienne.

3° CANTON DE THIAUCOURT.

(23 communes, 9,342 habitants.)

Arnaville, Bayonville, Bouillonville, Charey, Dommartin-la-Chaussée, Essey-et-Maizerais, Euvezin, Fey-en-Haye, Flirey, Jaulny, Limey, Lironville, Pannes, Regniéville, Rembercourt, Réménauville, Saint-Baussant, Seicheprey, Thiaucourt, Vandelainville, Viéville-en-Haye, Vilcey-sur-Trey, Xammes.

4° CANTON DE TOUL-NORD.

(19 communes, 13,928 habitants.)

Aingeray, Boucq, Bouvron, Bruley, Dommartin-lez-Toul, Écrouves-et-Grand-Ménil, Fontenoy, Foug, Gondreville, Lagney, Lay-Saint-Remy, Lucey, Ménil-la-Tour, la Neuveville-derrière-Foug, Pagney-derrière-Barine, Sanzey, Sexey-les-Bois, Toul, Trondes.

5° CANTON DE TOUL-SUD.

(18 communes, 14,715 habitants.)

Bainville-sur-Madon, Bicqueley, Blénod-lez-Toul, Bulligny, Charmes-la-Côte, Chaudeney, Choloy, Crézilles, Domgermain, Gye, Maizières-lez-Toul, Ménillot, Mont-le-Vignoble, Moutrot, Ochey, Pierre, Sexey-aux-Forges, Villey-le-Sec.

LISTE ALPHABÉTIQUE

DES SOURCES

OÙ L'ON A PUISÉ LES RENSEIGNEMENTS CONTENUS DANS CE DICTIONNAIRE.

Affracourt. — Arch. de la commune.
Aître-sous-Amance (*L'*). — Titres de ce prieuré : Arch. de la Meurthe.
Albestroff. — Titres de cette châtellenie : Arch. de la Meurthe.
Alix. — Voir *Dénombrement.*
Allain-aux-Bœufs. — Arch. de la commune.
Alphabet curieux des lieux des duchés de Lorraine et de Bar, par Bugnon, géographe du duc Léopold, 1719. — Copie faite pour le Trésor des chartes : Collection de M. le conseiller Beaupré.
Alsatia diplomatica, par Daniel Schoepflin, 1772-1775.
Alsatia illustrata, par Daniel Schoepflin, 1751-1761.
Amance. — Comptes du domaine d'Amance : Arch. de la Meurthe.
Ammien Marcellin.
Annales Bertiniani.
Annales Fuldenses.
Antonistes de Pont-à-Mousson. — Voir *Commanderie.*
Apremont. — Voir *Cartulaire.*
Armorial de Lorraine, par Claude Charles, héraut d'armes, 1698-1724. — Manuscrit, en tête duquel se trouve la liste des prévôtés avec leurs blasons : Arch. de la Meurthe.
Art-sur-Meurthe. — Titres de la cure : Arch. de la Meurthe.
Augustins de Nancy. — Titres de ce couvent : Arch. de la Meurthe.
Ausone, Mosella.
Avant-Garde (*L'*). — Comptes du domaine de l'Avant-Garde : Arch. de la Meurthe.
Baccarat. — Comptes du domaine de Baccarat : Arch. de la Meurthe. — Voir *Carmes.*

Baillet, Antiquitates Arnulphinæ. — Manuscrit du xvii° siècle : Bibl. publique de Metz.
Bainville-aux-Miroirs. — Comptes du domaine de Bainville : Arch. de la Meurthe.
Bassing. — Voir *Minimes.*
Bayon. — Comptes du domaine de Bayon : Arch. de la Meurthe. — Voir *Tiercelins.*
Beaupré. — Titres de cette abbaye : Arch. de la Meurthe.
Belchamp. — Titres de cette abbaye : Arch. de la Meurthe. — Voir *Cartulaire.*
Bickenholtz. — Arch. de la commune.
Blâmont. — Comptes du domaine de Blâmont : Arch. de la Meurthe.
Bosserville. — Voir *Chartreux.*
Bourgaltroff. — Titres de cette seigneurie : Arch. de la Meurthe.
Bouxières-aux-Dames. — Titres de cette abbaye : Arch. de la Meurthe.
Brachet (*Du*). — Titres de cet émigré : Arch. de la Meurthe.
Brin. — Titres de la cure : Arch. de la Meurthe.
Bugnon. — Voir *Alphabet* et *Polium.*
Carmes de Baccarat. — Titres de ce couvent : Arch. de la Meurthe.
Carte de l'Alsace, par Daniel Specklin, 1576.
Cartulaire d'Apremont. — Manuscrits du xiii° et du xvi° siècle : Arch. de la Meurthe.
Cartulaire de l'abbaye de Belchamp. — Manuscrit du xvi° siècle : Arch. de la Meurthe.
Cartulaire de l'abbaye de Gorze. — Manuscrit du xv° siècle : Bibliothèque du séminaire de Nancy et bibliothèque publique de Metz.
Cartulaire de l'abbaye de Mettloch. —

Manuscrit de la fin du xv° siècle : Bibliothèque publique de Trèves (notes communiquées par M. le docteur Sternberg, de Trèves).
Cartulaire de l'abbaye de Rengéval. — Manuscrit du xiii° siècle : Arch. de la Meurthe.
Cartulaire de l'abbaye de Saint-Arnou. — Manuscrit : Bibliothèque publique de Metz (notes communiquées par M. Ch. Abel, de Metz).
Cartulaire de l'abbaye de Saint-Maximin, de Trèves. — Manuscrit : Arch. provinciales de Coblentz (notes communiquées par M. Ch. Abel).
Cartulaire de l'abbaye de Salival. — Manuscrit du xviii° siècle : Arch. de la Meurthe.
Cartulaire de la seigneurie de Chambley. — Manuscrit du xvi° siècle : Collection de M. Rollet, maire de Thiaucourt.
Cartulaires intitulés : Bailliage d'Allemagne, domaine et fiefs; Blâmont, fiefs; Bouconville; Châtel-sur-Moselle; Évêques et cité de Toul; fiefs de Nancy; Gagères; Nancy, domaine; Pont (Pont-à-Mousson), domaine; Pont, fiefs; Vaudémont, fiefs. — Manuscrits de la fin du xvi° siècle : Arch. de la Meurthe.
Cassini. — Carte de la France.
Cathédrale de Metz. — Titres de ce chapitre : Arch. de la Moselle.
Cathédrale de Toul. — Titres et registres capitulaires de ce chapitre : Arch. de la Meurthe.
César, De Bello gallico.
Chaligny. — Comptes du domaine de Chaligny : Arch. de la Meurthe.
Chambley. — Voir *Cartulaire.*
Chartreux de Bosserville. — Titres de ce couvent : Arch. de la Meurthe.

INTRODUCTION.

Château-Bréhain. — Comptes du domaine ou de la seigneurie de Château-Bréhain : Arch. de la Meurthe.

Châtelet (Du). — Arch. de cette maison : Collection de M. Rollet, maire de Thiaucourt.

Châtel-sur-Moselle. — Comptes du domaine de Châtel : Archives de la Meurthe.

Chronicon Episcoporum Metensium. — Sous ce titre sont indiqués deux suppléments à la chronique des évêques de Metz, dont l'un commence à l'année 1120, l'autre à l'an 1200, et finit en 1260 : Histoire de Lorraine, t. I, preuves.

Chronicon Mediani monasterii. — Composée par Jean de Bayon, religieux de Moyenmoutier, vers l'an 1326 : Histoire de Lorraine, t. II, preuves, et dans *Historia Mediani monasterii*.

Chronicon monasterii Senoniensis. — Composée par Richerius, moine de Senones, qui vivait au commencement du XIIIe siècle : Histoire de Lorraine, t. II, preuves.

Chronique de Lorraine. — Composée sur la fin du XVe siècle : réimprimée dans le Recueil de documents sur l'Histoire de Lorraine, t. V.

Clairlieu. — Titres de cette abbaye : Arch. de la Meurthe.

Collection Moreau. — Manuscrit : Bibliothèque impériale, à Paris.

Collégiale de Fénétrange. — Titres de ce chapitre : Arch. de la Meurthe.

Collégiale de Marsal. — Titres de ce chapitre : Arch. de la Meurthe.

Collégiale de Vic. — Titres de ce chapitre : Arch. de la Meurthe.

Collégiale Saint-Georges de Nancy. — Titres de ce chapitre : Arch. de la Meurthe.

Commanderie des Antonistes de Pont-à-Mousson. — Titres de cette commanderie : Arch. de la Meurthe.

Commanderies de Malte. — Voir *Ordre de Malte*.

Condé. — Comptes du domaine de Condé : Arch. de la Meurthe.

Cosmographiæ universalis libri VI, Basiliæ, 1552 ; par Sébastien Munster.

Cosmographie (La) universelle, par Séb. Munster, 1558.

Cures, chapelles, etc. — Titres de différentes cures, chapelles, etc. Arch. de la Meurthe.

Cures du district de Pont-à-Mousson. — Titres de ces cures : Arch. de la Meurthe.

Dabo. — Titres de ce comté : Arch. de la Meurthe.

Deneuvre. — Comptes du domaine de Deneuvre : Arch. de la Meurthe.

Dénombrement de la Lorraine, par Thierry Alix, président de la Chambre des Comptes, 1594. — Manuscrit : Collection de M. le conseiller Beaupré.

Dénombrement des terres seigneuriales de la Lorraine, fiefs et maisons franches, etc. 1779. — Manuscrit : Arch. de la Meurthe.

Dénombrement des villages et gagnages des environs de Metz. — Manuscrit du commencement du XVe siècle : Bibliothèque publique de Metz. — Publié par M. Paul de Mardigny (Metz, 1855).

Département de Metz (Traité du). — Par Stemer. (Metz, 1756.)

Description de la Lorraine et du Barrois. — Par Durival. (Nancy, 1778-1779.)

Dictionnaire tironien. — Manuscrit de la Bibliothèque impériale.

Dieulouard. — Comptes du domaine de Dieulouard : Arch. de la Meurthe. — Arch. de la commune.

Dieuze. — Comptes du domaine de Dieuze : Arch. de la Meurthe. — Arch. de cette ville.

Diplomata et chartæ, etc. — Par M. Pardessus.

Division (Extrait du procès-verbal de) de la Lorraine, du Barrois et des Trois-Évêchés en quatre départements, 1790. — Manuscrit : Arch. de la Meurthe.

Dolving. — Registres de l'état civil : Arch. de la commune.

Domèvre. — Titres de cette abbaye : Arch. de la Meurthe.

Dominicains de Nancy. — Titres de ce couvent : Arch. de la Meurthe.

Einvaux. — Comptes du domaine d'Einvaux : Arch. de la Meurthe.

Einville. — Comptes du domaine d'Einville : Arch. de la Meurthe. — Voir *Tiercelins*.

Epistola Frotarii ad Hilduinum abbatem. — Dans dom Bouquet.

Epitaphia Episcoporum Tullensium. — Histoire de Lorraine, t. I, preuves.

État des villes, villages, hameaux, etc. qui doivent composer les ressorts des juridictions créées par l'édit du mois de juin 1751. — Imprimé dans le Recueil des ordonnances de Lorraine, t. VIII, p. 260-293.

État du temporel des paroisses de la Lorraine et du Barrois. — Manuscrit du XVIIIe siècle : Arch. de la Meurthe.

Études numismatiques sur une partie du nord-est de la France. — Par C. Robert. (Metz, Nouvian, 1852.)

Favières. — Arch. de la commune.

Fénétrange. — Comptes du domaine de Fénétrange : Arch. de la Meurthe. — Arch. de cette ville. — Voir *Collégiale*.

Flavigny. — Titres de ce prieuré : Arch. de la Meurthe.

Frédégaire, Chronicum.

Frotaire. — Voir *Epistola*.

Frouard. — Arch. de la commune.

Froville. — Titres de ce prieuré : Arch. de la Meurthe.

Gallia christiana.

Géographe de Ravenne.

Géographie de Ptolémée. — Traduction latine de Jean Philesius, imprimée à Strasbourg en 1513. — Les renvois à cet ouvrage s'appliquent seulement à la carte de Lorraine qui y est jointe.

Gerbéviller. — Comptes du domaine de Gerbéviller : Arch. de la Meurthe.

Gesta Episcoporum Metensium. — Composés par Paul Diacre, sur la fin du VIIIe siècle : imprimés dans l'Histoire de Lorraine, par D. Calmet, t. I, preuves.

Gondreville. — Comptes du domaine de Gondreville : Arch. de la Meurthe.

Gorze. — Voir *Cartulaire*.

Guerre des Rustauds. — Par Volcyr, historiographe du duc Antoine, 1525. Le véritable titre de cet ouvrage est : *Histoire et recueil de la triomphante et glorieuse victoire*, etc. — On renvoie pour les mots latins au texte marginal de l'édition originale, et pour les mots français, à la réimpression de ce livre dans le Recueil de documents sur l'histoire de Lorraine, t. II (Nancy, 1856).

Haute-Seille. — Titres de cette abbaye : Arch. de la Meurthe.

Herquel. — *Johannis Herculani Pleinfesini Historia* : Histoire de Lorraine, t. III, preuves.

Histoire de l'abbaye de Saint-Denis en France. — Par Félibien, 1706.

Histoire de l'abbaye de Saint-Mihiel. — Par dom Joseph de l'Isle, 1757.
Histoire de la ville et des évêques-princes de Strasbourg. — Par l'abbé Grandidier, 1777-1778.
* *Histoire de la ville et du diocèse de Toul.* — Par le P. Benoît Picart, 1707.
* *Histoire de Lorraine.* — Par dom Augustin Calmet, 1ʳᵉ édition, 1728. — Les renvois s'appliquent aux preuves de cet ouvrage.
Histoire des ducs et des comtes de Champagne. — Par H. d'Arbois de Jubainville. — Les preuves du t. II, auxquelles renvoie le Dictionnaire, renferment une compilation faite, au XVIᵉ siècle, sur des documents anciens.
Histoire des évêques de Metz. — Par Meurisse, 1634.
Histoire ecclésiastique et civile de Verdun. — Par Roussel, 1745.
Histoire généalogique de la maison du Châtelet. — Par dom Calmet, 1741.
* *Histoire générale de Metz, par des religieux bénédictins,* 1775 et années suivantes. — Les renvois s'appliquent aux preuves de cet ouvrage.
Historia Episcoporum Tullensium. — Attribuée à Adson, abbé de Montieren-Der, qui vivait à la fin du Xᵉ siècle : Imprimée dans l'Histoire de Lorraine, par D. Calmet, t. I, preuves.
Historia Episcoporum Virdunensium. — Histoire de Lorraine, t. I, preuves.
Hospice Saint-Julien de Nancy. — Arch. de cet hospice.
Hugues Métel, Epistolæ. — Dans Hugo : Sacra antiquitatis monumenta.
Itinéraire d'Antonin.
Jésuites de Nancy. — Titres de cette maison : Arch. de la Meurthe.
La Neuveville-devant-Nancy. — Arch. de la commune.
Lanfroicourt. — Arch. de la commune.
Lay-Saint-Christophe. — Titres de ce prieuré : Arch. de la Meurthe.
Lenoncourt. — Comptes du domaine de Lenoncourt : Arch. de la Meurthe.
Liverdun. — Arch. de la commune.
Lunéville. — Comptes du domaine de Lunéville : Arch. de la Meurthe. — Voir *Saint-Remy.*

Lutzelbourg. — Titres de cet émigré : Arch. de la Meurthe.
Maîtrise de Nancy (Visite des bois de la), 1783. — Arch. de la Meurthe.
Malzéville. — Arch. de la commune.
Mandres-aux-Quatre-Tours. — Comptes du domaine de Mandres : Arch. de la Meurthe.
Marainviller. — Arch. de la commune.
Maron. — Arch. de la commune.
Mars (De). — Titres de cet émigré : Arch. de la Meurthe.
Marsal. — Comptes du domaine de Marsal : Arch. de la Meurthe. — Voir *Collégiale.*
Ménil. — Titres de ce prieuré : Arch. de la Meurthe.
Mercator, Cosmographia. XVIᵉ siècle.
Mettloch. — Voir *Cartulaire* et *Polyptyque.*
Metz. — Voir *Cathédrale, Saint-Arnou, Saint-Pierre, Saint-Vincent, Sainte-Glossinde.*
Minimes de Bassing. — Titres de ce couvent : Arch. de la Meurthe.
Mirecourt. — Comptes du domaine de Mirecourt : Arch. de la Meurthe.
Moyen. — Voir *Terrier.*
Moyenmoutier. — Comptes du domaine de cette abbaye : Arch. de la Meurthe.
Munster. — Titres de la cure : Arch. de la Meurthe.
Mureau. — Titres de cette abbaye : Arch. de la Meurthe.
Nancéide (La). — Par Pierre de Blarru. Saint-Nicolas-de-Port, 1518.
Nancy. — Comptes du domaine de Nancy : Arch. de la Meurthe; arch. de cette ville. — Voir *Augustins, Collégiale, Hospice, Prêcheresses, Saint-Léopold.*
Nomeny. — Comptes du domaine de Nomeny : Arch. de la Meurthe.
Notice de la Lorraine. — Par dom Calmet, 1756.
Notitia Galliarum. — Par Adrien de Vallois, 1675.
Notitia provinciarum et civitatum Galliæ.
Obituaire de la collégiale Saint-Étienne de Sarrebourg. — Manuscrit en parchemin du XVᵉ siècle (communiqué par M. Léon Brièle, archiviste du Haut-Rhin).
Ordinis Præmonstratensis annales. — Par Hugo, abbé d'Étival, 1734-1739.

Ordre de Malte. — Titres des commanderies de cet ordre : Arch. de la Meurthe.
Origine de la très-illustre maison de Lorraine. — Par le P. Benoît Picart, 1704.
Papier des noms et surnoms du fait et gouvernement de l'entreprinse des paysans luthériens, etc. 1525. — Manuscrit : Arch. de la Meurthe, publié par M. H. Lepage dans le t. VI du Recueil de documents sur l'histoire de Lorraine; Nancy, 1861.
Phalsbourg. — Comptes du domaine de Phalsbourg : Arch. de la Meurthe.
Poleum universale diœcesis Tullensis. — Manuscrit du XVIIIᵉ siècle : Collection de M. J. Desnoyers. (Voy. la note p. 161.)
Polium des duchés de Lorraine et Barrois, par Bugnon. 1710. — Manuscrit : Collections de M. le docteur Simonin père et de M. le conseiller Beaupré.
Polyptyque de l'abbaye de Mettloch. — Rôle de parchemin de 12 pieds de longueur, écrit par différentes mains, du Xᵉ au XIIᵉ siècle, chez M. Boch, propriétaire à Mettloch (notes communiquées par M. le docteur Sternberg, de Trèves).
Polyptyque (autre) de l'abbaye de Mettloch. — Manuscrit du Xᵉ siècle : Archives provinciales de Coblentz (notes communiquées par M. Ch. Abel).
Polyptyque de l'abbaye de Prüm. — Manuscrit : Arch. provinciales de Coblentz (notes communiquées par M. Ch. Abel).
Pont-à-Mousson. — Comptes du domaine de Pont-à-Mousson : Arch. de la Meurthe. — Voir *Commanderie, Sainte-Marie.*
Pouillé du diocèse de Metz, dressé en 1642. — Manuscrit : Bibliothèque impériale, fonds Saint-Germain français, n° 1069. — Voir *Topographie ecclésiastique.*
Pouillé du diocèse de Metz. — Manuscrit du XVIIIᵉ siècle : Bibliothèque publique de Metz.
Pouillé du diocèse de Nancy, par l'abbé Chatrian, 1779. — Manuscrit : Bibliothèque de l'évêché de Nancy.

---

* L'Histoire de Toul, l'Histoire de Lorraine et celle de Metz sont indiquées dans le Dictionnaire par les abréviations H. T., H. L. et H. M.

INTRODUCTION.

Pouillé du diocèse de Toul, par Rice. 1707. — Manuscrit : Arch. de la Meurthe. — Voir *Topographie ecclésiastique.*

Pouillé ecclésiastique et civil du diocèse de Toul. — Par le P. Benoît Picart, 1711.

Prêcheresses de Nancy. — Titres de ce couvent : Arch. de la Meurthe.

Prény. — Comptes du domaine de Prény : Arch. de la Meurthe.

Prüm. — Voir *Polyptyque.*

Ptolémée. — Voir *Géographie.*

Pulligny. — Comptes du domaine de Pulligny : Arch. de la Meurthe.

Receveurs généraux de Lorraine. — Comptes des receveurs généraux : Arch. de la Meurthe.

Regestrum beneficiorum diœcesis Tullensis, anno 1402. — Signalé par M. J. Desnoyers. — Bibliothèque impériale, manuscrits latins, n° 5208. (Voy. la note p. 161.)

Registre de l'officialité de Toul. — Archives de la Cour impériale de Nancy. (Voy. la note p. 161.)

Registres capitulaires. — Voir *Cathédrale.*

Rengéval. — Voir *Cartulaire.*

Rosières-aux-Salines. — Comptes du domaine de Rosières : Arch. de la Meurthe; arch. de cette ville.

Saint-Arnou. — Titres de cette abbaye : Arch. de la Moselle (notes communiquées par M. Ch. Abel).

Saint-Epvre de Toul. — Titres de cette abbaye : Arch. de la Meurthe.

Saint-Georges. — Voir *Collégiale.*

Saint-Jean-de-Bassel. — Voir *Terrier.*

Saint-Julien. — Voir *Hospice.*

Saint-Léopold de Nancy. — Titres de cette abbaye : Arch. de la Meurthe.

Saint-Maximin. — Voir *Cartulaire.*

Saint-Pierre de Metz. — Titres de ce chapitre : Arch. de la Meurthe.

Saint-Remy de Lunéville. — Titres de cette abbaye : Arch. de la Meurthe.

Saint-Vincent de Metz. — Titres de cette abbaye : Arch. de la Moselle (notes communiquées par M. Ch. Abel).

Sainte-Glossinde. — Titres de cette abbaye : Arch. de la Moselle (notes communiquées par M. Sauer, archiviste).

Sainte-Marie de Pont-à-Mousson. — Titres de cette abbaye : Arch. de la Meurthe.

Salival. — Voir *Cartulaire.*

Salm. — Comptes du domaine de Salm : Arch. de la Meurthe.

Sanzey. — Arch. de la commune.

Sarraltroff. — Arch. de la commune.

Sarrebourg. — Comptes du domaine de Sarrebourg : Arch. de la Meurthe; arch. de cette ville. — Voir *Obituaire.*

Séminaire de Toul. — Titres de cette maison : Arch. de la Meurthe.

Table des villes, villages, etc. sous le ressort du parlement de Nancy, 1782. — Imprimée à la suite de l'Analyse des coutumes, etc. par Riston. Nancy, 1782.

Table théodosienne ou de Peutinger.

Tarquinpol. — Titres de la cure : Arch. de la Meurthe.

Terrier de la châtellenie de Moyen. — Manuscrit du XVII° siècle : Arch. de la Meurthe.

Terrier de la commanderie de Saint-Jean-de-Bassel. — Manuscrit du XVIII° siècle : Arch. de la Meurthe.

Tertia vita sancti Hidulphi. — Dans dom Belhomme, *Historia Mediani monasterii.*

Thiaville. — Arch. de la commune.

Tiercelins de Bayon. — Titres de ce couvent : Arch. de la Meurthe.

Tiercelins d'Einville. — Titres de ce couvent : Arch. de la Meurthe.

Topographie ecclésiastique de la France. — Par M. J. Desnoyers, dans l'Annuaire de la Société de l'histoire de France, année 1859; composée, pour le diocèse de Metz, d'après un pouillé de 1539, et pour le diocèse de Toul, d'après des documents du XIV° au XVII° siècle.

Toul. — Arch. de la ville. — Voir *Cathédrale, Saint-Epvre, Séminaire.*

Trésor des Chartes de Lorraine. — Arch. de la Meurthe. — La lettre *l* placée à la suite de l'abréviation *tr. des ch.* indique la layette. Pour les registres, on a donné les cotes de l'inventaire moderne.

Trèves. — Voir *Saint-Maximin.*

Turquestein. — Comptes du domaine de Turquestein : Arch. de la Meurthe.

Vahl. — Arch. de la commune.

Vannes. — Arch. de la commune.

Vaudémont. — Comptes du domaine de Vaudémont : Arch. de la Meurthe.

Venantii Fortunati opera. — Venantius Fortunatus vivait sur la fin du VI° siècle.

Vergaville. — Titres de cette abbaye : Arch. de la Meurthe.

Vézelise. — Arch. de la ville.

Vic. — Voir *Collégiale.*

Vie de saint Gérard. — Composée par Vidric, abbé de Saint-Epvre, qui vivait au X° siècle : Histoire de Lorraine, t. I, preuves.

Vie des successeurs de saint Hidulphe. — Composée par Valcandus, abbé de Moyenmoutier, qui vivait à la fin du X° siècle : Histoire de Lorraine, t. I, preuves.

Vie du B. Jean de Vandières (Vita beati Johannis abbatis Gorziensis). — Dans les Bollandistes.

Vita sancti Bernardi. — Dans les Bollandistes.

Vita sancti Vedasti. — Dans les Bollandistes.

Viviers. — Titres de ce prieuré; comptes du domaine de Viviers; inventaire des titres de la baronnie, manuscrit du XVIII° siècle : Arch. de la Meurthe.

Vuisse. — Titres de la cure : Arch. de la Meurthe.

Widranges. — Titres de cette famille : Collection de M. le comte de Widranges, à Bar-le-Duc.

DICTIONNAIRE TOPOGRAPHIQUE

DE

LA FRANCE.

DÉPARTEMENT

DE LA MEURTHE.

A

ABAUCOURT, c^{on} de Nomeny. — *Aubocurt et Aubocourt*, 1178 (ch. de la coll. de Fénétrange et Tr. des ch. l. Fénétrange IV, n° 6). — *Aubacour*, 1330 (*ibid.* l. Nomeny II, n° 32). — *Abocourt*, 1421 (*ibid.* l. Blâmont fiefs, n° 87). — *Abocourt-près-Nommeny*, 1549 (dom. de Pulligny).

ABONCOURT ou ABONCOURT-SUR-SEILLE, c^{on} de Château-Salins. — *Aboni curtis*, 822 (Hist. de l'abb. de Saint-Mihiel, p. 428). — *Abbonis curtis*, 1106 (*ibid.* p. 453). — *Aboncort*, 1370 (Tr. des ch. l. Nomeny II, n° 8). — *Abocourt*, 1477 (dom. d'Amance). — Le fief d'Aboncourt relev. de la châtell. d'Amance, baill. de Nancy.

ABONCOURT ou ABONCOURT-EN-VOSGE, c^{on} de Colombey. — *Villa cui Aboniscurtis nomen est*, 800-813 (H. T. p. 274). — *Auboncourt*, 1375 (reg. cap. de la cath. de Toul). — Le fief d'Aboncourt relev. du comté de Vaudémont.

ABOUTS (LES), f. c^{ne} d'Hériménil. — *Grangia Aubues*, 1262 (ch. de l'abb. de Beaupré). — *Abowes*, 1331 (*ibid.*). — *Les Aboues*, 1491 (dom. de Lunéville). Cette ferme donne son nom à un ruisseau, dit aussi *de Champel*, qui prend sa source au-dessus de Jolivet, passe sur le territoire de cette commune et se jette dans la Vezouse.

ABRESCHWILLER, c^{on} de Lorquin. — *Ecclesia Elberswylre*, v. 1050 (H. L. I. c. 431). — *Parochia de Helbeswilre*, 1260 (Tr. des ch. l. Hesse, n° 2). — *Elberswilre*, 1285 (*ibid.* n° 9). — *Ebersweiller*, 1594 (dén. de la Lorr.). — *Elbersveiler*, 1671 (titres du comté de Dabo). — *Allerscheviller*, 1719 (alph.). — — *Abresviler*, germanice *Elbersweiler*, 1751 (Als. ill. II, p. 194). — *Eiberschweiller*, 1790 (div. du dép.).

ABREUVOIR (L'), f. c^{ne} de Chanteheux.

ACHAIN, c^{on} de Château-Salins. — *Finis Archesingas in pago Muslinse* (?), 857 (H. M. p. 31). — *Walterus de Escheim* (?), 1259 (Tr. des ch. l. Hesse, n° 3). — *Eschen*, 1594 (dén. de la Lorr.).

ACHE (L') ou ESSE, ruiss. prend sa source à Jouy-sous-les-Côtes et à l'ancienne abb. de Rengéval, traverse la forêt la Reine, passe sur les territoires d'Ansauville, Manonville, Dieulouard, Gros-Rouvre, Minorville, Gezoncourt, Villers-en-Haye, Griscourt, Jezainville, et se jette dans la Moselle à Pont-à-Mousson. — *Fluviolus Escio* (?), 932 (ch. de l'abb. de Bouxières). — *Rivulus qui decurrit de fontibus Joey et vulgo vocatur Eyx*, 1152 (cart. de Rengéval, f° 31). — *Lou rui et lou ru d'Eys*, 1266 (*ibid.* f° 21). — *Eche*, 1711 (Tr. des ch. l. Ordonnances IV, n° 155).

ADELHOUSE, f. c^{ne} de Rhodes. — *Adelhusen, Edelhousen, villa de Edelhusen*, xve s. (obituaire de la coll.

de Sarrebourg). — *Adelbehousse*, 1720 (inv. de l'abb. de Haute-Seille). — *Hadelhouze*, 1756 (dép. de Metz). — *Adrehous* (Cassini). — Le fief d'Adelhouse relev. de la châtell. de Fribourg, baill. de Vic.

ADOMÉNIL, f. et chât. c^ne de Rehainviller, à laquelle il a été réuni en 1820; village en 1594. — *Aldenh vicus*, 1034 (ch. de l'abb. de Saint-Remy). — *Audenmanile*, 1140 (*ibid*.). — *Audoimesny* et *Audemaisnil*, 1315 (Tr. des ch. l. Lunéville I, n°s 20 et 21). — *Audomesnil*, 1476 (dom. de Lunéville). — *Auxdomesnil*, 1481 (*ibid*.). — *Adomesnil*, 1497 (*ibid*.). — *Hadommesnil*, 1538 (*ibid*.).

AFFRACOURT, c^on d'Haroué. — *Fratbodi curtis*, xe siècle (*Hist. eps. tull. ad ann.* 872-894, H. L. I. c. 129). — *Offroicourt*, 1350 (Tr. des ch. l. Nancy I, n° 117). — *Affraucourt*, 1420 (dom. de Nancy). — *Auffroicourt*, 1522 (*ibid*.). — *Affroicourt*, 1527 (arch. de la commune). — *Aufferaucourt*, 1558 (*ibid*.). — *Offraucourt*, 1563 (*ibid*.). — *Offracourt*, 1594 (dén. de la Lorr.). — Le fief d'Affracourt relev. de la châtell. de Nancy, baill. de cette ville.

AFFRIQUE, côte, près du village de Ludres, où se voient les vestiges d'un camp romain; ainsi appelée d'une terre que la famille de Ludres possédait en Bourgogne.

AGINCOURT, c^on de Nancy-Est. — *Engincurt*, 875 (ch. de l'abb. de Sainte-Glossinde). — *Engincurtis*, 932 (*ibid*.). — *Augecourt*, 1130 (ch. de l'abb. de Bouxières). — *Agencort*, 1193-1198 (H. L. II, c. 374). — *Engiencourt*, 1389 (Tr. des ch. l. Lunéville I, n° 8). — *Engiecourt*, 1420 (dom. de Nancy). — *Angiencourt*, 1424 (*ibid*.). — *Angincourt*, 1600 (dom. d'Amance).

Cette commune donne son nom à un ruisseau qui sort de la côte Sainte-Geneviève, passe sur le territoire d'Agincourt et se jette dans l'Amezule.

AGNE (L'). Voy. MORTAGNE.

AGNEULLE, seigneurie à Ceintrey.

AINE (L'), ruiss. prend sa source près de Xocourt, passe sur les territoires de Juville et de Saint-Epvre et se jette dans la Nied-Française.

AINGERAY, c^on de Toul-Nord. — *Angeriaca villa*, 922-963 (*Hist. eps. tull.* H. L. I, c. 132). — *Ecclesia in Angeliaco*, 965 (*ibid*. c. 372 et 374). — *Angeriacum*, 1050 (*ibid*. c. 429). — *Engerey*, 1492 (Tr. des ch. B. 7612). — *Angerey*, 1516 (dom. de Gondreville). — *Aingerey-lez-Gondreville*, 1565 (ch. de l'abb. de Bouxières). — *Angeräy*, 1594 (dén. de la Lorr.). — *Aingery*, 1719 (alph.).

AÎTRE (L'), h. c^ne d'Arnaville.

AÎTRE (L'), h. c^ne de Deneuvre. — *Laistre*, 1553 (dom. de Deneuvre). — *Atrium*, 1705 (État du temporel).

AÎTRE (L'), ancien ban séparé, c^ne d'Anthelupt.

AÎTRE-SOUS-AMANCE (L'), c^on de Nancy-Est (prieuré de Bénédictins fondé au xie siècle). — *Ecclesia Sancte Marie sub Asmantia*, 1137 (H. L. II, c. 313). — — *Capella Beate Marie sub Asmantia*, 1210 (*ibid*. c. 418). — *Laitre-desouz-Amance*, 1298 (Tr. des ch. l. Fiefs de Nancy, n° 149). — *Laistre-soubz-Amance*, 1550 (dom. d'Amance).

AJONCOURT, c^on de Delme. — *Agnaldi curtis*, 777 (Hist. de l'église de Strasbourg, p. 128). — *Ajoncourt-sur-Saille*, 1411 (Tr. des ch. l. Amance, n° 12). — *Ageoncourt-sur-Saille*, 1498 (cures, fabriques, etc.). — *Adjoncourt*, 1550 (dom. d'Amance). — Le fief d'Ajoncourt relev. de la châtell. d'Amance, baill. de Nancy.

ALAINCOURT OU ALAINCOURT-LA-CÔTE, c^on de Delme. — *Allaincourt*, 1549 (dom. de Pulligny). — Le fief d'Alaincourt relev. de la châtell. d'Amance, baill. de Nancy.

ALANGATTE. Voy. LANDBACH.

ALBA, usine, c^ne de Saint-Nicolas; autref. moulin, puis papeterie. — *Alba-lez-Saint-Nicolas*, xviie siècle (titre de la coll. Saint-Georges).

ALBE (L'), ruiss. prend naissance au-dessus d'Amenoncourt, passe sur les territoires de Gondrexon, Autrepierre, Verdenal et Domèvre, et se jette dans la Vezouse entre Saint-Martin et Domèvre. — *Lou rui d'Albes*, 1363 (Tr. des ch. l. Blâmont I, n° 121).

ALBE (L'), riv. a ses sources principales à Rodalbe, Bénestroff (Meurthe) et Acherbach (Moselle); elle passe sur les territoires de Réning, Insming, Bénestroff, Vahl, Neuf-Village et Virming, reçoit les ruisseaux de Bénestroff, Gosemark, Hayrget-Greben, Lansbronn, Resgreben, Rhodes, et se jette dans la Sarre à Sarralbe. — *Fluviolus Abelica*, 712 (diplom. II, p. 434). — *Eblica in pago Salinense*, 713 (*ibid*. p. 438). — *Fluvius Ablica in pago Saroinse*, 713 (*ibid*. p. 439. Voy. Revue des Sociétés savantes, juin 1860). — *Alba*, 1675 (*Not. Gall*. p. 8).

Suivant plusieurs auteurs, le pays arrosé par cette rivière est l'*Albensis pagus* ou *Albechova* mentionné dans des diplômes du moyen âge; *Albechouva seu pagus Albensis haud dubie a fl. Alba nomen accepit* (*Not. Gall*. p. 9): ces dénominations doivent s'appliquer au Blâmontois. Voy. ce mot.

ALBÉCHAUX, f. et chap. avec pèlerinage, c^ne de Fribourg. — *Albeschot*, 1276 (ch. de l'abb. de Vergaville). — *Alberschoff* (en allemand *Alberschoffen*), 1738 (*ibid*.). — *Albexau*, 1739 (*ibid*.). — *Alberhoff* (Cassini).

ALBESTROFF (se prononce *Allestroff*, vulgairement *Alsstroff*), ch.-l. de c^on, arrond. de Château-Salins. —

Willardesdorff (?) 966 (ch. de l'abb. de Vergaville). — *Albertoff*, v. 1050 (H. L. I, c. 431). — *Castrum de Albestorff*, 1303 (Tr. des ch. l. Hesse, n° 13). — *Aubestorf*, 1331 (*ibid.* n° 15). — *Auberstroff*, 1331 (ch. de l'abb. de Haute-Seille). — *Albistorf*, 1396 (titres de la châtell. d'Albestroff). — *Albistorff*, 1421 (*ibid.*). — *Albstorff, Altorff, Albtorff*, 1525 (papier des noms, etc.). — *Albestroph*, 1612 (titres de la châtell. d'Albestroff).

Albestroff était le chef-lieu d'une châtell. du temporel de l'évêché de Metz, baill. de Vic, qui ne comprenait dans le dép. de la Meurthe que les communes de Givrycourt et d'Albestroff, du canton de ce nom.

En 1790, Albestroff fut le chef-lieu d'un canton dépendant du district de Vic et formé des communes d'Albestroff, Hunskirich, Insming, Munster, Réning, Vibersviller et Vittersbourg. Ce canton s'accrut peu à peu des communes d'Altroff, Léning, Neuf-Village et Torcheville, enlevées à celui d'Altroff, qui fut supprimé.

ALBIN, f. (mét. franche), c^{ne} de Fribourg. — *Elbingen*, 1497 (ch. des Chartreux de Bosserville).

ALINCOURT, h. c^{ne} de Bioncourt. — *Alincort*, 1180 (*Ord. præm. ann.* II, c. 454). — *Allincort*, 1252 (cart. de l'abb. de Salival). — *Ailleincourt*, 1285 (Tr. des ch. l. Fiefs de Lorr. I, n° 9). — Le fief d'Alincourt relev. de la châtell. de Nancy, baill. de cette ville.

ALLAIN-AUX-BŒUFS (mieux *Alain*), c^{on} de Colombey. — *Alanum*, 836 (H. L. I, c. 301). — *Alamnum*, 936 (*ibid.* 343). — *Atannum*, 965 (*ibid.* 375). — *Ailain* et *Allein*, 1305 (Tr. des ch. l. Gondreville, n° 34). — *Allain-aux-Beufz*, 1525 (arch. de la commune).

ALLAMPS, c^{on} de Colombey. — *Alonum*, xe siècle (*Hist. eps. tull. ad ann.* 622-654, H. L. I, c. 126). — *Alona*, 1218 (*ibid.* II, c. 427). — *Alum*, 1260 (ch. du séminaire de Toul). — *Alon, Aulon*, 1263 (*ibid.*). — *Alomps*, 1388 (Tr. des ch. l. Gondrecourt, n° 97). — *Allamp*, 1549 (dom. de Pulligny).

En 1790, Allamps fut le chef-lieu d'un canton dépendant du district de Toul et formé des communes d'Allamps, Bagneux, Barisey-au-Plain, Barisey-la-Côte, Gibeaumeix, Housselmont, Mont-l'Étroit, Saulxures-lez-Vannes, Uruffe et Vannes.

ALLEMAGNE (CHEMIN D'), anc. voie, c^{ne} d'Abreschwiller, se dirigeant vers Wische (Vosges).

ALLEMAGNE (CHEMIN D'), anc. voie, c^{ne} de Bertrambois, se dirigeant vers Raon-lez-l'Eau; elle se continue sur le territoire de cette commune et forme la séparation des départements de la Meurthe et des Vosges.

ALLEMAGNE (CHEMIN D'), anc. voie, c^{ne} de Lafrimbolle, se dirigeant vers Bertrambois, avec embranchement sur Turquestein.

ALLEMAGNE (CHEMINS D'), c^{nes} de Pexonne, Pierre-Percée, Turquestein et Val-de-Bon-Moutier.

ALLEMAGNES (SENTIER DES), c^{ne} de Moyenvic.

ALLEMAND (CHEMIN DE L'), c^{ne} de Vathiménil.

ALLEMANDS (CHEMINS DES), c^{nes} de Bacourt, Bionville, Bourgaltroff et Prévocourt.

ALLENCOMBE, h. c^{ne} d'Angomont; village ruiné au XVIIe siècle. — *Alcincombe*, 1257 (ch. de l'ordre de Malte). — *Alleincombe*, 1329 (Tr. des ch. l. Blâmont I, n° 84). — *Moitresse d'Alencombe*, 1590 (dom. de Salm). — *Alancombe*, 1719 (alph.) — *Allancomble* (Cassini).

ALMACES (LES), ruiss. prend sa source à Coincourt, passe sur le territoire de cette commune et se jette dans le Sanon.

ALOEUF (L'), c^{on} de Vézelise; commune formée des trois hameaux de Puxe, Velle et Souveraincourt. C'était le siége d'une féauté supérieure, créée au XIIIe siècle, et à laquelle se portaient les appels des mairies voisines. — *Les Alieufz, Alieuf*, 1487 (dom. de Vaudémont). — *Allieuf*, 1500 (*ibid.*). — *Lallœuf*, 1600 (*ibid.*).

ALSINE, mⁱⁿ, c^{ne} de Barbonville, construit en 1612.

ALSING (L'), f. c^{ne} de Gosselming. — *Altzingen*, 1526 (Tr. des ch. l. Steinzel, n° 18).

ALTBAU (*Altebove* ou *Altebaw*, vieux bâtiment), anc. chât. à Fénétrange, sur l'emplacement duquel a été construit le collége, auj. petit séminaire.

ALTEVILLE ou ROUGE-MOITRESSE, f. chât. et chap. c^{ne} de Tarquinpol, construits, en 1564, au lieu dit Altweiller ou Altwiller. — *Altweiller*, 1564 (Tr. des ch. reg. B. 36, f° 52 v°). — *Rouge-Moitrosse*, 1719 (alph.).

En 1790, Alteville fut le chef-lieu d'un canton dépendant du district de Dieuze et formé du hameau d'Alteville et des communes d'Assenoncourt, Azoudange, Desseling, Guermange, Tarquinpol et Zommange. Ce canton fut supprimé peu de temps après, et les communes qui le composaient réparties entre ceux de Dalhain (Desseling), Dieuze (Tarquinpol, Zommange) et Fribourg (Assenoncourt, Azoudange, Guermange).

ALTKOPFF (RUINES D'), c^{ne} de Walscheid, indiquées sur la carte de l'état-major.

ALTMÜHL, mⁱⁿ, c^{ne} de Dabo.

ALTMÜHL, éc. c^{ne} d'Hilbesheim.

ALTROFF, c^{on} d'Albestroff. — *Lai maison* (le château) *d'Altorph* et *Altorff*, 1339 (Tr. des ch. l. Deux-Ponts, n° 13). — *Altorf*, 1476 (dom. de Dieuze).

— *Altorff, Alstorff,* 1525 (papier des noms, etc.).
— *Alstorf-lès-Leyningen,* 1594 (dén. de la Lorr.).
— *Frey-Altroff,* 1628 (Tr. des ch. l. Dieuze II, n° 12). — *Franc-Altorff,* 1630 (*ibid.* n° 14). — Le fief d'Altroff relev. de la châtell. de Marimont, baill. d'Allemagne.

Altroff fut, en 1790, le chef-lieu d'un canton dép. du district de Dieuze et formé des communes d'Altroff, Bénestroff, Bermering, Léning, Neuf-Village, Torcheville, Vahl et Virming. Ce canton fut supprimé peu de temps après, et les communes qui le composaient réparties dans les cantons d'Albestroff (Altroff, Léning, Neuf-Village, Torcheville, Vahl) et de Conthil (Bénestroff, Bermering, Virming).

ALTROFF (Ruisseau d'). Voy. GOSEMARK.

ALWALD, f. c^{ne} de Rodalbe. — Cette ferme donne son nom à un ruisseau dit aussi du *Bois-du-Chauffeur.* Voy. ce mot.

AMANCE, bourg, c^{on} de Nancy-Est, anciennement ville, qualifié au xvie siècle, par le géographe Gérard Mercator, d'*antiqua Lotharingiæ cancellaria.* — *Ahmantia,* 875 (ch. de l'abb. de Sainte-Glossinde). — *Amansia,* fin du ixe siècle (Bertaire, *Hist. eps. virdunens.* n° vi. Les imprimés portent *ad Mantuam*). — *Asmantia,* 932 (ch. de l'abb. de Sainte-Glossinde). — *Amantium castrum,* 1033 (H. T. p. 25). — *Gerardus de Hasma[nc]ia,* v. 1070 (coll. Moreau, t. XXX, f° 78). — *Asmancium,* 1094 (H. L. I, c. 498). — *Amantia,* 1208 (*ibid.* II, c. 376). — *Esmancia,* 1218 (Als. dipl. I, p. 335). — *Amancia,* 1249 (ch. de l'abb. de Clairlieu). — *Amance-lou-Chastel,* 1285 (Tr. des ch. l. Fiefs de Lorr. I, n° 9). — *Aumance,* 1324 (*ibid.* l. Blâmont I, n° 78). — *Asmantia,* xvie siècle; compilation faite sur des documents anciens (Hist. des ducs et comtes de Champagne, II, p. 137).

Lors de la formation du dioc. de Nancy, en 1778, Amance devint le chef-lieu d'un doyenné, dép. de l'archidiaconé de cette ville et comprenant les paroisses d'Agincourt, Amance, Art-sur-Meurthe, Bouxières-aux-Chênes, Bouxières-aux-Dames, Cercueil, Champenoux, Dommartemont, Erbéviller, Essey-lez-Nancy, Eulmont, Lay-Saint-Christophe, Malzéville, Moulins, la Neuvelotte, Séchamps et Velaine-sous-Amance.

Amance était, dès le xiie siècle, le siège d'un comté dont l'origine est inconnue : *Fridericus comes Asmantiæ,* 1137 (H. L. II, c. 313). En 1594, il était le chef-lieu d'une châtell. dép. du baill. de Nancy, et qui comprenait, dans le département de la Meurthe, des communes appartenant aux cantons de Château-Salins, Delme, Lunéville-Nord, Nancy-Est, Nomeny, Pont-à-Mousson et Saint-Nicolas, savoir : Aboncourt, Amelécourt, Bioncourt, Château-Salins, Coutures, Fresnes-en-Saulnois, Gerbécourt, Lubécourt, Mazerules, Puttigny, Salone, Sornéville, Vannecourt et Vaxy, du canton de Château-Salins; Ajoncourt, Alaincourt, Chicourt et Lucy, du canton de Delme; Courbessaux et Hoëville, du canton de Lunéville-Nord; Agincourt, l'Aître-sous-Amance, Amance, Bouxières-aux-Chênes, Champenoux, Dommartin-sous-Amance, la Neuvelotte et Lay-Saint-Christophe (en partie), du canton de Nancy-Est; Armaucourt, Arraye-et-Han, Brin, Clémery, Lanfroicourt, Moivron et Villers-lez-Moivron, du canton de Nomeny; Morville-sur-Seille, du canton de Pont-à-Mousson; Cercueil, du canton de Saint-Nicolas. — En 1698, Amelécourt, Château-Salins, Fresnes-en-Saulnois, Lay-Saint-Christophe, Villers-lez-Moivron et Morville-sur-Seille furent détachés du ressort d'Amance, devenu siège d'une prévôté, pour être compris dans d'autres circonscriptions, et on y réunit Chambrey, du canton de Château-Salins; Jallaucourt, du canton de Delme; Abaucourt et Leyr, du canton de Nomeny.

En 1790, Amance fut le chef-lieu d'un canton dépendant du district de Nancy et formé des communes d'Agincourt, l'Aître-sous-Amance, Amance, Armaucourt, Bey, Bouxières-aux-Chênes, Brin, Dommartin-sous-Amance, Eulmont, Lanfroicourt et Lay-Saint-Christophe.

Les armes d'Amance, blasonnées dans l'Armorial de Lorraine, sont : *de Lorraine simple, c'est-à-dire d'or à la bande de gueules chargée de trois alérions d'argent.*

AMBION, f. c^{ne} de Malzéville.

AMELÉCOURT, c^{on} de Château-Salins. — *Almerega curtis,* 777 (Hist. de l'église de Strasbourg, pr. p. 128). — *Almerici curtis,* 822 (Hist. de l'abb. de Saint-Mihiel, p. 428). — *Almeri curtis,* 1106 (*ibid.* p. 455). — *Americurt,* 1180 (Ord. præm. ann. II, c. 454). — *Aumereicort,* 1277 (Tr. des ch. l. Marsal I, n° 1). — *Amelcornt, Ammelecourt, Amelcuria,* 1318 (cart. de l'abb. de Mettloch). — *Ameleicort,* 1339 (Tr. des ch. l. Blâmont I, n° 94). — *Amereicourt,* 1346 (*ibid.* l. Château-Salins I, n° 50). — *Amelicourt,* 1347 (*ibid.* n° 9). — *Amelcurt,* 1347 (cart. de l'abb. de Mettloch). — *Emmelcourt,* 1397 (*ibid.*). — *Emelkort,* 1421 (*ibid.*). — *Amelcourt,* 1436 (*ibid.*). — *Ammelcornt,* 1460 (*ibid.*). — *Emelcourt,* xve s. (*ibid.*). — *Ameillecourt,* 1550 (dom. d'Amance). — *Alemecourt,* 1573 (Tr. des ch. reg. B. 1112, f° 223 v°). — *Amelaincourt*, 1613 (Tr. des ch. l. Nancy IV, n° 24). — Le fief d'Amelécourt relev. de la châtell. d'Amance, baill. de Nancy.

Amelécourt donne son nom à une forêt qui s'étend sur le territoire de cette commune et sur ceux de Lubécourt, Vaxy et Fonteny.

AMENONCOURT, c^{on} de Blâmont. — *Amenuncort*, 1274 (Tr. des ch. l. Blâmont I, n° 8). — *Amenoncourt*, 1276 et 1283 (*ibid.* n°s 9 et 12). — *Amenoncour sous lou rui d'Albes*, 1363 (*ibid.* n° 121). — *Amnoncourt*, 1667 (dom. de Turquestein). — Le fief d'Amenoncourt relev. du comté de Blâmont.

Cette commune donne son nom à un ruisseau appelé aussi *l'Albe*. Voy. ce mot.

AMERLIEU, AMÉLEU ou AMERLEU, nom que portait l'endroit où des religieux de Cîteaux vinrent, au XIIe s^e, fonder l'abb. de Clairlieu. — *Vallis de Amaluth*, 1168-1193 (ch. de l'abb. de Clairlieu).

AMES (LES), ruiss. prend sa source au-dessus de Brouville, passe sur le territoire de cette commune et se jette dans la Verdurette.

AMEZULE (L'), ruiss. prend sa source près d'Erbéviller, passe sur les territoires d'Amance, l'Aître-sous-Amance, Dommartin, Eulmont, Lay-Saint-Christophe, Bouxières-aux-Dames, et se jette dans la Meurthe. — *L'Amansuelle*, 1270 (ch. du pr. de Lay). — *Amansuele*, 1298 (Tr. des ch. l. Fiefs de Nancy, n° 149). — *L'Aumessuelle*, 1350 (ch. de l'abb. de Sainte-Marie). — *La Mezule*, 1633 (Tr. des ch. reg. B. 104, f° 73). — *Amancieule*, *Mesule* ou *Amezule*, 1779 (Descr. de la Lorr.). — *La Mancieulle*, 1783 (visite des bois de la maîtrise de Nancy).

AMIS (LES), ruiss. prend sa source sur le territoire de Xousse, passe sur ceux de la Neuveville-aux-Bois et d'Embermenil et se jette dans la Vezouse près de Marainviller.

AMON (par corruption *Anon*), bois et mont. c^{ne} de Goviller, ainsi appelés à cause de saint Amon, évêque de Toul (fin du IVe siècle), qui s'y retira, dit-on, pour vivre dans la solitude. Chaque année, la veille des Brandons, à la nuit tombante, les habitants des villages voisins viennent faire processionnellement le tour du mont d'Amon en portant des torches ou des fagots enflammés. Voy. SAINT-AMON.

ANCERVILLER, c^{on} de Blâmont. — *Ancerville*, 1272 (Tr. des ch. l. Fiefs de Lorr. I, n° 4). — *Anserville*, 1282 (*ibid.* l. Deneuvre, n° 6). — *Encerviller*, 1292 (*ibid.* l. Blâmont I, n° 26). — Ancerviller était le chef-lieu d'un ban du comté de Salm, comprenant, outre ce village, les hameaux de Josain et de Sainte-Agathe.

ANCIEN-CHÂTEAU (L'), canton du territoire d'Athienville.

ANCIEN MOULIN-À-VENT (L'), éc. c^{ne} de Manoncourt-en-Vermois.

ANCIENNE-ÉGLISE (CHEMIN DE L'), c^{ne} d'Hoëville.

ANCIENNE-FERME (L'), fief à Vilcey-sur-Trey.

ANCIENNE-MAISON-DE-CURE (L'), éc. c^{ne} de Manonviller.

ANCIENNE-TUILERIE (L'), f. c^{ne} de Vitrimont.

ANDILLY, c^{on} de Domèvre. — *Arduno* (Epit. eps. tull. H. L. I, c. 165). — *Locus qui dicitur Ardinio* (Hist. eps. tull. ad ann. 600-622, H. L. I, c. 126, attribué à Andilly par Benoît Picart, H. T. texte, p. 250). — *Ecclesia villæ quæ dicitur Andeleriis*, 986 (H. L. I, c. 392). — *Andeliers*, 1050 (*ibid.* c. 429). — *Andilliers*, 1290 (cart. d'Apremont, n° 118). — *Andelliers*, 1315 (Tr. des ch. l. Viviers, n° 10). — *Antillier*, 1385 (dom. de Pont-à-Mousson). — *Andeley*, *Andeiley*, 1460 (Tr. des ch. l. Apremont, 8e liasse, n° 5). — *Andillier*, 1602 (dom. de Pont-à-Mousson). — Le fief d'Andilly relev. de la baronnie et du baill. d'Apremont.

ANGES (LES), ruiss. prend sa source dans la forêt de Parroy, passe sur les territoires de Crion, Hénaménil et Bauzemont et se jette dans le Sanon.

ANGOMONT, c^{on} de Baccarat. — *Angoimont*, 1329 (Tr. des ch. l. Blâmont I, n° 84). — *Angaumont*, 1719 (alph.). — Ce village était le chef-lieu d'une seigneurie dite le Ban-le-Moine, du comté de Salm. Les ducs de Lorraine avaient un haras à Angomont au XVIIe siècle.

ANGVILLER, c^{on} de Fénétrange. — *Angwilre*, 1295 (ch. de l'abb. de Vergaville). — *Angwiller*, 1476 (dom. de Dieuze). — *Angueviller*, 1553 (*ibid.*). — *Anweiler*, XVIe siècle (carte de Mercator). — *Angweiller*, 1594 (dén. de la Lorr.). — *Anviller* ou *Anweiller*, 1719 (alph.). — *Anguiller* (Cassini). — Le fief d'Angviller relev. de la châtell. de Dieuze, baill. d'Allemagne.

Angviller fut, en 1790, le chef-lieu d'un canton dép. du district de Dieuze et formé des communes d'Angviller, Bisping, Cutting, Insviller, Lhor, Lostroff, Loudrefing, Mittersheim et Rorbach. Ce canton fut supprimé peu de temps après, et les communes qui le composaient réparties dans ceux de Bassing (Cutting, Insviller, Lhor, Lostroff, Loudrefing, Rorbach), de Fénétrange (Mittersheim) et de Fribourg (Angviller, Bisping).

ANSAUVILLE, c^{on} de Domèvre. — *Ansoldi-villa*, 1078-1093 (H. L. I, c. 476). — *Via de Bouc ad Ansulivillam*, 1152 (cart. de Rengéval, f° 32). — *Terra Sancti Vedasti in parochia de Ansauville*, 1218 (*ibid.* f° 15 v°). — *Aussainville*, 1387 (Tr. des ch. l. Saint-

Mihiel, n° 62). — *Ansaville*, 1473 (*ibid.* n° 161). — *Ansavilles*, 1518 (dom. de Mandres). — *Ansaulaville*, 1584 (cart. de Bouconville, f° 131). — *Ansouville* ou *Ansauville*, 1719 (alph.).

Ansoncourt, f. c^{ne} de Réménauville. — *Adsoloni mansus, in pago Scarponense* (?), 899 (H. M. p. 51). — *Aulsoncourt*, 1436 (arch. de la maison du Châtelet).

Anstetthoff, f. c^{ne} de Walscheid, construite en 1722.

Anthelupt, c^{on} de Lunéville-Nord. — *Ecclesia de Antelu*, 1125 (Tr. des ch. l. Abb. de Senones, n° 6). — *Anthlù*, 1152 (*ibid.* n° 8). — *Antheleu*, 1272 (*ibid.* l. Blâmont fiefs, n° 6). — *Anthelu*, 1290 (ch. du pr. de Ménil). — *Ecclesia de Anthio loco*, 1342 (ch. de la coll. Saint-Georges). — *Antheluy* et *Anthelui*, 1522 (dom. de Nancy). — *Antelu*, 1545 (dom. de Lunéville). — *Pagus de Antelupano*, 1710 (cure de Dombasle : arch. de la Meurthe). — Les Antelupt, à cause des deux seigneuries dites le ban de Crévic et le ban de l'Aître, 1783 (visite des bois de la maîtrise de Nancy).

Apremont, c^{ne} de la Meuse, c^{on} de Saint-Mihiel, était, en 1594, le chef-lieu d'un baill. qui comprenait, dans le dép. de la Meurthe, Andilly, Beaumont, Gros-Rouvre, Hamonville et Minorville, du canton de Domèvre; Mailly, du canton de Nomeny; Dieulouard, Jezainville et Ville-au-Val, du canton de Pont-à-Mousson; Bayonville (en partie), Bouillonville, Charey, Essey-et-Maizerais, Euvezin, Saint-Baussant, Seicheprey et Xammes, du canton de Thiaucourt; Écrouves, Ménil-la-Tour et Sanzey, du canton de Toul-Nord; Blénod, du canton de Toul-Sud. En 1698, plusieurs de ces communes furent comprises dans les prévôtés de Bouconville, Pont-à-Mousson et Thiaucourt; les autres restèrent dans la prévôté du comté d'Apremont, et l'on y ajouta Lironville, du canton de Thiaucourt.

Aquitaine (Chemin de l'), c^{ne} d'Arracourt.

Ar (L') ou le Rupt-d'Ar, ruiss. prend sa source près de Germiny et se jette dans la Moselle sur le territoire de Pierre.

Arbois-le-Petit, h. (cense franche), c^{ne} de Nancy.

Arbonne, anc. étang, c^{ne} d'Atton, près duquel, suivant le récit d'Ammien-Marcellin, Jovin, maître de la cavalerie romaine, défit les Germains. — *Estang Narbonne*, près d'Acton, 1480 (Tr. des ch. l. Pont ecclés. n° 130). — *Estan de Nerbonne*, 1532 (dom. de Pont-à-Mousson).

Arbre-Sec (L') et l'Arbre-Vert, éc. et f. c^{ne} de Croismare.

Arc (L') ou Varize, seigneurie à Villacourt.

Arentières, vill. détruit, près de la Neuveville-devant-Nancy, et dont un canton du territoire de la c^{ne} a conservé le nom. — *Argenterœ in comitatu Calmontensi*, 960 (H. L. I, c. 367). — *Villa que Arenteres noncupatur*, 1201 (ch. de l'abb. de Clairlieu). — — *Arenterie*, xiiie siècle (*ibid.*).

Arlange, f. et chap. avec pèlerinage (cense, haute justice et prieuré), c^{ne} de Vuisse. — *Le priol d'Allerange*, 1476 (dom. de Dieuze). — *Allerange et Nostre-Dame de Alleranges*, 1525 (papier des noms, etc.).

Armaucourt, c^{on} de Nomeny. — *Armaucort*, 1318 (Tr. des ch. l. Pont ecclés. n° 126). — *Armacourt-sur-Ceille*, 1334 (*ibid.* l. Pont fiefs III, n° 19). — *Armaulcourt*, 1420 (dom. de Nancy). — *Armacourt*, 1424 (*ibid.*). — *Armalcourt-sur-Saille*, 1487 (Tr. des ch. l. Pont fiefs III, n° 61). — Le fief d'Armaucourt relev. de la châtell. d'Amance, baill. de Nancy.

Arnaville, c^{on} de Thiaucourt. — *Villa Alnoldi, in pago Sarminse, supra fluvium Magide*, 851 (H. M. p. 29). — *Ernaldovilla*, 858 (*ibid.* p. 32). — *Alnaldivilla in pago Scarponiense*, 884 (*ibid.* p. 45). — *Alnaldovilla*, 899 (*ibid.* p. 51). — *Ennualdivilla* (?), 936 (*ibid.* p. 59). — *Arnaldivilla*, 967 (cart. de Gorze). — *Arnavilla*, 1138 (H. L. II, c. 316). — *Hernadi villa*, 1142 (ch. de l'abb. de Sainte-Marie). — *Ecclesia Sancti Clementis in Arnaldivilla*, 1181 (H. M. p. 156). — *Ernaldi villa*, 1181 (*Ord. prœm. ann.* II, c. 137). — *Ernaville*, 1235 (ch. de l'abb. de Saint-Vincent). — *Arnadivilla*, xiiie siècle (cart. de Gorze). — Le fief d'Arnaville relev. de la châtell. de Prény, baill. de Nancy.

Aroffe (L') ou la Fontaine-des-Fées, ruiss. prend sa source au-dessus de Tramont-Lassus et se jette dans le Vicherey près d'Aroffe (Vosges). — *Fluvius Arusia*, xe siècle (*Hist. eps. tull. ad ann.* 622-654, H. L. I, c. 126).

Arracourt (par corruption *Racourt*), c^{on} de Vic. — *Alradi curtis*, 996-1018 (*Hist. eps. tull.* H. L. I, c. 165). — *Pedagium de Aracort*, 1182 (ch. de l'abb. de Beaupré). — *Arachort*, 1195 (*ibid.*). — *Auralcourt prope Vicum*, xiiie siècle (*Chr. mon. sen.* H. L. II, c. 13). — *Arraicourt*, 1420 (dom. de Nancy). — *Haracourt*, 1424 (*ibid.*). — *Aracourt*, 1427 (*ibid.*). — *Arracolt*, 1578 (Tr. des ch. reg. B. 5634). — Le fief d'Arracourt relev. de la châtell. d'Einville, baill. de Nancy.

Arracourt fut, en 1790, le chef-lieu d'un canton dép. du district de Vic, puis de celui de Château-Salins, formé des communes d'Arracourt, Athienville, Bathelémont-lez-Bauzemont, Bezange-la-Grande, Bures, Juvrecourt, Réchicourt-la-Petite et Xanrey.

Arraye-et-Han, c^on de Nomeny. — *Arrey*, 1594 (dén. de la Lorr.). — *Arrée* ou *Arraye*, 1719 (alph.). — *Arreye* (Cassini). — Le fief d'Arraye relev. de la châtell. d'Amance, baill. de Nancy.

Anscheviller, c^on de Phalsbourg. — *Erschweiller*, 1568 (Tr. des ch. l. Lixheim II, n° 9). — *Herchweiller*, 1707 (*ibid.* n° 13). — *Archeville*, 1779 (Descr. de la Lorr.).

Arc-sur-Meurthe, c^on de Saint-Nicolas. — *Arcas in pago Calvomontense*, 770 (H. L. I; c. 288). — *Arch*, 1127-1168 (ch. de l'abb. de Clairlieu). — *Allodium de Arc cum ecclesia*, 1152 (Tr. des ch. l. Abb. de Senones, n° 8). — *Archus super Mortam*, XIII° s° (Chr. mon. sen. H. L. II, c. 30). — *Archus*, 1180 (ch. de la coll. Saint-Georges). — *Ars-sûr-Meurt*, 1420 (dom. de Nancy). — *Art-suis-Meudz, Ard-suis-Meurt*, 1424 (*ibid.*). — *Arc-sur-Murt*, 1427 (*ibid.*). — *Aix-sur-Murth*, 1526 (*ibid.*). — *Art-sur-Murth*, 1539 (*ibid.*). — *Artz-sur-Meurthe*, 1594 (dén. de la Lorr.).

Aspach, c^on de Lorquin. — *Aispach*, 1586 (Tr. des ch. l. Salm, n° 69).

Assenoncourt, c^on de Réchicourt-le-Château. — *Farlonis curia*, v. 1120 (ch. de la coll. Saint-Georges). — *Assenuncuria*, 1229 (*ibid.*). — *Esselconcort*, 1297 (ch. de l'abb. de Vergaville). — *Essersdorff*, 1374 (cart. baill. d'Allemagne, fiefs, f° 140). — *Esserstorff* et *Esserstorf*, 1476 (dom. de Dieuze). — — *Essestrouff*, 1538 (*ibid.*). — *Essestroff*, 1553 (*ibid.*). — Le fief d'Assenoncourt relev. de la châtell. de Dieuze, baill. d'Allemagne.

Cette commune donne son nom à un ruisseau dit aussi de *l'Étang-de-Villers*, qui prend sa source au-dessous de Fribourg, passe sur le territoire de cette commune et sur celui d'Assenoncourt et se jette dans la Seille.

Athenay, ruiss. prend sa source à Parey-Saint-Césaire, passe sur le territoire de cette commune, sur ceux d'Houdelmont et de Xeuilley, et se jette dans le Madon.

Athienville, c^on de Vic. — *Theodericus de Attinvilla*, 1135 (ch. de l'abb. de Beaupré). — *Atinvilla*, 1127-1168 (ch. du pr. de Flavigny). — *Attivilla*, 1174 (H. L. II, c. 366). — *Atieinville*, 1296 (Tr. des ch. l. Amance, n° 2). — *La fort maison d'Atienville*, 1309 (*ibid.* l. Fiefs de Lorr. II, n° 11). — *Autienville*, 1319 (*ibid.* n° 12). — *Aithienville*, 1347 (*ibid.* n° 13). — *Estienville*, 1569 (*ibid.* reg. B. 5638). — Le fief d'Athienville relev. des châtell. d'Einville et de Lunéville, baill. de Nancy.

Cette commune donne son nom à un ruisseau qui a sa source à Athienville, passe sur son territoire et sur celui de Bezange-la-Grande et se jette dans le Moncel.

Atrée-des-Allemands (L'), c^on du territoire d'Atton où l'on croit que furent enterrés les Germains tués dans le combat que leur livra Jovin. Voy. Arbonne.

Attilloncourt, c^on de Château-Salins. — *Acloncourt*, 1477 (dom. d'Amance). — *Atheloncourt*, 1600 (*ibid.*). — *Atoloncourt*, 1617 (Tr. des ch. reg. B. 87, f° 14 v°).

Atton, c^on de Pont-à-Mousson. — *Stadonis*, 836 (H. L. I, c. 302). — *Villa Stodonis*, 932 (ch. de l'abb. de Sainte-Glossinde). — *Estons*, 1261 (Tr. des ch. l. Pont cité, n° 1). — *Atons*, 1270 (*ibid.* l. Pont ecclés. n° 125). — *Atons*, 1301 (*ibid.* l. Apremont, 49° liasse, n° 13). — *Athons*, 1306 (*ibid.* l. Pont-à-Mousson, n° 16). — *Esthons*, 1324 (*ibid.* n° 18). — *Atos ultra Pontem*, 1359 (ch. de l'abb. de Saint-Epvre). — *Acton*, 1480 (Tr. des ch. l. Pont ecclés. n° 130). — *Atton* ou *Hatton*, 1719 (alph.). — *Etton-devant-le-Pont*, 1724 (titre de l'abb. de Saint-Epvre). — Le fief d'Atton relev. du marquisat de Pont-à-Mousson.

Aubert, m^in, c^ne de Germiny. La carte de l'état-major l'appelle *Saint-Mansuy*.

Aulne (L'), m^in, c^ne de Crévic. — *Le molin d'Aulne assis sur Saignon*, 1512 (dom. d'Einville). — *Les Aulnes*, m^in et seigneurie, 1616 (Tr. des ch. l. Einville, n° 57).

Aulnes (Les), ruiss. prend sa source à Leintrey, passe sur le territoire de cette commune et sur celui de Remoncourt et se jette dans le Remiremont.

Aulnois ou Aulnois-sur-Seille, c^on de Delme. — *Alnet*, 1121 (H. L. II, c. 266). — *Ennoy*, 1329 (Tr. des ch. l. Nomeny II, n° 32). — *Anois, Anoi*, 1334 et 1335 (*ibid.* l. Pont fiefs, n°^s 104 et 111). — *Aulnoy-sur-Seille*, 1779 (Descr. de la Lorr.). — Le fief d'Aulnois relev. du marquisat de Pont-à-Mousson. Il fut le siége d'un marquisat érigé en 1726.

Autrepierre, c^on de Blâmont. — *Alta petra*, XIV° siècle (*Chron. Med. monast. in Hist. Mediani monasterii*, p. 155). — *Altrepierre*, 1364 (Tr. des ch. l. Blâmont I, n° 124).

Autreval, f. c^ne de Bayon. — *Atreval* et *Autrevaux*, 1779 (Descr. de la Lorr.).

Autreville, c^on de Pont-à-Mousson. — *Altera villa*, 896 (H. T. p. 12). — *Ultris, Utris villa, in comitatu Scarponinse*, 932 (ch. de l'abb. de Bouxières). — *Altrivilla*, 936 (H. L. I, c. 343). — *Atreville*, 1424 (dom. de Nancy). — *Aultreville*, 1600 (*ibid.*).

Autreville, éc. c^ne de Bouillonville.

Autrey ou Autrey-sur-Madon, c^on de Vézelise. — *Alodium de Atreio*, 1142 (ch. du pr. de Flavigny). —

Alteria, 1183 (ch. de l'abb. de Clairlieu). — *Autereium* et *Auterium*, 1246 (*ibid.*). — *Autrei* et *Autré*, 1260 (*ibid.*). — *Auterey*, 1349 (Tr. des ch. l. Fiefs de Lorraine I, n° 21). — *Ville et forteresse d'Aultrey*, 1456 (*ibid.* l. Vaudémont fiefs, n° 82). — *Autrey-la-Grande* et *Autrey-la-Petite*, 1490 (ch. de l'abb. de Clairlieu). — *Autrey-sur-Brénon*, 1779 (Descr. de la Lorr.). — Le fief d'Autrey relevait du comté de Vaudémont. Il devint, en 1720, le siége d'une baronnie qui fut unie au marquisat d'Haroué en 1764.

AUTREY, seigneurie ou fief à Bouzanville.

AUXONNE (pron. *Aussonne*), éc. c^{ne} de Nancy. — *Aussonne*, 1782 (table des villes, etc.).

AUX-VIGNES, éc. c^{ne} de Manhoué.

AVANT-GARDE (L'), éc. c^{ne} de Pompey; château et forteresse mentionnés en 1365 (Tr. des ch. l. l'Avant-Garde, n° 7), ruinés au xviie siècle. — *Lavangarde*, 1420 (dom. de l'Avant-Garde). — *L'Avantgarde-sur-Mezelle*, 1525 (Volcyr, guerre des Rustauds, p. 41).

Le château de l'Avant-Garde était le chef-lieu d'une prévôté, bailliage de Nancy, qui comprenait, en 1594, la commune de Saizerais, du canton de Domèvre, et celles de Marbache et de Pompey, du canton de Nancy-Nord. En 1698, le chef-lieu de cette prévôté fut transporté à Pompey.

En 1623, l'Avant-Garde était le siége d'une capitainerie (dom. de l'Avant-Garde).

AVELINE (L'), ou RUISSEAU DE BÉNAMÉNIL, sort de la forêt de Mondon, passe sur le territoire de Bénaménil et se jette dans la Vezouse. — *Rivus de Avenneynnoa qui jungit banno Lunarisville (?)*, 1150 (ch. de l'abb. de Beaupré).

AVIOTS (LES) ou NOTRE-DAME-DES-AVIOTS, chap. c^{ne} de Rosières-aux-Salines. — *Avios*, 1094 (H. L. I. c. 498). — *Domus de Aviol*, 1203 (ch. de l'abb. de Belchamp). — *Notre-Dame d'Aviot*, 1306 (ch. des Jésuites de Nancy). — *Les Avieaux*, ermitage ruiné, 1719 (alph.). — *Les Aviaux* (Cassini).

AVRAINVILLE, c^{on} de Domèvre. — *Avarinvilla*, 1359 (ch. de l'abb. de Saint-Epvre). — *Apvrainville*, 1602 (dom. de Pont-à-Mousson). — *Avrainville-sur-Terrouin*, 1779 (Descr. de la Lorr.). — Le fief d'Avrainville relev. du marquisat de Pont-à-Mousson.

Avrainville fut momentanément, en 1790, le chef-lieu d'un canton transféré ensuite à Jaillon.

AVRICOURT, c^{on} de Réchicourt-le-Château. — *Avricorth*, 1127-1168 (ch. de l'abb. de Clairlieu). — *Mafridus de Everocort*, 1182 (ch. de l'abb. de Haute-Seille). — *Averoncort*, 1293 (Tr. des ch. l. Blâmont fiefs, n° 14). — *Alveroncourt*, 1432 (*ibid.* n° 91). — *Awroncort*, 1433 (*ibid.* n° 92). — Le fief d'Avricourt relev. pour partie du comté de Blâmont, pour partie du comté de Réchicourt.

AXATTE (L'), ruiss. prend sa source à Fraimbois, passe sur les territoires d'Hériménil et de Rehainviller et se jette dans la Meurthe.

AZELOT, c^{on} de Saint-Nicolas. — *Arsilleium*, 1142 (ch. du pr. de Flavigny). — *Alodium apud Asirlei*, 1127-1168 (*ibid.*). — *Aizilloi*, 1292 (*ibid.*). — *Aizeloi, Aizeloy, Aiseloy*, 1357 (*ibid.*). — *Azelloy*, 1420 (dom. de Nancy). — *Axeloy*, 1424 (*ibid.*). — *Aizelloy*, 1427 (*ibid.*). — *Azelotum*, 1535 (ch. de la coll. Saint-Georges). — *Aizellot*, 1574 (dom. de Nancy). — *Aizelois, Azelois*, 1580 (ch. de la coll. Saint-Georges). — *Hazelois*, 1589 (Tr. des ch. reg. B. 7645). — *Aizelot*, 1600 (dom. de Nancy). — *Aiselot*, 1632 (*ibid.*). — *Azelot-au-Vermois*, 1646 (Tr. des ch. B. 7572). — *Altzelot*, 1664 (cart. Fiefs de Nancy III, f° 99). — Le fief d'Azelot relev. de la châtell. de Nancy, baill. de cette ville.

AZERAILLES, c^{on} de Baccarat. — *Parochia Acervallensis; Accra vallensis*, xe siècle (*Libellus de successoribus sancti Hidulphi*, H. L. II, c. 60). — *Aiserable*, 1164 (ch. de l'abb. de Beaupré). — *Ayserable*, 1175 (*ibid.*). — *Azeraule*, 1186 (ch. de l'abb. de Haute-Seille). — *Auzeralle*, 1248 (Tr. des ch. l. Blâmont fiefs, n° 3). — *Aseraule*, 1279 (*ibid.* l. Fiefs de Nancy, n° 122). — *Aizerable*, 1280 (*ibid.* l. Blâmont I, n° 11). — *Aizeraule*, 1290 (*ibid.* l. Fiefs de Nancy, n° 129). — *Yseravle*, 1290 (*ibid.* l. Deneuvre, n° 7). — *Airzeraulle* et *Azeralle*, 1295 (*ibid.* n°s 10 et 11). — *Aseraula*, xiiie siècle (*Chr. mon. sen.* H. L. II, c. 40). — *Aeseraule*, 1296 (ch. de l'abb. de Beaupré). — *Aziraule*, 1313 (Tr. des ch. l. Deneuvre, n° 16). — *Axeraille*, 1313 (*ibid.* l. Lunéville I, n° 17). — *Exeraille*, 1315 (*ibid.* l. Deneuvre, n° 21). — *Ezerauble*, xive siècle (*ibid.* l. Blâmont fiefs, n° 91). — *Aizeraille*, 1327 (*ibid.* n° 22). — *Exeraille*, 1346 (*ibid.* l. Blâmont I, n° 100 bis). — *Eyziraille*, 1373 (*ibid.* n° 121). — *Azeraulles*, 1390 (*ibid.* l. Blâmont fiefs, n° 177). — *Azeraulle* et *Azeralle*, 1420 (dom. de Nancy). — *Axeralle*, 1424 (*ibid.*). — *Azeralles*, 1427 (*ibid.*). — *Uzeralle*, 1428 (*ibid.*). — *Ayzeraulle*, 1505 (dom. de Deneuvre). — *Aizerailles*, 1506 (dom. de Lunéville). — *Aizerrailles*, 1523 (*ibid.*). — *Aizeralle*, 1533 (dom. de Moyenmoutier). — *Aixeraille*, 1601 (dom. de Deneuvre). — *Ezerail*, 1698 (Armorial de Lorr.). — Le fief d'Azerailles relev. du comté de Blâmont.

Azerailles était, en 1594, le ch.-l. d'une prévôté, baill. de Nancy, comprenant Azerailles, Gélacourt et Glonville (en partie), du canton de Baccarat; Flin, du canton de Gerbéviller : cette dernière commune en fut détachée en 1698.

En 1790, Azerailles fut le ch.-l. d'un canton dépendant du district de Lunéville et formé des communes d'Azerailles, Chenevières, Flin, Moyen, la Ronxe, Saint-Clément et Vathiménil.

Les armoiries d'Azerailles, blasonnées dans l'Armorial de Lorraine, sont *d'azur à une bande d'or chargée d'un alérion de sable*.

Azey (Église d'), monticule entre Avricourt, Foulcrey et Réchicourt-le-Château, où il y eut, d'après la tradition, une église commune à ces trois villages.

Azoudange, c^{on} de Réchicourt-le-Château. — *Auzedanges*, 1248 (Tr. des ch. l. Fiefs divers III, n° 2). — *Azondanges*, 1301 (H. L. II, c. 553). — *Ausudainge*, 1476 (dom. de Dieuze). — *Azudanges*, 1591 (Tr. des ch. l. Dieuze, salines, n° 15). — *Hazoudange*, 1665 (titre des Chartreux de Bosserville). — *Assudange, Ausudange, Ausoudange, Aussudange*, 1719 (alph.). — *Assoudange* ou *Azoudange* (Cassini).

La commune d'Azoudange donne son nom à un ruisseau qui prend sa source près de Maizières, passe d'abord sur le territoire de cette commune, ensuite sur celui d'Azoudange, et se jette enfin dans la Seille.

B

Bac (Chemins du), c^{nes} de Champigneules et de Dieulouard.

Baccarat, ville, ch.-l. de c^{on}, arrond. de Lunéville. — *Bacquarat*, 1310 (ch. de l'abb. de Haute-Seille). — *Bakarroit*, 1314 (Tr. des ch. l. Deneuvre, n° 17). — *Beckarrat, Backarrat*, 1353 (ibid. l. Blâmont I, n° 111). — *Baccareat*, 1407 (ibid. l. Rosières II, n° 2). — *Baccarrat*, 1427 (dom. de Nancy). — *Baccaratum*, 1433 (ch. des Carmes de Baccarat). — *Baccaroy*, 1442 (Tr. des ch. l. Nomeny I, n° 3). — *Bacaroy*, 1444 (ibid. l. l'Avant-Garde, n° 14). — *Baccharat*, 1505 (dom. de Deneuvre). — *Baccara*, 1513 (dom. de Baccarat). — *Bacchi ara*, 1711 (pouillé de Toul, du P. B. Picart; dénomination à rejeter).

Baccarat, qui avait ses coutumes particulières, était le chef-lieu d'une châtellenie du temporel de l'évêché de Metz, baill. de Vic, composée de communes du canton actuel de Baccarat : Baccarat, Bertrichamps, Brouville, la Chapelle, Montigny, Neuf-Maisons, Réhéray, Thiaville, Vacqueville, Vaxainville et Veney. — Il était aussi, sur la fin du siècle dernier, le siége d'une prévôté et d'une gruerie.

Baccarat fut, en 1790, le chef-lieu d'un canton dépendant du district de Lunéville et formé des communes de Baccarat, Bertrichamps, la Chapelle, Deneuvre, Fontenoy-la-Joûte, Gélacourt, Glonville et Thiaville.

Baccarat et Deneuvre, qui ne formaient autrefois qu'une paroisse, ont été divisés en deux par décret impérial du 1er janvier 1856.

Bac-de-Liverdun (Le), éc. c^{ne} de Liverdun.

Bachats (Les), chât. c^{ne} de Rhodes. — *Les Bachas*, 1756 (dép. de Metz). — *Le Bachad* (Cassini). — Le fief des Bachats relev. de la châtell. de Fribourg, baill. de Vic.

Bach-Mühl (La), m^{in}, c^{ne} d'Hellering.

Bacourt, c^{on} de Delme. — *Badascort*, 1018 (ch. de la cathédrale de Metz). — *Castrum Bascurt* (Chr. eps. met. ad ann. 1187-1210, H. L. I, c. 67). — *Petrus de Bascors*, 1200 (ch. de l'abb. de Clairlieu). — *Bascort*, 1231-1242 (ch. de l'abb. de Saint-Arnou et de l'abb. de Saint-Vincent). — *Bacort*, 1314 (Tr. des ch. l. Viviers, n° 9). — *Baucourt*, 1317 (H. M. p. 330). — *Baucuria*, 1384 (ch. de la cath. de Toul). — *Baulcourt*, 1505 (Tr. des ch. l. Viviers, n° 41). — Le fief de Bacourt relev. de la baronnie de Viviers et du marquisat de Pont-à-Mousson.

Badal, ruiss. prend sa source à Einvaux, passe sur le territoire de cette commune, sur ceux de la Math et de Landécourt, et se jette dans la Mortagne.

Badménil, c^{on} de Baccarat. — *Bademesni*, 1280 (Tr. des ch. l. Blâmont I, n° 11). — *Baudemanil*, 1290 (ibid. l. Deneuvre, n° 7). — *Bademesnif*, 1314 (ibid. n° 17). — *Baudemény*, 1323 (ibid. l. Blâmont I, n° 76). — *Baudemasnil*, 1324 (ibid. l. Blâmont fiefs, n° 52). — *L'estant de Baldeménil*, 1382 (ibid. n° 160). — *Baldelmesnil, Bauldelmesnil*, 1420 (dom. de Nancy). — *Bauldeményl*, 1424 (ibid.). — *Haudemesnil*, 1497 (dom. de Lunéville). — *Ban de Mesnil*, 1594 (dén. de la Lorr.). — *Bademénil-sur-Meurthe*, 1779 (Descr. de la Lorr.).

Badonviller, ville, c^{on} de Baccarat. — *Alodum Baudonviler* et *Baudonviler* (Hist. eps. tull. ad ann. 996-1018, H. L. I, c. 165 et 175). — *Rainerus de Bal-*

dovillari, 1124 (*ibid.* c. 439). — *Baudonvilier*, 1357 (ch. de l'ordre de Malte). — *Baudoviller*, xiii° siècle (*Chr. mon. sen.* H. L. II, c. 45). — *Baudonvilleir*, 1386 (Tr. des ch. l. Blâmont I, n° 7). — *Bodonvillare*, xiv° siècle (*Chr. med. mon.* H. L. II, c. 76). — *La chastellerie et forteresse de Baudonviller*, 1416 (Tr. des ch. l. Blâmont II, n° 26). — *Baltzweiler*, 1552 (cosmographie). — *Pfaltzweiler*, 1665 (arch. de Fénétrange). — *Badonisvillare*, 1778 (Hist. de l'église de Strasbourg, I, pr. p. 160, note).

Badonviller, ancien fief relev. du comté de Blâmont, devint en 1698 le chef-lieu de la prévôté du comté de Salm, dépendant du baill. de Lunéville.

— Elle comprenait les communes d'Angomont, Badonviller, Bréménil, Fenneviller, Neuviller-lez-Badonviller, Pexonne, Pierre-Percée, Saint-Maurice et Sainte-Pôle, du canton de Baccarat; Ancerviller et Nonhigny, du canton de Blâmont; Parux et Saint-Sauveur, du canton de Lorquin.

Badonviller fut, en 1790, le chef-lieu d'un canton dépendant du district de Blâmont et formé des communes d'Angomont, Badonviller, Bréménil, Fenneviller, Montreux, Neuviller-lez-Badonviller, Neuf-Maisons, Pexonne, Saint-Maurice, Sainte-Pôle et Vacqueville.

Les armoiries de Badonviller, blasonnées dans l'Armorial de Lorraine, sont *de gueules à deux barbeaux adossés d'or, l'écu semé de croix recroisetées de même*.

BADONVILLER (RUISSEAU DE) OU DE NEUVILLER, a sa source sous le hameau d'Allencombe, passe sur les territoires de Bréménil et de Neuviller-lez-Badonviller et se jette dans la Blette.

BAGNESHOLTZ, f. c^{ne} de Maizières-lez-Vic.

BAGNEUX, c^{on} de Colombey. — *Baniacum*, 836 (H. L. I, c. 302). — *Banniolum* (*Hist. eps. tull. ad ann.* 963-994, *ibid.* c. 149). — *Banviolum cum ecclesia* 1065 (*ibid.* c. 456). — *Bagnuelz*, 1443 (cart. de Vaudémont domaine, f° 196). — *Baigneul*, 1528 (Tr. des ch. reg. B. 18, f° 164). — *Baigneux*, 1613 (*ibid.* l. Gondrecourt III, n° 164).

BAILLIAGE-D'ANCILLON, fief à Saizerais-Saint-Georges.

BAILLY (LE), f. c^{oe} de Turquestein.

BAILLY (LE PETIT-), éc. c^{ne} de Saint-Baussant. — *Bailly (Le)*, fief de Seicheprey, 1782 (table des villes, etc.).

BAINVILLE-AUX-MIROIRS, c^{on} d'Haroué; ainsi nommé, très-vraisemblablement, à cause d'une usine verrière qui y a existé, mais dont il n'est fait mention dans aucun document (prieuré de Bénédictins fondé au x° siècle). — *Babani villa*, 836 (H. L. I, c. 301). —

Cella Bainville, 965 (*ibid.* c. 375). — *Villa de Benvilla*, 1230 (ch. de l'abb. de Saint-Epvre). — *Ecclesia de Bainville*, 1233 (*ibid.*). — *Beinvilla*, 1248 (*ibid.*). — *La ville de Beinville*, 1267 (*ibid.*). — *Castrum seu fortis domus de Bainvilla*, 1249 (*ibid.*). — *La fort maison de Baienville*, 1291 (Tr. des ch. l. Chaligny, n° 3). — *Benvilla*, 1351 (ch. de l'abb. de Saint-Epvre). — *Bainville-sur-Moselle*, 1414 (*ibid.*). — *Bainville-suis-Muzelle*, 1424 (dom. de Nancy). — *Bainville-aux-Mirois*, 1476 (Tr. des ch. reg. B. 1, f° 349). — *Bainville-à-Miroir*, 1534 (dom. de Bainville). — *Bainville-au-Miroix*, 1543 (*ibid.*). — *Bainvile-au-Miroer, au Mirroir*, 1554 (*ibid.*). — Le fief de Bainville relevait du baill. de Châtel-sur-Moselle.

Dès le xiii° siècle Bainville était le siége d'une châtellenie (*la chastelerie de Beinvile*), 1285 (Tr. des ch. l. Châtel I, n° 4), dont la circonscription n'est pas connue. En 1534 c'était le chef-lieu d'une prévôté, *la prevostei de Bainville-à-Miroir* (dom. de Bainville), et, en 1594, celui d'une terre qui comprenait les villages de Bainville, Lebeuville, Loro-Montzey, Rozelieures et Villacourt.

BAINVILLE-SUR-MADON, c^{on} de Toul-Sud. — *Babainvilla*, 1051 (H. L. I, c. 432). — *Bibenvila*, 1196 (ch. de l'abb. de Clairlieu). — *Bainville-sur-Mauldon*, 1420 (dom. de Nancy).

Bainville donne son nom à un ruisseau qui a sa source au-dessus de Lebeuville, passe sur les territoires de ces deux communes et se jette dans la Moselle.

BALLERSTEIN, h. c^{ne} de Dabo.

BALLERSTERNKOPF, mont. c^{ne} de Dabo.

BALMONT, chât. c^{ne} de Saint-Germain.

BALTHASARD, anc. chap. à Bouxières-aux-Dames, entre le pont et le village, mentionnée en 1553 (trésorier gén. de Lorr. f° 93 v°).

BAMBACH, forêt, c^{ne} de Saint-Jean-de-Bassel.

BANCHOLZ, f. c^{ne} de Gosselming.

BAN-DE-FRIBOURG, f. c^{ne} de Diane-Capelle.

BAN-DE-LA-RIVIÈRE, nom donné à un territ. particulier, arrosé par la Vezouse, dont le vill. d'Ogéviller était le ch.-l. et qui comprenait Hablainville, Buriville, Reclonville, Vaxainville, Pettonville et Fréménil.

BAN-LE-MOINE, seigneurie composée du hameau d'Allencombe et des vill. d'Angomont, Bréménil et Fenneviller.

BAN-SAINT-PIERRE, ban particulier dans lequel étaient compris, en 1594, les villages d'Abaucourt, Jallaucourt et Pettoncourt.

BANSEY (RUISSEAU DE), DE L'ÉTANG OU DE SERRES, prend sa source dans cette dernière commune, passe sur son territoire et sur celui de Maixe et se jette dans le Sanon.

BANVOIE, ruiss. prend sa source à Zarbeling, passe sur les territoires de Lidrezing, Lidrequin, Sotzeling, Dédeling, Château-Voué, et se jette dans le ruisseau de ce nom.

BAR, montagne voisine de Toul, qui changea son nom en celui de Saint-Michel après que saint Gérard y eut fondé, au x° siècle, un prieuré et une église sous l'invocation de ce saint; il y avait aussi sur cette montagne un village appelé Barville (voy. ce mot). — *Mons qui Bar dicitur*, 836 (H. L. I, c. 301). — *Vineæ quæ sunt plantatæ ab ipsa radice montis Barri*, 971 (H. T. p. 65). — *Cella de monte Barro*, 982 (H. L. I, c. 390). — *Ecclesia Sancti-Michaelis in monte Barro noviter constructa*, 988 (ibid. c. 393).

BARAQUE (LA), h. c^{ne} de Bey.
BARAQUE (LA), mⁱⁿ, c^{ne} de Fréménil.
BARAQUE-DU-HAUT-D'ARVAUX (LA), éc. c^{ne} de Charmes-la-Côte.
BARAQUES (LES), éc. c^{ne} de Bainville-sur-Madon.
BARAQUES (LES), h. c^{ne} de Ferrières.
BARAQUES-DE-BEY (LES), éc. c^{ne} de Nancy.
BARAQUES-DE-LUDRES (LES), éc. c^{ne} de Ludres.
BARAQUES-DE-LUTZELBOURG (LES), vill. c^{ne} de Phalsbourg.
BARAQUES-DE-TOUL (LES), éc. c^{ne} de Champigneules.
BARAQUES-DU-BOIS-DE-CHÊNE (LES), vill. c^{ne} de Phalsbourg.
BARAQUES-DU-BOIS-DE-CHÊNE-D'EN-HAUT (LES), éc. c^{ne} de Danne-et-Quatre-Vents.
BARBAS, c^{on} de Blâmont. — *Balduinus prepositus de Barbes*, 1186 (H. L. II, c. 397). — *Ecclesia de Barbas*, 1240 (ibid. c. 460). — *Barbay*, XIII° s° (Chr. mon. sen. H. L, II, c. 14). — *Barbaix*, 1337 (Tr. des ch. l. Deneuvre, n° 24). — *Barbax*, 1420 (ibid. l. Blâmont fiefs, n° 83). — *Berba*, 1506 (dom. de Blâmont). — *Barba* (Cassini). — Le fief de Barbas relev. du comté de Blâmont.
BARBÈTE (LA) ou FONTAINE-AU-CHÊNE, anc. f. c^{ne} des Métairies-de-Saint-Quirin.
BARBEZIEUX, éc. c^{ne} de Domèvre-sur-Vezouse; vill. détruit. — *Villa de Barbezieux*, XIII° siècle (Chr. mon. sen. H. L. II, c. 14). — *Barbezuel*, 1318 (Tr. des ch. l. Blâmont fiefs, n° 42).
BARBONVILLE, c^{on} de Bayon. — *Barbanvilla*, 1114 (H. L. I, c. 536). — *Alodium de Barunville*, 1157 (ch. de l'abb. de Belchamp). — *Barbonvilla*, 1261 (ch. des Jésuites de Nancy). — *Barbonvilla*, 1288 (ch. de l'abb. de Belchamp). — *Berbonvilla*, 1357 (ch. du pr. de Flavigny). — *Barba-villa*, XIV° siècle (Chr. med. mon. H. L. II, c. 69). — *Borbonvilla*, 1434 (ch. de l'abb. de Belchamp). — Le fief de Barbonville relev. de la châtell. de Rosières, baill. de Nancy.

BARBONVILLE. Voy. VALIÈRES.
BARCHAIN, c^{on} de Sarrebourg.
BARDINIÈRE (LA), fief à Custines.
BARINE ou BARRINE, mont. près de Toul. — *Vineæ in monte Barricino*, 870 (H. T. p. 2). — *Mons Barisnum in comitatu Tullensi*, 942 (H. L. I, c. 350). — *Mons Barrisinum*, 960 (ch. de l'abb. de Bouxières). — *Vineæ montis Barrismi*, 971 (H. T. p. 65). — *Mons Barrisnum*, 971 (H. L. I, c. 384). — *Mons Barinum*, 1359 (ch. de l'abb. de Saint-Epvre).
BARISEY, seigneurie à Thelod. — Un Jean de Barisey (*Johannes de Barizeyo*) figure comme témoin, en 1399, dans une charte de l'abbaye de Belchamp (cart. de cette abbaye).
BARISEY-AU-PLAIN, c^{on} de Colombey. — *Barexey-au-Plain*, 1398 (cart. de Vaudémont domaine, f° 203). — *Barisey-le-Plein*, 1582 (Tr. des ch. reg. B. 51, f° 160 v°). — *Bariseium ad Planum*, 1653 (reg. cap. de la cath. de Toul).
BARISEY-LA-CÔTE, c^{on} de Colombey.
BARISEY-LA-PLANCHE, vill. détruit, près de Barisey-la-Côte.
BARONNE (LA), f. (fief), c^{ne} d'Avricourt.
BARONNIES (LES), seigneurie comprenant les terres de Saint-Georges, de Turquestein et du Ban-le-Moine.
BARRENBACH (LA), scieries, c^{ne} de Dabo.
BARUQUE (LA), mét. c^{ne} de Veney.
BARVILLE, h. c^{ne} de Nitting, qualifié nouveau village en 1710 (polium). — *Barville-de-Nitting*, 1779 (Descr. de la Lorr.).

La commune de Barville a été supprimée en 1820 et réunie à celle de Nitting, à l'exception de la ferme de la Haute-Bourdonne, qui a été réunie à la commune de Voyer.

BARVILLE ou BAR, vill. détruit, bâti sur la montagne de Bar ou de Saint-Michel, près de Toul. — *Villa Barri nomine*, 971 (H. L. I, c. 384). — *Mansus in villa Barro; vineæ in Barro-villa*, 1065 (ibid. c. 455). — *Barrivilla*, 1189 (ch. de l'abb. de Clairlieu).

BAS-CHÂTEAU, f. c^{ne} d'Essey-lez-Nancy.
BAS-DE-LA-CÔTE-DE-TOUL, éc. c^{ne} de Nancy.
BASSE-COLBECK (LA), éc. c^{ne} d'Abreschwiller.
BASSE-COUR (LA), maison forte à Bacourt.
BASSE-DE-L'AIGLE (LA), f. c^{ne} de Bionville.
BASSE-DES-LOUPS (LA), h. c^{ne} de Bionville.
BASSE-DES-SEPT-CHEVAUX (LA), éc. c^{ne} d'Angomont.
BASSE-DU-CUVELIER (LA), éc. c^{ne} de Lafrimbolle.
BASSE-DU-LOUP (LA), éc. c^{ne} de Vaxainville.

2.

Basse-du-Pré (La), éc. c^{ne} de Vaxainville.
Basse-Frentzel (La), éc. c^{ne} de Saint-Quirin.
Basse-Jean-Georges (La), h. c^{ne} de Pierre-Percée.
Basse-Kurlot (La), h. c^{ne} de Saint-Quirin.
Basse-Léonard (La), us. c^{ne} de Turquestein.
Basse-Mondon (La), f. c^{ne} de Moncel-lez-Lunéville.
Basse-Noire (La), us. c^{ne} de Turquestein.
Basse-Raon (La), éc. c^{ne} de Turquestein.
Basse-Saint-Jean (La), éc. c^{ne} de Saint-Sauveur.
Basse-Sarrelot (La), éc. c^{ne} d'Abreschwiller.
Basse-Scie (La), us. c^{ne} d'Angomont.
Basse-Xirxange (La), f. c^{ne} de Maizières-lez-Vic.
Bassing, c^{on} de Dieuze. — *N. Archipresbiter de Bessingen*, 1267 (Tr. des ch. l. Hesse, n° 4). — *Bassigen*, 1531 (Tr. des ch. reg. B. 20, f° 66). — *Bessing*, 1553 (dom. de Dieuze). — *Bensingen*, 1594 (dén. de la Lorr.). — *Bestingen*, 1665 (arch. de Fénétrange).

Bassing fut, en 1790, le chef-lieu d'un canton dépendant du district de Dieuze et formé des communes de Bassing, Bidestroff, Domnom, Guinzeling, Marimont, Molring et Nébing. Ce canton s'accrut peu après des communes de Cutting, Insviller, Lhor, Lostroff, Loudrefing et Rorbach, détachées du canton d'Angviller, supprimé.

Bassompierre, gagnage-fief, c^{ne} d'Houdreville.
Bassompierre, maison-fief à Rosières-aux-Salines.
Bassompierre, seigneurie à Frolois.
Bassompont, m^{in} (cense-fief), c^{ne} de Rozelieures. — *Basopons*, 1027 (H. L. I. c. 402). — *Alodium de Bassumpunt*, 1114 (*Ord. præm. ann.* II, c. 539). — *Bassunpont*, 1133 (ch. de l'abb. de Beaupré). — *Basompont*, 1157 (ch. de l'abb. de Belchamp). — *Alodium de Bassoponte*, xive siècle (*ibid.*).
Bataille (Chemins de la), c^{nes} de Bagneux, Barchain et Hertzing.
Batans (Le), fief à Vacqueville, relevant de la châtellenie de Baccarat, baill. de Vic.
Bathelémont, h. et chât. c^{ne} de Saint-Médard. — *Betthenberg-von-Marsel*, 1418 (Tr. des ch. l. Fiefs de Lorraine, n° 28). — *Bapthelemont et Bapthlemont*, 1553 (dom. de Dieuze). — *Bathlemont, Bethlemont et Betlemont*, 1576 (*ibid.*) — *Batthelemont et Battendorf ou Battenberg*, 1594 (dén. de la Lorr.). — *Barthelemont-lès-Marsal*, 1751 (tab. alph.). — *Bathelémont-sur-Seille*, 1779 (Desc. de la Lorr.).
Bathelémont-lez-Bauzemont, c^{on} de Vic. — *Bathelani mons*, 1078-1093 (H. L. I, c. 476). — *Bathelanmont*, 1334 (ch. de l'abb. de Domèvre). — *Bapteleymont*, 1447 (dom. d'Einville). — *Bathelémont rue de la Cour* (partie lorraine du village), 1594 (dén. de la Lorr.). — *Bathellemont et Bathelémont-lez-Arracourt*, 1600 (dom. d'Einville). — *Barthelémont*, 1710 (polium).
Batignolles (Les), h. c^{ne} de Létricourt.
Bâtiments (Les). Voy. Millery.
Bâtin-Chêne, anc. bois aux Prémontrés de Pont-à-Mousson, c^{ne} de Marbache, aliéné en 1815. — *Berten-Chesne*, 1249 (ch. de l'abb. de Sainte-Marie).
Battant (Le), éc. c^{ne} de Brémenil.
Battant (Le), tuil. c^{ne} de Neuf-Maisons.
Battant-des-Meules (Le), mét. c^{ne} de Neuviller-lez-Badonviller.
Battigny, c^{on} de Colombey. — *Garsirius de Bateneis (?)*, 1176 (H. L. II, c. 372). — *Betegnex*, 1248 (ch. de l'abb. de Saint-Epvre). — *Betegniex*, 1292 (ch. de l'abb. de Clairlieu). — *Betigney*, 1293 (Tr. des ch. l. Vaudémont fiefs, n° 5). — *Batigneix*, 1295 (*ibid.* l. Vaudémont domaine, n° 142). — *Betegnix*, 1317 (*ibid.*- l. Vaudémont fiefs, n° 7). — *Bethegney*, 1399 (*ibid.* n° 17). — *Bettegney*, 1398 (*ibid.* n° 24). — *Baptigney et Bategney*, 1408 (dom. de Vaudémont). — *Baptigny*, 1487 (*ibid.*). — *Batigney*, 1500 (*ibid.*). — Le fief de Battigny relevait du comté de Vaudémont.
Bauchamp, f. c^{ne} d'Eulmont.
Baudrecourt, c^{on} de Delme. — *Baldrecurt*, 1192 (H. M. p. 153). — *Bauldrecourt*, 1500 (dom. de Condé). — *Badrecour*, 1566 (dom. de Viviers). — Le fief de Baudrecourt relevait du marquisat de Pont-à-Mousson.
Baun-Wald, mont. c^{ne} d'Hultenhouson.
Bauzemont, c^{on} de Lunéville-Nord. — *Bosonis mons* (*Hist. eps. tull. ad ann.* 922-963, H. L. I, c. 132). — *Visionis mons (?)*, 1033 (*ibid.* c. 409). — *Ecclesia Basonis montis*, 1152 (Tr. des ch. l. Abbaye de Senones, n° 8). — *Basimons*, v. 1160 (ch. de l'abb. de Bouxières). — *Walterus presbiter de Basemont*, 1164 (ch. de l'abb. de Beaupré). — *Baudecemont*, 1332 (Tr. des ch. l. Blâmont I, n° 86). — *Baulsemont*, 1398 (ch. de l'abb. de Belchamp). — *Baulzemont*, 1600 (dom. d'Einville). — Le fief de Bauzemont relevait de la châtellenie d'Einville, baill. de Nancy.
Bauzemont, fief à Arracourt.
Bayette, f. c^{ne} d'Ommerey.
Bayon, ville, ch.-l. de c^{on}, arrond. de Lunéville. — *Abajum*, xiiie s^e (*Chr. mon. sen.* attribution donnée par dom Calmet, H. L. II, c. 10). — *Beon*, 1260 (ch. de la coll. Saint-Georges). — *Baon*, 1295 (Tr. des ch. l. Rosières I, n° 40). — *Bayons*, 1322 (*ibid.* l. Blâmont I, n° 72). — *Baion*, 1351 (ch. de l'abb. de Belchamp). — *Bayo, Bao*, 1394 (*ibid.*). — *Oppidum de Bayonno*, 1416 (ch. des Tierclins

de Bayon). — *Baionum*, 1513 (géog. de Ptolémée). — *Baio*, 1675 (*not. Gall.* p. 363). — Le fief de Bayon relevait de la châtellenie de Rosières, baill. de Nancy. Il devint, en 1720, le siége d'un marquisat, avec buffet et prévôté, laquelle fut érigée, en 1757, en prévôté bailliagère.

Lors de la formation du dioc. de Nancy, en 1778, Bayon devint le siége d'un doyenné, archidiaconé de Lunéville, comprenant les paroisses de Bayon, Brémoncourt, Clayeures, Crantenoy, Einvaux, Froville, Landécourt, Loro-Montzey, Méhoncourt, Ormes, Roville, Saint-Boing, Saint-Germain, Saint-Mard, Saint-Remy-aux-Bois, Villacourt et Virecourt.

Bayon fut, en 1790, le chef-lieu d'un canton dépendant du district de Lunéville et formé des communes de Bayon, Borville, Brémoncourt, Clayeures, Froville, Haigneville, Lorey, Loro-Montzey, Rozelieures, Saint-Boing, Saint-Germain, Saint-Mard, Saint-Remy-aux-Bois, Velle-sur-Moselle, Villacourt et Virecourt.

BAYON, seigneurie à Rozelieures.

BAYONVILLE, c^on de Thiaucourt. — *Baionis villa in comitatu Scarponensi*, 960 (H. L. I, c. 367). — *Sylva Baiunville*, 1142 (ch. de l'abb. de Sainte-Marie). — *Baionville*, 1432 (Tr. des ch. l. Prény, n° 21). — Le fief de Bayonville relevait de la baronnie d'Apremont et de la châtellenie de Prény, baill. de Nancy. Au siècle dernier, il était le chef-lieu d'une terre appartenant à la maison de Raigecourt.

BAZIN, fief et maison forte à Saulxures-lez-Nancy.

BEAUFORT, fief à Réméréville.

BEAULIEU, f. c^ne de Marainviller (prieuré de l'ordre de Saint-Augustin, fondé au XII° siècle, uni, au XIV°, à l'abbaye de Belchamp). — *Bellus locus*, 1157 (ch. de l'abb. de Belchamp). — *Bealeu*, 1272 (Tr. des ch. l. Blâmont I, n° 7). — *Bellieu*, 1643 (dom. de Lunéville). — *Bellelieu*, 1712 (état du temporel).

BEAULONG (LE), ruiss. prend sa source entre les côtes de Gugney et de They, passe sur les territoires de Forcelles-sous-Gugney et de Diarville et se jette dans le Madon.

BEAUME (LA), fief au village de Faulx.

BEAUMONT, c^on de Domèvre. — *Samboldi-Mons*, 1106 (Hist. de l'abb. de Saint-Mihiel, p. 453). — *Valterus de Sambumont*, 1134 (H. L. II, c. 302). — *Sambuemont*, 1227 (cart. d'Apremont, f° 1 v°). — *Cembuemont*, 1265 (cart. de Rengéval, f° 21 v°). — *Sambuelmont*, 1326 (Tr. des ch. l. Bouconville, n° 71). — *Sambuefmont*, 1387 (ibid. l. Saint-Mihiel, n° 61). — *Sanbuesmont*, 1473 (ibid. n° 161).

— *Sembuefmont*, 1479 (ibid. l. Bouconville, n° 117). — *Sembeusmont*, 1599 (ibid. n° 47). — *Sambeumont*, 1614 (ibid. n° 58). — *Beaumont-en-Voivre*, 1744 (arch. de M° Latour, notaire à Toul). — Le fief de Beaumont relevait de la baronnie d'Apremont.

BEAUPRÉ, f. c^ne de Moncel-lez-Lunéville (abb. de Cisterciens, fondée en 1135). — *Anno....1135... in valle sylvestri satis et horrida subtus Amermamenil, super fluvium Murthem..... constructa est abbatia Cisterciensis ordinis, que ex amenitate loci congruum sortita nomen Bellum pratum vocatur*, 1157 (ch. de l'abb. de Beaupré). — *Beapré*, 1273 (Tr. des ch. l. Moyenvic I, n° 1). — *Belprei*, 1299 (ibid. l. Rosières I, n° 48). — *Belprey*, 1550 (dom. de Rosières).

BEAUREGARD, éc. c^ne de Nancy.

BEAUREGARD, anc. maison et gagnage près de Vic, 1564 (arch. de Vic).

BEAUREPAIRE, chât. ruiné, près de Château-Salins. — *Bel Repaire*, 1387 (ch. de la coll. Saint-Georges). — *Beilrepaire*, 1348 (Tr. des ch. l. Château-Salins, n°.8).

BÉBING, c^on de Sarrebourg. — *Bubinga*, 1121 (H. L. II, c. 266) et XV° siècle (obit. de la coll. de Sarrebourg). — *Bubinguen*, 1301 (ch. de l'abb. de Vergaville).

BECK, m^in, c^ne de Mulcey, construit en 1600 sur un ruisseau du même nom. — *Ruisseau de Bec*, 1600 (dom. de Marsal).

BECKEN-MÜHL, scierie, c^ne de Dabo.

BÉDESTROFF, h. c^ne de Bourgaltroff. — *Bederstorff*, 1310 (titres de Bourgaltroff, etc.). — *Bedestorff*, 1606 (*ibid.*).

BÉDOIS (LE) ou BÉDEN, pays de Void, dans lequel était compris notamment le bourg de Foug. — *Pagus Bedinsis*, 770 (H. L. I, c. 285). — *Bedensis*, x° s° (Hist. eps. tull. ad ann. 622-654, ibid. c. 127). — Ce pagus dépendait de la cité de Toul. M. Desnoyers l'appelle *la Voide* dans sa Topog. ecclés. p. 81.

BÉDON, f. c^ne de Lupcourt, autref. gagnage franc ayant son ban séparé et son maire. — *Allodium Bellidoni*, 1159 (ch. de l'abb. de Clairlieu). — *Bédon-au-Vermois*, 1779 (Desc. de la Lorr.). — Cette ferme donnait son nom à un petit ruisseau, *Rivulus Bellidoni*, 1127-1168 (ch. de l'abb. de Beaupré).

BÉHAIT (LE), ruiss. prend sa source près de Brouville, passe sur le territoire de cette commune, puis sur celui d'Azerailles, et se jette dans la Meurthe.

BEINBACH, f. c^ne de Walscheid.

BEL-AIR, éc. c^ne de Champey.

BELCHAMP, h. c^ne de Méhoncourt (abb. de chanoines réguliers, fondée au xii° siècle, en un lieu appelé *Mons Sanctæ-Trinitatis*, nom qu'elle porta elle-même).— *Bellus-Campus*, 1157 (ch. de l'abb. de Belchamp).. — *Beichamp*, 1260, vidimus de 1403 (*ibid.*). —*Belchamp*, 1268 (Tr. des ch. l. Blâmont I, n° 4). — *Bealchamp* et *Beachamp*, 1272 (*ibid.* n° 8). — *Bialchamp*, 1304 (ch. de l'abb. dé Belchamp). — *Beilchamp*, 1350 (*ibid.*). — *Beilchampt*, 1354 (*ibid.*). — *Belchampt*, 1398 (*ibid.*).— *Beilchamps*, 1413 (*ibid.*). — *Beichamps*, 1437 (*ibid.*). — *Beauchamps*, 1529 (*ibid.*). — *Belchamps* et *Beauchamp*, 1581 (*ibid.*).

Belchamp, nom d'un ancien ban près de Deneuve. — *Bannum de Bello Campo apud Dunievre*, v. 1260 (Tr. des ch. l. Deneuvre, n° 1).

Bel-Étang (Le), h. c^{ne} de Champigneules.

Bellaire, us. c^{ne} de Pont-à-Mousson.

Bellamoulin, anc. m^{in}, près de Craincourt. — *Berlaut molin desouz Creincort*, 1323 (Tr. des ch. l. Pont fiefs I, n° 94). — *Baillaimmollin sur la Ceille*, 1334 (*ibid.* n° 102). — Ce moulin était un fief relevant du marquisat de Pont-à-Mousson.

Bellange, c^{on} de Château-Salins. — *Billanges*, 1349 (Tr. des ch. l. Salm II, n° 3). — *Belanges*, xvi° s° (ch. de la coll. de Marsal). — *Bellange* ou *Blanche*, 1756 (dép. de Metz).

Cette commune donne son nom à un ruisseau, dit aussi *des Deux-Moulins*, qui prend sa source près de Bellange, passe sur le territoire de cette commune et sur celui d'Haboudange et se jette dans la Petite-Seille.

Belleau, c^{on} de Nomeny. — *Bella Aqua*, 1047 (H. L. I, c. 422). — *Belle auwe*, 1278 (Tr. des ch. l. l'Avant-Garde, n° 3). — *Beille yawe*, 1334 (*ibid.* l. Pont fiefs III, n° 20). — *Belleaue;* 1441 (dom. de Pont-à-Mousson). — *Belleawe*, 1498 (*ibid.*). — *Du Hautoy*, dit *Belle-Eau*, 1790 (div. du dép.). — Belleau fut le siège d'un marquisat érigé en 1728, sous le nom de *du Hautoy*, et qui fut transféré à Clémery en 1760.

Belleau fut, en 1790, le chef-lieu d'un canton dép. du district de Pont-à-Mousson et formé des c^{nes} d'Autreville, Belleau, Bezaumont, Landremont, Lixières, Millery, Morey, Serrières, Sivry et Villeau-Val.

Belle-Charmille (La), éc. c^{ne} de Val-de-Bon-Moutier.

Bellecourt, anciennement *les Rappes*, f. c^{ne} de Remoncourt. — Fief et haute justice érigée en 1736.

Belle-Croix, chât. et chap. c^{ne} de Faulx. — Fief érigé en 1736.

Belle-Croix (La), chât. au Petit-Jarville.

Belle-Croix (La), anc. ermitage, c^{ne} de Rosières-aux-Salines.

Belle-Étoile (La), éc. c^{ne} de Croismare.

Belle-Étoile (La), éc. c^{ne} de Neuves-Maisons.

Belle-Fontaine (La), éc. c^{ne} de Puzieux.

Belle-Fontaine (La), maison-fief près de Vézelise.

Belle-Meunière (Chemin de la), c^{ne} de Bréménil.

Belle-Roche (La), grotte, c^{ne} de Saint-Quirin.

Belles-Dames (Chemin des), c^{ne} de Lorey.

Belleville, c^{on} de Pont-à-Mousson. — *Busnei villa in comitatu Scarponinse*, 932 (ch. de l'abb. de Bouxières). — *Bellavilla in comitatu Scarponinsi*, 948 (H. T. p. 12). — *Belle-Ville-de-loiz-Deullouart*, 1323 (Tr. des ch. l. Pont fiefs I, n° 94). — *Baille-Ville*, 1330 (*ibid.* l. Pont fiefs III, n° 17). — *Belleville-lès-Dieulouard*, 1756 (dép. de Metz). — Le fief de Belleville relevait du marquisat de Pont-à-Mousson.

Belle-Ville (La), canton du terr. d'Assenoncourt où se voient des vestiges de constructions qu'on croit provenir d'un ancien *vicus*.

Bellevoie (Ruisseau de) ou de Vigneules, prend sa source dans cette dernière commune et se jette dans la Meurthe.

Bellevue, chât. c^{ne} de Maidières.

Bellevue, éc. c^{ne} de Donjeux.

Bellevue, éc. c^{ne} de Nancy.

Bellevue, éc. et us. c^{ne} de Toul.

Bellevue, f. c^{ne} d'Altroff.

Bellevue, f. c^{ne} de Buissoncourt.

Bellevue, f. c^{ne} de Vaxy.

Bellevue-du-Haut-Bar (La) ou Château-du-Haut-Bar, éc. c^{ne} d'Hermelange.

Bellinesse, fief à Saint-Nicolas, érigé en 1634. — *Belitresse*, 1779 (dén. des terres seign. de la Lorr.). — *Belliese*, 1782 (table des villes, etc.).

Belmont, fief à Repaix, érigé en 1736.

Belrus, anc. cense et m^{in}, c^{ne} de Pont-à-Mousson.

Bemback, ruiss. sort du Monaker, montagne de la chaîne des Vosges, passe sur le territoire de Walscheid et se jette dans la Zorn.

Bénaménil, c^{on} de Lunéville-Sud-Est. — *Bernardi vicus*, 1034 (ch. de l'abb. de Saint-Remy). — *Bernartmanil*, 1277 (*ibid.*). — *Bernarmesniz*, 1313 (Tr. des ch. l. Fiefs de Nancy, n° 135). — *Bernarmesnil*, 1494 (*ibid.* n° 137). — *Bénamesnil*, 1779 (dén. des terres seign.).

Bénaménil fut, en 1790, le chef-lieu d'un canton dép. du district de Lunéville et formé des c^{nes} de Bénaménil, Buriville, Domjevin, Emberménil, Manonviller, Marainviller, Mouacourt, la Neuveville-aux-Bois, Thiébauménil et Vaucourt. Le chef-lieu de ce canton fut, peu de temps après, transféré à la Neuveville-aux-Bois.

BÉNESTROFF, c^{on} d'Albestroff. — *Benestorf*, 1300 (Tr. des ch. l. Bitche, Castres, n° 34). — *Bennestorf*, 1398 (*ibid*. n° 71). — *Benschdorff*, 1513 (géog. de Ptolémée). — Le fief de Bénestroff relevait du baill. d'Allemagne.

Cette commune donne son nom à un ruisseau qui prend sa source sur son territoire et se jette dans l'Albe.

BÉNICOURT, h. c^{ne} de Clémery, autref. vill. et seign. — *Bugneicourt*, 1289 (cart. d'Apremont, n° 2). — *Bigneicourt*, 1333 (Tr. des ch. l. Pont fiefs III, n° 13). — *Bignecourt*, 1441 (dom. de Pont-à-Mousson). — *Bignicourt*, 1498 (*ibid*.). — Le fief de Bénicourt relev. du marquisat de Pont-à-Mousson.

BENNEY, c^{on} d'Haroué. — *Ecclesia de Barnei*, 1090 (H. L. I, c. 566). — *Allodium Ugneys* (?), 1127-1168 (ch. du pr. de Flavigny). — *Barney*, 1244 (*ibid*.). — *Berneyum*, 1394 (ch. de l'abb. de Belchamp). — *Beney*, 1420 (dom. de Nancy). — *Berney*, 1522 (*ibid*.). — Le fief de Benney relev. de la châtell. de Nancy, baill. de cette ville.

BÉRANGE, f. c^{ne} de Château-Voué; vill. détr. cense haute justice au siècle dernier. — *Villa de Berange ubi antea pagus erat erectus*, 1206 (cart. de Salival). — *Grainge de Berranges*, 1264 (*ibid*.). — *Binranges et Beinranges*, 1265 (*ibid*.). — *Belronges*, 1272 (*ibid*.). — *Moitresse de Belranges*, 1616 (dom. de Marsal).

BERGERIE (LA), f. c^{ne} de Manonviller.

BERGERIE (LA), f. c^{ne} de Saint-Sauveur.

BERGERIE (LA), anc. gagnage au ban d'Abaucourt.

BERGERIE (LA), anc. gagnage aux Antonistes de Pont-à-Mousson, c^{ne} de Maidières. — *La Bergerie-lès-Madière*, 1596 (ch. des Antonistes).

BERGERIE (LA), cense-fief près de Gondreville, construite sur la fin du XVe s^e. — Il y a un chemin de *la Bergerie* sur le territoire de cette commune.

BERGERIE (LA), anc. f. au prieuré de Salone, près de ce village. — *Nouvelle ferme dite Bergerie*, 1435 (ch. de la coll. Saint-Georges).

BERGERIE (VIEILLE TOUR À ORON NOMMÉE LA), 1505 (Tr. des ch. l. Viviers, n° 41).

BERLINGEN ou BERLING, c^{on} de Phalsbourg.

BERMERING, c^{on} d'Albestroff. — *Vermeringa in pago Salninsi*, 927 (ch. de l'abb. de Saint-Arnou). — *Berméringe*, 1024 (*ibid*.). — *Bermeringen*, 1524 (dom. de Dieuze). — *Bermeringer, Bermringen, Bermringer*, 1525 (papier des noms, etc.). — *Vermering*, 1790 (div. du dép.).

BERNÉCOURT, c^{on} de Domèvre. — *Predium in feodo Commarciensi jacens quod Bernaicuria dicitur*, 1120-1163 (*Ord. præm. ann.* II, c. 404). — *Breneincourt*, 1322 (Tr. des ch. l. Pont domaine II, n° 17). — *Brenaincourt*, 1339 (*ibid*. l. Apremont, 49° l. n° 25). — *Brenaicuria* et *Brenaicourt*, 1370 (reg. cap. de la cath. de Toul). — *Brenécourt*, 1421 (Tr. des ch. l. Pont cité, n° 25). — *Breneicourt*, 1441 (dom. de Pont-à-Mousson). — *Breneycourt*, 1551 (*ibid*.). — *Berneycourt-Belle-Fontaine*, 1588 (*ibid*. reg. B. 57, f° 165). — *Beurnecourt-Belle-Fontaine* ou *Bernecourt*, 1719 (alph.). — Le fief de Bernécourt relev. du marquisat de Pont-à-Mousson. Il devint, en 1719, le siége d'une baronnie qui prit le nom de *Mousin* en 1781.

Bernécourt fut, en 1790, le chef-lieu d'un canton dép. du district de Pont-à-Mousson et formé des c^{nes} de Bernécourt, Flirey, Limey, Lironville, Manonville, Noviant-aux-Prés, Saint-Baussant et Seicheprey. Le chef-lieu de ce canton fut peu après transféré à Flirey.

BERNU (RUISSEAU DE LA) ou DE BRÉMÉNIL, prend sa source à Angomont, passe sur le territoire de cette commune et sur celui de Bréménil et se jette dans le ruisseau de Badonviller.

BERTHELMING, c^{on} de Fénétrange. — *Bartolfingen*, XVIe s^e (carte de Mercator).

Berthelming fut, en 1790, le chef-lieu d'un canton dép. du district de Dieuze et formé des c^{nes} de Berthelming, Beltborn, Fénétrange, Niderstinzel, Postroff, Romelfing et Saint-Jean-de-Bassel. Le chef-lieu de ce canton fut peu après transféré à Fénétrange.

La commune de Berthelming donne son nom à un ruisseau qu'on appelle aussi *le Kellersbach.* — Voy. ce mot.

BERTRAMBOIS, c^{on} de Lorquin. — *Bertranboix*, 1295 (Tr. des ch. l. Deneuvre, n° 11).

BERTRICHAMPS (mieux *Bertrichamp*), c^{on} de Baccarat.

Cette commune donne son nom à un ruisseau qui prend sa source dans la forêt du Petit-Clos, passe sur le territoire de Bertrichamps et se jette dans la Meurthe.

BÉRUPT, anc. m^{in}, seigneurie, ban séparé et chap. près de Salival. — *Bellus-Rivus*, 1215 (cart. de Salival).

BESVILLE, m^{in}, c^{ne} de Virming.

BESVILLE et BESVILLER, f. c^{ne} de Bénestroff; vill. détruit. — *Berviller*, 1519 (Tr. des ch. l. Hesse, n° 32). — *Berswiller*, 1524 (*ibid*. reg. B. 16, f° 117 v°).

BÉTAIGNE, éc. c^{ne} de la Ronxe; anc. métairie à l'abb. de Beaupré. — *Grangia que Britannia nominatur*, 1150 (ch. de l'abb. de Beaupré). — *Bretengne*, 1345 (ch. de la coll. Saint-Georges). — *Bestaingne*, 1554 (dom. de Lunéville). — *Bethaigne*, 1577 (*ibid.*). — *Petaigne*, 1626 (*ibid.*). — *Pethaigne*, 1634 (*ibid.*). — *Peteigne*, 1719 (alph.).

Bête-de-Bois (Chemin de la), c^{ne} de Bathelémont-lez-Bauzemont.

Bettainviller, fief et ban séparé, vill. détruit, près de Ferrières. — *Betainvilleir*, 1317 (Tr. des ch. l. Rosières II, n° 16). — *Betenviller*, 1320 (*ibid.* n° 18). — *Le ban et la ville de Betevilleir*, 1345 (*ibid.* n° 19).

Bettborn, c^{on} de Fénétrange. — *Betteburn*, xve s^e (obit. de la coll. de Sarrebourg). — *Besporn, Bettbornn*, 1525 (papier des noms, etc.). — *Bedweiler*, xvie s^e (carte de Mercator). — *Betboorn et Bethboren*, xviie s^e (dom. de Fénétrange). — *Bettborn* ou *Bettpert*, 1779 (Desc. de la Lorr.).

Bettling ou Bottling, éc. c^{ne} de Bühl. — *Bettelinga, Bettelingen, capella de Buttelingen*, xve s^e (obituaire de la coll. de Sarrebourg). — C'était aussi le nom d'un ban séparé, paroisse de Brouderdorff. — Un canton du territoire de Sarrebourg, sur le chemin qui conduit à Hesse, s'appelle *Bettling* ou *les Bettling*; on y a trouvé des restes de constructions et des tuiles à rebords.

Beuil, ruiss. prend sa source dans le Neuf-Étang, passe sur le territoire de Gondrexange et se jette dans le ruisseau de l'Étang.

Beuvezin, c^{on} de Colombey. — *Buvisin*, 1288 (cart. La Chaussée, f° 117). — *Buevezaing*, 1371 (reg. cap. de la cath. de Toul). — *Beuvezain-lez-Vicherey*, 1593 (Tr. des ch. l. Ruppes II, n° 4). — On a appliqué à ce village les noms latins de *Plujosa, Ploiosa, Ployosa, Pluvesia* et *Plogosa*, rappelés dans des titres du xiie et du xiiie siècle; mais ils concernent plutôt Pleuvezain (Vosges), voisin de Beuvezin.

Bey, c^{on} de Nomeny. — *In Bero ecclesia*, 896 (ch. de la coll. Saint-Georges). — *Capella Sanctæ Mariæ de Buis*, 1188 (H. M. p. 145). — *Biert*, 1285 (Tr. des ch. l. Fiefs de Lorraine I, n° 9). — *Biers-sur-Seille*, 1323 (cart. Pont domaine, f° 274). — Dans un titre de 1697, Jean-Marie Cueillet se qualifie seigneur du comté de Bey (coll. Saint-Georges).

Bezange-la-Grande, c^{on} de Vic. — *Besangia*, 960 (ch. de l'abb. de Bouxières). — *Bisangia*, 1152 (Tr. des ch. l. Abb. de Senones, n° 8). — *Besenchæ*, 1182 (ch. de l'abb. de Beaupré). — *Bisanges magna*, 1189 (*ibid.*). — *Besenges*, 1192 (*ibid.*). — *Besenchez*, 1210 (H. L. I, c. 525). — *J. curatus de Bessanges*, 1326 (ch. de l'abb. de Salival). — *Bezainge*, 1359 (Tr. des ch. l. Nomeny II, n° 87). — *Besanges*, 1369 (ch. de l'abb. de Beaupré). — *Besenge*, 1461 (Tr. des ch. l. Lunéville I, n° 4). — *La Grand-Besanges*, 1578 (dom. de Lunéville).

Bezange-la-Petite, c^{on} de Vic. — *Bisariga, Bisanga* (?), 699 (diplom. II, p. 429-430). — *Bisanga*, 912 (cart. de l'abb. de Saint-Maximin). — *Bisanga in pago Sallingowe*, 1023 (*ibid.*) — *Allodium de Besangis*, 1188 (ch. de l'abb. de Beaupré). — *Semibesengia*, xiie s^e (*ibid.*). — *Saint-Memin-Buzange* (Saint-Memin pour Saint-Maximin), 1259 (Tr. des ch. l. Pont fiefs I, n° 74). — *Bisainges-de-lez-Ranzis*, 1267 (ch. de l'abb. de Beaupré). — *Semi-Besainge*, 1393 (Tr. des ch. l. Einville, n° 12). — *Semibesenge*, 1461 (*ibid.* l. Lunéville I, n° 4). — *Semibesanges*, 1554 (ch. de l'émigré du Houx : arch. de la Meurthe). — *Semibessange*, 1600 (dom. d'Einville). — *Parva Bisangia*, 1676 (titre des Chartreux de Bosserville).

Bezaumont, c^{on} de Pont-à-Mousson. — *Bousonmont*, 1441 (dom. de Pont-à-Mousson). — *Busommont*, 1498 (*ibid.*). — *Busomond*, 1534 (*ibid.*). — *Bezomont*, 1637 (dom. de Dieulouard).

Bichelbourg, f. c^{ne} de Vuisse.

Bickenholtz, c^{on} de Fénétrange; village construit en 1630 sur l'emplacement d'un bois dit le Bickenholtz. — *Sainte-Marie*, 1630 (arch. de la c^{ne}). — *Bictenkolz et Bickenholz*, 1705 (état du temporel). — *Pickholtz* ou *Bickerholtz*, 1719 (alph.). — *Sainte-Marie, dite Picholtz* ou *Bickenholtz*, 1779 (Descr. de la Lorr.). — *Bickenholtz-Sainte-Marie* (Cassini). — *Sainte-Marie-Bickenholtz*, 1782 (table des villes, etc.).

Bicqueley, c^{on} de Toul-Sud. — *Bucculiacum*, xe siècle (*Hist. eps. tull. ad ann.* 590-607, H. L. I, c. 114). — *Buchuliacum* (*Epit. eps. tull. ad ann.* 600-622, *ibid.* c. 169). — *Bucheleium*, 1127-1168 (ch. de l'abb. de Clairlieu). — *Buchaillei*, 1184 (*ibid.*). — *Bicquilley*, 1607 (dom. de Gondreville).

Bicqueley fut, en 1790, le chef-lieu d'un canton dép. du district de Toul et formé des c^{nes} de Bainville-sur-Madon, Bicqueley, Maizières-lez-Toul, Moutrot, Ochey, Pierre et Sexey-aux-Forges.

Bidestroff, c^{on} de Dieuze. — *Villa de Buderstorf cum ecclesia*, 1121 (H. L. II, c. 265). — *Buderstorff*, 1262 (ch. de la châtell. d'Albestroff). — *Curtis de Benderstorf*, 1266 (Tr. des ch. l. Deux-Ponts, n° 5). — *Huwestorf*, 1476 (dom. de Dieuze). — *Budersdorff*, 1559 (*ibid.*). — *Buderstroff*, 1591 (Tr. des ch. l. Dieuze, salines, n° 15). — *Biderstroff*, 1623 (*ibid.* l. Dieuze II, n° 36). — Le fief de Bidestroff relev. de la châtell. de Dieuze, baill. d'Allemagne. Il fut érigé en baronnie en 1722.

Bieberskirch, c^{on} de Sarrebourg. — *Villa-Biberaca* (?),

719 (Diplom. II, p. 452. Revue des Sociétés sav. juin 1860, p. 731). — *Biberkirich*, 1779 (Descr. de la Lorr.). — *Bieverkirch* (Cassini).

BIENVILLE-LA-PETITE, c^on de Lunéville-Nord. — *Beveinville*, 1290 (Tr. des ch. l. Einville, n° 3). — *Byenville*, 1447 (dom. d'Einville). — *Byainville*, 1498 (Tr. des ch. l. Einville, n° 18). — *Blainville la Petite* ou *Bienville*, 1594 (dén. de la Lorr.). — *Petite-Bleinville*, 1710 (polium). — *Blainville-la-Petite*, vulgairement *Bienville* ou *Blainville-aux-Marais*, 1779 (Descr. de la Lorraine). — Le fief de Bienville relev. de la châtell. d'Einville, baill. de Nancy.

BIÈVRE (LA), riv. sort de la montagne d'Holvasch, chaîne des Vosges, passe sur les territoires de Trois-Fontaines, Bieberskirch, Schneckenbüsch, Bühl, Harreberg, Sarraltroff, reçoit les ruisseaux d'Eichmatt, d'Endenvesser et d'Otterbach, et se jette dans la Sarre au nord de Sarrebourg. — *Fluvius Biberacha, Biberaha, Bibaracha* (?), 699 (Diplom. II, p. 429-430). — *Bibaraha* (?), 715 (ibid. p. 443. Revue des Soc. sav. juin 1860, p. 731).

BINGOTTE (LA HAUTE et LA BASSE), mét^t, c^ne de Baccarat.

BINSING, vill. détruit, près de Fribourg. — *Bainsing*, 1580 (ch. de l'abb. de Haute-Seille). — Un chemin de la c^ne de Fribourg porte le nom de *Devant-Bainsing*.

BIONCOURT, c^on de Château-Salins. — *Villa que vocatur Bioniscurtis, in pago Salininse*, 933 (H. L. I, c. 339). — *Capella in Bioniscurte*, 936 (H. M. p. 59). — *Byoncort*, 1275 (Tr. des ch. l. Rosières I, n° 13). — *Biencort*, 1282 (ibid. n° 16). — *Byoncourt*, 1296 (ibid. n° 43). — *Byoncuria*, 1363 (reg. cap. de la cath. de Toul). — Le fief de Bioncourt relev. de la châtell. d'Amance, baill. de Nancy. Au siècle dernier, il formait avec Alaincourt une baronnie dont l'origine n'est pas connue.

Bioncourt fut, en 1790, le chef-lieu d'un canton dép. du district de Vic, puis de Château-Salins, et formé des c^nes d'Aboncourt, Attilloncourt, Bioncourt, Grémecey, Manhoué, Mazerules, Moncel, Pettoncourt et Sornéville.

BIONVILLE, c^on de Baccarat; n'était encore qu'une cense vers le milieu du siècle dernier.

BIQUOTTE (LA), f. c^ne de Gibeaumeix.

BISPING, c^on de Fénétrange. — *Ecclesia de Bisping*, 1147 (ch. de l'abb. de Vergaville). — *Bispenges*, 1276 (ibid.). — *Bispingen*, 1374 (cart. Fiefs du baill. d'Allemagne, f° 140). — *Bispanges et Bisponges*, 1476 (dom. de Dieuze). — *Bispaigne*, 1543 (ibid.). — *Bispange*, 1553 (ibid.). — *Bispengen*, 1594 (dén. de la Lorr.). — *Busseping*, 1727 (Tr. des ch. l. Dieuze II, n° 40). — *Bichepin*, 1727 (ibid. reg. B. 228, n° 58). — *Meurisse* (Hist. des év. de Metz, p. 43) a traduit le *Decempagi* des *Gesta eps. met.* par *Dix-Paings*, et quelques auteurs ont cru pouvoir appliquer cette dernière dénomination au vill. de Bisping. — Voy. TARQUINPOL.

BLAINCOURT ou SAINT-CLÉMENT, vill. détruit, près de Vilcey-sur-Trey, et sur l'emplacement duquel est bâti, dit-on, le moulin Joyard.

BLAINVILLE-SUR-L'EAU, c^on de Bayon. — *Bledonis* (?), 882-887 (denier de Charles le Gros, roi de Lorraine. Et num. p. 212). — *Ecclesia de villa Bladini* (Hist. eps. tull. ad ann. 922-963, H. L. I, col. 132). — *Blainvilla*, 1156 (ch. de l'abb. de Beaupré). — *Alodium de Bullinville*, 1157 (ch. de l'abb. de Belchamp). — *Bleinvilla*, 1292 (ibid.). — *Bleinville*, 1294 (ch. des Prêcheresses de Nancy). — *Blanville*, 1550 (dom. de Rosières). — *Blainville-sur-l'Eawe*, 1555 (Tr. des ch. l. Nomeny I, n° 39 bis). — *Blainville-sur-Meux* (Meurthe), 1429 (ibid.). — *Blainville-la-Grande*, 1779 (Descr. de la Lorr.). — Le fief de Blainville relev. des châtell. de Rosières et de Lunéville, baill. de Nancy. Il fut érigé en comté en 1721 et en marquisat en 1729.

Blainville fut, en 1790, le chef-lieu d'un canton dépendant du district de Lunéville et formé des communes de Barbonville, Blainville, Charmois, Damelevières, Domptail, Einvaux, Haussonville, Landécourt, Méhoncourt, Mont, Romain et Vigneules.

BLAISSIÈRE (LA) ou LA BLESSIÈRE, f. (fief et seigneurie), c^ne de Bulligny. — *La Blaizière*, 1782 (table des villes, etc.).

BLÂMONT, ville, ch.-l. de c^on, arrond. de Lunéville. — *Carsilius de Blammont*, 1186 (H. L. II, c. 397). — *Albus mons*, 1244 (ch. de l'abb. de Haute-Seille). — *Blanmont et Blancmont*, 1248 (Tr. des ch. l. Blâmont fiefs, n°s 1 et 2). — *Ecclesia de Blankenberg*, 1282 (ch. de l'abb. de Haute-Seille). — *H. dominus de Blaulmont*, 1304 (Tr. des ch. l. Deneuvre, n° 15). — *Alba*, XIVe siècle (Chr. med. mon. H. L. II, c. 75). — *Blanmondum*, XVIIe siècle (plan de Blâmont).

Il y avait à Blâmont une église collégiale sous le titre de Notre-Dame. — Voy. ce mot.

Lors de la formation du diocèse de Nancy, en 1778, Blâmont devint le chef-lieu d'un doyenné, archidiaconé de Lunéville, comprenant les paroisses d'Azerailles, Badonviller, Barbas, Bertrichamps, Blâmont, Bréménil, Brouville, Cirey, Couvay, Fréménil, Frémonville, Gélacourt, Hablainville, Harboué, Merviller, Migneville, Montigny, Montreux, Neuf-Maisons, Neuviller-lez-Badonviller, Ogéviller, Parux, Petit-Mont, Pexonne, Raon-lez-l'Eau, Saint-Sauveur, Sainte-Pôle, Tanconville, Vacqueville et Val-de-Bon-Moutier.

Blâmont fut le chef-lieu d'un pagus (voy. BLÂ-MONTOIS), puis d'un comté qui semble avoir existé dès le x⁰ siècle; le siége d'une prévôté, bailliage de Lunéville, érigée en 1698, puis d'un bailliage créé en 1751.

En 1594, le comté de Blâmont comprenait le canton actuel de ce nom, moins les communes d'Ancerviller, Buriville, Domjevin, Fréménil, Frémonville, Gogney, Harboué, Herbéviller et Vaucourt; Mignéville et Saint-Maurice, du canton de Baccarat; Saint-Sauveur, du canton de Lorquin; Igney, du canton de Réchicourt-le-Château. — Emberménil, Gondrexon, Herbéviller, Nonhigny, Ogéviller, Réclonville, Saint-Martin, Mignéville, Saint-Maurice et Igney ne furent pas compris, en 1698, dans la prévôté de Blâmont. Le bailliage eut à peu près le même ressort que cette dernière, plus les communes de Gogney, Verdenal et Xousse (en partie), du canton de Blâmont; Avricourt et Foulcrey, du canton de Réchicourt; Raon-lez-l'Eau et Saint-Sauveur, du canton de Lorquin.

En 1790, lors de l'organisation du département, Blâmont fut le chef-lieu d'un district qui comprenait les cantons de Badonviller, Blâmont, Cirey, Leintrey, Ogéviller et Réchicourt-le-Château. — Le canton de Blâmont était formé des communes d'Ancerviller, Barbas, Blâmont, Domèvre, Frémonville, Gogney, Halloville, Harboué, Repaix et Verdenal.

Les armoiries de Blâmont, blasonnées dans l'Armorial de Lorraine, sont *d'argent à deux barbeaux adossés de gueules, accompagnés en chef d'une rose de même.*

BLÂMONTOIS (LE), petit pays dont Blâmont était la capitale, et qui, à en juger par l'étendue du comté de Blâmont, devait comprendre à peu près le canton dont cette ville est le chef-lieu. — *Pagus Albinsis,* 816 (Hist. de l'Égl. de Strasbourg, pr. p. 160). — *Albechova,* 870 (partage du royaume de Lothaire, H. L. I, c. 310). — *Alvinsis pagus,* 1111 (*ibid.* c. 529). — *Pagus Albinsis qui et Albegia dicitur... Nomen suum forte derivat a fluviolo Vizuzia, in quo vox germanica Wiss album significat* (Hist. de l'Egl. de Strasbourg, pr. p. 160, note; *Als. ill.* I, p. 671).

BLANCHE-ALLEMANDE (LA), f. c^{ne} de Frémonville.
BLANCHE-DAME (CHEMIN DE LA), c^{on} de Germiny.
BLANCHE-ÉGLISE; c^{on} de Dieuze. — *Alba Ecclesia,* 1314 (ch. de l'abb. de Haute-Seille). — *Veiskirchen,* xviii⁰ siècle (terrier de Saint-Jean-de-Bassel).
BLANCHE-FONTAINE (LA), fontaine dans le bois de Vilcey-sur-Trey; c'est aussi le nom du vallon situé au-dessous de ce bois : *Semita quæ exiens a via de Venderiis, scendit nemus et transit juxta petrariam, directaque ad Album Fontem, porrigit usque ad magnam viam Vieville,* 1138 (H. L. II, c. 317).

BLANCHE-FONTAINE (RUISSEAU DE) ou DE PETTONCOURT, prend sa source au-dessus du moulin de Grémecey, passe sur le territoire de cette commune et sur celui de Pettoncourt et se jette dans la Seille.
BLANCKOHOFF (LE), f. c^{ne} de Gosselming.
BLANC-RUPT (LE), vallée où sont les sources de la Sarre-Blanche, et dans laquelle se trouvent plusieurs maisons isolées faisant partie de la commune de Turquestein. — Voy. SAC-DE-PIERRE.
BLANZEY, h. et chap. c^{ne} de Bouxières-aux-Chênes; bourgade gallo-romaine (prieuré de l'ordre de Prémontré, fondé au xii⁰ siècle). — *Capella de Blanziaco,* 965 (H. L. I, c. 372). — *Blansiacum,* 1137 (coll. Moreau, t. LVII, f⁰ 98). — *Feodum apud Blanzei,* 1162 (H. L. II, c. 359). — *Alodium de Blanzeio,* 1168 (*ibid.* c. 363). — *Blansey,* 1492 (dom. d'Amance). — *Blanzey soubz Amance,* 1609 (Tr. des ch. reg. B. 78, f⁰ 12).
BLAQUEMONT, vill. détruit, que la tradition dit avoir existé près de Jeandelaincourt.
BLARIN (LE), ruiss. prend sa source près de Blénod-lez-Toul, passe sur le territoire de cette commune et sur celui de Gye et se jette dans le ruisseau des Bouvades.
BLÉHORS (LA GRANDE et LA PETITE), f⁰, c^{ne} de Damclevières; vill. détruit. — *Theuduricus de Blehers,* 1135 (H. L. II, c. 306). — *De Bleheres,* 1157 (*ibid.* c. 354). — *Bleheriæ,* 1183 (ch. de l'abb. de Clairlieu). — *Territorium de Blehores,* 1203 (*ibid.*). — *La Grande-Blehor* ou *Bleuhor,* dépendant de Damelevières, 1719 (alph.). — *La Petite-Blehors* ou *Blenhors,* dép. de Blainville, 1719 (*ibid.*). — *Bléhors-lès-Blainville,* 1763 (titre de l'abb. de Clairlieu). — *Grande-Bleuhor* (Cassini). — L'alphabet indique encore, à l'art. Blehors, une cense ruinée sur le territoire de Blainville.
BLÉMEREY, c^{on} de Blâmont. — *Blumerys,* 1276 (Tr. des ch. l. Blâmont I, n⁰ 9). — *Blumeriez,* 1293 (*ibid.* l. Blâmont fiefs, n⁰ 14). — *Blemereis,* 1318 (*ibid.* n⁰ 42). — *Blumereix,* 1327 (*ibid.* l. Blâmont I, n⁰ 83). — *Blemmerey,* 1549 (dom. de Blâmont). — *Blesmery,* 1600 (*ibid.*) — Le fief de Blémerey relevait du comté de Blâmont.
BLÉNIÈRE (LA), h. c^{ne} de Bruley.
BLÉNOD-LEZ-PONT-À-MOUSSON, c^{on} de Pont-à-Mousson. — *Beleno* (?), Triens (Revue numism. t. XV, p. 233). — *Bladenaco,* 836 (H. L. I, c. 302). — *Bladenenacum,* 870 (H. T. p. 1). — *Bladonau,* 875 (ch.

DÉPARTEMENT DE LA MEURTHE.

de l'abb. de Sainte-Glossinde). — *Bladenacum*, 884 (H. L. I, c. 318). — *Bladeniacum*, 936 (*ibid.* c. 343). — *Blandonis in Blandanacum*, 948 (*ibid.* c. 352). — *Blandenocum*, 965 (*ibid.* c. 375). — *Bladenacum cum ecclesia*, 1033 (*ibid.* c. 408). — *Bladenacum super Mosellam*, 1072 (*ibid.* c. 472). — *Vidricus de Blenau*, 1179 (*Ord. præm. ann.* II, c. 410). — *Arardus de Belenneio*, xii° siècle (Tr. des ch. l. Mandres, n° 28). — *Blainnou*, 1216 (*ibid.* l. Pont-à-Mousson, n° 2). — *Bleenou*, 1281 (*ibid.* l. l'Avant-Garde, n° 1). — *Blenou*, 1295 (*ibid.* l. Pont addit. n° 25). — *Ecclesia parochialis de Blenodio*, 1316 (*ibid.* l. Pont ecclés. n° 26). — *Blenodium coram Pontemontionis*, 1359 (ch. de l'abb. de Saint-Epvre). — *Blenouf, Blainnouf*, 1385 (dom. de Pont-à-Mousson). — *Blennoid-devant-le-Pont*, xv° s° (Tr. des ch. l. Pont addit. n° 26). — *Blenoud*, 1441 (dom. de Pont-à-Mousson). — *Blennod-devant-le-Pont*, 1494 (Tr. des ch. l. Pont fiefs III, n° 63). — *Blennoid*, 1498 (dom. de Pont-à-Mousson). — *Blenodz*, 1551 (*ibid.*). — Le fief de Blénod relev. du marquisat de Pont-à-Mousson.

BLÉNOD-LEZ-TOUL, c°" de Toul-Sud. — *Bladenacum*, x° s° (*Hist. eps. tull. ad ann.* 500-507, H. L. I, c. 113). — *Villa nuncupata Bladenau* (*ibid. ad ann.* 622-654, *ibid.* c. 126). — *Blenodium* (*Epit. eps. tull. ad id. ibid.* c. 169). — *Bladiniacum*, 982 (*ibid.* c. 390). — *Ecclesia de Blaviniaco*, 1154 (*ibid.* II, c. 347). — *Blenou*, 1367 (cart. Évêques et cité de Toul, f° 4). — *Bleno*, 1496 (Tr. des ch. reg. B. 5, f° 225). — *Blénod-aux-Oignons*, 1779 (Descr. de la Lorr.).

Blénod fut le chef-lieu d'une châtellenie du temporel de l'évêché de Toul, baill. de cette ville, comprenant Bicqueley, Blénod, Chaudeney, Gye et Pierre, du canton de Toul-Sud; Écrouves et le hameau de Grand-Ménil, du canton de Toul-Nord.

En 1790, Blénod fut le chef-lieu d'un canton dépendant du district de Toul et formé des communes de Blénod, Bulligny, Charmes-la-Côte, Crézilles et Gye.

BLESSIÈRE (LA). — Voy. BLAISSIÈRE (LA).

BLETTE (LA), petite rivière, prend sa source près de Badonviller, passe sur les territoires de Saint-Maurice, Sainte-Pôle, Montigny, Mignéville, Herbéviller, Badonviller et Bréménil, et se jette dans la Vezouse non loin de Blâmont, après avoir reçu les ruisseaux de Badonviller, de l'Étang-Conrad, de l'Étang-Courant et de Couvay. — *Aubelette*, 1401 (Tr. des ch. l. Blâmont fiefs, n° 74).

BLONIS (LE), mont. c'° de Walscheid.

BOEUVRO (LE), f. c"" de la Neuveville-aux-Bois.

BOIS-BARETS, éc. c"° d'Hériménil.

BOIS-BLANC (LE), f. c"° de Lesse.

BOIS-BRÛLÉ, f. c"° de Lindre-Haute.

BOIS-COUPÉ, f. c"° de Montreux. — Voy. MONTREUX (RUISSEAU DE).

BOIS-DE-LA-FAMINE, c°" du territ. d'Arracourt.

BOIS-DE-LA-GRANGE, f. c"° de Nonhigny.

BOIS-DES-NONNES. — Voy. NONNES.

BOIS-DE-THOU, f. c"° de Cirey.

BOIS-DE-XARTES, éc. c"° de Rosières-aux-Salines.

BOIS-DU-CHAUFFEUR (RUISSEAU DU) ou D'ALWALD, prend sa source au-dessus de Rodalbe, passe sur le territ. de cette commune et sur celui de Bénestroff et se jette dans le ruisseau de ce nom.

BOIS-LE-CHAT (LE), éc. c"° d'Écrouves.

BOIS-LE-CHUC (LE), éc. c"° de Francheville.

BOIS-LE-COMTE (LE), éc. c"° de Buissoncourt.

BOIS-LE-COMTE (LE), h. (seigneurie), c"° de Domgermain.

BOIS-LE-DIABLE (CHEMIN DU), c"° de Manonville.

BOIS-LE-DUC (LE), f. c"° de Cercueil.

BOIS-LE-SUC (LE), f. c"° de Francheville.

BOIS-MONSIEUR (LE), f. c"° de Sexey-aux-Forges.

BOLHUX (LE), éc. c"° de Vathiménil. — *Boullehieux*, 1587 (ch. de l'abb. de Beaupré). — *Bolhieux*, 1720 (*ibid.*).

BONCOURT, vill. ruiné, entre Arracourt et Athienville. — *Pons de Boncort*, 1189 (ch. de l'abb. de Beaupré). — *Boincort*, 1287 (ch. de l'abb. de Salival).

BON-DIEU (LE), éc. c"° de Neuf-Maisons.

BONLIEU, éc. c"° d'Hattigny.

BON-MOUTIER, abb. fondée vers la fin du vii° siècle par saint Bodon, évêque de Toul, puis transférée à Saint-Sauveur, et sur l'emplacement primitif de laquelle a été construit dans la suite le village de Val-de-Bon-Moutier. — *Cella quæ nuncupatur Bodonis monasterium, sita in pago Albinse, super fluvium Vizuzia*, 816 (Hist. de l'Égl. de Strasbourg, pr. p. 160). — *Bannum de Bonmonstier*, xiii° siècle (*Chr. mon. sen.* H. L. II, c. 20). — *Bænmoustier*, 1314 (Tr. des ch. l. Blâmont I, n° 96).

BONNE-FONTAINE (LA), f. c"° de Danne-et-Quatre-Vents.

BONNE-FONTAINE (LA), anc. chap. c"° de Vilsberg.

BONNEVAL, f. c"° d'Hénaménil (prieuré à l'abb. de Mureau, puis aux Prémontrés de Nancy; cense-fief ayant son ban séparé). — *Prioratus Bonevallis*, 1217 (*Ord. præm. ann.* II, c. 709). — *Bonnevaulx*, 1520 (dom. d'Einville).

BON-PASTEUR (LE), couvent où l'on reçoit des filles repenties, c"° de Nancy. — Voy. TURIQUE.

BON-PÈRE (CHEMIN DU), c"° de Fenneviller, ainsi appelé probablement en souvenir du B. Pierre Fourier, surnommé le Bon Père, lors de la mission qu'il fit à Badonviller en 1625.

Bonra (Le), mét. c^ne de Glonville.

Bon-Secours, faub. de Nancy; maison de retraite pour les prêtres, dite la collégiale; église, aujourd'hui paroissiale, construite sur l'emplacement de l'ancienne chapelle de *Notre-Dame-de la-Victoire* ou *des Rois*, vulgairement *des Bourguignons*, érigée en mémoire de la défaite des Bourguignons sous les murs de Nancy, le 5 janvier 1477; pèlerinage très-fréquenté.

Il y a un ruisseau dit *de Bon-Secours* qui prend sa source à Vandœuvre, passe sur le territoire de Jarville et se jette dans la Meurthe.

Bonviller, c^ne de Lunéville-Nord. — *Boinviler*, 1251 (Tr. des ch. l. Lunéville I, n° 54). — *Boinvilleir*, 1323 (*ibid.* l. Einville, n° 8). — *Bonviller de leis Einville*, 1339 (ch. de la coll. Saint-Georges).

Booz, ch. c^ne de Pont-à-Mousson.

Borde (La), éc. (cense-fief et ban séparé), c^ne d'Einville. — *La Bourde*, 1549 (dom. d'Einville).

Borde (La), f. c^ne de Buissoncourt. — *Le waignaige de la Bourde*, 1444 (Tr. des ch. l. Nancy I, n° 46).

Borde (La), f. (cense-fief et ban séparé), c^ne d'Haraucourt-sur-Seille.— *Le gaignage et l'estang de Boulle*, 1585 (Tr. des ch. l. Marsal III, n° 262).

Borde (La), f. (fief), c^ne de Nomeny.

Borde (La), nom donné à un c^on du territ. de Saint-Baussant.

Borde (La) ou Saint-Pierre, léproserie près de Toul, fondée au xiii° siècle.

On appelait *bordes* des baraques isolées, en planches, dont on se servait pour placer les lépreux avant de les enfermer dans les hôpitaux; plus tard, on appliqua ce nom aux léproseries elles-mêmes.

Borde (Chemin du Pâquis-de-la-), c^ne d'Affracourt.

Borde (Chemins ou Sentiers de la), c^nes d'Aboncourt-en-Vosge, Mont-le-Vignoble, Velle-sur-Moselle, Xermaménil.

Borde (Sentier du Haut-de-la-), c^ne d'Athienville.

Bordes (Les), éc. (léproserie), c^ne de Gerbéviller; vill. détruit. — *Ad Bordes*, 1218 (ch. de l'abb. de Beaupré). — *Les Bourdes*, 1320 (*ibid.*). — *Le village des Bourdes*, 1546 (dom. de Gerbéviller). — Une charte de l'abb. de Beaupré fait mention, en 1186, du ruisseau des Bordes, *Rivulus de Bordis*.

Bordes (Les), anc. maison hors la porte Notre-Dame de Nancy. — *Les Bourdes*, 1453 (Chr. de Lorr. H. L. III, c. 21). — *Les Bordes devant Nancey*, 1526 (Tr. des ch. reg. B. 7615).

Bordes (Les), h. c^ne de Badonviller.

Bordes (Les), f. c^ne d'Haudonville.

Bordes (Les), éc. c^ne d'Haboudange.

Bordes (Les), éc. c^ne de Pierre-Percée.

Bordes (Les), anc. bois appartenant à la ville de Rosières-aux-Salines. — *Le Boix dit les Bourdes*, 1537 (copie d'un titre du xii° siècle : Arch. de Rosières).

Bordes (Chemin des), c^ne de Saint-Remimont.

Borville, c^on de Bayon. — *Allodium de Borvilla*, 1114 (Ord. præm. ann. II, c. 539). — *Feodum de Borville*, 1188 (ch. de l'abb. de Beaupré). — *Borreville* (Cassini).

Bosquet (Le), h. c^ne de Vandœuvre.

Bosserville, h. (seigneurie), c^ne d'Art-sur-Meurthe; chartreuse fondée en 1666, fermée en 1790, rouverte en 1835. — *Prædium in Lusciaco villa*, 965 (H. L. I, c. 373). — *Henricus de Losseivilla*, 1136 (ch. de l'abb. de Bouxières). — *Lusiaci villa*, 1137 (coll. Moreau, t. LVII, f° 98). — *Bocevilla*, 1183 (ch. de l'abb. de Clairlieu). — *Boscevilla*, xiii° siècle (*ibid.*). — Le fief de Bosserville relev. de la châtell. de Nancy, baill. de cette ville.

Bouche, m^in, c^ne de Marsal.

Bouconville (Meuse), c^on de Saint-Mihiel, était, en 1698, le ch.-l. d'une prévôté, bailliage de Saint-Mihiel, qui comprenait Ansauville (en partie) et Beaumont, du canton de Domèvre; Essey-et-Maizerais, Saint-Baussant et Seicheprey, du canton de Thiaucourt.

Boucotte, anc. ban particulier, c^ne de Rosières-aux-Salines.

Boucq, c^ne de Toul-Nord. — *Ad Fines* (table théod. attribution donnée par M. Digot dans ses Recherches sur le véritable nom de la ville que la table théod. appelle *Andesina*). — *Alodum in Boiaco* (Hist. eps. tull. ad ann. 922-963, H. L. I. c. 132). — *Alodium de Bouch* (*ibid.* c. 174). — *Boc, Bouc*, 1152 (cart. de Rengéval, f°s 12 et 31). — *Boucq* ou *Boucquet*, 1710 (polium).

Boudonville, faub. de Nancy. — *Capella Bodonis villæ*, 965 (H. L. I, c. 372). — *Boddonis villa*, 968 (*ibid.* c. 381). — *Capella Sancti Desiderii in Bodonis villa*, 1137 (coll. Moreau, t. LVII, f° 98).

Boudouze, scierie et éc. c^ne de Saint-Sauveur.

Bouge (Ruisseau du Moulin du) ou de Marsal, passe sur le territ. de cette commune et se jette dans la Seille.

Bouillonville, c^on de Thiaucourt. — *Baldofovilla*, 857 (H. M. p. 31). — *Godelinisvilla*, 875 (ch. de l'abb. de Sainte-Glossinde; attribution donnée par H. M. p. 38). — *Silva inter Aciaco et Balionivilla*, 918 (H. M. p. 56). — *Bodulfvilla in pago Scarponinse*, 933 (H. L. I, c. 339). — *Boullonville*, 1258 (cart. d'Apremont, n° 30). — *Buillon-*

ville, 1289 (*ibid.* n° 39). — *Bullonville,* 1340 (Tr. des ch. l. Apremont, 49° liasse, n° 29). — Le fief de Bouillonville relev. de la baronnie d'Apremont.
BOUILLU, éc. c^{ne} de Bicqueley.
BOULACH, seigneurie au vill. de Frolois.
BOULAINVILLE, fief, c^{ne} de Francheville.
BOULANGERS (CHEMINS DES), c^{nes} de Ceintrey et de Benney.
BOULAYE (LA), f. c^{ne} de Péxonne.
BOULAYE (LA), h. c^{ne} de Bréménil.
BOULE, mⁱⁿ, c^{ne} d'Azoudange.
BOUQUENOM, aujourd'hui SARRE-UNION (Bas-Rhin), ch.-l. de c^{on}, arrond. de Saverne, était le siége d'un archiprêtré dépendant de l'archidiaconé de Sarrebourg et comprenant les paroisses de Berthelming, Bettborn, Dolving, Fénétrange, Gosselming, Haut-Clocher, Langatte, Metting, Niderstinzel, Oberstinzel, Postroff, Romelfing, Sarraltroff, Schalbach, Saint-Jean-de-Bassel, Veckersviller et Vibersviller. — *Archipresbyteratus Buckenheimensis, al. de Bouchenheim,* 1539 (pouillé de l'év. de Metz; Topog. ecclés. de la France).
BOURACHE, f. (maison franche), c^{ne} de Marsal. — *Bourrache,* 1779 (dén. des terres seign.).
BOURDONNAY, c^{on} de Vic. — *Bourdenniers,* 1256 (ch. de l'abb. de Vergaville). — *Bourdenier,* 1305 (*ibid.*). — *Bourdeney,* 1352 (ch. de l'abb. de Haute-Seille). Bourdonnay fut, en 1790, le chef-lieu d'un c^{on} dépendant du district de Vic (puis de Château-Salins) et formé des communes de Bezange-la-Petite, Bourdonnay, Coincourt, Donnelay, la Garde, Ley, Maizières, Moncourt, Ommerey et Xures.
BOURDONNE (LA BASSE-), éc. c^{ne} de Nitting.
BOURDONNE (LA HAUTE-), éc. c^{ne} de Voyer.
BOURGALTROFF ou BOURG-ALTROFF, c^{on} de Dieuze. — *Burigaltorff,* 1301 (titres de Bourgaltroff, etc.). — *Bourigaltorff,* 1510 (*ibid.*). — *Altorff près de Wargaville, Buraltorff,* 1525 (papier des noms, etc.). — *Burgk-et-Alstroff,* 1525 (Guerre des Rustands, p. 74-75).
BOURGOGNES (SENTIER DES), c^{ne} de Prény.
BOURGUIGNON (CHEMIN DU), c^{ne} de Guénestroff.
BOURGUIGNON (CHEMIN DU CHAMP-), c^{ne} de la Neuveville-en-Saulnois.
BOURGUIGNON (LE), f. et us. c^{ne} de Turquestein.
BOURGUIGNONS (LES), seigneurie à Crion.
BOURGUIGNONS (SENTIERS et CHEMINS DES), c^{nes} de Nancy, Velaine-sous-Amance, la Neuvelotte et Craincourt.
BOURLÉMONT, fief à Tantonville.
BOURMONT, vill. détruit, entre Salival et Vic, et dont le nom s'est conservé par la tradition. — *Pagus nomine Bourmont, desuper Curtum rivum, a latere sinistro eundi Vicum,* 1195 (H. L. I, c. 407).
BOURSCHEID, c^{on} de Phalsbourg.
BOURUPT, ruiss. prend sa source dans le département des Vosges, passe sur les territoires de Fontenoy et de Glonville et se jette dans la Meurthe.
BOURUPT, mⁱⁿ, c^{ne} de Glonville.
BOUSSON, scierie, c^{ne} d'Angomont.
BOUSSON, forêt, c^{ne} de Saint-Sauveur.
BOUTANGROGNE, éc. c^{ne} de l'Aître-sous-Amance.
BOUVADES (LES), ruiss. qui prend sa source au sud de Barisey-la-Côte, passe sur les territ. de Bagneux, Bicqueley, Crézilles, Barisey-la-Côte, et se jette dans la Moselle près de Chaudeney.
BOUVADES (LES), mⁱⁿ, c^{ne} de Crézilles.
BOUVIÈRES (LES), us. c^{ne} de Vallois.
BOUVRON, c^{on} de Toul-Nord. — *Bevro,* 885 (H. T. p. 5). — *Capella in Bevrone,* 965 (*ibid.* p. 21). — *Bevero,* 982 (H. L. I, c. 390). — *Boverons,* 1050 (*ibid.* c. 429). — *Ecclesia de Beverone,* 1154 (*ibid.* II, c. 348). — *Bouverons,* 1299 (cart. d'Apremont, n° 13). — *Bouveron,* 1323 (Tr. des ch. l. Pont domaine II, n° 18). — Le fief de Bouvron relev. du marquisat de Pont-à-Mousson.
BOUXAL (LE), ruiss. dit DE LA GRANDE-FONTAINE ou DE L'EMBANIE, prend sa source près de Bienville-la-Petite, passe sur les territoires de Bonviller, Bienville, Raville, Einville, et se jette dans le Sanon.
BOUXERUPT (LE), ruiss. prend sa source sous le Haut-de-la-Garde, passe sur le territoire d'Azerailles et se jette dans la Meurthe.
BOUXIÈRES (pron. *Boussières,* comme aux suivants), éc. c^{ne} de Vallois (ermitage déjà ruiné au commencement du siècle dernier). — *Bouxières-devant-Gilebert-Viller,* 1274 (Tr. des ch. l. Rosières I, n° 12). — *Boixières,* 1301 (*ibid.* l. Deneuvre, n° 13). — *Bouxières-lez-Gerbeviller,* 1362 (cart. Fiefs de Nancy, f° 175).

Il y avait un bois de Bouxières près du village d'Azerailles : *Bois de Bouxières dessous Aizeraule,* 1290 (Tr. des ch. l. Fiefs de Nancy, n° 129).
BOUXIÈRES. — Voy. MOULINS-DE-BOUXIÈRES.
BOUXIÈRES-AUX-CHÊNES, c^{on} de Nancy-Est. — *Busseriæ majores,* 960 (H. L. I, c. 367). — *Buxeriæ majores,* 977 (H. M. p. 83). — *Boxeriæ,* 1162 (H. L. II, c. 359) — *Buxeriæ subter Amantiam,* 1249 (ch. de l'abb. de Clairlieu). — *Le fiey de Boxières-desor-Amance,* 1276 (Tr. des ch. l. Fiefs de Nancy, n° 121). — *Buxières-desouz-Amance,* 1290 (*ibid.* n° 128). — *Grand-Buxières-dessus-Amance,* 1341 (ch. de la coll. Saint-Georges). — *Grand-Bouxières,* 1471 (Tr. des ch. l. Fiefs de

Nancy, n° 23). — *Bouxières-la-Grande*, 1540 (*ibid.* B. 7391). — *Pagus de Buxeriis ad quercum*, 1710 (titres de la cure de Dombasle: arch. de la Meurthe).

BOUXIÈRES-AUX-DAMES, c^on de Nancy-Est (abbaye de Bénédictines fondée au x° siècle, transformée, au xv°, en chapitre de chanoinesses nobles). — *Villa Buxarias in pago Calvomontense*, 770 (H. L. I, c. 288). — *Buxarie, Buxerie super fluvium Mortuum*, v. 932 (ch. de l'abb. de Bouxières). — *Villa Buxeria*, v. 935 (H. L. I, c. 341). — *Supra Buxeriis villam; villa Buxeria cum ecclesia; Buxeriense cœnobium* (*Hist. eps. tull. ad ann.* 922-963, *ibid.* c. 99 et 131). — *Buxier*, 960 (ch. de l'abb. de Bouxières). — *Bruxeriœ*, 968 (H. L. I, c. 350). — *Cœnobium sanctæ Dei genitricis Mariæ quod vocatur Buxerias*, 976 (coll. Moreau, t. XI, f° 193). — *Monasterium nomine Buxerium in pago Calmontensi, in comitatu Ripaldi comitis*, 1027 (H. L. I, c. 402). — *Bosseriæ*, v. 1070 (coll. Moreau, t. XXX, f° 78). — *Beata Maria de Monte seu Buxeriæ*, 1115 ou 1120 (H. L. II, c. 264). — *Boscherie*, 1164 (ch. de l'abb. de Beaupré). — *Bosseres*, 1188 (H. L. II, c. 401). — *Boissiers-as-Nonains*, 1238 (ch. du pr. de Lay). — *Buxières*, 1255 (H. L. II, c. 478). — *Buxeires*, 1272 (ch. de l'abb. de Bouxières). — *Buxières-ad-Dames*, 1349 (ch. de la cure de Dombasle: arch. de la Meurthe). — *Bourcières-aux-Dames*, 1471 (Tr. des ch. l. Fiefs de Nancy, n° 31). — *Bouxières-au-Mont*, à la révolution.

BOUXIÈRES-SOUS-FROIDMONT, c^on de Pont-à-Mousson. — *Bucsariæ in pago Scarponinse*, 745 (Diplom. II, p. 399). — *Villa de Vacariis in ducatu Moslinge, in comitatu Metensi*, 783 (cart. de l'abb. de Saint-Arnou). — *Buxeria super fluvium Salliam*, 1049 (ch. du pr. de Lay). — *Vacheriæ*, 1180 (*Ord. præm. ann.* II, c. 454). — *Boisseres*, 1238 (titres de l'émigré de Mars). — *Bouxeire*, xv° siècle (dén. des vill. des environs de Metz). — *Buixières-soubz-Froymont*, 1441 (dom. de Pont-à-Mousson). — *Buxière*, 1469 (cart. de la seigneurie de Chamblé). — *Bouxières-soubz-Fromont*, 1498 (dom. de Pont-à-Mousson). — *Bouxier* (Cassini).

BOUZANVILLE, c^on d'Haroué. — *Drogo de Bosanivilla*, 1094 (H. L. I, c. 499). — *Bouxanville*, 1550 (dom. de Vaudémont). — *Bouzlainville*, 1602 (Tr. des ch. l. Vaudémont fiefs, n° 96). — *Bouzainville*, 1782 (table des villes, etc.). — Le fief de Bouzanville relev. du comté de Vaudémont.

Cette commune donne son nom à un ruisseau qui passe sur son territoire et sur celui de Diarville et se jette dans le Beaulong.

BOUZEY, seigneurie à Saint-Germain.

BOUZULE (LA), f. c^ne de la Neuvelotte. — *Domus de la Bozule*, 1231 (ch. de l'ordre de Malte). — *La Bouzieulles*, 1524 (rec. gén.). — *La Bouzeulle*, 1528 (dom. d'Amance). — *La Bozuelle-soub-Amance*, 1540 (ch. de l'abb. de Saint-Epvre). — *La Bouzieulle*, 1548 (dom. d'Amance). — *La Bouseulle*, 1568 (ch. de l'ordre de Malte). — *La Bozules*, 1615 (Tr. des ch. reg. B. 85, f° 292 v°).

BOYARD, ruiss. prend sa source sur le territoire de Messein et se jette dans la Moselle. — *Boscelein rivus*, 1126 (H. L. II, c. 280).

BOYÉ, f. (seigneurie), c^ne de Manoncourt-en-Voivre. — *Grainge et molin de Boiey*, 1272 (Tr. des ch. l. Commanderies, n° 26). — *Boey*, 1359 (ch. de l'abb. de Saint-Epvre). — *Boyey*, 1467 (ch. de l'ordre de Malte). — *Seigneurie de Boey*, 1468 (Tr. des ch. l. Commanderies, n° 26). — *La moitresse de Baie*, xvi° siècle (*ibid.* reg. B. 282, f° 11).

BRABAN et BRABANT (CHEMINS), c^nes de Choloy, Domgermain, Gye, Gondreville, Toul et Uruffe.

BRABOIS, f. (château-fief et chap.), c^ne de Villers-lez-Nancy. — *Braiboix*, 1373 (ch. de l'abb. de Clairlieu).

BRACKENKOPF (*Tête de Braque*), forêt qui, avec celles de Schwanhals, Kempel et Haute-Bülth, forme aujourd'hui la forêt dite *de Fénétrange*, c^nes de Fénétrange, Berthelming, Romelfing, Mittersheim et Niderstinzel. — C'est aussi le nom d'une des seigneuries qui composaient la terre de Fénétrange, et dont les possesseurs portaient dans leurs armes une tête de chien, pour se distinguer de ceux de la seigneurie de Schwanhals, qui portaient une tête de cygne. — *Bracken Kopff*, 1729 (terrier de Saint-Jean-de-Bassel, f° 332).

BRAIEDEBOURG, m^in, c^ne de Maizières-lez-Vic. — *Brindebourg* (Cassini).

BRAINCHES (LES), forêt, c^nes de Rhodes et de Languimberg.

BRALLEVILLE, c^ne d'Haroué. — *Breslevilla*, 875 (ch. de l'abb. de Sainte-Glossinde). — *Braleville*, 1573 (dom. de Nancy).

Cette commune donne son nom à un ruisseau qui a sa source à Germonville, passe sur son territ. et sur celui de Bralleville et se jette dans le Madon.

BRANDEBOURG (CHEMIN DE), c^ne de Ville-en-Vermois, ainsi appelé en souvenir du combat livré près de Saint-Nicolas, en 1552, par le duc d'Aumale aux troupes d'Albert, marquis de Brandebourg.

BRAS DE SAINT-EUCAIRE, nom donné autref. à la courbe que décrit la Moselle sous Liverdun: *Anfractus aquæ sub castro Liberduno, qui brachium Sancti Eucharii dicitur*, 1188 (H. L. II, c. 401).

Brasseux, ruiss. sort de la forêt de Parroy, passe sur le territ. de Croismare et se jette dans la Vezouse.

Bratte, c^on de Nomeny. — *Brat*, 1324 (ch. de la coll. Saint-Georges). — *Brates, Brotes*, 1334 (Tr. des ch. l. Ponts fiefs III, n° 20). — *Breth*, 1589 (dom. de Condé). — *Brathe*, 1601 (Tr. des ch. l. Condé, n° 63).—*Brothe*, 1617 (*ibid*. n° 68). — Le fief de Bratte relev. du marquisat de Pont-à-Mousson.

Brebis (Ruisseau des), prend sa source à Vaudémont, passe sur le territ. de cette commune et sur celui de Chaouilley et se jette dans le ruisseau d'Étreval.

Bréhain, c^on de Château-Salins. — Cette commune était, avant l'an xii, réunie à celle de Château-Bréhain.

Brehatte (La), anc. cense, c^ne de la Neuvelotte.

Breheux (La), f. et us. c^ne de Lafrimbolle. — *Cense domaniale de Breheu*, 1743 (Tr. des ch. l. Blâmont IV, n° 32).

Breitte (La), f. c^ne de Tarquinpol.

Bréménil, c^on de Baccarat. — *Gerardus sacerdos de Brumenil*, 1174 (H. L. II, c. 366). — *Brumesni*, 1329 (Tr. des ch. l. Blâmont I, n° 84). — *Brumesnil*, 1420 (dom. de Nancy).—*Brumeny*, 1424 (*ibid.*). — Ce village était divisé en deux bans, *Bréménil-ban-Saint-Pierre*, principauté de Salm (Lorraine), et *Bréménil-ban-le-Moine*, baill. de Vic.

Brémoncourt, c^on de Bayon.—*Ecclesia de Bremuncort*, v. 1195 (ch. de l'abb. de Belchamp). — *Bromoncort*, 1203 (cart. de cette abb.). — *Bremoncort*, 1285 (Tr. des ch. l. Rosières I, n° 19).—*Bromoncourt*, 1317 (*ibid*. l. Einville, n° 5). — *Bremoncuria*, 1399 (cart. de l'abb. de Belchamp). — Le fief de Brémoncourt relev. de la châtell. de Rosières, baill. de Nancy.

Brémoncourt (Ruisseau de la Forêt de), a sa source à Brémoncourt, passe sur son territoire et se jette dans le Fouliot.

Brénon (Le), petite rivière, commence à paraître près de Grimonviller, passe sur les territoires de Fécocourt, Thorey, Houdreville, Vandeléville, Autrey, Vézelise, Omelmont, reçoit les ruisseaux d'Étreval et de Velle et se jette dans le Madon.

Breuil (Le), anc. f. c^ne de Rozelieures.

Breuil-des-Chevaliers (Le), pré au ban de Forcelles-sous-Gugney, 1573 (Tr. des ch. l. Vaudémont domaine, n° 76).

Brichambeau, f. (chap. et maison érigée en fief en 1663), c^ne de Vandœuvre. — *Tuilerie de Brichambal*, 1310 (ch. de la coll. Saint-Georges). — *Brechembaul-devant-Nancey*, 1420 (dom. de Nancy).—*Brichembaul*, 1424 (*ibid*.). — *Brechenbaul*, 1428 (*ibid*.). — *Brichambault*, 1521 (*ibid*.).—*Bruchambault*, 1569 (*ibid*.). — *Brichambaulx*, 1601 (Tr. des ch. B. 7667).

Briche (La) ou Brouchbach, ruiss. sort de l'étang d'Hérange, passe sur les territoires de Lixheim, Vieux-Lixheim, Hilbesheim, Hellering, Hérange et Bourscheid et se jette dans l'Isch.

Bride-et-Koering, forêt, c^nes de Vuisse, Languimberg, Vergaville, Saint-Médard, Château-Voué et Haraucourt-sur-Seille.

Brifou, éc. c^ne de Toul.

Brigade (La), h. c^ne de Vandœuvre.

Brin, c^on de Nomeny. — *Bryn*, 1294 (ch. de la cure de Brin). — *Brin-sur-Saille*, 1490 (Tr. des ch. l. Amance, n° 14). — *Ecclesia de Brino*, 1504 (cart. de Salival). — *Brin-Haut et Brin-Bas*, 1751 (état des villes, etc.). — *Brin et Basse-Brin*, 1790 (div. du dép.). — Le fief de Brin relev. de la châtell. d'Amance, baill. de Nancy.

Brinbèche, f. c^ne de Sotzeling.

Bringole (La), f. c^ne de Maizières-lez-Vic.

Brionne, m^in et chap. (ermit.), c^ne de Manoncourt-sur-Seille.

Brispané (mieux *Brice-Pané*), éc. c^ne de Vandœuvre; ermitage construit en 1605 par un nommé André-Brice Collesson, maître des salles en l'hôtel du duc de Lorraine. — Ermitage *Saint-François-du-Désert*, 1607 (Tr. des ch. reg. B. 7680). — *Notre-Dame-de-Lorette*, 1645 (titre des Dominicains de Nancy). — *Brise-Pané* (Cassini).

Bristard (Ruisseau de l'Étang), sort de la forêt de Mondon, passe sur le territoire de Croismare et se jette dans la Vezouse.

Brixey-aux-Chanoines (Meuse), c^on de Vaucouleurs, était le ch.-l. d'une châtell. du temporel de l'év. de Toul, baill. de cette ville, et qui comprenait Allamps, Barisey-au-Plain, Barisey-la-Côte et Mont-l'Étroit, du canton de Colombey.

Broc (La). — Voy. Hellocourt.

Brocarde (La), anc. bois près de la Malgrange, essarté sur la fin du siècle dernier. — *La Brancquard*, 1590 (Tr. des ch. B. 7647).

Brochet (Ruisseau du), sort du bois de la Caye, passe sur les territoires de Croismare et de Sionviller et se jette dans la Vezouse.

Bromseuhoff (Le), f. c^ne de Gosselming.

Brouck (La), ruiss. prend sa source dans l'étang de Torcheville et se jette dans la Rode près de Givrycourt.

Brouderdorff, c^on de Sarrebourg, construit en 1616 dans une forêt où était antérieurement situé le vill. de Wenschweiller. — *Bruederdorff*, 1616 (titres de l'émigré Lutzelbourg). — *Bruderdoff*, 1779 (Descr. de la Lorr.).

BROUDERGARTEN. — Voy. BRUDERGARDEN.

BROUILLOT (RUISSEAU DE) ou DE ROMÉNIL, prend sa source sur le territ. de Moriviller, passe sur celui de Clayeures et se jette dans l'Euron.

BROUVELOTTE, vill. détruit, près de Brouville; réduit en masures en 1756. — *Brovillette*, 1292 (Tr. des ch. l. Blâmont I, n° 26). — *Brovilate*, 1300 (*ibid.* l. Blâmont fiefs, n° 17). — *Brovillate* et *Brovelatte*, 1301 (*ibid.* n° 19, et l. Deneuvre, n° 13). — *Bruillate*, 1314 (*ibid.* l. Blâmont I, n° 96). — *Broullate*, 1505 (dom. de Deneuvre). — *Brouvellate*, 1513 (dom. de Baccarat). — *Braulotte*, 1564 (ch. des Jésuites de Nancy). — Il y a un chemin de *Brouvelotte*, c^{ne} de Brouville.

BROUVILLE, c^{on} de Baccarat. — *Berovilla cum ecclesia*, 1152 (Tr. des ch. l. Abb. de Senones, n° 8). — *Brovile*, 1281 (*ibid.* l. Deneuvre, n° 5). — *Beronis villa*, XIVe siècle (*Chr. med. mon.* H. L. II, c. 69). — *Broville*, 1553 (dom. de Deneuvre). — Le fief de Brouville relev. du comté de Blâmont.

BROUVILLER, c^{on} de Phalsbourg. — *Brouville*, 1669 (Tr. des ch. l. Lixheim II, n° 14). — *Broville* ou *Brouchin*, 1719 (alph.).

BRU, f. c^{ne} de Donnelay.

Cette ferme donne son nom à un ruisseau qui a sa source sous Marimont, passe sur les territoires de Bourdonnay et de Donnelay et se jette dans le ruisseau d'Ommerey.

BRUCH, m^{in}, c^{ne} de Vieux-Lixheim. — Un titre du prieuré de Hesse fait mention d'une forêt de Bruch dont la situation est inconnue : *Nemus quod dicitur Bruch*, 1267 (Tr. des ch. l. Hesse, n° 4).

BRUCH, anc. m^{in}, près d'Hampont. — *Molendinum quod dicitur Bruche apud Hampunt*, 1263 (ch. de l'abb. de Haute-Seille). — *Bruct*, 1288 (*ibid.*).

BRUDERGARDEN, chap. où l'on allait autref. en pèlerinage, et f. sur l'emplacement de la forêt défrichée dite Bruderwald, c^{ne} de Fénétrange. — *Bruchgarten*, *Bruchgerten*, XVe siècle (obit. de la coll. de Sarrebourg, f°s 65 v° et 72 v°). — *Broudergarten* (Cassini).

BRÛLÉ (MOULIN), nom donné par Cassini au moulin de Villers-aux-Oies.

BRULEY, c^{on} de Toul-Nord. — *Briviariacum*, 836 (H. L. I, c. 301). — *Bureriacum*, 870 (H. T. p. 2). — *Briviriacum*, 885 et 896 (*ibid.* p. 5 et 10). — *Bruvriacum*, 936 (H. L. I, c. 343). — *Brueriacum*, 936 (H. T. p. 62). — *Bruviriacum*, 965 (H. L. I, c. 375). — *Bruriacum*, 1033 (*ibid.* c. 408). — *Bannum de Bruri*, 1150 (cart. de Rengéval, f° 13).

— *Brureium*, 1180 (*ibid.* f° 9). — *Bruererum*, 1188 (H. L. II, c. 401).

BRUN, anc. seigneurie et mairie à Rosières-aux-Salines, avec maison forte appelée le Chastel-Brun.

BRUNEHAUT, nom donné à une tour en ruines du château de Vaudémont.

BRUNEHAUT (CHAUSSÉE) ou CHEMIN SAUNAIRE, chemin, c^{ne} de Ville-au-Val.

BRUNEHAUT (CHAUSSÉE) ou LEVÉE DE LA REINE DE SICILE, chemin, c^{ne} de Saint-Baussant.

BUBENBACH, éc. c^{ne} de Réding.

BÜCHELBERG, vill. c^{ne} de Phalsbourg. — *Spiegelberge*, XVe siècle (obit. de la coll. de Sarrebourg, f° 39). — *Buchel*, 1719 (alph.). — *Pigelberg* (Cassini).

BUCHHOLTZKOPF, mont. c^{ne} d'Henridorff.

BUCHMÜHL (LA), m^{in}, c^{ne} d'Hellering.

BÜHL (pron. *Bile*), c^{on} de Sarrebourg. — *Büle prope Sarburg*, XVe siècle (obit. de la coll. de Sarrebourg, f° 29). — *Beul* et *Buhel*, 1525 (papier des noms, etc.). — *Bill*, 1526 (Tr. des ch. l. Steinzel, n° 18). — *Biel*, 1751 (état des villes, etc.). — *Bille*, 1756 (dép. de Metz). — *Biel* ou *Bihle*, 1779 (Descr. de la Lorr.). — *Bilh*, 1790 (div. du dép.).

Cette commune donne son nom à un ruisseau dit aussi ENDENVESSER. — Voy. ce mot.

BUISSONCOURT, c^{on} de Saint-Nicolas. — *Bissoncourt* (*Chr. eps. met. ad ann.* 1238-1260, H. L. I, c. 72). — *La nueveville com dit Bussoncourt et la fortereche et Buchoncourt*, 1284 (Tr. des ch. l. Rosières I, n° 17). — *Bussoncourt*, 1420 (dom. de Nancy). — Le fief de Buissoncourt relev. de la châtell. de Nancy, baill. de cette ville. — Les étangs de Buissoncourt formaient une seigneurie au siècle dernier.

Buissoncourt fut, en 1790, le ch.-l. d'un canton dép. du district de Nancy et formé des communes de Buissoncourt, Cerceuil, Gellenoncourt, Haraucourt, Lenoncourt et Saulxures-lez-Nancy. Le chef-lieu de ce canton fut peu après transféré à Lenoncourt.

BUISSON-ROMAIN, anc. bois aux Jésuites de Nancy, c^{ne} de Barbonville, aliéné en 1815.

BULLIGNY, c^{on} de Toul-Sud. — *Biliniacum*, Xe siècle (*Hist. eps. tull. ad ann.* 622-653, H. L. I, c. 126). — *Altare de Bibiniaco* (sans doute pour *Biliniaco*), 1154 (*ibid.* II, c. 347). — *Bulligney*, 1373 (reg. cap. de la cath. de Toul). — *Bullegny* et *Bulleigny*, 1516 (dom. de Gondreville). — Le fief de Bulligny relev. de la châtell. de Gondreville, baill. de Nancy.

BURES, c^{on} de Vic. — *Bure*, 1584 (ch. du pr. de Ménil). — *Bure-lès-Paroy*, 1779 (Descr. de la Lorr.). — Le fief de Bures relev. de la châtell. d'Einville, baill. de Nancy.

Cette commune donne son nom à un ruisseau dit aussi Ruisseau du Rozat. — Voy. ce mot.

Burger-Wald, montagne, c^{ne} de Lutzelbourg.

Buriville, c^{on} de Blâmont. — *Burivilla*, 1111 (H. L. I, c. 529). — *Ecclesia Burville*, 1120 (Tr. des ch. l. Abb. de Senones, n° 6). — *Burinivilla*, 1152 (*ibid.* n° 8). — *Bureville* (Cassini).

Burlioncourt, c^{on} de Château-Salins. — *Bruilloncort*, 1266 (ch. de l'abb. de Salival). — *Brulloncuria*, xve siècle (*ibid.*).

Burthecourt, h. et chât. c^{ne} de Salone. — *Villa quæ dicitur Moricurtis* (?), 822 (Hist. de l'abb. de Saint-Mihiel, p. 428).

Burthecourt (La Haute et la Basse), f., c^{ne} de Salone.

Burthecourt-aux-Chênes, c^{on} de Saint-Nicolas. — *Bertrici curtis cum ecclesia* (*Hist. eps. tull. ad ann.* 907-922, H. L. I, c. 130). — *Berthecurtis ad quercus*, xiiie siècle (*Chr. mon. sen. ibid.* II, c. 13). — *Burtrecourt*, 1357 (ch. de l'abb. de Beaupré). — *Burtecourt*, 1424 (dom. de Nancy). — *Burtrecourt*, 1427 (*ibid.*). — *Burthecuria*, 1603 (ch. de la coll. Saint-Georges). — *Burthecourt-au-Vermois*, 1646

(Tr. des ch. B. 7572). — *Burtecourt* ou *Bertecourt-au-Chesne*, 1719 (alph.).

Buthegnémont (par corruption *Bathelémont*), f. et chât. (chap. et fief érigé en 1736), c^{ne} de Nancy. — *Buttegnemont*, 1349 (ch. de l'abb. de Clairlieu). — *Nemus de Butignemont*, 1434 (*ibid.*). — *Burtignemont*, 1423 (dom. de Nancy). — *Baptheleymont*, 1524 (rec. gén.). — *Buthignemont*, 1550 (Tr. des ch. l. Nancy, II, n° 37). — *Buttegnemont*, 1557 (dom. de Nancy). — *Butthegnemont*, 1590 (*ibid.*). — *Butelemont*, 1719 (alph.). — *Bathelémont* (Cassini). — *Batlémont*, 1779 (dén. des terres seign.).

Butte (Chemins de la), c^{nes} de Toul et de Saint-Nicolas.

Butte (La), c^{on} du territ. de Nancy où était établie la butte des arquebusiers.

Butzel, vill. détruit, près de Bickenholtz.

Buzoncourt, vill. détruit, près de Fresnes-en-Saulnois. C'est peut-être le lieu mentionné sous les noms de *Fezonis* et *Tezonis curtis* dans des titres de 822 et de 1106, concernant le prieuré de Salone (Hist. de l'abb. de Saint-Mihiel, p. 428 et 453).

C

Caboche, fief au vill. de Ludres.

Calice (Cense du), éc. c^{ne} d'Abreschwiller.

Calvaire (Chemins du), c^{nes} de Desseling, Guénestroff, Juvelise, Marthil, Mulcey et Château-Salins.

Calvaire (Le), h. c^{ne} de Dieuze.

Calvelin (Ruisseau de), de Bréhain ou du Petit-Étang, prend sa source près de Bréhain, passe sur le territ. de cette commune et se jette dans la Nied-Française.

Camardière, m^{in}, c^{ne} de Gibeaumeix.

Cambreholz-la-Grande (vulgairement *Cambrehole*), f. (bois défriché), c^{ne} de Lorquin. — *Silva dicta Kamerholtz in banno de Lorchingen*, xve siècle (obituaire de la coll. de Sarrebourg, f° 29 v°). — *La Grande-Cambreholtz*, 1667 (dom. de Turquestein).

Cambreholz-la-Petite, bois, c^{ne} de la Neuveville-lez-Lorquin. Ces deux bois, avant d'être séparés par une prairie, s'appelaient *la Grande-Cambreholz*, et un autre bois, nommé aujourd'hui *le Pâquis*, formait la Petite-Cambreholz.

Camp (Chemin du), c^{ne} de Fréménil.

Camp (Le), c^{on} du ban de Sotzeling.

Camp-de-César (Le), c^{on} du ban de Ludres. — Voy. Afrique.

Camp-des-Suédois (Le), c^{ons} des bans d'Avricourt et de Languimberg, ainsi appelés en souvenir du séjour des Suédois, au xviie siècle.

Canal-de-la-Flotte (Ruisseau du) ou de Château-Voué, a sa source dans l'étang de Bride, passe sur les territ. de Château-Voué, Obreck, Hampont, Vuisse, et se jette dans la Petite-Seille.

Canal-de-Savonières, éc. c^{ne} de Foug.

Canardière (La), f. c^{ne} de Gondrexange.

Candale (La), h. c^{ne} de Bouxières-aux-Chênes.

Canon (Chemin du), c^{ne} de Héming.

Cantine (La), éc. c^{ne} de Blainville-sur-l'Eau.

Cantine (La), éc. c^{ne} de Rosières-aux-Salines.

Cantzley, scierie, c^{ne} d'Abreschwiller.

Cany, m^{in}, c^{ne} de Burlioncourt. — *Canonicurtis*, xiie s^e (cart. de l'abb. de Salival). — *Chanuncort*, 1227 (*ibid.*). — *Cani*, 1656 (*ibid.*).

Capitaine (Chemin du), c^{ne} de Neuf-Maisons.

Capitaine-Guillaume (Le) ou Capitaine Monté, nom donné à une contrée de la forêt d'Arracourt dans un procès-verbal de visite des bois de la maîtrise de Lunéville, en 1770.

Capucins (Les), anc. chapelle, près de Dieuze.

Capucins (Les), anc. chapelle, près de Varangéville.

Carey, vill. détruit, près de Burlioncourt.

CARME (PAYS DE), territ. dép. de la cité de Metz, arrosé par le Mad et comprenant une partie du c^on actuel de Thiaucourt. — *Sarminsis pagus*, 851 (H. M. p. 29). — *Scarmensis*, 858 (*ibid.* p. 32). — *Pagus Scarmis* (duquel dépendait le *comitatus Irenfridi*), 895 (H. L. I, c. 326). — *Skarmensis pagus*, 896 (ch. de la coll. Saint-Georges). — Ce pagus semble n'avoir été qu'un démembrement de la Voivre et du Scarponais; Arnaville et Essey sont indiqués comme en faisant partie au ix° siècle.

CARMES (LES FERMIERS-DES-), anc. cense entre Vic et Bezange-la-Grande.

CARPE (LA), f. c^ne de la Haye-des-Allemands. — *La Carpe-Frite* (Cassini).

CARRIÈRES (CHEMIN DES), c^ne de Norroy, conduisant aux carrières de cette commune, dont l'exploitation remonte à la période gallo-romaine; on y a trouvé des autels dédiés à Jupiter et à Hercule Saxanus.

CARRIÈRES (LES), h. c^ue de Bréménil.

CARRIÈRES (LES), éc. c^ne de Manonville.

CARRIÈRES (LES), éc. c^ne de Saint-Quirin.

CARRIÈRES-DE-CRÉVILLER (LES), h. c^ar de Merviller.

CARRIÈRES-DE-MERVILLER (LES), us. c^ne de Merviller.

CARTENAY, ancien vill. près d'Haroué, brûlé en 1635.

CASSENOVE, originairement *Casa-Nova*, anc. gagnage franc, c^ne de Maidières, construit sur la fin du xv° s°. — *Cassenobe*, 1719 (alph.).

CASTELWALD (BOIS DU CHÂTEAU), bois, c^ne de Sarraltroff, près duquel se trouvait l'ancien château.

CAYETTE, éc. c^ue de Tomblaine.

CEINTREY, c^on d'Haroué. — *Gerardus de Senterei*, 1175 (ch. de l'abb. de Beaupré). — *De Synterei*, 1178 (*ibid.*). — *De Sainteri*, v. 1203 (ch. de l'abb. de Clairlieu). — *De Saintereio*, 1220 (ch. du pr. de Flavigny). — *Saintrey*, 1350 (Tr. des ch. l. Nancy I, n° 117). — *Cintrey*, *Cintri*, *Cintrei*, 1408 (dom. de Vaudémont). — *Sentrey*, 1420 (dom. de Nancy). — *Saintrel*, 1484 (Tr. des ch. l. Nancy I, n° 17). — *Centry*, 1487 (*ibid.* n° 75). — *Sainterey*, 1492 (*ibid.* l. Fiefs de Nancy, n° 32). — *Centrey*, 1522 (dom. de Nancy). — *Sainctrey*, 1531 (*ibid.*). — Le fief de Ceintrey relev. de la châtell. de Nancy, baill. de cette ville.

CENSE-DES-FOURS (LA), éc. c^ue de Turquestein.

CENSE-MITRY (LA), f. c^ne de Rosières-aux-Salines.

CENTAINE (CHEMIN DE LA), c^ne de Bouxières-sous-Froidmont.

CENTSAULX, éc. c^ne de Sommerviller.

CERCUEIL, c^on de Saint-Nicolas (maison de Templiers). — *Sarcofagus*, x° siècle (*Hist. eps. tull. ad ann.* 500-507, H. L. I, c. 114). — *La maison du Temple de Cercues*, 1296 (ch. de l'ordre de Malte). — *Cercuel*, 1420 (dom. de Nancy). — *Sercuel*, 1424 (*ibid.*). — *Sercuer*, 1492 (dom. d'Amance). — *Sercueur*, 1506 (Tr. des ch. B. 7614). — *Sercueil*, 1550 (dom. d'Amance). — *Sercueulf*, 1557 (dom. de Lenoncourt). — *Sercœur*, 1594 (dén. de la Lorr.). — *Sercueul*, 1600 (dom. d'Amance). — Le fief de Cercueil relev. de la châtell. de Nancy, baill. de cette ville. Il fut le siège d'un comté érigé en 1765, sous le nom d'*Ourches*.

CERCUEIL (AU), canton du territoire d'Allain-aux-Bœufs, où l'on a trouvé des squelettes, des armes, etc.

CERISEMONT. — Voy. KIRSCHBERG.

CHALADE (LA), un des hameaux dont la réunion a formé la commune d'Aingeray.

CHÂLET (LE), éc. c^ne de Liverdun, construit il y a environ trente ans.

CHÂLET (LE), anc. mét. c^ne de Roville.

CHÂLET (LE), éc. c^ne de Vic.

CHALIGNY, c^on de Nancy-Nord (prieuré de Bénédictins à l'abb. de Saint-Vincent de Metz, fondé au xii° siècle). — *Ecclesia Sancti-Remigii Caliniacensis*, 1126 (H. L. II, c. 279). — *Cella et parochia de Caliniaco*, 1178 (H. M. p. 132). — *Caluniacum*, 1181 (*ibid.* p. 139). — *Udo de Chelignei*, 1130 (ch. de l'abb. de Beaupré). — *Mina ferraria in banno de Chaleini*, 1174 (*ibid.*). — *Chalinei*, *Chelineium*, *Chelinetum*, *Chalineium*, *Chalinne*, xii° s° (ch. de l'abb. de Clairlieu). — *Chaligneium*, *Chalignœ*, 1249 (ch. du pr. de l'Aître). — *Challegney*, 1284 (ch. de l'abb. de Clairlieu). — *Challigney*, 1291 (Tr. des ch. l. Chaligny, n° 3). — *Cheligney*, 1321 (*ibid.* l. Vaudémont fiefs, n° 87). — *De Challigneys*, 1434 (ch. de l'abb. de Belchamp). — *Challigneium*, *Challigneyum*, 1436 (*ibid.*). — *Challigny*, 1600 (dom. de Nancy). — *Caleniacum*, 1675 (*Not. Gall.* p. 363).

Chaligny fut le siège d'un comté princier, le plus seigneurial de la Lorraine, érigé en 1562, et qui relev. en fief de la châtell. de Nancy, baill. de cette ville. — En 1698, c'était le chef-lieu d'une prévôté qui comprenait les villages de Lorey, du canton de Bayon; Chaligny, du canton de Nancy-Nord; Chavigny, Neuves-Maisons et Pont-Saint-Vincent, du canton de Nancy-Ouest.

CHAMBILLE, m^in (haute justice), c^ne d'Arraye, mentionné dans un titre de 1282 (ch. de l'abb. de Clairlieu).

CHAMBILLON, anc. cense, c^ne de Malzéville.

CHAMBLÉ, seigneurie, chât. et vill. en 1594, c^ne de Bouxières-sous-Froidmont. — *Chamblers*, 1229 (cart. d'Apremont, n° 129). — *Chamblez*, 1252 (cart. de Rengéval, f° 26). — *Chambleis*, 1318

(Tr. des ch. I. Fiefs de Nancy, n° 147). — Le fief de Chamblé relev. de la châtell. de Prény, baill. de Nancy.

CHAMBREY, c°ⁿ de Château-Salins. — *Chambrei*, 1339 (Tr. des ch. I. Blâmont I, n° 94). — *Chambry*, 1398 (*ibid*. I. Pont fiefs I, n° 146). — *Chambreyum*, 1642 (pouillé de Metz).

CHAMCOURT, éc. c°ⁿᵉ de Mouacourt.

CHAMOIS (LE), h. (cense-fief), c°ⁿᵉ de Badonviller. — *Charmois* ou *Chamois*, 1779 (Descr. de la Lorr.).

CHAMPAGNE, nom donné au m¹ⁿ de Moyenvic sur la carte de Cassini.

CHAMPAGNE (CHEMINS DE LA), c°ⁿᵉˢ de Toul, Crézilles et Uruffe.

CHAMPAGNE (LA) ou CHAMP-DES-ALLEMANDS, plaine entre Toul et Gondreville, où, en 612, Théodoric, roi de Bourgogne, vainquit son frère Théodebert : *In Tullensi campania confligunt certamine, Theudericus superat Theudebertum* (Fredeg. Chronic. cap. XXXVIII). — *Prés en la Champaigne*, 1352 (ch. de la cath. de Toul).

CHAMPAGNOT, nom donné au m¹ⁿ de Tonnoy dans le Polium de Bugnon, 1710.

CHAMP-AU-CERCUEIL (LE), c°ⁿ du territ. de Pierre, où l'on a trouvé des squelettes avec des armes.

CHAMP-AUX-MOINES (LE), canton du territoire de Dieulouard, où l'on a trouvé deux tables à sacrifice et un bas-relief de Mercure.

CHAMP-CHARLEMAGNE (LE), c°ⁿ du territ. de Brémoncourt.

CHAMP-CHRÉTIEN (LE), c°ⁿ du ban de Rhodes.

CHAMP-DE-FER (CHEMIN DU), c°ⁿᵉ de Craincourt.

CHAMP-DE-LA-BATAILLE (LE), c°ⁿ du territ. de Gélacourt.

CHAMP-DE-LA-COUR (CHEMIN DU), c°ⁿᵉ de Vandières.

CHAMP-DE-MARS (LE), éc. c°ⁿᵉ de Chanteheux.

CHAMP-DE-SAINTE-LIBAIRE, c°ⁿ du territ. de Damelevières, dont la location servait à l'achat de vingt flambeaux que portaient vingt jeunes filles à la procession qui avait lieu la veille de sainte Libaire, patronne de la paroisse. — D'autres cantons du territ. portent les noms de *Champ-de-la-Cire*, *Champ-de-l'Huile*, *Champ-des-Hosties*, *Champ-du-Pain-bénit*.

CHAMP-DES-ALLEMANDS. — Voy. CHAMPAGNE (LA).

CHAMP-DES-MONTS (CHEMIN DU), c°ⁿ de Laxou, ainsi nommé très-probablement en souvenir d'un ancien cimetière des juifs de Lorraine, établi sur la fin du XIIIᵉ siècle.

CHAMP-DES-NOIX (LE), c°ⁿ du territ. de Crion, dont le propriétaire devait, chaque année, 200 noix pour le pain bénit, le jour de Pâques.

CHAMP-DES-TEMPLIERS, c°ⁿ du territ. de Mangonville, 1403 (ch. de l'ordre de Malte).

CHAMP-DES-TOMBES. — Voy. TOMBES.

CHAMP-D'HONNEUR (CHEMIN DU), c°ⁿᵉ de Bisping.

CHAMP-DU-GÂTEAU (LE), c°ⁿ du territ. de Sionviller.

CHAMPEL, f. et chât. c°ⁿᵉ de Jolivet; anc. métairie à l'abb. de Beaupré. — *Grangia de Canpes*, 1147 (ch. de l'abb. de Beaupré). — *Apud Campellas*, 1150 (*ibid*.). — *Grangia que Campete vocatur*, 1157 (H. L. II, c. 354). — *Campellum*, 1159 (*ibid*. c. 357). — *Grangia de Campeiis*, *de Campellis*, 1163 et 1164 (ch. de l'abb. de Beaupré). — *Champes*, 1262 (*ibid*.).

CHAMPEL, ruiss. — Voy. ABOUTS (LES).

CHAMPELOS, éc. c°ⁿᵉ de Maidières.

CHAMPENOUX, c°ⁿ de Nancy-Est (prieuré de Bénédictins à l'abb. de Saint-Epvre, fondé au XIIIᵉ siècle). — *Campispinal*, 1210 (H. L. I, c. 525). — *Campus spinosus*, 1214 (ch. de l'abb. de Saint-Epvre). — *Chamspinous*, 1220 (*ibid*.). — *Champinos*, 1221 (*ibid*.). — *Champinous*, 1224 (*ibid*.). — *Champspenoins*, 1359 (*ibid*.). — *Champenou*, 1424 (dom. de Nancy). — *Champegnoul*, 1425 (*ibid*.). — *Champegneu*, 1485 (ch. de l'abb. de Saint-Epvre). — *Champenouz*, 1506 (Tr. des ch. B. 7614). — *Champegnou*, 1510 (ch. de l'abb. de Saint-Epvre). — *Champenoult*, 1523 (*ibid*.). — *Champegnoulx*, 1537 (ch. de l'émigré du Houx : arch. de la Meurthe). — *Champeignou*, 1539 (ch. de l'abb. de Saint-Epvre). — *Champegnoult*, 1550 (dom. de Nancy). — *Champenou*, 1554 (ch. de l'émigré du Houx). — *Champenoulx-soub-Amance*, 1596 (*ibid*.). — *Champenoulx*, 1600 (dom. de Nancy). — Le fief de Champenoux relev. de la châtell. d'Amance, baill. de Nancy.

Champenoux fut, en 1790, le chef-lieu d'un c°ⁿ dépendant du district de Nancy et formé des c°ⁿᵉˢ de Champenoux, Erbéviller, la Neuvelotte, Pulnoy, Réméréville, Séchamps et Velaine-sous-Amance.

CHAMPEY, c°ⁿ de Pont-à-Mousson. — *Villa que vocatur Campels, in comitatu Sarpontensi*, 918 (H. M. p. 56). — *Ludo de Campis*, 1130 (H. L. II, c. 316). — *Champelz*, 1318 (Tr. des ch. I. Pont-à-Mousson, n° 13). — *Champeilz*, 1333 (*ibid*. I. Pont fiefs III, n° 13). — *Champel*, 1498 (domaine de Pont-à-Mousson). — *Champé*, 1594 (dén. de la Lorr.). — *Champé-sur-Moselle*, 1709 (état du temporel). — Le fief de Champey relev. du marquisat de Pont-à-Mousson.

CHAMPEY (RUISSEAU DU MOULIN DE), a sa source au-dessus de Vittonville, passe sur le territ. de cette c°ⁿᵉ et sur celui de Champey et se jette dans la Moselle.

CHAMPIGNEULES, c°ⁿ de Nancy-Est. — *Villa Campineola*, 935 (ch. de l'abb. de Saint-Arnou). — *Villa nuncupata Champeigneules*, v. 940 (ch. du pr. de Lay). —

Amalwinus de Campeniulis, v. 1070 (coll. Moreau, t. XXX, f° 78). — *Ecclesia apud Campaniolas*, 1130 (H. L. II, c. 392). — *In Champegneulle*, 1156 (*ibid.* c. 349). — *Molendinum de Campagneio de novo constructum*, 1188 (*ibid.* c. 401). — *Campaneola*, 1192 (H. M. p. 155). — *Campinolès*, 1196 (ch. de l'abb. de Clairlieu). — *Finis de Champigneulle*, 1206 (H. L. II, c. 417). — *Champeignola*, 1225 (*ibid.* c. 426). — *Champegnueles*, 1349 (ch. de la cure de Dombasle : arch. de la Meurthe). — *Champignolæ*, 1386 (ch. de l'abb. de Belchamp). — *Champegneulle*, 1420 (dom. de Nancy). — *Champegnelle*, 1424 (*ibid.*). — *Champegnuelles*, 1427 (*ibid.*). — *Champegneulles*, 1492 (Tr. des ch. B. 7612). — *Champgneulles*, 1526 (dom. de Nancy). — *Champigneul*, 1594 (dén. de la Lorr.). — *Champigneulle*, 1600 (dom. de Nancy).

CHAMP-LE-BOEUF, f. c^{ne} de Laxou, construite près de l'ancienne ferme du même nom, qui fut unie au fief de Monbois en 1772.

CHAMP-LE-ROI (CHEMIN DU), c^{ne} de Jarville.

CHAMP-SAINT-REMY (LE), anc. cimetière hors de Lunéville.

CHAMP-VAUTRIN (LE), éc. c^{ne} de Bezange-la-Grande.

CHAMP-VAUTRIN (LE), f. c^{ne} de Moyenvic.

CHANCELIÈRE (LA), ruiss. prend sa source sur le territ. de Vaxainville et se jette dans la Verdurette.

CHANEL, éc. c^{ne} de Goviller.

CHANOIS (LE), contrée de la forêt de Haye, territoire de Champigneules. — *Le Chasnoy sur Champigneules*, 1585 (Tr. des ch. reg. B. 7642). — *Le Chesnoy*, 1611 (*ibid.* B. 7687).

CHANTEHEU, nom d'un anc. ban séparé, entre Ochey et Maron. — *Prata de Chanteheuo*, 1182 (ch. de l'abb. de Clairlieu). — *Chânteheux*, 1147 (arch. de Maron).

CHANTEHEUX, c^{on} de Lunéville-Sud-Est. — *Molendinum et alodium de Chantehui*, 1156 et 1157 (ch. des abb. de Beaupré et de Belchamp). — *Canteheu*, 1182 (ch. de l'abb. de Beaupré). — *Cantehu*, 1186 (*ibid.*). — *Canteu*, 1195 (*ibid.*). — *Chanteheu*, 1476 (dom. de Lunéville). — *Chantehu*, 1519 (dom. d'Einville). — Le fief de Chanteheux relev. de la châtell. de Lunéville, baill. de Nancy.

CHANTRAINE, mⁱⁿ, c^{ne} de Moivron.

CHANTRAINE, mⁱⁿ, c^{ne} de Vittonville.

CHANTRAINE (RUISSEAU DE), a sa source entre Moivron et Villers-lez-Moivron, passe sur les territ. d'Armaucourt, Villers et Moivron et se jette dans la Seille.

CHANVRES (RUISSEAU DES), prend sa source au pré Pécourt, passe sur le territ. de Conthil et se jette dans la Seille.

CHAOUÉ ou XAVOY, mⁱⁿ, c^{ne} de Gerbécourt. — *Fouxavoid*, 1478 (Tr. des ch. l. Nancy III, n° 82). — *Moulin de Xlexevoye sur le Madon*, 1591 (*ibid.* l. Vaudémont dom. n° 177).

CHAOUILLEY, c^{on} de Vézelise. — *Chidulfo villa in pago Suggentinse*, 770 (H. L. I, c. 280 ; attribution donnée par le P. Benoît Picart sur la carte placée en tête de l'Hist. de Toul). — *Caulei villa* (*Hist. eps. tull. ad ann.* 976-1018, H. L. I, c. 165). — *Capella de Cheuliaco*, 1065 (*ibid.* c. 455). — *Cheulaium*, 1105 (*ibid.* c. 516). — *Sully*, 1319 (Tr. des ch. l. Vaudémont dom. n° 146). — *Cheulley, Saviley*, 1396 (*ibid.* n°s 8 et 176). — *Chavilleis-desoubz-Vaudémont*, 1396 (cart. Vaudémont dom. f° 237). — *Chavilley, Chawillei, Chawilley*, 1408 (dom. de Vaudémont). — *Chaulley*, 1446 (Tr. des ch. l. Vaudémont dom. n° 25). — *Chawilly*, 1451 (*ibid.* l. Vaudémont fiefs, n° 35). — *Chaoulley*, 1487 (dom. de Vaudémont). — *Chowilley-soubz-Vaudémont*, 1507 (Tr. des ch. reg. B. 11, f° 131 v°). — *Chauilley et Chauuilley*, 1600 (dom. de Vaudémont). — *Chaoüillet*, 1751 (état des villes, etc.). — *Chaouillley ou Xaouilley*, 1779 (Descr. de la Lorr.). — Le fief de Chaouilley relev. du comté de Vaudémont.

CHAPELLE (LA), c^{on} de Baccarat. — *Villa de Capella*, 1288 (ch. de l'abb. de Haute-Seille).

CHAPELLE (LA), nom d'un vill. détruit et d'un ban particulier, près de Gerbéviller. — *Villa Capelle ; Hugo presbiter Capelle*, 1164 (ch. de l'abb. de Beaupré). — *Parochia de Capella*, 1262 (*ibid.*). — *La Chapelle-devant-Gerbervilleir*, 1316 (Tr. des ch. l. Rosières I, n° 65). — « Le ban qu'on dit de la Chapelle, séant entre l'abb. de Beaupré et la ville de Gerbéviller », 1332 (ch. de l'abb. de Beaupré).

CHAPELLE (LA), f. c^{ne} de Mousson.

CHAPELLE (LA), nom d'un ban particulier près du territ. de Viéville-en-Haye, où l'on croit qu'il y eut un village.

CHAPELLE (CHEMIN DE LA), c^{ne} de Bouxières-aux-Dames. — Voy. BALTHASARD.

CHAPELLE (CHEMINS DE LA), c^{nes} de Benney, Bouxières-aux-Chênes, Deneuvre, Kerprich-lez-Dieuze, Lemainville, Méréville.

CHAPELLE DE LHOR (LA). — Voy. LHOR.

CHAPELLE-DES-TROIS-COLAS (LA). — Voy. JUSTICE (LA).

CHAPELLE-NOTRE-DAME (LA), anc. gagnage au ban de Vitrimont.

CHAPELLE-SAINT-LAURENT (CHEMIN DE LA), c^{ne} de Mouacourt.

CHAPELLES (CHEMIN DES), c^{ne} de Vandelainville.

CHAPOIS, fief, c^{ne} de Damelevières. — *Chaspois*, 1710 (polium).

CHAPUI (LE), éc. c^{ne} de Nitting.
CHARARUPT, h. c^{ne} de Pierre-Percée.
CHARAYE, h. et montagne, c^{ne} de Raon-lez-l'Eau.
CHARBONNIÈRE (LA), f. c^{ne} de Circy.
CHARBONNIÈRE (LA), f. c^{ne} de Moussey.
CHAREY, c^{on} de Thiaucourt. — *Alodium in pago Wabrense, in villa Careica; Vullerannus de Careio*, 1055 (cart. de Gorze).—*Feodum de Chareio*, 1134 (H. L. II, c. 301). — *Chairey*, 1404 (Tr. des ch. l. Apremont, 49e liasse, n° 11). — *Charrey*, 1782 (table des villes, etc.). — Le fief de Charey relev. de la baronnie d'Apremont.
CHARLEMAGNE, nom donné à une plaine, c^{ne} de Chavigny. Une source qui existait autref. sur le territ. de cette commune s'appelait *Fontaine de Charlemagne*.
CHARLEMAGNE (CHEMIN DE), c^{ne} de Bicqueley, prend naissance sur la route de Verdun à Épinal et se termine sur le chemin de Pierre à Toul.
CHARLEMAGNE (CHEMIN DE), c^{ne} de Champigneules. — Une rue du village porte aussi ce nom.
CHARLEMAGNE (ROUTE DE), chemin dans la forêt de Haye, territoire de Maron.
CHARLEMAGNE (VILLE-DE-), nom donné à un c^{on} du territ. d'Hültenhausen, où l'on a trouvé des débris de constructions.
CHARLES-VUE, éc. c^{ne} de Lunéville.
CHARLOT (CENSE DU), éc. c^{ne} d'Abreschwiller.
CHARMES-LA-CÔTE, c^{on} de Toul-Sud. — *Capella Sancti-Florentini apud Chelmes*, 982 (H. L. I, c. 390).— *Charmes-devant-Toul*, 1315 (H. T. p. 109).
CHARMES-SUR-MOSELLE (Vosges), ch.-l. de c^{on}, arrond. de Mirecourt, était, en 1594, le ch.-l. d'une prévôté, baill. de Vosge, qui comprenait, dans la Meurthe, les communes de Bralleville, Germonville, Gripport, le Ménil-Mitry et Saint-Firmin, du canton d'Haroué.— En 1751, Charmes devint le siége d'un baill. dans le ressort duquel fut placée, outre les communes ci-dessus, celle de Bainville-aux-Miroirs, aussi du c^{on} d'Haroué.
En 1778, lors de la formation du diocèse de Nancy, Charmes fut le chef-lieu d'un doyenné, archidiaconé de Lunéville, comprenant les paroisses de Bainville-aux-Miroirs, Crévéchamps, Gripport, Haroué, Lebeuville et le Ménil-Mitry.
CHARMILLE (LA), éc. c^{ne} de Saint-Quirin.
CHARMOIS, c^{on} de Bayon. — *Alodium de Charmeyaco*, 1157 (ch. de l'abb. de Belchamp). — *Chermoy*, 1157 (H. L. II, c. 354). — *Alodium Chesmis* (?) 1186 (ch. de l'abb. de Beaupré). — *Charmoy*, 1304 (ch. de l'abb. de Belchamp). — Moulin et étang de *Charmoi*, 1310 (*ibid*.). — *Chermoix*, 1420 (dom. de Nancy). — *Charmoix*, 1427 (*ibid.*). — *Charmoys*, 1499 (dom. de Rosières). — Le fief de Charmois relev. de la châtell. de Rosières, baill. de Nancy. — En 1782, ce n'était qu'un hameau, haute justice, communauté de Damelevières.
CHARMOIS, f. c^{ne} de Bonviller, construite en 1584, érigée en fief en 1615.
CHARMOIS, f. et chât. (maison franche), c^{ne} de Gondreville. — *Charmois-lez-Gondreville*, 1612 (Tr. des ch. reg. B. 82, f° 185). — Il y avait un bois de ce nom, même c^{ne} : *Le Charmois*, 1566 (Tr. des ch. B. 7630). — *Le Grand et le Petit Charmoy*, 1592 (*ibid.* reg. B. 62 *bis*, f° 23).
CHARMOIS (LE), chât. (et chapelle), c^{ne} de Vandœuvre.
CHARMOIS (LE PETIT-), éc. c^{ne} de Vandœuvre.
CHARTONS (CHEMINS DES), c^{nes} de Rémenoville et de Viterne.
CHARTREUSE (LA), h. — Voy. BOSSERVILLE.
CHARUETTES (LES), fontaine ferrugineuse, commune d'Écrouves.
CHASTÉ (LE), seigneurie au vill. de Rozelieures.
CHASUPES (SENTIER DES), c^{ne} de Bouxières-aux-Dames.
CHÂTEAU (LE), chât. c^{ne} de Brémoncourt.
CHÂTEAU (LE), éc. c^{ne} de Frémery.
CHÂTEAU (LE), éc. c^{ne} de Frolois.
CHÂTEAU (LE), éc. c^{ne} de Jaillon.
CHÂTEAU (LE), éc. c^{ne} de Ménil-la-Tour.
CHÂTEAU (LE), éc. c^{ne} de Pont-Saint-Vincent.
CHÂTEAU (LE), éc. c^{ne} de Sexey-aux-Forges.
CHÂTEAU (LE), f. c^{ne} de Ferrières.
CHÂTEAU (LE), f. c^{ne} de Maizières-lez-Toul.
CHÂTEAU-BRÉHAIN, c^{ne} de Delme. — *Villa de Chestes*, 1218 (ch. de l'abb. de Beaupré). — *Le Chastel de Chastelbrehain*, 1505 (Tr. des ch. l. Viviers, n° 41). — *Chastelbreheim*, 1525 (papier des noms, etc.). — *Chasteaubrhan* et *Chasteau-Brehan*, 1525 (Guerre des Rustauds, p. 64 et 101). — Le fief de Château-Bréhain, de la baronnie de Viviers, relev. du marquisat de Pont-à-Mousson.
CHÂTEAU-BRUN. — Voy. BRUN.
CHÂTEAU-D'AMOUR (RUELLE DU), c^{ne} d'Arnaville.
CHÂTEAU-DE-FAMINE (RUE DU), c^{ne} de Badonviller.
CHÂTEAU-DES-FÉES (LE), nom donné à des restes de constructions, entre Erbéviller et Champenoux, qui semblent avoir appartenu à un édifice considérable.
CHÂTEAU-DES-SARRASINS, c^{on} du territ. de Bainville-sur-Madon, où l'on a trouvé une tête en bronze avec des yeux d'argent et surmontée de deux ailes.
CHÂTEAU-DE-VANNES (LE), h. c^{ne} de Vannes.
CHÂTEAU-DU-HAUT-BAR. — Voy. BELLEVUE-DU-HAUT-BAR (LA).
CHÂTEAU-DU-HAUT-DE-L'ORME; château que la tradition

prétend avoir existé sur le territ. de Maxéville, au canton dit le Haut-de-l'Orme.

CHÂTEAU-ÉGYPTIEN. — Voy. HEIDENSCHLOSS.

CHÂTEAU-FORT (LE), éc. c^{ne} de Bainville-sur-Madon.

CHÂTEAU-GRIGNON (LE), éc. c^{ne} de Nancy.

CHÂTEAU-MATHIEU (LE), éc. c^{ne} de Badonviller.

CHÂTEAU-NEUF (LE) ou NEUF-CHÂTEAU, fief et seigneurie, c^{ne} d'Haboudange.

CHÂTEAU-ROUGE (LE), coteau près du village de Bagneux.

CHÂTEAU-SALINS, ville, ch.-l. d'arrond. — *Castrum-Sallum* et *Sallum-Castrum*, 1195 (H. L. II, c. 403). — *Sallins; lou chastel con dit Chastel-Sallin*, 1346 (Tr. des ch. l. Château-Salins I, n°s 4 et 6). — *Saltzburg*, 1347 (cart. de l'abb. de Mettloch, f° 198). — *Chastelsalin*, 1348 (Tr. des ch. l. Château-Salins I, n° 12). — *Saltzbörren*, 1397 (cart. de l'abb. de Mettloch). — *Saltzburch*, xve s^e (ibid.). — *Chastelsallin*, 1492 (dom. d'Amance). — *Castrasalina*, 1513 (Géogr. de Ptolémée). — *Castrum-Salinum*, 1525 (Guerre des Rustauds, édit. orig. f° 14 v°). — *Chastel-Salin*, 1591 (Tr. des ch. reg. B. 61, f° 90). — *Castrum-Salinense*, 1675 (*Not. Gall.* p. 496 et 499). — *Salins-Libre*, à la révolution.

Château-Salins fut, en 1698, le siège d'une prévôté qui s'étendait seulement à cette ville et au vill. d'Amelécourt.

Le bailliage de Château-Salins, créé en 1751, et formé de villages de la prévôté de ce nom et de celles d'Amance, Nomeny et Pont-à-Mousson, comprenait : Aboncourt, Amelécourt, Bioncourt, Château-Salins, Coutures, Gerbécourt, Lubécourt, Manhoué, Puttigny, Salone, Vannecourt et Vaxy, du canton de Château-Salins; Alaincourt, Bacourt, Château-Bréhain, Chénois (en partie), Chicourt, Delme (en partie), Faxe, Fonteny, Frémery, Hannocourt, Jallaucourt, Lesse, Lucy, Oron (en partie), Prévocourt, Tincry, Villers-aux-Oies et Viviers, du canton de Delme.

En 1790, Château-Salins fut le chef-lieu d'un district, dont le siége fut ensuite transféré à Vic, et formé des communes d'Amelécourt, Château-Salins, Coutures, Fresnes-en-Saulnois, Gerbécourt, Lubécourt, Morville-lez-Vic, Puttigny et Vaxy. — Château-Salins redevint ensuite le chef-lieu du district en remplacement de Vic. — Voy. ce mot.

Les armoiries de Château-Salins, blasonnées dans l'Armorial de Lorraine, sont *parti de Lorraine simple et de gueules, à la coquille d'argent mise en cœur*.

CHÂTEAU-VOUÉ, c^{on} de Château-Salins. — *Villa Castellum dicta, in comitatu Dextroch*, 966 (ch. de l'abb. de Vergaville). — *Aridum-Castrum*, 1406 (ch. des cures, chapelles, etc.). — *Chastelvouel, Chastelvoel*, 1525 (papier des noms, etc.). — *Durcastel, dit Chastel-Vouel*, 1559 (dom. de Dieuze). — *Chasteauwouel, Chastelwouel*, 1585 (Tr. des ch. l. Marsal III, n° 262). — *Château-Houez, alias Durikastel*, 1594 (dén. de la Lorr.). — *Chasteauhouel*, 1600 (dom. de Marsal). — *Vouel au Val de Vassy*, 1608 (Tr. des ch. l. Moyenvic II, n° 102). — *Château-Woez*, 1719 (alphabet). — *Château-Voël*, 1751 (état des villes, etc.). — *Château-Ouel* (Cassini). — *Château-Oël*, 1790 (div. du départ.).

CHÂTEL-SUR-MOSELLE (Vosges), ch.-l. de c^{on}, arrond. d'Épinal, était, en 1594, le ch.-l. d'une châtell. et d'un baill. qui comprenaient, dans le département de la Meurthe, Bainville-aux-Miroirs et Lebeuville, du canton d'Haroué; Loro-Montzey, Rozelieures, Saint-Boing, Saint-Germain, Saint-Remy-aux-Bois (en partie) et Villacourt, du canton de Bayon. — Ce bailliage avait à peu près la même circonscription en 1751, moins Bainville et Rozelieures, plus Boryille, du canton de Bayon.

CHATELAIN (LE), anc. étang, près de Pont-à-Mousson, 1510 (Tr. des ch. l. Pont fiefs III, n° 68).

CHÂTELAINE (CHEMIN DE LA), c^{ne} de Château-Voué.

CHÂTELET (CHEMINS DU), c^{nes} de Virecourt et d'Athienville.

CHÂTELLENIE D'ALBESTROFF (FORÊT DE LA), c^{ne} d'Albestroff.

CHÂTELLENIE DE LA GARDE (FORÊT DE LA), c^{ne} de la Garde.

CHATEMAGNE, nom donné, dès le XIIIe siècle, à une portion du territoire d'Abaucourt. Il y avait un château fort dont les restes servent de maison d'habitation.

CHÂTILLON, bois, chât. scierie et m^{in} (seigneurie), c^{ne} de Val-de-Bon-Moutier; qualifié de cense-fief avec un château ruiné, en 1756. — *Le chaistel de Chatellon*, 1323 (Tr. des ch. l. Blâmont fiefs, n° 39). — *Le bourg de Chaistillon*, 1352 (ibid. l. Blâmont I, n° 111). — *Chastillon-en-Vosge*, 1408 (ibid. l. Blâmont II, n° 18). — *La chastellerie de Chastillon*, 1427 (ibid. n° 44). — *Castello*, 1777 (Hist. de l'Église de Strasbourg, I, pr. p. 160, note). — La seigneurie de Châtillon se composait, au commencement du siècle dernier, des villages ou hameaux de Châtillon, Cirey, Halloville, Saint-Thébaut, Val-de-Bon-Moutier, Harboué, Ibigny, le Monet et la Salière (alphabet).

CHÂTILLON (RUISSEAU DE), commence à paraître à la Large-Pierre, passe sur les territoires de Raon-lez-l'Eau, Lafrimbolle et Val-de-Bon-Moutier et se jette dans la Vezouse.

CHÂTILLON (Ruisseau du Bois de), sort du bois de ce nom, passe sur le territoire de Val-de-Bon-Moutier et se jette dans le ruisseau précédent.

CHATIS (Les), maison-fief à Lunéville, près de l'église Saint-Jacques, 1581 (Tr. des ch. l. Lunéville I, n° 52).

CHÂTRY (Le), tertre artificiel entre Vic et Moyenvic, où l'on croit que Gérard de Relange, évêque de Metz, fit bâtir un château au XIII° siècle. — Il y a des chemins du *Châtry*, c^{nes} de Vic et de Moyenvic.

CHATTE (La), éc. — Voy. CŒUR-EN-CÔTE.

CHATUN (Le), éc. c^{ne} de Turquestein.

CHAUATEL ou CHOATEL, mⁱⁿ, c^{ne} d'Écrouves.

CHAUDENEY, c^{on} de Toul-Sud. — *Cadiniacum*, 870 (H. T. p. 2). — *Caldiniacum*, 883 (H. L. I, c. 317). — *Caldeniacum*, 1105 (ibid. II, c. 517). — *Chaudenay-sur-Moselle*, 1612 (Tr. des ch. l. Longuyon III, n° 22). — *Chodeney*, 1756 (dép. de Metz).

CHAUD-POÊLE (Le), éc. c^{ne} de Turquestein.

CHAUFONTAINE ou VEXO-FONTAINE, f. (léproserie), c^{te} de Rehainviller, ainsi appelée à cause d'une source d'eau minérale. — *Grangia de Fontana* (?), 1182 (ch. de l'abb. de Beaupré). — *Xofontaine* ou *Chaufontaine*, 1719 (alphabet).

CHAUFONTAINE (Ruisseau de), passe sur le territoire de Charmois et se jette dans la Meurthe.

CHAUFOUR (Le), h. c^{ne} d'Andilly.

CHAUFOUR (Le), éc. c^{ne} de Gondreville.

CHAUFOUR (Le), éc. c^{te} de Réchicourt-le-Château.

CHAUFOUR (Le), éc. c^{ne} de Rehainviller.

CHAUFOURS (Les), f. c^{ne} de Sexey-aux-Forges.

CHAUME-DE-RÉQUIVAL (Le), montagne, c^{ne} de Raon-lez-l'Eau.

CHAUMIÈRE (La), éc. c^{ne} de Vandœuvre.

CHAUMONT, mⁱⁿ, c^{ne} d'Einvaux, construit sur l'emplacement d'une localité qui était encore la mère-église de ce dernier village en 1524. Au siècle dernier, une partie de cette commune s'appelait *Chaumont*, et ce nom est encore donné à une de ses rues. — *Ecclesia Calmontis*, 1127-1168 (ch. du pr. de Flavigny). — *W. presbiter Calvimontis*, 1164 (ch. de l'abb. de Beaupré). — *Alodium de Chamunt*, 1222 (ibid.). — *De Chamont*, 1218 (ibid.). — *La ville de Chamont*, 1297 (Tr. des ch. l. Rosières I, n° 48). — *Ecclesia de Calvomonte*, 1389 (ch. de l'abb. de Belchamp). — Il y avait aussi un étang du nom de Chaumont : *L'estaing de Chamon*, 1471 (dom. d'Einville).

CHAUMONT, c^{on} du territoire de Varangéville, ainsi appelé d'une seigneurie qu'on croit avoir existé dès le VIII° siècle. — *La seigneurie de Chaumont, connue sous le nom de Varangéville* (C^{mis} de la Meurthe, II, p. 417, 1re col.).

CHAUMONT (CHEMINS DE), c^{nes} de Badonviller, Bertrichamps, Bionville et Hampont.

CHAUMONTOIS (LE), vaste territoire, qualifié tantôt de *pagus*, tantôt de comté, compris dans la cité, puis dans le dioc. de Toul, et qui s'étendait des sources de la Moselle, de la Meurthe et de la Sarre jusqu'au confluent de ces deux premières rivières, au-dessus de Custines. Il avait pour limites : au sud-ouest, le Saintois ; au nord, le Scarponais et le pays de Metz ; à l'ouest, le Toulois, et renfermait plusieurs petits *pagi* et comtés : le *comitatus Ripaldi comitis*, où était situé le village de Bouxières-aux-Dames ; les *pagi Portensis, Vermensis* et *Albinsis* ; enfin, les terres du comté de Salm. — *Pagus Calvomontisis in Vosago*, 661 (H. L. I, c. 258). — *Pagus Calvomontensis*, 770 (Meurisse, Hist. des évêques de Metz, p. 174). — *Calmontensis*, 777 (Hist. de l'Église de Strasbourg, I, pr. p. 122). — *Comitatum Calmontensium* (Ann. Bertiniani, an. 839, d'après la *Not. Gall.* p. 118). — *Calmontis*, 870 (H. L. I, c. 310). — *Pagus Calmontinsis*, 896 (ch. de la coll. Saint-Georges). — *Comitatus Calmuntinsis*, 912 (H. L. I, c. 355). — *Comitatus et pagus Calmontinsis*, 923 et 932 (coll. Moreau, t. IV, f° 104, et ch. de l'abb. de Bouxières). — *Pagus Calmoténsis*, v. 935 (H. L. I, c. 341). — *Locus vel comitatus Calvomontensis*, 942 (H. M. p. 63). — *Pagus et comitatus Calvomontinsis*, 950 (H. L. I. c. 356 et 358). — *Comitatus Calmutensis*, 960 (Gallia christiana, XIII, c. 392 ; le même titre, rappelé dans H. L. I, c. 367, porte *Calmontensis*). — *Pagus Calmontensis*, 1027 (H. L. I, c. 403). — *Calvomontensis pagus*, 1111 (ibid. c. 529).

On ignore quelle était la capitale du Chaumontois : était-ce le village ou la seigneurie de *Chaumont*, dont il a été précédemment parlé ; ou bien le château de ce nom, qu'on dit avoir existé près de Saint-Dié ; ou bien encore l'ancienne ville d'Épinal, sur l'emplacement de laquelle la ville actuelle aurait été reconstruite vers la fin du X° siècle ? Ni les historiens ni les géographes n'ont résolu cette question : *Calmons, vel Calvusmons, aliis Calmontensis, nomen suum dedit Calmontensi..., quem locum* Chaumont *nunc dici aiunt, et positum esse ad Mosellam in Lotharingia ; ego in tabulis nullum ejus nominis locum ad hoc flumen reperio in Lothariensium finibus* (Not. Gall. p. 118). — Un titre de 1623 (ordre de Malte) fait mention de la *prévôté du Chaumontois*, où le chapitre de Saint-Dié jouissait de droits seigneuriaux et dans laquelle était compris le village de Moriviller, voisin d'Einvaux.

CHAUMOULIN, ruiss. sort de la forêt de Parroy, passe sur

le territoire de cette commune et sur celui de Mouacourt et se jette dans le Sanon.

CHAURUPT, m^{in}, c^{ne} de Mangonville — *Chaulrux*, 1515 (ch. de l'abb. de Bouxières). — La carte de l'état-major l'appelle *Choru*. — Un titre de 1594 fait mention du ruisseau de *Chaulrupt* (Tr. des ch. reg. B. 63, f° 94).

CHAVENOIS, ruiss. sort du bois de Faulx, passe sur le territoire de Lay-Saint-Christophe et se jette dans l'Amezule.

CHAVIGNY, c^{on} de Nancy-Ouest. — *Ecclesia Sancti-Blasii Caviniacensis*, 1126 (H. L. II, c. 279). — *Walterus de Chevaini*, 1179 (ch. de l'abb. de Clairlieu). — *Chevenei*, 1183 (ibid.). — *L'estan de Chevigney*, 1291 (Tr. des ch. l. Chaligny, n° 3). — *Chavegney, Chevegney*, 1329 (ch. de l'abb. de Clairlieu). — *Chavignei*, 1420 (dom. de Nancy).

CHAVON, anc. scierie, c^{ne} de Moussey.

CHAVOT, h. c^{ne} de Toul.

CHAZAL, ruiss. prend sa source au-dessus de Domjevin, passe sur le territoire de cette commune et se jette dans la Vezouse.

CHAZEAU, ruiss. prend sa source sous Moncourt, passe sur le territoire de cette commune et sur celui de Lay et se jette dans le ruisseau de la Saline.

CHAZELLES, c^{on} de Blâmont. — *Chaizelles*, 1376 (Tr. des ch. l. Blâmont I, n° 150). — *Chazelle*, 1600 (dom. de Blâmont). — *Chazel*, 1799 (Descr. de la Lorr.). — *Chasel* (Cassini). — Le fief de Chazelles relevait du comté de Blâmont.

CHAZOT, f. c^{ne} de Bouvron.

CHEMIN-DU-SABLE (LE), éc. c^{ne} de Vaxainville.

CHÊNE-À-LA-VIERGE (LE), chêne, sur le territoire de Mailly, dans le tronc duquel est placée une image de la Sainte-Vierge et où l'on vient en pèlerinage.

CHENEVIÈRES, c^{on} de Lunéville-Sud-Est. — *Canaveræ*, 965 (H. L. I, c. 373). — *Bannum de Cheneveires*, 1130 (ch. de l'abb. de Beaupré). — *In loco cui dicitur Canaveriis*, 1137 (coll. Moreau, t. LVII, f° 98). — *De Chenaveres*, 1150 (ch. de l'abb. de Beaupré). — *Ecclesia de Canaveriis*, 1152 (Tr. des ch. l. Abb. de Senones, n° 8). — *De Chaneveres, de Cheneveris*, 1175, 1188 (ch. de l'abb. de Beaupré). — *Cheneveres*, 1309 (Tr. des ch. l. Deneuvre, n° 61). — *Chenevière*, 1371 (ch. de l'abb. de Belchamp). — *Chanevières*, 1506 (dom. de Lunéville). — *Cannabariæ*, 1675 (Not. Gall. p. 360).

CHÉNEZIÈRES, f. (cense-fief), c^{ne} de Réhéray.

CHENICOURT, c^{on} de Nomeny. — *Chegneicourt*, 1318 (Tr. des ch. l. Fiefs de Nancy, n° 144). — *Cheignicourt*, 1329 (ibid. l. Nomeny II, n° 32). — *Chegnicourt*, 1366 (ibid. n° 9). — *Chegniecourt*, 1427 (dom. de Nancy). — Le fief de Chenicourt relevait du marquisat de Pont-à-Mousson.

CHÉNOIS, c^{on} de Delme. — *Chanoy*, 1505 (Tr. des ch. l. Viviers, n° 41). — *Channoy*, 1566 (dom. de Viviers). — Le fief de Chénois relevait du marquisat de Pont-à-Mousson.

CHÊNOIS (LE), f. c^{ne} d'Embermenil (prieuré de chanoines réguliers, dépendant de l'abb. de Chaumouzey; ban séparé; cense-fief au siècle dernier). — *J. priour de Chasnoy*, 1309 (Tr. des ch. l. Dieuze I, n° 6). — *Le Chesnois*, 1710 (polium).

CHÈQUE (LA), us. c^{ne} d'Oberstinzel.

CHÈRE-PIERRE, éc. c^{ne} de Pettonville.

CHEVALIER (MOULIN LE), anc. m^{in}, c^{ne} d'Eulmont.

CHEVAL-ROUGE (LE), éc. c^{ne} de Bouxières-aux-Chênes.

CHEVERS, fief, au village de Barbonville, érigé en 1765.

CHEVILLON, f. c^{ne} de Juville; vill. détruit et déjà remplacé au XVIIe siècle par une ferme. — *Moitresse de Chevillon*, 1612 (dom. de Nomeny).

CHÈVRE (LA), éc. c^{ne} de Ménil-la-Tour.

CHÈVREMONT, éc. c^{ne} de Vathiménil.

CHICOURT, c^{on} de Delme (anc. prieuré de Bénédictins supprimé au commencement du XVIIe siècle). — *Chiecourt*, 1476 (dom. de Dieuze). — Le fief de Chicourt relevait de la châtell. d'Amance, baill. de Nancy.

CHIENNERIE (LA), éc. c^{ne} de Nancy; anc. chenil des ducs de Lorraine.

CHIQUE (LA), éc. c^{ne} de Bertrichamps.

CHIRFONTAINE, ruiss. a sa source sur le territoire de Bouxières-aux-Dames et se jette dans la Meurthe.

CHOATEL, m^{in}. — Voy. CHAUATEL.

CHOLÉRA, éc. c^{ne} de Jaillon.

CHOLÉRA, éc. c^{ne} de Toul.

CHOLOY-ET-VAL-DE-PASSEY, c^{on} de Toul-Sud. — *Camiacum* (?) 836 (H. L. I, c. 301). — *Cauliacum*, 1069 (H. T. p. 29). — *Ecclesia de Choloy*, 1210 (H. L. I, c. 525). — *Cholois*, 1218 (ibid. II, c. 426). — *Choloi*, 1247 (ch. de l'abbaye de Beaupré). — *Challot*, 1516 (dom. de Gondreville). — *Chauloy* (Cassini).

Les communes de Choloy et de Val-de-Passey ont été réunies par ordonnance royale du 20 avril 1820.

CHURECK, h. indiqué en 1719 comme dépendant d'Albestroff (alphabet).

CIMETIÈRE DE SAVONNIÈRES (ANCIEN), c^{on} du territoire de Foug, près de l'écart de Savonnières, ainsi nommé dans un pied-terrier de 1560, cité par M. Beaulieu dans l'Archéologie de la Lorr. t. II, p. 75. On y a trouvé des sépultures antiques.

CIMETIÈRE DES JUIFS, indiqué par la carte de l'état-major sur le territoire de Mousson.

CIMETIÈRE DES JUIFS DE LORRAINE, établi, au XIIIᵉ siècle, près du village de Laxou.

CIMETIÈRE DES PESTIFÉRÉS, lieu indiqué sur la carte de l'état-major près du hameau de Moulins.

CINQ-TRANCHÉES (LES), éc. cⁿᵉ de Velaine-en-Haye.

CIREY, CIREY-LES-FORGES ou CIREY-SUR-VEZOUSE, bourg, cᵒⁿ de Lorquin. — *Sires*, 1155 (H. L. II, c. 349). — *Syrey*, 1174 (*ibid.* c. 366). — *Sylva versus Cireis*, 1184 (*ibid.* c. 392). — *Sireys*, 1186 (ch. de l'abb. de Haute-Seille). — *Ecclesia de Cirey*, 1245 (H. L. II, c. 460). — *Cireis*, 1352 (Tr. des ch. l. Blâmont I, n° 111). — *Siré*, 1590 (dom. de Phalsbourg). — *Sirey* ou *Cirey*, 1719 (alphabet).

Cirey fut, en 1790, le chef-lieu d'un canton dépendant du district de Blâmont et formé des communes de Bertrambois, Cirey, Hattigny, Nonhigny, Parux, Petit-Mont, Raon-lez-l'Eau, Saint-Sauveur, Tanconville et Val-de-Bon-Moutier.

CLAIRES-BOULES (LES), éc. cⁿᵉ d'Hattigny.

CLAIRLIEU, f. cⁿᵉ de Villers-lez-Nancy; anc. abb. de Cisterciens fondée, au XIIᵉ siècle, dans un vallon sauvage de la forêt de Haye; nommé Amerlieu : *Locus qui quondam vocabatur Amelum, nunc nuncupatur Clarus-Locus*, v. 1168 (ch. de l'abb. de Clairlieu). — *Sancta-Maria Clari Loci*, 1172 (Tr. des ch. l. Abb. de Clairlieu, n° 1). — *Clerleu*, 1244 (ch. de l'abb. de Clairlieu). — *Clerlui*, 1260 (*ibid.*). — *Chierlieu*, 1273 (Tr. des ch. l. Moyenvic I, n° 1). — *Clerleu*, 1289 (ch. de l'abb. de Clairlieu). — *Clerleux*, 1362 (*ibid.*). — Les ouvrages sortis de l'imprimerie établie à Clairlieu au commencement du XVIIᵉ siècle portent : *Clari-Loci ad Nanceium, Cler-Lieu lès Nancy*. — Voy. AMERLIEU, MARTINVAL, PETRARIA, à la table.

CLAIRLIEU, ancien bois près de Landécourt, dit aussi *Marimont*, 1584 (Tr. des ch. reg. B. 6603).

CLAIRUPT (LE), h. cⁿᵉ de Bertrichamps. — *Clairu*, 1756 (dép. de Metz).

CLAYEURES, cᵒⁿ de Bayon. — *Ecclesia de Clausuris*, 1157 (ch. de l'abb. de Belchamp). — *Cleura*, 1176 (ch. de l'abb. de Beaupré). — *Claiures*, 1296 (Tr. des ch. l. Lunéville I, n° 7). — *Cleures*, 1300 (*ibid.* l. Deneuvre, n° 12). — *Claures*, 1309 (*ibid.* l. Dieuze I, n° 5). — *De Cleure*, 1394 (ch. de l'abb. de Belchamp). — *Cleure*, 1397 (*ibid.*). — *Cleuriæ*, 1437 (cart. de cette abb.). — *Cloeure*, 1489 (arch. de Marainviller). — *Cleuræ, Claeure*, 1491 (ch. de l'abb. de Belchamp). — *Claeures*, 1513 (*ibid.*). —

Le fief de Clayeures relevait de la châtellenie de Rosières, bailliage de Nancy.

CLÉMERY, cᵒⁿ de Nomeny. — *Climerey* et *Climerei*, 1289 (cart. d'Apremont, n° 2). — *Clamerei*, 1420 (dom. de Nancy). — *Clamerey*, 1441 (dom. de Pont-à-Mousson). — *Clemerey*, XVᵉ siècle (dén. des vill. des environs de Metz, p. 33). — Appelé *du Hautoy* lorsqu'il devint, en 1760, le siége du marquisat de ce nom (voy. BELLEAU). — Le fief de Clémery relevait du marquisat de Pont-à-Mousson et de la châtellenie d'Amance, bailliage de Nancy.

CLÉNAY, cᵒⁿ de Vézelise. — *In comitatu Pontinse, in loco qui vocatur Clarevis*, v. 925 (coll. Moreau, t. IV, f° 141). — *Claregium*, 1034 (H. L. I, c. 413). — *Clarcy-près-d'Autrey*, 1385 (Tr. des ch. l. Vaudémont dom. n° 173). — *Clarei* et *Clarey*, 1408 (dom. de Vaudémont). — *Cleiry*, 1424 (dom. de Nancy). — *Clery*, 1600 (*ibid.*). — *Clairey-sur-Madon*, 1779 (Descr. de la Lorr.).

CLÉVANT, f. chât. et chapelle, cⁿᵉ de Custines. — *Clevent*, 1345 (dom. de Condé). — *La ville de Clivens*, 1473 (Tr. des ch. l. Fiefs de Nancy, n° 31). — Clévant est qualifié de village et paroisse au commencement du siècle dernier (polium, alphabet) et de haute justice en 1782.

CLIANCOURT, anc. maison de campagne au Crône, cⁿᵉ de Nancy.

CLOÎTRE (LE), nom donné à des cantons des territoires de Foulcrey et de Vandœuvre.

CLOS (LE), canton de vigne, territoire de Malzéville. — *Vinea que Clous dicitur*, XIIᵉ siècle (ch. de l'abb. de Clairlieu).

CLOSPRÉ, ruiss. prend sa source sous Vitrimont, passe sur le territoire de cette commune et se jette dans la Meurthe.

CLOSTERGARTEN (*Jardin du Cloître*), cᵒⁿ du territ. de Dolving où il y a des vestiges d'habitations.

CLOSVILLE, éc. cⁿᵉ de Pont-à-Mousson.

COELI (CHEMIN DE), cᵘᵉ d'Housséville. — Voy. HAUT-DE-COELI (CHEMIN DU).

CŒUR, éc. cⁿᵉ de Neuf-Maisons. — *Cœurs*, 1756 (dép. de Metz).

CŒUR-EN-CÔTE ou LA CHATTE, éc. cⁿᵉ de Nancy, ainsi appelé parce qu'on y déposa momentanément le cœur de Marie Leczinska, fille de Stanislas.

COIE (RUISSEAU DU MOULIN-DE-LA-), sort du bois de Donfontaine, passe sur les territoires de Lucey, Lagney, Sanzey, et se jette dans le Terrouin.

COINCING ou COINEIG, nom donné à un canton du territoire de Mont où la tradition place, à tort, une maison de Templiers; le bois qui s'y élève s'appelle *bois des Templiers* ou *du Coneig*.

COINCOURT, cⁿᵉ de Vic. — *Concourt*, 1502 (dom. d'Einville). — *Coencourt*, 1521 (*ibid.*). — *Coaincourt*, 1522 (*ibid.*).

COIVILLER, cᵒⁿ de Saint-Nicolas. — *Escoviller-desuz-*

Rozières, 1298 (Tr. des ch. l. Rosières I, n° 46). — *Quoyviller*, 1537 (copie d'un titre du xii° siècle : arch. de Rosières). — *Coyeviller*, 1550 (dom. de Rosières). — *Coyvillers* (Cassini). — Le fief de Coiviller relevait de la châtell. de Rosières, baill. de Nancy.

COLBECK (CENSE DU), éc. c^{ne} d'Abreschwiller.

COL-DE-CYGNE (LE), nom d'une des seigneuries qui composaient la terre de Fénétrange. — Voy. BRACKENKOPF et SCHWANHALS.

COL-DES-FRANÇAIS, éc. c^{ne} de Gondrexange.

COL-DE-VICHE, éc. c^{ne} d'Abreschwiller.

COLINS (LES), h. c^{ne} de Bionville.

COLOMBEY ou COLOMBEY-LES-BELLES, bourg, ch.-l. de c^{on}, arrond. de Toul. — *Capella in Columbario*, 836 (H. L. I, c. 301). — *Ecclesia in Columbario*, 870 (H. T. p. 1). — Un diplôme de Charles le Gros pour l'abbaye de Saint-Epvre est daté d'un lieu qui paraît être Colombey : *Actum Columbariæ*, 884 (H. L. I, c. 320). — *Columbare*, 1111 (ibid. c. 529). — *Colanbey*, 1305 (Tr. des ch. l. Gondreville, n° 34). — *Collombier*, 1527 (dom. de Gondreville). — *Colombiers*, 1528 (Tr. des ch. reg. B. 18, f° 164). — *Columbey*, 1546 (dom. de Pulligny). — *Collumbier*, 1546 (ibid.). — *Colombey-aux-Belles-Femmes*, 1779 (Descr. de la Lorr.). — Colombey était, à cette dernière époque, le chef-lieu d'une prévôté, baill. de Vézelise, à laquelle étaient justiciables les habitants d'Allain-aux-Bœufs, Crépey, Moutrot, Selaincourt et Viterne.

En 1790, Colombey fut le chef-lieu d'un canton dépendant du district de Vézelise et formé des communes d'Allain-aux-Bœufs, Colombey, Crépey, Dolcourt, Germiny, Selaincourt et Thuilley-aux-Groseilles. Le chef-lieu de ce canton fut peu après transféré à Crépey.

COLOMOY, ruiss. prend sa source sur le territoire de Blénod-lez-Toul et se jette dans la Deuille.

COMBETTE (LA), f. c^{ne} de Pexonne.

COMINE, ruiss. prend sa source à Mont-le-Vignoble, passe sur le territoire de cette commune et sur celui de Gye et se jette dans le Blarin.

COMMANDERIE (LA), h. c^{ne} de Gelucourt. C'était aussi le nom que portait la maison seigneuriale de ce village, appartenant à la commanderie de Saint-Jean-de-Jérusalem.

COMMANDERIE (LA), pâtis communal et canton du territoire de Jaillon.

COMMANDEUR (CHEMIN DU), c^{ne} de Tarquinpol, conduisant au village de Gelucourt.

COMMERCY (Meuse), ch.-l. d'arrond. était, en 1751, le chef-lieu d'un baill. duquel dépendaient, dans le département de la Meurthe, les communes de Boucq, Foug, la Neuveville-derrière-Foug, Lay-Saint-Remy, Pagney-derrière-Barine et Sanzey, du canton de Toul-Nord ; Charmes-la-Côte, Choloy, Domgermain et Mont-le-Vignoble, du canton de Toul-Sud ; Gibeaumeix et Saulxures-lez-Vannes, du canton de Colombey.

COMMET, f. et mⁱⁿ (seigneurie), c^{ne} de Saulxures-lez-Vannes. — *Seigneurie de Commey*, 1624 (Tr. des ch. l. Nancy IV, n° 27).

Cette ferme donne son nom à un ruisseau qui prend sa source à la fontaine de Commet, passe sur le territoire de Saulxures-lez-Vannes et se jette dans la Deuille.

COMTE (CHEMINS DU), c^{nes} de Sexey-aux-Forges, Thelod et Xeuilley.

COMTE (MOULIN LE), anc. mⁱⁿ, près de Pont-à-Mousson, mentionné dès le xiv° siècle (dom. de Pont-à-Mousson).

COMTESSE (CHEMIN DE LA), c^{ne} d'Atton.

CONCORDE (LA), éc. c^{ne} d'Écrouves.

CONRAD (RUISSEAU DE L'ÉTANG-), prend sa source sur le territoire de Badonviller et se jette dans la Blette.

CONTHIL, c^{on} de Château-Salins. — *Conthill*, xvi° siècle (Tr. des ch. reg. B. 284). — *Contille*, 1606 (Als. dipl. II, p. 483).

Conthil fut, en 1790, le chef-lieu d'un canton dépendant du district de Dieuze et formé des communes de Conthil, Lidrequin, Lidrezing, Molzing (Moselle), Pévange, Racrange (Moselle), Riche, Rodalbe, Sotzeling, Vuisse et Zarbeling. Ce canton s'accrut peu après des communes de Bénestroff, Bermering et Virming, détachées du canton d'Altroff, supprimé.

CONVERTS (LES) ou SAINT-BLAISE, anc. ermit. c^{ne} de Loisy. — Il y avait un bois de ce nom, c^{ne} de Bezaumont, qui a été aliéné en 1820.

CONVÈS, mⁱⁿ, c^{ne} d'Essey-et-Maizerais.

CORBEAU (LE), f. c^{ne} de Barbonville.

CORBEAU (LE), f. c^{ne} de Rosières-aux-Salines.

CORCOLE, seigneurie, c^{ne} de Pagny-sur-Moselle.

CORDE (SENTIER DE LA), c^{ne} de Vilcey-sur-Trey.

CORDONNIERS (SENTIER DES), entre Richeval et Aspach, à travers le bois du Sablon, ainsi nommé parce que les cordonniers de Blâmont le suivaient autrefois pour se rendre au marché de Lorquin.

CORPS-MORT (CHEMIN DU), c^{ne} de Flainval.

CORPS-MORTS (CHEMIN DES), c^{ne} de Crévic.

CORRUPT, ruiss. prend sa source à Salival, passe sur le territoire de cette commune et sur celui de Moyenvic et se jette dans la Seille. — *Molendinum subter*

Curtum Rivum, 1180 (*Ord. præm. ann.* II, c. 454). — Ce moulin, appelé aussi Conrupt ou Courupt, est sur le territoire de Salival. — *Corup*, 1290 (cart. de l'abb. de Salival).

Cons (Ruisseau des), prend sa source à la fontaine de Clos-Masse, passe sur les territoires de Burlioncourt, Obreck et Hampont et se jette dans la Seille.

Corvée (Chemin de la Vieille-), c^ne d'Andilly.

Corvée (Chemins ou Sentiers de la), c^nes de Bacourt, Barisey-au-Plain, Barisey-la-Côte, Bathelémont-lez-Bauzemont, Bouxières-sous-Froidmont, Brémoncourt, Clérey, Courcelles, Dédeling, Essey-la-Côte, Fécocourt, Malzéville, Pannes, Rosières-aux-Salines, Saint-Epvre, Saint-Georges, Saint-Quirin, Sotzeling et Voyer.

Corvée (Chemins de la Grande-), c^nes d'Angomont, Baccarat, Donnelay, Fraquelfing et Languimberg.

Corvée (Chemins de la Haute-), c^ne de la Neuveville-lez-Lorquin.

Corvée (Chemins de la Petite-), c^nes de Marbache et d'Angomont.

Corvée (La Grande-), canton du territoire de Zarbeling.

Corvée-d'Abrival (Chemin de la), c^ne de Favières.

Corvée-d'Allemagne (Chemin de la), c^ne de Saint-Quirin.

Corvée-d'Assenoncourt (Chemin de la), c^ne de Guermange.

Corvée-de-Commet (Chemin de la), c^ne de Saulxures-lez-Vannes.

Corvée-de-Frémonville (Chemin de la), c^ne de Blâmont.

Corvée-de-Mérigny (Chemin de la), c^ne de Saulxures-lez-Vannes.

Corvée-de-Misère (Chemin de la), c^ne de Saulxures-lez-Nancy.

Corvée-des-Moines (Chemin de la), c^ne de Mangonville.

Corvée-des-Seigneurs (Ruelle de la), c^ne de Guéblange.

Corvée-du-Plône (Chemin de la), c^ne de Vergaville.

Corvée-la-Dame (Chemins de la), c^nes de Neuviller-sur-Moselle et de Saint-Remimont.

Corvée-le-Muet (Chemin de la), c^ne d'Autrepierre.

Corvées (Chemins ou Sentiers des), c^ne d'Angviller, Euvezin, Haroué, Lucey, Mulcey et Villey-le-Sec.

Corvées (Chemin des Grandes-), c^ne de Bouxières-aux-Dames.

Corvées-Saint-Gengoult (Chemin des), c^ne de Toul.

Côte-Barine, montagne. — Voy. Barine.

Côte-Chevalier (Chemin de la), c^ne de Maxéville.

Côte-Coupée, f. c^ne de Vitrimont.

Côte-de-Belchamp, montagne, c^te de Méhoncourt.

Côte-de-Delme, h. c^ne de Bouxières-aux-Chênes.

Côte-de-Harreberg, h. c^ne de Harreberg.

Côte-de-Pimont, montagne, c^ne de Frouard.

Côte-des-Chanoines, canton de vignes renommé, c^ne de Nancy, ainsi appelé parce que les chanoines de la collégiale Saint-Georges y possédaient des vignes.

Côte-d'Essey, montagne, c^ne d'Essey-la-Côte, regardée par des géologues comme un volcan éteint.

Côte-de-Thelod, montagne, c^ne de Thelod.

Côte-de-Toul, colline et éc. c^ne de Nancy.

Côte-du-Château, monticule près de l'endroit où était le village de Malzey, c^te d'Aingeray.

Côte-du-Château, nom donné à un terrain occupant une partie de la presqu'île sur laquelle est bâti le village de Tarquinpol, et où l'on a trouvé beaucoup de débris antiques.

Côte-du-Moulin, éc. c^ne de Pierre-Percée.

Côte-du-Moutier, montagne, c^ne de Raon-lez-l'Eau.

Côte-Grise (La), monticule, près de Saint-Nicolas.

Côte-Lahire (Chemin de la), c^ne de Favières.

Côte-le-Prêtre, colline, c^ne de Maxéville.

Côte-Rôtie (La), éc. c^te de Pixerécourt.

Côte-Saint-Germain, montagne, c^ne de Battigny.

Côtes-Lucey (Ruisseau des), prend sa source près de Lagney, passe sur le territoire de Bouvron et se jette dans le Terrouin.

Cougnotte, mét. c^ne de Pexonne.

Couloir (Le), nom donné autrefois à la section de la c^ne de Flavigny qu'on appelle aujourd'hui *le Prieuré*. — *Le Colleux*, 1567 (ch. de la coll. St-Georges).

Cour ou Court (La), maison forte à la Neuveville-devant-Nancy.

Cour (La), fiefs aux villages de Bratte, Viéville-en-Haye et Vitrey.

Cour (La), maison seigneuriale à Barbonville.

Cour (La), f. c^ne de Borville.

Cour (La), fief, maison forte et seigneuriale à Gérardcourt.

Cour (La), maison franche à Nomeny.

Cour (La), f. c^ne de Saint-Remy-aux-Bois.

Courant (Ruisseau de l'Étang-), a sa source dans le département des Vosges, passe sur le territoire de Badonviller et se jette dans la Blette.

Courbessaux, c^n de Lunéville-Nord. — *Corbesal* (Chr. eps. met. ad ann. 1200-1260, H. L. I, c. 72). — *Courbessauz*, 1284 (Tr. des ch. l. Rosières I, n° 17). — *Corbeçalz*, 1296 (*ibid.* n° 3). — *Courbesal*, 1319 (*ibid.* l. Fiefs de Lorraine, n° 12). — *Courbessault*, 1420 (dom. de Nancy). — *Courbesault*, 1424 (*ibid.*). — *Courbessaül*, 1427 (*ibid.*). — *Courbesalz*, 1506 (Tr. des ch. B. 7614). — *Courbes-*

saulx, 1600 (dom. d'Amance). — Le fief de Courbessaux relevait de la châtell. d'Amance, baill. de Nancy.

Cour-Bulizel (La), cense-fief et seigneurie, c"e de Blénod-lez-Pont-à-Mousson. — *Le clous Bellizel*, 1385 (dom. de Pont-à-Mousson).—*Court Bellize, Bellise, Belleze*, xv° s° (Tr. des ch. l. Pont additions, n° 25). — *Court Bullezel*, 1494 (*ibid.* l. Pont fiefs III, n° 63). — Le fief et franc alleu appelé *la Court Bullezelle*, 1701 (*ibid.* l. Pont. addit. n° 25). — *Cour Bouizel*, 1779 (dén. des terres seign.). — Ce fief tirait son nom d'un nommé Jean Belise, de Pont-à-Mousson, dont il est parlé en 1265 (Tr. des ch. l. Pont fiefs III, n° 1).

Courcelles, c°n de Colombey. — *Gerardus de Corcelles* (?), 1094 (H. L. I, c. 510). — *Curezele*, 1106 (*ibid.* c. 522). — *Courxelle*, 1408 (dom. de Vaudémont). — *Courcelles-sous-Vaudémont*, 1779 (Descr. de la Lorr.). — Le fief de Courcelles relevait du comté de Vaudémont.

Courcelles, vill. détruit, près de Salone. — *Curcellæ . . . . cum aquis salsatis et non salsatis*, 822 (Hist. de l'abb. de Saint-Mihiel, p. 428). — *In villa Curcellis*, 896 (ch. de la coll. Saint-Georges).

Cour-des-Seigneurs (La), maison forte au village de Bacourt.

Cour-des-Seigneurs (La), maison franche à Moriviller.

Cour-en-Haye (La), fief et justice foncière, c"e de Jezainville.

Cour-Guarin (Chemin de la), c"e de Barisey-la-Côte.

Cour-Saint-Pierre (La), fief au village d'Art-sur-Meurthe.

Cour-Saint-Pierre (La), maison-fief et chapelle à Vandières, sur l'emplacement desquelles fut primitivement établie, dit-on, l'abbaye de Saint-Pierre de Metz.

Cour-Sauvage (La), seigneurie à Lunéville.

Court (La), seigneurie au village de Parroy.

Court-Douaire (La), métairie-fief à Marsal.

Courtegain; éc. c"e des Métairies-de-Saint-Quirin; village détruit.—*Wilre; église de Wilre proche Saint-Quirin* (Inventaire de l'abb. de Haute-Seille, rappelant des titres de 1203 et 1296). — *Courtegoin*, 1719 (alph.).

Court-Sainte-Glossinde (La), anc. ban au finage de Pagny, dont il est fait mention en 1477 (dom. de Prény).

Courtzerode ou Kourtzerode, h. c"e de Saint-Jean-Courtzerode. — *Kurtzrode* (Cassini).

Coutances ou Saint-Jean-de-Coutance, anc. ermit. c"e de Dolcourt.

Coutures, c°n de Château-Salins. — *Milo de Culturis*, 1174 (H. L. II, c. 366). — *Th. miles de Cotures*, xii° s° (Tr. des ch. l. Abb. de l'Isle, n° 42). — *Coltires*, 1252 (cart. de l'abb. de Mettloch). — *Coture*, 1346 (Tr. des ch. l. Château-Salins I, n° 4). — *Colterssen*, 1397 (cart. de Mettloch). — *Kolter*, 1421 (*ibid.*). — *Colturss*, 1436 (*ibid.*). — *Colters*, 1469 (*ibid.*). — *Coltersss, Cocture*, xv° s° (*ibid.*). — *Coustures*, 1550 (dom. d'Amance). — *Coutures-lès-Château-Salins*, 1594 (dén. de la Lorr.).

Cette commune donne son nom à un ruisseau qui y a sa source, passe sur son territoire et sur celui de Château-Salins et se jette dans la Petite-Seille.

Couvay, vill. c"e d'Ancerviller. — *Colbat*, 1111 (H. L. I, c. 529; attribution donnée par dom Calmet). — *Ecclesia de Scopax*, 1120 (Tr. des ch. l. Abb. de Senones, n° 6). — *Scopatium*, 1152 (*ibid.* n° 8). — *Escouvaix*, 1292 (*ibid.* l. Blâmont I, n° 26). — *Scovagium*, xiv° s° (*Chr. med. mon. ad ann.* 1076, H. L. II, c. 75). — *Coway*, 1566 (dom. de Blâmont). — *Colva et Couva*, 1590 (dom. de Salm). — *Couvey* (Cassini).

Couvay (Ruisseau du Gué-de-), a sa source sur le territoire de Couvay, passe sur ceux d'Ancerviller et de Montigny et se jette dans la Blette.

Couvent-des-Moines (Le), nom donné à un canton du territoire de Puttigny.

Craincourt, c°n de Delme. — *Sicramrio curte*, 777 (Hist. de l'abb. de Saint-Denis, pr. p. 38). — *Ecclesia de Cruncurt*, 1152 (Tr. des ch. l. Abb. de Senones, n° 8). — *Crincurt*, 1278 (*ibid.* l. Nomeny I, n° 86). — *Craincort*, 1281 (*ibid.* l. Viviers, n° 4). — *Criencourt*, 1285 (*ibid.* l. Dieuze I, n° 1). — *Creincourt*, 1476 (dom. de Dieuze). — *Craincuria*, 1481 (ch. de l'abb. de Belchamp). — *Granicuria*, 1642 (pouillé de Metz). — *Craincourt-sur-Seille*, 1779 (Descr. de la Lorr.).

Craincourt (Gagnage de), à Essey-lez-Nancy, 1471 (cart. Fiefs de Nancy, III, f° 210).

Craincourt (La Maison forte de), au village précédent, communauté de Létricourt, 1779 (Descr. de la Lorr.).

Crantenoy, c°n d'Haroué. — *Cretenau*, x° s° (*Hist. eps. tull. ad ann.* 872-894, H. L. I, c. 130). — *Crantenau; capella in Crantinau villa; ad Cratinau*, xii° s° (ch. du pr. de Flavigny). — *Crantenou*, 1240 (ch. de l'abb. de Clairlieu). — *Villa de Crantenoy*, 1240 (H. L. II, c. 453). — *Crantheno*, 1357 (ch. du pr. de Flavigny). — *Cranthenou*, 1368 (reg. cap. de la cath. de Toul). — *Crantenol*, 1399 (Tr. des ch. l. Confirmations n° 33). — *Cranteno*, 1526 (dom. de Nancy). — Le fief de Crantenoy relevait de la châtell. de Nancy, baill. de cette ville.

CRAON, chât. c^ne d'Haroué, à la famille de Beauvau-Craon.

CRAS (RUISSEAU DE LA POINTE-DES-), sort de la forêt de Mondon, passe sur les territoires de Moncel-lez-Lunéville et de St-Clément et se jette dans la Meurthe.

CRAYÈRE (LA), f. (cense-fief et chap.), c^ne de Rosières-aux-Salines. — *La Crahière*, 1625 (Tr. des ch. reg. B. 97, f° 257). — *La Crayeure*, 1710 (polium). — *La Clayeure*, 1719 (alph.).

CRÉON, éc. c^ne des Métairies-de-Saint-Quirin.

CRÉPEY, c^on de Colombey. — *Basilica in Crepiaco*, 836 (H. L. I, c. 301). — *Crepicum*, 884 (ibid. c. 317). — *Cripiacum*, 948 (ibid. c. 352). — *Crippiacum*, 1033 (ibid. c. 408). — *Crupeium*, 1168-1173 (H. T. p. 95). — *Cruppei*, 1267 (ch. de l'abb. de Saint-Epvre). — *Crepels*, 1304 (Tr. des ch. l. Châtel II, n° 107). — *Creppey*, 1487 (dom. de Vaudémont). — *Crespy* ou *Crépy*, 1719 (alph.)

Au mois de novembre 1790, Crépey devint le chef-lieu du canton de Colombey.

CRÉVÉCHAMPS (mieux Crévéchamp), c^on d'Haroué. — *Altare apud Crepatum Campum*, v. 1090 (ch. du pr. de Flavigny). — *Walterus de Crevechamps*, 1172 (Tr. des ch. l. Abb. de Clairlieu, n° 1). — *Crevechamp*, *Craveichamp*, *Cravechamp*, 1248 et 1257 (ch. du pr. de Flavigny). — *Craveichamps*, 1423 (ch. de l'abb. de Belchamp). — *Cravechampz*, 1449 (ibid.). — *Creveschamps*, 1499 (dom. de Rosières). — *Craveschamps*, 1568 (dom. de Bayon). — *Crévéchamp*, 1782 (table des villes, etc.). — Le fief de Crévéchamps relevait de la châtellenie de Nancy, baill. de cette ville.

Cette commune donne son nom à un ruisseau qui a sa source à Saint-Remimont, passe sur son territoire et sur celui de Crévéchamps et se jette dans la Moselle.

CRÉVIC, c^on de Lunéville-Nord. — *Alodium apud Curvi*, 1152 (Tr. des ch. l. Abb. de Senones, n° 8). — *Crévy*, 1502 (dom. d'Einville). — *Crévi*, 1594 (dén. de la Lorr.). — Ce village était le chef-lieu d'une mairie composée d'Anthelupt, Crévic, Flainval, Grand-Vezin, Hudiviller et Sommerviller; les appels de cette mairie se portaient au buffet de Crévic, qui ressortissait directement à la Cour souveraine de Lorraine.

Crévic fut, en 1790, le chef-lieu d'un canton dépendant du district de Lunéville et formé des communes d'Anthelupt, Courbessaux, Crévic, Drouville, Flainval, Hudiviller, Maixe et Sommerviller.

CRÉVILLER, h. (cense-fief), c^ne de Merviller. — *La ville de Cruviller*, 1314 (Tr. des ch. l. Blâmont n° 96). — *Cruviller*, 1719 (alphabet). — *Crivilé* et *Criviler*, 1756 (dép. de Metz). — Le fief de Créviller relevait de la châtell. de Baccarat, baill. de Vic.

CRÉZILLES, c^on de Toul-Sud. — *Predium de Crusiolis cum ecclesia*, 1058 (H. T. p. 28). — *De Cruciolis*, 1065 (H. L. I, c. 458). — *Villula que dicitur Crusiole*, 1069 (ibid. c. 464). — *Crusille*, 1094 (ibid. c. 498). — *Crucelie*, 1105 (ibid. c. 516). — *Crezeille*, 1350 (Tr. des ch. l. Gondreville, n° 40). — *Crezile*, 1408 (dom. de Vaudémont). — *Cresilla*, XVIe s^e (compilation faite sur des documents anciens; Hist. des ducs de Champagne, II, p. 134). — *Crésil*, 1594 (dén. de la Lorr.).

CRION, c^on de Lunéville-Sud-Est. — *Cryon*, 1550 (dom. d'Einville). — Le fief de Crion relevait de la châtellenie d'Einville, bailliage de Nancy. Ce village formait deux communautés en ce qui concernait les bois: l'une, dite *Crion-les-Bourguignons*; l'autre, *Crion-les-Lorrains*, 1765 (visite des bois de la maîtrise de Lunéville).

CROC (LE), montagne, c^al d'Abreschwiller.

CROISMARE (originairement *Haudonviller*), c^on de Lunéville-Sud-Est. — *Bannum de Haidunviller*, 1157 (ch. de l'abb. de Beaupré). — *Hadonviler*, 1272 (Tr. des ch. l. Blâmont I, n° 7). — *Hadonvillers*, 1313 (ibid. l. Fiefs de Nancy, n° 135). — *Haudonviller*, 1330 (ibid. l. Nancy I, n° 136). — *Haldonviller*, 1392 (ibid. n° 26). — *Hadonviller*, 1398 (ch. de l'abb. de Belchamp). — *Hatum*, 1513 (géogr. de Ptolémée). — *Hatonville*, 1594 (dén. de la Lorr.). — *Hauldonviller*, 1600 (dom. d'Einville). — *Beauvau*, 1719 (alph.). — Le fief d'Haudonviller relevait de la châtellenie de Lunéville, bailliage de Nancy. Il fut érigé en marquisat, en 1712, sous le nom de *Craon*, qu'il changea pour celui de *Croismare*, en 1767; reprit le nom d'*Haudonviller* en 1790.

CROIX (CHEMIN DU BOIS-DE-LA-), c^ne de Sionville.

CROIX (CHEMIN et SENTIER DE LA BELLE-), c^nes de Vigneules et de Vandœuvre.

CROIX (CHEMINS OU SENTIERS DE LA), c^nes d'Arracourt, Bezaumont, Bouxières-aux-Chênes, Bouxières-sous-Froidmont, Dommartemont, Fraimbois, Jaillon, Lindre-Haute, Moyenvic, Saint-Mard, Saint-Quirin, Saint-Sauveur, Tramont-Émy, Tremblecourt et Vergaville.

CROIX (CHEMINS DE LA GRANDE-), c^nes de Rogéville et de Blénod-lez-Toul.

CROIX (CHEMINS DE SAINTE-), c^nes de Martincourt et de Rhodes.

CROIX (CHEMINS DU CHAMP DE-LA-), c^ne de Champey.

CROIX (CHEMINS DU HAUT-DE-LA-), c^nes d'Arracourt, Avricourt, Brin, Flainval, Gezoncourt, Giriviller, Hannocourt et Leintrey.

Croix (La), anc. maison près de Maxéville, mentionnée en 1593 (Tr. des ch. reg. B. 7655).

Croix (La), anc. m^{in}, c^{ne} de Rosières-aux-Salines, 1605 (dom. de Nancy).

Croix (Les Trois-), anciennes croix près de Juvelise.

Croix-aux-Ames (La), croix, c^{ne} de Clémery.

Croix-Blanche (La), croix, c^{ne} de Mailly.

Croix-Blanche (Chemins de la), c^{nes} de Bouxières-aux-Chênes, Lucey, Marsal, Sexey-les-Bois et Valhey.

Croix-Charbonnier (La), c^{on} du territ. de Bicqueley.

Croix-de-Bois (Chemins de la), c^{nes} de Liverdun et d'Amance.

Croix-de-la-Bataille, croix, c^{ne} de Malaucourt.

Croix-de-Mission (La), croix, c^{ne} de Bouxières-sous-Froidmont, où l'on vient en pèlerinage.

Croix-de-Mission (La), anc. croix près d'Abaucourt.

Croix-de-Neinport (La), croix, c^{ne} de Malaucourt.

Croix-de-Pierre (La), croix très-ancienne, c^{ne} de Réchicourt-la-Petite.

Croix-des-Allemands (Chemin de la), anc. chemin, c^{ne} de Juvrecourt.

Croix-des-Baraques (La), anc. croix, c^{ne} de Ferrières.

Croix-de-Serres (La), anc. croix près d'Hoëville.

Croix-du-Telbor (Chemin de la), c^{ne} d'Avricourt.

Croix-du-Tonnerre (Sentier de la), c^{ne} d'Hertzing.

Croix-Gagnée (mieux *Croix-le-Gamnié*, *Gainnier* ou *Gaimnier*), partie du faubourg de Boudonville, c^{ce} de Nancy, où se trouve une croix à laquelle on va en pèlerinage.

Elle fut érigée, au commencement du xvie siècle, par un nommé Didier Fossier, dit le Gaymnier, Gaynnier ou Gaymnié, c'est-à-dire faiseur de gaînes.

Croix-le-Charbonnier (La), anc. croix à la sortie du bois de Mondon, 1613 (dom. de Lunéville).

Croix-le-Meunier (La), croix, c^{ne} de Manhoué.

Croix-le-Meunier (Chemins de la), c^{nes} d'Aboncourt-sur-Seille et de Lagney.

Croix-l'Ermite (Chemin de la), c^{ne} de Norroy.

Croix-Mattirion (La), croix qui existait avant la Révolution sur le territoire de Loisy, et qu'on pense avoir été érigée en souvenir du combat livré aux Germains sur le bord de la Moselle par Jovin, maître de la cavalerie romaine. — *Mallo Matiriaco* (?), triens assez semblable à ceux de Scarpone (Et. num. p. 127).

Croix-Mitta (Bois de la), c^{on} de la forêt de Haye, près de Gondreville. — Bois dit à *la Croix-Mitay*, 1567 (Tr. des ch. B. 7631). — Contrée de *la Croix-Mithay*, 1586 (ibid. B. 7644). — *Croix-Mitay*, 1591 (ibid. B. 7648). — *Croix-Mitra*, 1783 (visite des bois de la maîtrise de Nancy).

Croix-Mougin (La), croix, c^{ne} d'Albestroff; a été érigée, dit-on, sur l'emplacement d'un ancien cimetière de pestiférés.

Croix-Noire (Chemins de la), c^{nes} de Hesse, Mailly et Villey-le-Sec.

Croix-Rouge (La), éc. c^{ne} de Parey-Saint-Césaire.

Croix-Rouge et de la Rouge-Croix (Chemins de la), c^{nes} de Barisey-au-Plain, Bey, Clayeures, Hudiviller, Landremont et Mailly.

Croix-Rouge-Rose (La), croix sur le territoire de Goviller, à un endroit où la tradition place un ancien cimetière de pestiférés.

Croix-Saint-Claude (Chemins de la), c^{nes} de Laxou et de Ville-au-Val.

Croix-Saint-Eucaire (La), croix, c^{ne} de Liverdun.

Croix-Saint-Martin (Chemin de la), c^{ne} d'Affracourt.

Croix-Saint-Nicolas (Chemins de la), c^{nes} de Dieulouard et de Parroy.

Croix-Saint-Privat (Chemin de la), c^{ne} de Gémonville.

Croix-Saint-Urbain (Chemin de la), c^{ne} de Pont-à-Mousson.

Croix-Son-Altesse (Chemin de la), c^{ne} de Malaucourt.

Crône (Le), partie du faubourg des Trois-Maisons, c^{ne} de Nancy.

Cropello, fief à Rosières-en-Haye, érigé en 1712, supprimé en 1725, rétabli en 1736.

Crosse (Au-dessus-de-la-), sentier, c^{ne} de Bouxières-aux-Dames.

Crosse (Chemin de la), c^{ne} de Pont-à-Mousson.

Cubolot, h. et m^{in}, c^{ne} des Métairies-de-Saint-Quirin.

Cuite, bois et colline, c^{ne} de Dieulouard, où l'on voit des vestiges d'anciennes fortifications.

Cuite-Fève, éc. c^{ne} de Rosières-aux-Salines (comm^{rie} de l'ordre de Malte, fondée au xiie siècle). — *Coctafuba*, 1207 (ch. de l'ordre de Malte). — *Keutefève*, 1279 (ibid.). — *Queutefève*, 1366 (ibid.). — *Domus dicta Keutte-Febve*, 1432 (ibid.). — *Cuitfève*, 1491 (ibid.). — *Cul-de-Fève*, 1475 (Chron. de Lorr. H. L. III, c. 59). — *Cuitte-de-Fève*, 1719 (alph.).

Cumejus ou Cumejis, f. c^{ne} de Manoncourt-en-Voivre. — *Bois de la Cumegie*, 1724 (titre de l'abb. de Saint-Epvre). — *Cumugy* (Cassini).

Curel ou Mont-Curel, montagne, c^{ne} de Fraisnes-en-Saintois.

Custines (originairement *Condé* et *Condé-sur-Moselle*), c^{on} de Nancy-Est. — *Alanus de Condeio*, 1189 (Tr. des ch. l. Nancy I, n° 12). — *Condey-sur-Mozelle*, 1346 (ibid. l. Condé, n° 19). — *Condey*, 1253 (H. L. II, c. 474). — *Conde supra Mosellam* (Chr. eps. met. ad. ann. 1301-1316, H. M. p. 2). — *Condey-sur-Moselle*, 1345 (dom. de Condé). — *Condey-sur-*

Mezaille, 1377 (dom. de Pont-à-Mousson). — *Chastellerie de Condey*, 1401 (Tr. des ch. l. Condé, n° 19). — *Condeum*, 1513 (géogr. de Ptolémée). — *Condate*, 1675 (*Not. Gall.* p. 360 et 363). — Condé fut érigé en marquisat, en 1719, sous le nom de *Custines*.

Ce village était, en 1594, le chef-lieu de la châtellenie de Condé et Val-des-Faulx, bailliage de Nancy, de laquelle dépendaient Custines, du canton de Nancy-Est; Faulx, Malleloy et Montenoy, du canton de Nomeny; Autreville et Millery, du canton de Pont-à-Mousson. Ces deux dernières communes furent détachées de la prévôté de Condé, créée en 1698, et l'on y unit celle de Bratte, du canton de Nomeny.

Custines fut, en 1790, le chef-lieu d'un canton dépendant du district de Nancy et formé des communes de Bouxières-aux-Dames, Bratte, Custines, Faulx, Leyr, Malleloy, Moivron, Montenoy et Villers-lez-Moivron.

Les armoiries de Condé, blasonnées dans l'Armorial de Lorraine, sont *d'or à la bande de gueules chargées de trois alérions d'argent.*

CUTTING, c°ⁿ de Dieuze. — *Villa de Kuctinga*, 1328 (Tr. des ch. l. Fénétrange, n° 12). — *Kuttanges*, 1476 (dom. de Dieuze). — *Cuctanges*, 1481 (ibid.). — *Kuttingen* et *Kuttinger*, 1525 (papier des noms, etc.). — *Kuchtingen*, 1575 (dom. de Dieuze). — *Kutting*, 1596 (dom. de Marsal). — *Kutingen*, 1600 (dom. de Dieuze). — *Kittingen*, 1665 (arch. de Fénétrange). — Ce village était le chef-lieu d'une mairie qui comprenait, en 1618, Cutting, Domnom, Bassing et Loudrefing.

CUTZELIN, f. c°ⁿ de Lidrezing.

D

DABO, c°ⁿ de Phalsbourg. — *Hugo de Dasborc*, 1091 (H. L. I, c. 491). — *Castrum de Tagisburc*, 1126 (*Als. dipl.* I, p. 358). — *Dasborc* et *Tasborc*, 1178 (*Als. ill.* I, p. 483). — *Dasburch*, 1188 (H. L. II, c. 403). — *Dasburg*, 1189 (ibid. c. 293). — *Dasbor*, 1206 (ibid. c. 417). — *Dasburc* (*Chr. eps. met. ad ann.* 1187-1210, H. L. I, c. 66). — *Dabūrc*, XII° siècle (Tr. des ch. l. Abb. de l'Isle, n° 40). — *Dauborc*, *Daborc* (*Chr. eps. met. ad ann.* 1218-1238, H. L. I, c. 68 et 69). — *Theobaldus comes Dauburgensis*, 1218 (*Als. dipl.* I, p. 335). — *Castrum de Dagesburg*, 1227 (ibid. p. 360). — *De Tagesburg*, 1239 (*Als. ill.* II, p. 196). — *Halsporch*, *Halsborg*, 1257 (H. L. II, c. 480). — *Dasporch*, *Taxporch*, XIII° siècle (*Chr. mon. sen. ibid.* c. 20, 25 et 31). — *Dagespurg*, 1313 (Tr. des ch. l. Hesse, n° 13). — *Hassebourch*, *Hassemborch*, 1332 (ibid. l. Blâmont I, n°86). — *Dachspurg*, 1576 (carte de Specklin). — *Dagsburg*, *Tagesburg*, gallice *Dabo, castrum antiquissimi nominis, quod à Dagoberto rege accepisse nonnulli crediderunt* (*Als. ill.* II, p. 194).

Dabo était le siège d'un comté qui existait au X° siècle et d'un bailliage seigneurial, desquels dépendaient les hameaux ou villages de Hoube, Schæferhoff, Hommert, Harreberg, Walscheid, Abreschwiller, Voyer et diverses métairies et usines (scieries, papeteries et moulins) créées à la suite des concessions des comtes de Linange, seigneurs de Dabo. — *Comitatus Dagisburgensis, vocatur etiam Tagisburgensis, seculo x jam celebris* (*Als. ill.* II, p. 194).

Le comté de Dabo fut mis sous le séquestre par décision du mois d'octobre 1792, réuni provisoirement à la France en l'an III de la République et définitivement par le traité de Lunéville (9 février 1801) et l'arrêté du 21 floréal an XII (mai 1804).

DABO (FORÊT DE), c°ⁿˢ d'Abreschwiller, de Dabo et de Walscheid.

DALEZ, village détruit, près de la Neuveville-devant-Nancy.

DALHAIN, c°ⁿ de Château-Salins. — *Dalheim*, 1121 (H. L. II, c. 265). — *Dalehen*, 1272 (cart. de l'abb. de Salival). — *Thierricus de d'Alhein*, 1291 (*Ord. præm. ann. II*, c. 465). — *Dalem*, 1457 (Tr. des ch. l. Viviers, n° 22). — *Dalheim*, 1719 (alph.). — *Delhain*, 1790 (div. du départ.).

Après avoir dépendu, en 1790, du canton d'Haboudange, Dalhain devint ensuite le chef-lieu de ce canton, à la circonscription duquel fut ajoutée la commune de Desseling, du canton supprimé d'Alteville.

Cette commune donne son nom à un ruisseau, dit aussi *de la Fontaine-Commune*, qui a sa source à Dalhain, passe sur son territoire et sur celui d'Haboudange et se jette dans la Petite-Seille.

DAMBOIS (CANAL DE), prend ses eaux dans la Vezouse, où il se jette après avoir traversé le territoire de Fréménil.

DAME (CHEMINS DE LA), c°ⁿˢ de Repaix et de Parcy-Saint-Césaire.

DAME (LA), seigneurie à Frouard.

DAME-BLANCHE (FONTAINE DE LA), c°ⁿ d'Abreschwiller.

DAMEGAULE, chât. détruit, c^{ne} de Pierre-Percée.
DAMELEVIÈRES (mieux *Damelevière*), c^{on} de Bayon. — *Otho de Domaliveria*, 1150 (ch. de l'abb. de Beaupré). — *Alodium et ecclesia de Dompna Libaria*, 1157 (ch. de l'abb. de Belchamp). — *O. de Dommeleveire*, 1177 (ch. du pr. de Flavigny). — *Domalivera*, 1179 (ch. de l'abb. de Beaupré). — *Donnalibaria*, 1203 (cart. de l'abb. de Belchamp). — *Damelivière*, 1260 (ch. de cette abb.). — *Domnalibaria*, 1288 (*ibid.*). — *Dame-Livière*, 1296 (Tr. des ch. l. Rosières I, n° 42). — *Damelevière*, 1304 (ch. de l'abb. de Belchamp). — *Damelivère*, 1309 (Tr. des ch. l. Fiefs de Lorraine, n° 11). — *Donalibaria*, 1386 (ch. de l'abb. de Belchamp). — *Damelipvière*, 1498 (Tr. des ch. l. Nomeny II, n° 30). — *Damelyvière*, XVIe siècle (ch. de l'abb. de Belchamp). — *Dame-Levière*, 1592 (Tr. des ch. reg. B. 62 bis, f° 35). — *Damelepvière*, 1600 (dom. de Lunéville). — Le fief de Damelevières relevait de la châtell. de Rosières, baill. de Nancy.

DAMELOO, ruiss. prend sa source sur le territoire de Morville-lez-Vic, le traverse, ainsi que celui de Château-Salins, et se jette dans la Petite-Seille.

DAME-MARGUERITE, seigneuries aux villages de Pulligny et de Ceintrey.

DAME-MARGUERITE-LA-SAUVAGE, seign. aux villages de Chanteheux et de Jolivet. — *Dame-Marguerite-la-Salvaige*, 1531 (dom. de Lunéville).

DAME-MARIE, nom donné à un canton du territoire de Germonville où la tradition place un ancien château.

DAMES (CHEMINS DES), c^{ne} de Phalsbourg.

DANEZ ou ANEZ, vill. détruit, entre Anthelupt et Crévic.

DANNE-ET-QUATRE-VENTS, c^{on} de Phalsbourg. — *Dhen*, 1576 (carte de Specklin). — *Dhanne*, 1606 (dom. de Phalsbourg). — *Dann*, 1756 (dép. de Metz).

DANNELBOURG, c^{on} de Phalsbourg. — *Denelburg*, 1576 (carte de Specklin). — *Dennelbourg*, 1589 (dom. de Phalsbourg). — *Danelbourg* ou *Denelbourg*, 1779 (Descr. de la Lorr.). — *Denelbourg* (Cassini).

DANUBE (LE), ruiss. prend sa source au-dessus de Verdenal, passe sur le territoire de cette commune et sur celui de Domèvre et se jette dans la Vezouse.

DARENBACH (LE), ruiss. passe à Schæfferhoff et se jette dans la Zorn près de ce hameau.

DÉDELING, c^{on} de Château-Salins. — *Dructelingas in comitatu Salninse*, 995 (H. L. I, c. 375). — *Ecclesia de Drutheringa*, 1121 (*ibid.* II, c. 265). — *Siefridus de Tuttilinges* (?), 1182 (ch. de l'abb. de Haute-Seille). — *Dedling*, 1756 (dép. de Metz).

Cette commune donne son nom à un ruisseau qui a sa source sous Fribourg, passe sur son territoire, sur ceux de Desseling et de Guermange, et se jette dans le Nolveiher.

DÉHAINVILLE, f. (léproserie), c^{ne} de Lunéville; village détruit. — *Dahervilla* (?), 960 (ch. de l'abb. de Bouxières). — *Dehevilla*, 1188 (ch. de l'abb. de Saint-Remy). — *La bourde qu'on dit de Déheville*, 1302 (ch. de l'abb. de Beaupré). — *Dehenville*, 1620 (dom. de Lunéville). — *Déhinville*, 1782 (table des villes, etc.).

DELME, bourg, ch.-l. de c^{on}, arrond. de Château-Salins. — *Ad Duodecimum* (table théod.). — *Duodecimis villa*, 990 (cart. de l'abb. de Saint-Arnou). — *Dodeismes*, 1016 (ch. de la cath. de Metz). — *Mercatus Diosmis*, 1106 (Hist. de l'abb. de Saint-Mihiel, p. 453). — *Nemus Velfonis de Desmis*, 1182 (ch. de l'abb. de Beaupré). — *Th. de Desmes*, 1186 (H. L. II, c. 397). — *Villa de Desmes*, 1218 (ch. de l'abb. de Beaupré). — *Dyeme*, 1359 (Tr. des ch. l. Nomeny II, n° 89). — *Deismes*, 1505 (*ibid.* l. Viviers, n° 41). — *Delmes*, 1566 (dom. de Viviers). — *D'Elmes*, 1612 (dom. de Nomeny).

Delme fut le chef-lieu d'un archiprêtré, archidiaconé de Vic, duquel dépendaient les paroisses d'Amelécourt, Arraye, Bacourt, Bey, Bioncourt, Brin, Burthecourt, Chambrey, Château-Salins, Craincourt, Delme, Donjeux, Faulx, Fossieux, Fresnes-en-Saulnois, Grémecey, Hannocourt, Jallaucourt, Lemoncourt, Létricourt, Leyr, Malaucourt, Manhoué, Moivron, Morville-lez-Vic, Salone, Tincry, Vic et Villers-lez-Moivron. *Archipresbyteratus de Delmis, al. de Demis, de Domis*, 1539 (pouillé de l'év. de Metz; topog. ecclés. de la France).

Dès le XIIIe siècle, Delme était le chef-lieu d'un ban qui comprenait les villages d'Alaincourt, Aulnois, Craincourt, Fossieux, Lemoncourt, Manhoué, Puzieux et Xocourt.

Delme fut, en 1790, le chef-lieu d'un canton dépendant du district de Vic, puis de Château-Salins, et formé des communes d'Ajoncourt, Alaincourt, Craincourt, Delme, Donjeux, Fossieux, Jallaucourt, Lemoncourt, Liocourt, Malaucourt, la Neuveville-en-Saulnois, Oriocourt, Puzieux, Tincry, Viviers et Xocourt.

DENEUVRE, bourg, c^{on} de Baccarat, anciennement qualifié de ville (collégiale sous le titre de *Saint-Georges*). — *Wiricus de Danubre*, 1076 (H. L. I, c. 475). — *Ecclesia Donobrii*, 1120 (Tr. des ch. l. Abb. de Senones, n° 6). — *Castrum quod dicitur Donobrium*, 1127 (H. L. II, c. 284). — *Cella de Danubrio*, 1152 (Tr. des ch. l. Abb. de Senones, n° 8). — *Ex prædio S. Stephani Danorum opus solito vocitari, quod corrupte nunc Danubrium vocitant cuncti*, XIIe siècle

(*Tertia vita S. Hidulfi*, c. 24). — *Apud Dunnevre*, v. 1260 (Tr. des ch. l. Deneuvre, n° 1). — *Doneuvre et Donovre*, 1270 (*ibid.* n° 2). — *Donnevre ou Donuevre*, 1280 (*ibid.* n° 5). — *Dennevre*, 1282 (*ibid.* n° 6). — *Douneuvre*, 1300 (*ibid.* l. Blâmont fiefs, n° 17). — *Denuevres*, 1325 (*ibid.* n° 47). — *Donuvre*, 1332 (*ibid.* l. Blâmont I, n° 87). — *Deneure*, 1505 (dom. de Deneuvre). — *Denneuvre*, 1523 (rec. gén.). — Le fief de Deneuvre relevait du comté de Blâmont.

Deneuvre était le chef-lieu d'un doyenné, archidiaconé de Port, dioc. de Toul, vulgairement appelé la chrétienté de Deneuvre (*la chrestientez de Deneuvre*, 1272 : Tr. des ch. l. Fiefs de Lorraine I, n° 4), et qui comprenait les paroisses de Brémoncourt, Clayeures, Deneuvre, Einvaux, Fraimbois, Franconville, Froville, Gerbéviller, Giriviller, Glonville, Haudonville, Landécourt, Magnières, Mattexey, Moyen, Réménoville, Rozelieures, Séranville et Vennezey. — *Decanatus de Danubrio* (Topog. ecclés. de la France, d'après d'anciens pouillés du dioc. de Toul).

Deneuvre fut le chef-lieu d'une châtellenie dont il est fait mention dès le xive siècle (*la chastelenie de Denuevre*, 1324 : Tr. des ch. l. Deneuvre, n° 18), et d'une prévôté, bailliage de Lunéville, de laquelle dépendaient, en 1594, Azerailles (en partie), Brouville, Deneuvre, Fontenoy, Gélacourt (en partie) et Rehéray, du canton de Baccarat; Flin (en partie), du canton de Gerbéviller. — En 1698, cette prévôté ne comprenait plus que Deneuvre, Flin et Fontenoy.

Les armoiries de Deneuvre, blasonnées dans l'Armorial de Lorraine, sont *de gueules à deux barbeaux adossés d'argent, au chef d'argent chargé d'un écu d'azur à une fleur de lys d'or mise en cœur*.

DÉPLAISIR, éc. c^{ne} de Vandœuvre.

DERRIÈRE-LA-MISÈRE (CHEMIN DE), c^{ne} de Montauville.

DERRIÈRE-LA-TOUR, cantons des territoires de Maizières-lez-Vic et de Juvrecourt. Une ligne de maisons de ce dernier village portait encore, en 1712, le nom de *rue de la Tour*.

DÉSERT (CHEMINS DU), c^{nes} de Thiaucourt et de Vic.

DESNŒUDS, f. c^{ne} de Moncel-lez-Lunéville.

DESSELING, c^{on} de Réchicourt-le-Château. — *Ecclesia de Tesselingen*, v. 1050 (H. L. I, c. 431). — *Simon panifex de Desselingen*, xve siècle (obit. de la coll. de Sarrebourg, f° 28 v°). — *Desselanges, Desselenges*, 1476 (dom. de Dieuze). — *Desslingen*, 1524 (*ibid.*). — *Tesseling*, 1528 (*ibid.*). — *Thesselingen, Theisling*, 1553 (*ibid.*).

DESTRICH (Moselle), c^{on} de Gros-Tenquin, est probablement le chef-lieu du comté de *Destroch* mentionné dans le titre de fondation de l'abb. de Vergaville (966), et qui comprenait, dans la Meurthe, les communes de Château-Voué, Donjeux, Haboudange et Sotzeling. — *Villa de Dextraul*, 958 (ch. de l'abb. de Saint-Arnou). — *Comitatus Dextreium*, 976 (coll. Moreau, t. XI, f° 193).

DEUILLE (LA) ou LE FENILLON, ruiss. prend sa source sur le territoire de Crézilles et se jette dans le ruisseau des Bouvades.

DEUILLE (LA), mⁱⁿ, c^{ne} de Moutrot.

DEUX-MAISONS (LES), éc. c^{ne} de Dalhain.

DEUX-RIVIÈRES (LES), éc. c^{ne} d'Abreschwiller.

DEUXVILLE, c^{on} de Lunéville-Nord. — *Apud Deuvile*, 1147 (H. L. II, c. 331). — Ce village formait autrefois deux paroisses, séparées par un ruisseau : l'une s'appelait *Deuxville-Notre-Dame* ou *Notre-Dame-de-la-Outre*; l'autre, *Deuxville-Saint-Epvre*, 1710 (état du temporel). — Le fief de Deuxville relevait de la châtellenie de Nancy, baill. de cette ville.

DEVANT-HUMBEPAIRE-ROCHE-DE-LA-GRANDEUR, éc. c^{ne} de Bertrichamps.

DEVANT-LA-CÔTE-DE-LA-SOIE, h. c^{ne} de Pierre-Percée.

DEVANT-LA-CÔTE-DU-MOULIN, h. c^{ne} de Pierre-Percée.

DEVANT-L'HUIS, éc. c^{ne} de Giriviller.

DIANE-CAPELLE (vulgairement *Cape*), c^{on} de Sarrebourg, ainsi appelé à cause de Diane de Dommartin, duchesse d'Havré, qui le fit rebâtir vers la fin du xviie siècle. — *Cappelle*, 1427 (Tr. des ch. l. Fénétrange, n° 226). — *Diane Cappel*, 1650 (dom. de Fénétrange). — *Capel*, 1665 (*ibid.*). — *Diane-la-Chapelle*, 1810 (Arch. de la Meurthe).

DIARVILLE, c^{on} d'Haroué. — *Dyarville*, 1383 (Tr. des ch. l. Vaudémont domaine, n° 172). — *Dierville*, 1444 (*ibid.* n° 22). — *Dyariville*, 1448 (*ibid.* n° 28). — Le fief de Diarville relevait du comté de Vaudémont.

DICHMATT, ruiss. commence à paraître au nord de Phalsbourg, passe sur le territoire de cette ville et sur celui de Vilsberg et se jette dans le Keillematt.

DIDELBAU, ruiss. prend sa source à Bacourt, passe sur le territoire de cette commune et sur celui de Morville-sur-Nied et se jette dans le ruisseau du Grand-Étang.

DIDION, mⁱⁿ, c^{ne} de Saint-Max.

DIETERSBERG, mⁱⁿ, c^{ne} de Walscheid, construit en 1722.

DIEU-DE-PITIÉ, chapelle, c^{ne} de Frolois.

DIEULOUARD, bourg, c^{on} de Pont-à-Mousson (collégiale sous le titre de *Saint-Laurent*. — Voy. GELLAMONT). — *Castellum Deilauvart*, 992-1025 (Hist.

eps. virâ. H. L. I, c. 202). — *Castrum quod dicitur Deus Louvart, in pago Scarponensi, in comitatu Richiani,* 1028 (*ibid.* c. 403). — *Castrum Desluardum,* 1041-1046 (*ibid.* c. 224).. — *Deulewart,* 1082 (Hist. de Verdun, pr. p. 14). — *D[eu]slowart,* 1090-1107 (monnaie de Richer, évêque de Verdun). — *Deulewart,* 1120-1163 (*Chr. eps. met.* H. L. I, c. 65). — *Deusteuward* (pour *Deusleuward*), 1156 (*ibid.* II, c. 350). — *Theodericus de Deulouart,* 1184 (cart. de Rengéval, f° 33). — *Deilowart,* 1240 (Hist. de Verdun, pr. p. 43). — *Deulowart,* 1249 (ch. de l'abb. de Sainte-Marie). — *Chrestienté et doyenné de Deulouvart, et Delouard,* 1253 (*ibid.*). — *Dieulewart,* 1270 (Tr. des ch. l. Pont ecclés. n° 125). — *Dei Custodia,* 1277, sceau du doyen de l'église Saint-Laurent (*ibid.* Pont fiefs IIII n° 4). — *Delouwart,* 1278 (*ibid.* l. l'Avant-Garde, n° 3). — *Deilewart,* 1285 (*ibid.* l. Fiefs de Lorraine I, n° 9). — *Deullouart,* 1323 (*ibid.* l. Pont fiefs I, n° 94). — *Deulowairt,* 1335 (*ibid.* l. Pont fiefs III n° 16). — *Duaillewart,* 1425 (ch. des Antonistes de Pont-à-Mousson). — *Deullewart,* xv° siècle (ch. des arch. de Dieulouard). — *Dieullewart,* 1498 (dom. de Pont-à-Mousson). — *Dieulowart,* 1551 (*ibid.*). — *Dieuleward,* 1594 (dén. de la Lorr.). — *Dieulewardt,* 1637 (dom. de Dieulouard).

Dieulouard était le chef-lieu d'un district ecclésiastique, appelé chrétienté ou doyenné, archidiaconé de Port, dont il est parlé au xiii° siècle, et duquel dépendaient, au siècle dernier, les paroisses d'Ansauville, Belleville, Bernécourt, Dieulouard, Domèvre-en-Haye, Frouard, Jaillon, Liverdun, Manoncourt-en-Voivre, Manonville, Marbache, Minorville, Noviant, Pompey, Rosières-en-Haye, Saint-Jean-Pierrefort, Saizerais-Saint-Georges, Tremblecourt et Villers-en-Haye. — *Decanatus de Deologardo, al. de Dei Custodia* (Topog. ecclés. de la France, d'après d'anciens pouillés du dioc. de Toul).

En 1594, le fief de Dieulouard relevait des baronnie d'Apremont et marquisat de Pont-à-Mousson. Au siècle dernier, ce bourg était le siège d'une prévôté, baill. de Verdun, composée de Belleville et de Dieulouard, canton de Pont-à-Mousson.

En 1790, Dieulouard fut le chef-lieu d'un canton dépendant du district de Pont-à-Mousson et formé des communes de Belleville, Dieulouard, Gezoncourt, Griscourt, Mamey, Martincourt, Rogéville, Saizerais et Villers-en-Haye.

Dieulouard donne son nom à un ruisseau qui sort de dessous le château de ce bourg et se jette dans la Moselle.

Dieuze, ville, arrond. de Château-Salins. — *Doso vico* (?) *trientes* (Et. num. p. 145-148). — *Duosa curtis,* 1066 (Hist. de Verdun, pr. p. 9). — *Ecclesia de Dosia,* 1120 (ch. de la coll. Saint-Georges). — *Doza,* 1275 (ch. de l'abb. de Vergaville). — *Castrum de Duesa apud oppidum de Marsallo,* 1308 (H. M. p. 293). — *Dueze,* 1316 (Tr. des ch. l. Dieuze I, n° 7). — *Dosa,* 1346 (ch. de l'abb. de Vergaville). — *Dusa,* 1513 (géogr. de Ptolémée). — *Dieuse,* 1525 (papier des noms, etc.). — *Duziacum oppidum, salso puteo famosissimum,* 1525 (Guerre des Rustauds, édit. orig. f° 15). — *Thus; Thusweyer* (étang de Dieuze), 1558 (cosmographie). — *Duza,* 1589 (ch. des arch. de Dieuze).

Dieuze, fief du bailliage d'Allemagne, était, en 1594, le chef-lieu d'une prévôté et châtellenie qui comprenait, dans le département de la Meurthe, les communes d'Insming (en partie), Loudrefing (*id.*), Torcheville et Vahl, du canton d'Albestroff; Château-Voué, Hampont, Sotzeling (en partie) et Vuisse, du canton de Château-Salins; Bassing (en partie), Bidestroff, Blanche-Église, Cutting (en partie), Dieuze, Gelucourt, Guébestroff, Guéblange, Kerprich-lez-Dieuze, Lindre-Basse, Lindre-Haute, Mulcey, Rorbach, Tarquinpol et Zommange, du canton de Dieuze; Angviller et Bisping, du canton de Fénétrange; Assenoncourt et Guermange, du canton de Réchicourt-le-Château.

Dans le ressort qui lui fut attribué en 1698, la prévôté de Dieuze comprit toutes les communes ci-dessus, moins Insming et Loudrefing, plus : Altroff, Guinzeling, Léning, Lostroff, Marimont, Molring, Montdidier, Neuf-Village et Virming, du canton d'Albestroff; Burlioncourt (en partie), Conthil, Lidrequin (en partie) et Riche, du canton de Château-Salins; Marthil, du canton de Delme; Domnom et Vergaville, du canton de Dieuze.

En 1751, Dieuze devint le siége d'un bailliage, créé présidial en 1772, et qui comprenait, outre les villages formant auparavant le ressort de la prévôté : Bermering (en partie), Insviller, Nébing et Rodalbe, du canton d'Albestroff; Achain, Dalhain, Haraucourt-sur-Seille et Pévange, du canton de Château-Salins; Guénestroff, Lidrezing, Saint-Médard et Zarbeling, du canton de Dieuze; Brouderdorff, Bühl (en partie) et Rhodes, du canton de Sarrebourg; Marsal, du canton de Vic.

En 1790, lors de l'organisation du département, Dieuze fut le chef-lieu d'un district composé des cantons d'Albestroff, Alteville, Altroff, Angviller, Bassing, Berthelning, Conthil, Dieuze et Fribourg. Le canton de Dieuze comprenait les communes de

Blanche-Église, Bourgaltroff, Dieuze, Gelucourt, Guébestroff, Guéblange, Guébling, Guénestroff, Kerprich-lez-Dieuze, Lindre-Basse, Lindre-Haute, Mulcey et Vergaville. Ce canton s'accrut peu après des communes de Tarquinpol et de Zommange, du canton supprimé d'Alteville.

Les armoiries de Dieuze, blasonnées dans l'Armorial de Lorraine, sont *de gueules à trois bandes courbées d'argent*.

DOLCOURT, c^{on} de Colombey. — *Dolecourt*, 1317 (Tr. des ch. l. Vaudémont fiefs, n° 7). — *Doullecourt*, 1336 (*ibid.* n° 13). — *Dollecourt, Doulecourt*, 1487 (dom. de Vaudémont).

DOLVING, c^{on} de Fénétrange. — *Dolvinga*, 1268 (Tr. des ch. l. Hesse, n° 5). — *Dolfingen*, 1490 (*ibid.* l. Fiefs divers II, n° 39).—*Dollffingen* et *Dolffingen*, 1525 (papier des noms, etc.). — *Dolfin*, 1598 (dom. de Sarrebourg). — *Dolving* ou *Dolfing*, 1710 (polium).

DOMBASLE ou DOMBASLE-LEZ-SAINT-NICOLAS, c^{on} de Saint-Nicolas (prieuré de Bénédictins, dit *de Saint-Don*. —Voy. ce mot). — *Villa que Domno Busilla vocatur, in pago Iniensi et in comitatu Scarponensi*, 752 (H. L. I, c. 273; doit bien être le village en question, mais placé dans un pagus et un comté auxquels il ne peut pas avoir appartenu). — *Villa de Domna Basula*, 1122 (*ibid.* II, c. 268). — *Th. de Dombasle*, 1135 (ch. de l'abb. de Beaupré). — *Dunbasla*, 1157 (H. L. II, c. 354). — *Dombasley*, 1193 (ch. de l'abb. de Clairlieu). — *Therricus de Donbaile*, 1271 (ch. de la coll. Saint-Georges).—*Dombaille*, 1272 (Tr. des ch. l. Blâmont fiefs, n° 6). — *Donbaille*, 1349 (ch. de la cure de Dombasle : arch. de la Meurthe). — *Église M. Sainct Baille de Dombaille*, 1416 (ch. de la coll. Saint-Georges).— *Dombaisle*, 1429 (*ibid.*). — *Ecclesia de Domnobazolo*, 1467 (*ibid.*).—*Dompbaille*, 1469 (*ibid.*).—*Dompballe*, 1505 (*ibid.*). — *Ecclesia Sancti-Basolli de Dompnobasollo*, 1506 (*ibid.*). — *Dompbasle*, 1549 (*ibid.*).—*Locus de Dombal*, 1708 (bulle : arch. de la fabrique de Dombasle). — *Dombâle-sur-Meurthe*, 1779 (Descr. de la Lorr.). — Le fief de Dombasle relevait de la châtell. de Nancy, baill. de cette ville. Il était, au XVII° siècle, le chef-lieu d'une terre ayant titre de vicomté.

Ce village était divisé en deux bans ayant chacun son maire : le ban de Lamont ou des seigneurs, dans lequel se trouvait le château de la Motte; celui de la Val, la Vaux ou Saint-Gergonne, dont les habitants s'appelaient les Gergonnets.

DOMBASLE, chât. c^{ne} de Port-sur-Seille.

DOMÈVRE ou SAINT-EPVRE, ancienne église champêtre, paroisse d'Haraucourt. Il y a encore un chemin de *Domèvre* sur le territoire de cette commune.

DOMÈVRE ou DOMÈVRE-SUR-VÉZOUSE, c^{on} de Blâmont (abbaye de chanoines réguliers de l'ordre de Saint-Augustin.—Voy. SAINT-SAUVEUR). — *Ecclesia Domni Apri*, XIII° siècle (*Chr. mon. senon.* H. L. II, c. 13). —*Domepvre*, 1479 (cart. Blâmont fiefs, f° 123 v°). — *Dompmevre*, 1506 (dom. de Blâmont).—*Dompmeyvre*, 1538 (dom. de Lunéville). — *Dommeyvre*, 1549 (dom. de Blâmont). — *Dom-Epvre*, 1594 (dén. de la Lorr.). — *Dommèvre*, 1600 (dom. de Blâmont). — *Domèvre-sur-Vezouse*, 1779 (Descr. de la Lorr.). — Le fief de Domèvre relevait du comté de Blâmont. Il était le siége d'une prévôté seigneuriale appartenant à l'abbé de Domèvre et de Saint-Sauveur.

Domèvre fut le chef-lieu d'un petit district ecclésiastique, doyenné de Salm, diocèse de Toul, comprenant Barbas, Saint-Sauveur et Raon-lez-l'Eau.

DOMÈVRE, m^{in}, c^{ne} de Vaxy.

DOMÈVRE-EN-HAYE, ch.-l. de c^{on}, arrond. de Toul. — *Ecclesia Domni Apri* (Hist. eps. tull. ad ann. 907-922, H. L. I, c. 130). — *Nicolaus de Domevria*, 1135 (*ibid.* II, c. 301). — *Rodulfus de Domeivre*, 1184 (cart. de Rengéval, f° 33). — *Domeivre*, 1404 (Tr. des ch. l. Ponts fiefs III, n° 39). — *Dompmeivre*, 1498 (dom. de Pont-à-Mousson). — Le fief de Domèvre relevait du marquisat de Pont-à-Mousson.

DOMGERMAIN, c^{on} de Toul-Sud. — *Ecclesia Domni Germani*, 885 (H. T. p. 5). — *Villa que Domni Germani dicitur*, X° siècle (*Hist. eps. tull. ad ann.* 500-507, H. L. I, c. 115).

DOMJEVIN, c^{on} de Blâmont. — *Rainerus de Domno Juvino*, 1124 (H. L. I, c. 439). — *Domnus Jovinianus*, 1175 (ch. de l'abb. de Haute-Seille).—*Parrochiatus de Domjuvin*, 1189 (*ibid.*). — *Donjevin, Dongevin*, 1248 (Tr. des ch. l. Blâmont fiefs, n°° 1 et 3). — *Domgevin*, 1476 (dom. de Lunéville). — *Donsevrin*, 1594 (dén. de la Lorr.). — *Domjuvin* (Cassini). — Le fief de Domjevin relevait du comté de Blâmont.

DOMMARIE-EULMONT ou DOMMARIE-SUR-BRÉNON, c^{on} de Vézelise. — *Ecclesia de Donamaria*, 965 (H. L. I, c. 372). — *Domnamaria*, 968 (*ibid.* c. 382). — *Domna Maria*, 1137 (coll. Moreau, t. LVII, f° 98). — *Damarie et Damemarie-Eumont*, 1408 (dom. de Vaudémont). — *Dompmarie*, 1444 (Tr. des ch. l. Vaudémont dom. n° 22). — *Dompmairie*, 1451 (*ibid.* l. Vaudémont fiefs, n° 35).—*Domarye*, 1500 (dom. de Vaudémont). — Le fief de Dommarie relevait du comté de Vaudémont.

Dommartemont, c^on de Nancy-Est. — *Dompmartemont*, 1490 (ch. de la coll. Saint-Georges). — Le fief de Dommartemont relevait de la châtellenie de Nancy, bailliage de cette ville.

Dommartin-aux-Fours, village ruiné, anciennement mère-église de Boucq; au commencement du siècle dernier, il n'y restait plus qu'une église abandonnée. — *Locus de Dompmartin-aux-Fours*, 1363 (reg. cap. de la cath. de Toul). — *Domnus Martinus ad furnos*, 1365 (*ibid.*).

Dommartin-la-Chaussée, c^on de Thiaucourt. — *Dompmartin-de-lès-la-Chaulcie*, 1297 (Tr. des ch. l. La Chaussée, n° 93). — Le fief de Dommartin relevait de la châtellenie de la Chaussée et de la baronnie d'Apremont.

Dommartin-lez-Toul, c^on de Toul-Nord. — *Ecclesia Domni Martini cum villa et sylva*, 890 (H. T. p. 5). — *Domnus Martinus secus Mosellam*, xii° siècle (*ibid.* p. 110). — *Dompmartin-sus-Muselle*, 1346 (reg. cap. de la cath. de Toul). — *Dompnus Martinus ante Tullum*, 1384 (*ibid.*).

Dommartin-sous-Amance, c^on de Nancy-Est. — *Ecclesia de Dummartino*, 875 (ch. de l'abb. de Sainte-Glossinde). — *Domnus Martinus*, 1076 (H. L. I, c. 475). — *Villa Dommartin*, 1103 (ch. de l'abb. de Saint-Vincent). — *Dompmertin*, 1420 (dom. de Nancy). — *Dompmartin-desoubz-Amance*, 1424 (*ibid.*). — *Dompmartin-soub-Amance*, 1600 (dom. d'Amance). — Le fief de Dommartin relevait de la châtellenie d'Amance, bailliage de Nancy.

Ce village était, dès le ix° siècle, le chef-lieu d'un petit district ecclésiastique appelé *la chrétienté de Dommartin*, et duquel dépendaient Amance, Velaine, le Montheu et une localité inconnue nommée *Haudeville* ou *Vaudeville*.

Domnom, c^on de Dieuze. — *Domenheim*, 1297 (ch. de l'abb. de Vergaville). — *Dommenheim*, 1524 (dom. de Dieuze). — *Domimenem*; 1525 (Guerre des Rustauds, p. 75). — *Domphein* et *Dommenom*, 1553 (dom. de Dieuze). — *Donnenem*, 1559 (*ibid.*). — *Domheim*, 1582 (*ibid.*). — *Dompnom*, 1600 (*ibid.*).

Cette commune donne son nom à un ruisseau dit aussi de Vivelin. — Voy. ce mot.

Domptail ou Domptail-en-l'Air, c^on de Bayon. — *Donstaine*, 1340 (ch. du pr. de Flavigny). — *Domnus Stephanus*, 1357 (*ibid.*). — *Donteille*, 1431 (ch. de l'abb. de Belchamp). — *Arnulphus de Domptellis*, 1524 (*ibid.*). — *Domptailles*, 1751 (état des villes, etc.). — *Domptaille-sur-Mexet*, 1779 (Descr. de la Lorr.). — *Dontail* (Cassini). — Le fief de Domptail relevait de la châtellenie de Rosières, bailliage de Nancy.

Doncourt, village détruit, entre Aulnois et Craincourt. — *Duncurt*, 1121 (H. L. I, c. 266). — *Ban de Domcourt*, 1701 (arch. de la Meurthe, déclaration de la communauté d'Aulnois). — *Doncourt-sur-Seille*, 1775 (titre de l'abb. de Saint-Léopold).

Doncourt, vill. détruit, près de Landécourt, et remplacé par une ferme qui fut vendue nationalement en 1791. — *Alodium apud Dodoniscurtèm*, 1152 (Tr. des ch. l. Abb. de Senones, n° 8). — *Bannum et feudum de Doncort*, 1163 et 1182 (ch. de l'abb. de Beaupré). — *Feodum de Doncort*, 1195 (*ibid.*). — *La Grande-Doncourt*, xvii° siècle (*ibid.*). — Cette dernière dénomination est encore donnée à un chemin de la commune de Landécourt. — Il y avait sur le territoire de la Math un bois du même nom, qui a été aliéné en 1813.

Donjeux, c^on de Delme. — *Domnus Jwinus in comitatu Dextroch*, 966 (ch. de l'abb. de Vergaville). — *Villa de Dongeu*, 1222 (Tr. des ch. l. Viviers, n° 1). — *Donjeus*, 1245 (ch. de l'abb. de Saint-Arnou). — *Domjeu*, 1498 (dom. de Pont-à-Mousson). — *Dongieu*, 1505 (Tr. des ch. l. Salm I, n° 16). — *Donjus*, *Donjieu*, 1566 (dom. de Viviers). — *Domgeux*, 1642 (pouillé de Metz). — Le fief de Donjeux relevait du marquisat de Pont-à-Mousson.

Donnelay, c^on de Vic. — *Villa de Dunningen*, 1178 (ch. de la coll. de Fénétrange). — *Hugo miles de Donnereys*, 1183 (Tr. des ch. l. Abb. de l'Isle, n° 44). — *Donneris*, 1273 (*ibid.* l. Moyenvic I, n° 1). — *Villa de Doneris*, 1405 (ch. de la coll. de Fénétrange). — *Donnery*, *Dommerey*, *Domerey*, 1476 (dom. de Dieuze). — *Donnerey*, 1481 (*ibid.*). — *Donneney*, 1524 (*ibid.*). — *Donneney*, *Doumerey*, 1553 (*ibid.*). — *Domeley*, 1594 (dom. de Marsal).

Donon (Le), haute montagne de la chaîne des Vosges, dont le pied est dans le département de la Meurthe, c^ne de Raon-lez-l'Eau.

Dordhal, f. (seigneurie haute justice, avec chapelle castrale), c^ne de Lidrezing; hameau en 1779.

Cette ferme donne son nom à un ruisseau qui passe sur le territoire de Guébling et se jette dans le Spin.

Dorfmühl, m^in, c^ne de Haut-Clocher.

Drackenkopf (Tête-du-Serpent), anc. bois, c^ne de Gosselming. — *Trakenkope*, xviii° siècle (terrier de Saint-Jean-de-Bassel, f° 332 v°).

Drapiers (Sentiers des), c^nes d'Avrainville et de Manoncourt-en-Voivre.

Drouville, c^on de Lunéville-Nord. — *Theodoricus de Drouvilla*, 1135 (ch. de l'abbaye de Beaupré). — *Droville*, 1420 (dom. de Nancy). — *Drowille*,

1427 (*ibid.*). — Le fief de Drouville relevait de la châtell. d'Einville, bailĺ. de Nancy. Il était le siége d'une baronnie au siècle dernier.

DUBOIS ou DU BOIS, fief au village de Custines.

DUC (BOIS LE), anc. bois, c^{ne} de Villey-le-Sec.

DUC (CHEMIN LE), c^{ne} de Crévéchamps.

DUC (LE), m^{in}, c^{ne} de Bouxières-aux-Chênes, appartenant anciennement à la primatiale de Nancy.

DUC-DE-BAR (BOIS DU), c^{ne} de Belleville, aliéné en 1815.

DUHOUSSEY, éc. c^{ne} de Bouxières-aux-Dames. — *Château de la Houssey* (Cassini).

DUNKELBACH, ruisseau qui prend sa source sous la Tête-des-Noles, non loin d'Abreschwiller, dont il traverse le territoire, et se jette dans le ruisseau de la scierie de Franck-Mühl. — *Dunkelbach* est aussi le nom d'une scierie et d'un moulin, c^{ne} d'Abreschwiller.

DUPREZ, fief, c^{ne} de Custines.

DURAND, scierie, c^{ne} de Turquestein.

DÜRRENBERG ou DÖRRENBERG, métairie, c^{ne} de Walscheid, construite en 1627.

DUVIC, m^{in} et scierie, c^{ne} de Turquestein.

E

EAU-CUISANTE (CHEMIN DE L'), c^{ne} de Fribourg. Il y a aussi un canton du territoire de la c^{ne} qui porte ce nom.

ÉBROUELLE (L'), m^{in}, c^{ne} de Froville.

ÉCART (L'), mét. c^{ne} de la Chapelle.

ÉCLUSE (RUISSEAU DE L') OU DE LA QUEUE-DE-L'ÉTANG, sort du bois de Vaxy, passe sur les territoires de Fonteny, Faxe et Oron, et se jette dans la Nied-Française.

ÉCLUSE-DE-LA-VERRERIE (L'), éc. c^{ne} de Val-de-Bon-Moutier.

ÉCLUSES (LES), maisons éclusières, c^{nes} d'Écrouves, Foug, Toul et Villey-le-Sec.

ÉCOT (L'), éc. c^{ne} de Borville.

ÉCROUVES-ET-GRAND-MÉNIL, c^{ne} de Toul-Nord. — *Scribulum*, 885 (H. T. p. 5). — *Scrubulum*, 923 (*ibid.* p. 15). — *Ecclesia sita Scropolis* (*Hist. eps. tull. ad ann.* 963-994, H. L. I, c. 103). — *Scropulæ*, 1052-1070 (H. T. p. 79). — *Scropula*, 1069 (H. L. I, c. 465). — *Vineæ apud Scrupulas*, 1091 (*ibid.* c. 490). — *Seronæ* (?), 1141 (*Ord. præm. ann.* II, c. 711). — *N. archidiaconus de Scropulis*, 1168-1193 (H. T. p. 107). — *Molendinum in banno de Scripulis*, 1180 (cart. de Rengéval, f° 10). — *Escrouves*, 1181 (*ibid.* f° 6). — *Acrouves*, 1244 (*ibid.* f° 27). — *Escrowes*, 1519 (dom. de Gondreville).

ÉCU-DE-FRANCE (L'), anc. éc. c^{ne} de Marainviller, indiqué sur la carte de Cassini.

ÉCUELLE, h. et chapelle, c^{ne} de Bouxières-aux-Chênes; vill. en 1779. — *Escuelles*, 1447 (cart. Nancy dom. f° 245). — *Escuelles-lez-Grand-Bouxières*, 1542 (*ibid.* f° 278).

ÉCUELLE (L'), m^{in}, c^{ne} de Dommarie-Eulmont.

ÉGLISE-D'AZEY. — Voy. AZEY (ÉGLISE D').

ÉGLISE-SAINT-PIERRE. — Voy. SAINT-PIERRE.

ÉGROTTE, h. c^{ne} de Bionville.

ÉGYPTIENS (CHEMIN DES), c^{ne} de Riche.

EHRINBACH (L') ou LE LUMELBACH, ruiss. a sa source dans le département du Bas-Rhin, passe sur les territoires de Garrebourg, Hültenhausen et Lutzelbourg et se jette dans la Zorn.

EHRLING, m^{in}, c^{ne} d'Hilbesheim; village détruit. — *Erlingen*, xv° siècle (obit. de la coll. de Sarrebourg, f° 44 v°).

EICH (LE GRAND-), h. c^{ne} de Réding; qualifié village en 1756. — *Bannum de Eich, Hermannus de Eiche, de)Eche*, xv° siècle (obit. de la coll. de Sarrebourg, f°* 31, 67, 135). — *Eyche*, 1525 (papier des noms, etc.). — *Eych*, 1526 (Tr. des ch. l. Steinsel, n° 18).

EICH (LE PETIT-), vulgairement *Strosse*, h. avec une chapelle dite *de Saint-Ulrich* (voy. ce mot), c^{ne} de Réding. — *La Maladrerie*, 1756 (dép. de Metz). — Voy. MALADRIE.

EICHMATT, ruiss. prend sa source sous Arschéviller, passe sur le territoire de cette commune, sur ceux de Réding et de Hommarting, et se jette dans la Bièvre.

EINARTZHAUSEN ou EINARHAUZEN, bourg et château sur l'emplacement ou près desquels a été construite la ville de Phalsbourg. — *Eynnerhouse*, 1525 (Guerre des Rustauds, p. 145). — *Einertzhaussen*, 1589 (dom. de Phalsbourg). — *Einertzhausen*, 1591 (*ibid.*). — *Emertzhaussen*, 1596 (*ibid.*). — *Eynertzhausen*, 1600 (*ibid.*).

EINVAUX, c^{on} de Bayon. — *Allodium d'Envas*, 1114. (*Ord. præm. ann.* II, c. 539). — *Decima de Einvaux*, 1222 (ch. du pr. de Flavigny). — *Ville d'Einvaulx*, 1291 (Tr. des ch. l. Rosières I, n° 30). — *Envaus*, 1299 (*ibid.* n° 48). — *Einvalz, Envalz*, 1317 (*ibid.* l. Einville, n°^{s} 5 et 6). — *Ainvau*, 1357 (ch. du pr. de Flavigny). — *Envallis; En-*

valis, 1389 (ch. de l'abb. de Belchamp). — *Ainvault*, 1424 (dom. de Nancy). — *Enval*, 1434 (ch. de l'abb. de Belchamp). — *Einval, Envau*, 1471 (dom. d'Einvaux). — *Ainvau*, 1499 (dom. de Rosières). — *Enwal*, 1526 (ch. de l'abb. de Belchamp). — *Enwaulx*, 1605 (*ibid.*). — Le fief d'Einvaux relevait de la châtell. de Nancy, baill. de cette ville.

Cette commune donne son nom à un ruisseau dit aussi LE FOULIOT. — Voy. ce mot.

EINVILLE ou EINVILLE-AU-JARD (à cause du jardin ou du parc dépendant de son château ducal), bourg, c^on de Lunéville-Nord. — *Villa Audowino super fluvio Cernuni* (le Sanon); — *villa Auduinu super fluvio Cernune*, 699 (Diplom. II; p. 428-430). — *Odowino villa super fluvio Kernone*, 715 (*ibid.* p. 443). — *Villa Audoinda in pago Salinense*, 717 (*ibid.* p. 447). — *Alodium qui vocatur Audoenus villa, in comitatu Calmontensi, supra fluvium Cernonis*, 862 (Origine de la Maison de Lorraine, p. 9). — *Bosonis potestas de Odanivilla*, 922 (H. M. p. 57). — *Odenvilla*, 1034 (ch. de l'abb. de Saint-Remy). — *Bannum Oyenville*, 1150 (ch. de l'abb. de Beaupré). — *Envile*, 1323 (Tr. des ch. l. Einville, n° 7). — *Enville*, 1338 (*ibid.* n° 11). — *Ainville*, 1424 (dom. de Nancy). — *Eynvilla*, 1513 (géogr. de Ptolémée). — *Aynville*, 1554 (ch. de l'émigré du Houx : arch. de la Meurthe). — *Enville-au-jay*, 1555 (Tr. des ch. reg. B. 29, f° 140). — *Einville-au-jars*, 1591 (dom. d'Einville). — *Einville-aux-jars*, 1591 (dom. de Nancy). — *Einville-au-parcq*, 1646 (Tr. des ch. liasse B. 5675). — *Einville-au-ja*, xviii° siècle (Armorial).

Einville, où les ducs de Lorraine avaient une jumenterie, et qui était autrefois qualifié de ville, fut le chef-lieu d'une châtellenie, baill. de Nancy, incorporée en 1751 dans le baill. de Lunéville, et qui comprenait les communes de Xousse, du c^on de Blâmont; Bauzemont, Bienville-la-Petite, Bonviller, Drouville, Einville, Maixe, Raville, Valhey et Vitrimont, du canton de Lunéville-Nord; Crion, Hénaménil, Parroy et Sionviller, du canton de Lunéville-Sud-Est; Gellenoncourt et Haraucourt, du canton de Saint-Nicolas; Arracourt, Athienville (en partie), Bathelémont-lez-Bauzemont, Bures et Lezey, du canton de Vic.

En 1698, la prévôté d'Einville comprenait, outre les communes ci-dessus (moins Athienville, Lezey et Xousse), Deuxville, du canton de Lunéville-Nord; Mouacourt, du canton de Lunéville-Sud-Est; Coincourt, du canton de Vic.

En 1790, Einville fut le chef-lieu d'un canton dépendant du district de Lunéville et formé des c^nes de Bauzemont, Bienville-la-Petite, Bonviller, Crion, Einville-au-Jard, Hénaménil, Hoëville, Parroy, Raville, Serres, Sionviller et Valhey.

Les armoiries d'Einville, blasonnées dans l'Armorial de Lorraine, sont *coupé de gueules à un alérion d'argent et d'azur, au massacre de cerf d'or*.

ÉLIEUX (LES) et LES ÉLIEUX-USAGERS, forêts, c^ne de Pierre-Percée.

EMBANIE (L'), ruiss. a sa source à l'ouest d'Harboué, passe sur le territoire de cette commune et se jette dans le Vacon.

EMBERMÉNIL, c^on de Blâmont. — *Embermengnil*, 1407 (Tr. des ch. l. Blâmont fiefs, n° 76). — *Ambertmesgnil, Aubertmesgnit*, 1472 (*ibid.* n° 98). — *Ymbermesnil*, 1497 (*ibid.* l. Lunéville, n° 4). — *Embermeny*, 1549 (dom. de Blâmont). — *Embermesnil*, 1600 (*ibid.*). — Le fief d'Emberménil relevait du comté de Blâmont.

EMBLEVETTE (L'), ruiss. prend sa source dans le département des Vosges, passe sur le territoire de Magnières et se jette dans la Mortagne.

ÉMINE (L'), ruiss. prend sa source sur le territoire de Parey-Saint-Césaire et se jette dans le Madon.

ENCKELGELGRABEN (L'), ruiss. prend sa source au-dessus de Hunskirich, passe sur le territoire de cette c^ne et sur celui de Vittersbourg et se jette dans le ruisseau de Rhodes.

ENDENTHAL, h. c^ne de Dabo. — *Enthal*, 1790 (div. du départ.).

ENDENVESSEN (L'), ruiss. prend sa source à la ferme de Moukenhoff, passe sur le territoire de Bühl et se jette dans la Bièvre.

ENFER (CHEMINS DE L'), c^nes d'Arraye-et-Han, Chaouilley, Charey, Norroy et Saint-Médard.

ENFER (LE PETIT-), maison franche à Noméry.

ENFER (LE PETIT-), ravin très-profond entre Oberstinzel et Saareck.

ENTRE-LES-DEUX-VILLES, éc. c^ne de Crion.

ÉPINAL (Vosges), ch.-l. du département, était le chef-lieu d'un doyenné, dioc. de Toul, duquel dépendaient les paroisses de Bayon, Loro-Montzey, Saint-Boing, Saint-Germain, Villacourt et Virecourt. — *Decanatus de Spinallo* (Topog. ecclés. de la France, d'après d'anciens pouillés du dioc. de Toul).

ÉPINOTTE (L'), ancien cimetière de pestiférés près de Vézelise, 1739 (arch. de Vézelise).

ÉPLY ou ÉPLY-AUX-DEUX-TOURS, c^ne de Noméry. — *Espilley*, 1519 (dom. de Condé).

EPVRECOURT, fontaine près de Lupcourt.

ERBÉVILLER, c^n de Saint-Nicolas. — *Arembeaviller*, 1284 (Tr. des ch. l. Rosières I, n° 17). — *Herbe-*

villeir, 1348 (ch. du pr. de Flavigny). — *Erbelviller,* 1420 (dom. de Nancy). — *Erbervilleir,* 1424 (ibid.). — *Erbeviller-lès-Réméréville,* 1621 (dom. d'Amance). — *Erbévillé-lès-Réméréville,* 1756 (dép. de Metz).

ERENWEG, f. c^{ne} de Garrebourg.

ERMITAGE (L'), us. c^{ne} d'Abreschwiller.

ERMITAGE (L'), éc. c^{ne} de Buissoncourt.

ERMITAGE (L'), f. c^{ne} de Crévéchamps.

ERMITAGE (L'), f. c^{ne} de Fénétrange.

ERMITAGE (L'), anc. chapelle, c^{ne} de Saint-Sauveur.

ERMITAGE (CHEMIN DE L'), c^{ne} de Jaillon, et canton du territoire de la commune.

ERMITE (CHEMIN DE L'), c^{ne} de Martincourt.

ERMITE (CHEMIN DU PRÉ-L'), c^{ne} de Manoncourt-en-Voivre.

ERMITES (BOIS DES), anc. bois, c^{ne} de Bruley, aliéné en 1821.

ERMITES (CHEMIN DES), c^{ne} de Favières.

ERMITES (SENTIER DU HAUT-DES-), c^{ne} de Moyenvic.

ERVANTES (LES), f. c^{ne} de Moncel.

ESPAGNE (SENTIERS D'), c^{nes} de Jezainville et de Blénod-lez-Pont-à-Mousson.

ESPAGNOL (CHEMIN DE L'), c^{ne} de Chaligny.

ESPAGNOLS (CHEMINS DES), c^{nes} de Norroy et de Vilcey-sur-Trey.

ESPÉRANCE (L'), h. c^{ne} de Bouxières-aux-Chênes.

ESPÉRANCE (L'), éc. c^{ne} de Cutting.

ESPÉRANCE (L'), f. c^{ne} de Loro-Montzey.

ESPRITS (CHEMIN DES), c^{ne} de Gerbéviller.

ESSEY-ET-MAIZERAIS, c^{on} de Thiaucourt. — *In pago Scarponiense, in villa Aciaco capella,* 846 (Hist. de l'abb. de Saint-Mihiel, p. 434). — *Capella in villa Acci,* 895 (ibid. p. 436). — *Actum publice in atrio Sancti-Martini Aciace ville,* 944 (ibid. p. 438). — *Ecclesia Acciace ville,* 1106 (ibid. p. 453). — *Ascy, Acy,* 1258 (cart. d'Apremont, n°s 30 et 89). — *Ascey-en-Weivre,* 1262 (ibid. n° 3). — *Acey,* 1282 (ibid. n° 113). — *Essey-en-Weivre,* 1301 (ibid. n° 38). — *Escey,* 1421 (dom. de l'Avant-Garde). — *Escey-en-Weivre,* 1431 (Tr. des ch. l. Pont addit. n° 29). — *Assey-en-Woivre,* 1556 (dom. de Pont-à-Mousson). — *Essey-en-Voivre,* 1782 (table des villes, etc.). — Le fief d'Essey relevait de la baronnie d'Apremont et fut le siége d'un comté érigé en 1724.

ESSEY-LA-CÔTE, c^{on} de Gerbéviller. — *Alodium de Hassay,* 1154 (ch. de l'abb. de Belchamp). — *Aceium,* 1189 (ch. de l'abb. de Beaupré). — *Ascey,* 1265 (Tr. des ch. l. Rosières I, n° 5). — *Assey,* 1286 (ibid. n° 21). — *Escey,* 1350 (ch. de l'abb. de Belchamp). — *Asseyum,* 1433 (ibid.). — *Essey près de Wenezey,* 1533 (dom. de Moyenmoutier). —

Essey-en-Vosges, 1564 (dom. de Gerbéviller). — *Essey-sous-la-Côte,* 1708 (Tr. des ch. foi et hommages). — *Essey-la-Côte* ou *Haut-Essey,* 1710 (polium).

ESSEY-LEZ-NANCY, c^{on} de Nancy-Est. — *Acciagum in pago Calvomontense,* 780 (H. L. I, c. 289). — *Aciacum,* 960 (ch. de l'abb. de Bouxières). — *Ecclesia de Aceio,* 1127-1168 (ch. du pr. de Flavigny). — *Acey,* 1248 (ch. de la coll. Saint-Georges). — *Aci que siet delez Nancei,* 1273 (Tr. des ch. l. Deneuvre, n° 55). — *Ascey près de Nancey,* 1375 (ibid. l. Amance, n° 8). — *Escey-davant Nancey,* 1402 (ibid. l. Nancy I, n° 27). — *Assey,* 1525 (Guerre des Rustauds, p. 53). — *Essey-devant-Nancy,* 1782 (table des villes, etc.). — Le fief d'Essey relev. de la châtell. et du baill. de Nancy.

ÉTANCHE (L'), anc. mⁱⁿ, près de Maixe. — *Molin de l'Estainche,* 1415 (Tr. des ch. l. Lunéville IV, n° 8).

ÉTANCHE (L'), mⁱⁿ, c^{ne} de Thorey. — Il y avait aussi un étang de ce nom. — *Estang de la Tanche,* 1550 (dom. de Vaudémont).

ÉTANCHE (L'). — Voy. SAINT-THIÉBAUT.

ÉTANG (L'), f. c^{ne} de Blémerey.

ÉTANG (L'), f. c^{ne} d'Einville.

ÉTANG (L'), f. c^{ne} d'Haraucourt-sur-Seille.

ÉTANG (L'), mⁱⁿ, c^{ne} de Raville.

ÉTANG (RUISSEAU DE L'), sort de l'étang de Gondrexange, passe sur le territoire de cette commune, sur ceux de Hertzing, Héming, Imling et Xouaxange, reçoit le ruisseau de Neuf-Moulin et se jette dans la Sarre.

ÉTANG (RUISSEAU DE L'), prend sa source dans le bois du Frahaut, passe sur le territoire de Frolois et se jette dans le Madon.

ÉTANG (RUISSEAU DE L'), commence à paraître sur le territoire de Brin et se jette dans la Seille.

ÉTANG (RUISSEAU DE L'), prend sa source au-dessus de Leintrey, passe sur le territoire de cette commune, sur ceux de Vého, Reillon, Blémerey, et se jette dans la Vezouse.

ÉTANG (RUISSEAU DE L'), DE SAINT-JEAN OU DE LA FOSSE, prend sa source à Oriocourt, passe sur le territoire de cette commune, sur ceux de Donjeux, Delme, Puzieux, Craincourt et Alaincourt, et se jette dans la Seille.

ÉTANG-DE-GYE (L'), f. c^{ne} de Gye.

ÉTANG-DE-VILLERS (RUISSEAU DE L'). — Voy. ATHIENVILLE.

ÉTANG-D'OCHEY (L'), éc. c^{ne} d'Ochey.

ÉTANGE (L'), mⁱⁿ, c^{ne} d'Allamps.

Ce moulin donne son nom à un ruisseau qui commence à y paraître, passe sur les territoires de Bulligny et d'Allamps et se jette dans la Deuille.

ÉTANGS (Ruisseau des), prend sa source dans les Fonds-de-Toul, passe sur le territoire de Champigneules et se jette dans la Meurthe.

ÉTANGS (Ruisseau des), prend sa source à Drouville, passe sur le territoire de cette commune et sur celui de Courbessaux et se jette dans la Rouenne.

ÉTREPY, chât. ruiné, entre Germiny et Crépey.

ÉTREVAL, c^{on} de Vézelise. — *In Intervallis*, 1065 (H. T. p. 74). — *Estreval*, 1408 (dom. de Vaudémont). — *Estrewaulx*, 1487 (*ibid.*). — Le fief d'Étreval relevait du comté de Vaudémont; il fut érigé en haute justice en 1533, et en comté en 1724, sous le nom de *Gournay*.

La commune d'Étreval donne son nom à un ruiss. qui prend sa source à Chaouilley, passe sur son territoire et sur celui d'Étreval et va se jeter dans le Brénon.

ETTENOTS (Les), anc. gagnage à l'abbaye de Saint-Epvre, c^{ne} de Manoncourt-en-Voivre.

ETTERBACH (L'), ruisseau qui prend sa source à Bickenholtz et qui, après avoir passé sur le territoire de cette commune et sur celui de Schalbach, se jette dans l'Isch.

EULMONT (pron. *Eumont*; en patois, *Yeulmont*), c^{on} de Nancy-Est. — *Oemunt*, 1076 (H. L. I, c. 475). — *Amalenmont*, 1193-1198 (*Ibid.* II, c. 374). — *Eumons*, 1198 (ch. du pr. de Lay). — *Georges de Octomontibus*, 1494 et 1495 (Tr. des ch. l. Nomeny III, n°s 48 et 49). — *Octemont*, 1526 (dom. de Nancy). — *Huictzmontz*, 1539 (*ibid.*). — Le fief d'Eulmont relevait de la châtell. de Nancy, baill. de cette ville.

EULMONT, h. (avec un fief), c^{ne} de Dommarie. — *La ville d'Eumont*, 1397 (Tr. des ch. l. Vaudémont fiefs, n° 20). — *Euctmont*, 1492 (Tr. des ch. B. 7612). — *Heulmont*, 1550 (dom. de Vaudémont). — *Eumont-près-Vaudémont* et *Eumont-sous-Vaudémont*, 1779 (dén. des terres seign.). — Le fief d'Eulmont relevait du comté de Vaudémont.

EURON (L'), riv. prend sa source à Rehaincourt (Vosges), passe sur les territoires de Saint-Boing, Rozelieures, Clayeures, Froville, Lorey, Bayon, reçoit le Brouillot et le Fouliot, et se jette dans la Moselle près de Bayon. — *Aqua de Loyron*, 1178 (ch. de l'abb. de Beaupré).

EUVEZIN, c^{on} de Thiaucourt. — *Unvisin* ou *Uuvisin*, 1288 (Tr. des ch. l. la Chaussée, n° 11). — *Euvisin*, 1436 (ch. des arch. de la maison du Châtelet). — *Uvezin*, 1594 (dén. de la Lorr.). — Le fief d'Euvezin relevait du comté d'Apremont. Il fut le siége d'un comté érigé en 1736.

ÉVANGILE (Chemin de l'), c^{ne} de Crépey.

ÉVÊQUE (Bois-l'), forêt, c^{ne} de Pierre.

EZAN, mⁱⁿ, c^{ne} de Montenoy. — *Aizan* (Cassini).

F

FABRIQUE DE GÉLATINE, us. c^{ne} de Guébestroff.

FACHERELLE, anc. cense, c^{ne} de Viviers.

FACQ, forêt, c^{ne} d'Atton.

FAERSBACH (Le), ruiss. prend sa source à Guntzviller et se jette dans la Zorn.

FAGNOUX, h. c^{ne} de Thiaville. — *Faignon*, 1513 (dom. de Baccarat). — *Fagnon*, 1756 (dép. de Metz).

FAISANDERIE (La), f. c^{ne} de Vitrimont, construite en 1730 par le duc de Lorraine François III, qui la peupla de faisans d'Allemagne.

FALCK-DE-BRIN, seigneurie au village de Champenoux.

FALEMZEY (Le), ruiss. sort du bois des Rappes, passe sur le territoire de Gerbéviller et se jette dans la Mortagne.

FALGENFELZEN, éc. c^{ne} de Dabo.

FALLOART ou FALLOIR, anc. mⁱⁿ à l'abbaye de Clairlieu, sur le Madon. — *Molendinum de Faloart situm in riparia de Maudum*, 1240 (H. L. II, c. 453). — *Falouart*, 1241 (*ibid.* c. 455). — Il y a un chemin du *Moulin de Falloir*, c^{ne} de Lemainville.

FAMINE (Sentier de la), c^{ne} de Pixerécourt.

FANNONCOURT, mⁱⁿ (fief), c^{ne} de Dommarie-Eulmont; village détruit. — *Wirricus de Farnuncort*, 1179 (ch. de l'abb. de Clairlieu). — *La ville de Farnoncourt*, 1396 (Tr. des ch. l. Vaudémont, n° 8). — Ce fief relevait du comté de Vaudémont.

FARBACH ou SPARSBROD, h. c^{ne} de Saint-Louis. — *Sparsbrott*, 1705 (état du temporel). — *Spartzbrode*, 1710 (polium). — *Sparbrot* ou *Farbach*, 1719 (alph.). — *Forbach*, partie du hameau de Sparsbrod, 1756 (dép. de Metz). — *Sparbruch*, 1779 (Description de la Lorraine). — Voy. SPARSBROD.

FAUBOURG (Le), sections des c^{nes} de Frouard et de Marbache.

FAUCHÉES (Ruisseau des) ou LE GRAND-RUISSEAU, prend sa source dans la forêt de Mondon, à la fontaine le Comte, passe sur les territoires de la Ronxe et de Saint-Clément et se jette dans la Meurthe.

FAUCHIER (LE), ruiss. prend sa source au bois de la Taxonnière, passe sur le territoire de Moyen et se jette dans la Mortagne.

FAULX, c^{on} de Nomeny, c^{ne} formée de deux sections appelées Faulx-Saint-Pierre et Faulx-Saint-Étienne ou Haute et Basse Faulx.—*Faltum* (?), 936 (H. M. p. 59). — *Molendinum de Faulx*, 1159 (H. L. II, c. 349). — *Ecclesia de Faus*, 1288 (ch. de la coll. Saint-Georges). — *Faus-la-Grant* et *Faus-la-Petite*, 1324 (*ibid.*). — *Fauls*, 1345 (dom. de Condé). — *Faulx-à-Sainct-Pierre*, *Faulx-à-Sainct-Estenne*; *les dous Faulz*, 1346 (Tr. des ch. l. Condé, n° 19). — *Falz*, 1403 (dom. de Condé).

Faulx était le chef-lieu d'une mairie comprenant les villages de Faulx, Malleloy et Montenoy, dite *la mairie du Val-des-Faulx.* — Voy. ce mot.

FAUTEUIL DE SAINT-QUIRIN, bloc de granit sur le chemin qui conduit de Saint-Quirin au Petit-Donon.

FAUX-MOULIN, éc. c^{ne} de Lucey.

FAUX-ROUX (LE), ruiss. — Voy. FRÉMERY.

FAVIÈRES, c^{on} de Colombey. — *Ecclesia ad Faverias*, 1051 (H. L. I, c. 432). — *Juxta Faveires*, 1242 (Tr. des ch. l. Vaudémont domaine, n° 139). — *Faveres*, 1393 (*ibid.* n° 178). — *Faveires*, 1393 (arch. de Favières). — *Favière*, 1408 (dom. de Vaudémont).—*Febvière*, 1546 (arch. de Favières). — *Fawières*, 1550 (dom. de Vaudémont). — *Fabvières*, 1600 (*ibid.*). — Le fief de Favières relevait du comté de Vaudémont.

En 1790, Favières fut le chef-lieu d'un canton dépendant du district de Vézelise et formé des c^{nes} de Battigny, Favières, Gélaucourt, Gémonville et Saulxerotte. Ce canton fut supprimé peu de temps après, puis rétabli.

FAXE, c^{on} de Delme.—*Ecclesia de Fas*, 1121 (H. L. II, c. 265). — *Fax*, 1306 (Tr. des ch. l. Viviers, n° 6). — *Faix, Fayt*, 1370 (*ibid.* l. Nomeny II, n° 8). — *Villa de Farx*, 1447 (*ibid.* l. Viviers, n° 26). — *La Fax*, 1467 (*ibid.* n° 23). — *Fasse*, 1471 (*ibid.* n° 24).— *Foixe*, 1498 (dom. de Pont-à-Mousson). — *Fache* ou *Faxe*, 1719 (alph.). — *Facherel*, 1790 (division du départ.).

FAYENCERIE (LA), éc. c^{ne} de Frémonville.

FAYENCERIE (LA), anc. usine, c^{ne} de Champigneulles. Elle est indiquée sur la carte de Cassini.

FAYS (LE), ruiss. prend sa source non loin d'Hablainville, passe sur le territoire de cette commune et sur celui de Flin et se jette dans la Meurthe.

FÉCOCOURT, c^{on} de Colombey. — *Ecclesia Faucaudi curtis*, 1044 (H. L. I, c. 418). — *Focoucort*, 1272 (Tr. des ch. l. Abb. d'Orval, n° 10). — *Foucoucort*, 1295 (*ibid.* l. Vaudémont fiefs, n° 86). — *Ficocourt*, 1373 (*ibid.* l. Vaudémont dom. n° 171). — *Ficoncourt*, *Fouconcourt*, 1408 (dom. de Vaudémont). — *Fecoucourt*, 1499 (Tr. des ch. l. Commanderies, n° 29). — *Fecolcourt*, 1782 (table des villes, etc.).—Le fief de Fécocourt relevait du comté de Vaudémont; il fut érigé en haute justice en 1595, et réuni en 1722 au comté de Vandeléville.

FÉNÉTRANGE (en allemand *Finstingen*), ville, ch.-l. de c^{on}, arrond. de Sarrebourg (collégiale sous le titre de Saint-Pierre. —Voy. ce mot). — *Monetarii de Filistenges*, 1070 (Tr. des ch. l. Remiremont I, n° 1). — *Terra de Phylestanges*, 1222 (*ibid.* n° 89). —*Finstingen*, 1323 (*ibid.* l. Fénétrange I, n° 6). — *Vinstingen*, 1328 (*ibid.* n° 13). —*Vinstinga*, 1340 (*ibid.* n° 15). — *Castrum sive fortalicium et villa de Fenestranges*, 1433 (*ibid.* l. Remiremont, n° 5). — *Fenestrenges*, 1525 (papier des noms, etc.). — *Phinstingen*, 1558 (cosmographie).—*Vinstringium*, 1675 (*Not. Gall.* p. 504).

Fénétrange était le siège d'une baronnie libre, l'une des archi-maréchaussées de l'Empire, composée de quatre seigneuries, dites la seigneurie Commune, le Col-de-Cygne, la Tête-de-Brac et Géroldzech.

La seigneurie de Fénétrange, indiquée en 1698 dans les divisions de la Lorraine, dépendait du bailliage d'Allemagne et comprenait : Berthelming, Bettborn, Fénétrange, Gosselming, Hilbesheim, Mittersheim, Niderstinzel, Postroff, Romelfing et Schalbach, du canton de Fénétrange; Lhor, Munster et Vibersviller, du canton d'Albestroff; Metting, du canton de Phalsbourg; Diane-Capelle, Haut-Clocher et Langatte, du canton de Sarrebourg.

Fénétrange devint, en 1751, le siège d'un baill. duquel dépendaient, outre les communes ci-dessus (moins Gosselming), Insviller et Loudrefing (en partie), du canton d'Albestroff. — Après avoir appartenu au canton de Berthelming, Fénétrange devint, au mois de décembre 1790, le chef-lieu de ce canton.

Les armoiries de Fénétrange, blasonnées dans l'Armorial de Lorraine, sont *d'azur à la fasce d'argent.*

FÉNILLON (RUISSEAU DE). — Voy. DEUILLE.

FENNEVILLER, c^{on} de Baccarat. — *Monasterium Offonis ville*, xe siècle (*Hist. eps. tull. ad ann.* 653-657, H. L. I, c. 128). — *Finvilleir*, 1314 (Tr. des ch. l. Blâmont I, n° 96). — *Feneviller*, 1590 (dom. de Salm). — *Fenviller*, 1719 (alphabet). — *Fonviller* (Cassini).

FÉBIENDAL, f. c^{ne} de Lidrezing; fief érigé en 1752 et dépendant de la seigneurie du Dordhal. — Ferondal et *Fériondal* (Cassini). — *Ferienthall*, 1782 (table des villes, etc.).

FERME (LA), éc. c^{ne} de Germiny.

FERME (LA), éc. c^{ne} de Pont-Saint-Vincent.

FERME (LA), h. c^{ne} de Saint-Louis.

FERME-AU-PAYS (LA), f. c^{ne} de Gondreville.

FERME-DE-L'ÉTANG (LA), f. c^{ne} d'Haraucourt-sur-Seille.

FERRÉ (LE) ou CHEMIN FERRÉ, chemins, c^{nes} d'Aboncourt-en-Vosge, Agincourt, Andilly, Hannocourt, Maidières, Ménil-la-Tour, les Ménils, Mousson et Rozelieures.

FERRÉ (LE GRAND et LE PETIT), chemins, c^{ne} de Bioncourt.

FERRÉE (CHARIÈRE-), chemin, c^{ne} de Xirocourt.

FERRÉE (LA), chemins, c^{nes} de Bouxières-aux-Chênes, Méréville et Xeuilleye.

FERRÉE (LA PETITE-), chemin, c^{ne} d'Autrey.

FERRIÈRES, c^{on} de Saint-Nicolas. — *Odelricus de Ferreris*, 1094 (H. L. I, c. 498). — *W. de Feraris*, 1127-1168 (*ibid.* II, c. 423). — *De Ferreriis*, 1172 (Tr. des ch. l. Abb. de Clairlieu, n° 1). — *Ferrières-lai-Grante et lai-Petite*, 1320 (*ibid.* l. Rosières II, n° 17). — *Les dous Farrières*, 1345 (*ibid.* n° 19). — *Les Basses-Ferrières* (Cassini). — Le fief de Ferrières relev. de la châtellenie de Rosières, bailliage de Nancy.

Cette commune donne son nom à un ruisseau, dit aussi DE LA PRAIRIE-DE-L'ÉTANG, qui y a sa source, passe sur son territoire et sur celui de Tonnoy et se jette dans la Moselle.

FERRIÈRES ou FERRIÈRES-SOUS-CHALIGNY, nom du lieu où s'établirent d'abord les religieux de Clairlieu. — *Ferraria*, 1150 (ch. de l'abb. de Clairlieu). — *Vetus Ferraria*, 1179 (*ibid.*). — *Vetus atrium Ferrarii*, 1168, 1193 (*ibid.*). — *Vieille-Ferrière*, 1681 (*ibid.*).

FEUILLÉE (LA), h. c^{ne} de Laloeuf.

FEY-EN-HAYE, c^{on} de Thiaucourt. — *Faix*, 1305 (Tr. des ch. l. Pont fiefs, n° 15). — *Fay*, 1594 (dén. de la Lorr.). — *Fây-le-Grand*, 1708 (état du temporel). — *Fays-le-Grand-en-Haye*, 1719 (alph.). — *Fays-en-Haye* (Cassini).

FICHE, f. c^{ne} d'Angomont.

FIEF-RICHARD, fief, c^{ne} de Létricourt.

FILATURE (LA), us. c^{ne} de Val-de-Bon-Moutier.

FILATURES (LES), éc. c^{ne} de Badonviller.

FINE-AIGUILLE (LA), éc. c^{ne} de Bouxières-aux-Chênes.

FIQUENONVILLE, fief, c^{ne} de Flin.

FLAINVAL, c^{on} de Lunéville-Nord. — *Fleinvalz*, 1445 (ch. de la coll. Saint-Georges). — *Flainvaulx*, 1522 (dom. de Nancy). — *Flainvalle* (Cassini).

FLAMÉMONT, bois et mont. entre Malzéville et Lay-Saint-Christophe, où la tradition place un camp romain.

La carte de l'état-major les appelle *Flavimont*. — *Flamemont*, 1523 (dom. de Nancy).

FLAVIGNY-SUR-MOSELLE, c^{on} de Saint-Nicolas, c^{ne} formée de quatre sections, appelées la Haute, la Basse, la Neuve-Flavigny et le Prieuré (du prieuré de Bénédictins fondé dans ce lieu au xie siècle sous le titre de *Saint-Firmin*. — Voy. ce mot). — *Villa Flaviniacum, regalis quondam fiscus* (*Hist. eps. virdunensium ad ann.* 940-962, H. L. I, c. 200). — *Flaviniaca villa*, 940-962 (ch. du pr. de Flavigny). — *Ecclesia Sancti-Hilarii Flaviniaci*, 1142 (*ibid.*). — *Flaveniacum*, 1127-1168 (ch. de l'abb. de Clairlieu). — *Ecclesia Sancti Firmini apud Flaviniacum*, v. 1177 (H. L. II, c. 375). — *Flavigneium*, 1229 (ch. du pr. de Flavigny). — *Flaveignei*, 1254 (*ibid.*). — *Flavignei* et *Flavigney*, 1303 (*ibid.*). — *Flevigneyum*, 1357 (*ibid.*). — *Flaibeigney*, 1371 (Tr. des ch. l. Nancy I, n° 14). — *Flabegney*, 1392 (ch. du pr. de Flavigny). — *Flevigney-surs-Muzelle*, 1417 (*ibid.*). — *Les dous Flavigney*, 1424 (dom. de Nancy). — En 1719, les trois villages composant alors la commune de Flavigny s'appelaient *la Ville-Basse*, *le Couloir* et *la Ville-Neuve* (alph.).

Lors de la formation du diocèse de Nancy, en 1778, Flavigny devint le chef-lieu d'un doyenné dépendant de l'archidiaconé de Nancy et comprenant les paroisses de Benney, Ceintrey, Chaligny, Chavigny, Ferrières, Flavigny, Frolois, Lemainville, Lorey, Ludres, Maron, Méréville, Neuviller-sur-Moselle, Pulligny, Richardménil, Saint-Remimont, Tonnoy, Vaudeville et Voinémont.

FLEISHEIM, c^{on} de Fénétrange. — *Flensheim*, xve siècle (obit. de la coll. de Sarrebourg, f° 32). — *Fleisheim* ou *Fletzin*, 1779 (Descr. de la Lorraine). — *Flesheim*, 1782 (table des villes, etc.).

FLEURANTES-TAYES (LES), éc. c^{ne} de Baccarat.

FLEUR-FONTAINE, éc. (fief), c^{ne} d'Amance. — *Tillon*, 1710 (polium).

FLÉVILLE, c^{on} de Saint-Nicolas. — *Alodium in Flabodi villa*, 1127-1168 (ch. du pr. de Flavigny). — *Fleuville*, 1294 (Tr. des ch. l. Rosières I, n° 12). — *Fluville*, 1298 (*ibid.* l. Nancy I, n° 102). — *Flueville*, 1392 (*ibid.* n° 126). — *Fléville-lès-Nancy*, 1779 (Descr. de la Lorraine). — Le fief de Fléville relevait de la châtellenie de Nancy, baill. de cette ville.

FLÉVILLE, anc. cense, c^{ne} d'Harboué, unie au marquisat de Grandseille.

FLIE (LA), fontaine, c^{ne} de Liverdun, qui produit des incrustations.

FLIN, c^{on} de Gerbéviller. — *Fluns*, 1147 (Ord. praem. ann. II, c. 545). — *Pons de Fluem*, 1164 (ch. de l'abb. de Beaupré). — *Flum*, 1175 (*ibid.*). — N. *doyen de lai chrestienté de Fluns*, 1280 (Tr. des ch. l. Deneuvre, n° 4). — *Flun*, 1282 (*ibid.* n° 4). — *Fluin*, 1476 (dom. de Lunéville). — *Feluin*, 1516 (*ibid.*).

Le chef-lieu de la circonscription ecclésiastique dont il vient d'être parlé fut, dans la suite, transféré à Deneuvre.

FLIREY OU FLIREY-EN-HAYE, c^{on} de Thiaucourt. — *Flery*, 1551 (dom. de Pont-à-Mousson). — *Fleury*, 1594 (dén. de la Lorr.). — Le fief de Flirey dépendait de la terre de Haye, baill. de Nancy.

Après avoir, en 1790, dépendu du canton de Bernécourt, Flirey devint ensuite le chef-lieu de ce canton.

FLORAINVILLE OU LE VIEUX-CHÂTEAU, anc. château, c^{ne} de Dombasle.

FLORIMONT, fief, c^{ne} de Nomeny.

FOECHÉS (LES), f. c^{ne} de Walscheid.

FOLIE (FONTAINE DE LA), c^{ne} de Saulxures-lez-Nancy (Cassini).

FOLIE (LA), chât. c^{ne} de Bouxières-aux-Chênes.

FOLIE (LA), éc. c^{ne} de Chaudeney.

FOLIE (LA), éc. c^{ne} d'Éply.

FOLIE (LA), éc. c^{ne} de Nomeny.

FOLIE (LA), éc. c^{ne} d'Ogéviller.

FOLIE (LA), éc. c^{ne} de la Ronxe.

FOLIE (LA), éc. c^{ne} de Toul.

FOLIE (LA), f. c^{ne} de Lunéville.

FOLIE (LA), f. c^{ne} de la Neuveville-aux-Bois.

FOLIE (LA), f. c^{ne} de Tarquinpol.

FOLIE (LA), f. c^{ne} de Vaudémont.

FOLIE (LA), anc. cense, c^{ne} de la Neuvelotte, déjà ruinée au commencement du siècle dernier. — *La Follye proche la Neuflotte*, 1574 (dom. de Nancy).

FOLIE (LA), anc. cense dans le voisinage d'Ormes. — *La grainge condit la Folie*, 1403 (Tr. des ch. l. Confirmations, n° 33).

FOLIE (LA), fief, c^{ne} de Vézelise.

FOLIE (LA), maison franche, c^{ne} de Maidières.

FOLIE (LA), pré sur le territoire de Lorquin, à la colline dite *la Basse-de-Fraquelfing*, où l'on voyait, à la fin du siècle dernier, l'entrée d'une galerie souterraine allant dans la direction du bois de la Minière.

FOLIE-GOMIEN (LA), éc. c^{ne} de Nancy.

FOLIE-MIDOT (LA), éc. c^{ne} de Toul.

FOLIGNY, h. c^{ne} de Badonviller.

FONDS-DE-TOUL (LES). — Voy. PONTS-DE-TOUL.

FONTAINE (FONTAINE DE LA BONNE-), c^{ne} d'Angviller.

FONTAINE (LA), fief à Manhoué.

FONTAINE-À-LA-SOLLE (LA), ruiss. prend sa source sur le ban d'Amélécourt et se jette dans la Petite-Seille.

FONTAINE-AU-CHÊNE, anc. f. — *Fontaine-aux-Chênes*, tire son nom d'une fontaine qui sort du creux d'un chêne, 1756 (dép. de Metz). — Voy. BARBÈTE.

FONTAINE-AUX-FÉES (CHEMIN DE LA), c^{ne} de la Neuveville-en-Saulnois.

FONTAINE-AUX-PIERRES (CHEMIN DE LA), c^{ne} d'Hoëville, ainsi appelée du bois de ce nom, c^{ne} de Bezange-la-Grande, aliéné en 1831.

FONTAINE-BÉNITE (CHEMIN DE LA), c^{ce} de Rehainviller.

FONTAINE-DE-FER (CHEMIN DE LA), c^{ne} d'Abaucourt.

FONTAINE DE FER (LA), source d'eau minérale entre Bacourt et Morville-sur-Nied (Cassini).

FONTAINE-DE-GRÉMECEY (RUISSEAU DE LA), sort de la forêt de Grémecey, passe sur le territoire de Chambrey et se jette dans la Seille.

FONTAINE DE L'ERMITE (LA), fontaine, c^{ne} de Pulney; anc. ermitage.

FONTAINE-DES-FÉES, ruisseau. — Voy. AROFFE.

FONTAINE DES TIERCELINS (LA), font. c^{ne} d'Einville.

FONTAINE-DE-VIE (CHEMIN DE LA), c^{ne} de Marbache.

FONTAINE-D'ORMES (RUISSEAU DE LA), est formé par les eaux de la fontaine d'Ormes, passe sur le territoire de Dombasle et se jette dans le Sanon.

FONTAINE-DU-BON-PÈRE (CHEMIN DE LA), c^{ne} de Buissoncourt, ainsi appelée en souvenir de Charles Lambert, mort curé de Buissoncourt en 1710, et qu'on avait surnommé *le Bon-Père*.

FONTAINE DU BON PÈRE (LA), font. c^{ne} de Petit-Mont, ainsi appelée en souvenir du B. Pierre Fourier.

FONTAINE DU BON-PÈRE-DE-MATTAINCOURT, fontaine ferrugineuse, c^{ne} de Domèvre-sur-Vezouse.

FONTAINE-DU-PÈRE-HILARION, éc. c^{ne} de Montauville.

FONTAINE-DU-RENARD (RUISSEAU DE LA) OU DE L'ÉTANG-D'HELLOCOURT, a sa source sous Romécourt, passe sur le territoire de cette commune, sur ceux d'Hellocourt et de Moussey, et se jette dans le Sanon.

FONTAINE FERRÉE, fontaine dans la forêt de Saint-Jean-Fontaine. — Voy. ce mot.

FONTAINE L'ÉVÊQUE, fontaine médicinale, c^{ne} de Trondes.

FONTAINE-MARIOTTE (RUISSEAU DE LA), formé des eaux de la fontaine de ce nom, passe sur le territoire de Lostroff et se jette dans le ruisseau de Rhodes.

FONTAINE-MÉRÉE, éc. c^{ne} de Montauville.

FONTAINE-NOIRE (CHEMIN DE LA), c^{ne} de Charmois.

FONTAINE-SAINT-AIGNAN (CHEMIN DE LA), c^{ne} de Mont.

FONTAINE-SAINT-PIERRE, f. c^{ne} de Bionville.

FONTAINE-SAINTE-BARBE (CHEMIN DE LA), c^{ne} de Vannecourt.

FONTAINES (RUISSEAU DES), est formé par les eaux des fontaines de Beaujardin, passe sur le territoire de Vého et se jette dans le ruisseau de l'Étang.

FONTENELLE (LA), ruiss. prend sa source sur le territoire de Lanfroicourt, passe sur celui de Bey et se jette dans le Rupt-des-Bois.

FONTENIL, anc. ermitage, c^{ne} de Bainville-sur-Madon.

FONTENOY, éc. (cense franche), c^{ne} de Fénétrange.

FONTENOY ou FONTENOY-SUR-MOSELLE, c^{on} de Toul-Nord. — *Ecclesia S. Laurentii in villa Fontanetum*, xe siècle (Vie du B. Jean de Vandières, chap. II, n° 13, dans les Bollandistes, au 27 février). — *Predium quod dicitur Fontiniacum* (Hist. eps. tull. ad ann. 996-1018. H. L. I, c. 165). — *Fontigniacum* (Epitaphia eps. tull. ad id. Ibid. c. 175). — *Ecclesia de Fonteniaco*, 1091 (H. T. p. 107). — *Fonterniacum*, 1107 (Tr. des ch. l. Abb. d'Orval, n° 7). — *Fontanetum*, 1172 (ch. de l'abb. de Clairlieu). — *Fontenetum*, 1358 (reg. cap. de la cath. de Toul). — *Fontenoy-lez-Gondreville*, 1514 (Tr. des ch. reg. B. 12, f° 356). — *Fontenoy-sur-Moselle* ou *Fontenoy-en-Haye*, 1779 (Descr. de la Lorr.). — Ce village était le siège d'un comté érigé en 1625.

En 1799, Fontenoy fut le chef-lieu d'un canton dépendant du district de Toul et formé des communes d'Aingeray, Chaudeney, Dommartin-lez-Toul, Fontenoy, Gondreville, Sexey-les-Bois et Villey-le-Sec. Le chef-lieu de ce canton fut peu après transféré à Gondreville.

FONTENOY-LA-JOUTE, c^{on} de Baccarat. — *Ecclesia de Fonteneis*, 1120 (Tr. des ch. l. Abb. de Senones, n° 6). — *Fonteneium*, 1124 (H. L. I, c. 439). — *Fonteneirs*, 1129 (ibid. II, c. 286). — *L'Etang de Funtenoy*, 1290 (Tr. des ch. l. Blâmont I, n° 19). — *Fontenoy-en-Voge*, 1394 (ibid. l. Deneuvre, n° 64). — *Fointenoy*, 1601 (dom. de Deneuvre).

FONTENY, c^{on} de Delme. — *Fontinier* on *Salnoy*, 1362 (Tr. des ch. l. Viviers, n° 15). — *Fonteney*, 1451 (ibid. n° 20). — *Fontheny*, 1477 (dom. d'Amance). — *Fontigny* (Cassini). — Le fief de Fonteny, de la baronnie de Viviers, relevait du marquisat de Pont-à-Mousson.

FONTIGNY, anc. m^{in} banal, c^{ne} de Delme.

FORCELLES-SAINT-GORGON, c^{on} de Vézelise. — *Ecclesia de Forcelle*, 1176 (H. L. II, c. 372). — *Fourcelle-Saint-Gergonne*, 1406 (Tr. des ch. l. Vaudémont fiefs, n° 16 bis). — *Fouxelles-Saint-Gorgoinne*, 1446 (ibid. l. Vaudémont dom. n° 25). — *Fourcelles-Sainct-Gergonne*, 1408 (dom. de Vaudémont). — *Fourcelles-Saint-Gorgonne*, 1487 (ibid.). — Le fief de Forcelles relevait du comté de Vaudémont.

FORCELLES-SOUS-GUGNEY, c^{on} de Vézelise. — *Forxelles, Forcelle-desour-Gugnei*, 1408 (dom. de Vaudémont). — *Fouxelles*, 1451 (Tr. des ch. l. Vaudémont fiefs n° 37). — *Forcelles-soubz-Gugney*, 1487 (dom. de Vaudémont). — *Forcellee*, 1500 (ibid.). — *Fourcelles-soubz-Guegney*, 1550 (ibid.). — Le fief de Forcelles relevait du comté de Vaudémont.

FORÊT, anc. métairie franche et chapelle à l'abbaye de Clairlieu, c^{ne} de Praye. — *Grangia Forest*, 1176 (ch. de l'abb. de Clairlieu). — Il y a un bois de ce nom, c^{ne} de Praye, et un ruisseau qui prend sa source à Forcelles-Saint-Gorgon et se jette dans le ruisseau de Praye.

FORÊT (LA), anc. ham. c^{ne} de Bertrambois, maintenant réuni à cette commune. — *La Forest*, 1295 (Tr. des ch. l. Deneuvre, n° 11).

FORÊT-DE-LA-REINE, éc. c^{ne} de Royaumeix, ainsi appelé du nom de la forêt près de laquelle il est construit.

FORGE (CHÉNEVIÈRE-DE-LA-), canton du territoire de Marbache, 1500 (dom. de l'Avant-Garde).

FORGE (LA), m^{in}, c^{ne} de Baltigny.

FORGE (LA), f. et m^{in}, c^{ne} d'Imling; village détruit. — *La Forge, dit Sarixin*, 1756 (dép. de Metz).

FORGE (LA), h. c^{ne} de Pierre-Percée.

FORGE (LA), us. c^{ne} de Saint-Maurice.

FORGE (PÂTIS-DE-LA-), canton du territoire de Jaillon.

FORGE (VAL DE LA), nom donné autrefois à un canton du territoire de Chaligny, dans la forêt de Haye. — *Vaulx de la Forge*, 1591 (Tr. des ch. reg. B. 7648).

FORGE-ÉVRARD (LA), éc. c^{ne} de Neuf-Maisons. — Cet écart donne son nom à un ruisseau qui sort de la forêt du Grand-Reclos, passe sur le territoire de Neuf-Maisons et se jette dans la Plaine.

FORGES (CHEMIN DES), c^{ne} de Prény.

FORT (CHEMINS DU), c^{nes} de Lagney, Lucey et Saint-Baussant.

FORT-BUISSON, forêt, c^{nes} de Bisping, Langatte et Haut-Clocher.

FORT-JOLY (CHEMIN DU), c^{ne} de Frouard.

FORT-SAINT-IGNON, bois, c^{ne} de Montauville.

FOSSATTE (RUISSEAU DE LA) ou DU VIEIL-ÉTANG, prend sa source aux Deux-Fontaines, c^{ne} de Bathelémont, passe sur les territoires de Bauzemont et de Valhey et se jette dans le Sanon.

FOSSE (CHEMINS DE LA), c^{nes} de Domèvre-sur-Vezouse, Emberménil, Eulmont, Réhéray, Saint-Germain et Tonnoy.

FOSSE (LA), m^{in}, c^{ne} de Craincourt. — *Molendinum Fosse*, 1158 (ch. de l'abb. de Sainte-Marie). — Il y avait un étang du même nom près de ce moulin, 1709 (Tr. des ch. reg. B. 217, n° 52).

FOSSE (LA), ruiss. — Voy. ÉTANG (RUISSEAU DE L').

FOSSE (RUELLE DE LA), c^{ne} de Bienville-la-Petite.

FOSSE (RUELLE DES CHAMPS DE LA), c^{ne} de Badonviller.

FOSSE (SENTIER DE LA NOIRE-), c^{ne} de Rozelieures.

Fosse-d'Enfer (La), canton du territoire de Xammes.
Fosse-d'Haboudange (La), nom donné à la vallée dans laquelle est situé le village d'Haboudange.
Fosses (Chemins ou Sentiers des), c^{nes} de Charey, Réclonville et Vic.
Fossieux, c^{on} de Delme. — *Lou molin et l'estant dessus la ville de Foussues*, 1327 (Tr. des ch. l. Fiefs de Nancy, n° 153). — *Foussuelz*, 1339 (*ibid.* l. Blâmont I, n° 94). — *Foussuelx*, 1427 (*ibid.* l. Einville, n° 17). — *Foussieux*, 1612 (dom. de Nomeny). — Le fief de Fossieux relevait du marquisat de Pont-à-Mousson.
Foucrey (La Haute et la Basse), f^{es}, c^{ne} de Serres. — *Foquereiz*, 1298 (Tr. des ch. l. Rosières, n° 45). — *Foucquerey*, 1524 (rec. gén.). — *Le Vielz-Foucquerey*, 1541 (dom. d'Einville). — *Focquerey*, 1545 (*ibid.*). — *Les Hautes et Basses Foucrey*, 1710 (polium). — *Basse-Fouquerelle et Haute-Fouquerelle* (Cassini). — Le fief de Foucrey relevait de la châtellenie d'Einville, bailliage de Nancy.

Ces fermes donnent leur nom à un ruisseau qui y a sa source, passe sur les territoires d'Einville et de Valhey et se jette dans le Sanon.
Foudenhoff, f. c^{ne} de Haut-Clocher; vill. détruit avant le XVIe siècle.
Foug, bourg, c^{on} de Toul-Nord. — *Villa nuncupata Faho, in pago Bedensi*, 770 (H. L. I. c. 285). — *Fao in pago Bedense et in comitatu Leuthardi*, 878 (H. M. p. 40). — *Ecclesia in Fao*, 936 (*ibid.* p. 59). — *Fagum*, 1065 (H. L. I. c. 455). — *Vineæ de Foug*, 1141 (Ord. præm. ann. II. c. 406). — *Lou chástel de Fou*, 1322 (Tr. des ch. l. Foug, n° 8).

Ce bourg était, dès le XIVe siècle, le chef-lieu d'une prévôté, *la prévostey de Fou*, 1344 (Tr. des ch. l. Vaudémont dom. n° 164), qui dépendait, en 1698, du bailliage de Saint-Mihiel et comprenait les communes de Gémonville, Germiny et Gibeaumeix, du canton de Colombey; Boucq, Foug, la Neuveville-derrière-Foug, Lay-Saint-Remy et Pagney-derrière-Barine, du canton de Toul-Nord; Choloy et Domgermain, du canton de Toul-Sud; Frolois, du canton de Vézelise. — La prévôté de Foug fut presque tout entière incorporée, en 1751, au bailliage de Commercy (voy. ce mot).

En 1790, Foug fut le chef-lieu d'un canton dépendant du district de Toul et formé des communes de Choloy, Domgermain, Écrouves, Foug, Lay-Saint-Remy et Ménillot.

Les armoiries de Foug, blasonnées dans l'Armorial de Lorraine, sont *de sable à la croix de Lorraine d'argent, et sur le tout d'azur chargé de deux barbeaux adossés d'or, accompagnés de quatre croix recroisetées au pied fiché d'or, cotoyé de quatre croix de Lorraine d'argent*.
Foulcney, c^{on} de Réchicourt-le-Château. — *Foukereis*, 1332 (Tr. des ch. l. Blâmont I, n° 86). — *Foucrey*, 1782 (table des villes, etc.).
Fouliot (Le), ruiss. prend sa source à Belchamp, passe sur les territoires d'Einvaux, Brémoncourt, Méhoncourt et Clayeures et se jette dans l'Euron.
Foulon, mⁱⁿ, c^{ne} de Villers-sous-Prény.
Foun (Le), éc. c^{ne} de Turquestein.
Fourasse (La), h. c^{ne} d'Amance.
Fourasse (La), f. c^{ne} de Bures.
Fourasse (La Grande-), f. c^{ne} de Lunéville.
Fourasse (La Petite-), f. c^{ne} de Chanteheux.
Fourchauvine ou Fourchauxvignes, seigneurie, c^{ne} de Morville-sur-Seille. — *Fourchauvignes*, 1612 (Tr. des ch. l. Pont et dénombrements, n° 10). — *Fourcheauvigne*, 1782 (table des villes, etc.).
Fourchues-Eaux, scieries, c^{nes} de Saint-Sauveur et de Petitmont.
Fourneaux (Chemin des), c^{ne} de Lagney.
Frahaux (Le), ruiss. commence à paraître à Villé-en-Vermois, passe sur le territoire de cette commune, sur ceux de Fléville, Lupcourt et la Neuveville-devant-Nancy, et se jette dans la Meurthe.
Fraimbois, c^{on} de Gerbéviller. — *Villa que dicitur Frembois*, 1186 (ch. de l'abb. de Beaupré). — *Theodericus de Frembosc*, 1188 (*ibid.*). — *Frainboix*, 1427 (dom. de Nancy). — Le fief de Fraimbois relevait de la châtellenie de Rosières, bailliage de Nancy.

Cette commune donne son nom à deux ruisseaux qui se jettent dans la Meurthe : le premier passe seulement sur le territoire de Fraimbois ; le second, sur ceux d'Hériménil et de Fraimbois.
Fraisnes-en-Saintois, c^{ne} de Vézelise. — *Frane*, 1303 (cart. Vaudémont fiefs, f° 221). — *Franes*, 1307 (Tr. des ch. l. Vaudémont fiefs, n° 22). — *Frayne en conté de Wauldemont*, 1412 (*ibid.* n° 28). — *Frasne*, 1408 (dom. de Vaudémont). — *Fraisne*, 1550 (*ibid.*). — *Fraisnes-sous-Vaudémont*, 1709 (état du temporel). — *Frêsne-en-Saintois*, 1782 (table des villes, etc.). — Le fief de Fraisnes relevait du comté de Vaudémont ; il fut érigé en haute justice en 1591.
Francheville, c^{ne} de Domèvre. — *In Franca villa capella*, 870 (H. T. p. 5). — *Franchavilla*, 1358 (reg. cap. de la cath. de Toul). — *Franchesville*, 1385 (dom. de Pont-à-Mousson).
Franck-Mühl, scierie c^{ne} d'Abreschwiller. — Cette usine donne son nom à un ruisseau qui commence à paraître à la ferme du Grosmann, passe sur le territoire de Saint-Quirin et se jette dans la Sarre.

Franconville, c^on de Gerbéviller. — *Alodium de Franconisvilla*, 1182 (ch. de l'abb. de Beaupré). — *Franconvilla*, 1225 (*ibid.*). — *Acelinus de Francunvilla*, 1186 (*ibid.*). — Le fief de Franconville relevait de la châtellenie de Rosières, bailliage de Nancy.

Francourt, ruiss. sort de la fontaine de la Goutte, passe sur les territoires d'Houdemont, Fléville, Heillecourt et Jarville et se jette dans la Meurthe.

Francs (Les), f. (seigneurie), c^ne de Nomeny. — *Frans-desoubz-Toullon ; ville de Frans*, 1325, 1329 (Tr. des ch. l. Nomeny II, n° 2). — *Hautes et Basses Francs*, 1709 (état du temporel). — Village de Franc et seigneurie des Francs (factums imprimés au commencement du siècle dernier).

Fraquelfing, c^on de Lorquin. — *Vrahelvingen*, 1205 (ch. de l'abb. de Haute-Seille). — *Fraquelfin, Vrachelvingen*, 1238 (*ibid.*). — *Felckelfing*, 1590 (dom. de Phalsbourg). — *Francalfin* ou *Franquelfin*, 1719 (alph.).

Fraucul, éc. c^ne de Marainviller.

Fréchot (Le Grand et le Petit), f^ts, c^ne d'Hériménil.

Fréchpoule, f. c^ne de Rhodes.

Frédéric-Mühl, m^in, c^ne de Dabo.

Fréhaut, bois, c^ne d'Hériménil. — *Nemus quod dicitur Frahais*, 1135 (Tr. des ch. l. Abb. de Beaupré, n° 1). — *Boix con dit le Frahoi*, 1298 (*ibid.* l. Nancy I, n° 102). — Un bois du même nom existait sur le territoire de Réméréville : *le boix con dit de Frehors séant on ban de Réméréville*, 1320 (Tr. des ch. l. Fiefs de Nancy, n° 150).

Fréménil, c^on de Blâmont. — *Frémymesnil*, 1476 (dom. de Lunéville). — *Frémiménil*, 1478 (cart. de Blâmont fiefs, f° 123 v°). — Le fief de Fréménil relevait du comté de Blâmont.

Frémery, c^on de Delme. — *Frémère*, 1277 (Tr. des ch. l. Salm I, n° 16). — *Fremerey*, 1505 (*ibid.*). — Ce village, de la baronnie de Viviers, relevait en fief du marquisat de Pont-à-Mousson.

Cette commune donne son nom à un ruisseau, dit aussi DE LA QUEUE-DE-METZ ou DU FAUX-ROUX. Il a sa source à Frémery, passe sur son territoire et sur celui de Lucy et se jette dans la Nied.

Frémonville, c^on de Blâmont. — *Fraimonvilla*, 1034 (ch. de l'abb. de Saint-Remy). — *Fromonisvilla*, 1127-1168 (ch. de l'abb. de Haute-Seille). — *Fromonvilla*, xiie siècle (ch. de l'abb. de Saint-Remy). — *Fromunville*, 1270 (Tr. des ch. l. Blâmont I, n° 6). — *Fromontvilla*, 1277 (ch. de l'abb. de Saint-Remy). — *Framonvile*, 1285 (Tr. des ch. l. Blâmont fiefs, n° 8). — *Fromonville*, 1332 (*ibid.* l. Blâmont I, n° 86). — *Froumonville*, 1549 (dom. de Blâmont). — Le fief de Frémonville relevait du comté de Blâmont; il fut incorporé au marquisat de Grandseille.

Frémonville (Le Polissoir-de-), us. c^ne de Frémonville.

Frescati, m^in, c^ne de Vannecourt.

Fresnes-en-Saulnois, c^on de Château-Salins. — *Fraine*, 1339 (Trésor des ch. l. Blâmont I, n° 94). — *Fraines*, 1420 (dom. de Nancy). — *Frasne*, 1427 (*ibid.*). — *Fresné*, 1477 (dom. d'Amance). — *Fraisnes*, 1550 (*ibid.*). — *Fraisne*, 1566 (dom. de Viviers).

Freywald (Le), f. (forêt défrichée), c^ne de Romelfing. — On l'appelle par sobriquet *Peltzhoff*.

Fribourg, c^on de Réchicourt-le-Château. — *Albero cellerarius de Friburch*, 1252 (Tr. des ch. l. Hesse, n° 1). — *Fribourch*, 1301 (*ibid.* l. Fiefs de Lorraine, n° 10). — *Fryburg*, 1476 (dom. de Dieuze). — *Friburg*, xve siècle (obit. de la coll. de Sarrebourg, f° 32 v°). — *Fribourg-l'Évêque* (Cassini).

Fribourg fut le chef-lieu d'une châtellenie du temporel de l'évêché de Metz, bailliage de Vic, mentionnée en 1401 (Tr. des ch. l. Steinsel, n° 3), et comprenant Azoudange, Fribourg, Languimberg et Rhodes, du canton de Réchicourt-le-Château.

En 1790, Fribourg fut le chef-lieu d'un canton dépendant du district de Dieuze et formé des communes de Fribourg, Languimberg, Rhodes et Roméecourt. Ce canton s'accrut peu après des communes d'Angviller, Assenoncourt, Azoudange, Bisping et Guermange, des cantons supprimés d'Angviller et d'Alteville.

Fricourt, f. et chapelle sous le titre de *Notre-Dame-de-Bon-Succès*, c^ne de Remoncourt (prieuré de Bénédictins dépendant de l'abb. de Senones, fondé au xiie siècle). — *Ecclesia de Friscort*, 1152 (Tr. des ch. l. Abb. de Senones, n° 8). — *Fricort*, 1263 (cart. de l'abb. de Salival).

Frisonviller, anc. métairie à l'abbaye de Haute-Seille, c^ne de Domjevin; vill. détruit. — *Frisunvilers*, 1189 (ch. de l'abb. de Haute-Seille). — *Frysonviler* et *Frysonvilleir*, 1248 (Tr. des ch. l. Blâmont fiefs, n°^s 1 et 3). — *Villa de Frisonviler*, 1288 (ch. de l'abb. de Haute-Seille). — *Frizonis villa*, xive siècle (Chr. med. mon. H. L. II, c. 69). — Le fief de Frisonviller relevait du comté de Blâmont.

Frocourt, éc. (haute justice et ban séparé), c^ne de Fléville.

Froentroesch (Le), éc. c^ne de Mittersheim.

Froide-Fontaine, f. c^ne de Jolivet.

Froide-Terre, chapelle, c^ne de Cercueil, dans le bois du même nom; on y va en pèlerinage pour la fièvre.

FROIDE-TERRE ou SAINT-JEAN-BAPTISTE, anc. ermitage, c^{ne} de Toul.

FROIDMONT, anc. gagnage et chapelle aux Antonistes de Pont-à-Mousson, c^{ne} de Vittonville. — *Froymont*, 1441 (dom. de Pont-à-Mousson). — *Fromont*, 1498 (*ibid.*). — *Froimont*, 1602 (*ibid.*).

FROID-PERTUIS, fontaine entre Réméréville et Erbéviller.

FNOISEU, f. c^{ne} de Marainviller.

FROLOIS (originairement *Acraignes*), c^{on} de Vézelise. — *Askein villa* (Hist. eps. tull. ad ann. 996-1018, H. L. I, c. 165; attribution donnée par Benoît Picart, H. T. p. 343 du texte). — *Agrea*, 1127-1168 (H. L. II, c. 422). — *Wernerus de Scriniis*, 1176 (*ibid.* c. 374). — *L. de Escraines*, 1179 (ch. de l'abb. de Clairlieu). — *Escrines*, 1244 (*ibid.*). — *Escraignes*, 1285 (*ibid.*). — *Acregnes*, 1314 (Tr. des ch. l. Chaligny, n° 10). — *Acregniæ*, 1342 (ch. de la coll. Saint-Georges). — *Acrangnes*, 1344 (Tr. des ch. l. Vaudémont dom. n° 164). — *Acraingnes*, 1348 (ch. du pr. de Flavigny). — *Aucraingnes, Acrengnes*, 1400 (*ibid.* et Tr. des ch. l. Vaudémont fiefs, n° 27). — *Accringnes*, 1425 (ch. de la coll. Saint-Georges). — *Ecclesia de Acrengniis*, 1426 (*ibid.*). — *De Achrengnis*, 1513 (*ibid.*). — *Acreignes*, 1531 (ch. de l'abb. de Belchamp). — *Accregne, Acreigne*, 1561 (dom. de Pulligny). — *Accraigne*, 1567 (*ibid.*). — *Aucreingnes*, 1568 (*ibid.*). — *Acreignes*, 1573 (ch. de la coll. Saint-Georges). — *Accraignes*, 1600 (dom. de Nancy). — *Froslois, Guize*, 1779 (dén. des terres seign.).

Frolois fut le siège d'un comté érigé en 1718, sous le nom de *Guise*, en faveur d'Anne-Marie-Joseph de Lorraine-Harcourt, prince de Guise. Ce comté fut érigé en marquisat en 1757, sous le nom de *Frolois*, avec une prévôté seigneuriale et bailliagère dont les cas royaux et privilégiés appartenaient au bailliage de Nancy. Cette commune reprit momentanément sa dénomination primitive à la révolution.

FROUARD, c^{on} de Nancy-Nord. — *Froardum*, 1156 (H. L. II, c. 349). — *Finis de Froart*, 1206 (*ibid.* c. 417). — *Frouai*, 1298 (Tr. des ch. l. Rosières I, n° 46). — *Chasteau et chastellerie de Frouart*, 1311 (*ibid.* n° 13). — *Frowart*, 1316 (*ibid.* l. l'Avant-Garde, n° 4). — *Froard*, 1424 (dom. de Nancy). — *Frouuart*, 1566 (*ibid.*). — *Fruvart; Fruurt, castrum ad Mosellam*, XVIe siècle (compilation faite sur des documents anciens, Hist. des ducs de Champagne, II, p. 133 et 138).

Frouard fut le chef-lieu d'une châtellenie, dont la circonscription est inconnue, laquelle passa, en 1220, sous l'hommage des comtes de Champagne et, par suite, des rois de France, où elle resta jusqu'en 1465. — Il fut le siège d'une prévôté, *prévostei de Froward*, 1420 (dom. de Nancy), et enfin d'un marquisat érigé en 1713.

En 1790, Frouard fut le chef-lieu d'un canton dépendant du district de Nancy et formé des communes de Champigneules, Frouard, Marbache, Pompey et Velaine-en-Haye.

FROUARD, faub. de Baccarat.

FROUARD (RUISSEAU DE), sort de la forêt de Parroy, passe sur le territoire de Marainviller et se jette dans le ruisseau des Amis. — *Frowart*, 1522 (ch. de l'abb. de Belchamp).

FROVILLE, c^{on} de Bayon (prieuré à l'abbaye de Cluny, fondé à la fin du XIe siècle). — *Ecclesia de Frodonisvilla*, 1091 (ch. du pr. de Froville). — *Frondonensis cella*, 1111 (H. L. I, c. 526). — *Frovilla*, 1114 (Ord. præm. ann. II, c. 539). — *Frosvilla*, 1218 (ch. de l'abb. de Beaupré). — *Frodovilla*, 1222 (ch. du pr. de Froville). — *Frouville*, 1492 (Tr. des ch. l. Fiefs de Nancy, n° 34). — Le fief de Froville relevait de la châtellenie de Rosières, bailliage de Nancy. Il était le chef-lieu d'une seigneurie au siècle dernier.

FROVILLE, anc. gagnage au ban de Gondreville, mentionné en 1544 (cart. Nancy dom. f° 341).

FURSTEIN, montagne, c^{ne} de Dabo.

G

GAGÈRE (LA), éc. c^{ne} de Saint-Sauveur.
GAGÈRE (LA), éc. et scierie, c^{ne} de Petit-Mont.
GAGÈRE (LA), montagne, c^{ne} de Val-de-Bon-Moutier.
GAGNAGE-DU-HAUT, anc. gagnage franc, c^{ne} de Ville-en-Vermois.
GAÎTÉ-CHAMPÊTRE (LA), éc. c^{ne} de Puttigny.
GALBA, nom donné à un canton du territoire d'Imling

où, suivant la tradition, il aurait existé autrefois un village.
GALÈRES (CHEMIN DES), c^{ne} de Villers-sous-Prény.
GALGEN-PLATZ (*endroit de la potence*), nom donné à un canton du territoire de Lixheim.
GALIAUD, anc. forteresse sur la montagne de ce nom, près du bourg de Blénod-lez-Toul. — *Gaiacum*,

x° siècle (*Hist. eps. tull. ad ann.* 622-654, H. L. I, c. 126; attribution donnée, sous la forme du doute, par dom Calmet, H. L. I, c. 419 du texte en note).

Ganard (Le), m^in, c^ne de Beuvezin.

Garde (La), c^on de Vic. — *Ecclesia quam Domnum Martinum et Altam Ecclesiam vulgus appellat*, xii° s° (cart. de l'abb. de Salival). — *Ecclesia de Gardia seu de Domno Martino*, 1186 (*ibid*.).

La Garde fut le chef-lieu d'une châtellenie du temporel de l'évêché de Metz, bailliage de Vic, de laquelle dépendaient les villages de Vého et Xousse (en partie), du canton de Blâmont; Bourdonnay, la Garde, Ley, Maizières et Ommeray, du canton de Vic, et plusieurs censes et fiefs.

Garde-de-Dieu (La), éc. c^ne de Bourgaltroff.

Garde-de-Dieu (La), éc. c^ne de Liocourt. Il est indiqué sur la carte de Cassini.

Garde-de-Dieu (La), éc. c^ne de Lunéville.

Gare-le-Cou, h. c^ne de Toul.

Garenne (La), f. c^ne d'Haudonville. — Cette ferme donne son nom à un ruisseau qui a sa source dans son voisinage, passe sur le territoire d'Haudonville et se jette dans la Mortagne.

Garenne (La), h. c^ne de Nancy; ainsi appelé de la garenne qui existait encore en cet endroit à la fin du siècle dernier, dans un bois maintenant défriché. — *La Grande-Garenne*, 1783 (visite des bois de la maîtrise de Nancy).

Garenne (La), éc. c^ne de Vannes.

Garenne (La) ou Notre-Dame-de-Grâce, anc. ermitage, c^ne de Crévéchamps.

Garrebourg, c^on de Phalsbourg. — *Garburg*, 1576 (carte de Specklin). — *Garbourg* ou *Garburg*, 1719 (alph.).

Gas (Les), ruiss. prend sa source sous le bois de Tincry, passe sur le territoire de Prévocourt et se jette dans la Nied-Française.

Gasse (La), torrents, c^nes de Lorquin et d'Hermelange.

Gast, éc. c^ne de Guntzviller.

Gauland, m^in, c^ne de Vilcey-sur-Trey.

Gazelle (La), anc. f. à l'abbaye de Belchamp, c^ne de Méhoncourt.

Gélacourt, c^on de Baccarat. — *Gerardus de Gislacurt*, 1137 (H. L. II, c. 313).—*Sellacort* (*Chr. eps. met. ad ann.* 1238-1268, *ibid*. I, c. 72). — *Gillacort*, 1282 (Tr. des ch. l. Deneuvre, n° 3). — *Gillarcort*, 1295 (*ibid*. n° 11). — *Gillacort, Gyllacort*, 1300 (*ibid*. l. Blâmont fiefs, n° 17 et 18). — *Gellacort*, 1301 (*ibid*. l. Deneuvre, n° 13). — *Gellaicort*, 1315 (*ibid*. n° 20). — *Gellacourt, Gellacourt*, 1324 (*ibid*. l. Blâmont I, n° 76 et 78). — *Jaillaicourt*, 1345 (*ibid*. l. Blâmont fiefs, n° 52). — Le fief de Gélacourt relevait du comté de Blâmont.

Cette commune donne son nom à un ruisseau qui y a sa source, passe sur son territoire et sur celui d'Azerailles et se jette dans la Meurthe.

Gélaucourt, c^on de Colombey. — *Lou fié de Velaicort*, 1267 (Tr. des ch. l. Fiefs de Lorraine II, n° 2). — *Gillocourt*, 1295 (*ibid*. l. Vaudémont dom. n° 141). — *Gelocourt*, 1398 (*ibid*. l. Vaudémont fiefs, n° 24). — *Gilocourt, Giloncourt*, 1408 (dom. de Vaudémont). — *Gilloncourt*, 1487 (*ibid*.). — *Velacourt*, 1492 (*ibid*. l. Fiefs de Nancy I, n° 32). — *Gellocourt*, 1550 (dom. de Vaudémont). — Le fief de Gélaucourt relevait du comté de Vaudémont.

Gellamont, abbaye de Bénédictins changée, dans la première moitié du xi° siècle, en une collégiale qui fut ensuite transférée à Dieulouard. — *Locus Gellanimontis juxta castrum quod dicitur Deus Louvart, in pago Scarpona, in comitatu Richiani*, 1028 (H. L. I, c. 403).

Gellenoncourt, c^on de Saint-Nicolas. — *Hadewidis de Geveroncort*, 1178 (ch. de l'abb. de Beaupré). — *Gillerancourt*, 1284 (Tr. des ch. l. Rosières I, n° 17). — *Gelelancourt*, 1319 (*ibid*. l. Fiefs de Lorr. n° 12). — *Gellerancort*, 1424 (dom. de Nancy). — *Gellenancourt*, 1427 (*ibid*.). — *Gellelancourt*, 1487 (dom. d'Einville). — *Gelnancourt*, 1502 (*ibid*.). — *Jellelancourt*, 1506 (Tr. des ch. B. 7614). — *Genellaincourt*, 1562 (dom. d'Einville). — Le fief de Gellenoncourt relevait de la châtell. d'Einville, baill. de Nancy.

Cette commune donne son nom à un ruisseau qui a sa source sous Drouville, passe sur son territoire et se jette dans la Rouenne.

Gelucourt (en patois Gelico), c^ne de Dieuze (maison de Templiers, puis commanderie de Saint-Jean-de-Jérusalem). — *Parochia de Forlocort*, v. 1187 (ch. de l'abb. de Haute-Seille). — *Falocort*, 1207 (*ibid*. attribution donnée sur l'enveloppe de ces titres). — *La grange dou Temple à Gilloncort*, 1273 (Tr. des ch. l. Moyenvic I, n° 1). — *Gellucourt, Gelleucourt*, 1476 (dom. de Dieuze). — *Gelocourt*, 1481 (*ibid*.). — *Geloucourt*, 1553 (*ibid*.). — *Gisselfingen dit Geloucourt*, 1559 (*ibid*.). — *Geloucourt, Gissefingen*, 1594 (dén. de la Lorr.). — *Geloucourt*, 1600 (dom. de Dieuze). — *Jelucourt* (Cassini).

Gémonville, c^on de Colombey. — *Gemonvilla*, 1362 (reg. cap. de la cath. de Toul). — Le fief de Gémonville relevait du comté de Vaudémont.

Généreuse (La), f. c^ne de Coutures.

Gentilly, chât. c^ne de Maxéville; érigé en fief en 1612.

Georgenberg, montagne, c^ne de Dabo.

GEORGENMÜHL, m^in, c^ne de Dabo.

GÉRARDCOURT (pron. *Géracourt*), h. (seigneurie), c^ne de Ville-en-Vermois. — *Alodium apud Giraldi curtem*, 1127-1168 (ch. du pr. de Flavigny). — *Capella Gerardi curtis*, 1188* (H. L. II, c. 399). — *Gerarcuria*, 1357 (ch. du pr. de Flavigny). — *Géralcourt*, 1420 (dom. de Nancy). — *Giracourt*, 1424 (*ibid.*). — *Giraucourt*, 1559 (Tr. des ch. reg. B. 33, f° 95). — *Gérarcourt*, 1600 (dom. de Nancy).

GERBÉ, m^in, c^ne de Ville-en-Vermois.

GERBÉCOURT, c^on de Château-Salins. — *Villa Gerberticurtis in pago Salninse*, 922 (H. M. p. 57). — *Gerbecurt*, 1469 (cart. de l'abb. de Mettloch). — *Geweilcourt*, 1477 (dom. d'Amance). — *Gerbicuria*, 1490 (cart. de Mettloch). — *Gevrecourt*, 1550 (dom. d'Amance). — *Gelbecourt*, 1594 (dén. de la Lorr.). — *Gerbécourt-en-Saulnois*, 1779 (Descr. de la Lorr.).

Ce village fut le chef-lieu d'un petit *pagus* et d'un comté enclavés dans le Saulnois. — *Pagus Gerbercursis*, 910 (H. L. I, c. 333). — *Comitatus Gerbercinsis*, 915 (H. M. p. 55).

Cette commune donne son nom à un ruisseau qui y a sa source, passe sur son territoire et sur celui de Lubécourt et se jette dans la Petite-Seille.

GERBÉCOURT-ET-HAPLEMONT, c^on d'Haroué. — *Girbercurt*, 1127-1168 (ch. du pr. de Flavigny). — *Girberti curtis*, 1144 (H. L. II, c. 323). — *Gerbeicourt*, 1399 (Tr. des ch. l. Confirmations, n° 33). — *Gerbercourt*, 1416 (*ibid.*). — *Gerbelcourt*, 1526 (dom. de Nancy). — *Gerbécourt-sur-Madon*, 1779 (Descr. de la Lorr.). — Le fief de Gerbécourt relevait de la châtell. de Nancy, baill. de cette ville.

GERBÉVILLER, ville, ch.-l. de c^on, arrond. de Lunéville (prieuré de Bénédictins sous le titre de *Saint-Urbain*. — Voy. ce mot). — *Otto de Gislebert villers*, 1092 (H. L. I, c. 494). — *G. de Gislibertivillare*, 1129 (*ibid.* II, c. 286). — *Gilberviller, Gilleberviller, Gillebelviller*, 1135 (ch. de l'abb. de Beaupré). — *Castrum alodii de Gilberti villario*, 1179 (H. L. II, c. 382). — *W. prepositus de Gilliberviler; factum apud Gilliberviler, in palatig; Gysleberviller*, 1186 (ch. de l'abb. de Beaupré). — *Gilberverer*, 1192 (*ibid.*). — *Gilberti villare*, XIIIe siècle (*Chr. mon. sen.* H. L. II, c. 20 et 26). — *Gilebertviller*, 1274 (Tr. des ch. l. Rosières I, n° 12). — *Geleberviller*, 1296 (*ibid.* n° 42). — *Gelliberti villa*, XIVe siècle (*Chr. med. mon.* H. L. II, c. 84). — *Girbertivillare*, 1357 (ch. du pr. de Flavigny). — *Gerbervilleir*, 1392 (Tr. des ch. l. Rosières I, n° 126). — *Girberviller*, 1397 (ch. de l'abb. de Belchamp). — *Girbeviller*, XVe s^e (cart. de l'abb. de Mettloch, f° 200).

— *Gebertum villare*, 1513 (géogr. de Ptolémée). — *Gerbertivilla*, XVIe siècle (compilation faite sur des documents anciens. Hist. des ducs de Champagne, II, p. 137).

Le fief de Gerbéviller relevait de la châtellenie de Rosières, bailliage de Nancy. Il fut le siége d'une baronnie, puis d'un marquisat érigé en 1621.

En 1778, lors de la formation du diocèse de Nancy, Gerbéviller devint le chef-lieu d'un doyenné, de l'archidiaconé de Lunéville, et qui comprenait les paroisses de Borville, Deneuvre, Domptail, Flin, Franconville, Gerbéviller, Giriviller, Glonville, Haudonville, Magnières, Ménil-Flin, Moriviller, Moyen, Rémenoville, Rozelieures, Saint-Maurice, Séranville, Thiaville, Vallois, Vathiménil et Vennezey.

En 1790, Gerbéviller fut le chef-lieu d'un canton dépendant du district de Lunéville, et formé des communes de Fraimbois, Franconville, Gerbéviller, Giriviller, Haudonville, Mattexey, Moriviller, Rémenoville, Séranville, Vallois et Vennezey.

GERMINY, c^on de Colombey. — *Grimaldi vicinium*, 836 (H. L. I, c. 302). — *Grimaldi vicinum*, 870 (H. T. p. 2). — *Grimaldi mansum*, 948 (H. L. I, c. 353); attribution donnée par dom Calmet au bas d'une charte confirmative des précédentes). — *Gehenneium*, 1127-1168 (ch. de l'abb. de Clairlieu). — *Molendinum de Germines*, 1197 (*ibid.*). — *Germeni*, 1272 (*ibid.*). — *Germeney*, 1285 (*ibid.*). — *Girmeney*, 1320 (Tr. des ch. l. Rosières II, n° 17). — *Germegny*, 1451 (*ibid.* l. Vaudémont fiefs, n° 35). — *Germenei*, 1408 (dom. de Vaudémont). — *Germene*, 1438 (Tr. des ch. l. Condé, n° 36). — *Germiny-aux-trois-Châteaux*, 1779 (Descr. de la Lorr.).

— Germiny fut le siége d'un comté érigé en 1724.

GERMONVILLE, c^on d'Haroué, qualifié, en 1771 «fief des plus anciens de Lorraine.»

GÉROLDZECK ou GUÉROLDZECK, anc. chât. c^ne de Niderstinzel; l'une des seigneuries qui composaient la baronnie de Fénétrange. — *Otto de Gerolzeg*, 1126 (Als: dipl. 1, p. 205). — *B. de Gueroldezeke*, 1183 (Tr. des ch. l. Abb. de l'Isle, n° 44). — *Geroltzeche*, 1264 (Als. dipl. I, p. 450). — *Gerozeke*, 1274 (Tr. des ch. l. Chaligny, n° 4). — *Guerodzeke*, 1288 (*ibid.* n° 5). — *Groddezehc*, 1296 (*ibid.* n° 6). — *Gerolzecken*, 1299 (*ibid.* n° 7). — *Guerolzach*, 1359 (*ibid.* l. Fénétrange III, n° 6). — *Gérolsecz* (les deux châteaux de), 1525 (Guerre des Rustauds, p. 148).

GERTRUDEN-WALD (*forêt de Gertrude*), éc. c^ne de Virming.

GEZONCOURT, c^on de Domèvre. — *Henricus de Gisencourt*, 1188 (H. L. II, c. 402). — *Jusoncourt*, 1441 (dom.

de Pont-à-Mousson). — *Gisoncourt*, 1498 (*ibid.*). — *Gesoncourt*, 1551 (*ibid.*). — Le fief de Gezoncourt relevait du marquisat de Pont-à-Mousson.

GIBEAUMEIX, c^on de Colombey. — *Gibodivilla*, 707-735 (H. T. p. 274; texte). — *Gibbonis mansus*, 965 (H. L. I, c. 374). — *Gisbonis et Giboni mansus*, 982 et 1050 (*ibid.* c. 390 et 429). — *Gilbommeix*, *Gibbommeix*, 1410 (Tr. des ch. l. Bar mélanges, n° 303, et Gondrecourt, n° 132). — *Gibomelz*, 1451 (*ibid.* l. Gondrecourt, n° 158). — *Chastel et forte maison de Gibommeix*, 1487 (*ibid.* l. Foug, n° 48). — *Cibommel*, 1527 (*ibid.* reg. B. 17, f° 51). — *Gibomey*, 1582 (*ibid.* reg. B. 51, f° 48 v°). — *Gibaumey*, 1782 (table des villes, etc.).

GIBET (CHEMINS DU), c^nes de Pont-à-Mousson et de Ville-au-Val.

GIDEVILLE ou GUIDVILLER, m^in, c^ne d'Albestroff. — *Guidwiller*, 1612 (titres de la châtellenie d'Albestroff). — *Guidville*, 1729 (*ibid.*).

GIMÉES (LES), anc. cense, c^ce de Blénod-lez-Toul. — *Les Gimais*, 1719 (alph.).

GIMÉES (LES), anc. mét. à l'abb. de Haute-Seille, c^ne de Frémonville. — *Grangia que vocatur Gemmeneis; Gemmigneiæ, Gemmeneæ*, 1150-1160 (ch. de l'abb. de Haute-Seille). — *Via que de Gemmigneys ducit Sireys; Geminy*, 1186 (*ibid.*). — *Giminæ*, 1288 (*ibid.*).

GIMÉES (LES), f. c^ne de Sexey-aux-Forges; anc. mét. à l'abbaye de Clairlieu. — *Gemines*, 1127-1168 (ch. de l'abb. de Clairlieu). — *Gemmes, Gemelles*, 1184 (*ibid.*). — *Gimeix*, XIIe siècle (*ibid.*). — *Grangia cui vocabulum est Gimes; Gimees*, 1196 (*ibid.*). — *Les Gimels*, 1664 (*ibid.*). — *Les Gimeix*, cense haute justice, 1782 (table des villes, etc.). — Un canton du territ. de Pont-Saint-Vincent est désigné, en 1126, sous le nom de *Geminel* (H. L. II, c. 279).

GINDRIMONT ou GUINDRIMONT, f. c^ne de Bertrambois. — *Guindremont*, 1667 (dom. de Turquestein). — *Guindrimont*, 1756 (dép. de Metz).

GIRAFFE (LA), éc. c^ne d'Hertzing.

GIRIVILLER, c^on de Gerbéviller. — *Jurivilleirs*, 1324 (Tr. des ch. l. Fiefs de Nancy, n° 153). — *Gerivilleirs*, 1350 (ch. de l'abb. de Belchamp). — *Geriviller*, 1394 (*ibid.*). — *Girviller*, 1523 (dom. de Lunéville). — *Girivillers*, 1535 (*ibid.*). — Le fief de Giriviller relevait de la châtell. de Rosières, baill. de Nancy.

GINOUÉ, m^in, c^ne de Battigny. Ce moulin donne son nom à un ruisseau (ruisseau DU MOULIN-DE-GINOUÉ) qui a sa source sur le territoire de Favières et se jette dans le ruisseau de Valle.

GIROUIN, m^in, c^ne d'Écrouves.

GIROVILLE ou GIRONVILLE, vill. détruit; ancien faubourg de Blâmont dans lequel était l'église paroissiale. — *Helyas de Girovilla*, 1174 (H. L. II, c. 367). — *Gywrovilla*, 1244 (ch. de l'abb. de Haute-Seille). — *Ecclesia de Girovilla in suburbio Albi montis posita*, 1281 (*ibid.*). — *Villa de Girowilla*, 1288 (*ibid.*).

GIVRYCOURT, c^on d'Albestroff; vill. fondé en 1629 par le cardinal de Givry, évêque de Metz, sur l'emplacement d'un bois appelé *la Hampatte*, nom qui se donnait aussi à la commune : Givricourt, *dit la Hampatte*, 1735 (titres de la châtell. d'Albestroff).

GLACIÈRES (LES), éc. c^ne d'Einville.

GLAÇONNIÈRE (LA), éc. c^ne de Turquestein.

GLASHUTTEN (*hutte à verre*), nom donné à l'emplacement d'une verrerie ambulante, c^ne d'Arscheviller, fixée depuis à Soldatenthal.

GLASHUTTENTHAL (*vallée des huttes en verre*), ruiss. prend sa source sur le territoire de Saint-Louis et se jette dans la Zorn.

GLONVILLE, c^on de Baccarat. — *Dyllonville*, 1295 (Tr. des ch. l. Deneuvre, n° 11). — *Delonville*, 1324 (*ibid.* l. Blâmont fiefs, n° 76). — *Dellonis villa*, XIVe siècle (Chr. med. mon. H. L. II, c. 69). — *Dylonville*, 1345 (Tr. des ch. l. Blâmont fiefs, n° 52). — Le fief de Glonville relevait des châtellenies de Lunéville et d'Azerailles, bailliage de Nancy.

GLONIETTE (LA), éc. c^ne de Martincourt.

GOGNEY, c^on de Blâmont. — *Cono de Gognys*, 1183 (ch. de l'abb. de Beaupré). — *De Gogneys*, 1189 (*ibid.*). Cette commune donne son nom à un ruisseau, dit aussi DE RICHEVAL ou DE VOISE, lequel sort de l'étang d'Hattigny, passe sur le territoire de cette commune, sur ceux de Richeval, Gogney et Blâmont, et se jette dans la Vezouse.

GOLDGRUB, c^on du territoire d'Hellering où se voient des traces de constructions.

GOMOULIN, nom donné autrefois à l'un des moulins voisins du hameau de Pierrefort. — *Gomoulin, Goumoulin*, 1344 et 1348 (Tr. des ch. l. Pierrefort, n° 75).

GONDEVAUX (RUISSEAU DE), est formé des eaux de la fontaine du Rupt-du-Fresne, passe sur les territoires de Bulligny et de Crézilles et se jette dans le ruisseau de Poisson.

GONDREVILLE ou GONDREVILLE-SUR-MOSELLE, bourg, autrefois ville, c^on de Toul-Nord. — *Gundulfi-villa, villa regia, in pago Tullensi*, 727; diplôme de Thierry IV, roi des Francs, donné à Gondreville, la 7e année de son règne (Diplom. II, p. 352). — Il y a aussi des diplômes de Charles le Chauve (870) et de Charles le Gros (884) datés de leur palais de Gondreville (H. T. p. 1; H. L. I, c. 317). — *Palatium Gundumvillæ*, première moitié du ix° siècle (*Epist. Frotharii, tull. episc. ad Hilduinum abbatem* Bouquet, VI, p. 390). — *Gondulphi villa*, 841 (Hist. de l'abb. de Saint-Mihiel, p. 444). — *Villa-Gundolfi* (*Annales Fuldenses ad ann.* 880, Bouquet, VIII, p. 40). — *In Gundulphi villa capella*, 885 (H. T. p. 5). — *Silva ecclesie Sancti-Stephani sita in Gondulfi villa*, x° siècle (*Hist. eps. tull. ad ann.* 872-894, H. L. I, c. 130). — *Letardus de Gondalvilla*, 1159 (ibid. II, c. 456). — *Gundervilla*, seconde moitié du xii° siècle (*Vita sancti Bernardi*, dans les Bollandistes, au 20 août). — *Gondrevilla*, 1194 (ch. de l'abb. de Clairlieu). — *Gondrivilla*, 1196 (ch. de l'abb. de Sainte-Marie). — *Karolus de Gondorvile*, 1197 (ch. de l'abb. de Salival). — *Gundrevilla*, 1213 (ch. de l'abb. de Clairlieu). — *Gundrivilla*, 1220 (*Als. dipl.* I, p. 345). — *Gondolphi villa*, 1225 (H. T. p. 32). — *Gundrevila*, 1241 (Tr. des ch. l. Gondreville, n° 29). — *Apud Gonderville*, 1272 (ibid. l. Foug I, n° 15). — *Gondravilla*, 1384 (reg. cap. de la cath. de Toul). — *Contravilla*, 1513 (géogr. de Ptolémée). — *Gondreville-sur-Mezelle*, 1525 (Guerre des Rustauds, p. 37). — *Gundulfi villa, a Gondulfo, majore domus Theodoberti junioris, Austrasiorum regis, nomen mihi et originem videtur accepisse* (*Not. Gall.* p. 238).

Gondreville, fief du bailliage de Nancy, fut le chef-lieu d'une châtellenie qui comprenait, en 1594, les communes d'Allain-aux-Bœufs, Bagneux, Colombey, Crépey, Selaincourt et Thuilley-aux-Groseilles, du canton de Colombey; Manoncourt-en-Voivre, du canton de Domèvre; Aingeray, Gondreville et Sanzey, du canton de Toul-Nord; Crézilles, Ochey, Sexey-aux-Forges et Villey-le-Sec, du canton de Toul-Sud; Marthemont et Viterne, du canton de Vézelise.

En 1698, la prévôté de Gondreville, qui fut incorporée presque tout entière, en 1751, dans les bailliages de Nancy et de Vézelise, comprenait, outre les communes ci-dessus, celles de Saulxures-lez-Vannes et de Vannes, du canton de Colombey; Velaine-en-Haye, du canton de Nancy-Nord; Fey-en-Haye, Flirey, Limey et Réménauville, du canton de Thiaucourt; Bulligny, Charmes-la-Côte, Mont-le-Vignoble et Moutrot, du canton de Toul-Sud; et enfin Fontenoy et Sexey-les-Bois, du canton de Toul-Nord.

Après avoir dépendu du canton de Fontenoy, Gondreville devint, au mois de novembre 1790, le chef-lieu de ce canton.

Les armoiries de Gondreville, blasonnées dans l'Armorial de Lorraine, sont : *tiercé en face de Lorraine plein; d'azur à la bande d'argent, chargée d'un corbeau de sable et d'azur à la gerbe de blé d'or liée de même.*

Gondrexange (pron. *Gondrechange*), c°° de Réchicourt-le-Château. — *Gunnedrekin, Gunedrekin*, 1401, 1402 (Tr. des ch. l. Steinsel, n°° 3 et 4). — *Gondresenges, Gunderchingen*, 1460 (ibid. n° 6). — *Gondressanges*, 1461 (ibid. n° 7). — *Gondrechingen*, 1519 (ibid. n° 24). — *Guldelinger*, 1552 (Cosmographie, éd. allem.). — *Gunderichingen seu Gondrechanges*, 1751 (*Als. ill.* II, p. 198).

Cette commune donne son nom à un des principaux étangs du département, dont la création remonte aux premières années du xv° siècle. — *L'étang de Gunnedrekin entre Fribourg et Réchicourt*, 1401 (Tr. des ch. l. Steinsel, n° 3).

Gondrexon (pron. *Gondrechon*), c°° de Blâmont. — *Contrexon*, 1091 (ch. du pr. de Froville). — *Gondresum*, 1147 (*Ord. præm. ann.* II, c. 544). — *Gondrechon*, 1301 (H. L. II, c. 553). — *Gondrexons*, 1332 (Tr. des ch. l. Blâmont fiefs, n° 86). — *Gonderxon*, 1376 (ibid. l. Blâmont I, n° 150). — *Gondexon*, 1420 (ibid. l. Blâmont fiefs, n° 83). — Le fief de Gondrexon relevait du comté de Blâmont.

Gontard, fief, c°° de Bicqueley.

Gorge-Salée, fief et seigneurie, c°° de Bernécourt. — *Goyse-Sallée*, 1627 (Tr. des ch. l. Bar fiefs IV, n° 45).

Gorze (Moselle), ch.-l. de c°°, arrond. de Metz, était le chef-lieu d'un archiprêtré, archidiaconé de Vic, diocèse de Metz, duquel dépendaient, dans la Meurthe, les paroisses d'Arnaville, Bayonville, Bouillonville, Dommartin-la-Chaussée, Pannes, Thiaucourt, Vandelainville et Xammes. — *Archipresbyteratus de Gorzia*, 1539 (pouillé du dioc. de Metz; Topogr. ecclés. de la France).

Gosemarck, ruiss. sort du département de la Moselle, passe sur les territoires de Léning et d'Altroff et se jette dans l'Albe.

Gosselming, c°° de Fénétrange. — *Gosselminga*, 1240 (ch. de l'ordre de Malte). — *Ecclesia de Gocelmingen*, 1268 (Tr. des ch. l. Hesse, n° 5). — *Nemus quod dicitur Virnevalt apud Gosselmingen*, 1312 (ibid. l. Viviers, n° 8). — *Gozelingen, Gosselmyngen, bannum de Gosselmingen quod dicitur Erneswilre*, xv° siècle (obit. de la coll. de Sarrebourg, f°° 26, 63 et 58 v°). — *Gosselingen*, 1490 (Tr. des ch. l. Fiefs divers II, n° 39). — *Gosselminguen*, 1555 Tr. des ch. l. Steinsel, n° 31). — *Gossmingen*,

1559 (dom. de Dieuze). — *Gosselmanges*, 1574 (Tr. des ch. l. Steinsel, n° 32). — *Goselingen*, 1751 (*Als. ill.* II, p. 198).

GOSSELMING, cense-fief, près du village de ce nom.

GOSSONCOURT, vill. détruit; ermit. et chapelle autrefois mère-église de Vannecourt. — *Unzonis curtis*, 1106 (Hist. de l'abb. de Saint-Mihiel, p. 453). — *Gonsoncuria*, 1293 (ch. de la coll. Saint-Georges). — *La ville de Gossoncourt*, 1344 (Tr. des ch. l. Fiefs de Lorraine, n° 20).

GOUTTE-GANICHE (RUISSEAU DE LA), sort du bois Chanal, passe sur les territoires de Bourdonnay et de la Garde et se jette dans le Sanon.

GOVILLER, c^{on} de Vézelise. — *Angovilleir*, 1289 (Tr. des ch. l. Vaudémont dom. n° 140). — *Angoviller*, 1408 (dom. de Vaudémont). — *Gowilley*, 1451 (*ibid.* l. Vaudémont fiefs, n° 35). — *Govellé*, 1476 (*ibid.* reg. B. 1, f° 349). — *Govillers*, 1487 (dom. de Vaudémont). — Le fief de Goviller relevait du comté de Vaudémont.

GRADVANEL ou HARIPRÉ, ruiss. prend sa source à Ormes, passe sur le territoire de cette commune et se jette dans le Madon.

GRAENZHOFF, f. c^{ne} de Metting.

GRAMMONT (LA GRANDE-), mét. c^{ne} de Bertrichamps. — *Grand-Mont*, 1719 (alph.).

GRAMMONT (LA PETITE-), mét. c^{ne} de Neuf-Maisons.

GRAND-BRÉHEUX (LE), montagne, c^{ne} d'Angomont.

GRAND-BREUIL (LE), ruisseau qui prend sa source sur le territoire de Juvelise, qu'il arrose, passe ensuite sur celui de Blanche-Église, et se jette dans le ruisseau de Videlange.

GRAND-CHAMP (CHAPELLE DU), anc. chapelle, paroisse de Forcelles-Saint-Gorgon, qui était déjà ruinée au commencement du siècle dernier.

GRAND-CHÉNEAU (LE), forêt, c^{ne} de Saint-Sauveur.

GRANDE-BASSE (LA), us. c^{ne} de Turquestein.

GRANDE-CÔTE (LA), montagne, c^{ne} de Saint-Quirin.

GRANDE-CROIX (LA) ou LES QUATRE-VENTS, éc. c^{ne} de Lorquin.

GRANDE-FONTAINE (LA), fontaine, c^{ne} de Sornéville.

GRANDE-FONTAINE (RUISSEAU DE LA), prend sa source sur le territoire de la commune de Bonviller, passe sur ceux d'Einville, Raville, Bienville-la-Petite, et se jette dans le Sanon.

GRANDE-GARENNE (LA), bois, c^{ne} de Custines, appelé ainsi à cause de la garenne ducale qui y existait autrefois.

GRANDE-GOUTTE (RUISSEAU DE LA), sort de la forêt de Parroy, forme la limite du territoire de cette commune et de celle d'Hénaménil, et se jette dans le Sanon.

GRANDE-HAYE (LA), f. et m^{in} (fief et haute justice), c^{ne} de Nonhigny. — *Grandhaye*, cense seigneuriale, communauté de Montreux, 1779 (Descr. de la Lorr.).

GRANDE-MAISON (LA), anc. maison franche, c^{ne} de Champigneules, ruinée sur la fin du xve siècle, rebâtie vers 1525 (Tr. des ch. B. 7627).

GRANDE-MONDON (LA), forêt, c^{ne} de Moncel-lez-Lunéville. — Voy. MONDON.

GRANDE-ROCHE (LA), us. c^{ne} de Turquestein.

GRANDES-CÔTES (RUISSEAU DES), sort du bois de la Vervelle, passe sur les territoires d'Houdreville et d'Houdelmont et se jette dans le ruisseau d'Athenay.

GRANDES-FINS (LES), éc. c^{ne} de Nonhigny.

GRANDES-FRICHES (LES), f. c^{ne} de Langatte.

GRAND-ÉTANG (LE), éc. c^{ne} de Val-de-Bon-Moutier.

GRAND-ÉTANG (LE), prairie au ban de Buissoncourt 1590 (dom. de Nancy).

GRAND-ÉTANG (RUISSEAU DU), sort de l'étang de Foulcrey, passe sur le territoire de Gogney et se jette dans le Richeval.

GRAND-ÉTANG (RUISSEAU DU), vient du département de la Moselle, passe sur le territoire de Morville-sur-Nied et se jette dans la Nied.

GRANDE-VOILE (LA), GRANDE-VALLE ou GRAND-TREUCH, éc. c^{ne} de Richeval.

GRAND-FONTAINE (RUISSEAU DE), a sa source à Saint-Antoine, c^{ne} de Blainville, passe sur le territoire de cette commune et se jette dans la Meurthe.

GRAND-HAUT, éc. c^{ne} de Lafrimbolle.

GRAND'MAISON (LA), fief à Pagny-sur-Moselle, érigé en 1610.

GRAND-MÉNIL, h. c^{ne} d'Écrouves. — *Mansionile juxta Scopulam*, 1069 (H. L. I, c. 465). — *Manilum, Masnilum*, 1180 (cart. de Rengéval, f° 10). — *Le Mesnil*, 1519 (dom. de Gondreville). — *Le Grand-Mesnil-lez-Escrouves*, 1568 (*ibid.*). — *Le Grand-Mesnil-lès-Toul*, 1572 (Tr. des ch. l. Nancy II, n° 68). — *Grand-Mesnil*, 1594 (dén. de la Lorr.). — Le fief de Grand-Ménil relevait de la baronnie d'Apremont.

GRAND-MÉNIL, m^{in}, o^{gc} de Moutrot.

GRAND-MEZANT (FONTAINE DU), c^{ne} de Gerbéviller. — Voy. MEZAN.

GRAND-MONT (LE), montagne, c^{ne} d'Amance.

GRAND-MOULIN (LE), m^{in}, c^{ne} d'Écrouves.

GRAND-MOULIN (LE), m^{in}, c^{ne} de Réchicourt-la-Petite.

GRAND-MOULIN (LE), m^{in}, c^{ne} de Tonnoy.

GRAND-NAPOLÉON (LE), éc. c^{ne} de Bouxières-aux-Chênes.

GRAND-PONT (LE), f. c^{ne} de Vilsberg.

GRAND-PRÉ (RUISSEAU DU), sort du bois de Chèvremont,

C^{ne} de Flin, traverse le territoire de cette commune et se jette dans la Meurthe.

GRAND-PRÉ (RUISSEAU DU), prend sa source à la ferme de la Baronne, c^{ne} d'Avricourt, passe sur le territoire de cette commune et sur celui de Moussey et se jette dans le Sanon.

GRAND-RETOUR (LE), scierie et maison forestière, c^{ne} de Val-de-Bon-Moutier.

GRAND-RUISSEAU (LE), ruiss. prend sa source à Benney, passe sur le territoire de cette commune et sur celui de Lemainville et se jette dans le Madon.

GRAND-RUPT, anc. ermitage et chapelle, c^{ne} de Gerbéviller.

GRAND-RUPT (LE), ruiss. prend sa source à la Goutte-Dame-Jeanne, c^{ne} de Leintrey, passe sur le territoire de cette commune et sur celui de Vého et se jette dans le ruisseau de l'Étang. — *Grandis rivus*, 1135 (ch. de l'abb. de Beaupré).

GRAND-RUPT (LE), ruiss. prend sa source à la ferme de Relécourt; passe sur les territoires de Franconville, d'Haudonville et de Moriviller et se jette dans la Mortagne.

GRAND-SAUCY (LE), éc. c^{ne} de Vigneules.

GRAND-SAULX (LA), m^{in}, c^{ne} d'Allamps.

GRANDSEILLE, h. c^{ne} de Verdenal. — Ce hameau était le siége d'un marquisat érigé en 1722.

GRANDS-FINS (RUISSEAU DES), sort du département des Vosges, passe sur le territoire de Thiaville et se jette dans la Meurthe.

GRANDS-MOULINS (LES), m^{ins}, c^{ne} de Lunéville.

GRANDS-MOULINS (LES), m^{ins} et usines, c^{ne} de Nancy.— *Molendini super flumen quod Murthe dicitur vulgo edificati*, 1145 (ch. de la coll. Saint-Georges).

GRANDS-MOULINS (LES), m^{ins}, c^{ne} de Toul.

GRAND-SOLDAT (LE) ou SOLDATENTHAL, h. (anc. verrerie, construite en 1722), c^{ne} d'Abreschwiller.

GRANDS-PÂTIS (RUISSEAU DES), prend sa source sur le territoire de Barbas et se jette dans le Vacon.

GRANDS-PRÉS (RUISSEAU DES), prend sa source à Lagney, passe sur les territoires de Pagney-derrière-Barine, Bouvron, Francheville, et se jette dans le Terrouin.

GRAND-TREUCH, éc. — Voy. GRANDE-VOILE (LA).

GRAND-VEZIN, c^{ne} de Crévic. — *Grand-Vezain et Petit-Vezain* (ce dernier n'existe plus), 1388 (titre rappelé dans l'inventaire du cart. de Senones, Tr. des ch.). — *Grant-Vezen*, 1476 (dom. de Lunéville). — *Le Grant-Wezen*, 1522 (dom. de Nancy). — *Grant-Wezain*, 1547 (ch. des arch. de la fabrique de Dombasle). — *Grand-Ufsin*, 1594 (dén. de la Lorr.). — *Grand-Vezain* (Cassini).

GRANDVILLER, f. c^{ne} d'Angomont.

GRAND-WOLFSBERG. — Voy. WOLFSBERG.

GRANGE (LA), m^{in}, c^{ne} de Moutrot.

GRANGE (LA), anc. gagnage et seigneurie, c^{ne} de la Neuvelotte. — *Gaignaige de la Grainge près de la Neufvillette*, 1524 (Tr. des ch. reg. B. 16, f° 30). — Le fief de la Grange relevait de la châtellenie d'Amance, baill. de Nancy.

GRANGE (LA), f. (fief), c^{ne} de Rosières-aux-Salines, appartenant, au siècle dernier, à la primatiale de Nancy. — *La Neufve-Grainge*, 1537 (copie d'un titre du XIIe siècle, arch. de Rosières). — *La Neuve-Grange*, 1602 (ch. de la coll. Saint-Georges).

GRANGE (RUISSEAU DU BAS-DE-LA-), sort du bois d'Ormes, passe sur le territoire de cette commune et sur celui de Lemainville et se jette dans le Madon.

GRANGE-AU-VENT (LA), tuilerie, c^{ne} de Pont-à-Mousson.

GRANGE-AUX-BOIS (LA), f. c^{ne} de Donnelay.

GRANGE-AUX-DÎMES (CHEMIN DE LA), c^{ne} de Bouxières-sous-Froidmont.

GRANGE-EN-HAYE (LA), f. (fief), c^{ne} de Prény. — *La Grainge que gist en Heis*, 1368 (Tr. des ch. l. Fiefs de Lorraine II, n° 12).

GRANGE-FOUQUET (LA), f. (cense-fief), c^{ne} de Vic, ainsi appelée du nom de Fouquet de la Routte, gouverneur de Marsal, qui la fit bâtir sur la fin du XVIe s^e.

GRAUMÜHL, m^{in}, c^{ne} de Walscheid.

GRAVE (RUISSEAU DE L'ÉTANG-DE-), sort de la forêt de Parroy, passe sur les territoires de Vaucourt et de Xures et se jette dans le Sanon.

GRAVEY, éc. c^{ne} de Saint-Max.

GRAVIER (LE), nom donné autrefois à un des moulins voisins du hameau de Pierrefort. — *Le molin dou Gravier*, 1344 (Tr. des ch. l. Pierrefort, n° 75).

GRAVIÈRE (LA), us. c^{ne} de Nitting.

GRÊLE (CHEMIN DE LA), c^{ue} de Juvelise.

GRÉMECEY, c^{on} de Château-Salins. — *Gremecy*, 1398 (Tr. des ch. l. Pont fiefs I, n° 146). — *Gremeyum*, 1642 (pouillé de Metz).

Ce village donne son nom à une forêt qui s'étend sur les territoires de Grémecey, Fresnes-en-Saulnois et Chambrey.

GRÉMECEY (RUISSEAU DE LA FONTAINE-DE-), sort du bois de Grémecey, passe sur le territoire de Chambrey et se jette dans la Seille.

GRENILLON (LE), ruiss. sort du bois de la Chasse, passe sur les territoires de Pulnoy, Séchamps, Essey-lez-Nancy, Saint-Max, et se jette dans la Meurthe.

GRESSON (LE) ou LE GRIFFON, anc. métairie et étang à l'abb. de Haute-Seille, c^{ne} de la Garde. — *Grangia Graçuns*, 1150-1158 (ch. de l'abb. de Haute-Seille). — *Grangia de Grassum*, 1288 (ibid.). — *Estang de Crusson*, 1390 (Tr. des ch. l. Blâmont I, n° 177). — *Grasson*, 1419 (ch. de l'abb. de Haute-Seille).

Un ruisseau du nom de Gresson prend sa source près de Cirey, passe sur le territoire de Frémonville et se jette dans la Vezouse.

Grève (Ruisseau de), prend sa source sous le mont Toullon, passe sur les territoires de Lixières, Manoncourt-sur-Seille et Clémery et se jette dans la Seille.

Griffon-Champ, us. c^{ne} de Maidières.

Grignon, chât. c^{De} de Champigneules.

Grignonviller, fief, près de Méhoncourt, mentionné seulement en 1255 et 1281 (ch. de l'abb. de Belchamp).

Grimonviller, c^{on} de Colombey. — *Grimaldi villa*, 1027 (H. L. I, c. 403). — *Grymonville*, 1295 (Tr. des ch. l. Vaudémont fiefs, n° 86). — *Gremonviller*, 1398 (*ibid*. n° 23). — *Gremonviler*, 1408 (dom. de Vaudémont). — *Grymonviller*, 1499 (*ibid*. l. Commanderies, n° 29). — *Grimonvillers, Gremontvillers*, 1600 (dom. de Vaudémont). — Le fief de Grimonviller relevait du comté de Vaudémont.

Gripport, c^{ne} d'Haroué. — *Grisport*, 1307 (Tr. des ch. l. Charmes, n° 13). — Le fief de Gripport relevait de la châtell. de Charmes, baill. de Vosge.

Griscourt, c^{on} de Domèvre. — *Grisecourt en Heix*, 1333 (Tr. des ch. l. Fiefs de Lorraine, n° 19). — *Grisecourt*, 1441 (dom. de Pont-à-Mousson). — *Grizecourt*, 1708 (état du temporel). — *Grizécourt*, 1751 (état des villes, etc.). — *Gricourt* (Cassini).

Grisière (La), f. c^{ne} de Thiaucourt.

Gristère (Le), éc. c^{ne} d'Hertzing.

Grolot (Le), m^{in}, c^{ne} de Gélaucourt.

Gros-Chêne (Le), éc. c^{ne} de Turquestein.

Groselière (La), anc. gagnage, c^{ne} d'Houdelmont.

Gros-Moulin (Le), m^{in}, c^{ne} de Fonteny.

Gros-Moulin (Le), m^{in}, c^{ne} d'Oron.

Grosrouvre (mieux *Gros-Rouvre*), c^{on} de Domèvre. — *Grossum Rubrum*, 1049 (Hist. de Verdun, pr. p. 4). — *Grorouvre*, 1283 (Tr. des ch. l. Pont ecclésiast. n° 14). — *Grosrouve*, 1441 (dom. de Pont-à-Mousson). — *Grosrowe*, 1534 (*ibid*.). — *Gros-Rouve* ou *Gros-Rouvre*, 1719 (alphabet). — Le fief de Grosrouvre relevait de la baronnie d'Apremont et du marquisat de Pont-à-Mousson.

Cette commune donne son nom à un ruisseau qui a sa source à Hamonville, passe sur son territoire et sur celui de Grosrouvre et se jette dans l'Ache.

Gros-Sapin (Le), montagne, c^{ne} de Saint-Quirin.

Grosse-Côte (La), montagne, c^{ne} de Saint-Quirin.

Grossmann (Le), éc. c^{ne} d'Abreschwiller, sur le versant de la montagne du même nom.

Grossmitt, montagne, c^{ne} de Dabo.

Gros-Veyer (Le), m^{in}, c^{ne} de Mittersheim.

Grostanskopff, montagne, c^{ne} de Walscheid.

Grunhoff, f. c^{ne} d'Insviller, bâtie sur l'emplacement d'une forêt défrichée appelée Griechkoff.

Gué (Moulin du), m^{in}, c^{ne} d'Athienville.

Guébestroff, c^{on} de Dieuze. — *Gerebesdorff*, 966 (ch. de l'abb. de Vergaville). — *Gulbestorff*, 1476 (dom. de Dieuze). — *Geberstorff*, 1505 (*ibid*.). — *Gubersdorff*, 1559 (*ibid*.). — *Gebesdorff*, 1594 (dén. de la Lorr.).

Cette commune donne son nom à un ruisseau dont la source est au moulin la Dame; il passe sur les territoires de Guébestroff et de Guénestroff et se jette dans le Spin.

Guébestroff, fief au village du même nom.

Guéblange, c^{on} de Dieuze. — *Ecclesia in Gebeldingen*, 1225 (ch. de l'abb. de Haute-Seille). — *Gébelanges, Gébellanges, Gebelenges, Gébellenges, Geubellenges*, 1476 (dom. de Dieuze). — *Guébelanges*, 1479 (*ibid*.). — *Gueublange*, 1553 (*ibid*.). — *Guébellanges*, 1555 (Tr. des ch. l. Nomeny I, n° 39 *bis*). — *Gueblengen*, 1567 (ch. de l'abb. de Haute-Seille). — *Gueblanche* (Cassini).

Guébling, c^{on} de Dieuze. — *Gueblinger*, 1525 (papier des noms, etc.). — *Guébeling*, 1525 (Guerre des Rustauds, p. 74). — *Ginblingen*, 1594 (dén. de la Lorr.). — *Guébling-près-Bourgaltroff*, 1756 (dép. de Metz).

Gué-de-Laxat (Le), m^{in}, c^{ne} de Xures. — *Le Void-de-Lexat*, 1719 (alphabet). — *Le Gué de Lexa*, 1756 (dép. de Metz).

Guénestroff, c^{on} de Dieuze. — *Gundirsdorff*, 966 (ch. de l'abb. de Vergaville). — *Gunderstof, Gunderstorf*, 1285 (*ibid*.). — *Gundrestorf, Gundrestors, Gondrestorf*, 1294 (*ibid*.). — *Guénestorf*, 1329 (*ibid*.). — *Gunderstorff*, 1476 (dom. de Dieuze). — *Gynderstorff*, 1525 (papier des noms, etc.). — *Guénestorff*, 1525 (Guerre des Rustauds, p. 75). — *Guénestrouff*, 1553 (dom. de Dieuze). — *Gindersdorff*, 1559 (*ibid*.). — *Guénestroff*, 1594 (dén. de la Lorr.).

Guerberhoff, f. c^{ne} de Vilsberg.

Guermange, c^{on} de Réchicourt-le-Château. — *Henricus de Guerminga*, 1330 (Tr. des ch. l. Fénétrange I, n° 14). — *La fourteresse de Guermanges*, 1333 (*ibid*. l. Fiefs de Lorraine, n° 18). — *Fontainne d'iawe salée entre Gremanges et Tacampach*, 1345 (*ibid*. l. Dieuze I, n° 15). — *Guermenge, Gueremenge*, 1403 (*ibid*. l. Blâmont II, n° 9). — *Germanges, Guermenges*, 1476 (dom. de Dieuze). — *Germyngen, Guermyngen*, 1525 (papier des noms, etc.). — *Guermingen*, 1594 (dén. de la Lorr.).

Guermange, ancien gagnage au ban d'Abaucourt, mentionné en 1635 (dom. de Nomeny).

GUERRE (BOIS DE LA), vulg. *Gueren*, bois, c^{ne} de Saint-Jean-de-Bassel, où l'on prétend que les Croates se retranchèrent au XVIIe siècle.

GUGNEY, c^{on} de Vézelise. — *Wirricus de Guigneis*, 1179 (ch. de l'abb. de Clairlieu). — *Gugnei*, 1408 (dom. de Vaudémont). — *Gugny*, 1500 (ibid.). — *Guegney*, 1550 (ibid.). — *Gugney-sous-Vaudémont*, 1709 (état du temporel). — Le fief de Gugney relevait du comté de Vaudémont. C'était le chef-lieu d'un petit canton, dit *le Val-de-Gugney*, comprenant Gugney, Forcelles-sous-Gugney et They-sous-Vaudémont.

GUIBEN, mⁱⁿ, c^{ne} de Lironville.

GUIDOURIT (RUISSEAU DE) ou DE VENEY, prend sa source dans la prairie de Veney, qu'il arrose, et se jette dans la Verdurette.

GUINGUETTE (LA), éc. c^{ne} de Damelevières.

GUINGUETTE (LA) ou LA GRANDE-TANNERIE, us. c^{ne} de Lorquin, au lieu dit le Hasard.

GUINGUETTE (LA), éc. c^{ne} de Rehainviller.

GUINZELING, c^{on} d'Albestroff. — *Gunselingen*, 1262 (ch. de la coll. de Marsal). — *Villa de Gunselinga*, 1328 (Tr. des ch. l. Fénétrange I, n° 12). — *Giesslingen*, *Ginsslingen*, *Gunsslingen*, 1525 (papier des noms, etc.). — *Ginzelingen*, 1525 (Guerre des Rustauds, p. 76). — *Gueussellingen*, *Gueuselingen*, *Gueuselling*, *Gueuseling*, 1553 (dom. de Dieuze). — *Gueusselling*, 1573 (ibid.). — *Gueinselingen*, 1599 (ibid.). — *Guensellingen*, XVIe siècle (Tr. des ch. reg. B. 284, f° 97). — *Geinsling*, 1615 (ibid. l. Dieuze III, n° 8).

GUITTVEIHER (RUISSEAU DE L'ÉTANG-DE-), sort de cet étang, passe sur les territoires d'Insming et d'Albestroff et se jette dans le ruisseau de Rhodes.

GUNTZVILLER, c^{on} de Phalsbourg. — *Guntzweiller*, 1779 (Descr. de la Lorr.).

GUNTZVILLER-LE-VIEUX, vill. que la tradition dit avoir existé près de Guntzviller, et qui fut détruit au XVIIe siècle.

GYE, c^{on} de Toul-Sud. — *Gulla* (?), 1065 (H. L. I, c. 455). — *Gula* (?), 1105 (ibid. c. 517). — *Jaiacum*, 1154 (ibid. II, c. 347). — *Stagna de Gieyo*, 1149-1172 (*Epitaphia eps. tull.* H. L. I, c. 188). — *Gyer*, 1516 (dom. de Gondreville). — *Geys*, 1527 (ibid.). — *Gyes*, 1545 (ibid.). — *Giey*, 1663 (ibid.).

H

HABLAINVILLE, c^{on} de Baccarat. — *Hablenville*, 1314 (Tr. des ch. l. Blâmont I, n° 96). — *Hableinville*, 1590 (dom. de Salm). — *Ablinville* (Cassini).

HABLUTZ, h. et us. c^{ne} d'Ibigny. — *Habitz*, 1719 (alphabet). — *Hablusse* (Cassini).

HABOUDANGE, c^{on} de Château-Salins. — *Prædium quod vocatur Hauvoldingas, in pago Salinensi, in comitatu Dextreio*, 976 (coll. Moreau, t. XI, f° 193). — *Castrum Habundanges*, 1120-1163 (Chr. eps. met. H. L. I, c. 65). — *Gabondanges*, 1238-1260 (ibid. c. 72). — *La châtelenie de Guebodenges*, 1255 (Tr. des ch. l. Pont ecclésiast. n° 7). — *Oudanges*, 1264 (cart. de l'abb. de Salival). — *Auboudaingnes*, 1285 (Tr. des ch. l. Dieuze I, n° 1). — *Auboudange* (Cassini). — *Auboudanges*, 1790 (divis. du départ.).

Haboudange fut chef-lieu d'un archiprêtré, archidiaconé de Marsal, diocèse de Metz, comprenant, dans la Meurthe, les paroisses de Baudrecourt, Bellange, Burlioncourt, Château-Bréhain, Château-Voué, Conthil, Fonteny, Haboudange, Hampont, Lesse, Lucy, Oron, Puttigny, Saint-Epvre, Vaxy et Vuisse. — *Archipresbyteratus de Habondangia, al. de Habondangia*, 1539 (pouillé du dioc. de Metz; Topogr. ecclés. de la France).

Haboudange fut aussi le chef-lieu d'une châtellenie du temporel de l'évêché de Metz, bailliage de Vic, de laquelle dépendaient Bellange, Burlioncourt, Dalhain, Dédeling, Haboudange, Hampont et Obreck, du canton de Château-Salins; et Chénois, du canton de Delme.

En 1790, Haboudange fut le chef-lieu d'un canton dépendant du district de Vic (puis de Château-Salins) et formé des communes d'Achain, Bellange, Bréhain, Burlioncourt, Château-Bréhain, Château-Voué, Dalhain, Haboudange, Hampont, Marthil, Obreck et Vannecourt. Le chef-lieu de ce canton fut peu après transféré à Dalhain.

Haboudange donne son nom à un ruisseau, dit aussi DU MOULIN, dont la source est à Achain et l'embouchure dans la Petite-Seille, où il se jette après avoir passé sur le territoire de ces deux communes.

HABOUDANGE. Un village de ce nom, dont la situation est inconnue, est indiqué, au XIIIe et au XIVe siècle, parmi les fiefs du comté de Blâmont. — *Haiboudanges*, 1286 (Tr. des ch. l. Blâmont fiefs, n° 9.) — *Gaboudanges*, 1293 (ibid. n° 13). — *Habondenges*, 1349 (ibid. l. Salm II, n° 3).

Hackopf (Le), montagne, cne de Dabo.

Hadomey, h. cne de Réhéray. — *Hadommeix*, 1314 (Tr. des ch. l. Blâmont I, n° 96). — *Haudomey*, 1513 (dom. de Baccarat). — *Hadomet* ou *Hadomeix*, 1719 (alph.).

Haeftel, h. cne de Walscheid.

Hagnevillers, anc. mét. à l'abbaye de Clairlieu, près de Rosières-aux-Salines. — *Grangia Hagnerviler, Havinervilla* et *Hainnervilla*, 1172 (ch. de l'abb. de Clairlieu). — *Haignorvilla*, 1183 (ibid.).

Haie, forêt. — Voy. Haye.

Haie-de-Mignéville (La), canton du territoire de Domèvre-sur-Vezouse où furent enterrées, en 1813, les victimes d'une épidémie qui décima ce village à cette époque.

Haie-des-Dames (Chemin de la), cne de Frémery.

Haie-des-Malades (Chemin de la), cne d'Essey-et-Maizerais.

Haie-du-Château (La), canton du territoire de Mignéville où la tradition place une maison ayant appartenu aux Templiers.

Haie-du-Pendu (Chemin de la), cne de Dommartin-sous-Amance.

Haie-René (Chemin de la), cne de Val-de-Bon-Moutier.

Haie-Sarrazin (Chemins de la), c{nes} de Bonviller et de Moncourt.

Haie-Vauthier (Ruisseau de la), sort du bois de Blâmont, passe ensuite sur les territoires de Gogney et de Richeval et se jette enfin dans le ruisseau de Gogny.

Haigneville, c{on} de Bayon. — *Hennolvilla* (?), 1114 (Ord. præm. ann. II, c. 539). — *Allodium de Haigneville*, 1157 (ch. de l'abb. de Belchamp). — *Hagnonisvilla*, 1174 (ibid.). — *Magnolvilla*, 1183 (ch. de l'abb. de Beaupré). — *Capella de Hagnonvilla*, 1203 (ch. de l'abb. de Belchamp). — *Hengneville*, 1484 (ibid.). — *Haingneville*, 1499 (dom. de Rosières). — *Henneville*, 1528 (ch. de l'abb. de Belchamp). — *Hangneville*, 1550 (dom. de Rosières). — *Hagneville*, 1594 (dén. de la Lorr.).

Hainville, éc. cne de Deuxville. — *Hannolvilla*, 1160 (ch. de l'ordre de Malte).

Halbach (Le Haut et le Petit), hameaux, cne de Bionville.

Halibach, anc. ermitage cne de Vannecourt.

Hallarupt (Le), f. cne de Rozelieures.

Halloville, c{on} de Blâmont. — *Helloville* ou *Halloville*, 1710 (polium). — Le fief d'Halloville relevait du comté de Blâmont.

Cette commune donne son nom à un ruisseau qui a source sur son territoire et se jette dans le Vacon.

Halmoze, h. et us. cne des Métairies-de-Saint-Quirin.

Hambourg, anc. mét. mentionnée, en 1667, dans es comptes du domaine de Turquestein. Cassini indique un étang du nom de Hambourg entre Aspach et Lorquin.

Hamerel (Le), m{in}, cne de Beuvezin.

Hamesbille, forêt, cne de Loudrefing.

Hammeville, c{on} de Vézelise. — *Hamevilla*, 1179 (ch. de l'abb. de Clairlieu). — *Hameville*, 1397 (Tr. des ch. l. Vaudémont add. n° 5). — *Hemmevilla*, 1413 (ibid. l. Vaudémont fiefs, n° 29). — *Haméville*, 1779 (Descr. de la Lorr.). — Le fief d'Hammeville relevait du comté de Vaudémont.

Hamonrus, anc. prieuré de Bénédictins, cne de Lironville, dépendant de la mense conventuelle de Saint-Mansuy de Toul. — Voy. Heymonrupt.

Hamonville, cne de Domèvre. — *Hamunvilla*, 1184 (cart. de Rengéval, f° 33). — Le fief d'Hamonville relevait de la baronnie d'Apremont.

Hampatte (La), vill. — Voy. Givrycourt.

Hampont, cne de Château-Salins. — *Hampons*, xiie siècle (cart. de l'abb. de Salival). — *Anpons*, 1180 (Ord. præm. ann. II, c. 454). — *Hanpunt, Hanpont*, 1263 et 1288 (ch. de l'abb. de Haute-Seille). — *Hampont, Hudingen*, 1594 (dén. de la Lorr.). — *Hanpon* (Cassini).

Han, h. autrefois village et seigneurie, cne d'Arraye-et-Han. — *La ville de Han-sur-Saille*, 1354 (Tr. des ch. l. Blâmont I, n° 114). — *Han-sur-Seille*, 1719 (alph.). — Le fief de Han relevait du marquisat de Pont-à-Mousson.

Hangar (Le), éc. cne de Rosières-aux-Salines.

Hangviller, c{on} de Phalsbourg. — *Hangenweiller*, 1625 (dom. de Lixheim). — *Hanchweiller*, 1751 (Als. ill. II, p. 198). — *Hangeweiller* (Cassini).

Cette commune donne son nom à un ruisseau qui a sa source au-dessus de Metting, passe sur leurs territoires et se jette dans le Zintzel.

Hannocourt, c{on} de Delme. — *Hainonis curtis*, 936 (H. L. I, c. 345). — *Ecclesia de Hennacurt*, 1121 (ibid. II, c. 266). — *Villa de Henaucort, Henoucourt*, 1222 (Tr. des ch. l. Viviers, n°{s} 1 et 2). — *Hanacort*, 1301 (ibid. n° 5). — *Hanacourt*, 1306 (ibid. n° 6). — *Henaicourt*, 1312 (ibid. n° 7). — *Hennacort*, 1314 (ibid. n° 9). — *Hannalcourt*, 1305 (ibid. n° 41). — *Hanaucourt*, 1566 (dom. de Viviers). — *Hannocuria*, 1642 (pouillé de Metz). — Village de la baronnie de Viviers, relevant en fief du marquisat de Pont-à-Mousson.

Hans-Ulrich-Mühl, anc. m{in}, cne de Niderstinzel; indiqué en 1779.

Haplemont, h. cne de Gerbécourt, autrefois village, mentionné sous le même nom en 1399 (Tr. des ch.

l..Confirmations, n° 33).— *Haplemons*, 1402 (*Regestrum*).— *Happlemont*, 1416 (Tr. des ch. l. Confirmations, n° 33). —*Aplemont*, 1665 (*ibid*. l. Fiefs de Nancy, n° 104 *bis*). — Le.fief d'Haplemont relevait de la châtell. et du baill. de Nancy.

Haras (Chemin du), c^{ne} de Lhor.

Haraucourt, c^{on} de Saint-Nicolas. — *Ludovicus de Haracuria* (évêque de Toul), 1187.(H. T. p. 88). — *Heiraulcourt*, 1323 (Tr. des ch..l. Fiefs de Lorraine II, n° 9). — *Haracourt*, 1334 (*ibid*. l. Vaudémont fiefs, n° 11). — *Haraulcuria*, 1402 (*Regestrum*). — *Haulraulcourt*, 1420 (dom. de Nancy). — *Haraulcourt*, 1438 (Tr. des ch. l. Condé, n° 36). — *Hauracort*, 1491 (arch. de Vannes). — *Harracourt*, 1525 (Guerre des Rustauds, p. 29). — *Claude*, xvie siècle (cartes de la Lorr.). — *Harraucourt*, 1600 (dom. de Nancy). — *Domévre* ou *Domévre-Haraucourt*, 1712 (état du temporel). — *Haraucourt-lès-Saint-Nicolas*, 1779 (Descr. de la Lorr.). — Le fief d'Haraucourt relevait de la châtell. d'Einville, baill. de Nancy.

Haraucourt-sur-Seille, c^{on} de Château-Salins.— *Haracort devant Marsal*, 1273 (Tr. des ch. l. Moyenvic I, n° 1). — *Ancelinus armiger de Araucourt*, 1291 (Ord. præm. ann. II, c. 465). — *Haraucort*, 1318 (Tr. des ch. l. Pont ecclés. n° 126). — *Arracourt*, 1594 (dom. de Marsal).— *Harracourt*, 1603 (Tr..des ch. l. Marsal III, n° 262). — *Haraucourt-lès-Marsal*, 1604 (ch. de la coll. Saint-Georges).

Harboué, c^{on} de Blâmont. — *Ecclesia d'Harbouey*, 1245 (H. L. II, c..460). — *Herboye*, xiiie siècle (Chr. mon. senon. ibid. c. 14). — *Moulin de Gellendel près Herbouier*, 1413 (Tr. des ch. l. Blâmont fiefs, n° 80). — *Herbouier* et *Harboier*, 1427 (*ibid*. l. Blâmont II, n° 48). — *Herboier*, 1433 (*ibid*. n° 55). — *Herboué*, 1590 (dom. de Phalsbourg). — *Harbouay*, 1779 (pouillé de Nancy).

Harcholin (Le) ou les Harcholins (autrefois *Ursolin*), forêt et hameaux composés de huttes appelées vulgairement *les Tripots* et *la Vendée*, c^{nes} de Bertrambois et de Lafrimbolle.

Hardéval, vill. détruit, où était la mère-église d'Hammeville, et dont les ruines servirent à bâtir ce dernier village. — *Hardevaulx*, 1402 (*Regestrum*). — *Herdeval*, 1408 (dom. de Vaudémont). — *Hardevalz*, 1413 (Tr. des ch. l. Vaudémont fiefs, n° 29).— *Hardevallis*, 1438 (ch. de l'abb. de Bouxières). — Le fief d'Hardéval relevait du comté de Vaudémont.

Hardéval, chât. c^{ne} de Villers-lez-Nancy.

Haripré, ruiss. — Voy. Gradvanel.

Harlauville ou Harloville, f. c^{ne} d'Arracourt.

Harmonville, vill. détruit, puis ferme à l'ordre de Malte, c^{ne} d'Einville. — *Harmunvilla*, 1160.(ch. de l'ordre de Malte). — *Armonville*, 1249 (*ibid*.).

Haroé, mⁱⁿ, c^{ne} de Serrières.

Haroué, bourg, ch.-l. de c^{on}, arrond. de Nancy. — *Erouel*, 1241 (H. L. II, c. 455). — *Harouel*, 1358 (Tr. des ch. l. Nancy I, n° 117). — *Herewey, Harowei, Harowel*, 1371 (*ibid*. n°s 14 et 118). — *Haruel*, 1378 (*ibid*. l. Trèves I, n° 20). — *Haroel*, 1380 (*ibid*. n° 21). — *Harruel*, 1386 (*ibid*. n° 26). — *Harowelz*, 1386 (ch. de l'abb. de Belchamp). — *Herwel, Harowel*, 1392 (Tr. des ch. l. Rosières I, n° 26, et l. Remiremont I, n° 90).— *Hairowelz*, 1396 (ch. de l'abb. de Belchamp). — *Herowel*, 1399 (Tr. des ch. l. Confirmations, n° 33). — *Haruel, Herweil*, 1403 (*ibid*.). — *Harrowey*, 1416 (*ibid*.). — *Herwelz*, 1417 (*ibid*. l. Nancy I; n° 15). — *Hairueilz*, 1430 (*ibid*. l. Remiremont I, n° 56); — *Harroueilz*, 1432 (*ibid*. l. Saint-Martin, n° 22). — *Harowez*, 1475 (Chr. de Lorr. H. L. III, c. 57). — *Harouelz*, 1496 (Tr. des ch. l. Fiefs de Nancy, n° 33). — *Harrowel*, 1522 (dom. de Nancy). — *Harruel*, 1526 (*ibid*.). — *Herouel*, 1558 (arch. d'Affracourt). — *Harwoel*, 1577 (Tr. des ch. l. Châtel II, n° 103). — *Haroüel*, 1782 (table des villes, etc.).

Le fief d'Haroué relevait de la châtellenie et du bailliage de Nancy. Il devint, en 1623, le siège d'un marquisat, auquel furent successivement unies les anciennes baronnies d'Haroué, d'Ormes et d'Autrey. En 1736, il y fut érigé une prévôté bailliagère dont les appels se portaient directement au parlement de Nancy. En 1768, le nom d'Haroué fut changé en celui de *Craon*, qu'on donne encore aujourd'hui au château habité par le prince de Beauvau.

En 1790, Haroué fut, sous le nom de Craon, le chef-lieu d'un canton dépendant du district de Vézelise et formé des communes d'Affracourt, Bralleville, Crantenoy, Gerbécourt-et-Haplemont, Germonville, Haroué, Lemainville, Ormes, Tantonville, Vaudeville, Vaudigny et Xirocourt.

Harreberg (mieux *Hartberg*), montagne, verrerie et c^{ne}, c^{on} de Sarrebourg. — *Hartberg*, 1751 (Als. ill. II, p. 195). — *Harberg* (Cassini). — Village du comté de Dabo, construit au xviiie siècle.

Hart, h. c^{ne} de Dabo.

Hartchanoy, anc. bois près du bourg de Pont-Saint-Vincent, 1291 (Tr. des ch. l. Chaligny, n° 3).

Hartzwiller, c^{on} de Sarrebourg. — *Hartzviller-Nitting*, 1779 (Descr. de la Lorr.). —*Artzweiller*, 1779 (dén. des terres seign.).

Hasard (Le), éc. c^{ne} de Croismare.

Hasard (Le), en allemand *Zufall*, chât. f. tannerie, m^{in} et maison d'éclusier, c^{ne} de Lorquin; anc. château fort, résidence d'hiver des barons de Turquestein.

Hasoy (Le), forêt près de Boucq. — *Silva de Haseio* (*Hist. eps. tull. ad ann.* 996-1018, H. L. I, c. 165).

Haspelmatt, ruiss. prend sa source près de Phalsbourg, passe sur le territoire de cette ville et sur celui de Danne et se jette dans le Zintzel.

Haton-Maix, éc. c^{ne} de Charmes-la-Côte.

Hattigny, c^{on} de Lorquin. — *Matheus de Hutinges*, 1263 (ch. de l'abb. de Haute-Seille). — *Villa de Huttinis*, 1288 (*ibid.*). — *Haiteygney*, 1359 (Tr. des ch. l. Nomeny II, n° 87). — *La fort maison de Hettigney; Hautigney*, 1422 (*ibid.* l. Blâmont fiefs, n° 88). — *Hittingen*, xve siècle (obit. de la coll. de Sarrebourg, f° 52). — *Hettigny*, 1589 (dom. de Phalsbourg). — Le fief d'Hattigny relevait du comté de Blâmont.

Hauche, m^{in}, c^{ne} de Bouillonville.

Haudeville ou Vaudeville, vill. détruit, dans le voisinage d'Amance. — *Lialdivilla*, 875 (ch. de l'abb. de Sainte-Glossinde). — Il y a un chemin de *Haudeville* sur le territoire de Bouxières-aux-Chênes.

Haudonville, c^{on} de Gerbéviller. — *Wirricus de Haidonvilla, parochia de Haidonvilla*, 1156, 1164 (ch. de l'abb. de Beaupré). — *Haidunvilla*, 1182 (*ibid.*). — *Hadunvilla, Haydunvile*, 1186 (*ibid.*). — *Adonvilla*, 1195 (*ibid.*). — *Haldonville*, 1393 (*ibid.*). — *Hadonvilla*, 1402 (*Regestrum*). — *Hadonville*, 1414 (ch. de l'abb. de Beaupré). — *Hauldonville*, 1433 (*ibid.*). — *Haudonville-lez-Gerbéviller*, 1557 (Tr. des ch. reg. B. 6585).

Haussonville, c^{on} de Bayon. — *Burtsoloni villa in pago Calvomontense* (?), 770 (H. L. I, c. 289). — *Essonis villa*, 1153 ou 1155 (*ibid.* c. 1105 du texte, en note). — *Albertus de Hessonvilla*, 1178 (ch. de l'abb. de Beaupré). — *Hessonisvilla*, 1178 (*ibid.*). — *Hesselonis villa*, xiie siècle (ch. de la coll. Saint-Georges). — *Hauzonville*, 1266 (Tr. des ch. l. Rosières I, n° 9). — *Hassonville*, 1322 (*ibid.* l. Nancy I, n° 105). — *Hassonvilla*, 1357 (ch. du pr. de Flavigny). — *Haussonvilla*, 1386 (Tr. des ch. l. Trèves I, n° 26). — *Hausonvilla*, 1392 (*ibid.* l. Remiremont I, n° 90). — *Hassunvilla*, 1450 (ch. de la coll. Saint-Georges). — Le fief d'Haussonville relevait de la châtell. de Rosières, baill. de Nancy. Il était le siége d'une ancienne baronnie.

Cette commune donne son nom à un ruisseau qui est formé des eaux de la fontaine du village, passe sur son territoire et se jette dans le Maxel.

Haussonville, f. c^{ne} d'Ibigny.

Haut-Blanc-Rupt (Le), f. c^{ne} de Turquestein.

Haut-Château, h. c^{ne} d'Essey-lez-Nancy, où se trouvent l'église du village et les restes du haut château.

Haut-Château (Le), ancienne tour seigneuriale au village de Lucy.

Haut-Château (Le), seigneurie à Parroy.

Haut-Clocher (en allemand *Zitterdorf*), c^{on} de Sarrebourg. — *Ecclesia apud Litterfdorffs* (lisez : *Sitterdorff*), v. 1050 (H. L. I, c. 431). — *Hitersdorff*, 1339 (ch. de l'abb. de Vergaville). — *Syttersdorff*, 1476 (dom. de Dieuze). — *Sittersdorff, Sytterstorff*, xve siècle (obit. de la coll. de Sarrebourg, f°s 53 v° et 69). — *Sitterstorff*, 1503 (Tr. des ch. l. Steinsel, n° 33). — *Sittersdorff*, 1574 (*ibid.* n° 32).

Haut-Darbe (Le), h. c^{ne} de Badonviller.

Haut-d'Armont (Le), anc. ermitage, c^{ne} de Rosières-aux-Salines, mentionné dans plusieurs titres des archives de cette ville.

Haut-de-Châtel, canton du territoire de Juvrecourt.

Haut-de-Coeli (Chemin du), c^{ne} d'Housséville.

Haut-de-Galas (Le), colline près de Maizières-lez-Vic, ainsi appelée en souvenir du campement des troupes du général Galas.

Haut-de-Hesse (Le), éc. c^{ne} de Burlioncourt.

Haut-de-la-Barre, f. c^{ne} de Chambrey.

Haut-de-la-Chapelle (Le), canton du territoire de Foulcrey où l'on dit qu'on enterrait les pestiférés et où l'on a trouvé des monceaux de pierres calcinées.

Haut-de-la-Croix (Le), bois, c^{ne} de Chambrey, aliéné par le domaine en 1818.

Haut-de-la-Croix (Le), c^{on} du territoire d'Ochey, où l'on a trouvé des restes d'anciennes constructions.

Haut-de-la-Forêt (Le), c^{on} du territoire de Vic où fut donné, en 1818, le premier coup de sonde pour découvrir la mine de sel gemme.

Haut-de-la-Grande-Mondon (Le), tuilerie, c^{ne} d'Hablainville.

Haut-de-la-Judée (Chemin du), c^{ne} de Toul.

Haut-de-la-Justice, canton du territoire de Juvrecourt.

Haut-de-la-Soie (Le), montagne, c^{ne} de Saint-Sauveur.

Haut-de-la-Tour (Ruisseau du), prend sa source sur le territoire d'Harboué, passe sur celui de Nonhigny et se jette dans le Vacon.

Haut-de-Marion (Le), montagne, c^{ne} de Saint-Quirin.

Haut-de-Montreuil, monticule près de Méhoncourt, où l'on suppose qu'était l'église et peut-être le village de Montreuil. — Voy. ce mot.

Haut-de-Rieupt, h. c^{ne} de Pont-à-Mousson, ainsi appelé du village de *Rup*, détruit à une époque reculée, et dont la paroisse fut transférée à Pont-à-Mousson sous le nom de *Sainte-Croix-en-Rupt*. — *Rue*, 1261 (Tr. des ch. l. Pont-à-Mousson, n° 2). — *Ruelz*,

1428 (ibid. l. Pont ecclés. n° 43). — *Chapelle du Rupt*, 1660 (ibid. reg. B. 110, f° 21). — *Haut-de-Rupt* (Cassini).

HAUT-DE-SÉBOLLE (LE), f. c^{ne} de Leintrey.

HAUT-DE-VAUX (LE), éc. c^{ne} de Xirocourt.

HAUT-DES-MONTS, éc. c^{ne} de Juvrecourt.

HAUT-DU-MONT (LE), éc. c^{ne} d'Anthelupt.

HAUT-DU-MONT (LE), f. c^{ne} de Bathelémont-lez-Bauzemont.

HAUT-DU-MONT (LE), c^{on} du territoire de Réchicourt-le-Château où était l'ancienne église du lieu.

HAUT-DU-MONT (LE), quartier de la ville de Saint-Nicolas.

HAUT-DU-PARC (LE), éc. c^{ne} d'Einville, ainsi nommé à cause du parc qui dépendait du château d'Einville.

HAUT-DU-RUPT-DES-DAMES (LE), montagne, c^{ne} de Turquestein.

HAUT-FOURNEAU (CHEMIN DU), c^{ne} de Sexey-aux-Forges, ainsi appelé à cause d'une usine qui existait anciennement près de ce village.

HAUT-FOURNEAU (LE), us. c^{ne} de Chavigny.

HAUT-FOURNEAU (LE), us. c^{ne} de Frouard, construite il y a quelques années.

HAUT-FOURNEAU (LE), éc. c^{ne} de Thiaville.

HAUT-FOUX (LE), éc. c^{ne} de Badonviller.

HAUT-PONT (LE), éc. c^{ne} d'Hellering.

HAUT-ROGNOL (LE), montagne, c^{ne} d'Abreschwiller.

HAUT-VOUÉ (LE), seigneurie à Champenoux.

HAUTE-BORNE (LA), f. c^{ne} de Morville-lez-Vic.

HAUTE-BURTHECOURT (LA), f. c^{ne} de Burthecourt-aux-Chênes.

HAUTE-CÔTE (LA), h. c^{ne} de Bouxières-aux-Chênes.

HAUTE-ÉGLISE, ancien nom du village de la Garde. — Voy. ce mot.

HAUTE-GUEISSE (LA), éc. c^{ne} des Métairies-de-Saint-Quirin.

HAUTE-MAISON (LA), anc. cense, c^{ne} d'Euzevin, indiquée dans le *Polium* de 1710.

HAUTE-SEILLE (en allemand *Hochforst*, haute forêt), h. et us. c^{ne} de Cirey (abbaye de Cisterciens fondée au XIIe siècle). — *Abbatia Alte Silve, de novo in vasta solitudine fundata*, 1147 (ch. de l'abb. de Haute-Seille). — *Monasterium de Alta Silva quod vulgariter der Hoenvorst nominatur*, 1282 (ch. de l'abb. de Haute-Seille). — *Hatesalle*, 1273 (Tr. des ch. l. Moyenvic I, n° 1). — *Hautesalve*, 1282 (ibid. l. Deneuvre, n° 3). — *Haultesalle*, 1433 (ibid. l. Blâmont II, n° 55). — *Haultselle*, 1591 (dom. de Phalsbourg). — *Haultseille*, 1592 (ibid.).

HAUTE-TURQUESTEIN (LA). — Voy. TURQUESTEIN.

HAUTE-VILLE (LA), c^{on} du territoire de Lorquin, tout près de cette ville, où l'on a trouvé des débris de constructions romaines, des restes de murailles formant une enceinte bien marquée, etc.

HAUTE-XIRXANGE (LA), éc. c^{ne} de Maizières-lez-Vic.

HAUTES-BRUYÈRES (RUISSEAU DES), prend sa source au col de Trondes, passe sur le territoire de cette commune et se perd dans les marais de Lay-Saint-Remy.

HAUTES-MAISONS (LES), f. c^{ne} de Languimberg.

HAUTS-BOIS (LES), f. c^{ne} de Létricourt.

HAUTS-HÊTRES (LES), forêt, c^{ne} de Languimberg.

HAUTZ-HOLTZ, montagne, c^{ne} de Metting.

HAVECKTHALL, f. c^{ne} de Dabo.

HAYE, l'une des plus considérables forêts du département, entre Toul et Nancy et le cours de la Moselle et celui de la Meurthe, et qui s'étendait autrefois sur toute la contrée qui porte encore son nom. — *Silva Heis*, 960 (cart. du pr. de Lay). — *Hoia Sylva*, 1071 (H. L. I, c. 471). — *Sylva Heium*, 1130 (ibid. II, c. 292). — *Heys*, 1176 (ibid. c. 371). — *Boscus de Hesso*, XIIe siècle (H. T. p. 110). — *Foresta de Heis*, 1225 (H. L. II, c. 436). — *Heyz*, 1258 (ch. de l'abb. de Clairlieu). — *Heix*, 1441 (dom. de Pont-à-Mousson). — *Hey*, 1521 (dom. de Nancy). — Cette forêt était divisée en deux parties, auxquelles on donnait les noms de *Grande* et de *Petite Haye*, 1611 (Tr. des ch. B. 7687).

HAYE, nom donné à une contrée, dite la *terre de Haye*, qui relevait en fief de la châtellenie de Nancy et comprenait, en 1594, Mamey (en partie), du canton de Domèvre; Maidières, Montauville (en partie), du canton de Pont-à-Mousson; Fey-en-Haye, Flirey, Limey, Regniéville et Rémenauville, du canton de Thiaucourt. — Les villages de la terre de Haye furent incorporés, en 1698, dans les prévôtés de Gondreville et de Pont-à-Mousson.

HAYE (LA), mⁱⁿ, c^{ne} d'Euvezin.

HAYE-DES-ALLEMANDS (LA), c^{on} de Réchicourt-le-Château. — Cette commune n'était encore, au milieu du siècle dernier, qu'un hameau dépendant d'Ibigny.

HAYE-DU-GUÉ (LA), f. c^{ne} de Bertrichamps.

HAYE-SAINT-JACQUES (LA), f. c^{ne} de Toul.

HAYRGET-GREBEN (LE), ruiss. prend sa source à Bermering, passe sur le territoire de cette commune et se jette dans l'Albe.

HAZELBOURG, c^{on} de Phalsbourg. — *Molendinum apud Halbessurt*, v. 1050 (H. L. I, c. 431). — *Hasselburg*, 1576 (carte de Specklin). — *Haselbourg*, 1589 (dom. de Phalsbourg). — *Haselburg*, 1594 (dén. de la Lorr.). — *Hazevarg* ou *Hazelbourg*, 1719 (alph). — *Hasselbourg* (Cassini). — Le fief d'Hazelbourg relevait du comté de la Petite-Pierre.

Hazelbourg (Forêt d'), c^{ne} de Lutzelbourg.
Hazelle (La), anc. f. au prieuré de Salone, entre ce village et Vic.
Hazotte, bois, c^{ne} de Liverdun, où l'on exploite une mine de fer.
Hébramont, éc. c^{ne} de Crévéchamps.
Hédival, h. (seigneurie avec chapelle en titre), c^{ne} de Puttigny ; chât. et vill. détruits. — *La ville de Hudival*, 1296 (cart. de l'abb. de Salival). — *Édival* (Cassini).
Heidenbronn (*fontaine des païens*), fontaine, c^{ne} de Sarraltroff.
Heidenbrunnen (*fontaine des païens*), fontaine, c^{ne} de Virming.
Heidenfeld (*champ des païens*), canton du territoire de Sarraltroff.
Heidenmatt (*pré des païens*), canton du territoire de Sarraltroff.
Heidenmauer (*mur des païens*), canton du territoire de Sarraltroff.
Heidenschloss (*château des païens*), canton du territoire de Sarraltroff.
Heidenschloss, éc. c^{ne} de Walscheid. — Ce nom est aussi donné à une montagne du territoire de la commune ; Cassini l'appelle *Château Égyptien*.
Heidenstrass (*route des païens*), chemin, c^{ne} de Virming.
Heigerst, vill. ruiné, près de Saint-Louis.
Heille (pron. *Haie*), h. c^{ne} des Métairies-de-Saint-Quirin.
Heillecourt, c^{on} de Nancy-Ouest. — *Hadulfo curtis in pago Calvomontense*, 770 (H. L. I, c. 288). — *Heillicort*, 1254 (ch. du pr. de Flavigny). — *Hailleicort*, 1255 (ibid.). — *Haillecourt*, 1287 (ch. de la coll. Saint-Georges). — *Villa de Hallecourt*, 1357 (ch. du pr. de Flavigny). — *Hellecuria*, 1402 (*Regestrum*). — *Halecourt*, 1536 (Tr. des ch. B. 7615). — *Helliecourt*, 1557 (arch. de Rosières). — *Heuillecourt*, 1594 (dén. de la Lorr.).
Hellering, c^{on} de Fénétrange. — *Apud Veltharingen forestus*, v. 1050 (H. L. I, c. 431). — *Heleringa*, 1178 (ch. de la coll. de Fénétrange). — *Ecclesia de Welteringon*, 1178 (*Als. dipl.* I, p. 265). — *Helgeringa*, 1297 (ch. de l'abb. de Haute-Seille). — *Helgeringen*, xve siècle (obit. de la coll. de Sarrebourg, f° 27 v°). — *Heilleringen*, *Helgering*, 1705 (état du temporel). — Village de la principauté de Lixheim.
Hellert (Le), h. c^{ne} de Dabo.
Hellocourt ou la Broc, c^{on} de Vic. — *Bannum de Broc*, 1182 (ch. de l'abb. de Haute-Seille). — *Molendinum de Bruque* (l'enveloppe porte : *La Bruck*), 1228 (ibid.). — *Halocourt* (Cassini). — Le fief d'Hellocourt relevait de la châtell. de la Garde, baill. de Vic.
Hembourg (Le) ou Rossot, ruiss. sort de la forêt de Réchicourt-le-Château, passe sur les territoires d'Avricourt et de Moussey et se jette dans le Sanon.
Héming, c^{on} de Lorquin. — *Emmingen*, 1178 (ch. de la coll. de Fénétrange). — *Curia Emmingon*, 1178 (*Als. dipl.* I, p. 265). — *Helmingen*, 1267 (Tr. des ch. l. Hesse, n° 4). — *Hemmingen*, *Hemmyngen*, xve siècle (obit. de la coll. de Sarrebourg, f° 26 et 74). — *Hemingen*, 1594 (dén. de la Lorr.). — *Heimingen*, 1672 (arch. de Sarraltroff).
Héminville, h. c^{ne} des Ménils. — *Hameville*, 1261 (Tr. des ch. l. Pont-à-Mousson, n° 1). — *Hameyville*, 1371 (ibid. l. Pont cité, n° 11). — *Hémeville*, 1536 (dom. de Pont-à-Mousson). — *Méhainville*, 1708 (état du temporel).
Hémont, vill. ruiné, près d'Athienville.
Hénaménil, c^{on} de Lunéville-Sud-Est. — *Imminivilla*, *Imminunis villa* (?), 699 (Diplom. II, p. 429-430). — *Emmenovilla*, *Emmenonevilla* (?), 715 (ibid. p. 443. Revue des Soc. sav. juin 1860, p. 732). — *Maffridus de Hunaumasnil*, 1156 (ch. de l'abb. de Beaupré). — *Hunamenil*, v. 1156 (ibid.). — *Alodium de Ameinavilla*, 1199 (ch. de l'ordre de Malte). — *Armemasnil*, *Hermamesnil*, 1234 (ibid.). — *Hermanmani*, 1262 (ch. de l'abb. de Beaupré). — *Hennamesnil*, 1318 (Tr. des ch. l. Fiefs de Nancy, n° 145). — *Hennalmesny*, 1326 (ibid. l. Einville, n° 10). — *Hennalmesnil*, 1447 (dom. d'Einville). — *Henaultmesnil*, 1476 (Tr. des ch. reg. B. 1, f° 349). — Le fief d'Hénaménil relevait de la châtellenie d'Einville, bailliage de Nancy.
Hengst (l'*Étalon*), éc. et montagne, c^{ne} de Dabo.
Henning, f. et mⁱⁿ, c^{ne} de Saint-Louis.
Hennot, anc. ham. c^{ne} de Bouxières-aux-Chênes, probablement réuni à celui d'Écuelle.
Henri et Henri le Clerc, anc. mⁱⁿ, c^{ne} de Rosières-aux-Salines. — *Molin Hanry*, 1537 (copie d'un titre du xiie siècle, arch. de Rosières).
Henridorff, c^{on} de Phalsbourg.
Hérange, c^{on} de Phalsbourg. — *Curia de Helgeringon*, 1178 (*Als. dipl.* I, p. 265. Une note porte : *Heringen, in comitatu Luzelsteinensi* (comté de la Petite-Pierre). — *Heringen*, 1705 (état du temporel). — *Herange* ou *Héring*, 1710 (polium). — Hérange était le siège d'une baronnie de laquelle dépendaient les villages d'Arscheviller, Brouviller, Dannelbourg et Veckersviller.
Herbas, ruiss. commence à paraître au-dessus de Ber-

trambois, passe sur le territoire de cette commune et sur celui de Cirey et se jette dans la Vezouse.

HERBAVILLE, h. c^{ne} d'Angomont.

HERBÉMONT, h. c^{ne} de Saint-Remimont. — *Herbermont*, 1240 (ch. de l'abb. de Clairlieu). — *Herbeymont*, 1399 (Tr. des ch. l. Confirmations, n° 33). — *Herbemons en Sainctoix*, 1402 (*Regestrum*). — *Herbelmont*, 1600 (dom. de Nancy). — Le fief d'Herbémont relevait de la châtell. et du baill. de Nancy.

HERBÉVILLER, c^{on} de Blâmont, commune qui semble avoir été formée autrefois de deux villages séparés par la rivière de Blette. — *Heirbeviller*, 1314 (Tr. des ch. l. Deneuvre, n° 17). — *Harbevilleir*, 1318 (*ibid.* l. Blâmont fiefs, n° 42). — *Herbevillers, Herbevilleir*, 1322 (*ibid.* l. Blâmont I, n° 72). — *Herbervillers*, 1331 (*ibid.* l. Blâmont fiefs, n° 47). — *Erbeyvillier*, 1346 (*ibid.* n° 53). — *Li ancienne ville de Herbevilleir con dit de Saint-Germain, que siet par d'autre part de la rivière*, 1361 (cart. Blâmont fiefs, f° 61). — *Herbevillare*, 1402 (*Regestrum*). — *Eyberswilre, Harbeviller*, 1403 (Tr. des ch. l. Blâmont II, n°s 7 et 48). — *La forte maison de Herberviller con dit la Tour*, 1452 (*ibid.* l. Blâmont fiefs, n° 95). — *Herbeviller-de-delà-l'eau et la Grande-Herbeviller*, 1478 (*ibid.* n° 102). — *Herbévillé-Launoy*, 1756 (dép. de Metz). — *Herbéviller-la-Tour*, 1793 (arch. de la Cour. imp. de Nancy). — Le fief d'Herbéviller relevait de l'évêché de Metz; il fut engagé aux comtes de Blâmont, puis rentra en la possession des évêques de Metz. Il fut le chef-lieu d'une châtell. dont dépendaient les villages de Fréménil, Herbéviller, Launoy et Migneville.

HÉRIMÉNIL, c^{on} de Gerbéviller. — *Amermasnil*, 1130 (ch. de l'abb. de Beaupré). — *Hamermasnil*, 1135 (Tr. des ch. l. Abb. de Beaupré, n° 1). — *Amermamenil super fluvium Murthem*, 1157 (H. L. II, c. 253). — *Morillunmasnil* (?), 1186 (ch. de l'abb. de Beaupré). — *Harimasnil*, 1223 (*ibid.*). — *Herimesnil*, 1399 (Tr. ch. l. Lunéville, n° 10). — *Harimesnil*, 1413 (*ibid.* n° 11). — *Hariesmesnil*, 1476 (dom. de Lunéville). — *Herymesnil*, 1538 (*ibid.*). — Le fief d'Hériménil relevait de la châtell. de Lunéville, baill. de Nancy.

HERMAMÉNIL, anc. mét. à l'abb. de Haute-Seille, près de Remoncourt; au siècle dernier, ban, haute justice domaniale au comté de Blâmont. — *Grangia Hermanmesnil*, 1145-1160 (ch. de l'abb. de Haute-Seille). — *Henamaignil, Hennamaïgnil, Hennaumaignil*, 1283 (*ibid.*). — *Hennalsmesny*, 1314 (Tr. des ch. l. Blâmont I, n° 96). — *Hermamaigny*, 1327 (ch. de l'abb. de Haute-Seille). — *La haie de Hermameny*, 1506 (dom. de Blâmont). — Il y avait une forêt d'Hermaménil, commune de Xousse.

HERMELANGE, c^{on} de Lorquin. — *Helmeranges*, 1280 (ch. de l'abb. de Haute-Seille).

HÉRONNIÈRE (LA), nom donné au bois au pied duquel était le château de M. de la Galaizière, intendant de Lorraine, à Neuviller-sur-Moselle.

HÉRONNIÈRE (LA), anc. bois près de la Malgrange, c^{ne} de Jarville, mentionné en 1626 (Tr. des ch. reg. B. 7715).

HERREN-MÜHL, scierie, c^{ne} de Dabo.

HERTEVILLE, éc. c^{ne} de Nonhigny.

HERTZING, c^{on} de Réchicourt-le-Château. — *Hersin*, 1756 (dép. de Metz). — *Hersing* (Cassini).

HERTZTHALL, éc. c^{ne} de Walscheid.

HERWEG (*chemin des seigneurs*), nom donné à la partie de la route départementale n° 17 située entre Romelfing et Fénétrange.

HESSE, c^{on} de Sarrebourg (abbaye de Bénédictines fondée vers le milieu du xie siècle, ensuite prieuré dépendant de l'abbaye de Haute-Seille). — *Ecclesia Beati-Martini de Hesse*, 1252 (Tr. des ch. l. Hesse, n° 1). — *Monasterium de Hesse, ordinis sancti Benedicti*, 1268 (*ibid.* n° 5). — *Ecclesia parochialis de Hessen*, 1285 (*ibid.* n° 9). — *Hessa*, xiiie siècle (Chr. mon. sen. H. L. II, c. 10). — *Hillensis monasterium*, 1772 (Als. dipl. I, p. 414).

HESSELBROUNN-GRADEN (RUISSEAU DE) ou DE LUTZELBOURG, prend sa source près de Phalsbourg, passe sur les territoires de Dannelbourg et de Lutzelbourg et se jette dans la Zorn.

HETTERT, h. c^{ne} de Dabo.

HEUERST (LE), h. et montagne, c^{ne} de Dabo.

HEYERSBERG, c^{ne}. — Voy. SAINT-LOUIS.

HEYERSTHALL, éc. c^{ne} de Saint-Louis.

HEYMONRUPT, anc. m^{in}, c^{ne} de Lironville. — Voy. HAMONRUS.

HIÉRY (LA BASSE-), éc. c^{ne} de Raon-lez-l'Eau.

HILBESHEIM, c^{on} de Fénétrange. — *Hilbetzheim*, xve s^e (obit. de la coll. de Sarrebourg, f° 72). — *Hilbischeim*, 1779 (Descr. de la Lorr.).

HIMBERCOURT, chemin et puits communal, c^{ne} de Jaillon.

HINCOURT, f. c^{ne} d'Athienville, hameau au siècle dernier. — Le fief d'Hincourt, érigé en 1569, relevait de la châtell. d'Einville, baill. de Nancy.

HINERSKOPF, montagne, c^{ne} de Walscheid.

HIRTZTHELL, éc. c^{ne} de Walscheid.

HOEFTHÆLL, f. c^{ne} de Hommert.

HOEVICH, éc. c^{ne} de Dabo.

HOËVILLE, c^{on} de Lunéville-Nord. — *Oheiville*, 1296 (Tr. des ch. l. Amance, n° 2). — *Oheville*, 1298 (*ibid.* n° 3). — *Hoheiville*, 1319 (*ibid.* l. Fiefs de Lorraine I, n° 12). — *Lehevilla* (?), 1402 (*Regestrum*). — *Ohiville*, 1447 (dom. d'Einville).

Cette commune donne son nom à un ruisseau qui y a sa source, passe sur son territoire et sur celui de Courbessaux et se jette dans le ruisseau des Étangs.

Hoff, c^{on} de Sarrebourg. — *Bannum de Hofe*, *Hoffe*, xve siècle (obit. de la coll. de Sarrebourg, f°s 49 v° et 52). — *Hoff-lez-Sarburg*, 1598 (dom. de Sarrebourg). — *Hoff, Holhoff* ou *Holff*, 1710 (polium).

Par une loi du 3 février 1855, une section de la commune de Hoff a été réunie à la ville de Sarrebourg.

Hofferingerdor, anc. faubourg et porte de Sarrebourg, du côté de Hoff, xve siècle (obit. de la coll. de Sarrebourg, f°s 129 et 134 v°).

Hofmuld, vill. détruit, près de Saint-Louis (Cassini).

Hohalzel, montagne, c^{ne} de Hommert.

Holhoff ou Stolhof, vill. ruiné, près de Brouviller, 1719 (alph.).

Hollambois, anc. bois, c^{ne} d'Atton. — *Le box de Halambox*, 1306 (Tr. des ch. l. Pont-à-Mousson I, n° 16). — *Hollant boix*, 1341 (*ibid.* l. Pont fiefs, n° 119). — C'est près de ce bois que Jovin défit les Germains.

Holvesse, seigneurie au village d'Hénaménil. — *Holwesse*, 1600 (dom. de Nancy).

Holwasch (Le), montagne, c^{ne} de Walscheid.

Hommarting, c^{on} de Sarrebourg. — *Humertingen*, xve s^e (obit. de la coll. de Sarrebourg, f° 97 v°). — *Hummertingen*, 1490 (Tr. des ch. l. Fiefs divers II, n° 29). — *Humertingen* et *Hommertingen*, 1525 (papier des noms, etc.). — *Humerting*, 1556 (Tr. des ch. l. Steinsel, n° 18). — *Humerding*, 1675 (dom. de Fénétrange). — *Homertingen* ou *Omertingen*; 1719 (alph.). — *Homarting*, 1756 (dép. de Metz). — *Hammartin*, 1782 (table des villes, etc.).

Cette commune donne son nom à un ruisseau dit aussi *de Langst*. — Voy. ce mot.

Hommarting (La Poste-de-), h. c^{ne} de Brouviller.

Homme-Mort (Chemin de la Haie de l'), c^{ne} de Prény.

Hommert (mieux *La Hommert*), c^{on} de Sarrebourg. — *Hohmert*, 1751 (*Als. ill.* II, p. 195). — *Homert* (Cassini). — Village du comté de Dabo, érigé en 1623.

Homme-Tué (Chemin de l'), c^{ne} de Jallaucourt.

Hongrie (La), éc. c^{ne} de Gerbéviller.

Hôpital (Chemins de l'), c^{nes} de Cercueil, Ogéviller et Blénod-lez-Toul.

Hôpital (L'), canton du territoire de Rouves où l'on a trouvé des débris de constructions.

Hôpital (L'), éc. c^{ne} de Malzéville; anc. gagnage à l'hôpital Saint-Julien de Nancy.

Hôpital (L'), faubourg de Gondreville, où était l'hôpital des frères de Saint-Jean-de-Dieu.

Hosties (Pré-des-), c^{on} du territoire d'Avricourt.

Hoube (La), h. c^{ne} de Dabo. — *Haube*, 1751 (*Als. ill.* II, p. 195).

Houblonnière (La), mⁱⁿ, c^{ne} de Sainte-Pôle.

Houdelmont, c^{on} de Vézelise. — *Huldeni Mons*, 1094 (H. L. I, c. 499). — *Alodium in Holdenmont*, 1127-1168 (ch. du pr. de Flavigny). — *Houdeinmont*, 1220 (*ibid.*). — *Hodemont*, 1257 (*ibid.*). — *Houdemont*, 1270 (*ibid.*). — *Houdainmont-on-Saintois*, 1301 (*ibid.*). — *Hourdemont*, 1400 (*ibid.*). — *Hodemons*, 1402 (*Regestrum*). — *Holdemont*, 1427 (dom. de Nancy). — *Hodelmont*, 1550 (dom. de Vaudémont). — *Houldelmont*, 1573 (dom. de Nancy). — Le fief d'Houdelmont relevait du comté de Vaudémont.

Houdemont, c^{on} de Nancy-Ouest. — *Hodemont*, 1168-1193 (ch. de l'abb. de Clairlieu). — *Bertinus de Hodeimont*, 1168-1193 (H. L. II, c. 394). — *Mensura villæ Hundoymont*, 1240 (ch. de l'abb. de Clairlieu). — *Hoindemont*, 1427 (dom. de Nancy). — *Houldelmont*, 1576 (*ibid.*). — *Houdelmont*, 1600 (*ibid.*). — Le fief d'Houdemont relevait de la châtell. de Nancy, baill. de cette ville; il fut le siège d'une baronnie érigée en 1719.

Houdremont, f. c^{ne} de Coutures; forêt aliénée en 1815.

Il y a un ruisseau de ce nom, ou *de Poncel*, qui prend sa source sous le télégraphe de Château-Salins, passe sur les territoires de Coutures et de Chambrey et se jette dans la Seille.

Houdreville, c^{on} de Vézelise. — *Houdrevile*, 1245 (ch. de l'abb. de Saint-Epvre). — *Houdrevilla*, 1402 (*Regestrum*). — *Hodreville*, 1408 (dom. de Vaudémont). — Houdreville fut le siège d'une baronnie érigée en 1720.

Houé, anc. cense, c^{ne} d'Hablainville.

Houillons (Les), h. c^{ne} de Diane-Capelle.

Housselmont, c^{on} de Colombey. — *Huncilini mons*, xe siècle (*Hist. eps. tull. ad ann.* 622-654, H. L. I, c. 126). — *Housselemont*, 1254 (ch. de l'abb. de Mureau). — *Houcelaumont*, 1263 (ch. du séminaire de Toul). — *Hosselamont*, *Hosselemont*, *Houselmont-devant-Alomp* (Allamps), *Hosselamont*, *Hocellemont*, xiiie et xive siècle (ch. de l'abb. de Mureau).

— Housselmont est qualifié, au siècle dernier, franc alleu à l'évêché de Toul, 1719 (alphabet).

Housséville, c^{on} d'Haroué. — *Ociaca villa* (?), v. 690

(H. T. p. 271; texte). — *Ursiniaci villa* (?), 1033 (*ibid.* pr. p. 25). — *Hulcioli villa*, 1094 (H. L. I, c. 499). — *Hoceivilla*, 1183 (ch. de l'abb. de Clairlieu). — *Orsavile*, 1276 (Tr. des ch. l. Fiefs de Nancy, n° 121). — *Houcieville*, 1298 (*ibid.* l. Vaudémont, n° 4). — *Houceville*, 1398 (*ibid.* l. Vaudémont fiefs, n° 19). — *Houseville*, 1408 (dom. de Vaudémont). — Le fief d'Housséville relevait du comté de Vaudémont.

HOUSSEY, éc. — Voy. DUHOUSSEY.

HOUZARD (LE HAUT ET LE BAS), us', c^ne de Turquestein.

HOZENZENMATT, f. c^ne de Dabo.

HUBERT, fontaine, c^ne de Moyen.

HUBERVILLE, chât. c^ne de Barchain.

HUBLANGE (BAN D'), c^on du territoire de Guéblange où l'on croit qu'il y eut autrefois un village.

HUDIVILLER, c^on de Lunéville-Nord. — *Hidiviller*, 1522 (dom. de Nancy). — *Hudyviller*, 1526 (*ibid.*). — *Hydyviller*, 1537 (copie d'un titre du XII° siècle, arch. de Rosières). — *Huydiviller*, 1547 (ch. des arch. de la fabrique de Dombasle). — *Hourdivillier*, hameau, 1713 (état du temporel). — *Huduviller*, 1719 (alph.). — *Hudivillers* (Cassini),

Cette commune donne son nom à un ruisseau, dit aussi *de Portieux*, qui passe sur son territoire et se jette dans la Meurthe.

HUGUENOTTE (CHEMIN DE LA), c^ne d'Athienville.

HÜLTENHAUSEN (on prononce vulgairement *Hildehouse*), c^on de Phalsbourg. — *Hiltenhausen*, 1589 (dom. de Phalsbourg). — *Heltenhaussen*, 1592 (*ibid.*). — Le fief d'Hültenhausen relevait du comté de la Petite-Pierre.

HUMBEPAIRE, h. c^ne de Baccarat. — *Hembepaire*, 1453 (invent. du cart. de Senones). — *Hembelperre*, 1513 (dom. de Baccarat). — *Humbepart*, 1719 (alph.).

HUNG-WALD, montagne, c^ne de Lutzelbourg.

HUNSKIRCH, c^on d'Albestroff. — *Nunkirched cum lacu piscatorio*, v. 1050 (H. L. I, c. 431). — *Ecclesia de Nunkirchon*, 1178 (*Als. dipl.* I, p. 165). — *Honckierchen, Honckerchien, Honkerchen, Honkierchen, Hunkerchen, Hunkerchien, Hunkierchen, Hunkirchen*, 1525 (papier des noms, etc.). — *Hunckeringen*, 1559 (dom. de Dieuze). — *Honkirch*, 1618 (*ibid.*). — *Honskirich*, 1779 (Descr. de la Lorr.).

HUNWEG (*chemin des Huns*), anc. route de Fénétrange à Sarrebourg par Romelfing.

HURVILLER, vill. détruit, près de Crévéchamps. — *Ecclesia in Urvillare*, 1127-1168 (ch. du pr. de Flavigny). — *Orvilare*, 1213 (*ibid.*). — Le fief d'Hurviller relevait de la châtell. et du baill. de Nancy.

HUSSARENHOF (LE), éc. — Voy. THEILUNG..

HUTTE (LA), f. c^ne de Lafrimbolle.

HUTTERIE (LA), f. (cense-fief), c^ne de Parey-Saint-Césaire. — Il y a un chemin de ce nom c^ne d'Houdelmont.

HYVRESMATT, canton du territoire d'Hangviller où l'on voit des restes d'anciens retranchements.

I

IÆGERHOFF (*cour du chasseur*), éc. c^ne de Dabo; anciennement *Köpfelhoff* ou *Köppfelshoff*.

IÆGERHOFF, f. c^ne de Trois-Fontaines.

IBIGNY, c^on de Réchicourt-le-Château. — *Ybegney*, 1350 (Tr. des ch. l. Blâmont I, n° 164). — *Bigny*, 1590 (dom. de Phalsbourg). — Le fief d'Ibigny relevait du comté de Blâmont.

IBRICK OU HIBRICH, h. c^ne de Virming.

IDATTE, scierie, c^ne de Petit-Mont.

IGNEY, c^on de Réchicourt-le-Château. — *Ygneis*, 1364 (Tr. des ch. l. Blâmont I, n° 124). — *Igny*, 1549 (dom. de Blâmont). — Le fief d'Igney relevait du comté de Blâmont.

Cette commune donne son nom à un ruisseau, dit aussi *de Repaix*, qui a sa source sous Igney, passe sur son territoire et sur ceux de Repaix et de Blâmont, et se jette enfin dans le ruisseau de Gogney.

ILLING OU HILING, vill. détruit, près de Metting et de Schalbach.

IMLING, c^on de Sarrebourg. — *Ymelingen*, XV° siècle (obit. de la coll. de Sarrebourg, f° 56 v°). — *Imelingen*, 1594 (dén. de la Lorr.). — *Immelingen*, 1719 (alph.). — *Inmeling* ou *Trois-Fontaines*, 1779 (Descr. de la Lorr.).

INGRESSIN (L'), ruiss. prend sa source au Val-de-Passey, passe sur les territoires de Foug, de Choloy et d'Écrouves, et se jette dans la Moselle près de Toul. — *Fluviolus Lingruscia qui medium suburbium interluit*, 838 (H. L. I, c. 484). — *Flumen Angruxia*, 982 (*ibid.* c. 390). — *Engrusia*, 1168-1193 (H. T. p. 95). — *Engrèshin*, 1779 (Descr. de la Lorr.).

INSMING, c^on d'Albestroff, autrefois ville (prieuré de Bénédictins, dépendant de l'abb. de Saint-Mihiel, fondé au XI° siècle). — *Ad Almingas* (?), 775 (Hist. de l'abb. de Saint-Denis, pr. p. 37). — *Hasmingie* villa, 1102 (H. L. I, c. 515). — *Asmengia*, 1106 (Hist. de l'abb. de Saint-Mihiel, p. 453). — *Cella apud Asmingiam*, 1152 (H. L. II, c. 341). — *Hugo de Asmunges*, 1186 (ibid. c. 397). — *De Asmenges*, 1268 (Tr. des ch. l. Abb. de l'Isle, n° 45). — *Esmanges*, 1274 (ibid. l. Chaligny, n° 4). — *Amenges*, 1288 (ibid. n° 5). — *Amanges*, 1296 (ibid. n° 6). — *Esminga et Einsminga*, 1299 (ibid. n°s 7 et 8). — *Esmiga*, 1331 (ch. de l'abb. de Haute-Seille). — *Ensminga*, 1340 (Tr. des ch. l. Fénétrange IV, n° 15). — *Margarita de Eynsmynga*, xve s^e (obit. de la coll. de Sarrebourg, f° 27). — *Einsmingen*, 1456 (Tr. des ch. l. Chaligny, n° 9). — *Amange*, 1525 (papier des noms, etc.). — *Amangen, Enssmingen*, 1594 (dén. de la Lorr.). — *Amangia*, 1625 (ch. de la cure de Dieuze, arch. de la Meurthe).

Insming, fief du baill. d'Allemagne, fut le siége d'une sorte de tribunal appelé *mère-court*, supprimé en 1691, et dont la juridiction s'étendait sur dix villages formant la mairie ou la grosse mairie d'Insming, savoir : Insming, Hunskirich, Réning et Vittersbourg ; Petit-Audeviller, Diffembach, Hellimer, Kapelkinger, Schweix et Wenstwiller (Moselle).

Insming fut aussi, dès 1597, le chef-lieu d'une prévôté qui, après avoir été supprimée, fut rétablie en 1698, et de laquelle dépendaient Insming et Réning du canton d'Albestroff. Cette prévôté fut incorporée, en 1751, dans les baill. de Dieuze et de Sarreguemines (Moselle).

INSVILLER, c^{on} d'Albestroff. — *Einswilre*, 1338 (Tr. des ch. l. Fénétrange II, n° 5). — *Einswiller et Einzwiller*, 1476 (dom. de Dieuze). — *Einzwilr*, 1481 (ibid.). — *Ensviller*, 1524 (ibid.). — *Einsweiller*, 1577 (Tr. des ch. l. Bitche I, n° 4). — *Ensweiller*, 1779 (Descr. de la Lorr.).

Cette commune donne son nom à un ruisseau, dit aussi *de Muhlveiher*, qui sort de la forêt d'Hamesbille, passe sur les territoires de Loudrefing et d'Insviller et se jette dans le ruisseau de Rhodes.

Iscu (L'), ruiss. a sa source dans le département du Bas-Rhin, passe sur le territoire de Postroff et se jette dans la Sarre, après avoir reçu la Briche et l'Etterbach. — *Hisca* (?), 712 (Diplom. II, p. 435). — *Isca fluvius in pago Sarrensi*, 713 (ibid. p. 444). — *Esca*, 737 (ibid. p. 465. Revue des Soc. sav. avril 1859, p. 460).

J

JAILLON, c^{on} de Domèvre (hôpital à l'ordre de Saint-Jean-de-Jérusalem, dépendant de la commanderie de Libdeau). — *Gavalongæ*, 836 (H. L. I, c. 301). — *Gavalunigæ*, 884 (ibid. c. 317). — *Gavalungæ et Gravelungæ*, 936 (ibid. c. 343 et H. T. p. 62). — *Ecclesia Gavillonis*, 1065 (H. L. I, c. 455). — *Javulns*, 1169 (cart. de Rengéval, f° 18). — *Javelons*, 1127-1168 (ch. de l'abb. de Clairlieu). — *Jauluns*, 1196 (ch. de l'abb. de Sainte-Marie). — *Javillons, Jaillons, Jallons*, 1271 (Tr. des ch. l. Commanderies, n° 26). — *Gavelutæ et Gaveluche*, 1359 (ch. de l'abb. de Saint-Epvre). — *Jaillonnum, Jalonnum, domus hospitaliorum de Jaillons*, 1402 (*Regestrum*).

En 1790, Jaillon fut le chef-lieu d'un canton dépendant du district de Toul et formé des communes d'Avrainville (primitivement chef-lieu), Francheville, Jaillon, Liverdun, Rosières-en-Haye, Tremblecourt et Villey-Saint-Étienne.

JALLAUCOURT, c^{on} de Delme. — *Le franc alluef de Gellaicourt*, 1359 (Tr. des ch. l. Nomeny II, n° 87). — *Gellaucourt, Jellaucourt*, 1420 (dom. de Nancy). — *Jallacourt*, 1453 (Tr. des ch. l. Nomeny II, n° 88). — *Jalacourt*, 1464 (ibid. n° 89). — *Jaillacourt*, 1580 (ibid. reg. B. 49, f° 153 v°). — *Jallacourt-on-Saulnois*, 1588 (ibid. l. Amance, n° 17). — *Jallacuria*, 1642 (pouillé de Metz). — Le fief de Jallaucourt relevait du marquisat de Pont-à-Mousson et de la châtellenie d'Amance, bailliage de Nancy.

JAMBON, m^{in}, c^{ne} de Lemainville. — *Chambon*, 1509 (cart. Fiefs de Nancy I, f° 9). — Ce moulin était un fief relevant du marquisat d'Haroué.

JAMBROT, f. c^{ne} de la Garde. — *Jambroy*, 1600 (dom. de Blâmont). — *Jambroc*, 1715 (cart. de l'abb. de Salival). — Le fief de Jambrot relevait de la châtell. de la Garde, baill. de Vic.

JANNÉ, f. c^{ne} de Badonviller.

JARD (LE), h. c^{ne} d'Amance ; maison déclarée franche en 1436. — *Le Jay*, 1598 (Tr. des ch. reg. B. 68, f° 86).

JARD (LE), h. c^{ne} de Toul.

JARDIN-AU-PONT, éc. c^{ne} de Puttigny.

JARDIN-D'ANGLETERRE, canton du territoire de Domèvre-sur-Vezouse.

JARDINOT (LE), ruiss. — Voy. PLAINE (LA).

JARD-DU-PAQUIS (LE), fief au village de Vitrey.

JARRÆ, vill. détruit, près de Leyr.

JARVILLE, c^on de Nancy-Ouest. — *Jarvilla*, 1519 (la Nancéide, de Pierre de Blarru). — *Jareville*, 1536 (Tr. des ch. B. 7615). — Le fief de Jarville relevait de la châtell. et du baill. de Nancy.

JAULENDEZ, ruiss. sort de l'étang de Parroy, passe sur les territoires d'Emberménil et de la Neuveville-aux-Bois et se jette dans le ruisseau des Amis.

JAULNY, c^on de Thiaucourt. — *Bannum de Jaunei*, 1181 (Ord. præm. ann. II, c. 137). — *Balduinus de Janneyo*, 1184 (cart. de Rengéval, f° 33). — *De Janeis*, 1206 (ch. de l'abb. de Sainte-Marie). — *De Jauneis*, 1219 (ibid.). — *Janey*, 1357 (Tr. des ch. l. Prény I, n° 33). — *Jauneyum*, 1402 (*Régestrum*). — *Jaulney*, 1488 (Tr. des ch. l. Prény I, n° 35). — *Jaulney*, 1509 (ibid. reg. B. 10, f° 134). — *Jauly*, 1779 (Descr. de la Lorr.). — Le fief de Jaulny relevait de la châtell. de Prény, baill. de Nancy.

JEANDELAINCOURT, c^on de Nomeny. — *Gendeleincort*, 1265 (Tr. des ch. l. Pont dom. II, n° 5). — *L'estant et le molin de Jandelencourt et Jandeleincourt*, 1318 (ibid. l. Fiefs de Nancy, n° 144) — *Jandelencort*, 1370 (ibid. l. Nomeny II, n° 28). — *Jaindeleincort*, 1403 (dom. de Condé). — *Gendelaincourt*, 1417 (Tr. des ch. l. Condé, n° 31). — *Jaindelaincourt*, 1428 (ibid. l. Pont. ecclés. n° 43). — *Jandellencourt*, 1469 (ibid. l. Châtillon, n° 53). — *Jandelaincourt*, 1473 (ibid. l. Pont-à-Mousson, n° 65). — *Jehandelincourt*, 1498 (ibid. l. Nomeny II, n° 30). — Le fief de Jeandelaincourt relevait de la châtell. et du baill. de Nancy.

JEAN-LAVAL, scierie, c^ne d'Abreschwiller.

JEAN-LIMON, f. c^ne des Métairies-de-Saint-Quirin.

JEAN-MANGENOT, scierie, c^ne d'Abreschwiller.

JÉRICHO, h. c^ne de Malzéville. — *Jéricoho* ou *le Penal*, 1779 (Descr. de la Lorr.).

JÉRUSALEM, f. c^ne de Pierre-Percée.

JEUNE-BOIS (LE), éc. c^ne de Toul.

JEVONCOURT, c^on d'Haroué. — *Gevoncourt*, 1296 (Tr. des ch. l. Nancy I, n° 101). — *Juvoncourt*, 1592 (arch. d'Affracourt). — Le fief de Jevoncourt relevait de la châtell. de Nancy, baill. de cette ville.

JEZAINVILLE, c^on de Pont-à-Mousson (préceptorerie de Templiers). — *Gissainville*, 1270 (Tr. des ch. l. Pont fiefs III, n° 3). — *Inservilla juxta Pontem à Monsson*, 1276 (ch. des Antonistes de Pont-à-Mousson). — *L'hôpital de Gezainville*, 1289 (ibid.). — *Gisienville*, 1304 (Tr. des ch. l. Pont dom. II, n° 13). — *Gizainville*, 1385 (ch. de l'abb. de Saint-Epvre). — *Gisainville, Gesienville*, 1441 (dom. de Pont-à-Mousson). — *Gesainville*, 1551 (ibid.). — *Juzainville*, 1724 (titre de l'abb. de Saint-Epvre). — Le fief de Jezainville relevait du marquisat de Pont-à-Mousson.

JOLIBOIS, éc. c^ne de Dieulouard.

JOLIVELLE, éc. c^ne de Regniéville. — *Jolinveau*, 1665 (dom. de Prény). — *Jolival*, fief, 1779 (dén. des terres seign.).

JOLIVET, c^on de Lunéville-Sud-Est. — *Albertus de Weheviler*, 1157 (H. L. II, c. 253). — *Wehiveler*, 1310 (Tr. des ch. l. Blâmont I, n° 70). — *Vihuvilleir, Vihivilleir, Vyhivilleir*, 1315 (ibid. l. Lunéville I, n°s 20 et 21). — *Wehiviller*, 1447 (dom. d'Einville). — *Wyhuviller*, 1476 (dom. de Lunéville). — *Vihuviller*, 1481 (ibid.). — *Houyviller-devant-Lunéville*, 1493 (Tr. des ch. l. Lunéville IV, n° 21). — *Wihuviller*, 1516 (dom. de Lunéville). — *Huyviller*, 1523 (ibid.). — *Hidiviller*, 1545 (ibid.). — *Huiviller*, 1563 (Tr. des ch. l. Lunéville IV, n° 22). — *Hiuviller*, 1600 (dom. d'Einville). — *Huviller-lez-Lunéville*, 1618 (dom. de Lunéville). — *Huviller-près-Lunéville*, 1637 (ibid.). — *Huviller*, anciennement *Vihuviller*, 1779 (Descr. de la Lorr.). — *Huviller* ou *Jolivet*, 1790 (div. du départ.). — Le fief de Jolivet (originairement *Huviller*) relevait de la châtell. de Lunéville, baill. de Nancy.

JOLIVET, anc. maison de plaisance au ban d'Huviller, et dont le village précédent a pris le nom.

JONTOIS, f. c^ne de Clayeures.

JOSAIN, h. c^ne d'Ancerviller.

JOYARD ou JOYA, m^in (moulin-fief), c^ne de Vilcey-sur-Trey.

Ce moulin donne son nom à un ruisseau qui a sa source à Fey-en-Haye, passe sur le territoire de cette commune et sur celui de Vilcey-sur-Trey et se jette dans le Trey.

JUBILÉ (CHEMIN DU), c^ne de Gugney.

JUIFS. — Voy. CIMETIÈRE DES JUIFS.

JUIFS (CHEMIN DES), c^nes d'Arnaville et de Vergaville.

JUIFS (CHEMIN DU CHAMP-DES-), c^ne de Lorquin.

JUIFS (RUELLE DES), c^ne de Saint-Nicolas.

JUMÉCOURT, fief, c^ne d'Amance, érigé en 1730.

JUMBREL, éc. c^ne de Beuvezin.

JURÉ (BOIS DU), c^ne de Gondreville. — Forêt du *Juré-lez-Gondreville*, 1611 (Tr. des ch. B. 7687).

JUSTICE (CHEMIN DE LA) et PRÈS-LE-DIABLE, c^ne de Fribourg.

JUSTICE (CHEMIN DE LA VIEILLE-), c^ne de Pulney.

JUSTICE (CHEMINS OU SENTIERS DE LA), c^nes de Belleau, Bourgaltroff, Bouxières-aux-Chênes, Chaligny, Clémery, Deuxville, Écrouves, Hammeville, Haussonville, Maxéville, Méréville, Morey, Neuves-Maisons, Sornéville, Vilcey-sur-Trey, Vitrimont et Xammes.

Justice (La), cantons des territoires de Bassing et de Thézey-Saint-Martin.
Justice (La), éc. c^{ne} d'Écrouves.
Justice (La) ou la Chapelle-des-Trois-Colas, endroit du territoire de Champigneules, entre cette commune et Maxéville, où étaient dressées les fourches patibulaires destinées à l'exécution des criminels.
Justice (Sentier de la Haye-de-la-), c^{ne} de Bertrichamps.
Justices (Chemin des), c^{ne} de Neuviller-sur-Moselle.
Juvelise (vulgairement, *Jevelize*), c^{on} de Vic. — *Allodium de Giverlise*, 1160 (cart. de l'abb. de Sàlival). — *Givlize*, 1273 (Tr. des ch. l. Moyenvic I, n° 1). — *Gevelize*, 1476 (dom. de Dieuze). — *Jevelise*, 1524 (*ibid.*). — *Gevelise*, 1553 (*ibid.*). — *Gevelize*, alias *Gerskrich*, 1594 (dén. de la Lorr.) — *Geverlize*, 1616 (dom. de Marsal). — *Jevelise* (Cassini).

Juvicourt, éc. et chapelle, c^{ne} de Parroy, autrefois mère-église de ce village. — *Givicurtis*, xive siècle (*Chr. med. mon. ad ann.* 1076, H. L. II, c. 76). — *Gevicourt*, ermitage, 1719 (alph.). — *Le Gevicourt* (Cassini).
Juville, c^{on} de Delme. — *Ecclesia Jovisvillæ*, 1177 (ch. de l'abb. de Saint-Vincent). — *Jovilla*, 1221 (*ibid.*). — *Jovisvilla*, 1230 (*ibid.*). — *Jeuville*, 1262 (*ibid.*). — *Jueville*, 1420 (dom. de Nancy). — *Juville* ou *Jeuville*, franc-alleu, 1719 (alphabet).
Juvrecourt, c^{on} de Vic. — *Allodium apud Givricourt*, 1152 (Tr. des ch. l. Abb. de Senones, n° 8). — *Hadewidis de Geveroucort*, 1178 (ch. de l'abb. de Beaupré). — *Gievrecourt*, *Gyevrecourt* et *Gieuvercourt*, 1476 (dom. de Dieuze). — *Gieuvrecourt*, 1553 (*ibid.*). — *Givrecourt*, 1600 (*ibid.*).

K

Kachelschlosse (*château en carreaux de terre cuite*), chât. ruiné, près d'Hilbesheim.
Kætzing, chât. et f. c^{ne} de Gondrexange.
Kalestross (peut-être mieux *Kalkestrossen*), forêt, c^{nes} de Loudrefing et de Mittersheim.
Kanslay (Le), montagne, c^{ne} d'Abreschwiller.
Kaysershoff (*cour de l'empereur*), éc. c^{ne} d'Hazelbourg.
Keillematt, ruiss. prend sa source à Berling, passe sur les territoires de Phalsbourg et de Vilsberg et se jette dans le Haspelmatt.
Keisberg (mieux *Geisberg*, montagne de la chèvre), éc. c^{ne} de Saint-Louis.
Kékin, f. — Voy. Koeking.
Kellersbach (*ruisseau du souterrain*), ruiss. prend ses sources à Alzing et dans l'étang de Ludmelz, passe sur les territoires de Saint-Jean-de-Bassel et de Berthelming et se jette dans la Sarre.
Kerprich-aux-Bois (pron. *Kerpri*), c^{on} de Sarrebourg. — *Ecclesia de Kirchberc ad Saram fl. feudum olim Metense comitum Luzelstein* (la Petite-Pierre), 1178 (*Als. dipl.* I, p. 265). — *Kirprich*, 1256 (ch. de l'abb. de Vergaville). — *Kirpech juxta Sarbruch*, 1301 (*ibid.*). — *Kirperch*, 1305 (*ibid.*). — *Kyrprecht*, 1346 (*ibid.*). — *Kirpperg*, xve siècle (obit. de la coll. de Sarrebourg, f° 28 v°). — *Kyerprich le villaige neuf*, 1526 (Tr. des ch. l. Steinsel, n° 18). — *Kiperg*, 1594 (dén. de la Lorr.). — *Kircheberg seu Kirprich*, 1751 (*Als. ill.* II, p. 196). — *Kirprich-aux-Bois*, 1751 (état des villes, etc.).
Kerprich-lez-Dieuze, c^{on} de Dieuze. — *Kirperg*, *Kier-* *perg*, 1476 (dom. de Dieuze). — *Kirberg*, 1490 (Tr. des ch. l. Fiefs divers II, n° 39). — *Kierberg*, 1525 (papier des noms, etc.). — *Kirprig*, 1525 (Guerre des Rustauds, p. 75). — *Kierprich*, 1553 (dom. de Dieuze). — Le fief de Kerprich relevait de la châtell. de Dieuze, baill. d'Allemagne; il fut érigé en baronnie en 1726.

Cette commune donne son nom à un ruisseau, dit aussi *du Pré-Saint-Pierre*, qui prend sa source au-dessus du moulin de Kerprich, passe sur le territoire de Guénestroff et se jette dans le Spin.

Ketzing, f. c^{ne} de Gondrexange.
Kirkingen, anc. cense, c^{ne} de Domnom.
Kirschberg, maison forestière, c^{ne} d'Hazelbourg.
Kirschberg ou Cerisemont, fief, c^{ne} de Kerprich-lez-Dieuze, érigé en 1736. — *Kiercheperg*, 1736 (Tr. des ch. reg. B. 239, n° 28). — *Cerizémont*, 1783 (état des villes, etc.).
Kisermatte (La), éc. c^{ne} de Gondrexange.
Klein-Laspach, f. c^{ne} de Dabo.
Klein-Mühl, mⁱⁿ, c^{ne} de Dabo.
Klikesberg (Le), montagne, c^{ne} de Walscheid.
Koeking ou Kékin (Le Bas et le Haut), fermes (ferme franche), c^{ne} de Vuisse. — *Kéquin*, 1783 (état des villes, etc.).
Koepfer-Mühl, scierie, c^{ne} de Dabo.
Koeppenhoff, f. c^{ne} de Dabo.
Koerperwald, mét. c^{ne} d'Altroff.
Kohlplatz, h. c^{ne} de Walscheid.
Kougelbach, scierie, c^{ne} d'Abreschwiller.

Kourtzerode, h. — Voy. Courtzerode.

Kremswiller, éc. c^{ne} de Brouviller; vill. détruit. — *Kramsveiler*, 1709 (état du temporel). — *Kremsviller*, 1756 (dép. de Metz). — *Kremisviller*, 1779 (Descr. de la Lorr. II, p. 263).

Krafftel, f. (fief et seigneurie), c^{ne} de Gelucourt. — La terre de Krafftel s'appelait aussi *terre d'Ibing.* — *Crafftell*, 1626 (Tr. des ch. reg. B. 98, f° 296).

Krappenmühl, mét. c^{ne} de Trois-Fontaines.
Kreuzenacker, usine, c^{ne} de Réding.
Kreuzhoff, f. c^{ne} de Metting.
Krieg-Wasser (*eau de la guerre* ou *de la querelle*), nom donné à un canton du territoire de Lixheim.
Kriner, f. c^{ne} de Saint-Louis.
Kritzhoff (Le Neuf-), éc. c^{ne} d'Altroff.
Kühberg, h. c^{ne} de Dabo.

L

Labsbach ou Laspach, h. c^{ne} de Dabo.

Lacée, ruiss. sort du bois de la Voivre, passe sur le territoire de Xeuilley et se jette dans le Madon.

Lachapelle. On devrait écrire : *Chapelle* (La). — Voy. ce mot.

Lachère, vill. détruit, franc-alleu à l'abb. de Haute-Seille, près de Bezange-la-Petite. — *Allodium de Lescheriis*, 1175 (ch. de l'abb. de Haute-Seille). — *Capella de Lixeriis*, 1181 (ibid.). — *Villa de Laxeris*, 1288 (ibid.).

Lachmühl, éc. c^{ne} de Dabo.

Ladrerie (La), bois, c^{ne} de Cirey; aliéné en 1831.

Ladres (Pont des) ou Pont auprès de la Maladrerie, devant Sarrebourg, mentionné dans les comptes du domaine de cette ville, au XVIe siècle.

Lafrimbolle, c^{on} de Lorquin. — *Lascebranne*, 1203 (ch. de l'abb. de Haute-Seille). — *Laffemborn*, 1224 (cart. Fiefs d'Allemagne, f° 147). — *Laffenborna*, 1244 (ch. de l'abb. de Haute-Seille). — *Lamfeborne, Laffenborne, Laffrenbonne*, 1248 (Tr. des ch. l. Blâmont fiefs, n°s 1, 2 et 3). — *Leffenborne*, 1248 (ibid. l. Lunéville I, n° 4). — *Lafferburn*, 1250 (cart. Fiefs de Nancy, III, f° 13). — *Leffeburne*, 1288 (ch. de l'abb. de Haute-Seille). — *Leffrenborne, Laffrembonne*, 1324 (Tr. des ch. l. Blâmont I, n°s 76 et 78). — *Lou hault chemin qui envait de Cireis à lai Frembonne*, 1352 (ibid. n° 111). — *Leffelbron*, 1590 (dom. de Phalsbourg). — *La Frainbolle*, 1594 (dén. de la Lorr.). — *La Frembonne*, 1667 (dom. de Turquestein). — *La Frainbole*, 1710 (polium). — *La Frimbole* (Cassini). — Le fief de Lafrimbolle relevait du comté de Blâmont.

Lagarde. On devrait écrire : *Garde* (La). — Voy. ce mot.

Lagney, c^{on} de Toul-Nord. — *Larneyum* (*Epitaphia eps. tull. ad ann.* 622-654, H. L. I, c. 169). — *Laviniacum* (?), 1033 (H. T. p. 25). — *Capella de Lagniaco*, 1051 (H. L. II, c. 432). — *Vineœ de Lagneio*, 1179 (Ord. præm. ann. II, c. 411). — *Laugney*, 1299 (cart. d'Apremont, n° 13). — *Langney*, 1352 (reg. cap. de la cath. de Toul). — *Langneyum*, 1402 (*Regestrum*). — *Lagny*, 1594 (dén. de la Lorr.).

Lahesse ou la Hesse, f. c^{ne} de Burlioncourt.

Laiderie (Chemin de la), c^{ne} de Magnières. (Corruption du mot *ladrerie.*)

Laitre. On devrait écrire : *Aître* (L'). — Voy. ce mot, qui vient d'*atrium*, cimetière.

Lajue,-mⁱⁿ, c^{ne} de Martincourt.

Lajus, fief, c^{ne} d'Athienville; vill. détruit. — Un chemin d'Athienville porte le nom de *Ville-Laju.*

Lajus (Chemin du Pont-), c^{ne} de Xousse.

Lalence, anc. ermitage, c^{ne} de Bures.

Lalœuf. On devrait écrire : *Alœuf* (L'). — Voy. ce mot, qui vient d'*allodium*, alleu.

Lamath. On devrait écrire : *Math* (La). — Voy. ce mot.

Lanchey (Ruisseau de), sort du bois de Martin-Bouxures, c^{ne} d'Hablainville, passe sur le territoire de Flin et se jette dans la Meurthe.

Landange, c^{on} de Lorquin. — *Ecclesia de Landanges*, 1285 (ch. de l'abb. de Haute-Seille).

Landbach, (*ruisseau de Land*, c'est-à-dire *de Langatte*), ruiss. prend sa source en avant de Langatte, passe sur les territoires de Languimberg, Langatte et Haut-Clocher et se jette dans la Sarre.

Landécourt, c^{on} de Bayon (prieuré de Bénédictins fondé au commencement du XIIe siècle). — *Theobertus de Landeicort*, 1157 (H. L. II, c. 355). — *Johannes de Landecurt*, 1182 (ch. de l'abb. de Beaupré). — *Landecort*, 1195 (ibid.). — *Landecuria*, 1359 (ch. de l'abb. de Saint-Epvre). — *Landeicourt*, 1443 (ch. de l'abb. de Belchamp). — *Landrecourt*, 1594 (dén. de la Lorr.). — Le fief de Landécourt relevait de la châtell. de Rosières, baill. de Nancy.

Landremont, c^{on} de Pont-à-Mousson.

Lané, mⁱⁿ (fief), c^{ne} de Villers-lez-Nancy. — *La briquerie du clos de Laisnel*, 1571 (dom. de Nancy). — *Laynel*, 1573 (ibid.). — *Laulnel*, 1600 (ibid.).

Le clos de Lané servait, au xvi° siècle, d'enceinte pour les loges ou baraques où l'on envoyait les pestiférés de Nancy.

LANEUVELOTTE. On devrait écrire *Neuvelotte (La)*. — Voy. ce mot.

LANEUVEVILLE-AUX-BOIS. On devrait écrire *Neuveville-aux-Bois (La)*. — Voy. ce mot. De même pour les suivants :

LANEUVEVILLE-DERRIÈRE-FOUG.
LANEUVEVILLE-DEVANT-BAYON.
LANEUVEVILLE-DEVANT-NANCY.
LANEUVEVILLE-EN-SAULNOIS.
LANEUVEVILLE-LEZ-LORQUIN.

LANFROICOURT, c^{on} de Nomeny. — *Walterus de Lanfrecurt*, 1127-1168 (ch. du pr. de Flavigny). — *Lanfroicourt-sur-Seille*, 1334 (Tr. des ch. l. Pont fiefs III, n° 19). — *Lanfracourt*, 1591 (*ibid.* reg. B. 61, f° 8). — *Lanfrocourt*, 1594 (dén. de la Lorr.). — *Lantfridi curtis*, 1675 (*Not. Gall.* p. 590). — *Lanfrocurt*, 1783 (visite des bois de la maîtrise de Nancy). — Le fief de Lanfroicourt relevait de la châtell. d'Amance, baill. de Nancy.

LANGATTE (en allemand *Land*), c^{on} de Sarrebourg. — *Langathe*, 1301 (ch. de l'abb. de Vergaville). — *Languesse*, 1374 (Tr. des ch. l. Fénétrange V, n° 56). — *Langote*, 1379 (*ibid.* l. Fénétrange I, n° 59). — *Bannum de Langata*; *Walterus de Langete*, xv° siècle (obit. de la coll. de Sarrebourg, f°s 46 et 59). — *Langd*, 1664 (dom. de Fénétrange).

LANGBRÜCH (LA), m^{lu}, c^{ne} de Mittersheim.

LANGHECK, h. c^{ne} de Berthelming.

LANGMATT, h. c^{ne} de Guntzviller. Un canton du territoire de Bühl est indiqué sous ce nom au xv° siècle : *Pratum in Langemahte, in banno de Büle* (obit. de la coll. de Sarrebourg, f° 60).

LANGMATT, éc. c^{ne} de Saint-Louis; vill. détruit. — *Langmatt*, 1710 (polium). — Il y a des chemins de *Langmatt* sur les territoires de Bourscheid, Fribourg, Lutzelbourg, Saint-Louis et Schalbach.

LANGST (RUISSEAU DE), a sa source à Hommarting, passe sur le territoire de cette commune et sur celui de Réding et se jette dans l'Eichmatt.

LANGSTEIN (*longue pierre*), chât. ruiné, près de Pierre-Percée. — *Agnes de Languestein*, 1155 ou 1160 (H. L. II, c. 349). — *Castrum de Langestein*, 1174 (*ibid.* c. 366).

LANGUIMBERG, c^{on} de Réchicourt-le-Château. — *Langemberg*, 1476 (dom. de Dieuze). — *Languenberg*, 1505 (Tr. des ch. l. Hesse, n° 52). — *Lansguemberg*, 1719 (alph.).

LANG-WEIHER, ruiss. prend sa source dans l'étang du même nom, passe sur le territoire de Niderstinzel et se jette dans la Sarre.

LANNOY, vill. et chât. — Voy. LAUNOY.

LANSBRONN, ruiss. a sa source dans le département de la Moselle, passe sur le territoire de Virming et se jette dans l'Albe.

LANSQUENETTE, f. c^{ne} de Réchicourt-le-Château.

LARGE-PIERRE (LA), montagne, c^{ne} de Turquestein.

LARNOUSE, nom d'un ancien chemin sur le territoire de Sexey-aux-Forges. — *Semita que vulgo Larnose nuncupatur*, 1196 (ch. de l'abb. de Clairlieu).

LARONXE. On devrait écrire : *Ronxe (La)*. — Voy. ce mot.

LATTE, anc. chapelle, c^{ne} de Prény.

LATTE (LA), ruiss. prend sa source à Fresnes-en-Saulnois, passe sur les territoires de Jallaucourt, Malaucourt, Fossieux, Aulnois, Ajoncourt, et se jette dans la Seille.

LAUNOY ou LANNOY, vill. et chât. détruits, près d'Herbéviller. — *Lanoy*, 1364 (Tr. des ch. l. Blâmont I, n° 124). — *La forteresse de Lannoy*, 1401 (*ibid.* l. Blâmont fiefs, n° 74). — *Lanois*, château (Cassini). — Le fief de Launoy relevait du comté de Blâmont; il donnait son nom à une famille dont plusieurs membres sont mentionnés dans des titres du xiv° et du xv° siècle : Henri de Lanoy, Jean de Lanoy, 1378-1403 (Tr. des ch. l. Blâmont I, n° 155, et Blâmont II, n° 7).

LAVAL, h. c^{ne} de Chaligny. — *Le Vaul*, 1594 (dén. de la Lorr.). — *La Val*, 1611 (dom. de Chaligny).

LAXAT, m^{in}. — Voy. GUÉ-DE-LAXAT (LE).

LAXAVEUR, h. c^{ne} de Badonviller.

LAXAVEUR, h. c^{ne} de Pierre-Percée.

LAXOU (pron. *Lachou*), c^{on} de Nancy-Nord. — *Vinew de Larzuhs*, 1127-1168 (ch. de l'abb. de Clairlieu). — *Larczos*, 1182 (*ibid.*). — *Larceozs*, 1190 (ch. de l'ordre de Malte). — *Villa de Laceos*, 1193 (ch. de l'abb. de Clairlieu). — *Larzous*, 1214 (*ibid.*). — *Larçous*, 1227 (*ibid.*). — *Larsour*, 1258 (*ibid.*). — *Larsouz*, 1289 (*ibid.*). — *Laixous*, 1420 (dom. de Nancy). — *Ecclesia de Laxoto*, 1513 (ch. de la coll. St-Georges). — *Laxour*, 1526 (dom. de Nancy). — *Laisous, Laysou*, 1536 (Tr. des ch. reg. B. 7615). — *Laixou*, 1557 (dom. de Nancy).

Cette commune donne son nom à un ruisseau qui a sa source sur son territoire et se jette dans le ruisseau de Saint-Thiébaut.

LAY-SAINT-CHRISTOPHE, c^{on} de Nancy-Est (prieuré de Bénédictins fondé au x° siècle). — *Laium in comitatu Calvomontinse*, 950 (ch. de l'abb. de Saint-Arnou). — *Layum in pago Calvomontinse*, 958 (*ibid.*). — *Ecclesia Layensis, Layense monasterium*, 1130 (H.

L. II, c. 291). — *Laia,* 1139 (ch. de l'abb. de Saint-Arnou). — *Cella Laci,* xiii° s° (*Chr. mon. senon.* H. L. II, c. 17). — *Lait,* 1420 (dom. de Nancy). — *Lay,* 1594 (dén. de la Lorr.). — *Les Haute et Basse Lay,* 1710 (polium). C'est ainsi qu'on désigne encore les deux parties de la commune.

Lay-Saint-Remy, c^{on} de Toul-Nord. — *Lay,* 1300 (cart. Évêques et cité de Toul, f° 123-v°). — *Layum retro Fagum,* 1402 (*Regestrum*).

Lebeuville, c^{on} d'Haroué. — *Ecclesia Sancti-Martini Leutbodi villæ,* 957 (H. L. I, c. 364). — *Liebodis villa,* 1218 (*ibid.* II, c. 426). — *Lybueville,* 1291 (Tr. des ch. l. Chaligny, n° 3). — *Lebuevilla, Libuevilla,* 1402 (*Regestrum*). — *Lebueville,* 1425 (Tr. des ch. l. Châtel, n° 9). — *Lebluville,* 1439 (*ibid.* n° 11). — *Lebeufville,* 1534 (dom. de Bainville). — *Labeuville,* 1594 (dén. de la Lorr.). — Le fief de Lebeuville relevait de la châtell. et du baill. de Châtel-sur-Moselle.

Lechmatt, f. c^{ne} de Walscheid.

Lefebvre, scierie, c^{ne} de Turquestein.

Leffoureux, f. c^{ne} de Badonviller.

Leimhutte, f. c^{ne} de Zilling.

Leintrey, c^{on} de Blâmont. — *Gerardus presbiter de Lenterio,* 1175 (ch. de l'abb. de Beaupré). — *Lentrey,* 1304 (Tr. des ch. l. Blâmont fiefs, n° 69). — *Lintrey,* 1782 (état des villes, etc.). — Le fief de Leintrey relevait du comté de Blâmont.

En 1790, Leintrey fut le chef-lieu d'un canton dépendant du district de Blâmont et formé des communes d'Amenoncourt, Autrepierre, Blémerey, Chazelles, Gondrexon, Leintrey, Reillon, Remoncourt, Saint-Martin, Vého et Xousse.

Lemainville, c^{on} d'Haroué. — *Monuldivilla* (?), 1127-1168 (ch. du pr. de Flavigny). — *Allodium de Liemeri villa,* 1142 (*ibid.*). — *Limeivilla,* 1229 (*ibid.*). — *Limievilla,* 1350 (Tr. des ch. l. Nancy I, n° 117). — *Limevilla,* 1357 (ch. du pr. de Flavigny). — *Limeiville, Lemeville, Lymeiville,* 1399 (Tr. des ch. l. Confirmations, n° 33). — *Lemeyville,* 1403 (*ibid.*). — *Elmeville,* 1475 (Chr. de Lorr. H. L. III, c. 57). — *Lemeinville,* 1601 (ch. de l'abb. de Belchamp). — *Le Mainville* (Cassini). — Le fief de Lemainville relevait de la châtell. et du baill. de Nancy.

Leménil-Mitry. On devrait écrire : *Ménil-Mitry (Le).* — Voy. ce mot.

Lemoncourt, c^{on} de Delme. — *Lymuncurt,* 1181 (H. M. p. 139). — *Lymucort,* 1192 (*ibid.* p. 156). — *Lymuncourt,* 1243 (ch. de l'abb. de Saint-Vincent). — *Limoncourt,* 1596 (dom. de Marsal). — *Lemoncuria,* 1642 (pouillé de Metz).

Léning, c^{on} d'Albestroff. — *Lenningen-Altorf,* 1510 (dom. de Dieuze). — *Altorff-Leningen,* 1559 (*ibid.*). — *Linningen-Aldorf,* 1567 (Tr. des ch. l. Dieuze III, n° 2). — *Leiningen-et-Altorff,* xvi° s° (*ibid.* reg. B. 288, f° 122). — *Leyningen,* 1594 (dén. de la Lorr.). — *Le franc alleu de Léning-lès-Hingsanges,* 1626 (Tr. des ch. l. Dieuze III, n° 2). — *Lenningen,* 1633 (*ibid.*).

Lenoncourt, c^{on} de Saint-Nicolas. — *Curtis Lenonis comitis,* 1153 ou 1155 (H. L. I, c. 1105 du texte; note). — *Lenuncort,* 1260 (ch. de l'abb. de Clairlieu). — *L'ostel, la maison fort de Lenoncourt,* 1294, 1342 (Tr. des ch. l. Rosières I, n° 38, et Nancy I, n° 24). — *Linoncuria,* 1378 (*ibid.* l. Trèves I, n° 20). — *Lenoncuria,* 1380 (*ibid.* n° 21). — *Le Noncourt,* 1438 (*ibid.* l. Condé, n° 36). — Le fief de Lenoncourt relevait de la châtell. et du baill. de Nancy.

Après avoir dépendu du canton de Buissoncourt, Lenoncourt devint, au mois de novembre 1790, le chef-lieu de ce canton.

Lenoncourt, seigneurie au village de Laxou.

Léomont, f. sur le monticule du même nom, c^{ne} de Vitrimont (prieuré de Bénédictins dépendant de l'abbaye de Senones, fondé au xii° siècle). — *Leonismons, cella Leonismontis,* 1120, 1152 (Tr. des ch. l. Abb. de Senones, n°s 6 et 8). — *Lionis mons juxta castrum Lunaris villæ,* xiv° siècle (*Chr. med. mon.* H. L. II, c. 78). — *Lyommont,* 1348 (ch. du pr. de Ménil). — *Lyaumont,* 1557 (Tr. des ch. reg. B. 6585).

Léonsberg, montagne et chapelle, c^{ne} de Walscheid. — *Mons... quem a s. Leone papa..... ibi nato, Leonsberg vocant, sacello adhuc superstite, quod religionis causa frequenter invisunt vicini,* 1751 (*Als. ill.* II, p. 194).

Léonval, h. c^{ne} de Sanzey; fief érigé en 1736.

Léopoldvald, anciennement *la Candale,* éc. c^{ne} de Bouxières-aux-Chênes; cense haute justice, construite en 1716.

Lépine, anc. léproserie, près de Pont-à-Mousson.

Les-Ménils. On devrait écrire : *Ménils (Les).* — Voy. ce mot.

Lessart, mét. c^{ne} de Dieuze.

Lesse, c^{on} de Delme. — *Lasticas cum capella,* 977 et 993 (H. M. p. 82 et 85). — *Laisse,* 1334 (Tr. des ch. l. Pont fiefs, n° 105). — *Les fiez de Lesses,* 1346 (*ibid.* n° 127). — Le fief de Lesse relevait du marquisat de Pont-à-Mousson.

Lesse (Ruisseau du Petit-Moulin de) est formé par les eaux de la fontaine de Lesse, passe sur le territoire de cette commune et se jette dans la Rotte.

Létricourt, c^on de Nomeny. — *Letriercourt*, 1334 (Tr. des ch. l. Pont fiefs I, n° 104). — *La fort maison de Letreicourt*, 1335 (*ibid*. n° 111). — *Letereicourt*, 1338 (*ibid*. III, n° 27). — *Luterecort*, 1403 (dom. de Condé). — *Letrecourt*, 1424 (dom. de Nancy). — *Litricourt*, 1497 (Tr. des ch. l. Pont fiefs I, n° 71). — *Letricuria*, 1642 (pouillé de Metz). — Le fief de Létricourt relevait du marquisat de Pont-à-Mousson.

Lettenbach, verrerie ruinée, dite la verrerie de Saint-Quirin, aujourd'hui chât. chapelle et éc. c^ne de Saint-Quirin.

Lettenbach (Ruisseau de), sort de la forêt de Saint-Quirin, passe sur le territoire de Vasperviller et se jette dans la Sarre-Rouge.

Leuconte, h. c^ne d'Angomont.

Leumont (Le), f. c^ne de Romain; en 1710, elle dépendait d'Haussonville.

Leurtel, anc. m^in sous Crévic, mentionné dans les comptes du domaine d'Einville en 1512.

Levée romaine ou Grande levée romaine, allant de Neufchâteau à Toul, c^ne de Bagneux; chemin ainsi indiqué dans la Déclaration de la communauté en 1738.

Ley, c^on de Vic. — *Ecclesia de Lara*, 1178 (ch. de la coll. de Fénétrange). — *De Layre*, 1302 (*ibid*.). — *Lel*, 1524 (dom. de Dieuze). — *Leel*, 1553 (*ibid*.). — *Lay* (Cassini).

Leyr, c^on de Nomeny. — *Laiacum*, 875 (ch. de l'abb. de Sainte-Glossinde). — *Layez et foresta de Lingiviler*, 1085 (Hist. de l'abb. de Saint-Mihiel, p. 451). — *Laiers*, 1246 (Tr. des ch. l. Nancy I, n° 99). — *Layrey en Saulnois*, 1332 (cart. Pont fiefs, f° 2). — *Layes*, 1345 (dom. de Condé). — *Leiey*, 1426 (Tr. des ch. l. Fiefs de Lorraine II, n° 23). — *Layeyum*, 1642 (pouillé de Metz). — *Laicy*, 1681 (ch. de la coll. Saint-Georges). — *Leys* ou *Leyr*, 1719 (alph.). — *Leyer*, 1783 (visite des bois de la maîtrise de Nancy). — Le fief de Leyr relevait du marquisat de Pont-à-Mousson.

Lezey, c^on de Vic. — *Ecclesia Sancti-Remigii de Lizeis*, 1192 (cart. de l'abb. de Salival). — *Feodum ville de Lezey*, 1290 (ch. de l'abb. de Haute-Seille). — *Dominicatum juxta Liezeis*, xiie s^e (Tr. des ch. l. Abb. de l'Isle, n° 41). — *Lezay* ou *Layzay*, 1719 (alph.).

Lhor, c^on d'Albestroff. — *Lar et Lore*, 1525 (papier des noms, etc.). — *Lare et Lahr*, 1559 (dom. de Dieuze).

Lhor ou Lohr, f. et chapelle avec pèlerinage, dans la vallée du même nom, c^ne des Métairies-de-Saint-Quirin. — *Notre-Dame-de-Laure* (Cassini). — Cette chapelle dépendait du prieuré de Saint-Quirin.

Lhor (Ruisseau de), a sa source près de la chapelle de ce nom, passe sur les territoires de Niderhoff et de la Neuveville-lez-Lorquin et se jette enfin dans la Sarre.

Libdeau, f. c^ne de Toul (maison de Templiers, puis commanderie à l'ordre de Malte). — *Liebidos*, 982 (H. L. I, c. 390). — *Fratres de Liebedos ad Templum Domini*, 1168-1193 (ch. de l'ordre de Malte). — *Domus templariorum de Lebedos*, 1229 (*ibid*.). — *Fratres militie Templi de Leubedos*, 1231 (*ibid*.). — *Sainct-Jehan de Liebedo*, 1269 (Tr. des ch. l. Commanderies, n° 26).

Libremont, f. c^ne de Dommartemont, construite il y a quelques années.

Lichelkopf, montagne, c^ne de Walscheid.

Lidrequin, c^on de Château-Salins. — *Lidrekin* (Cassini).

Lidrezing, c^on de Dieuze. — *Lidersingen*, 1130 (ch. de l'abb. de Vergaville). — *Ludresing, Ludresingen*, 1553 (dom. de Dieuze). — *Liedersingen*, 1559 (*ibid*.). — *Lindrexin*, 1719 (alphabet). — *Lidrezin* (Cassini).

Limey, c^on de Thiaucourt. — *Ecclesia de Limeis*, 1050 (H. L. I, c. 429). — *Limers*, 1305 (Tr. des ch. l. Pont-à-Mousson, n° 15). — *Lymers*, 1402 (Regestrum). — *Lumey*, 1594 (dén. de la Lorr.). — *Limay* (Cassini). — Le fief de Limey, de la terre de Haye, relevait de la châtell. de Nancy, baill. de cette ville.

Lindre, étang considérable, voisin des deux communes précédentes. Voleyr, dans sa relation de la guerre des Rustauds (1525), l'appelle «lac de la Gaulle Belgicque.» — *Lacus Linder, ditissima plaga in sale et piscibus*, 1513 (géogr. de Ptolémée). — *Linderweyer*, 1558 (Cosmogr.). — *Lacus Lindrensis*, 1675 (*Not. Gall.* p. 496). — Voy. Tour-de-Lindre.

Lindre-Basse, c^on de Dieuze. — *Castrum Lende*, 1269 (Tr. des ch. l. Deux-Ponts, n° 6). — *Lindes*, 1297 (*ibid*. l. Ponts fiefs III, n° 6). — *Linder, la Baisse-Linder*, 1476 (dom. de Dieuze). — *Niderlinde, Nyderlinde*, 1525 (papier des noms, etc.). — Au xviie siècle, Lindre-Basse était le chef-lieu d'une mairie qui comprenait les deux villages de Lindre et ceux de Zommange, d'Angviller et de Tarquinpol.

Lindre-Haute, c^on de Dieuze. — *La Petite-Lindre* et la *Haulte-Linder*, 1476 (dom. de Dieuze). — *Oberlinde*, 1525 (papier des noms, etc.).

Linnenmühl, m^in, c^ne de Virming.

Liocourt, c^on de Delme. — *Luonkurt in pago Sallingowe*, 1023 (cart. de l'abb. de Saint-Maximin). — *Luokurt*, 1026 (*ibid*.). — *Liencort*, 1265 (Tr. des ch. l. Pont dom. II, n° 5). — *Liocort*, 1309 (*ibid*.

l. Fiefs de Lorraine, n° 2). — *Lyoncourt*, 1427 (*ibid.* l. Blâmont II, n° 48). — *Luocourt*, 1430 (*ibid.* n° 49). — *Lioncourt*, 1492 (dom. d'Amance). — *Lyocourt*, 1506 (ch. de la coll. Saint-Georges). — *Georgius Leonis Curiæ*, 1525 (Guerre des Rustauds, éd. orig. fol. 5 v°). — *Liocourt ou Leocourt*, 1719 (alph.). — Le fief de Liocourt relevait du marquisat de Pont-à-Mousson.

LIRONVILLE, c°" de Thiaucourt. — *Leronville*, 1283 (Tr. des ch. l. Pont ecclés. n° 14). — *Leronville-en-Helz*, 1308 (*ibid.* l. Pont dom. II, n° 14). — *Leronvilla*, 1402 (*Regestrum*). — *Lyronville*, 1551 (dom. de Pont-à-Mousson).

LIVERDUN, bourg, c°" de Domèvre; autrefois ville (collégiale sous le titre de *Saint-Eucaire*. — Voy. ce mot). — *Liberdunum*, 894 (H. L. I, c. 325). — *Ecclesia Leverdunensis in comitatu Scarponensi*, 960 (ch. de l'abb. de Bouxières). — *Burgum de Liverduno* (*Epitaphia eps. tull. ad ann.* 1108-1127, H. L. I, c. 179). — *Canonici Liberdunenses... ecclesie Sancti-Eucharii*, 1169 (cart. de Rengéval, f° 17 v°). — *Antiquum et nobile castrum quod ab antiquo Liberdunum appellatur, porta totius Tullensis episcopatus inexpugnabilis*, 1186 (*ibid.* f° 29 v°). — *Leverdun*, 1274 (Tr. des ch. l. Blâmont I, n° 8). — *Luverdun*, 1334 (*ibid.* l. Pont fiefs, n° 106). — *Luverdunum*, 1402 (*Regestrum*). — *Leverdung*, 1500 (dom. de l'Avant-Garde). — *Lubverdun*, 1542 (dom. de Gondreville). — *Luverdhung*, 1550 (dom. de Vaudémont). — *Liverdung*, 1551 (dom. de Pont-à-Mousson). — *Luverdung*, 1571 (dom. de Nancy).

Liverdun fut le chef-lieu d'une prévôté, du temporel de l'évêché de Toul, baill. de cette ville, comprenant les communes de Jaillon, Liverdun et Royaumeix, du canton de Domèvre; et Bouvron, du canton de Toul-Nord.

Les armoiries de Liverdun, blasonnées en tête d'un inventaire des archives de cette commune, sont *d'argent à la branche de chêne de sinople, glandée de gueules, l'écu surmonté d'une couronne murale ou tourée, environnée de deux fusils passés en sautoir sur un xiplot ou troulle au derrière de l'écu*, pour marque du droit de chasse et de pêche de ses bourgeois.

LIVIÈRE (LA), f. c"° de Badonviller.

LIXHEIM, ville, c°" de Phalsbourg, bâtie en 1608 par Philippe V, prince palatin, sur le territoire d'une ancienne abbaye. — *Ecclesia Liukesheimensis*, 1173 (Als. dipl. I, p. 254). — *Lukeskeim*, 1235 (*ibid.* p. 373). — *Lixingen*, 1525 (papier des noms, etc.). — *Luxheim*, 1589 (dom. de Phalsbourg). — Les monnaies que fit frapper dans cette ville, en 1633 et 1634, Henriette de Lorraine, princesse de Lixheim et de Phalsbourg, portent: *Moneta nova Lixhensis* et *Moneta nova Lixei cusa.*

Lixheim fut acheté, en 1623, par le duc de Lorraine Henri II, qui le donna, l'année suivante, en apanage à la princesse Henriette, femme de Louis de Guise, prince de Phalsbourg, pour lequel, en 1629, cette ville fut érigée en principauté d'Empire. Cette principauté comprenait les villages d'Arscheviller, Bickenholtz, Brouviller, Dannelbourg, Fleisheim, Hérange, Hellering, Veckersviller et Vieux-Lixheim.

En 1698, Lixheim devint le siége d'une prévôté, baill. d'Allemagne, qui comprenait les villages de Bickenholtz, Fleisheim, Hellering et Veckersviller, du canton de Fénétrange; Dannelbourg, Hérange, Lixheim et Saint-Louis, du canton de Phalsbourg; et Hoff, du canton de Sarrebourg. — En 1751, Lixheim devint le chef-lieu d'un baill. dont dépendaient, outre les communes ci-dessus (moins Hoff): Dolving, Gosselming, Oberstinzel et Vieux-Lixheim, du canton de Fénétrange; Hermelange et Nitting, du canton de Lorquin; Arscheviller et Guntzviller, du canton de Phalsbourg; Bieberkirch, Hartzviller, Kerprich-aux-Bois, Plaine-de-Valsch et Schneckenbüsch, du canton de Sarrebourg.

En 1790, Lixheim fut le chef-lieu d'un canton dépendant du district de Sarrebourg et formé des communes de Bickenholtz, Bourscheid, Brouviller, Fleisheim, Hellering, Hérange, Hilbesheim, Lixheim, Metting, Oberstinzel, Sarraltroff, Schalbach, Veckersviller et Vieux-Lixheim.

Les armoiries de Lixheim, blasonnées dans l'Armorial de Lorraine, sont *d'or au lion de gueules, couronné de même, la queue passée en sautoir, et tenant entre ses pattes trois roses feuillées, tigées au naturel.*

LIXIÈRES, c°" de Nomeny. — *Th. de Lincières*, 1285 (Tr. des ch. l. Dieuze I, n° 1). — *Lexières*, 1334 (*ibid.* l. Pont fiefs, n° 106). — *Lexière*, 1551 (dom. de Pont-à-Mousson). — *Lixières ou Lissier*, 1719 (alph.). — *Lixière-sur-Seille*, 1779 (Descr. de la Lorr.). — Le fief de Lixières relevait du marquisat de Pont-à-Mousson.

LOGES (SENTIER DES), c"° de Saint-Nicolas. (On appelait *loges* les baraques en planches dans lesquelles on envoyait les pestiférés.)

LOHR, f. et chapelle. — Voy. LHON.

LOISY, c°" de Pont-à-Mousson. — *Ecclesia et capella in Losceyio*, copie d'une charte de 1179 (titres des cures du district de Pont-à-Mousson). — *Loisey*, 1498 (dom. de Pont-à-Mousson). — *Loussey*, 1534 (*ibid.*). — *Loizy*, 1637 (dom. de Dieulouard).

Lombard, cense-fief, c^{ne} de la Garde.

Lombards (La Maison des), fief et maison forte à Custines.

Longeau, f. c^{ne} de Toul. — *Vineæ apud Longam aquam*, 1188 (H. L. II, c. 401). — *Longue Eau*, 1286 (ch. de l'ordre de Malte).

Longeau ou Voisel, fief, c^{ne} de Pagney-derrière-Barine.

Longeau (Ruisseau de), commence à paraître à Bruley et se jette dans le ruisseau des Grands-Prés.

Longeville, vill. détruit, près de Craincourt. — *Longevilla in pago Gerbercurse*, 910 (H. L. I, c. 333). — *Langeivilla in comitatu Gerbercinse*, 910 (H. M. p. 53).

Longs-Prés (Ruisseau des), prend sa source au moulin de Domèvre, passe sur les territoires de Puttigny et de Vaxy et se jette dans le ruisseau de Puttigny.

Lorette, f. c^{ne} de Varangéville, autrefois chapelle en titre, construite en 1542, au lieu dit *le Haut-de-Metz*.

Lorey, c^{on} de Bayon. — *Vinea in Loreio; furnum banale de Lorei*, 1127-1168 (ch. du pr. de Flavigny). — *Rodulfus de Lorea*, v. 1189 (H. L. II, c. 373). — *Lorium*, xive siècle (*Chr. med. mon. ibid.* c. 76). — *Lourey*, 1424 (dom. de Nancy). — *Lorey-sur-Moselle*, 1493 (Tr. des ch. reg. B. 5, f° 64). — *Lorrey*, 1499 (dom. de Rosières). — *Lorrey*, 1532 (ch. de l'abb. de Belchamp). — *Lorret*, *Lorreit*, 1550 (dom. de Rosières). — *Lorey-lès-Bayon*, 1594 (dén. de la Lorr.). — *Lorey-devant-Bayon*, 1611 (dom. de Chaligny). — Le fief de Lorey, du comté de Chaligny, relevait de la châtell. et du baill. de Nancy.

Loro (Ruisseau de), a sa source dans le département des Vosges, passe sur les territoires de Saint-Remy-aux-Bois, Loro-Montzey, Villacourt et Froville, et se jette dans l'Euron.

Loro-Montzey, c^{on} de Bayon. — *Albertus de Loirou* (?) 1156 (ch. de l'abb. de Beaupré). — *Maison Sainct-Denix de Loyro*, 1316 (ch. de l'abb. de Belchamp). — *Waingnagium de Loro*, 1396 (*ibid.*) — *Loiroy*, 1397 (*ibid.*). — *Lorro*, 1532 (*ibid.*). — Le fief de Loro relevait de la châtell. et du baill. de Châtel-sur-Moselle.

En 1710, Loro n'était encore qu'une cense ayant son ban particulier et dépendant de Montzey.

Lorquin (en allemand *Lœrchingen*), ville, ch.-l. de c^{on}, arrond. de Sarrebourg (prieuré dépendant de l'abbaye de Senones, fondé en 1128). — *Albertus de Lorching, ecclesia de Lorchinges*, 1128 (H. L. II, c. 285). — *Cella de Lorchinge*, xiiie siècle (*Chr. mon. sen. ibid.* c. 18). — *Lorchingen*, xve siècle (obit. de la coll. de Sarrebourg, f° 29 v°). — *Lorking* et *Lorching* (H. L. I, c. 1168, texte, et II, pr. c. 18, en marge). — *Lorhin* (Notice de la Lorr.). — Lorquin était le siège d'une ancienne baronnie dont l'origine et la circonscription sont inconnues.

En 1790, cette ville fut le chef-lieu d'un canton dépendant du district de Sarrebourg et formé des communes d'Abreschwiller, Aspach, Barchain, Fraquelfing, Héming, Hermelange, Hertzing, Hesse, Landange, Lorquin, Neuf-Moulin, la Neuveville-lez-Lorquin, Niderhoff, Nitting, Saint-Quirin, Voyer et Xouaxange.

Lorraine (Chemins de la), c^{nes} de Montauville et de Pannes.

Lorraine (La), section de la commune de Bréménil qui dépendait de la Lorraine, tandis que l'autre était de l'évêché de Metz.

Lorrains (Les), seigneurie, c^{ne} de Crion.

Lostroff, c^{on} d'Albestroff. — *Louiestorff*, xve siècle (obit. de la coll. de Sarrebourg, f° 135). — *Louerstorff*, 1476 (dom. de Dieuze). — *Lostorff*, 1481 (*ibid.*). — *Losdorf*, 1662 (dom. de Fénétrange). — *Losdorfen*, 1665 (*ibid.*).

Loudrefing, c^{on} d'Albestroff. — *Villa de Ludelvinga*, 1328 (Tr. des ch. l. Fénétrange II, n° 12). — *Luderfanges, Luderfenges*, 1476 (dom. de Dieuze). — *Luderfingen*, 1492 (Tr. des ch. l. Fénétrange II, n° 247). — *Ludrefingen*, 1553 (dom. de Dieuze). — *Louderfingen*, 1600 (*ibid.*).

Loup (Chapelle du), c^{ne} de Romelfing.

Loups (Moulin des), c^{ne} de Vaxy.

Louvre (Le), scierie, c^{ne} de Pierre-Percée.

Lubécourt, c^{ne} de Château-Salins. — *Lubecurt*, 1469 (cart. de l'abb. de Mettloch, f° 201). — *Lebeilcourt*, 1477 (dom. d'Amance). — *Lebelcourt*, 1600 (*ibid.*).

Lucey, c^{on} de Toul-Nord. — *Luciacum*, 885 (H. T. p. 5). — *Luceium*, 1188 (H. L. II, c. 401). — *Luxey*, 1299 (cart. d'Apremont, n° 13). — *Lucy*, 1594 (dén. de la Lorr.).

En 1790, Lucey fut le chef-lieu d'un canton dépendant du district de Toul et formé des communes de Boucq, Bruley, Lagney, la Neuveville-derrière-Foug, Pagney-derrière-Barine et Trondes.

Lucy, c^{on} de Delme. — *Lusiacum*, 1137 (coll. Moreau, t. LVII, f° 98). — *Ecclesia de Luccey*, 1157 (H. M. p. 120). — *De Luceio*, 1186 (*ibid.* p. 142). — *Feodum de Luceyo*, 1299 (Tr. des ch. l. Nancy I, n° 1). — *Lucey*, xvie siècle (inscription dans l'église de Dombasle, concernant un membre de la famille de Lucy). — Le fief de Lucy relevait de la châtell. d'Amance, baill. de Nancy.

Après avoir dépendu du canton de Morville-sur-Nied, Lucy devint, au mois de novembre 1790, le chef-lieu de ce canton.

Cette commune donne son nom à un ruisseau, dit *du Moulin*, dont la source est à la ferme d'Outremont; il passe sur les territoires de Lesse et de Lucy et se jette dans la Nied.

Ludres, c^{on} de Nancy-Ouest. — *Olardus de Lusde*, v. 1070 (coll. Moreau, t. XXX, f° 78). — *Ecclesia Lusdo*, 1142 (ch. du pr. de Flavigny). — *Alodium apud Lusda*, 1127-1168 (ibid.). — *Parrochia Lude; Remericus miles Lude*, 1127-1158 (ch. de l'abb. de Clairlieu). — *Luzda*, 1178 (ch. de l'abb. de Beaupré). — *Ludey*, 1182 (ch. de l'abb. de Clairlieu). — *Lugdes*, 1288 (Tr. des ch. l. Nancy I, n° 5). — *Leudes*, 1357 (ch. du pr. de Flavigny). — *Ludes*, 1365 (Tr. des ch. l. l'Avant-Garde, n° 7). — *Ludia*, 1394 (ch. de l'abb. de Belchamp). — *Th. de Luddibus*, 1400 (cart. de cette abb.). — *Luddes*, 1427 (dom. de Nancy).

Ludres, seigneurie au village de Laxou.

Ludvich-Mühl, scierie, c^{ne} de Walscheid.

Lumeldach, ruiss. — Voy. Ehrinbach.

Lumières (Chemin des), c^{ne} de Moivron.

Lunéville, ville, ch.-l. d'arrond. résidence habituelle des ducs de Lorraine au siècle dernier. — *Lienatis villa*, 1034 (ch. de l'abb. de Saint-Remy). — *Lunaris villa*, 1135 (Tr. des ch. l. Abb. de Beaupré, n° 1). — *Linervillense monasterium*, 1140 (ch. de l'abb. de Saint-Remy). — *Arembertus de Luni villa*, 1157 (H. L. II, c. 354). — *Lunarivilla*, 1177 (ch. de l'abb. de Beaupré). — *Linelvilla*, 1184 (ch. de l'abb. de Saint-Remy). — *Linevilla*, 1196 (ibid.). — *H. abbas Lirneville*, fin du xii° siècle (cart. de l'abb. de Belchamp). — *Liniville*, 1220-1251 (monnaie de Mathieu II; Saulcy, Recherches sur les monnaies des ducs héréditaires de Lorraine, pl. II, n° 7, et Revue numismatique, t. VI). — *Hugo dominus; castrum de Lunervilla*, 1224 (Tr. des ch. l. Lunéville I, n° 1). — *Leneville*, 1308 (ibid. n° 16). — *Lunmarisvilla*, 1402 (Regestrum). — *Leneneville*, 1525 (Guerre des Rustauds, p. 319).

Il y avait autrefois à Lunéville l'abbaye de Saint-Remy et la commanderie de Saint-Georges. — Voy. ces mots.

Lors de la formation du diocèse de Nancy, en 1778, Lunéville devint le chef-lieu d'un archidiaconé duquel dépendaient les doyennés de Bayon, Blâmont, Charmes (Vosges), Gerbéviller et Lunéville. — Ce dernier comprenait les paroisses de Bauzemont, Bénaménil, Crion, Croismare, Deuxville, Einville, Fraimbois, Herbéviller, Hériménil, Jolivet, Lunéville, Marainviller, Mont, Moyenvic, Raville, Réclonville, Rehainviller, Saint-Clément, Valhey, Xanrey et Xermaménil.

Lunéville fut le siège d'un comté qui paraît avoir existé dès le x° siècle; le chef-lieu d'une prévôté et châtellenie, baill. de Nancy, qui comprenait, en 1594 : Glonville (en partie), du canton de Baccarat; Blainville (en partie), du canton de Bayon; Domèvre-sur-Vezouse (en partie), Domjevin et Verdenal, du canton de Blâmont; Giriviller (en partie), Haudonville, Hériménil, la Math (en partie), Mont, Rehainviller et Xermaménil, du canton de Gerbéviller; Bénaménil, Chanteheux, Croismare, Jolivet, la Neuveville-aux-Bois; Lunéville, Manonviller, Marainviller, Moncel-lez-Lunéville et Thiébauménil, du canton de Lunéville-Sud-Est; Serres, du canton de Lunéville-Nord; Athienville, du canton de Vic.

Lunéville devint, plus tard, le chef-lieu d'un bailliage dans le ressort duquel furent placées, en 1698, les prévôtés d'Azerailles, Badonviller, Blâmont, Deneuvre et Lunéville. — Cette dernière comprenait, outre les localités mentionnées ci-dessus (moins Glonville et la Math) : Hablainville et Pettonville, du canton de Baccarat ; Blainville-sur-l'Eau, Damelevières (en partie), Haigneville et Méhoncourt, du canton de Bayon ; Emberménil, Ogéviller, Réclonville et Saint-Martin, du canton de Blâmont; et enfin Avricourt, du canton de Réchicourt-le-Château.

La circonscription du bailliage de Lunéville fut modifiée et étendue en 1751; il perdit les communes de Blainville-sur-l'Eau, Damelevières, Domèvre, Haigneville, Méhoncourt et Verdenal, et s'accrut des suivantes, qui avaient fait partie des prévôtés d'Amance, Badonviller, Deneuvre, Einville, Nancy et Rosières, savoir : Azerailles, Badonviller, Bréménil, Deneuvre, Fenneviller, Fontenoy-la-Joute, Gélacourt, Neuviller-lez-Badonviller, Pexonne, Pierre-Percée, Saint-Maurice et Sainte-Pôle, du canton de Baccarat ; Charmois, du canton de Bayon ; Ancerviller et Nonhigny, du canton de Blâmont ; Essey-la-Côte, Flin, Fraimbois, Franconville, Gerbéviller, Magnières, Mattexey, Moriviller, Rémenoville, Séranville, Vallois et Vennezey, du canton de Gerbéviller ; Anthelupt, Bauzemont, Bonviller, Courbesseaux, Crévic, Deuxville, Einville, Flainval, Hoëville, Maixe, Raville, Valhey et Vitrimont, du canton de Lunéville-Nord; Crion, Hénaménil, Mouacourt, Parroy et Sionviller, du canton de Lunéville-Sud-Est; Parux et Tanconville, du canton de Lorquin; Gellenoncourt et Haraucourt, du canton de Saint-Nicolas; et de plus Arracourt, Bathelémont-lez-Bauzemont (en partie), Bures et Coincourt, du canton de Vic.

En 1790, lors de l'organisation du département, Lunéville fut le chef-lieu d'un district comprenant les cantons d'Azerailles, Baccarat, Bayon, Bénaménil, Blainville, Crévic, Einville, Gerbéviller et Lunéville. — Ce dernier était formé des communes de Chanteheux, Croismare, Deuxville, Hériménil, Jolivet, Lunéville, Moncel, Rehainviller, Vitrimont et Xermaménil.

La loi du 6 ventôse an IV avait fixé à Lunéville le siége de l'administration départementale, qui a été peu après transféré à Nancy.

Les armoiries de Lunéville, blasonnées dans l'Armorial de Lorraine, sont *d'or à la bande d'azur chargée de trois croissants montant d'argent.*

LUNG-BRUCK (LA), mét. c^{ne} de Mittersheim.

LUPCOURT, c^{on} de Saint-Nicolas. — *Alodium in Locurt*, 1127-1168 (ch. du pr. de Flavigny). — *Loucurt*, 1142 (*ibid.*). — *Ludovicus de Loucort*, 1178 (ch. de l'abb. de Beaupré). — *Locort*, 1183 (ch. de l'abb. de Clairlieu). — *Lochorth*, 1189 (*ibid.*). — *Loucourt*, 1258 (*ibid.*) — *Loupcourt au Vermois*, 1340 (cart. Gagères, f° 1). — *Luppicuria*, 1402 (*Regestrum*). — *Loupcourt*, 1420 (dom. de Nancy). — *Lucourt*, 1592 (Tr. des ch. reg. B. 62 *bis*, f° 77 v°).

— Le fief de Lupcourt relevait de la châtell. et du baill. de Nancy; il fut le siége d'un comté érigé en 1719.

LUTZELBOURG (en allemand *Lützburg*), c^{on} de Phalsbourg. — *Castrum Luzemburg*, 1120-1200 (*Chr. eps. met.* H. L. I, c. 66). — *Comes Petrus de Luzelburg*, 1126 (*Als. dipl.* I, p. 204). — *Luczeluburgum*, 1318 (Tr. des ch. l. Hesse, n° 14). — *Lutzeluburg*, 1456 (*ibid.* l. Chaligny, n° 9). — *Lutzeluburch, Lutzenlburg*, XV° siècle (obit. de la coll. de Sarrebourg, f°s 29 v° et 62). — *Lutzelburg*, 1576 (carte de Specklin). — *Lutzelbron*, 1596 (dom. de Phalsbourg). — *Lutzebourg* ou *Lutzbourg*, 1719 (alph.). — *Luzelburg, Lucelburg castrum, Lucelburgum*, 1751 (*Als. ill.* II, p. 199). — *Lutzbourg, Lutzelbourg, Lucelbourg, Lucenbourg*, 1779 (Descr. de la Lorr.).

M

MACHET, scierie et maison forestière, c^{ne} de Saint-Sauveur.

MAD, MATH ou RUPT-DE-MAD, ruiss. a sa source dans le département de la Meuse, passe sur les territoires de Saint-Baussant, Essey-et-Maizerais, Euvezin, Bouillonville, Thiaucourt, Jaulny, Rembercourt, et se jette dans la Moselle près d'Arnaville. — *Fluviolus Magide*, 761 (H. M. p. 12). — *Magdis fluvius*, 857 (*ibid.* p. 31). — *Fluvius Matticus in pago Scarmensi*, 863 (Hist. de l'abb. de Saint-Mihiel, p. 441). — *Fluvius Mattis*, 895 (*ibid.* p. 438).—*Fluvius Matt*, 902 (*ibid.* p. 434). — *Lou rui de Mait*, 1318 (Tr. des ch. l. Pont-à-Mousson, n° 13). — *Mastx, Marc, Mas*, 1402 (*Regestrum*). — *Maz*, 1434 (cart. La Chaussée, f° 46). — *La rivière de May*, 1484 (*ibid.* f° 44). — *Medz*, 1612 (Tr. des ch. reg. B. 81, f° 110).

MADELEINE (LA), anc. chapelle, c^{ne} de Château-Salins.
MADELEINE (LA), anc. ermitage ou hôpital, c^{ne} de Flin.
MADELEINE (LA), anc. ermitage , c^{ne} de Méhoncourt, près de l'abb. de Belchamp. — *Capella Beatæ Mariæ Magdalenes*, 1627 (ch. de l'abb. de Belchamp).
MADELEINE (LA), anc. ermitage et chapelle, c^{ne} de Saint-Nicolas. — *La Magdelaine-devant-Port*, 1471 (rec. gén.). — *La Magdelainne* (Cassini).

MADELEINE (LA), éc. c^{ne} de Brémoncourt.
MADELEINE (LA), éc. c^{ne} de Juville.
MADELEINE (LA), éc. c^{ne} de la Neuveville-en-Saulnois.
MADELEINE (LA), f. c^{ne} d'Art-sur-Meurthe.
MADELEINE (LA), anc. léproserie et ferme autour desquelles s'est formée une partie du faubourg Saint-Pierre de Nancy. — *La Malarie de Nancey*, 1312 (ch. des Prêcheresses de Nancy). — *La Malladerie*, 1436 (*ibid.*) — *La Magdelaine-devant-Nancy*, 1521 (dom. de Nancy). — *La Madelaine-lez-Nancy*, 1610 (*ibid.*). — *Sainte-Madelaine* (Cassini).

MADELEINE (LA), f. (léproserie, puis cense-fief), c^{ne} de la Neuveville-devant-Nancy; appelée aussi *Mallerue* au siècle dernier, et où s'étaient primitivement établies, en 1293, les dames Prêcheresses de Nancy «par desai lou rui (ruisseau) *Marlai* (*Marleru* et *Malleru*) de Port». — *Marleinru domus leprosorum*, 1224 (ch. de la coll. Saint-Georges). — *La Madelaine* ou *Malocourt*, 1719 (alph.).

MADELEINE (LE), anc. m^{io}, près de Nancy, construit au commencement du XVII° siècle et ruiné sur la fin du même siècle.

MADIN ou MADINE (LE), ruiss. a sa source dans le département de la Meuse, passe sur les territoires de Pannes et de Bouillonville et se jette dans le Mad.

MADON (Le), riv. prend sa source à Vioménil (Vosges), passe sur les territoires de Bralleville, Germonville, Jevoncourt, Xirocourt, Vaudigny, Affracourt, Vaudeville, Haroué, Ormes, Gerbécourt, Lemainville, Voinémont, Ceintrey, Autrey, Pulligny, Pierreville, Frolois, Xeuilley, Bainville, et va se jeter dans la Moselle à Pont-Saint-Vincent. — *Riparia de Maudum*, 1240 (H. L. II, c. 453). — *Maudon*, 1250 (ch. de l'abb. de Clairlieu). — *Mado, Madona*, 1402 (*Regestrum*). — *Mauldon*, 1424 (dom. de Nancy). — *Maldon*, 1563 (dom. de Mirecourt).

MAGDELBERG, montagne, c^{ne} d'Harreberg.

MAGNIÈRES, c^{on} de Gerbéviller. — *Feodum de Maignerüs*, 1156 (ch. de l'abb. de Beaupré). — *De Mainneres*, 1171 (*ibid.*). — *De Magneres*, 1188 (*ibid.*). — *Maignières*, 1280 (Tr. des ch. l. Blâmont I, n° 11). — *Mengnières*, 1285 (*ibid.* l. Rosières I, n° 25). — *Mengnires*, 1286 (*ibid.* l. Blâmont I, n° 13). — *Mengniers* et *Maignières*, 1304 (*ibid.* n° 164). — *Mygnières*, 1312 (*ibid.* l. Blâmont fiefs, n° 92). — *Megnières*, 1322 (*ibid.* n° 72). — *Lou chastel, la ville et la maison fort de Meignières*, 1324 (*ibid.* n° 76). — *Maignières*, 1352 (*ibid.* n° 111). — *Magneriæ*, 1402 (*Regestrum*). — *Magniers*, 1407 (Tr. des ch. l. Fiefs de Lorraine II, n° 14). — Le fief de Magnières relevait de la châtell. de Rosières, baill. de Nancy; il était le siége d'un comté érigé en 1765.

MAIDIÈRES, c^{on} de Pont-à-Mousson. — *Maidera*, 977 (H. M. p. 82). — *Hospitale quod de novo edificatur inter Pontem et Maderias subtus Montionem*, 1257 (Tr. des ch. l. Pont ecclésiast. n° 2). — *Le moulin et le marché de Madières*, 1265 (*ibid.* l. Pont fiefs III, n° 1). — *Sanctus-Petrus et Sanctus-Remigius de Maderüs*, 1402 (*Regestrum*). — *Madière, Madierres*, 1551 (dom. de Pont-à-Mousson). — Le fief de Maidières relevait du marquisat de Pont-à-Mousson.

Cette commune donne son nom à un ruisseau qui sort du bois du Pouillot, passe sur les territoires de Montauville, Maidières et Pont-à-Mousson, et se jette dans la Moselle.

MAILLET, ancien moulin-fief, près du hameau d'Eulmont. — *Le molin que on dit Maillet, sous la ville d'Eumont*, 1400 (Tr. des ch. l. Vaudémont fiefs, n° 27).

MAILLY, c^{on} de Nomeny. — *Meilley, Mailley*, 1333 (cart. Pont fiefs, f° 209). — *Melly*, 1511 (Tr. des ch. l. Apremont, 29° liasse, n° 19). — Le fief de Mailly relevait de la baronnie d'Apremont et du marquisat de Pont-à-Mousson; il fut le siége d'un comté érigé en 1728.

MAIMBERMONT, f. (fief et métairie franche), c^{ne} de Romain. — *Villa seu colonia vulgariter de Mainbermont*, 1251 (copie du xviie siècle d'une charte de l'abb. de Belchamp).

MAINVAUX (Le Chalet de), éc. c^{ne} de Saint-Max.

MAIRIE (La), m^{in}, c^{ne} de Petit-Mont.

MAISON-ANTOINE (La), f. c^{ne} de Deuxville.

MAISON-BLANCHE (La), éc. c^{ne} de Morville-lez-Vic.

MAISON-BLANCHE (La), f. c^{ne} de Marsal.

MAISON-BRIGNON (La), éc. c^{ne} de Turquestein.

MAISON-CARRÉE (La), fief dans la ville de Marsal.

MAISON-CLAUSSE (La) ou le Gros-Paulin, éc. c^{ne} d'Hermelange.

MAISON-COGNIER (La), éc. c^{ne} de Vitrimont.

MAISON-COLEUR (La), éc. c^{ne} de Varangéville.

MAISON-D'ARDENNE (La), anc. cense, c^{ne} de Dannet-Quatre-Vents, ainsi appelée de celui qui l'avait bâtie. Elle existait en 1756.

MAISON-DE-BRIQUES (La), f. c^{ne} de Moncel-lez-Lunéville.

MAISON-D'ÉCOLE (La), éc. c^{ne} de Crézilles.

MAISON-DE-FERME (La), éc. c^{ne} de Malleloy.

MAISON-DE-LA-TERRASSE (La), éc. c^{ne} d'Abaucourt.

MAISON-DE-L'ÉTANG (La), éc. c^{ne} d'Hattigny.

MAISON-DES-BŒUFS (La), éc. c^{ne} de Croismare.

MAISON-DES-ÉCLUSIERS (La), éc. c^{ne} de Mouacourt.

MAISON-DES-VIGNES (La), éc. c^{ne} de Domptail.

MAISON-D'ORNE (La), fief, c^{ne} de Villers-sous-Prény.

MAISON-DU-CANAL (La), éc. c^{ne} de Varangéville.

MAISON-DU-DIABLE (La), éc. c^{ne} de Lunéville.

MAISON ÉCLUSIÈRE (La), éc. c^{ne} de Villey-Saint-Étienne.

MAISON-ÉTIENNE (La), éc. c^{ne} de Vitrimont.

MAISON FORESTIÈRE (La), éc. c^{ne} de Saint-Quirin.

MAISON FORESTIÈRE (La), éc. c^{ne} de Vitrimont.

MAISON-FORTE (La) ou la Nouverie, ancienne maison à Grosrouvre.

MAISON-FROISSEUX (La), éc. c^{ne} de Marainviller.

MAISON-HAUTE (La), h. c^{ne} de Jezainville.

MAISON-IGNACE (La), éc. c^{ne} de Vitrimont.

MAISON-JACQUEMIN (La), éc. c^{ne} de Vitrimont.

MAISON-JEAN-GUILLOT (La), éc. c^{ne} de Vitrimont.

MAISON-LEROY (La), éc. c^{ne} de Croismare.

MAISONNETTE (La), éc. c^{ne} de Toul.

MAISON-NEUVE-DE-LA-TRANCHÉE (La), anc. cense, c^{ne} de Languimberg, construite en 1750 par l'évêque de Metz, brûlée en 1814 ou 1815, pendant l'invasion. — *Maison-de-l'Évêque* (Cassini).

MAISON-PERRY (La), éc. c^{ne} de Vitrimont.

MAISON-PUNY (La), éc. c^{ne} de Varangéville.

MAISON-ROUGE (La), anc. cense, c^{ne} de Saint-Quirin, indiquée en 1756.

MAISON-ROUGE (La), éc. c^{ne} de Saxon.

MAISON-ROUGE (La), f. c^{ne} de Croismare.

Maison-Rustique (La), éc. c^{ne} de Gondrexange.
Maisons isolées (Les), éc. c^{ne} d'Hudiviller.
Maisons-Rouges (Les), éc. — Voy. Rothhæuslein.
Maisons-sur-la-Route (Les), section de la commune de Marainviller.
Maisonville, éc. c^{ne} de Pont-à-Mousson.
Maître-Pierre (Fontaine), c^{ne} d'Arnaville, indiquée en 1477 (dom. de Prény).
Maixe (pron. *Mâche*), c^{on} de Lunéville-Nord. — *Karolus de Marches*, 1130 (Tr. des ch. l. Abb. de Beaupré, n° 1). — *De Marchesse*, 1135 (H. L. II, c. 306). — *De Marchis*, 1127-1168 (ch. de l'abb. de Clairlieu). — *Marchiœ*, 1402 (*Regestrum*). — *Merches*, 1447 (dom. d'Einville). — *Marches*, 1499 (dom. de Rosières). — *Maxe près Einville*, 1622 (Tr. des ch. l. Rosières III, n° 65). — *Maixe-la-Grande*, 1710 (polium). — *Maxe*, vulgairement *Mâche*, 1779 (Descr. de la Lorr.). — Le fief de Maixe relevait de la châtellenie d'Einville, bailliage de Nancy.
Maixe-la-Petite, h. c^{ne} de Maixe.
Maize, anc. ermitage, c^{ne} de Vannes.
Maizerais, h. c^{ne} d'Essey-et-Maizerais. — *Capella Masiriaci; Masiriacum super fluvium Mattis;* 895 (Hist. de l'abb. de Saint-Mihiel, p. 438). — *Maiseris*, 1284 (Tr. des ch. l. Bouconville II, n° 5). — *Maseris*, 1326 (*ibid.* n° 71). — *Maiserey*, 1518 (dom. de Mandres). — *Mezeray*, 1719 (alphabet). — *Maizeray-en-Voivre*, 1773 (Tr. des ch. fois et hommages). — Le fief de Maizerais relevait de la baronnie d'Apremont.
Maizières-lez-Toul, c^{on} de Toul-Sud. — *Capella de Mazeriis*, 1051 (H. L. I, c. 432). — *Maseriarœ* et *Maseriœ*, 1091 (*ibid.* c. 492). — *Gerardus de Maceriis*, 1172 (Tr. des ch. l. Abb. de Clairlieu, n° 1). — *Marseriœ*, 1402 (*Regestrum*). — *Masières*, 1476 (Tr. des ch. reg. B. 1, f° 349). — *Maizière*, 1611 (dom. de Chaligny). — *Maixières*, 1756 (dép. de Metz).
Maizières-lez-Toul fut le siège d'une châtellenie du temporel de l'évêché de Toul, baill. de cette ville, comprenant les villages de Bainville-sur-Madon et Maizières, du canton de Toul-Sud; et Xeuilley, du canton de Vézelise.
Maizières-lez-Vic, c^{on} de Vic. — *Gervoldus de Maceriis; allodium de Maceriis*, 1182, 1189 (ch. de l'abb. de Haute-Seille). — *De Masires*, 1174 (*ibid.*). — *Villa de Mensires*, 1288 (*ibid.*). — *Ecclesia de Meyeres* (?), 1291 (Ord. præm. ann. II, c. 465). — *Maizières-lès-Marsal*, xviiie siècle (pouillé de Metz). — *Mezier* (Cassini).
Malade (Chemin du), c^{ne} d'Haussonville.

Malades (Devant-les-Malades et Ès-), cantons du territoire de Leintrey.
Maladie. Un titre de 1417 (Tr. des ch. l. Nancy I, n° 15) fait mention d'un bois de ce nom près du village d'Ormes.
Maladrerie (La) et la Maladrie, cantons des territoires de Bidestroff, Domptail et Einville. Il est fait mention de ce dernier, en 1561, dans le compte du domaine d'Einville.
Maladrie (Champ-de-la-), canton du territoire de Nomeny.
Maladrie (La), canton de terre au ban de Vézelise, destiné, de temps immémorial, à l'inhumation des pestiférés (arch. de Vézelise).
Maladrie (La), léproserie, près de Rosières-aux-Salines. — *La Maladerie de la Petite-Rosière*, 1548 (arch. de Rosières). — *La Maladie*, 1606 (*ibid.*).
Maladrie (La), léproserie, près de Viller-lez-Lunéville. — *La Meladerie*, 1628 (dom. de Lunéville).
Maladrie (La), nom donné à quelques maisons du hameau du Petit-Eich, lesquelles sont de la commune de Hoff, et parfois indistinctement au hameau tout entier.
Maladrie (Ruelle de la), c^{ne} de Bayon.
Malaucourt, c^{on} de Delme. — *Malodicurtis*, 828 (Hist. de l'abb. de Saint-Mihiel, p. 428). — *Malacuria on Saulnoix*, 1482 (*Regestrum*). — *Mallaucourt*, 1427 (Tr. des ch. l. Fiefs de Nancy, n° 154). — *Malacourt*, 1477 (dom. d'Amance). — *Mallecuria*, xve siècle (cart. de l'abb. de Mettloch, f° 282). — *Mallacourt*, 1600 (dom. d'Amance).
Malbrouque (Chemin de), c^{ne} de Tremblecourt.
Malcôte, montagne, c^{ne} de Saint-Quirin.
Maldiné (La), fief, c^{ne} d'Haraucourt-sur-Seille.
Malgrange(La Grande-), chât. aujourd'hui pensionnat, c^{ne} de Jarville; dès le xvie siècle, maison de plaisance des ducs de Lorraine, qui y avaient un haras dans le siècle suivant. — *La Valgrange*, 1401 (Généalogie de la maison du Châtelet, pr. p. 24-26). — *La Male grainge*, 1537 (dom. de Nancy). — *La Malle grainge*, 1558 (Tr. des ch. reg. B. 5631). — *La Mallegrange-lès-Nancy*, 1563 (*ibid.* l. Nancy II, n° 62). — *La Mallegrange*, 1569 (dom. de Nancy). — *La Vieille-Mallegrange*, 1574 (*ibid.*).
Malgranges (Les Petites-), maison de santé, f. chât. et éc. c^{ne} de Jarville. — *La Neuve-Mallegrange*, 1574 (dom. de Nancy).
Malgré-Colle, éc. c^{ne} de Nitting.
Malgré-Jean, f. c^{ne} de Badonviller.
Malgré-Moussey, f. — Voy. Xirxange (La Haute-).
Malgré-Voivre, usine, c^{ne} de Glonville.
Malgré-Xousse, éc. c^{ne} de la Garde.

Malleloy, c^on de Nomeny. — *Malleroy*, 1324 (ch. de la coll. Saint-Georges). — *Maleroy*, 1417 (Tr. des ch. l. Condé, n° 31). — *Mailleloy*, 1574 (dom. de Nancy). — *Mallenoy*, 1594 (dén. de la Lorr.). — *Malnoy*, 1709 (état du temporel). — Malleloy fut le siége d'un comté érigé en 1724.

Cette commune donne son nom à un ruisseau qui sort du bois de la Fourasse, passe sur le territoire de Nomeny et se jette dans la Seille.

Malmaison (Chemins de la), c^nes de Bainville-aux-Miroirs et de Giriviller. — Une cense de ce nom est indiquée, en 1782, comme dépendant de la c^ne de Saint-Remimont (table des villes, etc.).

Malméry (La), f. c^ne de Zommange.

Malmontée (Route), chemin dans la forêt de Haye, indiqué en 1602 (Tr. des ch. reg. B. 7668).

Malnoy, vill. détruit, près de Nomeny.

Malpierre, chemin dans la forêt de Haye. — *Mallepierre*, 1586 (Tr. des ch. reg. B. 7644).

Malzéville, c^on de Nancy-Est. — *Villa de Margeville*, 1130 (H. L. II, c. 290). — *Mareseivilla*, 1176-1205 (ch. de l'abb. de Clairlieu). — *Malisevila*, 1231 (*ibid.*). — *Malesevilla*, 1246 (*ibid.*). — *Mallisei villa*, xiv° s^e (*Chr. med. mon.* H. L. I, c. 76). — *Marezeville*, 1349 (ch. de la cure de Dombasle; arch. de la Meurthe). — *Marzeville*, 1390 (Tr. des ch. l. Fiefs de Lorraine II, n° 13). — *Morisevilla*, 1402 (*Regestrum*). — *Malzeville*, 1424 (dom. de Nancy). — *Mallezeville*, 1444 (Tr. des ch. l. Nancy I, n° 46). — *Malzeville-devant-Nancy*, 1494 (Tr. des ch. l. Amance, n° 16). — *Malezeville-près-Nancy*, 1496 (cart. Nancy dom. I, f° 13). — *Malesville*, 1526 (dom. de Nancy). — *Marzeville-lès-Nancy*, 1573 (Tr. des ch. l. Bricy fiefs, n° 9). — Le fief de Malzéville relevait de la châtell. de Nancy, baill. de cette ville.

Malzey ou Molzey, vill. détruit, près d'Aingeray. — *Molisiacum*, 965 (H. L. I, c. 374). — *Molesiacum*, 982 (*ibid.* c. 390). — *Molosiacum*, 1050 (*ibid.* c. 429). — *Mallisey*, 1322 (Tr. des ch. l. Gondreville, n° 35). — La carte de l'État-major indique les ruines de Malzey et le bois de ce nom.

Mamey, c^on de Domèvre. — *Villa que vocatur Mamacus, in comitatu Sarpontensi*, 918 (H. M. p. 56). — *Maumey*, 1344 (Tr. des ch. l. Pierrefort, n° 75). — *Mayey*, 1402 (*ibid.* l. Fiefs de Nancy, n° 42). — *Mameis, Mames*, 1402 (*Regestrum*). — *Mamei, Memey*, 1421 (dom. de l'Avant-Garde). — *Mesmey*, 1568 (dom. de Nancy).

Mandeguerre, ancienne tour située sur le pont de Pont-à-Mousson, où était le beffroi qui portait le même nom.

Mandeguerre, ancienne tour au château de Prény, où était une cloche portant le même nom.

Mandeguerre (Chemin de), c^ne de la Neuveville-derrière-Foug.

Mandres-aux-Quatre-Tours, c^on de Domèvre, ainsi appelé des quatre tours qui flanquaient son donjon. — *Mandræ*, 1033 (H. L. I, c. 408). — *Balduinus et domus (le château) de Mandles*, xii° siècle (Tr. des ch. l. Mandres, n° 28). — *N. doyen de la crestientei de Mandres*, 1270 (Tr. des ch. l. Pont fiefs III, n° 3). — *La fort Maison de Mandres-en-Weiwre*, 1339 (*ibid.* l. Apremont, 29° liasse, n° 25). — *Mondriæ*, 1402 (*Regestrum*).

Mandres était à la fin du xiii° siècle, ainsi qu'il est indiqué ci-dessus, le chef-lieu d'un petit district ecclésiastique, qualifié de chrétienté, dont la circonscription est inconnue, et qui fut probablement incorporé dans le doyenné de Prény. — En 1698, Mandres devint le siége d'une prévôté, baill. de Pont-à-Mousson, composée de huit villages, dont cinq de la Meuse. Les trois autres étaient Ansauville et Mandres, du canton de Domèvre; Essey-et-Maizerais, du canton de Thiaucourt. Ansauville et Essey étaient alternativement, et d'année en année, de la prévôté de Mandres et de celle de Bouconville.

Les armoiries de Mandres, blasonnées dans l'Armorial de Lorraine, sont *d'azur cantonné de quatre tours d'argent à deux barbeaux adossés d'or, mis en cœur, et quatre croisettes recroisetées, au pied fiché, qui est de Bar, de même*.

Mandreville, vill. détruit, près de Diarville. — *Mendreville*, 1444 (Tr. des ch. l. Vaudémont dom. n° 22).

Manée (La Cense), f. c^ne de Turquestein.

Mangonville, c^on d'Haroué. — *Villa que vocatur Mangunvile in comitatu Sointense*, 942 (ch. de l'abb. de Bouxières). — *Magunville in comitatu Segentense*, 942 (*ibid.*).

Manhoué, c^on de Château-Salins. — *Richerus de Mainwe*, 1195 (ch. de l'abb. de Beaupré). — *Manvuet, Manugua, Manguey, Manwey, Manweit*, xiii° siècle (cart. de l'abb. de Salival). — *Manwoy*, 1616 (dom. d'Einville). — *Manveoid*, 1618 (arch. du maire de Manhoué). — *Manwy*, 1642 (pouillé de Metz). — *Manvais*, 1668 (dom. de Nomeny). — *Manvuey*, 1669 (*ibid.*). — Voy. Vieux-Manhoué (Le).

Manille, anc. chapelle, près d'Autrey.

Manivelle (La), scierie, c^ne de Pierre-Percée.

Manoncourt-en-Vermois, c^on de Saint-Nicolas. — *Manicourtis in pago Calvomontense*, 770 (H. L. I, c. 288). — *Manuncurt*, 1147 (H. L. II, c. 331).

— *Capella Mannoni curtis*, 1188 (*ibid.* c. 399). — *Masnoncourt*, 1258 (ch. de l'abb. de Clairlieu). — *Mernoncuria*, 1357 (ch. du pr. de Flavigny). — *Manoncuria*, 1402 (*Regestrum*).— *Mononcourt*, 1427 (dom. de Nancy). — *Manuncuria*, 1618 (ch. des arch. de la fabrique de Dombasle).

MANONCOURT-EN-VOIVRE, c^{on} de Domèvre. — *Manonis curtis*, 836 (H. L. I, c. 301). — *Manmonis curtis*, 870 (H. T. p. 2). — *Mammonis curtis*, 884 (H. L. I, c. 317). — *Mannonis cortis, Sancti-Apri villa* (*Hist. eps. tull. ad ann.* 963-994, *ibid.* c. 148).— *Manoncuria-en-Voivre*, 1359 (ch. de l'abb. de Saint-Epvre). — *Manoncuria*, 1402 (*Regestrum*).

MANONCOURT-SUR-SEILLE, c^{on} de Nomeny. — *Manoncourt-en-Saunois*, 1287 (ch. des Antonistes de Pont-à-Mousson). — *Manoncort*, 1370 (Tr. des ch. l. Nomeny II, n° 8). — Le fief de Manoncourt-sur-Seille relevait du marquisat de Pont-à-Mousson.

MANONVILLE, c^{on} de Domèvre. — *Mannonis villa*, 977 (H. M. p. 82). — *Monoldi villa* (?) (*Hist. eps. tull. ad ann.* 996-1018, H. L. I, c. 165; attribution donnée dans H. T. texte, p. 343). — *Menovile*, 1262 (Tr. des ch. l. Pont dom. II, n° 4). — *Menonville*, 1275 (cart. de Rengéval, f° 26 v°). — *Magnonvilla*, 1402 (*Regestrum*). — *Manonville-le-Chastel*, 1477 (dom. de Prény). — Le fief de Manonville relevait du marquisat de Pont-à-Mousson.

MANONVILLER, c^{on} de Lunéville-Sud-Est (prieuré de Bénédictins au XVIe siècle). — *Ecclesia de Manonvillari, metensis diocesis, membrum prioratus de Chanoy, perpetuo unitus monasterio de Calmosiaco* (Chaumouzey), 1524 (ch. au Musée lorrain). — *Manonville*, 1756 (dép. de Metz). — Le fief de Manonviller relevait du comté de Blâmont.

MANTONCOURT, vill. détruit, près d'Ommerey. — *Ecclesia de Mantoncourt*, 1219 (ch. de l'abb. de Haute-Seille). — *Mantoncort*, 1273 (Tr. des ch. l. Moyenvic I, n° 1). — *Mantucor*, 1288 (ch. de l'abb. de Haute-Seille).

MARAINVILLER, c^{on} de Lunéville-Sud-Est. — *Cono de Murinviler*, 1152 (ch. de l'abb. de Beaupré). — *Alodium cum ecclesia de Malenviller*, 1157 (ch. de l'abb. de Belchamp). — *Mairenviler*, 1268 (Tr. des ch. l. Blâmont I, n° 4). — *Meranviler*, 1272 (*ibid.* n° 7). — *Marenviler*, 1284 (ch. de l'abb. de Belchamp). — *Marenvilleir*, 1324 (Tr. des ch. l. Blâmont I, n° 76). — *Marienviller*, 1371 (ch. de l'abb. de Belchamp). — *Marrenviller*, 1398 (*ibid.*). — *Marainvillare, Marienvillare*, 1402 (*Regestrum*). — *Marenvillare*, 1434 (ch. de l'abb. de Belchamp). — *Mairenviller*, 1534 (dom. de Lunéville). — *Maranvillers* (*ibid.*).

MARAIS-DE-LAY (RUISSEAU DES), a sa source à Lay-Saint-Remy, passe sur le territoire de cette commune et se jette dans la Meuse.

MARBACHE, c^{on} de Nancy-Nord. — *Ecclesia in Merbechia, in comitatu Scarponinsi*, 896 (H. T. p. 12). — *Mebarchia* (*Hist. eps. tull. ad ann.* 895-907, H. L. I, c. 130). — *Marbagium*, 1065 (*ibid.* c. 455). — *Allodium de Marbage*, 1181 (*Ord. præm. ann.* II, c. 137). — *De Barbage*, 1196 (ch. de l'abb. de Sainte-Marie). — *Marbaches*, 1268 (Tr. des ch. l. Fiefs de Nancy, n° 115). — *Merbage*, 1272 (ch. de l'abb. de Sainte-Marie). — *Merbache, Merbaiche*, 1333 (Tr. des ch. l. Fiefs de Lorraine, n° 19). — *Marbaiche*, 1365 (*ibid.* l. l'Avant-Garde, n° 7). — *Marbechia, Merbechiæ*, 1402 (*Regestrum*). — *Marbaches, Marbeches, Marbesthe, Marbesthes*, 1441 (dom. de Pont-à-Mousson). — *Marbeche*, 1500 (dom. de l'Avant-Garde). — Le fief de Marbache relevait de la châtell. de l'Avant-Garde, baill. de Nancy.

MARCARERIE (LA), h. c^{ne} de Vasperviller.

MARCHANDE (LA), f. c^{ne} de Coutures.

MARCHANDS (CHEMIN DES), c^{ne} de Méréville. — *Via mercatoria*, 1094 (H. L. I, c. 498).

MARCHANDS (CHEMINS DES), c^{nes} de Noviant-aux-Prés, de Viéville-en-Haye et de Lixières.

MARÉVILLE, hospice d'aliénés, c^{ne} de Laxou; hôpital de pestiférés fondé au XVIe siècle. — *Merville*, 1590 (dom. de Nancy). — *Marainville*, 1602 (arch. de Nancy).

MARIE-CHANOIS, canton de la forêt de Haye, c^{be} de Maron. Il est parlé d'une carrière de ce nom dans un titre du XIIe siècle. — *Petrosa de Maruchasnel*, 1168-1193 (ch. de l'abb. de Clairlieu).

MARIMONT (vulg. *Marimont-Boroger*), c^{on} d'Albestroff. — *Castrum de Morsperch*, 1266 (Tr. des ch. l. Deux-Ponts, n° 5). — *Chastellerie de Morespert*, 1291 (*ibid.* l. Pont fiefs III, n° 6). — *Castrum Moersberg*, 1298 (*Als. dipl.* II, p. 67). — *Moresperch*, 1300 (Tr. des ch. l. Bitche, Castres, etc. n° 34). — *Morpas*, 1344 (*ibid.* l. Dieuze I, n° 16). — *Morpach*, 1401 (*ibid.* l. Condé, n° 22). — *Morspait*, 1404 (*ibid.* l. Bitche, Castres, n° 53). — *Molberc*, 1420 (*ibid.* l. Blâmont fiefs, n° 84). — *Morpec*, 1481 (dom. de Dieuze). — *Molzberg*, 1490 (*ibid.* l. Fiefs divers II, n° 39). — *Mersperg, Merssperg, Morsperg*, 1525 (papier des noms, etc.). — *Merspurg*, 1525 (Guerre des Rustauds, p. 76). — *Mesprich, Mosperg*, 1553 (dom. de Dieuze). — *Mersprich*, 1571 (Tr. des ch. l. Puttelange, n° 76). — *Morsperg*, 1594 (dén. de la Lorr.). — *Morsprich*, 1616 (dom. de Dieuze). — *Marimont ou Morsperg*, 1710 (polium). — *Marimont-la-Haute*, 1790 (div. du départ.).

Marimont, fief du bailliage d'Allemagne, fut le chef-lieu d'une châtellenie et d'une mairie, qualifiée de *mère-court*, de laquelle dépendaient les villages de Cutting, Bassing, Domnom, Guinzeling et Loudrefing. La châtellenie comprenait, en 1594, Altroff (en partie), Hunskirich, Insming (en partie), Léning, Lostroff, Loudrefing (en partie), Nébing, Virming et Vittersbourg, du canton d'Albestroff; Bassing (en partie), Cutting (*ibid.*), Domnom, Guébling, Guénestroff, Rorbach et Vergaville, du canton de Dieuze. Ces villages furent répartis, en 1698, dans les prévôtés de Dieuze et d'Insming.

MARIMONT, chât. c^{ne} de Bourdonnay; village et siége d'une baronnie au siècle dernier. — *Marimont-la-Basse*, xviiie siècle (pouillé de Metz). — *Petit-Marimont* (Cassini).

MARIMONT, ancien bois. — Voy. CLAIRLIEU.

MARIOTTE, ruiss.— Voy. FONTAINE-MARIOTTE (RUISSEAU DE LA).

MARIVAUX, f. c^{ne} de Bezaumont. — *Merinveau* (Cassini).

MARJAC, canton du territoire de Hesse où se voient des débris de constructions que la tradition attribue, probablement par erreur, à une maison de Templiers.

MARMOTTES (CHEMIN DES), c^{ne} de Barbas.

MARNOËL, éc. c^{ne} d'Azerailles; métairie construite en 1608, dans le voisinage d'un bois dit *la Grosse-Marnouel*, et érigée en maison franche. — *Marnoüelle, Marnouelle*, 1608 (titre des Jésuites de Nancy et dom. de Lunéville). — *Maronelle*, 1609 (dom. de Lunéville). — *Marmonel*, 1621 (*ibid.*). — *Marnouel*, 1629 (titre des Jésuites). — *Mernouel*, 1634 (dom. de Lunéville). — *Mairenoël*, 1710 (état du temporel).

MARON, c^{on} de Nancy-Nord. — *Ecclesia Sancti-Gengulphi de Maioron; Mairon*, 1126 (H. L. II, c. 279). — *Marron*, 1600 (dom. de Nancy). — Le fief de Maron relevait de la châtell. et du baill. de Nancy.

MAROUILLEUX, f. c^{ne} de Goviller.

MARQUIS, f. et usine, c^{ne} de Turquestein.

MARQUIS, scierie, c^{ne} de Petit-Mont.

MARQUIS, scierie, c^{ne} de Saint-Sauveur.

MARQUISAT (LE), anc. cense, c^{ne} d'Autrepierre (Cassini).

MARSAL, ville, c^{on} de Vic (collégiale sous le titre de Saint-Léger. — Voy. ce mot). — *Vicani Marosallenses* (inscription de l'an 44 de J.-C. trouvée à Marsal en 1842). — *Marsallo Vico; Marsalli* (tiers de sou. Bulletins de la Société d'Archéologie lorraine, I, p. 127-146, et Ét. num. p. 131-134). — *Marsallum*, 709 (H. L. I, c. 265). — *Patella salis in Marsalla villa*, 763 (Als. dipl. I, p. 39). — *Marsella*, 896 (*ibid.* p. 97). — *Apud Maresalis*, 1179 (*ibid.* p. 268). — *Villa de Marsal*, 1191 (ch. de l'abb. de Haute-Seille). — *Mersa*, 1195 (ch. de l'abb. de Beaupré). — *Marsaulum*, 1262 (*ibid.*). — *Marsau*, 1284 (Tr. des ch. l. Rosières I, n° 17). — *Marsaul*, 1293 (*ibid.* l. Blâmont fiefs, n° 13). — *Salinæ de Marceallo* (Chr. eps. met. ad ann. 1296-1301, H. M. p. 2). — *Marcellum*, 1326 (cart. de l'abb. de Salival). — *Marsault*, 1363 (reg. cap. de la cath. de Toul). — *Marsalz*, 1353 (Tr. des ch. l. Rosières I, n° 114). — *Marsaulx* (mesure de), 1371 (Tr. des ch. l. Fiefs de Nancy I, n° 14). — *Marxaul*, 1427 (*ibid.* n° 154). — *Marxal*, 1525 (Guerre des Rustauds, p. 67). — *Marcellum salinarum oppidum* (*ibid.* éd. orig. f° 15).— *Marsalium, alias Marcellum; Marsallum castellum, a sale nomen videtur accepisse*, 1675 (*Not. Gall.* p. 496). — Le peuple prononce *Maa*, 1779 (Descr. de la Lorr.).

Marsal était le siége d'un archidiaconé, diocèse de Metz, comprenant les archiprêtrés d'Haboudange, Marsal, Varize, Kedange, Morhange, Rombas, Saint-Avold et Thionville; ces six derniers, de la Moselle. — L'archiprêtré de Marsal comprenait les paroisses d'Amenoncourt, Arracourt, Athienville, Autrepierre, Bezange-la-Grande, Bezange-la-Petite, Blanche-Église, Blémerey, Bourdonnay, Bures, Domjevin, Donnelay, Emberménil, la Garde, Gogney, Haraucourt-sur-Seille, Hénaménil, Juvelise, Leintrey, Lezey, Maizières, Manonviller, Marsal, Moncourt, Mouacourt, Mulcey, la Neuveville-aux-Bois, Ommerey, Parroy, Réchicourt-la-Petite, Reillon, Remoncourt, Repaix, Saint-Martin, Saint-Médard, Sornéville, Verdenal et Xousse.— *Archidiaconatus et archipresbyteratus de Marsallo, al. Marsalo*, 1539 (pouillé de Metz : Topog. ecclés. de la France).

En 1594, Marsal était le siége d'une châtellenie qui comprenait les communes d'Haraucourt-sur-Seille, du canton de Château-Salins; Saint-Médard, du canton de Dieuze; Donnelay et Juvelise, du canton de Vic. — En 1698 Marsal devint le chef-lieu d'une prévôté, baill. de Nancy, qui avait ses coutumes particulières, et de laquelle dépendaient la ville de Marsal, Haraucourt-sur-Seille et Saint-Médard. — En 1790, Marsal fut le chef-lieu d'un canton dépendant du district de Vic (puis de Château-Salins), et formé des communes d'Haraucourt, Juvelise, Lezey, Marsal et Saint-Médard.

Les armoiries de Marsal, blasonnées dans l'Armorial de Lorraine, sont *écartelé de gueules et d'or*.

MARTELBERGHOFF, montagne, c^{ne} de Walscheid.

Marthéchamp, tuilerie, c^{ne} de Méréville.
Marthemont, c^{on} de Vézelise. — *Martini mons cum ecclesia*, 1091 (H. L. I, c. 489). — *Mertemont*, 1408 (dom. de Vaudémont). — *Martemont*, 1550 (*ibid.*).
Marthil, c^{on} de Delme. — *Marte, in pago Moslinse*, 717 (cart. de l'abb. de Saint-Arnou). — *Villa vocabulo Til, in pago Salninse, cum ecclesia in honore Sanctæ-Mariæ*, 962 (*ibid.*). — *Tilium*, 1192 (H. M. p. 154). — *Tilio*, 1234 (cart. de Saint-Arnou). — *Thille*, 1427 (Tr. des ch. l. Viviers, n° 22). — *Martille*, 1790 (div. du départ.).
Martinbois, f. c^{ne} d'Hériménil; anc. mét. et bois à l'abbaye de Beaupré. — *Martinbosc*, 1130 (ch. de l'abb. de Beaupré). — *Alodium de Marenbois*, 1135 (Tr. des ch. l. Abb. de Beaupré, n° 1). — *Martini nemus*, 1147 (ch. de l'abb. de Beaupré). — *Martius nemus*, 1159 (H. L. II, c. 357). — *Possessio de Martinbois*, 1163 (ch. de l'abb. de Beaupré). — *Grangia de Martinbosco*, 1182 (*ibid.*). — *Martinbos*, 1262 (*ibid.*).
Martincourt, c^{on} de Domèvre. — *Alodium de Martincurt*, xiie siècle (cart. de Rengéval, f° 16 v°). — *Martincort*, 1304 (Tr. des ch. l. Pont dom. II, n° 13). — *Mairtincourt*, 1315 (*ibid.* l. Fiefs de Nancy, n° 139). — *Mertincourt-desous-Pierrefort*, 1344 (*ibid.* l. Pierrefort, n° 75). — *Martinicuria*, 1402 (*Regestrum*). — *Mertincourt*, 1421 (dom. de l'Avant-Garde). — Le fief de Martincourt relevait de la terre de Pierrefort, baill. de Nancy.
Martincourt, f. et chât. c^{ne} de la Garde. — Le fief de Martincourt relevait de la châtell. de la Garde, baill. de Vic.
Martincroix, vill. détruit, dans le voisinage de Saint-Clément, de la Ronxe et de Chenevières. — *Martincruix*, *Martincroix*, 1309 (Tr. des ch. l. Blâmont I, n° 164, et Deneuvre, n° 61). — *La ville de Martincruix*, 1371 (ch. de l'abb. de Belchamp).
Martinsmühl, m^{in}, c^{ne} d'Hangviller.
Martinval, h. c^{ne} de Vacqueville. — Il est parlé d'un endroit de ce nom près de la forêt d'Écrouves: *Locus qui dicitur Martini vallis*, 1214 (cart. de Rengéval, f° 14).
Martinval ou Martinvaux (Route de), dans la forêt de Haye, c^{ne} de Maron. — *Martini vallis*, 1168-1193 (ch. de l'abb. de Clairlieu). — *Martinvaulz*, 1612 (Tr. des ch. B. 7689).
Manuette, anc. m^{in} à seau, au pied de la montagne de Garrebourg, mentionné en 1756 (dép. de Metz).
Math (La), c^{on} de Gerbéviller. — *Territorium de la Marz*, 1178 (ch. de l'abb. de Beaupré). — *Boix de Clerlieu preis la Mars*, 1296 (Tr. des ch. l. Rosières I, n° 42). — *La Mairs*, 1315 (*ibid.* l. Fiefs de Nancy, n° 141). — *Lamay*, 1476 (dom. de Lunéville). — *La Max*, 1497 (*ibid.*). — *La Mais*, 1502 (dom. d'Einville). — *La May*, 1516 (dom. de Lunéville). — *Lamays*, 1523 (*ibid.*). — *La Mays*, 1558 (*ibid.*). — *La Maix*, 1600 (dom. d'Einville). — *La Marth*, 1606 (dom. de Lunéville). — *La Maith*, 1651 (*ibid.*). — *La Math ou la Maix*, 1779 (Descr. de la Lorr.). — Le fief de la Math relevait de la châtell. de Rosières, baill. de Nancy.

Matin, éc. c^{ne} de Donnelay.
Mattecourt, f. c^{ne} de Saint-Remy-aux-Bois; vill. détruit, puis métairie à l'abb. de Beaupré. — *Vicus de Matricort; ecclesia de Matricort libera quondam fuit capella, que de prebenda Sancti-Goerici de Espinal proprie dinoscitur antiquitus extitisse; villula de Matricort*, 1173 (ch. de l'abb. de Beaupré). — *Cono magister; Hugo presbiter de Matrecort*, 1185 (*ibid.*).
Mattexey, c^{on} de Gerbéviller. — *Martexeyum*, 1402 (*Regestrum*). — *Metthexey près de Valloy*, 1539 (dom. de Moyenmoûtier). — *Mattexay ou Mettezey*, 1710 (polium). — Le fief de Mattexey relevait de la châtell. de Rosières, baill. de Nancy.
Mattmühl, m^{in}, c^{ne} de Sarrebourg. — *Mattemul* (moulin des Prés), 1335 (ch. de l'abb. de Vergaville). — *Matemule, Matenmule*, xve siècle (obit. de la coll. de Sarrebourg, f°s 29 v° et 30 v°).
Mauchère, ruiss. prend sa source à Montenoy, passe sur les territoires de Faulx, de Malleloy et de Custines et se jette dans la Moselle.
Mauvais, scierie, c^{ne} de Saint Sauveur.
Mauvais-Lieu, éc. c^{ne} de Villey-le-Sec.
Mauvaise-Femme (Chemin de la), c^{ne} de Flin.
Maxel (Ruisseau de), a sa source à Haussonville, passe sur le territoire de cette commune et se jette dans l'Euron.
Maxéville (pron. Machéville), c^{on} de Nancy-Nord. — *Marchevilla*, 1224 (ch. de la coll. Saint-Georges). — *Marcheinvilla*, 1402 (*Regestrum*). — *Marchainville*, 1522 (dom. de Nancy). — *Marchainville-lez-Nancy*, 1544 (Tr. des ch. l. Nancy II, n° 32). — *Maxainville*, 1595 (*ibid.* l. Nancy III, n° 41). — *Marcheville*, 1596 (dom. de Nancy). — *Maxenville*, 1600 (*ibid.*). — Le fief de Maxéville relevait de la châtell. et du baill. de Nancy.
Mazagran, éc. c^{ne} de Bayonville.
Mazagran, éc. c^{ne} de Chaligny.
Mazagran, scierie, c^{ne} de Saint-Sauveur.
Mazelure, mét. c^{ne} d'Azerailles; métairie et chapelle à l'abbaye de Moyenmoûtier. — *Grainge de Mazerueles*, 1282 (Tr. des ch. l. Deneuvre, n° 3). — *Mezerueles, Meseruelle*, 1295 (*ibid.* n° 11). — *Maxeruelle*, 1313 (*ibid.* l. Lunéville I, n° 17). — *Maze-*

rules, 1719 (alph.). — *Mazelieures*, 1779 (pouillé de Nancy).

Mazerot, ruiss. formé des eaux de la fontaine Berthe, passe sur les territoires de Fontenoy-la-Joute et de Glonville et se jette dans la Meurthe.

Mazerules, c^{on} de Château-Salins. — *Maseriolæ*, 1127-1168 (ch. du pr. de Flavigny). — *Bencelinus de Maseroles*, 1210 (H. L. I, c. 525). — *Maizeruelles*, 1283 (ch. de l'ordre de Malte). — *Domus hospitaliorum de Maseruelles*, 1402 (Regestrum). — *Mazeruelles-dessous-Amance*, 1411 (Tr. des ch. l. Amance, n° 13). — *Maixeruelle*, 1477 (dom. d'Amance). — *Mazereulles*, 1492 (ibid.). — *Mazerulles*, 1550 (ibid.). — *Mazelure*, 1594 (dén. de la Lorr.). — *Mezereulle*, 1595 (Tr. des ch. l. Moyenvic I, n° 114). — *Maixereulle*, 1600 (dom. de Nancy). — *Mazereulle et Mazaruelles*, 1658 (titre de l'ordre de Malte).

Mederatt-Mühl, mⁱⁿ, c^{ne} de Dabo. — Ce moulin donne son nom à un ruisseau qui prend sa source à Dabo, passe sur le territoire de cette commune et se jette dans la Zorn.

Médreville, h. c^{ne} de Nancy.

Méharménil, anc. mⁱⁿ à l'abb. de Beaupré, sur la Mortagne, entre Gerbéviller et Xermaménil. — *Amermasnil*, 1130 (ch. de l'abb. de Beaupré). — *Hamermasnil*, 1135 (ibid.). — *Pons de Hameharmasnil supra Mortesnam*, 1178 (ibid.). — *Harmeharmasnil super Mortennam fluvium*, 1189 (ibid.). — *Meharmenil, Mehartmesnil*, 1218 (ibid.)

Méhon, f. c^{ce} de Deuxville; fief érigé en 1598; chapelle fondée en 1650.

Méhoncourt, c^{on} de Bayon. — *Mooncort*, 1255 (ch. de l'abb. de Belchamp). — *Mohoncourt*, 1281 (ibid. copie du xviie s^e). — Le fief de Méhoncourt relevait de la châtell. de Rosières, baill. de Nancy.

Melkerhoff (Le), f. c^{ne} de Bieberskirch.

Melkerhoff (Le), f. c^{ne} de Fénétrange.

Ménagerie (La), éc. c^{ne} de Chanteheux; maison érigée en fief, en 1705, sous le nom de *Mussey*.

Ménagerie-de-la-Malgrange (La), f. dépendant autrefois de la Malgrange, c^{ne} de Jarville, vendue comme propriété nationale en 1796.

Menelle (La), h. c^{ne} de Pierre-Percée.

Menge, anc. mⁱⁿ, près de Vézelise. — *Le molin de Menge*, 1406 (Tr. des ch. l. Vaudémont fiefs, n° 16 *bis*).

Ménil (Le), éc. (fief), c^{ne} de Marbache.

Ménil, faub. de Lunéville, autrefois village (prieuré de Bénédictins fondée au xviiie siècle et dépendant de l'abb. de Senones). — *Masnis*, 1251 (Tr. des ch. l. Lunéville I, n° 53). — *Mesny, Maisnilz*, 1315 (ibid. n°s 20 et 21). — *Mesnis*, 1318 (ibid. n° 55).

— *Mesnil-devant-Lunéville*, 1523 (dom. de Lunéville). — *Mesnil-lez-Lunéville*, 1618 (ibid.).

Ménil, f. c^{ne} de Prévocourt; vill. détruit; seigneurie et franc-alleu. — *Alodium de Masnis*, 1177 (Tr. des ch. l. Abb. de l'Isle, n° 46). — *Masniz*, 1180 (Ord. præm. ann. II, c. 454). — *Mannis*, 1283 (Tr. des ch. l. Pont addit. n° 1). — *Maignye, Maignix*, 1318 (ibid. l. Pont ecclésiast. n° 126). — *La ville de Mesnilz-sur-Nyedz*, 1505 (ibid. l. Viviers, n° 41). — *Mesnil*, 1566 (dom. de Viviers). — Le fief de Ménil relevait du marquisat de Pont-à-Mousson.

Ménil, fief au faubourg de Ménil (Lunéville).

Ménil (Le), fief au village du Ménil-Mitry.

Ménil-Flin, h. c^{ne} de Flin. — *Masnile*, 1111 (H. L. I, c. 439). — *Lou Mesnil*, 1289 (Tr. des ch. l. Blâmont I, n° 15). — *Manillum*, 1304 (ibid. l. Deneuvre, n° 15). — *Masnis*, 1345 (ibid. l. Blâmont fiefs, n° 52). — *Le Mengny, Mensny*, 1505 (dom. de Deneuvre). — *Le Mesnil-de-Flin*, 1516 (dom. de Lunéville). — *Le Mesnil-de-Flin*, 1553 (dom. de Deneuvre). — *Le Mesnil*, 1594 (dén. de la Lorr.). — Le fief de Ménil relevait du comté de Blâmont.

Ménil-la-Tour, c^{on} de Toul-Nord. — *Mansile*, 1168-1193 (H. T. p. 95). — *Manis*, 1270 (cart. de Rengéval, f° 27 v°). — *Manillum*, 1384 (reg. cap. de la cath. de Toul). — *Mesnil-lès-Toul*, 1594 (dén. de la Lorr.). — Le fief de Ménil-la-Tour relevait, au xvie siècle, de la baronnie d'Apremont; il est qualifié, au siècle dernier, de franc-alleu et pairie de l'évêché de Toul.

Ménil-Mitry (Le), c^{on} d'Haroué, ainsi appelé du nom de la famille qui possédait cette terre au siècle dernier. — *Manullum*, 1224 (ch. du pr. de Flavigny). — *Manille*, 1350 (Tr. des ch. l. Nancy I, n° 117). — *Le Mesnil-devant-Ormes*, 1526 (dom. de Nancy). — *Le Mesnil*, 1571 (ibid.). — *Le Mesnil-près-Bayon*, 1590 (Tr. des ch. B. 59, f° 158). — *Ménil-devant-Bayon*, 1709 (état du temporel). — *Le Ménil-devant-Bayon*, ou *Ménil-Mitry*, ou *Ménil-la-Grenade*, 1779 (Descr. de la Lorr.). — *Ménil-lès-Bayon* ou *Mitry*, 1779 (pouillé de Nancy). — *Franc-alleu du Ménil-la-Grenade-devant-Bayon*, 1781 (Tr. des ch. fois et hommages).

Ménil-Saint-Martin, f. c^{ne} de Benney; autrefois village, avec une église mère de celle de Benney; cense-fief, haute justice au siècle dernier. — *Saint-Martin-Ménil*, village réduit à une cense, 1719 (alph.). — La carte de l'État-major l'appelle *Ménil-Thomassin*. Le fief de Ménil-Saint-Martin relevait de la châtell. et du baill. de Nancy.

Ménil-Saint-Michel, f. c^{ne} de Benney. — *Michel-Ménil*, 1719 (alph.).

MÉNILLOT, c^on de Toul-Sud. — *Alodium cum capella quod dicitur Mansionile juxta Cauliacum* (Choloy), 1069 (H. L. I, c. 465). — *Manilla*, 1359 (ch. de l'abb. de Saint-Epvre). — *Malinetum, Maniletum juxta Choleyum*, 1402 (*Regestrum*). — *Le Mesnillot-près-Challot*, 1516 (dom. de Gondreville). — *Le Mesnillot-lez-Choloy*, 1568 (*ibid.*).

MÉNILS (LES), c^on de Pont-à-Mousson; commune formée des hameaux de Norroy, Xon et Héminville. — *Maigniz-dezous-Mousons*, 1323 (Tr. des ch. l. Pont dom. II, n° 19). — *Les Megni delez lou Pont-à-Moussons*, 1345 (Tr. des ch. l. Pont-à-Mousson, n° 28). — *Les trois villes des Magnilz desoubz le chastel de Mouson, appelées Noweroy, Soixon et Hameyville*, 1385 (*ibid.* n° 42). — *Les Mesgnilz*, 1424 (dom. de Pont-à-Mousson). — *Les Menilz-davant-le-Pont*, 1438 (Tr. des ch. l. Pont addit. n° 1). — *Les Mesnilz*, 1441 (dom. de Pont-à-Mousson). — *Memny*, 1484 (cart. de l'abb. de Mettloch, f° 209). — Le fief des Ménils relevait du marquisat de Pont-à-Mousson.

MÉNIVAL, f. c^ne de Fonteny; anc. mét. à l'abbaye de Salival. — *Marchineval, Marchinivals* et *Massenevias*, 1160 (cart. de Salival). — *Grangia Maffennenias; Machennuras*, 1180 (*Ord. præm. ann.* II, c. 454). — *Messenival*, 1286 (cart. de l'abb. de Salival).

MENTSEILLE, éc. c^ne de Lixières.

MENCY, fief, c^ne de Custines.

MÉRÉVILLE, c^on de Nancy Ouest. — *Amerelli villa*, 1065 (H. L. I, c. 456). — *Sylva de Amerellivilla*, 1094 (*ibid.* c. 498). — *Amerallivilla*, 1105 (*ibid.* c. 516). — *Merevilla*, 1127-1168 (ch. de l'abb. de Clairlieu). — *Merelvilla*, 1183 (*ibid.*). — *Mereiville*, 1349 (Tr. des ch. l. Fiefs de Lorraine, n° 21). — *Merevilla*, 1402 (*Regestrum*). — Le fief de Méréville relevait de la châtell. et du baill. de Nancy.

MÉRIGNY, chât. c^ne de Saulxures-lez-Vannes. — *Medulphi mansus* (?), x° siècle (*Hist. eps. tull. ad ann.* 622-654, H. L. I, c. 126).

MERLINSOL, f. c^ne de Chambrey.

MERVAVILLE, f. c^ne de Flin (prieuré de Bénédictins fondé au xii° siècle); village détruit au xvii° siècle, puis métairie aux Bénédictins de Breuil. — *Mervavilla*, v. 1150 (H. L. I, c. 434). — *Mervalville*, 1296 (Tr. des ch. l. Rosières I, n° 43). — *Prioratus de Mervarvilla*, 1402 (*Regestrum*).

MERVILLER, c^on de Baccarat. — *Marviller*, 1301 (H. L. II, c. 352). — *Murvillier*, 1314 (Tr. des ch. l. Blâmont I, n° 96). — *Murviller*, 1315 (*ibid.* l. Deneuvre, n° 21). — *Muriviller*, 1420 (dom. de Nancy). — *Mervillé*, 1756 (dép. de Metz).

MESNIL (LE), éc. c^ne de Flavigny. — *Saint-Michel-Ménil*, 1710 (polium).

MESSEIN, c^on de Nancy-Ouest. — *Terra de Mizon*, 1094 (H. L. I, c. 498). — *Ecclesia Sancti-Petri de Metiens*, 1126 (*ibid.* II, c. 379). — *Micins*, 1168-1193 (ch. de l'abb. de Clairlieu). — *Lou chastes de Meciens*, 1264 (Tr. des ch. l. Fiefs de Nancy, n° 117). — *Missiens*, 1291 (*ibid.* l. Chaligny, n° 3). — *Messin*, 1420 (dom. de Nancy). — *Messien*, 1522 (*ibid.*). — Le fief de Messein relevait de la châtell. et du baill. de Nancy.

MÉTAIRIES-DE-SAINT-QUIRIN (LES), c^on de Lorquin; commune composée de hameaux et d'écarts.

MÉTERQUIN, MITERQUIN ou MÉTREQUIN, vill. détruit, près de Fribourg. — *Muterchingen prope Friburg; Andreas villicus de Muterchingen*, xv° siècle (obit. de la coll. de Sarrebourg, f° 30 v°, 31 et 44 v°). — Il y a un chemin de *Devant-Maitrequin*, c^ne de Fribourg.

METTING, c^on de Phalsbourg. — *Mettingen*, 1719 (Tr. des ch. l. Fénétrange VII, n° 10).

METTINGERMÜHL, m^in, c^ne de Metting.

METZ (CHEMINS DE), c^nes de l'Âtre-sous-Amance, Amance, Art-sur-Meurthe, Bouxières-aux-Chênes, Eulmont, Hoëville, Mazerules, Réméréville, Tomblaine.

METZ (FAUBOURG DE), c^ne de Nancy.

METZ (PAYS DE), contrée arrosée par la Moselle, dont elle porte souvent le nom dans les anciens diplômes, ayant pour chef-lieu la cité de Metz, et dans laquelle étaient enclavés plusieurs *pagi* compris, en totalité ou en partie, dans le territoire qui forme aujourd'hui le département de la Meurthe; c'étaient : 1° le pagus *Mettinsis*; 2° le pagus *Salinensis*; 3° le pagus *Gerbercursis*; 4° le pagus *Scarponensis*; 5° le pagus *Scarmensis*. Le premier de ces *pagi* est différemment dénommé ou qualifié : *Pagus Moslinsis*, 717 (H. L. I, c. 269). — *Pagus Mosilensis*, v. 775 (*Gesta eps. met. ibid.* c. 60). — *Ducatus Moslinsis in comitatu Metense; ducatus Moslingis in comitatu Metensi*, 783 (*ibid.* c. 291 et 292). — *Pagus Mettinsis*, 848 (H. M. p. 26). — *Pagus Muslinsis*, 857 (*ibid.* p. 31). — *Pagus et comitatus Metinsis*, 892 (*ibid.* p. 49). — *Pagus et comitatus Moslinsis*, 936 (*ibid.* p. 62). — *Pagus Moslensis*, 950 (ch. de la coll. Saint-Georges). — Ce pagus comprenait la partie nord de l'arrondissement de Château-Salins, à partir de Salone jusqu'à la limite du département, vers le village de Marthil.

Des vingt-deux archiprêtrés dont se composait le diocèse de Metz, dix, ceux de Bouquenom, Delme, Gorze, Haboudange, Marsal, Morhange, Mousson, Nomeny, Sarrebourg et Vergaville, comprenaient des paroisses de la Meurthe.

Metz (Vieille route de), chemin, cne d'Imling.

Metzing, h. cne de Riche.

Meulé (La), anc. m{ln}, près de Marsal, construit vers 1600, détruit sur la fin du xviie siècle.

Meule (La Haute et la Basse), usines, cne de Badonviller.

Meuniers (Chemins des), c{ce} de Diarville, Lupcourt et Guntzviller.

Meurthe, riv. Ses principales branches viennent du Grand et du Petit Valtin, montagnes de la chaîne des Vosges, dans le département de ce nom; elle reçoit successivement les eaux de la montagne du Bonhomme, celles de la rivière de Fave, du Rabodeau, de la Plaine, sort des Vosges pour gagner Baccarat, suit dans le département de la Meurthe un cours d'environ 76 kilomètres, du sud-est au nord-ouest, passe sur les territoires de Thiaville, la Chapelle, Bertrichamps, Deneuvre, Baccarat, Glonville, Azerailles, Flin, Chenevières, Saint-Clément, Lunéville, Rehainviller, Mont, Blainville, Damelevières, Rosières-aux-Salines, Dombasle, Saint-Nicolas, Varangéville, Art-sur-Meurthe, la Neuveville-devant-Nancy, Jarville, Tomblaine, Nancy, Malzéville, Maxéville, Pixerécourt, Champigneules, Bouxières-aux-Dames, et se jette dans la Moselle près de Frouard, au lieu dit *la Gueule-d'Enfer*. — *Murtha fluvius oriens in Vosago*, 667 (Diplom. II, p. 147). — *Flumen Murtæ*, 671 (H. L. I, c. 259). — *Murt*, 880 (*ibid.* c. 316-317). — *Fluvius Mort*, 912 (*ibid.* c. 335). — *Fluvius qui dicitur Mortus*, 923 (coll. Moreau, t. IV, f° 104). — *Fluvius Mortuus*, 935 (ch. de l'abb. de Bouxières). — *Aqua nomine Murth*, 1073 (*ibid.*). — *Mortensis fluvius*, 1147 (H. L. II, c. 328). — *Murtis*, 1156 (ch. de l'abb. de Beaupré). — *Morta fluvius*, xiie siècle (*Tertia vita S. Hidulfi*, p. 24). — *La revière de Muert*, 1289 (Tr. des ch. l. Blâmont I, n° 15). — *Murt*, 1318 (*ibid.* l. Lunéville I, n° 55). — *Mur*, 1325 (*ibid.* l. Blâmont fiefs, n° 47). — *Meurt*, 1420 (dom. de Nancy). — *Meudz*, 1424 (*ibid.*). — *Meux*, 1429 (ch. des Prêcheresses de Nancy). — *Morurthe*, 1576 (dom. de Nancy). — *Murthe*, 1591 (*ibid.*). — *Meurth*, 1600 (*ibid.*).

Meuse-Commercy et Meuse-Vaucouleurs, doyennés dépendant de l'archidiaconé de Ligny, diocèse de Toul, et qui comprenaient dans la Meurthe les paroisses suivantes: le premier, celles de Boucq et Trondes; le second, celles d'Allamps, Barisey-au-Plain, Foug, Lay-Saint-Remy, Saulxures-lez-Vannes, Uruffe et Vannes. — *Decanatus de Commerceio, decanatus de Valle-Coloris* (Topogr. ecclés. de la France). — Ces deux doyennés furent formés, au commencement du xviiie siècle, du démembrement du doyenné de la Rivière de Meuse, *decanatus de Ripparia Mose*, 1402 (*Regestrum*).

Mexet (pron. *Méchet*), éc. cne d'Haussonville; vill. détruit; l'abbaye de Beaupré y avait une grange au commencement du siècle dernier. — *Marcei*, 1290 (Tr. des ch. l. Rosières I, n° 29). — *Mercei*, 1301 (*ibid.* l. Nancy I, n° 102 *bis*). — *Marceyum*, 1357 (ch. du pr. de Flavigny). — *Mercey*, 1423 (ch. de l'abb. de Belchamp). — *Maxey*, 1437 (*ibid.*). — *Maxey-lez-Domptaille*, 1564 (dom. de Gerbéviller). — *Marxey*, 1594 (dén. de la Lorr.). — *Maxey, Mexey* ou *Metzey*, 1719 (alph.). — *Mexy*, 1717 (titre de l'abb. de Beaupré). — Le fief de Mexet relevait de la châtell. et du baill. de Nancy.

Meyenthal, éc. cne de Walscheid.

Meyersmühl, scierie, cne de Dabo.

Mezan, m{in} (cense-fief), cne de Gerbéviller. — *Amazan*, 1719 (alph.). — *Amezan*, 1779 (Descr. de la Lorr.). — *Petit-Mezan* (carte de l'État-major). Ce moulin donne son nom à un ruisseau dit aussi *de Moranviller*. — Voy. Moranviller.

Michaux, m{in}, cne de Thuilley-aux-Groseilles.

Michottes (Champ-des-), canton de terre, cne de Froville, dont le revenu était destiné à faire des michottes ou petites miches de pain que l'on distribuait, tous les ans, aux paroissiens qui assistaient aux processions des Rogations.

Midreville, vill. détruit au xviie siècle, près de Diarville.

Mignéville, c{on} de Baccarat. — *Alodium de Magnervilla*, 1152 (Tr. des ch. l. Abb. de Senones, n° 8). — *Magnavilla*, 1402 (Regestrum). — *Megineville*, 1594 (dén. de la Lorr.). — *Magneville*, 1710 (polium). — Le fief de Mignéville relevait du comté de Blâmont.

Milbert ou Milberg, f. cne de Romécourt.

Millery ou Millery-aux-Templiers, c{on} de Pont-à-Mousson. — *Miliriacus*, 745 (Diplom. II, p. 399). — *Ecclesia in Melariclo, in comitatu Scarponensi*, 896 (H. T. p. 12). — *Melaridum*, xe siècle (*Hist. eps. tull. ad ann. 895-907*, H. L. I, c. 130). — *Vin de montagne de Millerei*, 1238 (Tr. des ch. l. Pont dom. II, n° 2). — *Millerey*, 1403 (dom. de Condé). — *Mellerey*, 1424 (dom. de Nancy).

Millery (Les Bâtiments), f. cne de Millery.

Mine (Chemin de la), cne de Noviant-aux-Prés.

Mine (La), saline, cne de Vic, à l'endroit où la carte de l'État-major porte: *Mine de sel gemme*.

Minière (La) ou le Haut-Bois, bois, c{nes} de Lorquin, Hattigny, etc. d'où l'on extrayait, vers la fin du siècle dernier, du minerai pour les forges de Cirey.

Minimes (Les), ancienne chapelle, c^{ne} de Bassing; elle appartenait au couvent des Minimes qui existait en ce lieu.

Miniqueguerre, éc. c^{ne} de Languimberg.

Minorville, c^{on} de Domèvre. — *Ecclesia Minulfi villæ; Menulfi villa, Menolfi villa*, 1065 (H. L. I, c. 455-459). — *Menovilli villa*, 1105 (*ibid.* c. 516). — *Minorvilla*, 1402 (*Regestrum*). — *Menonville-Saint-Gengoul*, 1404 (Tr. des ch. l. Pont fiefs III, n° 39). — *Menonville-Saint-Gigoul*, 1407 (*ibid.* l. Pont cité, n° 22). — *Manonville*, 1418 (*ibid.* n° 25). — *Manonville-Saint-Gengoult*, 1420 (dom. de Nancy). — *Menonville-Saint-Gegoul*, 1424 (*ibid.*). — *Menonville-Saint-Gengolt* et *Saint-Geigoult*, 1441 (dom. de Pont-à-Mousson). — *Menorville-Saint-Gengoulph*, 1534 (*ibid.*). — *Menorville-Saint-Gigoulx* et *Saint-Gigoul*, 1551 (*ibid.*). — *Minorville-Saint-Gengoult*, 1782 (table des villes, etc.). — Le fief de Minorville relevait de la baronnie d'Apremont.

Misselhoff, f. c^{ne} de Bébing.

Mississipi, f. c^{ne} de Moncel-lez-Lunéville; fief érigé en 1724.

Mitry, f. c^{ne} de Rosières-aux-Salines.

Mittelbronn, c^{on} de Phalsbourg. — *Mittelbron*, 1589 (dom. de Phalsbourg). — *Mittelbrun*, 1719 (alphabet). — *Mittelbrunn*, 1751 (*Als. ill.* II, p. 199). — Le fief de Mittelbronn relevait du comté de la Petite-Pierre.

Mittersheim (vulgairement *Mitters*; en patois allemand, *Mideurche*), c^{on} de Fénétrange. — *Villa de Muterchingen*, 1328 (Tr. des ch. l. Fénétrange IV, n° 13). — *Myttersheim*, 1524 (dom. de Dieuze). — *Mieters*, 1664 (dom. de Fénétrange). — *Mittersheim* ou *Mitters*, se prononce aussi *Miderche*, 1779 (Descr. de la Lorr.). — *Miderche* ou *Miterscheim* (Cassini). — *Miderch*, 1790 (div. du départ.).

Cette commune donne son nom à un ruisseau qui sort de l'étang de Gross-Mühlveyer, passe sur le territoire de Mittersheim et va se jeter dans le Naubach.

Moince, m^{in}, c^{ne} de Raucourt. — Il est question d'une métairie et d'un gagnage du même nom, qui paraissent avoir été situés près de Nomeny et qui dépendaient de l'hôpital du Saint-Esprit de Metz; ils étaient déjà ruinés en 1556, par suite des guerres. — *Moins, Moins-lez-Nomeny*, 1556 (Tr. des ch. l. Nomeny II, n° 69). — *Prieuré de Moinces*, 1712 (État du temporel).

Moince, ruiss. prend sa source à Saint-Jure (Moselle), passe sur les territoires de Raucourt et d'Éply et se jette dans la Seille.

Moines (Chemin des), c^{ne} de Chaligny.

Moineville, seigneurie à Pagny-sous-Prény.

Moises (Les), scieries et maison forestière, c^{ne} de Val-de-Bon-Moutier.

Moivron, c^{on} de Nomeny. — *Mons Vironis in pago Scarponinse*, 757 (H. M. p. 11). — *Mauronias* (?), 875 (ch. de l'abb. de Sainte-Glossinde). — *Montevironis cum ecclesia*, 876 (H. M. p. 39). — *In Monte Virone nuncupata villa, ecclesia in honore sancti Gorgonii*, 914 (*ibid.* p. 55). — *Moyveron*, 1335 (Tr. des ch. l. La Marche, n° 4). — *Moiverons*, 1345 (dom. de Condé). — *Moiveron*, 1420 (dom. de Nancy). — *Moiweron*, 1427 (*ibid.*). — *Mouveron*, 1602 (Tr. des ch. l. Condé, n° 62). — *Moyeuveron*, 1642 (titre de l'abb. de Sainte-Marie).

Mollenot (Le), anc. m^{in} au chapitre de Remiremont, c^{ne} de Crévic.

Molmery (La), f. c^{ne} de Zommange.

Molring, c^{on} d'Albestroff. — *Mollering*, 1304 (ch. de l'abb. de Vergaville). — *Morlingen*, 1472 (Tr. des ch. l. Fénétrange I, n° 116). — *Moloringue* ou *Platerbech*, 1699 (titre de l'abb. de Vergaville). — *Morlin* (Cassini).

Monacker (Le), montagne, c^{nes} d'Abreschwiller et de Walscheid. Ce nom signifie *champ du moine*.

Monastère (Au), canton du territoire d'Allain-aux-Bœufs où la tradition place un ancien établissement religieux.

Monbois, éc. (fief érigé en 1764), c^{ne} de Nancy.

Moncel, c^{on} de Château-Salins. — *Monces*, 1206 (ch. des Chartreux de Bosserville). — *Monceis*, 1260 (*ibid.*). — *Moncels-sur-Seille*, 1359 (ch. de l'abb. de Saint-Epvre). — *Moncel-sur-Seille*, 1711 (arch. de la Meurthe, carte du territoire de la commune).

Moncel (Le), ruiss. a ses deux sources sur le territoire de Réchicourt-la-Petite, passe sur ceux de Juvrecourt, Arracourt, Bezange-la-Grande, et se jette dans la Seille à Pettoncourt.

Moncel-lez-Lunéville ou Moncel-sur-Meurthe, c^{on} de Lunéville-Sud-Est. — *Wuadum de Monces*, 1130 (ch. de l'abb. de Beaupré). — *Moncellæ*, 1135 (Tr. des ch. l. Abb. de Beaupré, n° 1). — *Monceps*, 1147 (ch. de l'abb. de Beaupré). — *Monceiæ*, 1163 (*ibid.*). — *Nova villa de Monceas*, 1224 (ch. de l'abb. de Saint-Remy). — *Moncez*, 1318 (Tr. des ch. l. Lunéville I, n° 16).

Moncelle (La), ruiss. sort du département des Vosges, passe sur les territoires de la Chapelle et de Deneuvre et se jette dans la Meurthe.

Monchoix, éc. c^{ne} de Saint-Germain.

Moncourt, c^{on} de Vic. — *Monnoniscurtis*, 1103 (ch. de l'abb. de Saint-Vincent). — *Momonis curtis*, 1111 (H. L. I, c. 529). — L'english de Moncort; paro-

chiatus de Moncort, 1291 (*Ord. præm. ann.* II, c. 465). — *Montcourt*, 1719 (alph.).

Mon-Désert, ancien éc. c^{ne} de Nancy, détruit par le chemin de fer.

Mondon, f. et maison forestière, c^{ne} de Moncel-lez-Lunéville.

Mondon, forêt et étang, c^{ne} de Moncel-lez-Lunéville. Les censes groupées autour de l'étang ou situées dans le bois formaient, au siècle dernier, une communauté connue sous le nom de *Censes de la forêt de Mondon*. — *In Mundini; in Mundune* (?), 699 (Diplom. II, p. 428-430). — *Mondonum*, 1130 (ch. de l'abb. de Beaupré). — *Nemus Mondonii*, 1135 (Tr. des ch. l. Abb. de Beaupré, n° 1). — D'après un procès-verbal de visite des bois de la maîtrise de Lunéville, en 1770, la forêt de Mondon était divisée en trois gardes : la Basse-Mondon, le Rupt-de-Beheu et le Bois-du-Four.

Mondon (Basse-), f. (fief), c^{ne} de Moncel-lez-Lunéville.

Monet, éc. c^{ne} d'Harboué, mentionné en 1719 comme dépendant de Châtillon. — *Money* (Cassini).

Monfont, éc. c^{ne} de Magnières; anc. ermitage, chef-lieu de la congrégation des ermites de Saint-Jean-Baptiste au diocèse de Toul, désigné aussi sous le nom de *Notre-Dame-de-Montfort*. — *Montfort*, 1719 (alph.).

Monfort, fief, c^{ne} de Jezainville.

Mon-Idée, éc. c^{ne} de Mulcey.

Moniet (Le) ou Saint-Christophe-le-Voué, anc. prieuré de Bénédictins, près de Deneuvre, fondé au XIIe s^e et dépendant de l'abbaye de Senones. — *Lou Moiniei*, 1280 (Tr. des ch. l. Blâmont I, n° 11). — *Lou Moigniey-desous-Deneuvre*, 1366 (ibid. l. Deneuvre, n° 28). — *Lou Moinier*, 1370 (ibid. l. Blâmont I, n° 131). — *Lou Mornuer*, 1371 (ibid. l. Deneuvre, n° 27). — *Mornuet*, 1382 (ibid. l. Blâmont I, n° 160). — *Le Moynier*, 1594 (dén. de la Lorr.).

Mon-Plaisir, chât. c^{ne} de Morville-sur-Seille.

Mon-Plaisir, éc. c^{ne} de Charey.

Mon-Plaisir, éc. c^{ne} de Forcelles-Saint-Gorgon.

Mon-Plaisir, éc. c^{ne} de Vandœuvre.

Mon-Repentir, éc. c^{ne} d'Art-sur-Meurthe.

Mon-Repentir, éc. c^{ne} de Bouxières-aux-Chênes.

Mon-Repentir, éc. c^{ne} de Vandœuvre.

Monsaucourt, éc. c^{ne} de Vandœuvre.

Mont ou Mont-sur-Meurthe, c^{on} de Gerbéviller. — *Montis*, 1114 (H. L. I, c. 536). — *Ecclesia de Monz*, 1120 (Tr. des ch. l. Abb. de Senones, n° 6). — *Mons*, 1315 (ibid. l. Fiefs de Nancy, n° 140). — *Montes, Montes supra Mortanam*, 1402 (*Regestrum*). — *Mon*, 1481 (dom. de Lunéville). — *Monts*, 1779 (pouillé de Nancy). — Le fief de Mont relevait de la châtell. de Lunéville, baill. de Nancy.

Montagne (Ruisseau de la), qui prend sa source sous Morey, passe sur le territoire de Millery et se jette dans la Moselle.

Montagne aux Larrons, nom de la colline sur laquelle fut fondé, en 1025, le prieuré de Flavigny.

Montaigu, chât. et chapelle (ermitage et fief), c^{ne} de la Neuveville-devant-Nancy. — *Niguiemons in pago Calvomontense* (?) 770 (H. L. I, c. 288). — *Notre-Dame-du-Mont-Aigu*, 1608 (ch. des Augustins de Nancy).

Montauban, chât. c^{ne} d'Houdemont.

Montauban, éc. c^{ne} de Bainville-aux-Miroirs.

Montauban, éc. c^{ne} de Montauville.

Montauville, c^{on} de Pont-à-Mousson. — *Montoiville preis dou Pont-à-Moussons*, 1335 (Tr. des ch. l. Pont fiefs I, n° 188). — *Montoville*, 1424 (ibid. l. Pont dom. II, n° 49). — *Monthoville*, 1441 (dom. de Pont-à-Mousson). — *Monthonville*, 1498 (ibid.). — *Monthauville*, 1551 (ibid.). — Le fief de Montauville relevait du marquisat de Pont-à-Mousson.

Montcette (La), éc. c^{ne} de la Chapelle.

Mont-Chapelle, anc. chapelle, c^{ne} de Réchicourt-le-Château (Cassini).

Mont Curel, montagne. — Voy. Curel.

Mont d'Amon, bois et montagne. — Voy. Amon.

Mont-de-Biétry (Le), éc. c^{ne} de Thiaville.

Mont-Didier (en allemand *Didersberg*), c^{on} d'Albestroff; village érigé en 1628, dans un bois nommé Didersberg. — *Tuderstroff* (bois de), 1018 (ch. de la cathédrale de Metz). — *Le Haut-Montdidier*, 1714 (arch. de Vahl). — *Didersberg* ou *Didestroff*, 1779 (Descr. de la Lorr.). — *Mont-Didier, dit le Haut-Bois* (Cassini).

Montenoy, c^{on} de Nomeny. — *Monthenoy*, 1619 (Tr. des ch. l. Condé, n° 70).

Monteradeau, éc. c^{ne} de Deuxville.

Montet (Le), f. chât. et chapelle, c^{ne} de Villers-lez-Nancy. — *La Maison forte dite le Chastellet, franc et libre alleud*, 1527 (Tr. des ch. reg. B. 17, f° 1). — *Le Montey*, 1569 (ibid. B. 7633). — *Le Montoy*, 1612 (ibid. l. Bar fiefs V, n° 28). — *Le village du Montayt*, XVIIe siècle (gravure d'Israël Sylvestre). — Voy. Sainte-Valérie.

Montet (Le), partie du faubourg Saint-Pierre de Nancy, avec un couvent d'Oblats et une église.

Montieu (Le), f. c^{ne} de Dommartin-sous-Amance, avec une fontaine minérale; vill. détruit; cense haute justice au siècle dernier. — *Mons acutus*, 875 (ch. de l'abb. de Sainte-Glossinde). — *La grainge con dit Monteu de lez Dommartin-desous-Amance*, 1298

(Tr. des ch. l. Fiefs de Nancy, n° 149). — *La seigneurie de Monteux*, 1494 (*ibid.* l. Amance, n° 16). — *Monteux* (Cassini). — Le fief du Montheu relevait de la châtell. d'Amance, baill. de Nancy.

Montignons (Les), nom donné dès le milieu du xiv° s° à une petite circonscription civile désignée tantôt sous le titre de doyenné, tantôt sous celui de mairie, et dans laquelle semblent avoir été compris les villages de Bezaumont, Sainte-Geneviève, Landremont, Lixières, Loisy, Sivry et Ville-au-Val. — *Mairie des Montignons*, 1358 (dom. de Pont-à-Mousson). — *Les Monthignons*, 1551 (*ibid.*).

Montigny, c°° de Baccarat. — *Allodium in Montiniaco*, 1152 (Tr. des ch. l. Abb. de Senones, n° 8). — *Matheus de Monteini*, 1175 (ch. de l'abb. de Beaupré). — *Monteigneiz et Monteigney*, 1332 (Tr. des ch. l. Blâmont I, n° 86). — *Montigney*, 1363 (*ibid.* n° 123). — *Montigneyum*, 1402 (*Regestrum*). — *Montengney*, 1422 (Tr. des ch. l. Blâmont fiefs, n° 88). — *Monthegney*, 1505 (dom. de Deneuvre). — *Montegney*, 1516 (dom. de Lunéville). — *Monthegny*, 1538 (dom. de Moyenmoûtier). — Le fief de Montigny relevait du comté de Blâmont.

Montjoie, seigneurie à Hénaménil.

Mont-Laval, f. c°° d'Embermenil.

Mont-l'Étroit, c°° de Colombey. — *Montenonis* (?) x° siècle (*Hist. eps. tull. ad ann.* 622-654, H. L. I, c. 126). — *Montes en atroies*, 1402 (*Regestrum*). — *Mont-en-Octroy*, 1519 (dom. de Gondreville). — *Mont-Lattroye*, 1581 (Tr. des ch. l. Ruppes II, n° 115). — *Mont-la-Troye*, 1632 (dom. de Gondreville).

Mont-le-Vignoble, c°° de Toul-Sud. — *Montis*, x° s° (*Hist. eps. tull. ad ann.* 622-654, H.L.I, c. 126). — *Villa de Montibus*, 1241 (Tr. des ch. l. Gondreville, n° 29). — *Mons com dit lo Vinouz*, 1298 (*ibid.* l. Nancy I, n° 102). — *Montes*, 1402 (*Regestrum*). — *Mont-le-Vignot*, 1613 (Tr. des ch. l. Nancy IV, n° 21). — Le fief de Mont-le-Vignoble relevait de la châtell. de Gondreville, baill. de Nancy.

Montreuil, vill. et chât. détruits, près de Bayon. — *Petrus de Mosterol*, 1135 (Tr. des ch. l. Abb. de Beaupré, n° 1). — *Allodium de Mosteruel, de Monsterol*, 1157 (ch. de l'abb. de Belchamp). — *Mosteriolum*, 1164 (ch. de l'abb. de Beaupré). — *Monasteriolum*, 1182 (*ibid.*). — *Mosterul*, 1185 (*ibid.*). — *Mosteruol*, 1195 (*ibid.*). — *Mostereul*, 1209 (ch. de l'abb. de Belchamp). — *Mosturuel, Mostureul*, 1354 (*ibid.*). — Montreuil donnait son nom à une famille dont un des membres, Adalbéron, fut archevêque de Trèves au xii° siècle. — Voy. Haut-de-Montreuil.

Montreux, c°° de Blâmont. — *Ecclesia de Munsteriolo*, 880 (*Ord. præm. ann.* II, c. 538). — *Mosteriolum*, 886 (H. L. I, c. 316). — *Mousteruelx, Mosteruel*, 1413 (Tr. des ch. l. Blâmont fiefs, n° 80). — *Montereul*, 1420 (*ibid.* n° 85). — *Mosterieul*, 1452 (*ibid.* n° 95). — Le fief de Montreux relevait du comté de Blâmont.

Montreux (Ruisseau de) ou du Bois-Coupé, a sa source sur le territoire de Montreux, passe sur celui de Nonhigny et se jette dans le Vacon.

Mont-Richard, chât. c°° de Pont-à-Mousson, érigé en fief, en 1641, sous le nom de *l'Ile-Richard*, et en haute justice en 1764. — *Richard*, 1719 (alph.).

Mont Saint-Jean, montagne, c°° de Jeandelaincourt.

Mont Saint-Jean, montagne, c°° de Moyenvic. — Voy. Saint-Jean.

Mont Saint-Michel, montagne, c°° de Toul. — Voy. Bar.

Mont Toulon, montagne. — Voy. Toulon.

Montzey, h. c°° de Loro-Montzey. — *Henricus de Monzeis*, 1178 (ch. de l'abb. de Beaupré). — *La ville de Monzey*, 1321 (Tr. des ch. l. Rosières I, n° 75). — *Monzeyum, Monzeys*, 1396 (ch. de l'abb. de Belchamp). — *Monsey*, 1425 (Tr. des ch. l. Châtel I, n° 9). — *Monzé* (Cassini). — Le fief de Montzey relevait de la châtell. et du baill. de Châtel.

Monze, m°° (et chapelle), c°° de Bezaumont. — *Moincia*, 1158 (ch. de l'abb. de Sainte-Marie). — *Moinse*, 1417 (Tr. des ch. l. Pont ecclésiast. n° 128). — *Mosse*, 1498 (dom. de Pont-à-Mousson). — *Mons* (Cassini).

Moranviller, vill. détruit, près de Rémenoville. — *Gerardus de Murinvilla*, 1179 (ch. de l'abb. de Beaupré). — *Moranville*, 1324 (Tr. des ch. l. Fiefs de Nancy, n° 152). — *Morainviller*, 1621 (*ibid.* l. Rosières III, n° 66).

Ce village a laissé son nom à un ruisseau, dit aussi *du Moulin-de-Mezan*; il a sa source au canton dit Moranviller, passe sur les territoires de Rémenoville, Gerbéviller et Haudonville et se jette dans la Mortagne.

Morey, c°° de Nomeny. — *Richardus de Moreiaco*, v. 1070 (coll. Moreau, t. XXX, f° 78). — *Paulinus de Moreio*, 1159 (H. L. II, c. 456). — *Moirey*, 1276 (Tr. des ch. l. Pont ecclésiast. n° 10). — *Mourey on vault Sainte-Marie*, 1425 (dom. de Nancy). — *Mourey*, 1426 (Tr. des ch. l. Fiefs de Lorraine, n° 19). — *Morrey*, 1551 (dom. de Pont-à-Mousson).

Morey (Ruisseau du Moulin de), qui a sa source sous Morey et son embouchure dans la Natagne.

Morhange (Moselle), c^on de Gros-Tenquin, était le siége d'un archiprêtré, archidiaconé de Marsal, diocèse de Metz, duquel dépendaient dans la Meurthe les paroisses d'Albestroff, Hunskirch, Insming, Léning, Munster, Nébing, Rodalbe, Torcheville, Virming et Vittersbourg. — *Archipresbyteratus de Morhangia, al. de Merlinga, vel Morlinga*, 1539 (pouillé de Metz: Topog. ecclés. de la France).

Morhange fut aussi le chef-lieu d'une seigneurie, baill. d'Allemagne, érigée plus tard en comté, et qui comprenait, en 1594, tout ou partie des communes de Loudrefing et de Rodalbe, du canton d'Albestroff; de Sotzeling, du canton de Château-Salins; et de Zarbeling, du canton de Dieuze. — En 1698, la prévôté du comté de Morhange comprenait, outre Rodalbe et Zarbeling, Bermering (en partie), du canton d'Albestroff; Dalhain (en partie), Lidrequin et Pévange, du canton de Château-Salins.

Moriviller, c^on de Gerbéviller. — *Morini villa*, 1027 (H. L. I, c. 402). — *Parochiatus Murivillaris*, 1164 (ch. de l'abb. de Beaupré). — *Mouriviller*, 1377 (Tr. des ch. l. Saint-Dié, n° 29). — *Morinivillare*, 1402 (*Regestrum*). — Le fief de Moriviller relevait de la châtell. de Rosières, baill. de Nancy.

Monsac-Saint-Jean, forêt, c^nes de Blanche-Église, Dieuze, Gelucourt, Guéblange, Lindre-Basse et Tarquinpol.

Mortagne ou Agne, riv. qui prend sa source à Vanémont (Vosges), entre dans le département de la Meurthe près de Magnières, coule du sud au nord en passant sur les territoires de Magnières, Vallois, Moyen, Gerbéviller, Haudonville, la Math, Mont, et se jette dans la Meurthe près du hameau qui porte son nom. — *Mortesna*, 1178 (ch. de l'abb. de Beaupré). — *Mortesne fluvius*, 1186 (*ibid.*). — *Mortenna*, v. 1189 (*ibid.*). — *Mortasne*, 1218 (*ibid.*). — *Mortanne*, 1325 (Tr. des ch. l. Blâmont fiefs, n° 47). — *Mortane*, 1594 (dén. de la Lorr.). — *Mortana, hoc est parvum Mortam*, 1675 (*Not. Gall.* p. 360).

Le pays arrosé par la Mortagne formait un comté dont il est parlé, en 966, dans le titre de fondation de l'abb. de Vergaville: *Comitatus Mortisna ubi Regimboldus præest* (ch. de l'abb. de Vergaville).

Mortagne, h. c^ne de Mont. — *Mortasme*, 1130 (ch. de l'abb. de Beaupré, n° 1). — *Mortesna*, 1135 (Tr. des ch. l. Abb. de Beaupré, n° 1). — *A. presbiter de Mortenna*, 1164 (ch. de l'abb. de Beaupré). — *Mortane*, 1296 (Tr. des ch. l. Rosières I, n° 42). — *Mourtanne*, 1308 (*ibid.* l. Lunéville I, n° 14). — *Mourtenne, Mortanne*, 1315 (*ibid.* l. Fiefs de Nancy, n° 140 et 141). — *Mortenne*, 1399 (*ibid.* l. Lunéville I, n° 10). — *Mortaine*, 1523 (dom. de Lunéville). — *Morthaingne*, 1534 (*ibid.*). — *Morthaigne*, 1552 (*ibid.*). — *Mortagne-sur-Meurthe*, 1779 (Descr. de la Lorr.). — Le fief de Mortagne relevait de la châtell. de Lunéville, baill. de Nancy.

Mortauwe (pron. *Morteau*), f. et chât. (cense franche en 1415, fief en 1765), c^ne de Rosières-aux-Salines: — *Mortawe*, xve siècle (ch. des arch. de M. Grandjean, propriétaire de la ferme). — *Famine, alias Morteau*, 1587 (dom. de Rosières). — *La Mortau ou Mortheau*, 1719 (alph.).

Monte-Saint-Jean, ancien lit de la Meurthe, sur le territoire de Bouxières-aux-Dames.

Morts (Chemin de la Haie-des-), c^ne de Grémecey.

Morts (Chemin des). — Voy. Champ-des-Morts (Chemin du).

Morts (Chemins des), c^nes de Beuvezin, Bouxières-aux-Chênes, Deneuvre, Diarville, Fonteny, Heillecourt, Housséville, Ley, Lindre-Basse, Magnières, Méréville, Mont-Didier, Praye, Prévocourt, Romain, Saint-Médard, Saint-Quirin, Vannecourt et Zarbeling.

Morville-lez-Vic, c^on de Château-Salins. — *Mortua villa*, 1197 (ch. de l'abb. de Salival). — *Morville-lès-Château-Salins*, 1530 (Tr. des ch. l. Château-Salins, n° 77). — *Morville-de-Gorze*, 1756 (dép. de Metz): — *Morville-lès-Metz*, 1790 (div. du départ.).

Morville-sub-Nied, c^on de Delme.

En 1790, Morville-sur-Nied fut momentanément le chef-lieu d'un canton dépendant du district de Vic (puis de Château-Salins) et formé des communes de Bacourt, Baudrecourt, Chénois, Chicourt, Frémery, Hannocourt, Juville, Lesse, Lucy, Morville-sur-Nied, Oron, Prévocourt, Saint-Epvre, Villers-aux-Oies; Holacourt et Vatimont (Moselle). Le chef-lieu du canton de Morville-sur-Nied fut plus tard transféré à Lucy.

Morville-sur-Seille, c^on de Pont-à-Mousson. — *Maurivilla*, 931 (cart. de l'abb. de Saint-Arnou). — *Alodum Maurivilla, in comitatu Salninse, cum ecclesiis*, 958 (ch. de l'abb. de Saint-Arnou, dans les papiers de l'émigré de Mars). — *Morville-sor-Saille*, 1231 (*ibid.*). — *Morville-au-Saulnois*, 1333 (cart. Pont fiefs, f° 142). — *Morvillate-sur-Seille*, 1336 (ch. de l'émigré de Mars). — Le fief de Morville-sur-Seille relevait du marquisat de Pont-à-Mousson.

En 1790, Morville-sur-Seille fut le chef-lieu d'un canton dépendant du district de Pont-à-Mousson et formé des communes de Bouxières-sous-Froidmont, Champey, Éply, les Ménils, Morville-sur-Seille, Port-sur-Seille, Raucourt et Vittonville.

Mosé, étang dans la forêt la Reine, c^ne de Royaumeix.

Moselle (La), riv. a plusieurs branches, dont deux principales ; celle qui prend sa source à Bussang (Vosges) conserve le nom de Moselle ou *Grande-Moselle* et reçoit à Remiremont les eaux de la Petite-Moselle ou *Moselotte*, laquelle a sa source au Grand-Ventron. La Moselle traverse le département de la Meurthe du sud au nord et y passe sur les territoires de Gripport, Bainville-aux-Miroirs, Virecourt, Mangonville, Roville, Bayon, Neuviller, Lorey, Saint-Mard, Crévéchamps, Velle, Tonnoy, Flavigny, Richardménil, Méréville, Messein, les Neuves-Maisons, Pont-Saint-Vincent, Chaligny, Sexey-aux-Forges, Maron, Villey-le-Sec, Pierre, Chaudeney, Toul, Gondreville, Fontenoy, Villey-Saint-Étienne, Aingeray, Liverdun, Frouard, Pompey, Custines, Marbache, Millery, Autreville, Belleville, Dieulouard, Bezaumont, Loisy, Blénod, Atton, Pont-à-Mousson, Champey, Vandières, Vittonville, Pagny, Arnaville ; elle entre ensuite dans le département auquel elle a donné son nom et va se jeter dans le Rhin à Coblentz. — *Mosella*, ive siècle (poëme d'Ausone). — *Musalla* (Table théod.). — *Musella*, ve siècle (*Ven. Fort. Carm.* III, 112 *et passim*). — *Fluvius Mosella*, 864 (H. M. p. 33). — *Mozella*, 910 (H. L. I, c. 333). — *Muzale*, 1255 (*ibid*. II, c. 478). — *Muselle*, 1267 (Tr. des ch. l. Vaudémont fiefs, n° 3). — *Mouselle*, 1290 (*ibid*. l. Apremont, 6e liasse, n° 1). — *Mouzelle*, 1291 (*ibid*. l. Chaligny, n° 3). — *Moseille*, 1328 (*ibid*. l. Pont-à-Mousson, n° 19). — *Mezaille*, 1377 (dom. de Pont-à-Mousson). — *Muzelle*, 1417 (ch. du pr. de Flavigny). — *Meselle*, 1431 (dom. de Châtel). — *Mezelle*, 1469 (Tr. des ch. l. Pont fiefs III, n° 59). — *Meuzelle*, 1552 (*ibid*. reg. B. 1046). — *Obrinca ; Ptolemæo, sed uni dictus, fluvius esse creditur Mosella*, 1675 (*Not. Gall.* p. 389).

Moselly, chât. c^{ne} de Chaudeney, appartenant autrefois aux évêques de Toul.

Mothe (La) ou la Motte, chât. en ruines, c^{ne} de Dombasle ; fief de la châtell. de Nancy, et dont les seigneurs de Dombasle prenaient quelquefois le nom : *Jehans de Donbaille sire de la Motte*, 1346 (ch. de la cure de Dombasle : arch. de la Meurthe). — *La Moutte*, 1506 (ch. de la coll. St-Georges, et inscription du xvie siècle dans l'église de Dombasle). — *La Mothe*, 1561 (ch. de la cure de Dombasle). — *La Motte*, 1546 (ch. de la coll. St-Georges). — Il y a un bois de *la Motte* près de Flainval.

Motimont, montagne, c^{ne} de Turquestein.

Motrasse-Jacques, chât. — Voy. Riesholz (Le).

Motte (La), fontaine, c^{ne} de Bezange-la-Grande.

Mouacourt, c^{ne} de Lunéville-Sud-Est. — *Mualcourt cum ecclesia*, 1152 (Tr. des ch. l. Abb. de Senones, n° 8). — *Moaulcourt*, 1461 (ch. du pr. de Ménil). — *Mouvaucourt*, 1542 (*ibid*.). — *Moacourt*, 1719 (alph.).

Moukenhoff (*ferme des mouches*), f. c^{ne} de Bühl.

Moulin. On désigne seulement par ce mot, en y ajoutant le nom de la commune, des moulins situés sur les territoires d'Assenoncourt, Avrainville, Avricourt, Bainville-sur-Madon, Baudrecourt, Bertrambois, Bezange-la-Petite, Bréhain, Burlioncourt, Clayeures, Coincourt, Einvaux, Fonteny, Foulcrey, Frémery, Froville, Griscourt, Guermange, Haussonville, Hesse, Hommarting, Jallaucourt, Juvrecourt, Landange, Landécourt, Lenoncourt, Lorey, Lucy, Lupcourt, Malleloy, Manhoué, Manoncourt-en-Vermois, Manoncourt-en-Voivre, Marsal, Minorville, Oron, Petit-Mont, Pont-Saint-Vincent, Réchicourt-la-Petite, Réméréville, Rodalbe, Tanconville, Villers-aux-Oies, Villers-en-Haye.

Moulin (Le), éc. c^{ne} de Bainville-sur-Madon.

Moulin (Le), éc. c^{ne} de Bidestroff.

Moulin (Le), éc. c^{re} de Bouxières-aux-Dames.

Moulin (Ruisseau du), a sa source à Houdemont et se jette dans le ruisseau d'Heillecourt.

Moulin (Ruisseau du), prend sa source à Maréville, passe sur les territoires de Laxou et de Villers et se jette dans le ruisseau de Saint-Thiébaut.

Moulin (Ruisseau du). — Voy. Haboudange et Lucy.

Moulin aux Bois (Le), m^{in}, c^{ne} de Manonville.

Moulin-à-Vent (Le), éc. c^{ne} de Colombey.

Moulin-à-Vent (Le), éc. c^{ne} de Manoncourt-en-Vermois.

Moulin-à-Vent (Le), éc. c^{ne} de Villacourt.

Moulin Bas (Le), m^{in}, c^{ne} de Bellange.

Moulin Bas (Le), m^{in}, c^{ne} d'Insming.

Moulin Bas (Le), m^{in}, c^{ne} de Marthil.

Moulin-de-Bouret (Le), usine, c^{ne} de Glonville.

Moulin-de-Bréménil (Le), mét. c^{ne} de Bréménil.

Moulin d'Écorce (Le), m^{in}, c^{ne} de Morville-lez-Vic.

Moulin-de-Deneuvre (Le), usine, c^{ne} de Deneuvre.

Moulin de France (Le), m^{in}, c^{ne} d'Abreschwiller.

Moulin de la Baraque (Le), m^{in}, c^{ne} de Fréménil.

Moulin-de-la-Forge (Le) ou la Forge, usine, c^{ne} d'Imling. — Voy. Forge (La).

Moulin de la Fosse (Le), m^{in}, c^{ne} de Craincourt.

Moulin-de-l'Étang (Le), éc. c^{ne} d'Einville.

Moulin-d'En-Bas (Le), éc. c^{ne} de Bouxières-aux-Chênes.

Moulin-d'En-Bas (Le), m^{in}, c^{ne} de Barbonville.

Moulin-d'En-Haut (Le), m^{in}, c^{ne} de Barbonville. — *Le Mons*, 1291-1293 (ch. des Jésuites de Nancy).

Moulin d'Envie (Le), m^{in}, c^{ne} de Craincourt.

Moulin-de-Réchicourt (Le), éc. c^{ne} de Réchicourt-le-Château.

Moulin de Saint-Epvre (Le), anc. m^{in} sur le Madon. — *Molendinum Sancti-Apri*, 1240 (H. L. II, c. 454).

Moulin-de-Saint-Jean (Ruisseau du) ou de la Vieille-Église, sort de la forêt du Petit-Clos, passe sur le territoire de Bertrichamps et se jette dans la Meurthe.

Moulin de Vaudrecourt (Le), m^in, c^ne d'Athienville.

Ce moulin donne son nom à un ruisseau qui prend sa source à la ferme de Vaudrecourt, passe sur le territoire d'Arracourt et se jette dans le ruisseau de la Prêle.

Moulin-des-Champs (Ruisseau du), prend sa source au bois de Saint-Jean-Fontaine, passe sur le territoire de Moyenvic et se jette dans la Seille.

Moulin-des-Prés (Le), mét. c^ne de Badonviller.

Moulin des Prés (Le), m^in, c^ne de Domnom.

Moulin du Bas (Le), m^in, c^ne de Toul.

Moulin du Haut (Le), m^in, c^ne d'Écrouves.

Moulin-du-Sanon (Le), mét. c^ne d'Einville.

Moulin Gros (Le), m^in, c^ne de Fonteny.

Moulin Haut (Le), m^in, c^ne de Bellange.

Moulin Haut (Le), m^ie, c^ne de Maidières.

Moulin Haut (Le), m^in, c^ne de Marthil.

Moulin Neuf (Le), m^in, c^ne d'Einville.

Moulin Neuf (Le), m^in, c^ne de Foug.

Moulin Neuf (Le), m^in, c^ne de Lucey.

Moulin Neuf (Le), m^in, c^ne de Maidières.

Moulin Neuf (Le), m^in, c^ne de Nancy.

Moulin Neuf (Le), m^in, c^ne de Thiaucourt.

Moulin Neuf (Le), m^in, c^ne de Vaxy.

Moulin Rouge (Le), m^in, c^ne de Sarrebourg.

Moulin Vieux (Le), m^in, c^ne de Ferrières.

Moulin Vieux (Le), m^in, c^ne de Nancy.

Moulinet (Le), éc. c^ne de Deuxville.

Un ruisseau du même nom prend sa source près de Deuxville, passe sur le territoire de Maixe et se jette dans le Sanon.

Moulinet (Le), m^in, c^ne d'Oriocourt.

Moulins, h. c^ne de Bouxières-aux-Chênes; village et paroisse au commencement du siècle dernier. — *Molin soubz grant Bouzières*, 1490 (ch. de la coll. Saint-Georges).

Ce hameau donne son nom à un ruisseau qui passe sur les territoires de Bouxières-aux-Chênes et de Dommartin-sous-Amance et se jette dans l'Amezule.

Moulins (Ruisseau des), prend sa source à Jeandelaincourt, passe sur le territoire de Nomeny et se jette dans la Seille.

Moulins-de-Bouxières (Ruisseau des), sort du bois de la Falisière, passe sur les territoires de Lay-Saint-Christophe et de Bouxières-aux-Dames et se jette dans la Meurthe.

Moulnot (Le), mét. c^ne de Crévic.

Moulnot (Ruisseau de), a sa source sous Anthelupt et se jette dans le Sanon.

Moulon, éc. (fief et haute justice), c^ne de Vandières. — *Mollon*, 1477 (dom. de Prény). — *Moullon*, fief aux seigneurs de Chambley et de Couvonges, 1665 (*ibid.*). — Ce fief a donné son nom à la famille Mathieu, qui le possédait au siècle dernier.

Moulon (Ruisseau de), a sa source sous Prény, passe sur le territoire de cette commune, sur ceux de Pagny et de Vandières, et se jette dans la Moselle.

Moussey, c^en de Réchicourt-le-Château. — *Musseys*, 1288 (ch. de l'abb. de Haute-Seille). — *Mouzey*, 1641 (dom. de Salm).

Moussière (La), éc. c^ne de Magnières.

Mousson, c^on de Pont-à-Mousson. — *Castrum Montionis*, 896-905 (Notice de la Lorr. art. Pont-à-Mousson). — *Montiacum*, *Montio*, 1078-1093 (H. L. I, c. 476 à 497). — *Ulricus Moncionis*, 1175-1181 (ch. de l'abb. de Beaupré). — *Th. comte de Monçon*, 1191 (Tr. des ch. l. Commanderies, n° 18). — *Monzuns*, 1211 (H. M. p. 171). — *Monçons*, 1243 (Tr. des ch. l. Pont dom. II, n° 1). — *Moussons*, 1261 (*ibid.* l. Pont-à-Mousson, n° 2). — *Lou priorei de Moussons*, 1333 (*ibid.* l. Fiefs de Lorraine, n° 19). — *Monsson*, 1387 (*ibid.* l. Saint-Mihiel I, n° 62). — *Montson*, 1422 (*ibid.*). — *Monso*, 1449 (*ibid.*). — Le fief de Mousson relevait du marquisat de Pont-à-Mousson.

Mousson était le chef-lieu d'un archiprêtré de l'archidiaconé de Vic, au diocèse de Metz, duquel dépendaient dans la Meurthe les paroisses d'Atton, Clévant, Custines, les Ménils, Millery, Morey, Mousson, Pont-à-Mousson (Saint-Martin), Sainte-Geneviève, Ville-au-Val-Sainte-Marie et Vittonville. — *Archipresbyteratus de Montione*, 1539 (pouillé de Metz: Topogr. ecclés. de la France).

Mousson fut le siège d'une prévôté et d'une châtellenie dont il est fait mention au XIII° et au XIV° s° et dont la circonscription n'est pas connue. — *P. prévos de Monsons*, 1287 (cart. de Rengéval, f° 47 v°). — *La prévostei de Monsons*, 1316 (Tr. des ch. l. l'Avant-Garde, n° 4). — *La chastellenie de Moussons*, 1338 (*ibid.* l. Pont-à-Mousson, n° 24). — Mousson était aussi le siège d'une capitainerie dont il est fait mention en 1518 (dom. de Pont-à-Mousson).

Moutelotte (La), f. c^ne d'Haboudange.

Moutrot, c^on de Toul-Sud. — *Mollenis-villa*, 1034 (H. L. I, c. 414). — *Mollonis-villa*, 1210 (*ibid.* c. 525). — *Molonis-villa*, 1218 (*ibid.* II, c. 427). — *Malonvilla*, *Mollinivilla*, 1402 (*Regestrum*). — *Le Mouterot*, 1504 (dom. de Gondreville). —

Menoville dit le Mousterot, 1527 (ibid.). — Maloville dit le Moutrot, 1592 (ibid.). — Malloville, 1594 (dén. de la Lorr.). — Le Moutroy, 1596 (dom. de Gondreville). — Le village du Moutrot dit Malonville, xvi° siècle (Tr. des ch. reg. B. 282, f° 14 v°). — Le Moutrot, 1782 (table des villes, etc.). — Des cantons du territoire de cette commune portent encore les noms de Mononville et Mollonville ou Derrière-l'Atrie, et on prétend qu'ils occupent la place où se trouvait l'ancien Moutrot, lequel fut ruiné et reconstruit à un autre endroit.

MOYEN, c°" de Gerbéviller. — Modium, 1114 (H. L. I, c. 536). — Ecclesia de Moyn, 1120 (Tr. des ch. l. Abb. de Senones, n° 6). — Moin, 1152 (ibid. n° 8). — G. de Moyan, 1135 (ibid. l. Abb. de Beaupré, n° 1). — Medium castrum, 1153 ou 1155 (H. L. I, c. 1103 du texte, note). — Moyens, 1344 (Tr. des ch. l. Chaligny, n° 11). — Moiens; Medianus, gallice Moiens, 1402 (Regestrum).

Moyen, qui avait ses coutumes particulières, était le chef-lieu d'une châtellenie du temporel de l'évêché de Metz, baill. de Vic, comprenant les communes de Moyen et de Vathiménil, du canton de Gerbéviller; Chenevières, la Ronxe et Saint-Clément, du canton de Lunéville-Sud-Est.

MOYENBOIS, anc. bois à l'abbaye de Beaupré, c"° de Vitrimont. — Nemus quod dicitur Moyns, 1130 (ch. de l'abb. de Beaupré). — Moyens, 1135 (Tr. des ch. l. Abb. de Beaupré, n° 1).

MOYENVIC, bourg, c°" de Vic. — Mediano vico (tiers de sou : Ét. num. p. 142-144). — In Mediano vico... salinæ, 836 (H. L. I, c. 302). — Prioratus Sancti-Pientii Mediovici, 968 (H. T. p. 67). — Ecclesia de Medio-Vico, 982 (ibid. p. 63). — Anselmus de Moyenvi, 1183 (Tr. des ch. l. Abb. de l'Isle, n° 44). — Moienvi, 1252 (cart. de l'abb. de Salival). — Estanc on finaige de Moenvic, 1258 (Tr. des ch. l. Fiefs de Lorraine II, n° 1). — Moyenvy, 1324 (ibid. l. Blàmont I, n° 77). — Medius vicus salinarum oppidum, 1525 (Guerre des Rustauds, éd. orig. f° 15).

Les armoiries de Moyenvic, blasonnées dans le Traité du département de Metz, sont, comme celles de cette ville, parti d'argent et de sable.

MÜHLGRABEN (RUISSEAU DE) OU DE LA NAUBACH, prend sa source dans l'étang de Loudrefing, passe sur le territoire de cette commune et sur celui de Mittersheim et se jette dans la Sarre.

MÜHLVEIHER (RUISSEAU DE). — Voy. INSVILLER.

MÜHL-WALD, montagne, c"° d'Hangviller.

MÜHLWEIHER, étangs, c"°° de Loudrefing et de Mittersheim.

MULCEY, c°" de Dieuze. — Fiscum nomine Milcei, 975 (Als. dip. I, p. 126). — Milticha (très-ancien nécrologe de la cathédrale de Strasbourg, cité par l'abbé Grandidier, Hist. de l'Église de Strasbourg, I, p. 320). — Jordanus scabinus de Milcheyo, 1280 (ch. de l'abb. de Vergaville). — Villa Militiche juxta Marsallum, 1298 (Als. dip. II, p. 67). — Villa de Milcey, 1320 (Tr. des ch. l. Deux-Ponts, n° 8). — Millecy, 1343 (ibid. n° 13). — Millecey, 1346 (ibid. n° 17). — Melecey, 1524 (dom. de Dieuze). — Mellecey, alias Metzingen, 1594 (dén. de la Lorr.).

MULCEY (RUISSEAU DU MOULIN DE), sort de la forêt de Bride, passe sur le territoire de Mulcey et se jette dans la Seille.

MUNIEKENHOFF, éc. (seigneurie), c"° de Walscheid.

MUNSTER (mieux Münster, que l'on prononce Mynstre), c°" d'Albestroff (collégiale fondée sur la fin du xii° siècle). — Ecclesia de Monstre, 1262 (ch. de la cure de Munster). — De Munstre, 1270 (ibid.). — Monasterium, 1271 (ch. de la coll. de Marsal). — Minster, 1553 (dom. de Dieuze). — Village de la baronnie de Fénétrange, qualifié de franc-alleu d'Empire et seigneurie à part.

MÜNSTERHU, emplacement d'une ancienne verrerie ambulante, près d'Arscheviller.

N

NABÉCOR, faubourg de Nancy. — Nabecorre, 1608 (Tr. des ch. reg. B. 7471, f° 15 v°). — Nabecourt (Cassini).

NABLOTTE (LA HAUTE et LA BASSE), f. et scierie, c"° de Badonviller.

NACHTVEIT, terrains ou pàquis, c"°° d'Oberstinzel et de Romelfing, où les habitants menaient pâturer leurs bestiaux la nuit.

NAGUÉE (LA), f. c"° de Clayeures.

NAKER, éc. c"° de Guermange.

NAKWEITT (LA), f. c"° de Lindre-Haute.

NANCEUIL, anc. cense de la terre de Pierrefort.

NANCY, ville, ch.-l. du département. — Nanceiacum, 896 (ch. de la coll. Saint-Georges). — Walterus Nanceiatensis villicus, v. 1070 (coll. Moreau, t. XXX, f° 78). — Odelricus de Nanceyo, 1069 (H. L. I, c. 468). — Nanciacum, 1070-1115 (Origine des maisons d'Alsace, etc. p. 112). — Castrum juxta

Nanceium, 1130 (H. L. II, c. 290). — *Valdricus de Nancei*, 1138 (*ibid.* c. 317). — *Nanceyum castrum*, 1145 (ch. de la coll. Saint-Georges). — *Villa Nanceyacum*, 1147 (*ibid.*). — *Drogo de Nanceiaco*, 1127-1168 (ch. de l'abb. de Beaupré). — *Menia Nanceii*, 1190 (ch. de l'ordre de Malte). — *Nantiacum*, 1220 (H. L. II, c. 429). — *Nancey*, 1263 (ch. de la coll. Saint-Georges).

Il y avait à Nancy deux collégiales : Saint-Georges et Saint-Michel (voy. ces mots); une église primatiale, dont il sera parlé plus loin; l'abbaye de Saint-Léopold; le prieuré de Notre-Dame (voy. ces mots) et une commanderie de l'ordre de Saint-Jean-de-Jérusalem (voy. SAINT-JEAN).

La primatiale, fondée en 1602, fut érigée en évêché, avec le titre d'église cathédrale-primatiale, par bulles du 19 novembre 1777, confirmées par lettres patentes du mois de mai 1778. Cet évêché, formé du démembrement du diocèse de Toul, fut divisé en deux archidiaconés, ceux de Nancy et de Lunéville. Du premier dépendaient les doyennés d'Amance, Flavigny, Nancy et Rosières. Le doyenné de Nancy comprenait les paroisses de la ville : Notre-Dame, Saint-Epvre, Saint-Nicolas, Saint-Pierre et Saint-Stanislas, Saint-Roch, Saint-Sébastien, Saint-Vincent-Saint-Fiacre, et celles de Champigneules, Fléville, Frouard, Heillecourt, la Neuveville-devant-Nancy, Laxou, Maxéville, Saulxures-lez-Nancy, Vandœuvre et Villers-lez-Nancy.

La constitution civile du clergé, qui réduisit les sièges épiscopaux à un seul par département, fixa celui de la Meurthe à Nancy. Le concordat de 1802, en érigeant l'évêché de cette ville, lui donna pour circonscription les trois départements de la Meurthe, de la Meuse et des Vosges; ces deux derniers en furent détachés en 1824.

Nancy, capitale du duché de Lorraine, fut le siège d'un des trois bailliages qui formèrent les premières divisions administratives de ce pays, et dont on ne connaît pas la circonscription. En 1594, le bailliage de Nancy renfermait les prévôtés et châtellenies d'Amance, Azerailles, Condé (Custines), Einville, Gondreville, Lunéville, Nancy, Prény, Raon-l'Étape (Vosges), Rosières-aux-Salines, Saint-Dié (Vosges), le comté de Chaligny, les terres de l'Avant-Garde, du Châtelet (Vosges), de Haye et de Pierrefort. La châtellenie de Nancy comprenait des communes appartenant à six des cantons actuels du département, savoir : Affracourt, Benney, Ceintrey, Crantenoy, Crévéchamps, Gerbécourt-et-Haplemont, Jevoncourt, Mangonville, la Neuveville-devant-Bayon, Neuviller-sur-Moselle, Ormes, Roville, Saint-Remimont, Vaudeville, Vaudigny, Voinémont et Xirocourt, du canton d'Haroué; Anthelupt, Crévic, Flainval, Hudiviller et Sommerviller, du canton de Lunéville-Nord; Bouxières-aux-Dames, Champigneules, Dommartin-sous-Amance, Esscy-lez-Nancy, Eulmont, Lay-Saint-Christophe, Malzéville, Pixerécourt, Pulnoy, Saulxures-lez-Nancy, Séchamps et Saint-Max, du canton de Nancy-Est; Frouard, Laxou, Maron, Maxéville et Villers-lez-Nancy, du canton de Nancy-Nord; Heillecourt, Houdemont, Jarville, Ludres, Méréville, Messein, Tomblaine et Vandœuvre, du canton de Nancy-Ouest; Art-sur-Meurthe, Azelot, Burthecourt-aux-Chênes, Dombasle, Flavigny, Fléville, la Neuveville-devant-Nancy, Lenoncourt, Lupcourt, Manoncourt-en-Vermois, Richardménil, Saint-Nicolas, Varangéville et Ville-en-Vermois, du canton de Saint-Nicolas; Houdelmont, Parcy-Saint-Césaire (en partie), Pierreville et Pulligny, du canton de Vézelise. — En 1698, le ressort du bailliage de Nancy fut modifié; il comprenait les prévôtés d'Amance, l'Avant-Garde ou Pompey, Chaligny, Château-Salins, Condé, Gondreville, Einville, Marsal, Nancy, Prény, Rosières-aux-Salines et Saint-Nicolas. La prévôté de Nancy perdit les communes d'Eulmont, Lay-Saint-Christophe (en partie) et Saint-Nicolas, et elle s'augmenta des suivantes : Lemainville, du canton d'Haroué; Sommerviller, du canton de Lunéville-Nord; Jolivet, du canton de Lunéville-Sud-Est; Autreville et Millery, du canton de Pont-à-Mousson. — Le bailliage de Nancy, créé présidial en 1751, changea encore de circonscription : toutes les communes des cantons d'Haroué, Lunéville-Nord, Lunéville-Sud-Est et Vézelise indiquées ci-dessus et celle de Dombasle en furent détachées, et son ressort s'étendit alors sur une partie plus ou moins considérable de dix de nos cantons actuels, savoir, outre les localités mentionnées plus haut : Mazerules et Sornéville, du canton de Château-Salins; Saizerais, du canton de Domèvre; Agincourt, Amance, Bouxières-aux-Chênes, Champenoux, Custines, Dommartin-sous-Amance, l'Aître, la Neuvelotte, Saint-Max et Saulxures, du canton de Nancy-Est; Chaligny, Marbache, Pompey et Velaine-en-Haye, du canton de Nancy-Nord; Chavigny, les Neuves-Maisons et Pont-Saint-Vincent, du canton de Nancy-Ouest; Armaucourt, Arraye-et-Han, Bratte, Brin, Faulx, Lanfroicourt, Leyr, Malleloy, Montenoy et Villers-lez-Moivron, du canton de Nomeny; Cerceuil, du canton de Saint-Nicolas; Aingeray, Fontenoy, Gondreville et Sexey-les-Bois, du canton de Toul-Nord; Sexey-aux-Forges et Villey-le-Sec, du canton de Toul-Sud; Frolois et

Viterne, du canton de Vézelise. — Nancy fut, en outre, le siége d'une chambre des comptes; d'un parlement, qualifié aussi de cour souveraine; d'une maîtrise des eaux et forêts, d'un gouvernement militaire, d'une intendance et enfin d'une université, qui y avait été transférée de Pont-à-Mousson en 1768.

En 1790, lors de l'organisation du département, Nancy fut le chef-lieu d'un district composé des cantons d'Amance, Buissoncourt, Champenoux, Custines, Frouard, Nancy, Pont-Saint-Vincent, Rosières-aux-Salines et Saint-Nicolas. — Le canton de Nancy comprenait les communes de Dommartemont, Essey-lez-Nancy, Heillecourt, Houdemont, Jarville, Laxou, Malzéville, Nancy, Pixerécourt, Saint-Max, Tomblaine, Vandœuvre et Villers-lez-Nancy.

Les armoiries de la ville de Nancy sont *d'argent, au chardon arraché verdoyant, à la fleur purpurine, arrangée de deux feuilles piquantes au naturel; l'écu honoré pour chef des armes pleines de Lorraine; l'écusson timbré de la couronne ducale.* Elles ont pour devise : *Non inultus premor;* en français : *Qui s'y frotte s'y pique.*

NANZÉVILLE, f. c^{ne} de Martincourt. — *Nanziville* (Cassini).

NARBONNE (RUISSEAU DE), sort du bois du Juré, près d'Atton, passe sur le territoire de cette commune et se jette dans la Moselle. — Voy. ARBONNE.

NARMOND, f. c^{ne} d'Étreval.

NATAGNE (LA), ruiss. a sa source près de Bratte, passe sur les territoires de Bratte, Sivry, Belleau, Morey, Ville-au-Val et Bezaumont, et se jette dans la Moselle.

NATROU, forêt, c^{ne} de Liverdun.

NAUBACH (LA), ruiss. — Voy. MÜHLGRABEN (RUISSEAU DE).

NÉBING, c^{on} d'Albestroff. — *Nebanges*, 1524 (dom. de Dieuze). — *Nubinguen*, 1572 (Tr. des ch. l. Dieuze III, n° 8). — *Nebingen*, 1594 (dén. de la Lorr.).

NESSELHOFF, f. c^{ne} de Bébing.

NETZ (LA), f. c^{ne} de Marthil.

NETZENBACH, f. c^{ne} de Walscheid.

NEUF-CHAMP (LE), éc. c^{ne} de Pierre-Percée.

NEUF-CHÂTEAU (LE), fief. — Voy. CHÂTEAU-NEUF (LE).

NEUFCHÂTEAU (Vosges), ch.-l. d'arrond. était le siége d'un doyenné, archidiaconé de Vittel, diocèse de Toul, duquel dépendait dans la Meurthe la paroisse de Mont-l'Étroit. — *Decanatus de Novocastro*, 1402 (*Regestrum*).

NEUFCHÈRE, f. (seigneurie, haute justice et chapelle), c^{ne} de Chicourt. — *Neufvechère*, 1594 (cart. de l'abb. de Salival). — *Neufcherre*, 1605 (dom. de Viviers). — *Neuf-Chaire* (Cassini).

NEUF-FONTAINES (LES), éc. c^{ne} de Lafrimbolle.

NEUF-MAISONS, c^{on} de Baccarat. — *Neufmaison*, 1513 (dom. de Baccarat).

NEUF-MOULIN (LE), usine, c^{ne} de Brouville.

NEUF-MOULIN (LE), f. c^{ne} de Vilcey-sur-Trey.

NEUF-MOULINS, c^{on} de Lorquin. — *Le Nœuf-Moulin, Neumoulin*, 1667 (dom. de Turquestein).

Cette commune donne son nom à un ruisseau qui prend sa source à Hattigny, passe sur les territoires d'Hattigny, Aspach, Saint-Georges, Landange et Neuf-Moulins, et se jette dans le ruisseau de l'Étang.

NEUF-VILLAGE, c^{on} d'Albestroff. — *Le Neuf-Village*, 1783 (table des villes, etc.).

NEUFS-CHAMPS (LES), h. c^{ne} de Pierre-Percée.

NEUHOFF (LE), f. c^{ne} de Dolving.

NEUHOFF (LE), f. c^{ne} de Hoff.

NEUKOPF, f. c^{ne} de Dabo.

NEULLEUX, f. c^{ne} de Dieulouard.

NEUMÜHL, m^{in}, c^{ne} d'Angviller.

NEUMÜHL, m^{in}, c^{ne} de Bühl.

NEUMÜHL, m^{in}, c^{ne} de Guntzviller.

NEUMÜHL (RUISSEAU DE), a sa source à la ferme de Moukenhoff, passe sur le territoire de Bühl et se jette dans la Bièvre.

NEUSTADTMÜHL, m^{in}, c^{ne} de Dabo; il a été construit en 1691.

NEUSTADTMÜHL (RUISSEAU DE), prend sa source sous la montagne de Houbé, passe sur les territoires de Dabo et de Hommert et se jette dans la Zorn.

NEUVE-GRANGE (LA), m^{in}, c^{ne} de Niderhoff, construit sur l'emplacement du village détruit de Varcoville (voy. ce mot). — *La Neuve Grange, alias Heimwilrevorst*, 1201 (ch. de l'abb. de Haute-Seille). — *Grangia que Nova dicitur*, 1288 (*ibid.*).

NEUVELOTTE (LA), c^{ne} de Nancy-Est. — *Nodulfum in pago Calvomontense*, 770 (H. L. I, c. 288). — *La Neufvillette*, 1449 (ch. du pr. de l'Aître). — *La Neufvevillette-desoubz-Amance*, 1476 (Tr. des ch. reg. B. 1, f° 318). — *La Neuvellette*, 1506 (*ibid.* reg. B. 7614). — *La Neuflotte*, 1524 (*ibid.* reg. B. 16, f° 30). — *La Neuflotte*, 1550 (dom. d'Amance). — *Neuvelotte*, 1594 (dén. de la Lorr.). — *Neuflotte*, 1615 (Tr. des ch. l. Nancy IV, n° 33). — Le fief de la Neuvelotte relevait de la châtell. d'Amance, baill. de Nancy.

NEUVE-MAISON (LA), éc. c^{ne} de l'Aître-sous-Amance, ancien franc-alleu, érigé en fief en 1608. — *La Neuve-Maison-sous-Amance*, 1664 (Tr. des ch. reg. B. 112, f° 104 v°).

NEUVES-MAISONS (LES), c^on de Nancy-Ouest (prieuré sous le titre de *Sainte-Lucie*. — Voy. ce mot). — *Les Nueves-Mauson*, 1424 (dom. de Nancy). — *Les Neufves-Maisons*, 1611 (dom. de Chaligny).

NEUVEVILLE-AUX-BOIS (LA), c^on de Lunéville-Sud-Est. — *Novovillare*, 922 (H. M. p. 58). — *La Neuville-aubois*, 1234 (ch. de l'ordre de Malte). — *La Nueveville-on-boix*, 1333 (Tr. des ch. l. Blâmont I, n° 86). — *Neufville*, 1420 (ch. de l'ordre de Malte). — *Novavilla in nemore*, 1434 (ch. de l'abb. de Belchamp). — *Novavilla in busco*, 1521 (*ibid.*). — *Novavilla in bosco*, 1525 (*ibid.*). — *La Neufveville-on-boix*, 1532 (*ibid.*). — *La Neufveville-aux-bois*, 1549 (dom. de Blâmont). — *La Neufville-on-bois*, 1589 (ch. de l'abb. de Belchamp). — *La Neufville-au-bois*, 1591 (Tr. des ch. reg. B. 61, f° 8). — *La Neufville-aux-bois*, 1600 (dom. de Blâmont).

Après avoir dépendu du canton de Bénaménil, la Neuveville-aux-Bois devint, en 1790, le chef-lieu du canton.

NEUVEVILLE-DERRIÈRE-FOUG (LA) OU LA NEUVEVILLE-LEZ-TOUL, c^on de Toul-Nord. — *Ecclesia de Nevia villa*, 965 (H. L. 1, c. 374). — *La Petite-Foug*, 1414 (Notice de la Lorraine, art. Foug). — *Novavilla*, 1402 (*Regestrum*). — *La Neufville-devant-Foug*, 1421 (dom. de l'Avant-Garde). — *La Neuville*, 1719 (alph.). — *La Neuveville-derrière-Foug* ou *la Petite-Foug*, 1779 (Descr. de la Lorr.).

NEUVEVILLE-DEVANT-BAYON (LA), c^on d'Haroué. — *Nova villa juxta Ulmos*, 1229 (arch. de l'Aube). — *La Nueveville*, 1290 (Tr. des ch. l. Rosières I, n° 29). — *La Nueveville-devant-Ourmes*, 1370 (*ibid.* l. Fiefs de Lorraine, n° 23). — *La Neufveville*, 1399 (*ibid.* l. Confirmations, n° 33). — *Lá Neufville*, 1484 (*ibid.* l. Nancy I, n° 17). — *La Neuville-lès-Ormes*, XVIe siècle (cart. Fiefs de Nancy). — *La Neufville-devant-Ormes*, 1571 (dom. de Nancy). — *La Neuville-lès-Bayon*, 1594 (dén. de la Lorr.). — *La Nœufville-devant-Ormes*, 1600 (dom. de Nancy). — *La Neuville-devant-Bayon*, 1719 (alph.). — Le fief de la Neuveville-devant-Bayon relevait de la châtell. et du baill. de Nancy.

NEUVEVILLE-DEVANT-NANCY (LA), c^on de Saint-Nicolas. — *Nova villa juxta Nanceium*, 1228 (ch. de l'abb. de Clairlieu). — *La Neuville*, 1258 (*ibid.*). — *La Nueveville-devant-Nancey*, 1303 (Tr. des ch. l. Dompaire, n° 9). — *Novavilla ante Nanceyum*, 1402 (*Regestrum*). — *La Nuefveville-devant-Nancey*, 1420 (dom. de Nancy). — *La Neufveville*, 1522 (*ibid.*). — *La Newille*, 1536 (Tr. des ch. reg. B. 7615). — *La Neufveville-devant-Nancy*, 1600 (dom. de Nancy). — *La Neuveville-lès-Saint-Nicolas*, 1606 (arch. de la Neuveville). — *La Neuville-devant-Nancy*, 1719 (alph.). — Le fief de la Neuveville-devant-Nancy relevait de la châtell. et du baill. de Nancy.

NEUVEVILLE-EN-SAULNOIS (LA), c^on de Delme. — *Nova villa ante Vivaria*, 1222 (Tr. des ch. l. Viviers, n° 1). — *La Ville-Neufve*, 1498 (dom. de Pont-à-Mousson). — *La Neufveville-devant-Deismes*, 1505 (Tr. des ch. l. Viviers, n° 41). — *La Neufveville*, 1566 (dom. de Viviers). — *La Neuville*, 1719 (alph.). — Le fief de la Neuveville-en-Saulnois, de la baronnie de Viviers, relevait du marquisat de Pont-à-Mousson).

NEUVEVILLE-LEZ-LORQUIN (LA), c^on de Lorquin. — *La Neuville-lès-Lorquin*, 1756 (dép. de Metz). — *La Neufville-devant-Lorquin* (Cassini).

NEUVIC ou NEUF-VIC, localité inconnue, qu'on suppose avoir existé dans le voisinage de Vic et de Moyenvic. — *Novo Vico* (Tiers de sou : Bulletins de la Société d'archéologie lorraine, I, p. 135-136).

NEUVILLER, éc. c^on de Bouxières-aux-Chênes.

NEUVILLER-LEZ-BADONVILLER, c^on de Baccarat. — *Nuefveilleir*, 1329 (Tr. des ch. l. Blâmont I, n° 84). — *Novumvillare*, 1402 (*Regestrum*). — *Neufviller*, 1590 (dom. de Salm). — *Neuviller-ban-le-Moine*, 1779 (Descr. de la Lorr.).

NEUVILLER-SUR-MOSELLE, bourg, c^on d'Haroué (prieuré de Bénédictins sous le titre de *Saint-Pierre*. — Voy. ce mot). — *Odelricus de Novovillare*, 1065 (H. L. I, c. 456). — *Castrum de Noviler*, 1091 (*ibid.* c. 492). — *Novum villare*, 1094 (*ibid.* c. 498). — *Novillaris cella* (Hist. eps. virdun. ad ann. 1131-1150, H. L. II, c. 237). — *Th. de Novivillare; Novoviler*, 1157 (*ibid.* c. 354). — *Olricus Novivillaris*, 1164 (ch. de l'abb. de Beaupré). — *De Novovillari*, 1172 (Tr. des ch. l. Abb. de Clairlieu, n° 1). — *Capella de Novillari*, 1188 (ch. de l'abb. de Beaupré). — *Novum villarium*, 1220 (ch. du pr. de Flavigny). — *Castrum de Novileir*, 1220 (Tr. des ch. l. Pont fiefs I, n° 72). — *Nueveleir*, 1269 (*ibid.* l. Rosières I, n° 11). — *Ville, chastel et chastellerie de Nuefviller*, 1286 (*ibid.* l. Rosières I, n° 21). — *Nueviller*, 1298 (*ibid.* n° 46). — *Neufviller*, 1524 (rec. gén.). — *Neufvillers*, 1526 (dom. de Nancy). — Le fief de Neuviller-sur-Moselle relevait de la châtell. et du baill. de Nancy. Il fut le siège d'un comté érigé en 1749, avec prévôté bailliagère, et qui prit en 1776 le nom de comté de *Chaumont-sur-Moselle*, à cause de M. Chaumont de la Galaizière, qui en était possesseur.

En 1790, Neuviller-sur-Moselle fut, sous le même nom de *Chaumont-sur-Moselle* ou *Chaumont*, le chef-lieu d'un canton dépendant du district de Vézelise et formé des communes de Bainville-aux-Miroirs, Benney, Crévéchamps, Gripport, la Neuveville-devant-Bayon, Lebeuville, le Ménil-Mitry, Mangonville, Neuviller-sur-Moselle, Roville et Saint-Remimont.

Nicéville ou Nixéville, fief, c^{ne} de Seicheprey, érigé en 1753.

Nid-de-Cicogne (Chemins du), c^{nes} de Kerprich-lez-Dieuze et de Lindre-Basse.

Nid-des-Oiseaux (Le), montagne, c^{ne} de Turquestein.

Niderhoff (mieux *Niederhoff*), c^{on} de Lorquin (on prononce *Nidrehoff* : nider, et mieux *nieder*, signifie bas). — *Niderhovum* et *Nidrehoff*, 1244 (ch. de l'abb. de Haute-Seille). — *Molendinum de Nidrehove*, 1288 (*ibid.*). — *Nidrehowe*, 1314 (Tr. des ch. l. Blâmont I, n° 96). — *Niderhau*, 1590 (dom. de Phalsbourg).

Niderhoff (Ruisseau de), a sa source à la ferme de Bonlieu, passe sur les territ. d'Hattigny, Fraquelfing, Niderhoff, et se jette dans la Sarre-Blanche.

Niderstinzel (mieux *Niedersteinzel*, vulgairement *Stinzle*), c^{on} de Fénétrange. — *Ecclesia de Steinsilide* (?), v. 1050 (H. L. I, c. 431). — *Nidersteinselle*, *Steinsel-Bas* ou *Steinzel*, 1779 (Descr. de la Lorr.).

Niderviller (en français *Nidreville*), c^{on} de Sarrebourg. — *Niederwilre*, 1163 (*Als. dipl.* I, p. 254). — *Nyderwilre*, xve siècle (obit. de la coll. de Sarrebourg, f° 60). — *Nyder-Wuelles*, 1525 (papier des noms, etc.). — *Niderewoillor*, 1594 (dén. de la Lorr.).

En 1790, Niderviller fut le chef-lieu d'un canton dépendant du district de Sarrebourg et formé des communes d'Arscheviller, Bieberskirch, Brouderdorff, Bühl, Guntzviller, Hartzviller, Hommarting, Niderviller, Schneckenbüsch et Saint-Louis.

Niderviller (Ruisseau de), sort de la forêt de Hesse, passe sur le territoire de la commune dont il porte le nom et se jette dans l'Otterbach.

Nidrequin ou Nitrequin, village détruit, près de Languimberg. On voit encore, sur l'emplacement que ce village a occupé, des restes de constructions qu'on appelle *Tour-de-Nidrequin*. — Il y a un chemin de *Niterquin*, c^{ne} de Romécourt.

Nied (La), riv. divisée en deux branches, la *Nied française* et la *Nied allemande* : la première seule coule dans le département de la Meurthe; elle commence à paraitre à Marthil, passe sur les territoires de Prévocourt, Morville, Baudrecourt, Saint-Epvre, Villers-aux-Oies, Bréhain, Oron, Frémery, Hannocourt, Lucy, et se jette dans la Moselle. — *Nida*, ixe siècle (géographe de Ravenne). — *Neda*, 1121 (H. L. II, c. 266). — *Nied romande et allemande*, 1594 (dén. de la Lorr.). — *Nita fluvius*, 1675 (*Not. Gall.* p. 376).

Le territoire que la Nied arrose formait un *pagus*, qui est appelé *Nitachowa*, en 870, dans le partage du royaume de Lothaire entre Charles le Chauve et Louis de Germanie (H. L. I, c. 310). — *Nitensis pagus*, 1675 (*Not. Gall.* p. 376).

Nied, f. c^{ne} d'Hannoncourt; vill. détruit. — *Ban et ville de Niedz*, 1505 (Tr. des ch. l. Viviers, n° 41). — *Nios*, 1719 (alph.).

Nieder-Géroldzech, chât. en ruines, c^{ne} de Niderstinzel.

Niederhoff, c^{ne}. — Voy. Niderhoff.

Niederschalbach, vill. détruit, près de Schalbach.

Nitra (Sentier de), c^{ne} de Val-de-Bon-Moûtier.

Nitting, c^{on} de Lorquin. — *Nidengen*, 1594 (dén. de la Lorr.). — *Nuthin*, 1598 (dom. de Sarrebourg). — *Nietting* ou *Nutting*, 1710 (polium).

Niverlach, h. c^{ne} de Riche.

Noire-Fosse (Sentier de la), c^{ne} de Saint-Boing.

Noires-Terres (Les), éc. c^{ne} de Bertrichamps.

Noirs-Colas (Les), h. c^{ne} de Bionville.

Nolleu, scierie, c^{ne} d'Abreschviller.

Nolweiher, m^{in}, c^{ce} de Bisping. — Ce moulin donne son nom à un ruisseau qui a sa source au-dessus de Bisping, passe sur les territoires d'Angviller et de Guermange et se jette dans la Seille.

Nomeny, ville, ch.-l. de canton, arrond. de Nancy. — *Mercatum Numeniacæ villæ*, 1075 (H. M. p. 97). — *Ecclesia de Numiniaco*, 1130 (*ibid.* p. 108). — *Nommeni*, 1265 (Tr. des ch. l. Pont dom. II, n° 5). — *Nominey*, 1271 (*ibid.* l. Commanderies, n° 26). — *Nommeney*, 1290 (*ibid.* l. Apremont, 6e liasse, n° 1). — *Chastel et chastellerie de Nominy*, 1395 (*ibid.* l. Nomeny II, n° 12). — *Nomenium*, 1513 (géogr. de Ptolémée). — *Nommeny*, 1525 (Guerre des Rustauds, p. 72). — *Nomminy*, 1528 (dom. de Nomeny). — *Numeniacum*, 1675 (*Not. Gall.* p. 496).

Nomeny fut le chef-lieu d'un archiprêtré, archidiaconé de Vic, diocèse de Metz, duquel dépendaient dans la Meurthe les paroisses d'Abaucourt, Bouxières-sous-Froidmont, Clémery, Juville, Mailly, Manoncourt-sur-Seille, Morville-sur-Seille, Nomeny, Port-sur-Seille, Raucourt, Serrières et Thézey-Saint-Martin. — *Archipresbyteratus de Nomeneyo, al. de Nomineyo*, 1539 (pouillé de Metz: Topogr. ecclés. de la France).

Nomeny fut érigé en fief mouvant de l'évêché de Metz en 1551, en marquisat et principauté d'Empire en 1567; incorporé au duché de Lorraine en 1612. — En 1698, cette ville devint le siége d'un bailliage qui comprenait les communes de Manhoué, du canton de Château-Salins; Alaincourt, Craincourt, Delme, Fossieux, Lemoncourt, Liocourt et Puzieux, du canton de Delme; Abaucourt, Manoncourt-sur-Seille et Nomeny, du canton de ce nom. Ce baill. fut supprimé en 1718, puis rétabli en 1751, avec une nouvelle circonscription : Manhoué, Alaincourt, Puzieux et Manoncourt en furent détachés, et l'on y réunit Ajoncourt et Aulnois, du canton de Delme; Belleau, Clémery, Létricourt, Lixières, Mailly, Phlin, Rouves et Thézey-Saint-Martin, du canton de Nomeny.

En 1790, Nomeny fut le chef-lieu d'un canton dép. du district de Pont-à-Mousson et formé des c^{nes} d'Abaucourt, Arraye-et-Han, Chenicourt, Clémery, Jeandelaincourt, Létricourt, Mailly, Manoncourt-sur-Seille, Phlin, Rouves et Thézey-Saint-Martin.

Les armoiries de Nomeny, blasonnées dans l'Armorial de Lorraine, sont *d'azur à la croix croisetée et recroisetée en chef d'or.*

Nonhigny, c^{on} de Blâmont. — *Capella de Nohennes*, 880 (H. L. I, c. 316). — *De Nohenneo*, 880 (*Ord. præm. ann.* II, c. 538). — *Capella Sancti-Martini de Nohonies*, 1114 (*ibid.* c. 540). — *Nohenneis*, 1140 (*ibid.* c. 542). — *De Nohegenis*, 1147 (*ibid.* c. 544). — *Nonhigney*, 1413 (Tr. des ch. l. Blâmont fiefs, n° 80). — *Nohegney*, 1420 (*ibid.* n° 85). — *Nohigny*, 1552 (dom. de Blâmont). — *Nonhegney*, 1590 (dom. de Salm). — *Nohigny-lès-Baudonviller*, 1611 (dom. de Lunéville). — Le fief de Nonhigny relevait du comté de Blâmont.

Nonnenburg, écarts, c^{ne} de Walscheid, au bas du Nonnenburg ou Nonnenberg (*forteresse ou montagne des religieuses*), montagne, c^{ne} d'Abreschwiller.

Nonnes (Bois des), anc. bois à l'abb. de Bouxières, c^{ne} de Bures. — Il y a un chemin de ce nom sur le territoire de cette commune.

Norroy, c^{on} de Pont-à-Mousson. — *Nogaredum in comitatu Scarponensi*, 960 (*Gallia christiana*, XIII, c. 392). — *Hawidis de Noeroi*, 1138 (*Ord. præm. ann.* II, c. 135). — *Nowarai*, 1181 (*ibid.* c. 137). — *Nuweroit*, 1211 (H. M. p. 171). — *Nouroi*, 1251 (ch. du chap. de Saint-Pierre de Metz). — *Noweroit-de-les-Prignei*, 1293 (*ibid.*). — *La santaine de Noveroy*, 1360 (*ibid.*). — *Noiereyum*, 1402 (*Regestrum*). — *Noweroy*, 1477 (dom. de Prény). — *Noeroy*, 1498 (dom. de Pont-à-Mousson). — *Nouroy*, 1505 (Tr. des ch. l. Viviers, n° 41). — *Noveroy*, 1516 (ch. du chap. de Saint-Pierre). — *Nourroy*, 1551 (dom. de Pont-à-Mousson). — *Nouveroy*, 1600 (dom. de Prény). — *Norroy-devant-le-Pont*, 1779 (Descr. de la Lorr.). — Le fief de Norroy relevait du marquisat de Pont-à-Mousson.

Norroy, h. c^{ne} des Ménils. — *Noeroi*, 1297 (Tr. des ch. l. Pont dom. II, n° 10). — *Noweroy-ad-Magnis*, 1332 (*ibid.* l. Pont fiefs III, n° 10). — *Nouweroit*, 1339 (*ibid.* l. Pont fiefs I, n° 117). — *Nouroy*, 1371 (*ibid.* l. Pont cité II, n° 21). — *Noewroy, Noweroy*, 1385 (*ibid.* l. Pont-à-Mousson, n°s 42 et 73).

Norroy, m^{ins}, c^{ne} de Petit-Mont.

Norroy, scieries et usine, c^{ne} de Saint-Sauveur. — Il y avait un étang du même nom sur le territ. de cette commune; il a été aliéné par le domaine en 1808.

Note (La), éc. c^{ne} de Gondreville.

Notre-Dame, anc. collégiale à Blâmont, fondée en 1352.

Notre-Dame, anc. prieuré dépendant de l'abbaye de Molesme, fondé au xiie siècle près de Nancy et depuis enfermé dans la ville, dont son église était une des paroisses, desservie par des prêtres de l'Oratoire. Ce prieuré jouissait du droit d'asile.

Notre-Dame, anc. faubourg d'Ormes.

Notre-Dame, anc. paroisse, collégiale et hôpital à Pont-à-Mousson, supprimée en 1572.

Notre-Dame (Côte), canton du territoire de Jaillon.

Notre-Dame-de-Bon-Succès, nom de la chapelle de Fricourt.

Notre-Dame-de-Brionne, anc. ermitage, c^{ne} de Manoncourt-sur-Seille.

Notre-Dame-de-Consolation, anc. ermitage, c^{ne} de Vandœuvre.

Notre-Dame-de-Gloire, anc. prieuré de Chanoines réguliers, c^{ne} de Viviers, fondé en 1626, à la place d'un prieuré de Bénédictins qui semble avoir existé dès le xie siècle.

Notre-Dame-de-Grâce, anc. ermitage. — Voy. Garenne (La).

Notre-Dame-de-Grâce, chapelle, c^{ne} de Dombasle.

Notre-Dame-de-la-Conception, anc. chapelle, c^{ne} d'Ormes, qu'entourait le cimetière de la paroisse.

Notre-Dame-de-la-Victoire ou des Rois, anc. chapelle. — Voy. Bon-Secours.

Notre-Dame-de-Lorette, anc. chapelle, c^{ne} de Méréville.

Notre-Dame-de-Lorette, chapelle (et ermitage), c^{ne} de Saint-Martin. On y va en pèlerinage pour la migraine et les maux d'yeux.

Notre-Dame-de-Lorette, chapelle, anc. ermitage ou prieuré fondé en 1542.

Notre-Dame-de-Lorette ou Sainte-Lorette, chapelle, c^{ne} de Baudrecourt, fondée en 1578.

Notre-Dame-de-Pitié, anc. ermitage, c^{ne} de Bulligny.

Notre-Dame-de-Pitié, anc. ermit. c^{ne} de Saulxerotte.

Notre-Dame-de-Pitié, anc. chapelle, c^{ne} de Vannecourt.

Notre-Dame-de-Pitié, chapelle, c^{ne} de Champigneules.

Notre-Dame-de-Pitié, chapelle, c^{ne} de Crévic.

Notre-Dame-de-Pitié, chapelle avec pèlerinage, c^{ne} de Prény.

Notre-Dame-de-Puzieux, croix avec une statue de la Sainte-Vierge, c^{ne} de Puzieux.

Notre-Dame-de-Recouvrance ou Notre-Dame-de-Pitié, chapelle, c^{ne} de Marthemont.

Notre-Dame-des-Anges, éc. c^{ne} de Nancy, où s'établirent d'abord les Tiercelins de cette ville.

Notre-Dame-des-Ermites, chapelle, c^{ce} d'Avricourt, construite en 1749.

Notre-Dame-des-Ermites, chapelle, c^{ne} de Lorquin.

Notre-Dame-des-Gouttes, anc. chapelle, c^{ne} d'Allamps.

Notre-Dame-du-Bel-Amour, chapelle, c^{ne} de Liverdun.

Notre-Dame-du-Refuge, anc. chapelle dans les vignes, dépendant de la paroisse Saint-Pierre de Toul.

Notre-Dame-sous-la-Croix ou Notre-Dame-de-la-Bonne-Fontaine, chapelle avec pèlerinage, c^{ne} de Domjevin.

Nouveau-Lieu, éc. c^{ne} d'Hablainville.

Nouveau-Lieu, f. (fief et chapelle), c^{ne} de Rosières-aux-Salines. — *Grangia de Novoloco*, 1182 (ch. de l'abb. de Clairlieu). — *Lou Noveil-leu*, 1323 (Tr. des ch. l. Rosières I, n° 79). — *Nouvel-lieu* (*boix du*), 1537 (copie d'un titre du xii° s°, arch. de Rosières). — Il y eut anciennement une espèce de prieuré dép. de l'abbaye de Clairlieu et occupé par des religieux de l'ordre de Cîteaux (état du temporel).

Nouvelle-Bethléem (La), nom que portait l'ancien couvent des Dominicains de Blainville.

Noviant-aux-Prés, c^{on} de Domèvre. — *Novoiant-en-Hey*, 1239 (cart. de Bouconville, f° 307 v°). — *Nouvoiant*, 1304 (Tr. des ch. l. Pont dom. II, n° 24). — *Nouviant-en-prei*, 1363 (*ibid.* l. Pont ecclés. n° 24). — *Novidens*, 1402 (*Regestrum*). — *Nouviant*, 1498 (dom. de Pont-à-Mousson). — Le fief de Noviant relevait du marquisat de Pont-à-Mousson; il fut le siège d'un marquisat érigé en 1642.

Nudelhoff, f. c^{ne} de Saint-Louis.

O

Oberatt-Mühl, mⁱⁿ, c^{ne} de Dabo.

Obermühl, anc. mⁱⁿ, près de Sarrebourg. — *Molendinum dictum Obermule*, 1306 (ch. de l'abb. de Vergaville).

Obernonenthal (La), scierie, c^{ne} d'Abreschwiller.

Oberschalbach (*Haut-Schalbach*), vill. détruit, près de Schalbach.

Oberstinzel (mieux *Obersteinzel*), c^{on} de Fénétrange. — *Oberstensil*, *Stensil*, xv° siècle (obituaire de la coll. de Sarrebourg, f° 142). — *Steinssel*, *Steynsel*, *Steinsel*, *Obersteynsel*, 1525 (papier des noms, etc.). — *Obersteinsel*, 1559 (dom. de Dieuze). — *Obersteinselle*, 1751 (état des villes, etc.). — *Obersteinsel* ou *Steinsel-Haut*, 1779 (Descr. de la Lorr.). — Ce village est qualifié baronnie dans le dénombrement des terres seigneuriales de la Lorraine, en 1779.

Oberweiler, f. c^{ne} de Niderviller; vill. détruit dont on voit les vestiges.

Oberzon-Mühl, mⁱⁿ, c^{ne} de Walscheid.

Obreck, c^{on} de Château-Salins. — *Obrickes*, 1349 (Tr. des ch. l. Salm II, n° 3). — *Obrecken*, 1553 (dom. de Dieuze). — *Obrech*, 1600 (*ibid.*). — *Obrich*, 1719 (alph.). — *Aubrich* (Cassini).

Ochey, c^{on} de Toul-Sud. — *Oscadum*, x° siècle (Hist. eps. tull. ad ann. 872-894, H. L. I, c. 129). — *Ursuvacus* (peut-être *Ochey?* dit D. Calmet), 948 (*ibid.* c. 353). — *Capella Oscadis villæ*, 1033 (H. T. p. 25). — *Oschier*, *Oschers*, *Oscheir*, *Oscher*, *Oschir*, xii° siècle (ch. de l'abb. de Clairlieu). — *Ocheyum*, 1402 (*Regestrum*). — *Ochier*, 1476 (Tr. des ch. reg. B. 1, f° 349). — *Olchiez*, 1550 (dom. de Vaudémont). — *Olchey*, 1715 (Tr. des ch. reg. B. 213, n° 133). — Le fief d'Ochey relevait de la châtell. de Gondreville, baill. de Nancy.

Cette commune donne son nom à un ruisseau qui a sa source à Domgermain et se jette dans le ruisseau de la Queue.

Œberdorff, h. c^{ne} de Berthelming.

Œttersburg, forêt, c^{ne} de Vieux-Lixheim, où il y a des traces de voie romaine.

Œufs-Durs (Les), éc. c^{ne} d'Anthelupt.

Ogéviller, c^{on} de Blâmont, qualifié bourg en 1594. — *Ogeriivillare cum ecclesia*, 1152 (Tr. des ch. l. Abb. de Senones, n° 8). — *Ogieviler*, 1285 (*ibid.* l. Blâmont fiefs, n° 8). — *Ogierviller*, 1301 (*ibid.* l. Deneuvre, n° 13). — *Ogievilleir*, 1332 (*ibid.* l. Blâmont, n° 86). — *Ogievillare*, 1378 (*ibid.* l. Trèves I, n° 20). — *Ougeviller*, 1392 (*ibid.* l. Remiremont I, n° 90). — *Ougierviller*, *Ogevillare*, 1392 (ch. du pr. de Flavigny). — *Ogievillers*, 1395 (Tr. des ch. l. Blâmont IV, n° 1). — *Fourteresse d'Ogiervilleir*, 1472 (*ibid.* l. Blâmont fiefs, n° 76). — *Ungievilleir*, 1477 (dom. d'Einville). — *Oygieviller*, 1505 (dom. de Deneuvre). — *Ogieviller*, 1553 (*ibid.*). — Le fief d'Ogéviller relevait du comté de Blâmont. Il était le siège d'une baronnie dont l'origine est inconnue, et le chef-lieu du *Ban-de-la-Rivière* (voy. ce mot).

En 1790, Ogéviller fut le chef-lieu d'un canton dépendant du district de Blâmont et formé des communes de Brouville, Fréménil, Hablainville, Herbéviller, Merviller, Migneville, Montigny, Ogéviller, Pettonville, Réclonville, Rehéray et Vaxainville.

OGNÉVILLE, c^{on} de Vézelise. — *Oigneville*, 1303 (cart. Vaudémont fiefs, f° 221). — *Walterus de Ongnevilla*, 1399 (Tr. des ch. l. Vaudémont dom. n° 171). — *Ongneville*, 1408 (dom. de Vaudémont). — *Ognieville*, 1451 (Tr. des ch. l. Vaudémont fiefs, n° 37). — Le fief d'Ognéville relevait du comté de Vaudémont.

OHLING, vill. détruit au XVII° siècle, près de Postroff.

OLIMPRÉ, f. c^{ne} de Puttigny.

OLZEY, f. c^{ne} de Flin. — *Oblisiacum*, X° siècle (*Libellus de successoribus sancti Hidulphi*, H. L. I, c. 60). — *Grangia de Oulese, Oulesei, Oblesei, Obloseis; feodum de Obliseis, Obleseis, Oblisei, Obliseum*, XII° s° (ch. de l'abb. de Beaupré). — *Ollesses*, 1262 (*ibid.*). — *Grainge de Oilezeis*, 1282 (Tr. des ch. l. Deneuvre, n° 3). — *Oblizey* et *Olizey*, 1295 (*ibid.* n° 11). — *Ollezeis*, 1313 (*ibid.* l. Lunéville I, n° 17). — *Valzey*, 1719 (alph.).

OMELMONT, c^{on} de Vézelise. — *Homemont*, 1387 (Tr. des ch. l. Vaudémont, n° 7). — *Umelmont*, 1402 (*ibid.* n° 9). — *Omemont*, 1408 (dom. de Vaudémont). — Le fief d'Omelmont relevait du comté de Vaudémont.

OMMEREY, c^{on} de Vic. — *Ecclesia de Hommeres*, 1219 (ch. de l'abb. de Haute-Seille). — *Omeris*, 1273 (Tr. des ch. l. Moyenvic I, n° 1). — *Ommereis*, 1285 (ch. de l'abb. de Haute-Seille). — *Hommeris*, 1288 (*ibid.*). — *Homerey, Hommerey*, 1476 (dom. de Dieuze). — *Omeruy*, 1756 (dép. de Metz).

OMMEREY (RUISSEAU D') ou DE NARD, a sa source à Bourdonnay, passe sur le territoire de cette commune et sur ceux de Ley, Donnelay, Juvelise, Lezey, Xanrey, Moyenvic, Marsal, et se jette dans la Seille.

ONZE-FONTAINES (LES), mⁱⁿ, c^{ne} de Blénod-lez-Toul.

ONZE-MILLE-VIERGES (CHAPELLE DES), anc. chapelle, c^{ne} de Puttigny.

OR (CHEMIN D'), c^{ne} de Sommerviller.

OR (LA CHAPELLE D') au ban d'Ormes, mentionnée en 1484 (Tr. des ch. l. Nancy I, n° 17).

OREVAUX (L'), ruiss. prend sa source à Crantenoy, passe sur les territoires de Vaudeville et d'Haroué et se jette dans le Madon.

OR-FONTAINE, fontaine, c^{ne} de Loisy.

ORICOURT, vill. détruit. — Voy. VNÉCOURT.

ORIOCOURT, c^{on} de Delme. — *Paulus de Oricourt*, 1195 (cart. de l'abb. de Salival). — *Orioucourt*, 1211 (H. M. p. 171). — *R. miles de Oriencourt*, 1310 (ch. de l'abb. de Haute-Seille). — *Oriaucour* (Cassini). — Le fief d'Oriocourt, de la baronnie de Viviers, relevait du marquisat de Pont-à-Mousson.

ORMANGE, f. c^{ne} de Gelucourt; franc-alleu et métairie franche à l'abbaye de Haute-Seille. — *Grangia de Ormanges*, 1288 (ch. de l'abb. de Haute-Seille).

ORMES (FONTAINE D'), c^{ne} de Dombasle. — Voy. FONTAINE-D'ORMES (RUISSEAU DE LA).

ORMES-ET-VILLE, c^{on} d'Haroué. — *Allodium de Ulmis*, 1179 (H. L. II, c. 382). — *Castrum de Ulmis*, 1229 (Tr. des ch. l. Fiefs de Nancy, n° 112). — *Ourmes*, 1370 (*ibid.* l. Fiefs de Lorraine, n° 2). — *Chastellerie d'Ulmes*, 1399 (*ibid.* l. Confirmations, n° 33). — *Ourmes*, 1403 (*ibid.*). — *Ormes-sur-Madon*, 1779 (Descr. de la Lorr.). — Le fief d'Ormes relevait de la châtell. et du baill. de Nancy. Il fut le siège d'une châtellenie dont il est parlé en 1322 et d'une ancienne baronnie qui fut unie au marquisat d'Haroué.

ORON, c^{on} de Delme. — *Orron*, 1505 (Tr. des ch. l. Viviers, n° 41). — Le fief d'Oron, de la baronnie de Viviers, relevait du marquisat de Pont-à-Mousson.

ORVILLÉ (L'), ruiss. passe sur les territoires de Benney et de Lemainville et se jette dans le Madon.

OTTERBACH (L'), ruiss. prend sa source à Brouderdorff, passe sur le territoire de cette commune, sur ceux de Niderviller et de Bühl, et se jette dans la Bièvre.

OURCHES, fief au village de Réméréville.

OUTREMONT, fermes, c^{ne} de Lesse, mentionnées dès l'année 1211. Il y avait une chapelle sous le titre de Notre-Dame et un prieuré dépendant de l'abbaye de Sainte-Croix ou Saint-Éloi, de Metz, ordre de Prémontré. — *Autremont* (Cassini).

OUTRE-MOSELLE, nom d'une ancienne circonscription, qualifiée prévôté dès la fin du XV° siècle, qu'on ne trouve pas indiquée dans les dénombrements officiels de la Lorraine, et dans laquelle semblent avoir été compris les villages d'Affracourt, Bainville-aux-Miroirs, Bainville-sur-Madon, Ceintrey, Clérey, Crévéchamps, Frolois, Lemainville, Mangonville, le Ménil-Mitry, Méréville, Neuviller-sur-Moselle, la Neuveville-devant-Bayon, Pierreville, Pulligny, Saint-Remimont, Vaudeville, Voinémont, Xeuilley, et les hameaux d'Haplemont, Herbémont et Ville-sur-Madon. — *Prévosté d'Oultre-Mezelle*, 1522 (dom. de Nancy). — *Oultre-Mouzelle*, 1574 (*ibid.*).

OUTRE-SARRE, nom d'un ancien faubourg de Sarrebourg. — *Suburtium de Ultra Saram*, XV° siècle (obit. de la coll. de Sarrebourg, f° 29).

OZIER, cense détruite, près d'Aulnois.

P

Pache (La), anc. bois, près de Manoncourt-en-Vermois, où fut établie, sur la fin du xvi⁰ siècle, la garenne du Vermois, 1571 (Tr. des ch. B. 7634).

Padoux, f. c⁰ᵉ de Coiviller; métairie avec chapelle au prieuré de Varangéville, mentionnée en 1408, érigée en fief en 1565.

Pagney-derrière-Barine, c⁰ⁿ de Toul-Nord. — *Paterniacum*, 885 (H. T. p. 5). — *Ecclesia et castellare de Pauniaco* (*Hist. eps. tull. ad ann.* 996-1018, H. L. I, c. 165). — *Parneium*, 1155 (cart. de Rengéval, f° 13). — *Vineœ apud Parneiam*, 1188 (H. L. II, c. 401). — *Pargneium*, 1223 (cart. de Rengéval, f° 15). — *Pargneium juxta Tullum*, 1237 (ch. de l'abb. de Mureau). — *Pangney*, 1355 (reg. cap. de la cath. de Toul). — *Paugneyum*, 1384 (*ibid.*). — *Pargneyum*, 1402 (*Regestrum*). — *Pargney-derrière-Barine*, 1779 (Descr. de la Lorr.). — *Pagny-sous-Barine*, 1790 (div. du départ.).

Pagny (Ruisseau de), a sa source sous Prény, passe sur le territoire de Pagny et se jette dans la Moselle.

Pagny-sur-Moselle ou Pagny-sous-Prény, c⁰ⁿ de Pont-à-Mousson. — *Paterniacum*, 932 (ch. de l'abb. de Sainte-Glossinde). — *Parnei*, 1115-1139 (ch. de l'abb. de Sainte-Marie). — *Curia montis Parney*, 1142 (*ibid.*). — *Pargnei desous Prignei*, 1267 (Tr. des ch. l. Vaudémont fiefs, n° 1). — *La sentainne de Pargney*, 1329 (*ibid.* l. Prény, n° 10). — *Paigney*, 1368 (*ibid.* l. Fiefs de Lorraine II, n° 12). — *Pargneyum subtus Parneyum*, 1402 (*Regestrum*). — *Paignei*, 1477 (dom. de l'Avant-Garde). — *Pargny*, 1600 (*ibid.*). — *Pagny-soubz-Prény*, 1633 (dom. de Prény). — Le fief de Pagny relevait du marquisat de Pont-à-Mousson. — Ce village fut le siège de la prévôté et gruerie de Prény en 1731.

En 1790, Pagny fut le chef-lieu d'un canton dépendant du district de Pont-à-Mousson et formé des communes d'Arnaville, Bayonville, Chambley (Moselle), Pagny, Prény, Puxieux (Moselle), Vandelainville, Xonville (Moselle).

Pain (Champ-du-), contrée de terre, c⁰ᵉ de Messein, dont le détenteur devait deux bichets de blé qui se convertissaient en pains pour les distribuer à ceux qui assistaient aux processions des Rogations.

Pain-Bénit (Chemins du), c⁰ᵉˢ de Pont-Saint-Vincent et d'Éply.

Pain-de-Sucre (Le), montagne, c⁰ᵉ d'Agincourt, appelée anciennement *le Montheu*, et qui doit son nom à sa forme particulière.

Pallon, h. et chapelle avec pèlerinage, c⁰ᵉ d'Arnaville.

Pannes, c⁰ⁿ de Thiaucourt. — *Villa Sancti Stephani cujus vocabulum est Penna, in pago Scarponinse*, 745 (cart. de Gorze). — *Pennes*, 1258 (cart. d'Apremont, n° 30). — *Les estans de Pennes*, 1351 (Tr. des ch. l. Apremont III, n° 3). — Le fief de Pannes relevait de la baronnie d'Apremont.

Pantau (Le), ruiss. prend sa source au Val-des-Nonnes, passe sur les territoires de Pagney-derrière-Barine et d'Écrouves et se jette dans l'Ingressin.

Papeterie (Chemin et Ruelle de la), c⁰ᵉˢ de Roville et de Rosières-aux-Salines.

Papeterie (La), f. et usine ruinée, c⁰ᵉ de Champigneules.

Papeterie (La), éc. c⁰ᵉ de Cirey.

Papeterie (La), anc. usines, c⁰ᵉˢ de Jezainville et de Saint-Nicolas.

Pâquis (Le), anc. chât. c⁰ᵉ de Frouard.

Pâquis (Le), f. c⁰ᵉ de Magnières.

Pâquis (Le), forêt et f. c⁰ᵉ de Turquestein.

Pâquis (Le), h. c⁰ᵉ de Toul.

Pâquis (Le), scierie, c⁰ᵉ de Raon-lez-l'Eau. — Voy. Camrrehole la Petite.

Pâquis (Le), terrain hors de Nancy, près du pont de Malzéville, où se faisaient, au xvi⁰ siècle, certaines exécutions criminelles.

Pâquis (Le), terrain, c⁰ᵉ de Niderhoff, formant une enceinte avec retranchements.

Pâquis (Ruisseau des), prend sa source sous le bois de Trémolot, passe sur le territoire de Fécocourt et se jette dans le Brénon.

Paradis, fief à Vézelise.

Paradis (Chemins ou Sentiers du), c⁰ᵉˢ de Gélaucourt, Lagney, Pompey, Praye et Thiaucourt.

Parc (Le), éc. c⁰ᵉ de Frouard.

Parc (Le), éc. c⁰ᵉ de Mailly.

Parey-Saint-Césaire, c⁰ⁿ de Vézelise. — *Pares*, 1220 (ch. du pr. de Flavigny). — *Parel-Saint-Cesaire*, 1413 (Tr. des ch. l. Vaudémont fiefs, n° 29). — *Parel*, 1408 (dom. de Vaudémont). — *Parey-Sainct-Sesaire*, 1427 (dom. de Nancy). — *Parel-Saint-Cesare*, 1487 (dom. de Vaudémont). — *Parel-Saint-Sezare*, 1500 (*ibid.*). — *Parelz-Sainct-Cezare*, 1550 (*ibid.*). — *Parey-Sainct-Cezaire*, 1573 (dom. de Nancy). — *Parel-Saint-Cezar*, 1600 (dom. de Vaudémont). — *Pareid-Saint-Cesar*, 1594 (dén. de la Lorr.).

Parroy, cᵒⁿ de Lunéville-Sud-Est. — *Simon de Parroya*, 1130 (ch. de l'abb. de Beaupré). — *Parreya*, vers 1130 (*ibid.*). — *Perreya*, 1127-1168 (*ibid.*). — *Parreia*, 1182 (*ibid.*). — *Petrus de Parroie*, 1238 (*ibid.*). — *Parroies*, 1291 (Tr. des ch. l. Chaligny, n° 3). — *Perroie*, 1290 (*ibid.* l. Rosières I, n° 26). — *Lou chastel de Parroyes*, 1343 (*ibid.* l. Nancy I, n° 112). — *Parradium*, xivᵉ siècle (*Chr. med. mon.* H. L. II, c. 76). — *Ferricus de Parroys*, 1378 (Tr. des ch. l. Trèves I, n° 20). — *Paròyes*, 1392 (*ibid.* l. Rosières I, n° 126). — *Perroyes*, 1438 (*ibid.* l. Condé, n° 36). — *Perroye*, 1525 (Guerre des Rustauds, p. 74). — *Parroye*, 1600 (dom. d'Einville). — Le fief de Parroy relevait de la châtell. d'Einville, baill. de Nancy. Il avait titre de baronnie à la fin du siècle dernier.

Cette commune donne son nom à une forêt qui s'étend sur les territoires d'Embermenil, Hénaménil, Mouacourt, la Neuveville-aux-Bois, Parroy et Sionviller.

Parux, cᵒⁿ de Lorquin; commune formée autrefois de deux villages, dont l'un (Parux-la-Basse), après avoir été ruiné, se rétablit au commencement du siècle dernier. — *Paru*, 1244 (ch. de l'abb. de Haute-Seille). — *Villa de Paru*, 1258 (*ibid.*). — *Parelz*(?), 1402 (*Regestrum*). — *Palrux*, 1463 (ch. de l'abb. de Haute-Seille). — *Palru*, 1494 (Tr. des ch. l. Blâmont IV, n° 2 bis). — *Parux-la-Haute* et *Parux-la-Basse*, 1779 (Descr. de la Lorr.).

Paspagard, seigneuries aux villages de Ceintrey et de Pulligny.

Passagard, seigneurie au village de Frolois.

Passage (Chemin du), cⁿᵉ de Crépey.

Passage (Chemin du Grand-), cⁿᵉ de Prény.

Passages (Chemin des), cⁿᵉ de Blanche-Église.

Patients (Chemin des), cⁿᵉ de Bioncourt.

Pâtis-de-la-Croix (Le), montagne, cⁿᵉ de Jolivet.

Pâtis-des-Agneaux (Le), éc. cⁿᵉ de Toul.

Patte (La), mⁱⁿ, cⁿᵉ d'Écrouves.

Paul-Gérard, f. cⁿᵉ de Deuxville.

Pavillon (Le), éc. cⁿᵉ de Malzéville.

Pêche ou Pescu (La), canton du territoire de Lorquin, entre le Sarrupt et le Rhô, où l'on a découvert, parmi des restes de constructions gallo-romaines, une statue de Cérès, et où, en 1312, le duc de Lorraine Ferry IV défit les comtes de Dachsbourg et de Réchicourt.

Pèlerins (Chemin et Sentiers des), cⁿᵉˢ de Villey-le-Sec, Méhoncourt et Bezange-la-Grande.

Pèlerins (Chemin des) «depuis Dillonboix jusque à la croix de Saserey», 1500 (dom. de l'Avant-Garde).

Pèlerins (Sentier des), conduisant à la chapelle de Notre-Dame-de-Pitié, cⁿᵉ de Prény.

Peltzhhoff, f. — Voy. Freywald (Le).

Pendu (Chemin du), cⁿᵉ de Blâmont.

Pendus (Fontaine des), près de Pixerécourt, mentionnée en 1619 (dom. de Nancy).

Perèle (La), ruiss. prend sa source sous le mont Saint-Michel, près de Toul, passe sur le territoire de cette ville et se jette dans le ruisseau de Longeau. — *Rivulus Iserella* (?), 1154 (H. L. II, c. 347).

Pérelle (La), canton du territoire de Bagneux où l'on a trouvé des tuiles et monnaies romaines, des poteries, des débris de constructions, etc.

Péricourt, vill. détruit, près de Fresnes-en-Saulnois.

Pessincourt, f. cⁿᵉ d'Einville; vill. détruit; hôpital et chapelle unis à l'hôpital de Lunéville. — *Pecincurtis*, 1034 (ch. de l'abb. de Saint-Remy). — *Picencurt*, 1160 (ch. de l'ordre de Malte). — *Picencorth*, 1179 (ch. de l'abb. de Saint-Remy). — *Pinsincor*, 1277 (*ibid.*). — *Pessincourt-devant-Einville*, 1372 (ch. de l'ordre de Malte). — *Pessaincourt*, ban séparé où il y a deux maisons, l'une à la commanderie de Saint-Jean-du-Vieil-Aître, l'autre à la commanderie de Saint-Georges, 1712 (état du temporel).

Pestiférés (Chemin des), cⁿᵉ de Vic. — Voy. Cimetière.

Peterschneider, éc. cⁿᵉ de Gondrexange.

Petit-Ban-de-Fribourg (Le), éc. cⁿᵉ de Diane-Capelle.

Petit-Blanc-Rupt (Le), f. cⁿᵉ de Turquestein.

Petit-Bœuf (Le), ruiss. sort de la fontaine du même nom, passe sur le territoire d'Amelécourt et se jette dans la Petite-Seille.

Petit-Chenois (Le), canton de vignes, territoire de Bouxières-aux-Dames, dont la dîme était donnée au curé, qui était chargé de fournir le vin pour la messe.

Petit-Hartzviller (Le), h. cⁿᵉ de Trois-Fontaines.

Petit-Ingressin (Le), ruiss. prend sa source au Val-de-Passey, passe sur les territoires de Choloy et d'Écrouves et se jette dans l'Ingressin.

Petit-Jarville (Le), section de la cⁿᵉ de Jarville.

Petit-Mezan, f. — Voy. Mezan.

Petit-Mont, cᵒⁿ de Lorquin.

Petit-Mont (Le), montagne, cⁿᵉ d'Amance.

Petit-Moulin (Le), éc. cⁿᵉ de Fénétrange.

Petit-Moulin (Le), éc. cⁿᵉ de Niderviller.

Petit-Moulin (Le), éc. cⁿᵉ de Vergaville.

Petit-Moulin (Le), mⁱⁿ, cⁿᵉ de Bréhain.

Petit-Moulin (Le), mⁱⁿ, cⁿᵉ de Fonteny.

Petit-Moulin (Le), mⁱⁿ, cⁿᵉ de Réchicourt-la-Petite.

Petit-Moulin (Le), mⁱⁿ, cⁿᵉ de Tonnoy.

Petit-Moulin (Le), tuilerie, c^{ne} d'Albestroff.
Petit-Paris (Le), éc. c^{ne} de Maizières-lez-Vic.
Petit-Paris (Le), éc. c^{ne} de Thiaville.
Petit-Saint-Epvre (Le), f. — Voy. Saint-Epvre.
Petit-Saint-Jean (Le), tuilerie, c^{ne} de Phalsbourg.
Petit-Vezin (Le), h. ou vill. détruit, près du Grand-Vezin (voy. ce mot). — *Le Petit-Vezen*, 1526 (dom. de Nancy).
Petit-Wolffsberg (Le), montagne, c^{ne} d'Abreschwiller.
Petite-Béchamp (La), anc. gagnage à l'abbaye de Belchamp, c^{ne} de Damelevières.
Petite-Fontenelle (La), anc. ferme, c^{ne} de Montigny.
Petite-Grammont (La), f. c^{ne} de Bertrichamps.
Petite-Pierre (La), ch.-l. de c^{on}, arrond. de Saverne (Bas-Rhin), était le siége d'un comté qui comprenait originairement, dans le département actuel de la Meurthe, la ville de Phalsbourg et le bourg d'Einartzhausen, les villages de Fleisheim, Gondrexange, Gosselming, Hazelbourg, Hültenhausen, Kerprich-aux-Bois, Lutzelbourg, Mittelbronn, Réding, Saarecke (la terre de), Sarraltroff et Vilsberg. Quelques-uns de ces lieux furent vendus aux ducs de Lorraine, comme Phalsbourg, Lutzelbourg et leurs dépendances; les autres furent perdus par leurs seigneurs, et, au siècle dernier, il ne dépendait plus du comté de la Petite-Pierre que Berlingen, Hangviller, Veischeim, Vintersbourg et Zilling.
Petite-Pologne (La), f. c^{ne} de Moncel-lez-Lunéville.
Petite-Rochelle (La), éc. (fief), c^{ne} de Bonviller. — *La Rochelle*, 1618 (dom. d'Einville).
Petite-Rochelle-au-Parc (La), éc. c^{ne} d'Einville.
Petite-Rosières (La), h. — Voy. Rosières-la-Petite.
Petite-Seille (La), riv. sort du département de la Moselle, passe sur les territoires de Riche, Haboudange, Burlioncourt, Dédeling, Puttigny, Obreck, Hampont, Lubécourt, Amelécourt, Château-Salins, Salone, et se jette dans la Seille.
Petite-Verdurette (La), ruiss. prend sa source à Neuf-Maisons, passe sur le territoire de cette commune et sur celui de Vacqueville et se jette dans la Verdurette.
Petite-Voile (La), éc. c^{ne} d'Hattigny.
Petite-Voivre (La), éc. c^{ne} de Thiaville.
Petting, éc. c^{ne} de Bermering.
Pettoncourt, c^{on} de Château-Salins. — *Betoncourt*, 1339 (Tr. des ch. l. Blâmont I, n° 94).
Pettonville, c^{on} de Baccarat. — *Betonisvilla*, 1252 (Tr. des ch. l. Abb. de Senones, n° 8). — *Betonville*, 1295 (ibid. l. Deneuvre, n° 8). — *Bethonville*, 1590 (dom. de Salm).
Peugst (Le), montagne, c^{ne} de Walscheid.
Pévange, c^{on} de Château-Salins.

Pexonne, c^{on} de Baccarat. — *Petri Scamnum*, xie siècle (*Libellus de successoribus S. Hidulfi, in Hist. Mediani monasterii*, p. 151). — *Allodium de Persomme*, 1147 (*Ord. præm. ann.* II, c. 544). — *Personne*, 1270 (Tr. des ch. l. Deneuvre, n° 2). — *Personnes*, 1402 (*Regestrum*). — *Perxonne*, 1592 (Tr. des ch. reg. B. 62 bis, f° 130 v°). — Le fief de Pexonne relevait du comté de Blâmont.
Pexonne, anc. cense, c^{ne} du même nom, mentionnée en 1782 (table des villes, etc.).
Phalsbourg (en allemand *Pfalsburg*, ville du Palatin), ville, ch.-l. de c^{on}, arrond. de Sarrebourg; fondée en 1570 par Georges-Jean, prince palatin, duc de Bavière; fortifiée, en 1679, sur les plans de Vauban. — *Pfalzburg*, 1576 (carte de Specklin). — *Phaltzbourg*, 1589 (dom. de Phalsbourg). — *Pfalzbourg*, 1591 (ibid.). — *Pfalzburgum, Pfalzburg*, 1751 (*Als. ill.* II, c. 199). — Voy. Einartzhausen.
La ville de Phalsbourg, acquise par le duc de Lorraine Charles III en 1583, devint le chef-lieu d'une terre et seigneurie de laquelle dépendaient, en 1594, le village, maintenant détruit, d'Einartzhausen et ceux d'Hazelbourg, Hültenhausen, Lutzelbourg, Mittelbronn et Vilsberg.
Phalsbourg, érigé en principauté d'Empire en 1646, fut cédé à la France par le traité de 1661, confirmé par celui de 1718. — La prévôté, créée au mois de novembre 1661, et dont les appels ressortissaient au bailliage de Sarrelouis, comprenait les communes suivantes, toutes du canton actuel de Phalsbourg : Bourscheid, Brouviller, Danne-et-Quatre-Vents, Garrebourg, Hazelbourg, Hültenhausen, Lutzelbourg, Mittelbronn, Phalsbourg, Saint-Jean-Courtzerode, Valtembourg et Vilsberg. — Cette circonscription était aussi celle de la subdélégation, qui dépendait de la généralité de Metz.
En 1790, Phalsbourg fut le chef-lieu d'un canton, district de Sarrebourg, formé des communes de Berlingen, Danne-et-Quatre-Vents, Dannelbourg, Hangviller, Henridorff, Lutzelbourg, Mittelbronn, Phalsbourg, Saint-Jean-Courtzerode, Valtembourg, Veischeim, Vilsberg, Vintersbourg et Zilling.
Les armoiries de Phalsbourg, blasonnées dans le Traité du département de Metz, sont *parti de sable à la croix d'argent et d'azur, à la fleur de lys d'or*.
Phlin, c^{on} de Nomeny. — *Locus qui Filis dicitur*, 1158 (ch. de l'abb. de Sainte-Marie). — *Felix*, 1261 (ibid.). — *Felin en Saulnois*, 1333 (cart. Pont fiefs, f° 144). — *Forteresse de Phelin*, 1487 (Tr. des ch. l. Pont fiefs III, n° 60). — Le fief de Phlin relevait du marquisat de Pont-à-Mousson.
Pierre ou Pierre-la-Treiche, c^{on} de Toul-Sud. —

Villa quæ dicitur Petra, 836 (H. L. I, c. 301). — Voy. Treiche (La).

Pierre-à-Cheval (La), f. cne de Pexonne.

Pierrefort, chât. cne de Martincourt ; anc. château fort, chef-lieu d'une terre qui relevait en fief de la châtell. de Nancy. — *La fort maison de Pierrefort*, 1344 (Tr. des ch. l. Pierrefort, n° 75). — *Petra fortis*, 1402 (*Regestrum*). — La terre de Pierrefort comprenait, soit en totalité, soit en partie, les communes d'Avrainville, Griscourt, Mamey, Martincourt et le hameau de Saint-Jean, Rosières-en-Haye et Villers-en-Haye, du canton de Domèvre; Belleville, Blénod, Jezainville, Montauville et Sainte-Geneviève, du canton de Pont-à-Mousson ; et Fey-en-Haye, Regniéville et Réménauville, du canton de Thiaucourt.

Pierre-Moulin, anc. m{in}, cne et près de Bouxières-aux-Chênes, 1380 (ch. de la coll. Saint-Georges). — Il y a sur le territoire de cette commune un chemin dit *de Pierre-Moulin*.

Pierre-Pendue (Route de la), dans la forêt de Haye, près de Gondreville, 1611 (Tr. des ch. B. 7687).

Pierre-Percée, c{on} de Baccarat; au commencement du siècle dernier, ancien château avec un village entièrement ruiné; en 1782, hameau dépendant de Badonviller. — *Corradus comes de Petra Perceia*, 1127 (H. L. II, c. 285). — *Castrum quod Petra Pertusata dicitur* (*Chr. eps. met. ad ann.* 1120-1163, H. L. I, c. 65). — *Chastellerie et forteresse de Pierre-Percie*, 1280 (Tr. des ch. l. Blâmont II, n° 26). — *Pierreperciée*, 1282 (*ibid.* l. Deneuvre, n° 3). — Voy. Langstein.

Pierreville, c{on} de Vézelise. — *Petrevilla*, 1094 (H. L. I, c. 498). — *Petravilla*, 1402 (*Regestrum*). — *Piereville*, 1424 (dom. de Nancy).— Ce village était, d'après l'état du temporel des paroisses (1709), le chef-lieu d'une prévôté appelée *la Garde-d'outre-Moselle*, ou simplement *d'Outre-Moselle* (v. ce mot).

Pile (La), f. cne de Pexonne.

Pileau, anc. m{in} à la collégiale Saint-Gengoult de Toul, cne de Crézilles.

Pilliers (Les), seigneurie à Housséville.

Pins (Les), c{on} du territoire de Lorquin, dont le nom allemand, *Lœrchingen*, signifie *lisière des pins*.

Pinoué, éc. et fontaine, c{on} de Moyen.

Pirouel, m{in}, cne de Dommartin-sous-Amance.

Pirouette (La), m{in}, cne de Froville.

Pissotte (La), ruiss. — Voy. Rouenne (La).

Pixerécourt (pron. *Pisserécourt*), c{on} de Nancy-Est. — *Villa Porcheræ curtis, super fluvium Mort, in comitatu Calmontinse; Purcherei curtis*, 932 (ch. de l'abb. de Bouxières). — *Portyeriaci curtis*, 960 (*ibid.*). — *Porteriaci curtis*, 965 (H. L. I, c. 372). — *Vicus qui Perchericurt vocatur; ecclesia de Pixerecourt*, 1130 (*ibid.* II, c. 390 et 392). — *Prædium in Portiriaci curte*, 1137 (coll. Moreau, t. LVII, f° 98). — *Pucherecourt*, 1258 (ch. de l'abb. de Clairlieu). — *Pisserécourt*, 1306 (*ibid.*). — *Pincherecourt*, 1330 (ch. du pr. de Lay). — Le fief de Pixerécourt relevait de la châtell. et du baill. de Nancy.

Pixerécourt donne son nom à un ruisseau qui passe sur le territoire de cette commune et se jette dans la Meurthe.

Placieu (Le), éc. cne de Villers-lez-Nancy.

Plaine (La), grande plaine, dont une partie s'appelle *le Jardinot*, c{nes} de Lorquin et de Nitting, à la jonction des vallées des deux Sarre, et traversée par un canal d'embranchement qui met ces rivières en communication l'une avec l'autre, puis toutes deux avec le canal de la Marne au Rhin, à Hesse.

Plaine (La), f. cne de Lunéville.

Plaine-de-Valsch (c'est-à-dire *Plaine en avant de Walscheid*, qu'on prononce *Walsch*), c{on} de Sarrebourg. — *Blindewasch*, 1751 (état des villes, etc.). — *Plaine-de-Walche*, 1772 (Tr. des ch. fois et hommages). — *Blaindevalsch, Plaindevalche, Pleindevalche* ou *Plaine de Valche*, anc. verrerie, convertie en village depuis quelques années, 1779 (Descr. de la Lorr.). Il y a encore aujourd'hui une verrerie.

Planche (La), canton du territoire de Barisey-au-Plain où était autrefois le village de Barisey-la-Planche, détruit au XVIIe siècle.

Plantation (La), éc. cne de Rosières-aux-Salines.

Plante (La), éc. cne de Rosières-aux-Salines.

Plates-Pierres (Les), canton du territoire d'Allain-aux-Bœufs où l'on trouve des vestiges d'anciennes constructions, de même qu'aux cantons dits de *la Haie-Mignot*, de *la Haute-Borne*, du *Gagne-Petit* et du *Han*.

Plécheur (Le), us. cne de Turquestein.

Poche (A-la-), canton du territoire d'Allain-aux-Bœufs où l'on trouve encore des vestiges d'anciennes habitations.

Point-du-Jour (Le), éc. cne d'Abaucourt.

Point-du-Jour (Le), éc. cne d'Atton.

Point-du-Jour (Le), éc. cne de Saint-Max.

Point-du-Jour (Le), f. cne d'Écrouves.

Pointe-des-Cras (*corbeaux*), f. cne de Moncel-lez-Lunéville.

Poirier-de-Jérusalem (Sentier du), cne de Coutures.

Poisson (Le), ruiss. prend sa source à Bulligny, passe sur le territoire de cette commune, sur ceux de Crézilles et de Moutrot, et se jette dans le ruisseau des Bouvades.

Pompey, c^on de Nancy-Nord. — *In Pompangio vinea*, 896 (ch. de la coll. Saint-Georges). — *Pompanium*, 965 (H. L. I, c. 372). — *Ecclesia Pompaniæ villæ*, 968 (*ibid.* c. 381). — *Pomponium*, 1105 (*ibid.* c. 516). — *Pompagne*, 1188 (*ibid.* II, c. 401). — *Pompang*, 1196 (ch. de l'abb. de Sainte-Marie). — *Ponpaing*, 1243 (Tr. des ch. l. Pont dom. II, n° 1). — *Pompain*, 1268 (*ibid.* l. Fiefs de Nancy, n° 115). — *Pompaing*, 1270 (*ibid.* l. Pont ecclés. n° 125). — *Ponpaig*, 1278 (*ibid.* l. l'Avant-Garde, n° 3). — *Pompain, Pompains*, 1402 (*Regestrum*). — *Ponpain*, 1421 (dom. de l'Avant-Garde). — *Ponpen*, 1500 (*ibid.*). — *Pompeyum*, 1523 (reg. de l'officialité de Toul, f° 44 : Arch. de la cour imp. de Nancy). — *Pompaye, Pompeing in Scarponensi* (compilation faite au xvi° siècle sur des documents anciens : Hist. des ducs de Champagne, p. cxxxiii et cxxxviii). — Le fief de Pompey relevait de la châtell. de l'Avant-Garde, baill. de Nancy. Ce village devint, en 1698, le siége d'une prévôté (auparavant celle de l'Avant-Garde) composée des communes de Saizerais, du canton de Domèvre; Marbache et Pompey, du canton de Nancy-Nord; Belleville, du canton de Pont-à-Mousson.

Pompey (Ruisseau de), a sa source dans le département de la Moselle, passe sur les territoires de Raucourt, Rouves, Éply, Baudrecourt et Saint-Epvre et se jette dans la Seille.

Poncé, éc. c^ne de Pont-à-Mousson; léproserie dont il est fait mention au commencement du xiv° siècle. — *La maladrerie de Poncel*, 1358 (ch. des Antonistes de Pont-à-Mousson).

Poncel (Le), «fief de passage» entre Einville et Bauzemont, 1417 (cart. Fiefs de Nancy I, f° 86).

Poncel, ruiss. — Voy. Houdremont.

Pont (Le), mét. c^ne de Merviller. — *Dupont*, 1756 (dép. de Metz).

Pont-a-Mousson, ville, ch.-l. de c^on, arrond. de Nancy. — *Villa Pontus sub castro Montionis*, 896 et 905 (Notice de la Lorraine, art. Pont-à-Mousson). — *Pons*, 1257 (ch. des Antonistes). — *Pons subtus Montionem, Pont-à-Monçons*, 1257 (Tr. des ch. l. Pont ecclés. n°^s 3 et 4). — *Le Pont*, 1261 (*ibid.* l. Pont-à-Mousson, n° 2). — *La Nueveville-au-Pont*, 1265 (*ibid.* l. Pont fiefs III, n° 1). — *Pont-à-Monssons*, 1277 (*ibid.* l. Pont-à-Mousson, n° 8). — *Villa de Pontemontionis*, 1372 (*ibid.* l. Pont ecclés. n° 28). — *Pons Montionis*, 1402 (*Regestrum*). — *Pont Camoson*, 1510 (Champier, le Recueil ou croniques des hystoires des royaulmes d'Austrásie, etc.). — *Pontimussi, Pons Camassionis, Mussiponti, Pontimussani, Pons ad Monticulum, Pons ad Montionem, Ponti-Mussi*, sur des livres imprimés dans cette ville au xvi° et au xvii° siècle (Beaupré, Recherches sur l'imprimerie en Lorraine). — *Pons Monsanus, Pons Mousonius* ou *Mussonius, Mussi Pontum, Pons Camassionis, Pons Camisionis, Pons Camisonis, Pontimussum*, xvii° siècle (Abram, Hist. de l'Université de Pont-à-Mousson; Rogéville, Dict. des Ordonnances, au mot Université).

Pont-à-Mousson possédait cinq paroisses : Notre-Dame (voy. ce mot), Saint-Jean-Baptiste, Saint-Laurent et Sainte-Croix-en-Rupt (voy. ce mot), du diocèse de Toul; Saint-Martin, du diocèse de Metz; la collégiale Sainte-Croix, l'abbaye de Sainte-Marie-au-Bois, ordre de Prémontré, et la commanderie de Saint-Antoine (voy. ces mots). Il y avait de plus une université fondée en 1572, transférée à Nancy en 1768.

Pont-à-Mousson était, dès le xiv° siècle, le siége d'une châtellenie dont la circonscription n'est pas connue : *La chastellerie dou Pont-à-Monssons*, 1338 (Tr. des ch. l. Pont dom. II, n° 24). — En 1355, cette ville fut érigée en marquisat et principauté d'Empire.

En 1698, elle devint le siége d'un bailliage du duché de Bar, formé des prévôtés de Mandres-aux-Quatre-Tours, Thiaucourt et Pont-à-Mousson. Cette dernière comprenait les communes de Bacourt, Château-Bréhain, Chénois, Faxe, Fonteny, Frémery, Hannocourt, Lesse, Oron, Prévocourt, Tincry, Villers-aux-Oies et Viviers, du canton de Delme; Andilly, Avrainville, Bernécourt, Domèvre-en-Haye, Gezoncourt, Griscourt, Grosrouvre, Manonville, Minorville, Noviant-aux-Prés, Rogéville, Rosières-en-Haye, Tremblecourt et Villers-en-Haye, du canton de Domèvre; Armaucourt, Belleau, Clémery, Létricourt, Lixières, Mailly, Phlin, Serrières et Thézey-Saint-Martin, du canton de Nomeny; Atton, Bezaumont, Blénod, Jezainville, Maidières, Montauville, Morville-sur-Seille, Mousson, Pont-à-Mousson, Ville-au-Val et Vittonville, du canton de Pont-à-Mousson; Lironville, du canton de Thiaucourt. — En 1751, le ressort du baill. de Pont-à-Mousson fut notablement modifié : les communes des cantons de Delme et de Nomeny (moins Belleau) indiquées ci-dessus en furent détachées, ainsi que celle de Bezaumont, et on lui attribua les suivantes, qui dépendaient auparavant des prévôtés d'Apremont, Bouconville, Gondreville, Mandres et Prény, savoir : Ansauville, Beaumont, Hamonville, Mamey et Manoncourt-en-Voivre, du canton de Domèvre; Manoncourt-sur-Seille, du canton de Nomeny; Belleville (le château), Champey, les Ménils, Norroy,

Pagny, Prény, Vandières et Villers-sous-Prény, du canton de Pont-à-Mousson; Arnaville, Bayonville, Essey-et-Maizerais, Fey-en-Haye, Flirey, Jaulny, Limey, Réménauville, Regniéville, Seicheprey, Saint-Baussant, Vandelainville, Viéville-en-Haye et Vilcey-sur-Trey, du canton de Thiaucourt.

En 1790, lors de l'organisation du département, Pont-à-Mousson fut le chef-lieu d'un district composé des cantons de Belleau, Bernécourt, Dieulouard, Morville-sur-Seille, Nomeny, Pagny, Pont-à-Mousson, Thiaucourt et Villers-sous-Prény. — Le canton de Pont-à-Mousson était formé des communes d'Atton, Blénod, Jezainville, Loisy, Maidières, Montauville, Mousson, Pont-à-Mousson et Sainte-Geneviève.

Les armoiries de Pont-à-Mousson, blasonnées dans l'Armorial de Lorraine, sont *d'azur, au pont adextré de deux tours d'argent, en chef de Bar, l'écu brodé d'or*; d'après la description de la Lorraine : *de gueules, au pont d'argent de trois arches, flanqué de deux tours de même, sur la rivière de sinople, à l'écusson mouvant des armes du duché de Bar; l'écu brodé d'or.*

PONT-BALARD (LE), scierie, c^{ne} d'Angomont.

PONT-DE-JAILLON (LE), h. c^{ne} de Jaillon. — *Le Pont-à-Jaillons*, 1291 (Tr. des ch. l. Commanderies, n° 26).

PONT-DE-JARVILLE, h. — Voy. PETIT-JARVILLE (LE).

PONT-DE-LA-CROIX (LE), éc. c^{ne} de Nancy.

PONT-DE-L'EAU-SALÉE (CHEMIN DU), c^{ne} de Bourdonnay.

PONT-D'ESSEY (LE), h. c^{ne} de Saint-Max. — Le pont qui donne son nom à ce hameau a été construit en 1749 et 1750.

PONT-ISSOL (LE), éc. c^{ne} de Pont-à-Mousson.

PONT-SAINT-GEORGES (LE), f. c^{ne} de Donjeux.

PONT-SAINT-VINCENT, bourg, c^{on} de Nancy-Ouest. — *Cella quæ dicitur ad Sanctum-Vincentium*, 1126 (H. L. II, c. 279). — *Portus Sancti-Vincentii*, 1161 (ch. de l'abb. de Clairlieu). — *Villa de Ponte*, 1177 (ch. de l'abb. de Saint-Vincent). — *Villa Sancti-Vincentii*, 1183 (ch. de l'abb. de Clairlieu). — *Conflans*, 1193 (ibid.). — *Villa de Sancto-Vincentio et de Conflans*, 1249 (ch. du pr. de l'Aître). — *Le Pont-à-Saint-Vincent*, 1262 (Tr. des ch. l. Abb. d'Orval, n° 10). — *Saint-Vincent de Ponte*, 1283 (ch. de l'abb. de Saint-Vincent). — *Saint-Vincent, la Nueveville-à-Pont*, 1291 (Tr. des ch. l. Chaligny, n° 3). — *La ville de Conflans, laquelle se nommoit ville Neufve, et laquelle maintenant est appelée communément Pont-Sainct-Vincent*, 1362 (ibid. l. Conflans, n° 150). — *Conflans, Compflans, Pons Sancti-Vincentii*, 1402 (Regestrum). — *Pont-la-Montagne*, à la Révolution.

— Le fief de Pont-Saint-Vincent relevait du comté de Vaudémont. — Ce bourg était, au siècle dernier, le siège de la prévôté du comté de Chaligny.

En 1790, Pont-Saint-Vincent fut le chef-lieu d'un canton dépendant du district de Nancy et formé des communes de Chaligny, Chavigny, Flavigny, Maron, Méréville, Messein, Neuves-Maisons, Pont-Saint-Vincent et Richardménil.

PONTHUS ou PONTUS, fief à Tantonville.

PONTS-DE-TOUL (LES), h. c^{ne} de Velaine-en-Haye, ainsi appelé à cause des ponts qui furent établis, au commencement du siècle dernier, sur les fonds de la forêt de Haye pour la chaussée de Nancy à Toul. On dit aussi vulgairement *les Fonds-de-Toul*.

PORCHAPTS (LES), gagnage-fief, c^{ne} d'Ognéville.

PORT (DOYENNÉ DE). — Voy. SAINT-NICOLAS.

PORTIEUX, f. c^{ne} de Rosières-aux-Salines; haras ou jumenterie aux ducs de Lorraine dès la fin du XIVe siècle; maison-fief au siècle dernier. — *Dominicus de Porticiolo*, 1178 (ch. de l'abb. de Beaupré). — *La grainge de Pourtesuel*, 1320 (Tr. des ch. l. Rosières I, n° 72). — *Portessieux*, 1492 (dom. de Rosières). — *Portesseulz*, 1499 (ibid.). — *Portessieulx, Pourthessieux*, 1550 (ibid.). — *Portesieux*, jumenterie et maison de ménage, 1594 (dén. de la Lorr.). — *La jumenterie de Portesieux, Portessieux-lez-Rosières-au-Sel, Pourtesseulx, Portsieulx, Portesseux*, 1562 (Tr. des ch. l. Rosières III, n° 83). — *Pourtesseul-lez-Ronzières*, 1563 (ibid.). — *Porcieux*, 1783 (table des villes, etc.).

Cette ferme donne son nom à un ruisseau qui a sa source à Hudiviller, passe sur le territoire de cette commune et sur celui de Rosières-aux-Salines et se jette dans la Meurthe.

PORTOIS (LE), canton enclavé dans la partie septentrionale du Clermontois, et qui tirait son nom de la petite ville de Port ou Saint-Nicolas. — *Portense*, 870 (H. L. I, c. 312, et c. 744 du texte).

PORT-SUR-SEILLE, c^{on} de Pont-à-Mousson. — *Port-sor-Soille*, 1269 (Tr. des ch. l. Pont fiefs III, n° 2). — *Port-sus-Saille*, XVe s^e (dén. des vill. des environs de Metz). — *Port-sur-Saille*, 1525 (Guerre des Rustauds, p. 72). — *Portum ad Saliam*, 1675 (Not. Gall. p. 496). — Le fief de Port-sur-Seille relevait du marquisat de Pont-à-Mousson.

POSTE-DE-VELAINE (LA), h. c^{ne} de Velaine-en-Haye.

POSTROFF, c^{on} de Fénétrange. — *Posdorff* et *Postorff*, XVIIe siècle (dom. de Fénétrange).

POT-DE-VIN, éc. us. et maison forestière, c^{ne} de Petit-Mont.

POTEAU (CHEMIN et RUELLE DU), c^{nes} de Xermaménil et de Bouxières-aux-Chênes.

POTEAU (LE), éc. c^{ne} de Montauville.

Potence (Chemin de la), c^ne de Gibeaumeix.

Potence (La), endroit du territoire de Lorquin où se faisaient les exécutions. On y voyait encore, avant la Révolution, les bases des fourches patibulaires.

Potiers (Chemin des), c^ce de Thuilley-aux-Groseilles.

Poudrerie (La), éc. et m^in, c^ne de Saint-Max; anc. magasin à poudre. — *Poudrerie Saint-Léopold*, 1719 (alphabet). — Le moulin de la Poudrerie s'appelait *Saint-François* avant la construction du magasin à poudre, dans les premières années du règne de Léopold.

Poulot (Le), ruiss. sort du bois du Haut-de-la-Croix, c^ne de Xures, passe sur le territoire de cette commune et se jette dans le Sanon.

Pourpre (Champ-le-), canton de terre, c^ne d'Haraucourt, dont le détenteur devait au curé une redevance annuelle de trois chapons et trois oranges.

Poussay (Vosges), c^on de Mirecourt, était le chef-lieu d'un doyenné, archidiaconé de Vosge, diocèse de Toul, qui comprenait dans la Meurthe la paroisse d'Aboncourt-en-Vosge. — *Decanatus de Portusuavi*, 1402 (*Regestrum*).

Praye, c^on de Vézelise. — *Albertus de Preis*, 1179 (ch. de l'abb. de Beaupré). — *Praez*, 1276 (Tr. des ch. l. Fiefs de Nancy I, n° 121). — *Preies*, 1295 (*ibid.* l. Vaudémont dom. n° 145). — *Preez*, 1319 (*ibid.* n° 146). — *Prees*, 1344 (*ibid.* n° 164). — *Preez-sous-Vaudémont*, 1404 (*ibid.* n° 151). — *Praes*, 1408 (dom. de Vaudémont). — *Prée-desoubz-Syon*, 1421 (Tr. des ch. l. Vaudémont addit. n° 18). — *Prée-soubz-Syon*, 1487 (dom. de Vaudémont) — *Prayes*, 1545 (arch. d'Affracourt). — *Prée-sous-Sion*, 1594 (dén. de la Lorr.). — *Praye-sous-Vaudémont*, 1782 (table des villes, etc.). — Le fief de Praye relevait du comté de Vaudémont.

Cette commune donne son nom à un ruisseau qui prend sa source sur son territoire, passe sur celui de Saint-Firmin et se jette dans le Madon.

Pré à l'Huile (Le), pré, c^ne de Charey, sur lequel le seigneur devait annuellement un pot d'huile pour le luminaire de l'église.

Pré-au-Bois (Ruisseau du), prend sa source à Saint-Germain, passe sur le territoire de cette commune et sur celui de Bainville-aux-Miroirs et se jette dans la Moselle.

Pré-Barbier (Le), éc. c^ne de Badonviller.

Pré-Chevalier (Sentier du), c^ne de Bouxières-sous-Froidmont.

Pré de la Tarte (Le), pré, c^ne de Gezoncourt, qui était tenu par le curé pour le droit des premiers enfants qu'on baptisait après Pâques ou la Pentecôte.

Pré de l'Hôpital (Le), pré, c^ne de Bouxières-aux-Chênes, ainsi nommé parce qu'il appartenait à l'hôpital de ce lieu, depuis longtemps ruiné.

Pré des Bouchers (Le) ou le Vieux-Cours, pré-fief, c^ne d'Atton.

Pré des Chopinettes (Le), pré, c^ne de Saint-Baussant, dont le détenteur devait fournir le vin pour la messe.

Pré des Noix (Le), pré, c^ne de Bauzemont, sur lequel il était dû annuellement un bichet de noix qui se distribuaient aux paroissiens, le jour de Pâques, à la place du pain bénit.

Pré-des-Saints (Chemin du), c^ne de Xouaxange.

Pré des Trépassés (Le), prés, c^nes de Sionviller, Parey-Saint-Césaire, Thelod et Villers-en-Haye, dont le revenu était affecté à la célébration de messes pour les morts.

Pré-du-Bois (Le), éc. c^ne de Thiaville.

Pré du Pain-à-Chanter (Le), pré, c^ne de Jaulny, qui était tenu par le curé, lequel devait fournir le vin et les hosties pour le service divin.

Pré du Verrat (Le) et le Pré du Waré, prés, c^ne de Saint-Remy-aux-Bois, lesquels étaient tenus par la communauté, qui devait fournir le porc mâle et le taureau.

Pré du Voiré (Le), pré, c^ne de Saint-Boing, qui était tenu par la communauté, laquelle devait fournir le taureau communal.

Pré Ganard (Le), pré, c^ne de Pierreville, dont le détenteur était chargé de la fourniture des bêtes mâles.

Pré-Jacquemin (Le), canton de terre, c^ne de Bauzemont, sur lequel il était dû un bichet de blé qui se convertissait en pains que l'on distribuait aux pauvres le jour du jeudi saint.

Pré-Jardin (Le), éc. c^ne de Lafrimbolle.

Pré-Lallemand (Ruisseau du), prend sa source à Manoncourt, passe sur le territoire de cette commune et sur celui de Saint-Nicolas et se jette dans le ruisseau de Saint-Nicolas.

Pré le Môine (Le), pré, c^ne de Drouville, qui était chargé annuellement d'une chopine d'huile pour l'église.

Pré-Marandel (Le), f. c^ne de Bertrambois.

Pré-Marcot (Le), éc. c^ne de Thiaville.

Pré Notre-Dame (Le), pré, c^re de Mamey, qui appartenait à la confrérie de la Conception.

Pré Saint-Nicolas (Le), pré, c^ne de Viterne, qui appartenait à la confrérie de ce nom.

Pré Saint-Pierre (Ruisseau du). — Voy. Kerprich.

Pré Salé (Chemin du), c^ne de Coutures.

Pré-sous-le-Rupt (Ruisseau du) ou du Puits, prend sa source dans la forêt de Parroy, passe sur le territoire de Sionviller et d'Hénaménil et se jette dans le Sanon.

PRÉBOIS, éc. c^{ne} de Vandœuvre.

PRÈLE OU PRESLE, m^{in}, c^{ne} d'Houdreville. — *Le molin de Préelles*, 1396 (Tr. des ch. l. Vaudémont, n° 8). — *Le molin en Preille*, 1509 (*ibid.* l. Vaudémont fiefs, n° 95). — Ce moulin relevait en fief du comté de Vaudémont.

PRÈLE (LA), ruiss. prend sa source sur le territoire d'Arracourt, passe sur celui de Réchicourt-la-Petite et se jette dans le Moncel.

PRÉMENTIAL, f. c^{ne} de Coutures, appartenant autrefois à la primatiale de Nancy; son nom français doit être *Primatiale*.

PRÉMONT, fief au village de Thelod.

PRÉNY, c^{on} de Pont-à-Mousson, qualifié autrefois de ville. — *Prunidum in pago Scarponensi*, 745 (Diplom. II, p. 399). — *Capella Prisgney*, 960 (H. L. I, c. 368). — *Prisney*, 977 (H. M. p. 83). — *Rotridus de Prisneo*, 1065 (H. L. I, c. 456). — *Prisnay, Prisnei*, 1138 (*ibid.* II, c. 315 et 318). — *Castrum Prigney* (Chr. eps. met. ad ann. 1120-1163, *ibid.* I, c. 65). — *Ecclesia Sanctæ-Mariæ de Prisneio*, 1162 (*ibid.* II, c. 359). — *Castrum et suburbium de Prisnei*, 1209 (Tr. des ch. l. Prény, n° 24). — *Prinei*, 1220-1251 (monnaie de Mathieu II, Revue numismatique, t. VI). — *Priney*, 1293 (Tr. des ch. l. Prény, n° 4). — *Prignei*, 1332 (inscription sur une pierre tombale dans l'ancienne abbaye de Sainte-Marie-au-Bois). — *Pringney*, 1349 (Tr. des ch. l. Fiefs de Lorraine I, n° 21). — *Priny!* Priny! (cri de guerre des ducs de Lorraine au XIIIe et au XIVe siècle). — *Parney, Prineyum, Parneyum*, 1402 (*Regestrum*). — *Preney*, 1444 (Tr. des ch. l. Prény, n° 24). — *Prugneyum*, 1530 (reg. de l'officialité de Toul, f° 213 : arch. de la cour imp. de Nancy). — *Priney-au-Duc*, 1542 (Tr. des ch. reg. B. 22, f° 156). — *Preny-le-Duc*, 1571 (*ibid.* l. Saint-Mihiel II, n° 39). —*Preny, Perny* ou *Priny*, 1719 (alph.). — *Perny* (Cassini).

Prény était le chef-lieu d'un doyenné, archidiaconé de Port, diocèse de Toul, duquel dépendaient dans la Meurthe les paroisses d'Essey-et-Maizerais, Fey-en-Haye, Flirey, Gezoncourt, Jaulny, Jezainville, Limey, Lironville, Maidières (Saint-Pierre et Saint-Remy), Mamey, Mandres-aux-Quatre-Tours, Norroy, Pagny-sous-Prény, Pont-à-Mousson (Saint-Jean-Baptiste, Saint-Laurent et Sainte-Croix-en-Rupt), Prény, Réménauville, Seicheprey, Saint-Baussant, Vandières, Viéville-en-Haye et Villers-sous-Prény.

Dès le XIIIe siècle, Prény était le siège d'une châtellenie et prévôté (*N. prévôt de Prigney*, 1290, cart. d'Apremont, n° 101) qui dépendait en 1594 du bailliage de Nancy et comprenait les communes de Champey, Norroy, Pagny, Prény, Vandières et Villers-sous-Prény, du canton de Pont-à-Mousson; Arnaville, Bayonville (en partie), Jaulny, Regniéville (en partie), Vandelainville et Viéville-en-Haye, du canton de Thiaucourt. — En 1698, Regniéville fut détaché de cette prévôté, à laquelle furent réunis les villages de Mamey et de Martincourt, du canton de Domèvre; de Bouxières-sous-Froidmont, du canton de Pont-à-Mousson, et de Vilcey-sur-Trey, du canton de Thiaucourt.

Les armoiries de Prény, blasonnées dans l'Armorial, sont *de Lorraine simple*.

PRÉS (RUISSEAU DES), prend sa source à Azelot, passe sur le territoire de cette commune et sur ceux de Lupcourt et de Ville-en-Vermois et se jette dans le Frahaux.

PRÉS NOTRE-DAME (LES), prés, c^{ne} de Goviller, dont le revenu était employé au luminaire de l'église.

PRÉS-ORY (RUISSEAU DES), prend sa source sur le territoire de Blénod-lez-Toul, passe sur le territoire de cette commune et sur celui de Gye et se jette dans le Blarin.

PRÉS SAINT-MARTIN (LES), prés, c^{ne} de Vannes, dont le revenu était affecté au luminaire et aux autres nécessités de l'église.

PRÉS-SAINT-THIÉBAUT (RUISSEAU DES), sort de la forêt de Fréhaut, passe sur les territoires de Bezange-la-Grande et de Sornéville et se jette dans le ruisseau d'Athienville.

PRESLE (LA), ruiss. prend sa source au-dessus de Chavigny, passe sur le territoire de cette commune et sur celui de Neuves-Maisons et se jette dans la Moselle.

PRÊTRE (LE), scierie, c^{ne} de Raon-lez-l'Eau.

PRÉVILLE, faubourg de Nancy, ainsi nommé d'un fief érigé en 1725, et sur l'emplacement duquel on a établi le cimetière général de la ville. — *Près-de-Ville*, 1725 (Tr. des ch. reg. B. 225, n° 44). — *Presville*, 1779 (Descr. de la Lorr.).

PRÉVOCOURT, c^{on} de Delme. — *Provocort, Provocurt*, 1484 (cart. de l'abb. de Mettloch, f° 209). — *Prevoscourt*, 1498 (dom. de Pont-à-Mousson). — *Provocurt*, 1566 (dom. de Viviers). — Le fief de Prévocurt relevait du marquisat de Pont-à-Mousson.

PREYS, f. c^{ne} d'Éply; village détruit. — *Preyé* (Cassini).

PRIEURÉ (LE), h. — Voy. COULOIR (LE).

PRIEURÉ (LE), éc. c^{ne} de Baccarat.

PRIEURÉ (LE), éc. c^{ne} de Bainville-aux-Miroirs.

PRIEURÉ (LE), éc. c^{ne} de Manonviller.

PRIEURÉ (LE), éc. c^{ne} de Salone.

PRIEURÉ (LE), éc. c^{ne} de Xures. — Tous ces écarts

PRIMATIALE (LA), éc. c^{ne} de Vannecourt; anc. ferme à la primatiale de Nancy.

PRINCES (CHEMINS DES), ancienne voie dans les ruines de Dürrenstein, c^{ne} de Walscheid.

PRINCES (FONTAINE DES), source assez abondante, près de l'ermitage Sainte-Anne, c^{ne} de Vitrimont, ainsi appelée parce que les princes de la famille du duc Léopold allaient y faire abreuver leur meute et puiser l'eau qui leur était nécessaire pendant la chasse.

PRISE (LA), ruiss. prend sa source à la ferme du Mont-Laval, passe sur le territoire d'Embermenil et se jette dans le ruisseau des Amis.

PRISE (LA), f. c^{ne} d'Embermenil.

PRISONNIERS (CHEMIN DES), c^{ne} de Dombasle.

PROCESSION (CHEMIN DE LA), c^{ne} de Saint-Quirin.

PROCHEVILLE, éc. (fief), c^{ne} de Pont-à-Mousson.

PRODUITS CHIMIQUES, usine, c^{ne} de Dieuze.

PROVIDENCE (LA), f. c^{ne} de Bidestroff.

PRUNSTMÜHL, et mieux BRUNSTMÜHL (*moulin de l'incendie* ou *moulin brûlé*), montagne, c^{ne} de Walscheid. — La carte de l'État-major l'appelle *Pyruntsmühl*.

PUITS (LE), f. c^{ne} de Montauville.

PUITS (LE), mⁱⁿ, c^{ne} d'Hénaménil.

PUITS (LE GRAND-), canton du territoire de Réménauville, autrefois en nature de chenevière, qui était chargé d'une redevance annuelle d'un pot de vin pour les communiants de Pâques. — Un autre canton, dit *au Chêne*, était chargé d'une pinte d'huile pour l'église.

PUITS-DU-CHÊNE (LE), éc. c^{ne} d'Hattigny.

PULLIGNY, c^{on} de Vézelise. — *Villa de Pullignei*, 1204 (ch. de l'abb. de Clairlieu). — *Lou chaistel de Puligney*, 1344 (Tr. des ch. l. Nancy I, n° 113). — *Pullegney*, 1345 (ibid. n° 115). — *Puligneyum*, 1378 (ibid. l. Trèves I, n° 20). — *Pulgneyum*, 1380 (ibid. n° 21). — *Pullegneyum*, 1402 (*Regestrum*). — *Pulligney*, 1424 (dom. de Nancy). — *Poullegni*, 1457 (Tr. des ch. l. Fiefs de Lorraine II, n° 25). — *Pullegny*, 1487 (ibid. l. Nancy I, n° 75). — Le fief de Pulligny relevait de la châtell. et du baill. de Nancy.

En 1790, Pulligny fut le chef-lieu d'un canton dépendant du district de Vézelise et formé des communes d'Autrey, Ceintrey, Frolois, Houdelmont, Marthemont, Parey-Saint-Césaire, Pierreville, Pulligny, Thelod, Viterne, Voinémont et Xeuilley.

PULNEY, c^{on} de Colombey. — *Purnez, Purnelz*, 1332 (cart. Vaudémont fiefs, f° 221). — *Purnes*, 1398 (cart. Vaudémont dom. f° 178). — *Purnei, Pugnei*, 1408 (dom. de Vaudémont). — *Pugney*, 1499 (Tr. des ch. l. Commanderies, n° 29). — *Pulgney*, 1594 (dén. de la Lorr.). — *Peulney*, 1600 (dom. de Vaudémont). — Le fief de Pulney relevait du comté de Vaudémont.

PULNOY, c^{on} de Nancy-Est. — *Villa Purneriaca*, 1027. (H. L. I, c. 402). — *Pullenetum*, 1342 (ch. de la coll. Saint-Georges). — *Purneroy*, 1238 (ch. de l'abb. de Bouxières). — *Purgnereyum*, 1402 (*Regestrum*). — *Villa de Purnelz*, 1450 (ch. de la coll. Saint-Georges). — *Pugneroy*, 1420 (dom. de Nancy). — *Puneroy*, 1424 (ibid.). — *Punerot*, 1529 (reg. de l'officialité de Toul, f° 114 v° : arch. de la cour imp. de Nancy). — *Pullegnois*, 1553 (Tr. des ch. reg. B. 7619). — *Pullenois*, 1600 (dom. de Nancy). — *Pullenoy*, 1782 (table des villes, etc.). — Le fief de Pulnoy relevait de la châtell. et du baill. de Nancy.

PUTAIGNE (corruption de *Bétaigne*), f. c^{ne} de Moncel-lez-Lunéville. — Il y avait aussi une cense de ce nom, c^{ne} de Moyen, 1719 (alph.).

PUTTIGNY, c^{on} de Château-Salins. — *Petigneit*, 1280 (cart. de Salival). — *Puthegney, Pethigney, Puthigney*, 1445 (ch. de la coll. Saint-Georges). — *Puthegny*, 1477 (dom. d'Amance). — *Puteny*, 1478 (ibid.).

Cette commune donne son nom à un ruisseau, dit aussi *du Voissieux*, dont la source est à Vannecourt; il passe sur les territoires de Vannecourt et de Puttigny et se jette dans la Petite-Seille.

PUVENELLE, forêt, c^{nes} de Jezainville et de Montauville. — *Les fourestreis de Pevenelles*, 1265 (Tr. des ch. l. Pont fiefs III, n° 1). — *Peuvenelle*, 1559 (ibid. reg. B. 7951). — Voy. VAL-DIEU et VIERGE-DES-NOBLETS.

PUXE, h. c^{ne} de l'Alœuf. — *Purs*, 1317 (Tr. des ch. l. Vaudémont fiefs, n° 7). — *Ecclesia Puris*, XIV° s° (Chr. med. mon. H. L. II, c. 80). — *Putei*, 1402 (*Regestrum*). — *Puix*, 1406 (Tr. des ch. l. Vaudémont fiefs, n° 16 bis). — *Puis, aluef de Puix*, 1405 (dom. de Vaudémont). — *Pux*, 1437 (Tr. des ch. l. Vaudémont fiefs, n° 33). — *Putz*, 1487 (dom. de Vaudémont). — *Puxe-en-Saintois*, 1779 (Descr. de la Lorr.). — Le fief de Puxe relevait du comté de Vaudémont.

PUZIEUX, c^{on} de Delme. — *Ecclesia de Fuley* (?) 1121 (H. L. II, c. 265). — *Puzeuz*, 1277 (Tr. des ch. l. Salm I, n° 16). — *Puisieux*, 1505 (ibid. l. Viviers, n° 41). — *Pusieuz*, 1566 (dom. de Viviers). — *Puxieux* ou *Puzieux*, 1719 (alph.).

Q

Quatre-Fers (Les), éc. c^{ne} de Clémery.
Quatre-Fils-Aymon (Rue des), c^{nes} de Germiny et de Toul.
Quatre-Vents (Les), éc. c^{ne} de Jarville.
Quatre-Vents (Les), éc. c^{ne} de Lorquin.
Quatre-Vents (Les), éc. c^{ne} de Mulcey.
Quatre-Vents (Les), éc. c^{ne} de Rosières-en-Haye.
Quatre-Vents (Les), f. c^{ne} d'Angomont.
Quatre-Vents (Les), h. c^{ne} de Danne-et-Quatre-Vents.
Quatre-Vents (Les), h. c^{ne} de Saxon.
Quenouille (La), usine, c^{ne} d'Abreschwiller.
Question (Sentier de la), c^{ne} de Pagney-derrière-Barine.

Queue-de-Metz (La), ruiss. — Voy. Frémery.
Queue-de-Mont (La), ruiss. qui prend sa source à Charmes-la-Côte, passe d'abord sur le territoire de cette commune, puis sur celui de Toul, et se jette dans la Moselle.
Quevilloncourt, c^{on} de Vézelise. — *Cuvilloncourt*, 1719 (alph.). — Le fief de Quevilloncourt relevait du comté de Vaudémont.
Quiquengrogne, anc. château, c^{ne} de Moyen. — «Chasteau de Moyen, anciennement dit Quiquengrogne, basti l'an 1441» (plan de ce château, gravé par François Collignon au xviie siècle).
Quorimont, f. c^{ne} de Giriviller.

R

Ragon, éc. c^{ne} de Goviller. — *Thieullerie d'Arragon*, 1442 (dom. de Vaudémont). — *Aragon*, 1487 (ibid.). — La Description de la Lorraine mentionne *l'étang Ragon* entre Goviller et Souveraincourt.
Raies-Montant (Aux), canton du territoire de Colombey-les-Belles, où l'on a trouvé des restes d'anciennes constructions, de même qu'aux cantons du *Coin-Jeanmaire*, du *Haut-de-Charmette* et de *l'Hamonvelle*.
Rammbach, f. c^{ne} de Fraquelfing.
Rancourt, fief, c^{ne} de Maizières-lez-Vic. — Ce fief relevait de la châtell. de la Garde, baill. de Vic.
Ranzey, f. (fief), c^{ne} d'Athienville. — *Ranzis*; 1267 (ch. de l'abb. de Beaupré). — Le gagnage de Ranzey appartenait, dès le xiie siècle, à l'abbaye de Vaux-en-Ornois.
Raon-lez-l'Eau, c^{on} de Lorquin, vulgairement *Laidelai*, c'est-à-dire *La* (Raon) *d'au delà* (de l'eau), ce village étant au delà de la rivière par rapport à Raon-sur-Plaine (Vosges). — *Rawons*, 1314 (Tr. des ch. l. Blâmont I, n° 96). — *Raon-sur-Plaine, dit lez-l'eau*, xviiie siècle (titre de l'abb. de Haute-Seille). — *Raon-lès-l'Eau*, 1782 (table des villes, etc.), ou *Raon-lez-l'Eau* : c'est l'orthographe à adopter au lieu de *Raon-les-Leau*.
Rappe (La), canton de terre, entre Nomeny et Raucourt, où était le signe patibulaire.
Rappe (La), f. c^{ne} de Croismare. — Tuilerie de *la Rape-lez-Haudonviller*, 1620 (dom. de Lunéville).

Rappe (La), éc. c^{ne} de Bertrichamps.
Rappe (La), seigneurie au comté de Vaudémont. — *Poullain de la Rappe*, 1396 (Tr. des ch. l. Vaudémont, n° 8).
Rappes (Les), f. c^{ne} de Remoncourt; cense appartenant au domaine ducal, ruinée au xviie siècle, rétablie vers 1700, érigée en fief en 1736, sous le nom de *Bellecourt*. — Un titre de 1313 fait mention du bois des Rappes (Tr. des ch. l. Lunéville, n° 19).
Rappmühl, mⁱⁿ, c^{ne} de Saint-Louis.
Raptin, mⁱⁿ, c^{ne} de Richeval.
Rath, éc. c^{ne} de Dabo.
Ratout (Le), tuilerie, c^{ne} de Neuf-Maisons.
Raucourt, c^{on} de Nomeny. — *Ecclesia de Racuriaco*, 1130 (H. M. p. 108). — *Ralcourt*, 1427 (dom. de Nancy).
Ravages (Sentier des), c^{ne} de Germonville.
Raville ou Raville-sur-Sanon, c^{on} de Lunéville-Nord. — *Rodaldivilla*, 922 (H. M. p. 58). — *Radaldi villa* (Hist. eps. tull. ad ann. 922-963, H. L. I, c. 131). — *Radonis villa*, xiie siècle (Chr. eps. met. ibid. c. 65). — *Rapwille*, 1392 (Tr. des ch. l. Rosières, n° 126). — *Ravilla*, 1402 (Regestrum). — *Raville-sur-Sanon*, 1779 (Descr. de la Lorr.). — Le fief de Raville relevait de la châtell. d'Einville, baill. de Nancy.
Rayeux (Le) ou Saint-Urbain, f. c^{ne} de Rosières-aux-Salines, mentionnée sous le premier nom dans la copie d'un titre du xiie siècle (arch. de Rosières); déclarée franche en 1410.

Rayeux (Les), éc. c^{ne} d'Amenoncourt, mentionné en 1719 (alph.).

Rayeux (Les), éc. c^{ne} de Niderhoff.

Réchicourt-la-Petite, c^{on} de Vic. — *Matfridus de Richiscurt*, 1127-1168 (ch. du pr. de Flavigny). — *De Richeyrcort, Richicort*, xiie siècle (Tr. des ch. l. Abb. de l'Isle, n°s 40 et 44). — *Richeicourt*, 1269 (cart. de Salival). — *La Petite-Réchiecourt*, 1447 (dom. d'Einville).

Réchicourt-le-Château, bourg, ch.-l. de c^{on}, arrond. de Sarrebourg. — *Rehensacoldocurtis in pago Calvomontense* (?), 770 (Meurisse, Hist. des év. de Metz, p. 174; attribution donnée par Benoît Picart, Orig. de la maison de Lorr. p. 9). — *Gerardus de Castro Richiscurtis*, 1103 (ch. de l'abb. de Saint-Vincent). — *Warinus miles de Richircort*, 1181 (ch. de l'abb. de Haute-Seille). — *Richercort*, 1182 (ibid.). — *Rukesingen*, 1269 (ibid.). — *Thirricus comes de Richecort*, 1272 (ibid.). — *De Ruchesingue*, 1273 (ibid.). — *Joffrois de Linanges, conte de Richiecourt*, 1367 (Tr. des ch. l. Blâmont I, n° 130). — *Rechiecourt-le-Chastel*, 1401 (ibid. l. Steinsel, n° 3). — *Ruxsingen*, 1469 (ibid. n° 12). — *Ruckesingen*, 1490 (ibid. l. Fiefs divers II, n° 39). — *Rixinga*, 1513 (Géogr. de Ptolémée). — *Rychicourt*, 1525 (Guerre des Rustauds, p. 147). — *Rechiecourt*, 1525 (papier des noms, etc.). — *Riexingen*, 1528 (Cosmogr.). — Le comté de Réchicourt relevait en fief du baill. d'Allemagne.

Suivant le géographe Bugnon (alphabet), ce comté comprenait, en 1719, Avricourt, Azoudange, Diane-Capelle, Gondrexange, Ibigny, Lorquin, Moussey, la Neuveville-lez-Lorquin, Réchicourt-le-Château, Romécourt, Xouaxange, et les censes de Milberg, de Rinting et de Xirxange. — Il y avait à Réchicourt-le-Château, sur la fin du siècle dernier, une rosière à l'instar de celle de Salency.

En 1790, Réchicourt-le-Château fut le chef-lieu d'un canton dépendant du district de Blâmont et formé des communes d'Avricourt, Foulcrey, Gondrexange, la Haie-des-Allemands, Ibigny, Igney, Moussey, Réchicourt-le-Château, Richeval et Saint-Georges.

Récling, vill. détruit, près de Guébling. — *Racolingias* (?), 1111 (H. L. I, c. 529). — *Reclingen*, 1567 (ch. de Bourgaltroff, etc.). — *Reclin*, chapelle (Cassini). — Récling est encore indiqué dans la division du département, en 1790, comme faisant partie du canton de Conthil.

Reclonville, c^{on} de Blâmont. — *Reclonvile*, 1300 (Tr. des ch. l. Blâmont fiefs, n° 18). — *Requellonville*, xvie siècle (ibid. reg. B. 281, f° 163). — Le fief de Reclonville relevait du comté de Blâmont.

Reclos (Le) ou le Rouge-Vêtu, éc. c^{ve} de Bertrichamps.

Reclus (Le), éc. c^{re} de Vandœuvre; ermitage construit en 1605, au lieu dit *Fontaine-d'Auzécourt*, et qu'on appela d'abord *Sainte-Marie-des-Anges*, puis *Sainte-Marie-du-Reclus*.

Reclos (Le), forêt, c^{ne} de Neuf-Maisons.

Récompenses (Chemin des), c^{ne} de Chaligny.

Récourt (La Haute et la Basse), fermes, c^{nes} de Lezey; vill. détruit; grange et métairie franche à l'abb. de Clairvaux, puis à celle de Haute-Seille. — *Regis curia juxta Marsallum*, 1268 (ch. de l'abb. de Haute-Seille). — *Rihecort juxta Marsallum*, 1270 (ibid.). — *Grange de Riecort*, 1273 (Tr. des ch. l. Moyenvic I, n° 1). — *Molendinum de Reehecurt*, 1288 (ch. de l'abb. de Haute-Seille). — *Reicort, Reicourt*, 1296 (ibid.). — *Rehecourt*, 1301 (ibid.). — *Capella seu ecclesia sita prope curten seu domum monasterii Clarevallis apud Ricort juxta Marsallum*, 1305 (ibid.). — *La court de Reecourt*, 1311 (ibid.). — *Reycuria*, 1315 (ibid.). — *Église paroissiale de Reycourt*, 1319 (ibid.). — *Ralcourt-devant-Marsal*, 1396 (ibid.). — *Riecort ante Marsallum*, 1426 (ibid.). — *Ricourt*, 1481 (ibid.). — *Les Grosse, Grande, Vieille* ou *Petite et Neuve-Récourt*, xvie et xviie siècle (ibid.). — *Les Rocours* ou *Raucourt*, 1719 (alph.). — *Les Recourts*, 1756 (dép. de Metz).

Réding, c^{on} de Sarrebourg. — *Radenei*, 1231 (cart. de l'abb. de Saint-Arnou). — *Reutingen*, 1490 (Tr. des ch. l. Fiefs divers II, n° 39). — *Rudingen*, *Redingen*, 1525 (papier des noms, etc.). — *Ruding*, 1526 (Tr. des ch. l. Steinsel, n° 26). — *Rudingen*, 1751 (Als. ill. II, p. 198).

Réding (Ruisseau du Moulin de), a sa source à Réding et se jette dans l'Eichmatt.

Regniéville, c^{on} de Thiaucourt. — *Rignieville*, 1283 (Tr. des ch. l. Pont eclés. n° 14). — *Rigneville*, 1283 (cart. d'Apremont, n° 101). — *Regnyville*, 1587 (Tr. des ch. l. Sancy III, n° 92). — *Regniéville-en-Heys*, 1779 (Descr. de la Lorr.).

Rehainviller, c^{on} de Gerbéviller. — *Regisvillare*, 1152 (Tr. des ch. l. Abb. de Senones, n° 8). — *Rehenvilla*, 1179 (ch. de l'abb. de Saint-Remy). — *Rohanviler*, 1188 (ibid.). — *Rehenviller*, 1315 (Tr. des ch. l. Fiefs de Nancy, n° 140). — *Rehainvillare, Rehenvillare*, 1402 (Regestrum). — Le fief de Rehainviller relevait de la châtell. de Lunéville, baill. de Nancy.

Réhénay, c^{on} de Baccarat. — *Rehereix*, 1314 (Tr. des ch. l. Blâmont I, n° 96). — *Rehereix*, 1327 (ibid. l. Deneuvre, n° 22). — *Rakery*, 1505 (dom. de Deneuvre). — *Raherey*, 1513 (dom. de Baccarat). — *Réhéré*, 1756 (dép. de Metz).

Reillon, c^on de Blâmont. — *Rullons*, 1293 (Tr. des ch. l. Blâmont fiefs, n° 14). — *Roillon*, 1301 (H. L. II, c. 553). — *Rellons*, 1332 (Tr. des ch. l. Blâmont I, n° 86). — *Rillon*, 1409 (*ibid.* l. Blâmont fiefs, n° 77). — *Rellon*, 1420 (cart. Blâmont, f° 83). — *Relon*, 1479 (cart. Blâmont fiefs, f° 123 v°). — *Reillion* (Cassini). — Le fief de Reillon relevait du comté de Blâmont.

Reine (Chemins ou Routes de la), chemins, c^nes de Chambrey, Fresnes-en-Saulnois et Viterne, dont la tradition populaire attribue la construction à la reine Brunehaut.

Reine (La), canton du territoire de Bassing.

Reine (La), forêt et étang, c^ne de Royaumeix. — *Bois de la Royne*, 1582 (Tr. des ch. reg. B. 50, f° 268).

Reines (Pâtis-du-Ruisseau-des), canton du territoire d'Hériménil.

Reiterwald (*forêt des cavaliers*, ou peut-être *des reîtres*), c^on du territoire de Lixheim.

Relécourt, f. c^ne de Moriviller. — *Allodium de Relleycort*, 1149 (ch. de l'abb. de Beaupré). — *Grangia de Relleicurt*, 1163 (*ibid.*). — *Relleicort*, 1164 (*ibid.*). — *Rellecurt*, 1182 (*ibid.*). — *Relecort*, 1197 (*ibid.*).

Rembercourt ou Rembercourt-sur-Mad, c^ne de Thiaucourt. — *In pago Scarponinse, in fine Raginbertiaca, vel in ipsa villa Raginbertocurte, vineæ*, 848 (H. M. p. 27). — *Villa Ragimberciaca*, 857 (*ibid.*). — *Rembuecourt*, 1152 (H. L. II, c. 342). — *Rambercourt-sur-Maz*, 1434 (cart. La Chaussée, f° 46). — *Rambescourt-aux-Grozelles sur la rivière de May*, 1484 (*ibid.* f° 44). — *Rambecourt-sur-May*, 1534 (Tr. des ch. reg. B. 21, f° 240). — *Rembeuscourt*, 1551 (dom. de Pont-à-Mousson). — *Rambercourt-sur-Medz*, 1612 (Tr. des ch. reg. B. 81, f° 110). — *Rembercourt-sur-Matz*, 1751 (état des villes, etc.). — Le fief de Rembercourt relevait du marquisat de Pont-à-Mousson.

Réménauville, c^on de Thiaucourt. — *Remenovilla, Remonouvilla*, 1402 (*Regestrum*). — *Remenonville*, 1719 (alph.). — *Remenoville* (Cassini). — *Réménauville-en-Heys*, 1782 (table des villes, etc.).

Rémenoville, c^ne de Gerbéviller. — *Romonoldi villa*, 1114 (H. L. I, c. 536). — *Parochia de Remenovilla*, 1164 (ch. de l'abb. de Beaupré). — *Symon de Romonouvilla, cognominatus Frigida auricula*, 1179 (*ibid.*). — *Romonovilla*, 1182 (*ibid.*). — *Romonovilla*, 1186 (*ibid.*). — *Remoldi villa*, xiv° siècle (*Chr. med. mon.* H. L. II, c. 69). — *Remenonvilla*, 1402 (*Regestrum*). — *Remenonville*, 1719 (alph.). — *Réménauville-lès-Gerbéviller*, 1782 (table des villes, etc.). — Le fief de Rémenoville relevait de la châtell. de Rosières, baill. de Nancy; il fut incorporé au marquisat de Gerbéviller.

Réménéville, c^on de Saint-Nicolas. — *Ermerago villa* (?), 775 (Hist. de l'abb. de Saint-Denis, pr. p. 37). — *Ecclesia in Ramei villa* (*Hist. eps. tull. ad ann.* 922-963, H. L. I, c. 131). — *Boemundus de Ramereville*, 1135 (Tr. des ch. l. Abb. de Beaupré, n° 1). — *Ramereivilla*, 1152 (*ibid.* l. Abb. de Senones, n° 8). — *Ramereivilla* (*Chr. eps. met. ad ann.* 1296-1301, H. M. p. 2). — *Rameréville*, 1322 (Tr. des ch. l. Amance, n° 5). — *Remerevilla*, 1402 (*Regestrum*). — Réméréville fut, dès le xiv° siècle, le chef-lieu d'une mairie, du temporel de l'évêché de Metz, comprenant les villages de Buissoncourt, d'Erbéviller et de Cerceuil et le fief de Beaufort.

Remey, éc. c^ne de Thiaville.

Remicourt, h. et chât. érigé en fief en 1437, c^ne de Villers-lez-Nancy. — *Rumecorth*, 1127-1168 (ch. de l'abb. de Clairlieu). — *Remeycorth*, 1182 (*ibid.*). — *Remecorth*, 1193 (*ibid.*). — *Remigii curtis*, 1231 (*ibid.*). — *Remecourt*, 1258 (*ibid.*). — *Grainge de Remicort*, 1270 (Tr. des ch. l. Fiefs de Nancy, n° 119). — *Forte maison de Remeicourt*, 1477 (*ibid.* reg. B. 1, f°^s 375 et 390). — Le fief de Remicourt relevait de la châtell. et du baill. de Nancy.

Remirémont (Ruisseau de) ou de Remoncourt, prend sa source derrière Xousse, passe sur les territoires de Remoncourt, de Xousse et de la Garde et se jette dans le Sanon.

Remoncourt, c^on de Blâmont. — *Remuncurt*, 1162 (ch. de l'abb. de Haute-Seille). — *Remoncort*, 1327 (*ibid.*). — *Remoncour-devant-la Garde*, 1779 (Descr. de la Lorr.). — Le fief de Remoncourt relevait du comté de Blâmont.

Remonville, f. c^ne d'Einville. — *Réménoville*, 1779 (Descr. de la Lorr.).

Renard-Moulin, h. c^ne de Lucey.

Renaud, cense-fief, c^ne de Seicheprey. — *Renault-la-Pie*, 1603 (Tr. des ch. l. Apremont, 51° liasse, n° 1).

Rendez-Vous (Le), m^in, c^ne de Damelevières.

Renémont (précédemment *Sauvageon*), éc. et chât. c^ne de Jarville, ainsi nommés par le propriétaire actuel en souvenir de la bataille livrée dans le voisinage, le 5 janvier 1477, par le duc René II à Charles le Téméraire.

Réning, c^on d'Albestroff. — *Remyngen, Rennyngen*, 1525 (papier des noms, etc.). — *Reningen*, 1559 (dom. de Dieuze).

Repaix, c^on de Blâmont. — *Ecclesia de Repasco*, xiv° s° (*Chr. med. mon.* H. L. II, c. 67). — *Respaix*, 1322

(Tr. des ch. J. Blâmont I, n° 72). — *Reppaix*, 1332 (*ibid.* n° 86). — *Repas*, 1549 (dom. de Blâmont). — *Repas* ou *Repay*, 1719 (alph.). — *Repaix*, dit *Repas* (Cassini). — Le fief de Repaix relevait du comté de Blâmont.

REPAIX (RUISSEAU DE). — Voy. IGNEY.

REPOSOIR (CHEMINS DU), c^nes de Saxon et de Villacourt.

RÉQUIVAL (RUISSEAU DE), sort du département des Vosges, passe sur le territoire de Raon-lez-l'Eau et se jette dans la Plaine.

RESGREBEN (RUISSEAU DE) ou DE LÉNING, a sa source dans le département de la Moselle, passe sur le territoire de Léning et se jette dans l'Albe.

RESSAINCOURT, vill. détruit, près de Nomeny; franc-alleu avec une chapelle en 1712; hameau seign^el en 1779. — *Arsencourt*, XVIe siècle (carte de Gérard Mercator). — *Arsincourt*, 1646 (cart. d'Ant. de Fer).

REUVRY, contrée de vigne au ban de Pulligny, dont le détenteur était chargé de la fourniture du vin pour la messe.

REVERS-DU-BOIS-CANON, éc. c^ne de Lafrimbolle.

REVERS-DU-GRAND-HAUT, éc. c^ne de Lafrimbolle.

REVERS-DU-VAC, montagne, c^ne de Saint-Quirin.

RHEINKOPF ou REINKOPF, montagne, c^ne de Saint-Quirin.

RHINDEBOIS, f. (fief), c^ne de Bioncourt. — *Régnebois*, 1351 (Tr. des ch. l. Viviers, n° 153). — *Rainneboix* (*le bois de*), 1505 (cart. Pont fiefs, f° 326 v°). — *Rhindebois-Catoire*, au siècle dernier, du nom de son propriétaire.

RHINGMILLON, éc. c^ne de Bezange-la-Grande.

RHÔ (LE), ruiss. c^ne de Lorquin, vient du pré des Écluses et de la Basse-de-Fraquelfing, alimente plusieurs tanneries et laisse son nom à la prairie qu'il arrose avant de se jeter dans la Sarre-Blanche, dont il est le dernier affluent.

RHODES, c^on de Sarrebourg.

RHODES (RUISSEAU DE), sort de l'étang de Niderstein-Veiher, passe sur les territoires de Loudrefing, Lostroff, Lhor, Insviller, Munster, Givrycourt, Vibersviller et Hunskirich, et se jette dans l'Albe.

RHÔNE (LE PETIT-), ruisseau rapide, prend sa source au-dessus de Saffais, passe sur les territoires de Rosières-aux-Salines et de Saint-Nicolas et se jette dans la Meurthe.

RICARDVILLE (LA HAUTE et LA BASSE), f. et scierie, c^ne de Turquestein.

RICHACOURT ou RICHECOURT, fief, c^ne de Parroy.

RICHARMÉNIL, c^on de Saint-Nicolas. — *Richartmesnil*, 1198 (ch. de l'abb. de Clairlieu). — *Richartmainil*, 1242 (ch. du pr. de Flavigny). — *Richardi menillum*, *Richarmenillum*, 1402 (*Regestrum*). — *Richarmeny*, *Richarmesnil*, 1529 (Tr. des ch. reg. B. 18, f° 40). — *Richardmesnil*, 1549 (dom. de Pulligny). — *Richarminil* (Cassini). — Le fief de Richardménil relevait de la châtell. et du baill. de Nancy.

RICHE, c^on de Château-Salins. — *Rocheringa in pago Salnense*, 927 (Baillet, *Antiquitates Arnulphinæ*; attribution probable, fondée sur ce que l'abbaye de Saint-Arnou avait des biens à Riche). — *Rainerus et Aymo de Rich*, 1202 (H. L. I, c. 515). — *Richtz*, 1782 (table des villes, etc.). — Ce village était le chef-lieu d'une mairie, du comté de Morhange, comprenant les communes de Lidrequin, de Sotzeling et de Riche.

Cette dernière donne son nom à un ruisseau qui a sa source au-dessus de Pévange, passe sur les territoires de Pévange et de Riche et se jette dans la Petite-Seille.

RICHEVAL (vulgairement *le Rouge-Ry*), c^on de Réchicourt-le-Château.

RICHEVAL (RUISSEAU DE). — Voy GOGNEY.

RIESHOLZ (LE) (vulgairement *Motrasse-Jacques* ou *Moutter-Jacques*, anciennement *Moitresse*), chât. c^ne d'Hattigny (*Riesholz* signifie bois de rames). — *Risholtz*, 1756 (dép. de Metz).

RIGOLLE-DU-HAUT-DU-MONT (LA), éc. c^ne d'Anthelupt.

RIGOLOTTE (LA), éc. c^ne d'Angomont.

RIMLING, m^on, c^ne de Sarrebourg.

RINTING, f. et bois, c^ne de Bébing; couvent de Dominicaines fondé au XIVe siècle, ruiné et reconstruit en 1478 sur l'emplacement d'un village détruit. — *Rentingen*, 1525 (papier des noms, etc.). — *Reintin* (Cassini).

RINTING (LE VIEUX-), canton du territoire de Bébing où l'on croit qu'était le village détruit de Rinting.

RINTING (RUISSEAU DE) sort du bois de ce nom, passe sur les territoires de Barchain et d'Héming et se jette dans le ruisseau de l'Étang.

RIOLLE, anc. chât. près de Pont-à-Mousson, érigé en fief en 1780 pour M. Trouard de Riolle, dont il avait pris le nom.

RIOUVILLE (LA HAUTE et LA BASSE), f. (seign.), c^ne d'Arracourt; vill. détruit; mère-église d'Arracourt et de Juvrecourt. — *Rioville*, 1180 (Ord. præm. ann. II, c. 454). — *Godefridus de Riovilla*, 1212 (ch. de l'abb. de Beaupré). — *Villa que dicitur Rioville*, 1262 (*ibid.*). — *La Petite-Rioville*, 1626 (papiers de l'émigré du Brachet). — *Riouville*, cense haute justice, 1756 (dép. de Metz).

RISERMATTE (LA), éc. c^ne de Gondrexange.

RITTERWALD (*forêt des chevaliers*), f. c^ne de Schneckenbüsch.

RITTERWALD, anc. chapelle, c^{ne} de Brouderdorff.
RIVIÈRE-DE-MEUSE (DOYENNÉ DE LA). — Voy. MEUSE-COMMERCY et MEUSE-VAUCOULEURS.
ROBERT, fief, c^{ne} de Nomeny.
ROBERT-MÉNIL, f. (fief érigé en 1709), c^{ne} d'Euvezin.
ROCHE (LA), éc. c^{ne} de Villey-le-Sec.
ROCHE-DE-LA-JUSTICE (LA), f. c^{ne} de Bonviller.
ROCHE DE MORVILLE (LA), roche isolée, c^{ne} de Morville-sur-Seille, où l'on a observé du tuf.
ROCHE-DES-FÉES (CHEMIN DE LA), c^{ne} de Baccarat.
ROCHELLE (LA), éc. c^{ne} de Bonviller; fief érigé en 1616. — *Maison du parc de la Ronchelle* (Cassini).
ROCHOTTE (LA), éc. c^{ne} de Beuvezin.
ROCHOTTE (LA) ou LA ROCHETTE, éc. c^{ne} de Deneuvre; ermitage et chapelle construite en 1579, sous le titre de Sainte-Marie-Madeleine. — Ermitage de *la Madeleine*, vulgairement appelé *la Rochotte-lez-Deneuvre*, 1620 (dom. de Lunéville).
ROCHOTTE (LA), m^{in}, c^{ne} de Pierre; ancien prieuré, appelé aussi *Saint-Nicolas-de-la-Rochotte*, fondé sur la fin du XIe siècle et uni en 1537 à l'abbaye de Saint-Léon de Toul. — *Molendinum ultra Mosellam quod dicitur Rochete*, 1183 (cart. de Rengéval, f° 30). — Ce moulin donne son nom à un ruisseau qui y prend sa source et se jette dans la Moselle.
RODALBE, c^{on} d'Albestroff. — *Rodalben*, 1594 (dén. de la Lorr.). — *Rodlabe* ou *Rodalbe*, 1719 (alph.).
RODERBAN, nom d'un ban séparé, entre Vibersviller et Munster, qui dépendait de la seigneurie de Fénétrange et du comté de Sarrewerden.
RODTHOF, anc. cense, c^{ne} de Bühl, indiquée en 1782.
ROGATIONS (PRÉ DES), c^{on} du territoire d'Haussonville.
ROGATIONS (SENTIER DES), c^{ne} de Pagny-sur-Moselle.
ROGÉVILLE, c^{on} de Domèvre. — *Rougeville*, 1276 (Tr. des ch. l. Pont fiefs, n° 81). — *Rougeyville*, 1334 (*ibid.* l. Pont fiefs III, n° 24). — *Rougevilla*, 1402 (*Regestrum*). — *Rougieville*, 1441 (dom. de Pont-à-Mousson). — *Rogieville*, 1498 (*ibid.*). — *Regieville*, 1551 (*ibid.*). — *Rogéville-en-Haye*, 1665 (Tr. des ch. l. Pont fiefs IV, n° 78).
ROGNELLE (LA), ruiss. prend sa source sur le territoire de Blémerey et se jette dans le ruisseau de l'Étang.
ROHÉ, f. c^{ne} de Marainviller. — *Rokey*, 1539 (ch. de l'abb. de Belchamp).
ROMAIN, c^{on} de Bayon. — *Romain-lès-Méhoncourt*, hameau, 1779 (Descr. de la Lorr.). — Le fief de Romain relevait de la châtell. de Rosières, baill. de Nancy.
ROMAIN, h. c^{ne} de Flavigny.
ROMAIN (BOIS), anc. bois à l'abb. de Belchamp, c^{ne} de Méhoncourt.

ROMAINS (CHEMINS DES), c^{nes} d'Atton, Bernécourt, Blénod-lez-Pont-à-Mousson, Loisy et Toul.
ROMAINS (ROUTES DES), chemins, c^{nes} de Bagneux, Barisey-au-Plain, Bicqueley et Pont-Saint-Vincent. — Voy. aux mots ROUTE et VOIE.
ROMANSBERG (*montagne des Romains*), canton du territoire de Sarraltroff.
ROME (RUISSEAU DE L'ÉTANG DE), sort de cet étang, passe sur les territoires de Royaumeix et de Minorville et se jette dans l'Ache.
ROMÉCOURT, c^{on} de Réchicourt-le-Château. — *Romuicort cum ecclesia*, 1152 (Tr. des ch. l. Abb. de Senones, n° 8). — *Kinthaus* (maison de l'Enfant), 1564 (arch. de la famille de Martimprey de Romécourt).
ROMELFING, c^{on} de Fénétrange. — *Rumelfingen*, 1482 (Tr. des ch. l. Fénétrange I, n° 142).
ROMÉMONT, f. et chât. c^{ne} de Buissoncourt; chapelle érigée vers 1609.
ROMÉNIL, éc. c^{ne} de Clayeures.
ROMONT, canton de terre, c^{ne} de Lorey, qui était chargé d'une redevance annuelle en blé que l'on distribuait aux pauvres.
ROMONT ou SARRASINE, monticule, c^{ne} de Trondes.
ROMONT (LE), éc. c^{ne} de Brin.
ROMSTEIN (LE GRAND et LE PETIT), peut-être pour *Ræmerstein* (rocher des Romains), montagnes, c^{ne} d'Abreschwiller.
ROMUR f. c^{ne} de Donnelay. — Moulin de *Romule* et *Ravenmühl*, XVIIIe siècle (titres de la coll. de Fénétrange).
RONCHÈRE (LA), éc. c^{ne} d'Houdemont. — *La Roinchière*, 1334 (ch. de l'ordre de Malte).
ROND-PRÉ (LE), h. c^{ne} des Métairies-de-Saint-Quirin.
RONXE (LA), c^{on} de Lunéville-Sud-Est. — *La Ronxe*, 1309 (Tr. des ch. l. Deneuvre, n°61). — *La Roinxe*, 1476 (dom. de Lunéville). — *La Ronche*, 1605 (*ibid.*). — *La Ronce*, 1790 (div. du départ.).

Après avoir formé une commune distincte, la Ronxe fut réuni à Saint-Clément par ordonnance du 27 mai 1818, puis détaché de cette commune et érigé en municipalité distincte par ordonnance du 8 juin 1834.

RORBACH (et mieux *Rohrbach*), c^{on} de Dieuze. — *Rorbach in comitatu Saraburg*, 966 (ch. de l'abb. de Vergaville). — *Rorebach*, 1327 (Tr. des ch. l. Blâmont I, n° 81). — *Rorbach*, alias *Hetrorbach*, 1594 (dén. de la Lorr.). — *Rhorbach*, 1779 (Descr. de la Lorr.).
ROSES (RUISSEAU DES), prend sa source sur le territoire de Vého, arrose celui de Domjevin et se jette dans le Chazal. — Un autre ruisseau du même nom sort

de la forêt de Molring, passe sur le territoire de cette commune, puis sur ceux de Torcheville, Albestroff, Munster et Nébing, et se jette dans le ruisseau de Rhodes.

Rosière (Chemin de la), c^{ne} d'Obreck.

Rosières (Chemin des), c^{ne} de Bioncourt.

Rosières-aux-Salines, ville, c^{on} de Saint-Nicolas, ainsi nommée à cause des salines qui y existaient déjà au xiie siècle, et peut-être antérieurement. — *Castrum et castellania Roseriæ salinitæ*, 1153 ou 1155 (H. L. I, c. 1105 du texte; note). — *Roseriæ*, 1172 (Tr. des ch. l. Abb. de Clairlieu, n° 1). — *Rouzières*, 1282 (*ibid.* l. Rosières I, n° 16). — *Saline de Rozières*, 1285 (*ibid.* l. Fiefs de Lorraine I, n° 9). — *Villa de Rosires*, 1288 (ch. de l'abb. de Haute-Seille). — *Rozeriæ*, 1288 (ch. de l'abb. de Belchamp). — *Sergenterie de la prévostei de Rozières*, 1369 (*ibid.*). — *Ronzières*, 1392 (Tr. des ch. l. Rosières I, n° 126). — *Rozeriæ ad Salinas*, 1402 (*Regestrum*). — *Rousières-aux-Salinnes*, 1384 (arch. de Rosières). — *Rousières*, 1420 (dom. de Nancy). — *Rouzière, Rousière*, 1424 (*ibid.*). — *Rozierres, Rouzieres*, 1499 (dom. de Rosières). — *Rositum*, 1513 (Géog. de Ptolémée). — *Rosières-au-Sel*, 1562 (Tr. des ch. l. Rosières III, n° 83). — *Ronzière*, 1563 (*ibid.*). — *Rousières-au-Sel*, 1568 (arch. de Rosières). — *Rosariæ*, 1675 (*Not. Gall.* p. 363 et 629). — *Roziers*, xviiie siècle (armorial).

Lors de la formation du diocèse de Nancy, en 1778, Rosières-aux-Salines devint le chef-lieu d'un doyenné, archidiaconé de Nancy, duquel dépendaient les paroisses d'Anthelupt, Barbonville, Blainville-sur-l'Eau, Buissoncourt, Burthecourt-aux-Chênes, Courbessaux, Crévic, Damelevières, Dombasle, Drouville, Gellenoncourt, Haraucourt, Haussonville, Hoëville, Lenoncourt, Lupcourt, Maixe, Réméréville, Rosières, Saffais, Serres, Sommerviller, Saint-Hilaire, Saint-Nicolas, Vigneules et Vitrimont.

Rosières-aux-Salines était, en 1594, le chef-lieu d'une prévôté et châtell. du baill. de Nancy, qui comprenait dans le département de la Meurthe, en totalité ou seulement en partie, les communes formant aujourd'hui le canton de Bayon, moins Lorey, Loro-Montzey, Saint-Boing, Saint-Germain et Villacourt; le canton de Gerbéviller, moins Flin, Haudonville, Hériménil, Mont, Moyen, Rehainviller, Vathiménil et Xermaménil; Domèvre-sur-Vezouse, du canton de Blâmont; Coiviller, Ferrières, Rosières-aux-Salines, Saffais et Tonnoy, du canton de Saint-Nicolas. — En 1698, Blainville-sur-l'Eau, Charmois, Haigneville, Méhoncourt et Saint-Remy-aux-Bois, du canton de Bayon; Domèvre, du canton de Blâmont, et Fraimbois, du canton de Gerbéviller, furent détachés de la prévôté de Rosières-aux-Salines. — En 1751, cette ville devint le siège d'un bailliage qui comprit toutes les communes enclavées dans la prévôté en 1594, moins toutes celles du canton de Gerbéviller; Borville et Saint-Remy-aux-Bois, du canton de Bayon, et Domèvre; plus : Lorey, du canton de Bayon; Mont, du canton de Gerbéviller; Hudiviller et Sommerviller, du canton de Lunéville-Nord; Dombasle, du canton de Saint-Nicolas.

En 1790, Rosières-aux-Salines fut le chef-lieu d'un canton dépendant du district de Nancy et formé des communes d'Azelot, Burthecourt-aux-Chênes, Coiviller, Dombasle, Ferrières, Manoncourt-en-Vermois, Rosières, Saffais et Tonnoy.

Les armoiries de Rosières-aux-Salines, blasonnées dans l'Armorial de Lorraine, sont *d'azur à une épée d'argent emmanchée d'or, mise en pal, côtoyée de deux roses d'argent*.

Rosières-en-Haye, c^{on} de Domèvre. — *Ecclesia in Rauseras, in comitatu Scarponinsi*, 896 (H. T. p. 12). — *In Rauserias* (*Hist. eps. tull. ad ann.* 895-907, H. L. I, c. 130). — *Ecclesia de Rausariis*, 965 (*ibid.* c. 372). — *Roseriæ, Rozerium*, 1146 (*ibid.* II, c. 325). — *Roceres, Roseres*, 1188 (*ibid.* c. 401, et H. T. p. 93). — *Bruno de Roseires* (?) xiie siècle (Tr. des ch. l. Mandres, n° 28). — *Rouzières*, 1340 (*ibid.* l. Pont fiefs, n° 138). — *Rozeriæ en heilz*, 1402 (*Regestrum*). — *Rouseires*, 1421 (dom. de l'Avant-Garde). — *Rosierres, Rosierres-en-Heix*, 1441 (dom. de Pont-à-Mousson). — *Rozière-en-Hey*, 1500 (dom. de l'Avant-Garde).

Rosières-la-Petite, h. c^{ne} de Rosières-aux-Salines.

Rosserie ou Roserie (Chemin et Faubourg de), c^{ne} de Jeandelaincourt.

Rosskopf (*tête de cheval*), montagne, c^{ne} de Dabo.

Roth, f. c^{ne} d'Hazelbourg.

Rothenmühl, éc. c^{ne} de Dabo.

Rothenpfuhl (*rouge mare*), montagne, c^{ne} de Dabo.

Rotherbach (*rouge ruisseau*), vill. détruit, près de Saint-Louis.

Rotherhoff, éc. c^{ne} d'Insviller.

Rothhæuslein (pron. *Roth-hysle*) ou les Maisons-Rouges, f. et éc^s, c^{ne} de Phalsbourg.

Rothstein, éc. c^{ne} de Walscheid.

Rotte (La) ou Rothe, ruiss. prend sa source dans le département de la Moselle, passe sur les territoires de Lesse et de Chénois et se jette dans la Nied. — *Rotha*, 1018 (ch. de la cath. de Metz).

Rouaux (Ruisseau des), prend sa source au Grand-Pré, passe sur les territoires de Viterne et de Maizières et se jette dans le ruisseau de Viterne.

Roudsdorff, village détruit au xvii° siècle, près de Vasperviller.

Rouenne (La) ou La Pissotte, ruiss. prend sa source au-dessus de Réméréville, passe d'abord sur le territoire de cette commune, arrose ensuite ceux de Courbessaux, Gellenoncourt, Buissoncourt, Haraucourt, Lenoncourt, Varangéville et Saint-Nicolas, et se jette dans la Meurthe.

Rouge (La), éc. c^{ne} de Velaine-en-Haye.

Rouge-Eau ou Sarre-Rouge, riv. — Voy. Sarre (La).

Rouge-Eau (La), éc. c^{ne} de Vasperviller.

Rouge-Eau (Ruisseau de la), près de la porte Saint-Georges de Nancy, mentionné en 1644 (Tr. des ch. reg. B. 7566).

Rouge-Moitresse (La) ou la Moitresse-au-Bois, anc. cense, c^{ne} de Bühl, encore indiquée en 1782.

Rouge-Rente (La), f. c^{ne} de Saxon.

Rouge-Vêtu (Le), éc. c^{ne} de Bertrichamps.

Rougeotte (Le Jardin-), pièce de terre, c^{ne} de Norroy, dont le détenteur était chargé de fournir annuellement le cierge qu'on allumait pendant la messe au moment de l'élévation.

Rougimont (Le Grand et le Petit), montagnes, c^{nes} de Turquestein.

Roulette (La), f. c^{ne} de Phalsbourg.

Route (La Grande), chemin, c^{ne} de Hunskirich.

Route (L'Ancienne), chemins, c^{nes} de Frouard, Montauville et Vittonville.

Route (La Vieille), chemins, c^{nes} de Gelucourt et d'Haussonville.

Route des Prêtres (La), chemin, c^{ne} de Domèvre-sur-Vezouse.

Route Renard (La), chemin, c^{ne} de Gondreville.

Route Romaine (La), chaussée, c^{ne} de Rouves.

Rouves, c^{on} de Nomeny. — *Franc alleu de Rouve*, 1612 (dom. de Nomeny).

Roville, c^{on} d'Haroué. — *Ecclesia de Rouville*, 1233 (ch. de l'abb. de Saint-Epvre). — *Rovilla*, 1402 (*Regestrum*). — *Roville-suis-Muzelle*, 1424 (dom. de Nancy). — *Roville-devant-Bayon*, 1597 (*ibid.*). — *Roville-lès-Bayon*, 1779 (pouillé de Nancy). — Le fief de Roville relevait de la châtell. et du baill. de Nancy.

Roville, vill. détruit, près de Vandeléville.

Royaumeix, c^{on} de Domèvre. — *Rouaumez et Rouaumeis*, 1290 (cart. d'Apremont, n° 118, et Tr. des ch. l. Apremont, 8° liasse, n° 4). — *Ruaumeix*, 1299 (cart. d'Apremont, n° 13). — *Ruameix*, 1385 (dom. de Pont-à-Mousson). — *Rualmeix*, 1441 (*ibid.*). — *Rouwaulmeix*, 1485 (*ibid.*). — *Rouaulmey*, 1551 (*ibid.*). — *Renouaumey*, xvi° s° (cart. Épitome des fiefs du duché de Lorraine). — *Rouau-meix*, 1602 (dom. de Pont-à-Mousson). — *Royaumaix* (Cassini). — *Libremeix*, à la Révolution. — Le fief de Royaumeix relevait, au xvi° siècle, de la baronnie d'Apremont.

En 1790, Royaumeix fut le chef-lieu d'un canton dépendant du district de Toul et formé des communes d'Andilly, Ansauville, Bouvron, Domèvre-en-Haye, Grosrouvre, Hamonville, Mandres-aux-Quatre-Tours, Manoncourt-en-Voivre, Ménil-la-Tour, Minorville, Royaumeix et Sanzey.

Rozat (Ruisseau de), a sa source sous Réchicourt-la-Petite, passe sur les territoires de Bures et de Parroy et se jette dans le Sanon.

Rozelieures, c^{on} de Bayon. — *Ecclesia Roserolis in comitatu Mortisna*, 966 (ch. de l'abb. de Vergaville). — *Alodium de Roseolis*, 1157 (ch. de l'abb. de Belchamp). — *Roserulæ*, 1188 (ch. de l'abb. de Beaupré). — *Molendinum de Roserules*, 1218 (*ibid.*). — *De Rosereures*, 1238 (*ibid.*) — *Rozeruelles*, 1291 (ch. de l'abb. de Saint-Léopold). — *Rezeruelle*, 1352 (ch. de l'abb. de Belchamp). — *Roseruelle*, 1390 (Tr. des ch. l. Rosières III, n° 80). — *Ecclesia de Rozeruelles*, 1402 (*Regestrum*). — *Roseruelles*, 1425 (Tr. des ch. l. Châtel, n° 9). — *Reseruelle*, 1421 (dom. de Châtel). — *Rouzeruelles*, 1466 (ch. de l'abb. de Belchamp). — *Roselueres*, 1495 (*ibid.*). — *Roseillieures, Rozereulles*, 1528 (*ibid.*). — *Roseillieurs*, 1529 (*ibid.*). — *Roseilleurs*, 1530 (*ibid.*). — *Rozereulle*, 1551 (dom. de Châtel). — *Rozierieulles*, 1554 (dom. de Lunéville). — *Rouselleures*, 1568 (dom. de Bayon). — *Roseruelle*, 1577 (Tr. des ch. l. Châtel, n° 55). — *Rozeleures*, 1600 (dom. de Châtel). — Le fief de Rozelieures relevait de la châtell. de Rosières, baill. de Nancy.

Rubengarten, éc. c^{ne} de Dabo.

Rud-Mont (Le), montagne, c^{ne} d'Arnaville.

Rue (La), éc. (fief), c^{ne} de Brin.

Rue-de-Pulligny (La), seigneurie au village de Tonnoy, 1562 (dom. de Pulligny).

Ruelle Métropolitaine (Chemin dit la), c^{ne} de Jeandelaincourt.

Ruicourt, vill. détruit. — Voy. Vrécourt.

Ruisseau-des-Oiseaux (Le), ruisseau et ferme, c^{ne} d'Ibigny.

Ruisseau-Saint-Pierre (Le), h. c^{ne} de la Chapelle.

Rumont (Le), montagne, c^{ne} de Faulx.

Rupt ou Rupt-lez-Moivron, h. (châtell. et seigneurie), c^{ne} de Villers-lez-Moivron. — *Rui-de-lez-Moivron*, 1334 (Tr. des ch. l. Pont fiefs III, n° 19). — *Ruz-lès-Moyveron*, 1497 (*ibid.* reg. B. 6, f° 27). — Le fief de Rupt relevait de la châtell. d'Amance, baill. de Nancy.

Rupt (Le), ruiss. prend sa source près de Charey, passe sur les territoires de Xammes, Charey, Rembercourt, Jaulny, et se jette dans le Mad.

Rupt-Blanc (Le), riv. — Voy. Blanc-Rupt (Le), qui est le véritable nom, et Sarre (La).

Rupt-de-Mad, ruiss. — Voy. Mad.

Rupt-des-Bois (Le), ruiss. a sa source sous le hameau d'Écuelle, passe sur les territoires de Bouxières-aux-Chênes et de Bey et se jette dans la Seille.

Rupt-des-Dames (Le), scierie, c^{ue} de Turquestein.

Ruvry (Le), ruiss. sort du bois Jacob, territoire de Pulligny, et se jette dans le Madon.

S

Saarecke (angle ou corne de la Sarre), m^{in} et chât. c^{ne} d'Oberstinzel. — Sarecke, xve siècle (obituaire de la coll. de Sarrebourg, f° 53 v°). — *Place et forteresse de Sarrech*, 1460 (Tr. des ch. l. Steinsel, n° 6). — Sarrecken, 1471 (*ibid.* n° 28 *bis*). — Sareck, 1490 (*ibid.* l. Fiefs divers II, n° 39). — Sarreck, 1525 (papier des noms, etc.). — *Saravicum vel Saracum*, 1675 (*Not. Gall.* p. 504). — Sareick, 1719 (alph.).

Saarecke était le chef-lieu d'une terre qualifiée comté au siècle dernier, et qui ne dépendait d'aucun bailliage; elle comprenait, en 1594, les communes de Dolving, Gosselming (en partie), Oberstinzel et Sarraltroff, du canton de Fénétrange; Nitting, du canton de Lorquin; Bühl, Hommarting et Kerprich-aux-Bois, du canton de Sarrebourg. — En 1698, la terre de Saarecke, du bailliage d'Allemagne, comprenait, outre les communes ci-dessus, celle de Brouderdorff, du canton de Sarrebourg.

Saarmühl (La), m^{in}, c^{ne} de Romelfing.

Saarwald (Le), f. c^{ne} de Dolving.

Sabat (Ruelle du), c^{ne} de Gerbéviller.

Sabiémeix, f. c^{ne} de Loro-Montzey. — *Curia de Heibermeis* (?), 1147 (*Ord. præm. ann.* II, c. 544). — Saubelmeix, 1306 (cart. Châtel, f° 334).

Sac-de-Pierre (Le), endroit de la vallée du Blanc-Rupt où se tenait autrefois un marché, et où une pierre, en forme de tronçon de colonne, donnait la mesure légale du sac de grains.

Sacré-Cœur (Le), éc. couvent et chapelle, c^{ne} de Nancy.

Saffais, c^{on} de Saint-Nicolas. — Saphez, 1094 (H. L. I, c. 498). — *Seffey* et *Seffez*, 1172 (ch. de l'abb. de Clairlieu). — Saphas, 1288 (ch. de l'abb. de Belchamp). — Seifez, 1290 (Tr. des ch. l. Rosières I, n° 29). — Saffas, 1402 (*Regestrum*). — Saffays, 1499 (dom. de Rosières). — Saphat, 1525 (dom. de Lunéville). — Saffet, 1537 (*ibid.*). — Saffat, 1545 (*ibid.*). — Saffaits ou Saffatz, 1719 (alph.). — Le fief de Saffais relevait de la châtell. de Rosières, baill. de Nancy.

Saint-Amand. — Voy. les Saints et les Saintes à la fin de la lettre S.

Saintois (Le), pays dont se forma le comté de Vaudémont, et qui est diversement qualifié dans les diplômes du moyen âge : *Suetensis pagus*, 661 (H. L. I, c. 258). — *Sugentensis*, 709 (*ibid.* c. 267). — *Suggentinsis*, 770 (*ibid.* c. 280). — *Suggentensis*, 788 (H. M. p. 18). — *Valcrifidus comes in pago Sungentensi*, 800-813 (H. T. p. 282). — *Comitatum Suentisiacum*, 839 (Annales de Saint-Bertin, dom Bouquet, VI, p. 202). — *Suentisium*, 870 (H. L. I, c. 310). — *Comitatus Hugonis in pago Sagintensi*, 892 (H. T. p. 10). — *Comitatus Sointinsis*, 942 (ch. de l'abb. de Bouxières). — *Segentensis*, v. 942 (*ibid.*). — *Pagus Segintisis*, 957 (H. L. I, c. 364). — *Comitatus Sanctensis*, 960 (ch. de l'abb. de Bouxières). — *Pagus Sagatensis*, 1111 (H. L. I, c. 529).

Le doyenné du Saintois, *decanatus du Sainctois*, *de Sainctoix*, *Sainctoys*, *Sanctoix*, *Santoix*, 1402 (*Regestrum*), archidiaconé de Vitel, diocèse de Toul, dont la circonscription paraît correspondre à celle de l'ancien *pagus*, s'étendait principalement dans la partie sud-ouest du département de la Meurthe, sur les cantons de Colombey, Vézelise et Haroué; il comprenait dans le même département les paroisses d'Autrey, Bainville-aux-Miroirs, Benney, Bouzanville, Ceintrey, Chaouilley, Clérey, Courcelles, Crantenoy, Crépey, Crévéchamps, Diarville, Dommarie-Eulmont, Favières, Fécocourt, Flavigny-sur-Moselle, Forcelles-Saint-Gorgon, Fraisnes-en-Saintois, Frolois, Gerbécourt, Grimonviller, Gripport, Hammeville, Haroué, Houdelmont, Houdreville, Lebeuville, Lorey, Maizières-lez-Toul, Marthemont, le Ménil-Mitry, Méréville; Neuviller, prieuré-cure; Ormes, Pierreville, Pont-Saint-Vincent, Pulligny, Pulney, Puxe, Roville, Saulxerotte, Selaincourt, Sion, Saint-Firmin, Tantonville, Thelod; Vandeléville, prieuré-cure; Vaudémont, Vaudeville, Vézelise, Viterne, Vitrey, Voinémont, Vroncourt, Xeuilley et Xirocourt.

SAIZERAIS, c^on de Domèvre, c^ne formée des deux villages de Saizerais-Saint-Amand et Saizerais-Saint-Georges. — *Ecclesia in honore sancti Amandi in villa Sasiriaca*, 923 (coll. Moreau, t. IV, f° 104). — *Ecclesia de Sasiriaco*, 942 (H. L. I, c. 350). — *Sasiriacum in comitatu Scarponensi*, 960 (ch. de l'abb. de Bouxières). — *Villa de Sesariaco*, 1137 (coll. Moreau, t. LVII, f° 98). — *Sasere*, 1179 (ch. de l'abb. de Sainte-Marie). — *Ecclesia de utroque Sasireio*, 1188 (H. L. II, c. 401). — *Les dous Saizereiz*, 1305 (Tr. des ch. l. Pont fiefs I, n° 96). — *Les Grande et Petite-Saizerais*, 1396 (*ibid.* l. Vaudrevange, n° 9). — *Sarzereyum*, 1402 (*Regestrum*). — *Les dous Saizereis*, 1420 (dom. de Nancy). — *Les dous Saisarey*, 1424 (*ibid.*). — *Les Saisereis*, 1441 (dom. de Pont-à-Mousson). — *Sazerey, les Sazereys, les Saserois*, 1500 (dom. de l'Avant-Garde). — *Saseray*, 1594 (dén. de la Lorr.). — *Les Saizerey-Sainct-Georges et Sainct-Amand*, 1600 (dom. de Nancy). — *Sazereye*, 1719 (alph.). — Les villages de Saizerais relevaient en fief du marquisat de Pont-à-Mousson.

SALÉAUX ou SALÉES-EAUX, saline, c^ne de Ley. — *Grangia que vocatur Salsa aqua*, XIIe s^e (cart. de l'abb. de Salival). — *Salinaria de Salsa aqua*, 1268 (Tr. des ch. l. Abb. de l'Isle, n° 45). — *Salléawe*, 1390 (ch. de l'abb. de Beaupré).

SALIÈRES (LES), autrefois *Mal-Gré*, f. c^ne de Gogney, déclarée cense franche en 1593.

SALINE (LA), usine, c^ne de Vic.

SALINE D'ART-SUR-MEURTHE, usine en construction, c^ne d'Art-sur-Meurthe.

SALINES (CHEMINS DES), c^nes de Deuxville et de Maixe.

SALINES (RUISSEAU DES), prend sa source à Moncourt, passe sur les territoires de Ley et de Lezey et se jette dans le ruisseau d'Ommerey.

SALINES DE ROSIÈRES-VARANGÉVILLE, usine, c^ne de Rosières-aux-Salines.

SALINES DE SAINT-NICOLAS-VARANGÉVILLE, usine, c^ne de Varangéville.

SALINES DE SOMMERVILLER, usine, c^ne de Sommerviller.

SALINIER (CHEMIN DU), c^ne de Lindre-Basse.

SALIVAL, c^on de Château-Salins (abbaye de Prémontrés fondée au XIIe siècle). — *Ecclesia Saline vallis*, 1177 (Tr. des ch. l. Abb. de l'Isle, n° 46). — *Salinwas*, 1252 (ch. de l'abb. de Haute-Seille). — *Salli vallis* (Chr. eps. met. ad ann. 1200-1260, H. L. I, c. 72). — *Salivas*, 1258 (Tr. des ch. l. Fiefs de Lorraine II, n° 1). — *Salinvas*, 1273 (*ibid.* l. Moyenvic, n° 1). — *Sallinvals*, 1276 (*ibid.* l. Fiefs de Lorraine II, n° 5). — *Lou covent de Salivaulx*, 1291 (Ord. præm. ann. II, c. 465). — *Sailinvalz*, 1296 (ch. de l'abb. de Haute-Seille). — *Salivalz*, 1342 (Tr. des ch. l. Bitche, Castres, etc. n° 52). — *Sallival*, 1404 (*ibid.*).

SALM (Vosges), f. et ch. ruiné, c^ne de la Broque; prévôté, comté et principauté dont Badonviller était le chef-lieu (voy. ce mot); donnait son nom à un doyenné, archidiaconé de Port, diocèse de Toul, formé du démembrement du doyenné de Deneuvre, et duquel dépendaient dans la Meurthe les paroisses de Badonviller, Blâmont, Bréménil, Brouville, Cirey, Couvay, Domèvre-sur-Vezouse, Frémonville, Gélacourt, Hablainville, Harboué, Herbéviller, Mignéville, Montigny, Montreux, Neuviller-lez-Badonviller, Saint-Clément, Sainte-Pôle et Vacqueville. — Dans ce doyenné étaient comprises des paroisses exemptes de la juridiction épiscopale et dépendant des districts ecclésiastiques de Saint-Dié, Senones, Étival et Moyenmoûtier. — *Decanatus Salmensis, vel de Sancto-Deodato* (Topog. ecclés. de la France).

Le territoire mentionné avec l'*Albechova* (le Blâmontois) dans le partage du royaume de Lothaire, en 870, sous le nom de *Selme* (H. L. I, c. 310) est peut-être le pays de Salm, dont la majeure partie s'étendait dans les Vosges.

SALMONRUPT, éc. c^ne de Pexonne.

SALOMON (BOIS), c^ne de Méhoncourt, mentionné en 1544 (ch. de l'abb. de Belchamp).

SALONE ou SALONNE, c^on de Château-Salins (prieuré dépendant de l'abbaye de Saint-Denis, fondé au VIIIe siècle, uni en 1602 à la primatiale de Nancy). — *Salionno* (?), triens (Ét. num. p. 149). — *Locus qui dicitur Salona*, 777 (ch. de la coll. Saint-Georges). — *Cella de Sallone; Sallonæ*, 822 (Hist. de l'abb. de Saint-Mihiel, p. 458). — *Villa Salona super fluvium similiter Salona, in pago Moslensi*, 950 (ch. de la coll. Saint-Georges). — *Salonia*, 1226 (*ibid.*). — *Salone*, 1277 (Tr. des ch. l. Marsal I, n° 1). — *La rivière de Sailonne*, 1296 (ch. de l'abb. de Haute-Seille). — *Sallonnes, Sallones, Sallonne*, 1346-1348 (Tr. des ch. l. Château-Salins, n°s 6, 8 et 9). — *Haute-Salone* et *Basse-Salone* (enclos où étaient les salines), 1711 (état du temporel). — *Bas-Salone* (Cassini).

Salone, qualifié bourg en 1594, fut, suivant l'auteur de l'état du temporel des paroisses, le chef-lieu du Saulnois (voy. ce mot), et il y avait une forteresse qui a été ruinée.

SALPREY, anc. gagnage-fief, c^ne d'Ognéville. — *Gaingnaigne de Salpreys; Sallepreys*, 1500 (dom. de Vaudémont). — *Sallepreys*, 1550 (*ibid.*).

SAND (LE), usine, c^ne de Niderstinzel.

Sandronviller ou Xandronviller, f. et chât. (seign.), c⁰ᵉ de Tonnoy; vill. détruit. — *Alodium de Sodrunni villa*, 880 (H. L. I, c. 316). — *Sendronis villa quam dedit Sendrans*, 962 (*Als. dipl.* I, p. 117). — *Sendruviller*, 1094 (H. L. I, c. 498). — *Sindronis villa quam dedit Sendraas*, 1114 (*Ord. præm. ann.* II, c. 539). — *Sendronviller*, 1147 (*ibid.* c. 544).

Sanlich, anc. maison-fief à Houdreville.

Sanon, riv. a ses sources au-dessus d'Avricourt et dans l'étang de Réchicourt, passe sur les territoires de Moussey, Xures, la Garde, Mouacourt, Parroy, Hénaménil, Bauzemont, Einville, Maixe, Crévic, Sommerviller, Dombasle, et se jette dans la Meurthe. — *Fluvius Cernuni, Zernuni, Cernune*, 699 (Diplom. II, p. 428-430). — *Fluvius qui vocatur Kerno, Kernone*, 715 (*ibid.* p. 443). — *Fluvius Cernone, in pago Calvomontense*, 770 (H. L. I, c. 288). — *Fluvius Cernonis*, 862 (B. Picart, Orig. de la maison de Lorraine, p. 9). — *Cernuns*, 1181 (ch. de l'abb. de Haute-Seille). — *Saignon*, 1512 (dom. d'Einville). — *Sayon*, 1519 (*ibid.*). — *Sarnon*, 1610 (*ibid.*).

Santifontaine, éc. c⁰ᵉ de Nancy. — *Sancti-Fontaine*, 1335 (ch. de l'hospice Saint-Julien de Nancy).

Sanzey, c⁰ⁿ de Toul-Nord. — *Locus de Sanzeio*, 1179 (*Ord. præm. ann.* II, c. 410). — *Grangia que Senzey dicitur*, xiiiᵉ sᵉ (cart. d'Apremont, n° 14). — *La nueve ville con dit Sanzey*, 1242 (*ibid.* n° 15). — *Sanzeum*, 1402 (*Regestrum*). — *Sansey*, 1602 (dom. de Pont-à-Mousson). — *Sanzé-lez-Ménil-la-Tour*, 1603 (arch. de Sanzey). — Le fief de Sanzey relevait de la baronnie d'Apremont.

Sarixin, anc. nom de la Forge. — *Sirecksingen, Sirexingen, Sireckesingen, Sareckesingen*, xvᵉ siècle (obit. de la coll. de Sarrebourg, f⁰ˢ 26, 57, 62 v°, 74 v°). — Voy. Forge (La).

Saraltroff ou Sarre-Altroff, c⁰ⁿ de Fénétrange. — *Altorf super Saram*, 1307 (ch. de l'abb. de Vergaville). — *Sulaltorff, Sulaldorff*, xvᵉ siècle (obit. de la coll. de Sarrebourg, f⁰ˢ 29 v°, 79 v°, 128 v°). — *Saraltorf*, 1521 (ch. de l'abb. de Vergaville). — *Altorff*, 1526 (Tr. des ch. l. Steinsel, n° 18). — *Altroff* ou *Sarre-Altroff*, 1710 (polium). — *Altroff* ou *Saaraltroff*, 1719 (alph.).

Sarrasinière (La), cantons des territoires d'Allain-aux-Bœufs, Bagneux, Colombey, Crézilles et Moutrot, où l'on voit des restes d'anciennes constructions.

Sarre (La), rivière formée de plusieurs ruisseaux qui ont leurs sources dans les forêts du versant septentrional des Vosges, au canton de Lorquin, et se divisent en deux branches principales appelées *la Sarre-Blanche* ou *le Blanc-Rupt* et *la Sarre-Rouge* ou *la Rouge-Eau*. La première passe sur les territoires de Turquestein, Lafrimbolle, Niderhoff, la Neuveville-lez-Lorquin et Lorquin; la seconde, sur ceux d'Abreschwiller, Saint-Quirin, les Métairies-de-Saint-Quirin, Nitting et Lorquin. Réunies à Hermelange, elles forment la Sarre, qui, par Sarrebourg et Fénétrange, va se jeter dans la Moselle à Consarbrück. — *Saravus*, ivᵉ sᵉ (Ausonius, *Mosella*, 91, 367). — *Sara*, vᵉ sᵉ (Ven. Fort. lib. VII, carm. 4). — *Flumen Sarræ*, 646 (Diplom. II, p. 84). — *Serra*, 699 (*ibid.* p. 429). — *Saroa*, 715 (*ibid.* p. 443). — *Saruba*, ixᵉ sᵉ (géographe de Ravenne). — *Sar*, 1552 (cosmogr.). — *Sorr fluvius*, 1576 (carte de Specklin).

Le pays arrosé par la Sarre est appelé *pagus Saroensis* et *pagus Saruensis* dans des diplômes des années 713 et 719 (Diplom. II, p. 438 et 452); il est désigné sous le double nom de *Sarachowa superior* et *Sarachowa subterior* dans le partage du royaume de Lothaire, 870 (H. L. I, c. 310-311). La première de ces contrées était baignée par ce qu'on appelle la Sarre française, la seconde par la Sarre allemande, dénominations données à la même rivière suivant les territoires qu'elle traverse. — *Saravensis pagus*, 1675 (*Not. Gall.* p. 501).

Sarrebourg (en allemand *Saarburg*, château fort sur la Sarre; les paysans disent encore en français *Sallebour* et en patois *Sallebo*), ville, ch.-l. d'arrond. — *Ponte Sarvix* (Itin. d'Antonin). — *Pontesaravi* (Table théod.). — *Saredurgo* et *Sareburco* (tiers de sou; Ét. num. p. 153-154). — *Saraburgum in pago Saroensi*, 713 (Diplom. II, p. 437). — *Saraburg*, 966 (ch. de l'abb. de Vergaville). — *Sarburc*, 1056 (*Gallia christiana*, XIII, c. 398). — *Sarbuch*, 1189 (ch. de l'abb. de Haute-Seille). — *Sarreboc*, fin du xiiᵉ sᵉ (monnaie frappée par le chapitre de la cathédrale de Metz; Mém. de l'Académie de Stanislas, 1840, p. 144). — *Saleburc, Saraborc, oppidum Saleborc*, xiiᵉ et xiiiᵉ siècle (*Chr. eps. met.* H. L. I, c. 67, 68 et 71). — *Sareborch, Saleborch, Salaborch*, xiiiᵉ siècle (*Chr. mon. sen. ibid.* II, c. 13, 31 et 38). — *Cives Sarburgenses*, 1238 (*Als. ill.* I, p. 363). — *Ecclesia apud Sarebourg* (titre de fondation de la collégiale), 1256 (H. L. II, c. 479). — *Ecclesia Beati Stephani in Sarbuch*, 1281 (Tr. des ch. l. Hesse, n° 9). — *Salebourch*, 1283 (*ibid.* l. Blâmont I, n° 12). — *Sarbur*, 1288 (ch. de l'abb. de Haute-Seille). — *Sarebourch*, 1295 (*Ord. præm. ann.* II, c. 467). — *Sarbruch*, 1301 (ch. de l'abb. de Vergaville). — *W. magister scabinorum opidi Sarburg*, 1331 (Tr. des ch. l. Hesse, n° 15). — *Sallebourg*, 1375 (*ibid.* l. Blâmont I, n° 168). — *Sareburgum*, xvᵉ siècle (obit. de la coll. de Sarrebourg, f° 28). — *Opidum de Sarburgo vulgariter nuncupatum Kauffmann Sarburg*, 1418 (cart. Baill. d'Allemagne dom. I, f° 290 v°). — *Sara Castrum*, 1513 (géogr. de Ptolémée). — *Salbourg, Sarburg*, 1525 (papier des noms, etc.). — *Sarbourg*, 1595 (arch. de Sarrebourg). — *Saraviburgum vel Saraburgum, Sarburg*, 1675 (*Not. Gall.* p. 504).

Il y avait à Sarrebourg une collégiale, dite de *Saint-Étienne* (voy. ce mot), et une commanderie de l'ordre Teutonique.

Cette ville fut, dès le XIII° siècle, le chef-lieu d'un archidiaconé (*Joannes, archidiaconus de Sarebourch*, 1295 : *Ord. præm. ann.* II, c. 467) et d'un archiprêtré (*Andreas, archipresbiter in Sarburg*, 1235 : *Als. dipl.* I, p. 373). — *B. archipr. de Sarbuch*, 1252 (Tr. des ch. l. Hesse, n° 1). — L'archidiaconé de Sarrebourg, *archidiaconatus de Sare-burgo, de Sarbruche, de Sareburt*, 1539 (pouillé de Metz : Topog. ecclés. de la France), diocèse de Metz, était formé des archiprêtrés de Bouquenom (voy. ce mot), Hornbach et Neuf-Moûtier (Bavière Rhénane), Saint Arnoald (Prusse) et Sarrebourg; ce dernier comprenait les paroisses d'Abreschwiller, Arscheviller, Avricourt, Berthelming, Bertrambois, Bickenholtz, Bieberskirch, Bourscheid, Brouderdorff, Brouviller, Bühl, Diane-Capelle, Fleisheim, Foulcrey, Gondrexange, Guntzviller, Hattigny, Hellering, Héming, Henridorff, Hérange, Hertzing, Hesse, Hilbesheim, Hoff, Hommarting, Hommert, Hunskirich, Ibigny, Igney, Imling, Kerprich-aux-Bois, Landange, Lixheim, Lorquin, Metting, Moussey, Nitting, Oberstinzel, Réchicourt-le-Château, Réding, Saint-Georges, Saint-Quirin, Sarrebourg, Vieux-Lixheim et Vintersbourg.

Sarrebourg, après avoir appartenu aux évêques de Metz, passa en 1464 sous la domination des ducs de Lorraine, puis fut cédé à la France par le traité de 1661. — Cette ville était, dès le X° siècle, le siége d'un comté (*comitatus Saraburg*) dont il est fait mention dans le titre de fondation de l'abbaye de Vergaville, en 966 (ch. de l'abb. de Vergaville). — Elle était, au XIV° siècle, le chef-lieu d'une châtellenie dont la circonscription n'est pas connue : *chastellerie de Sarburg*, 1395 (cart. Baill. d'Allemagne, dom. I, f° 275).

La prévôté royale de Sarrebourg, créée en 1661, renfermait les communes de Héming, du canton de Lorquin; Bébing, Bühl, Hoff, Hommarting, Imling, Niderviller et Réding, du canton de Sarrebourg. — La subdélégation de cette ville, de la généralité de Metz, comprenait : Angomont, Bionville, Brémenil et Neuviller-lez-Badonviller, du canton de Baccarat; Halloville et Harboué, du canton de Blâmont; Saint-Jean-de-Bassel, du canton de Fénétrange; le canton de Lorquin, moins les communes d'Abreschwiller, Hermelange, Nitting, Parux, Raon-lez-l'Eau, Saint-Sauveur, Tanconville et Voyer; Lutzelbourg, du canton de Phalsbourg; Desseling, Fribourg, Gondrexange, la Haye-des-Allemands, Hertzing, Ibigny, Languimberg, Richeval et Saint-Georges, du canton de Réchicourt-le-Château; Barchain, Bébing, Bühl, Hesse, Hoff, Hommarting, Imling, Niderviller, Réding, Rhodes, Sarrebourg et Xouaxange, du canton de Sarrebourg.

Lors de l'organisation du département, en 1790, Sarrebourg fut le chef-lieu d'un district qui comprenait les cantons de Lixheim, Lorquin, Niderviller, Phalsbourg, Sarrebourg et Walscheid. — Le canton de Sarrebourg était formé des communes de Bébing, Diane-Capelle, Dolving, Gosselming, Haut-Clocher, Hoff, Imling, Kerprich-aux-Bois, Langatte, Réding et Sarrebourg.

Les armoiries de cette ville, blasonnées dans le Traité du département de Metz, sont *d'argent à trois cornes de cerf de gueules, rangées en fasce, chevillées de cinq cors de même*.

Sarrelfing, f. c°° de Haut-Clocher; ban séparé, haute, moyenne et basse justice sur la fin du siècle dernier. — *Serlefingen*, XV° siècle (obit. de la coll. de Sarrebourg, f° 56 v°). — *Serlefing* (Cassini).

Sarreux, éc. c°° d'Angomont. — *Sarux*, 1756 (dép. de Metz).

Sarrupt (Le), côte très-escarpée s'étendant de Lorquin à Imling, à gauche de la vallée de la Sarre, et dont le versant septentrional était encore couvert de forêts sur la fin du XVII° siècle, au lieu dit *le Blanc-Bois*, territoires de Lorquin et de Xouaxange.

Saulce-en-Rupt, h. c°° de Bertrambois.

Saulcy (Le), f. c°° de Moncel-lez-Lunéville.

Saulcy-Lambert (Le), bois, terre et saussaie, avec titre de fief, près de la Moselle, c°° de Loisy, mentionné en 1594 (Tr. des ch. reg. B. 64, f° 54 v°).

Saulnière (Chemin de la), c°° de Coincourt.

Saulnois (Le), pays compris dans la cité de Metz, et qui devait son nom tant à la rivière de Seille qu'aux nombreuses salines qu'on y exploitait. — *Salinensis pagus*, 661 (H. L. I, c. 258). — *Pagus Salininsis et Salinensis*, 699 (Diplom. II, p. 429-430). — *Saloninsis, Salinensis*, 777 (Hist. de l'Égl. de Strasbourg, pr. p. 122 et 128). — *Salninsis*, 782 (H. L. I, c. 290). — *Salmoringum* (peut-être pour *Salinoringum*), 870 (H. L. I, c. 310). — *Salninse*, 893 (polypt. de l'abb. de Prüm). — *Saliensis*, 896 (ch. de la coll. Saint-Georges). — *Pagus Salnensis*, 927 (ch.

de l'abb. de Saint-Arnou). — *Comitatus Salninsis*, 960 (ch. de l'abb. de Bouxières).—*Pagus Salninsis*, 962 (cart. de l'abb. de Saint-Maximin de Trèves). — *Pagus Sallingowe*, 1023 (*ibid.*). — *Salonensis pagus, sive a Salia fluvio, sive a Salone mancipio, sive a salinis*, 1675 (*Not. Gall.* p. 498).

On ne peut indiquer les circonscriptions actuelles correspondant à ce *pagus*; on sait seulement qu'il s'étendait sur une partie des cantons de Vic, Château-Salins, Delme, Lunéville-Nord, Nomeny et Pont-à-Mousson. Les diplômes du moyen âge citent comme y étant compris: Ajoncourt, Amelécourt, Bermering, Bezange-la-Petite, Bioncourt, Château-Salins, Dédeling, Einville, Fonteny, Fresnes-en-Saulnois, Gerbécourt, Jallaucourt, Leyr, Manoncourt-sur-Seille, Moivron, Morville-sur-Seille, la Neuveville-en-Saulnois, Tincry, Vic, et plusieurs villages détruits.

Le *Saulnoy*, dit l'Alphabet curieux, est le nom de l'un des quartiers du Pays Messin, situé à droite de la Seille et aux environs de la Nied française. Cette circonscription géographique est indiquée, en 1756, comme comprise dans le bailliage de Metz; mais elle est beaucoup moins étendue que celle de l'ancien *pagus*.

SAULRUPT (LE) ou LE SAURUPT, éc. c^{ne} de Nancy, chât. fort au XIVe siècle, puis maison de plaisance des ducs de Lorraine au XVIe; jumenterie ou haras au siècle suivant. — *Soiruy*, 1312 (Tr. des ch. l. Harbonnières, n° 79). — *Soirui-davant-Nancey*, 1366 (ch. de la coll. Saint-Georges). — *Soiru*, 1490 (Tr. des ch. l. Nancy I, n° 27). — *Sorroy*, 1532 (*ibid.* reg. B. 21, f° 10). — *Bois de Solru*, 1548 (*ibid.* B. 7618). — *Saulruy*, 1553 (*ibid.* B. 7619). — *Solruys, Sorux, Solrux*, 1574 (dom. de Nancy).— *Sorup*, 1577 (*ibid.*). — *Xaulru*, 1592 (Tr. des ch. B. 7651). — *Soru*, 1600 (*ibid.* B. 7665). — *Solrup-lès-Nancy*, 1618 (*ibid.* reg. B. 81, f° 237). — *Solrupt*, fief, 1782 (table des villes, etc.). — Le bois de Saulrupt fut essarté sur la fin du XVIe siècle.

SAULXEROTTE (pron. *Sausserotte*), c^{on} de Colombey. — *Nova villa construenda apud Sauxurettes*, 1242 (Tr. des ch. l. Vaudémont dom. n° 139). — *Sauxuretæ, Sauzuretæ*, 1402 (*Regestrum*). — *Xauxerate*, 1408 (dom. de Vaudémont). — *Sauxerettes, Sauxerette*, 1487 (*ibid.*). — *Saxerettes*, 1500 (*ibid.*). — *Sauxerotte*, 1550 (*ibid.*). — *Sauxerottes*, 1600 (*ibid.*).

SAULXURES-LEZ-NANCY (pron. *Saussures*), c^{on} de Nancy-Est. — *Ecclesia de Sasuris*, 1120 (Tr. des ch. l. Abb. de Senones, n° 6).— *Salsuræ*, 1152 (*ibid.* n° 8).— *Theodoricus de Saussuruis*, 1176 (ch. de l'abb. de Beaupré). — *Sasures*, 1193 (ch. de l'abb. de Clair-lieu). — *Saussures, Saussure*, 1402 (Tr. des ch. l. Fiefs de Nancy, n° 120, et Nancy I, n° 27). — *Saxuriæ, Sauxuriæ ante Nanceyum*, 1402 (*Regestrum*). — *Salsure*, 1506 (Tr. des ch. reg. B. 7614). — *Salsures*, 1522 (dom. de Nancy).—*Soubzure*, 1524 (Tr. des ch. reg. B. 16, f° 30). — *Saulsures*, 1526 (dom. de Nancy). — *Saulzures*, 1577 (dom. de Lenoncourt). — Le fief de Saulxures relevait de la châtell. et du baill. de Nancy.

SAULXURES-LEZ-VANNES, c^{on} de Colombey. — *Salsuriæ*, 836 (H. L. I, c. 301). — *Tirricus de Sassures*, XIIe siècle (Tr. des ch. l. Mandres, n° 28). — *Sauxures*, 1190 (ch. de l'abb. de Mureau). — *Saxuriæ*, 1218 (H. L. II, c. 426). — *Sauxuriæ*, 1402 (*Regestrum*).— *Saulseure-lez-Barizey*, 1578 (dom. de Nancy). — *Xauxures*, 1582 (Tr. des ch. reg. B. 51, f° 48 v°). — *Saulxures-aux-Bois* ou *Saulxures-lès-Barisey*, 1707 (état du temporel). — Le fief de Saulxures-lez-Vannes relevait de la châtell. de Gondreville, baill. de Nancy.

SAUNAIRE, chemin, c^{ne} de Sainte-Geneviève. — Ce chemin et les suivants sont ainsi appelés parce qu'ils conduisaient aux salines qu'on exploitait et qu'on exploite encore sur divers points du département.

SAUNARD, chemin, c^{ne} de Nomeny.

SAUNARD (LA), chemin, c^{ne} de Saint-Baussant. — Voy. SONARD.

SAUNIER (CHEMIN DU), c^{ne} de Crantenoy.

SAUNIERS ou SAULNIERS (CHEMINS DES), c^{nes} d'Haussonville, Haudonville, Gerbéviller, Flainval, Diarville, Bouxières-sous-Froidmont, Bouvron, Rogéville, Lucey et Francheville.

SAUNIERS (CANTON DES), c^{ne} de Moncel-sur-Seille.

SAUSSERRUPT, anc. franc-alleu à l'abbaye de Beaupré, au ban de la Chapelle, près de Gerbéviller. — *Alodium de Sauseru in banno de Cappella*, 1163 (ch. de l'abb. de Beaupré). — *Sausserus*, v. 1189 (*ibid.*).

SAUVAGE (LE), éc. c^{ne} d'Ommercy.

SAUVAGE (LE), anc. mⁱⁿ près de Malzéville, mentionné en 1614 (dom. de Nancy).

SAUVAGEON, éc. et chât. — Voy. RENÉMONT.

SAUVAGES (SENTIER DES), c^{ne} de Moyenvic.

SAUVOY (LE), chât. (maison franche et chapelle), c^{ne} de Maxéville; au XVIe siècle, appelé *Maison du Réservoir*, parce que les ducs de Lorraine y avaient un vivier (dans l'ancien langage, *sauveux, sauvoir* ou *sauvoi*). — *Le Sauvois*, 1779 (dén. des terres seigneuriales).

SAUVOY (LE PETIT-), éc. c^{ne} de Maxéville.

SAUX (LA), ruiss. prend sa source à Marthemont, passe sur le territoire de Maizières et se jette dans le ruisseau de Viterne.

SAVERNE (Bas-Rhin) était le chef-lieu d'un doyenné, diocèse de Strasbourg, duquel dépendaient dans la Meurthe les paroisses de Berlingen, Dabo, Garrebourg, Hangviller, Hazelbourg, Hültenhausen, Mittelbronn, Phalsbourg, Veischeim, Vilsberg et Walscheid.

SAVIGNON, anc. ermitage ou oratoire, c^{ne} de Pulligny.

SAVONNIÈRES, éc. c^{ne} de Foug; château des rois de la seconde race; vill. détruit; mère-église de Saint-Germain. — *Saponariæ*, 836 (H. L. I, c. 301). — *Saponaria*, 1033 (*ibid.* c. 413). — *Savonnières-lès-Toul*, 1779 (Descr. de la Lorr.). — Il se tint à Savonnières, en 859, un concile auquel assistèrent, outre les évêques de douze provinces des Gaules, Charles le Chauve et ses neveux, Charles et Lothaire.

SAXON-SION (on prononce vulgairement Sachon), c^{on} de Vézelise. — *Vicus qui vocatur Saisons*, 1174 (ch. de l'abb. de Beaupré). — *Albricus de Saysons*, 1178 (*ibid.*). — *Soisons*, 1276 (Tr. des ch. l. Fiefs de Nancy, n° 121). — *Saison*, 1397 (*ibid.* l. Vaudémont fiefs, n° 19). — *Soisson près Syon*, 1487 (dom. de Vaudémont). — *Soixon sous Vaudémont*, 1496 (ch. des arch. de la famille d'Ourches). — *Soixon*, 1550 (dom. de Vaudémont). — Le fief de Saxon relevait du comté de Vaudémont.

SCARPONAIS (LE), pays ou comté compris pour la plus grande partie dans la cité de Toul, et dont l'ancienne ville de Scarpone était la capitale. — *Comitatus Scarponensis*, 706 (Diplom. II, p. 275). — *Pagus Scarponinsis*, 745 (cart. de Gorze). — *Scarponiensis pagus*, 782 (H. L. I, c. 290). — *Scarponinse*, 870 (*ibid.* c. 310). — *Scarponensis comitatus*, 889 (cart. de l'abb. de Gorze, à Metz). — *Pagus et comitatus Mettensis seu Scarponensis*, 892 (H. M. p. 49). — *Comitatus Sarpontensis*, 918 (*ibid.* p. 56). — *Eccorponensis*, 965 (H. L. I, c. 372). — *Comitatus Richiani in pago Scarpona*, 1028 (H. T. p. 27). — *Pagus Scarponnensis*, 1675 (*Not. Gall.* p. 508).

Le Scarponais s'étendait sur les rives de la Moselle et de la Meurthe depuis Scarpone jusqu'aux environs de Metz et de Nancy, ayant pour limites les *pagi Mettensis, Scarmensis, Vabrensis, Salinensis* et *Calvomontensis*; il comprenait une partie des cantons actuels de Nancy-Est et de Nancy-Nord, Nomeny, Pont-à-Mousson, Domèvre et Thiaucourt. Les anciens diplômes citent comme enclavés dans ce territoire : Arnaville, Autreville, Bayonville, Belleville, Bouillonville, Bouxières-aux-Dames, Champey, Dieulouard, Liverdun, Mamey, Marbache, Millery, Moivron, Pannes, Pompey, Prény, Rembercourt, Rosières-en-Haye, Saizerais, Thiaucourt, Vandelainville, Xammes, etc. — Le Scarponais paraît s'être momentanément étendu au delà des limites qu'on lui assigne ordinairement, puisqu'un diplôme de l'an 752 (H. L. I, c. 273) mentionne le village de Dombasle comme s'y trouvant compris.

SCARPONE ou SCARPONNE, h. c^{ne} de Dieulouard; ville, chef-lieu du Scarponais, détruite au xe siècle; au xiiie siècle, siège d'un archiprêtré, diocèse de Metz, dont la circonscription est inconnue; encore paroisse au siècle dernier. — *Scarponna* (Ammien Marcellin, lib. XXVII, cap. 11). — *Scarpona* (Itin. d'Antonin). — *Bertharius homo Scarponensis*, viie s^e (Frédégaire, Chron. n° 52). — *Scarbona*, ixe s^e (géographe de Ravenne). — *Actum in Scarponna, in mallo publico*, 912 (H. M. p. 53). — *Scarponnæ*, 1047 (H. L. I, c. 422). — *Symon, arcepreste de Sarpannes*, 1277 (Tr. des ch. l. Pont fiefs III, n° 4). — *Xarpenne*, 1437 (ch. de la coll. Saint-Georges). — *Xarpaigne*, 1567 (dom. de Condé). — *Xerpainne*, 1567 (Tr. des ch. reg. B. 7954). — *Xerpanne*, 1583 (ch. de la coll. Saint-Georges). — *Ecclesia parochialis de Xerpagnes*, 1606 (titres des cures du district de Pont-à-Mousson). — *Serpaigne*, 1607 (*ibid.*). — *Serpanne*, 1612 (*ibid.*). — *Xarpanes*, 1613 (dom. de Pont-à-Mousson). — *Serpanne*, 1637 (dom. de Dieulouard). — *Xerpaigne*, 1666 (cures du distr. de Pont-à-Mousson). — *Scarponna castrum. Incolis et accolis Sanponne vulgo dictus; nostris Scharpeigne aut Charpeigne*, 1675 (*Not. Gall.* p. 508). — *Serpeigne*, 1719 (alph.). — *Serpagne* ou *Serpeigne*, 1756 (dép. de Metz). — *Serrepagne*, 1790 (div. du départ.). — La porte de la ville de Metz qui menait à Scarpone s'appelle encore aujourd'hui porte Serpenoise.

SCHACHENECK (*coin de rapine*), éc. c^{ne} d'Hazelbourg; autrefois scierie et moulin reconstruit en 1704 (Tr. des ch. l. Lixheim I, n° 16).

SCHÆFERHOF, h. c^{ne} de Dabo.

SCHALBACH, c^{on} de Fénétrange. — *Schalhenbach*, v. 1050 (H. L. I, c. 431). — *Schalkenbach, Schalckbach*, 1664 (dom. de Fénétrange). — *Schalquenbach*, 1719 (Tr. des ch. l. Lixheim II, n° 10). — *Schailbach*, 1719 (alph.).

SCHIRRDORF, vill. détruit, près de Vahl.

SCHNECKENBUSCH (pron. *Chneequepèche*), c^{on} de Sarrebourg. — *Schneckenbouch*, 1720 (titres de l'émigré Lutzelbourg). — *Schneckebouche*, 1727 (*ibid.*). — *Schneckenbech*, 1751 (état des villes, etc.). — *Schneckenbesch*, 1782 (table des villes, etc.).

SCHNECKENHOF, f. c^{ne} de Mittelbronn.

SCHNEEMÜHL, mⁱⁿ, c^{ne} de Sarraltroff.

Schlossgarden (*jardin du château*), canton du territ. de Vilsberg, où il y avait un ancien château.
Schockohoff (Le), f. c^ne de Dolving.
Schurenrück (La), éc. c^ne de Mittersheim.
Schützenmühl, m^in, c^ne d'Hangviller.
Schwanhals ou Schwanenhals (*col de cygne*), forêt, c^ne de Vibersviller. — Voy. Brackenkopf.
Scie (La), h. c^ne de Pierre-Percée.
Scierie (La), usine, c^ne d'Écrouves.
Scierie (La), éc. c^ne de Xeuilley.
Scierie-l'Abbé (La), h. c^ne de Raon-lez-l'Eau.
Séchamps (mieux Séchamp), c^on de Nancy-Est. — *Villa de Sechamp*, 1076 (H. L. I, c. 475). — *Ulricus de Seccamp*, 1137 (*ibid.* II, c. 313). — *Séchant*, 1294 (Tr. des ch. l. Rosières I, n° 39). — *Sicuscampus, Siccus Campus*, 1402 (*Regestrum*). — *Sigillum curati de Sicco Campo*, xve s^e (sceau en cuivre dans la collection de M. l'abbé Marchal). — *Sichamp*, 1492 (Tr. des ch. B. 7612). — *Sychamp*, 1506 (*ibid.* B. 7614). — *Sychamps*, 1550 (dom. d'Amance). — *Seichamp*, 1782 (table des villes, etc.). — Le fief de Séchamps relevait de la châtell. et du baill. de Nancy.
Secrettes (Les), canton de terre au ban de Xirocourt, où la dame secrète de Remiremont percevait les deux tiers de la dîme.
Seicheprey, c^ou de Thiaucourt. — *Johannes de Sachepree*, 1227 (cart. de Gorze). — *Sécheprée*, 1283 (cart. d'Apremont, n° 34). — *Sescheipreie*, 1284 (Tr. des ch. l. Bouconville II, n° 5). — *Sachepreie*, 1305 (*ibid.* l. Apremont fiefs, n° 99). — *Sochepré*, 1326 (*ibid.* l. Bouconville I, n° 76). — *Sicca petra*, 1402 (*Regestrum*). — *Secchepreé*, 1421 (dom. de l'Avant-Garde). — *Soicheprey*, 1524 (dom. de Pont-à-Mousson). — Le fief de Seicheprey relevait de la baronnie d'Apremont.
Seille (La), riv. prend sa source dans l'étang de Lindre, coule de l'est au nord-ouest, passe sur les territoires de Lindre-Basse, Dieuze, Blanche-Église, Mulcey, Marsal, Moyenvic, Vic, Salone, Chambrey, Moncel, Pettoncourt, Attilloncourt, Bioncourt, Brin, Bey, Lanfroicourt, Aboncourt, Armaucourt, Manhoué, Arraye-et-Han, Ajoncourt, Chenicourt, Aulnois, Craincourt, Létricourt, Thézey, Phlin, Mailly, Abaucourt, Nomeny, Manoncourt, Clémery, Rouves, Port-sur-Seille, Éply, Morville et les Ménils. La Seille se jette dans la Moselle près de Metz. — *Salia*, v^e s^e (*Ven. Fort. Carm.* III, 12). — *Sallia fluvius*, 1049 (cart. du pr. de Lay). — *Saille*, 1323 (Tr. des ch. l. Pont dom. II, n° 18). — *Ceille*, 1334 (*ibid.* l. Pont fiefs III, n° 19). — *Sella fluvius*, 1513 (géogr. de Ptolémée). — Le pays arrosé par cette rivière se nommait anciennement *le Saulnois* (voy. ce mot).

Selaincourt, c^on de Colombey. — *Siglini curtis*, 836 (H. L. I, c. 301). — *Siclini curtis*, 884 (*ibid.* c. 317). — *Silini curtis cum ecclesia*, 936 (*ibid.* c. 343). — *Silencourt*, 1267 (ch. de l'abb. de Saint-Epvre). — *Villa de Slaincourt*, 1359 (*ibid.*). — *Selaincuria, Silaincuria*, 1402 (*Regestrum*). — *Silencourt*, 1408 (dom. de Vaudémont). — *Sellancourt*, 1476 (Tr. des ch. reg. B. 1, f° 349). — *Sellincourt*, 1487 (dom. de Vaudémont). — *Sellaincourt*, 1500 (*ibid.*). — Le fief de Selaincourt relevait du comté de Vaudémont. — Ce village, dit l'état du temporel (1709), était autrefois divisé en deux parties, dont l'une, où était l'église paroissiale, s'appelait *Rue-de-l'Église*, et l'autre, *Rue-de-l'Abbaye*, à cause d'une ancienne abbaye ou d'un prieuré de l'ordre de saint Benoît, détruit depuis longtemps.

Cette commune donne son nom à un ruisseau qui prend sa source sur son territoire et se jette dans l'Uvry.
Sellenmühl ou Zellenmühl (*moulin de la cellule* ou *du petit couvent*), m^in, c^ne de Haut-Clocher; opposé à *Dorfmühl* (*moulin du village*), même commune.
Senet, ruiss. prend sa source au-dessus d'Hénaménil et se jette dans le Sanon.
Sensart (En-), canton de terre au ban de Xirocourt, dont le détenteur devait annuellement un pot de vin pour les communiants de Pâques.
Sens-de-Cour (La), éc. c^ne de Neuf-Maisons.
Sens-de-la-Meule, dit *la Gueule-le-Loup*, mét. c^ne de Deneuvre.
Sentingen, ban, près d'Imling, dont le nom rappelle probablement celui d'un village détruit.
Sept-Chevaux (Les), h. c^ne d'Angomont.
Sept-Fontaines (Les), éc. c^ne d'Autrey.
Seraincourt, m^in, c^ne de Salone. — *Filicionis curtis*, 775 (Hist. de l'abb. de Saint-Denis, pr. p. 37). — *Locellum infra pago Salninse, super fluvium Salona, in Filicione curte*, 782 (*ibid.* p. 40).
Séranville, c^on de Gerbéviller. — *Alodium de Sesanivilla*, 1156 (ch. de l'abb. de Beaupré). — *Seseravilla*, 1164 (*ibid.*). — *Sesaraivilla*, 1171 (*ibid.*). — *Ceranvilla, Ceronvilla*, 1402 (*Regestrum*). — Le fief de Séranville relevait de la châtell. de Rosières, baill. de Nancy.
Serre, seigneurie à Pagny-sur-Moselle, érigée en 1757, en faveur de Louis-François de Serre.
Serres, c^on de Lunéville-Nord. — *Humbertus de Serra*, 1178 (ch. de l'abb. de Beaupré). — *Molendinum de Serres*, 1203 (ch. de la cure d'Art-sur-

Meurthe). — *Sarræ, Serræ*, 1402 (*Regestrum*). — Le fief de Serres relevait de la châtell. de Lunéville, baill. de Nancy.

Serrières, c°° de Nomeny. — *Cerieires*, 1330 (Tr. des ch. l. Pont ecclés. n° 16). — *Cirières et Cerières*, 1333 (*ibid*. l. Pont fiefs III, n° 12, et Amance, n° 7). — *Serieires*, 1334 (*ibid*. l. Pont fiefs III, n° 18). — Le fief de Serrières relevait du marquisat de Pont-à-Mousson.

Sessing, vill. détruit, entre Albestroff et Léning.

Sexey-aux-Forges (en patois *Xrey*, qu'on prononce *Chrey*), c°° de Toul-Sud, ainsi appelé à cause des forges qui y existaient au xv° siècle. — *Capella de Sisseiaco*, 982 (H. L. I, c. 390). — *Sessiacum*, 1050 (*ibid*. c. 429). — *Capella de Sisseio in honore sancti Mansueti*, 1069 (*ibid*. c. 464). — *Sissei*, 1196 (ch. de l'abb. de Clairlieu). — *Xexey*, 1258 (*ibid*.). — *Sexey la Larnouse*, 1295 (Tr. des ch. l. Commanderies, n° 28). — *Sexey-Lanouze*, 1492 (dom. de Gondreville). — *Sexey-Larnouse*, 1568 (*ibid*.). *Xey-aux-Forges*, 1623 (Tr. des ch. B. 7720).

Sexey-les-Bois, c°° de Toul-Nord. — *Cirseium*, 965 (H. L. I, c. 372). — *Cirseid*, 968 (*ibid*. c. 381). — *Sessiacum cum sylva*, 1050 (*ibid*. c. 429). — *Sirceium*, 1137 (coll. Moreau, t. LVII, f° 98). — *Sexei-de-lez-Villennes*, 1279 (Tr. des ch. l. Gondreville, n° 31). — *Sixey*, 1322 (*ibid*. n° 35). — *Sexey-près-de-Gondreville*, 1339 (*ibid*. l. Nancy I, n° 109). — *Sixeyum*, 1402 (*Regestrum*). — *Xexey*, 1424 (dom. de Nancy). — *Sexey-en-Hey*, 1527 (dom. de Gondreville). — *Sexey-là-les-Bois*, 1536 (Tr. des ch. reg. B. 7615). — *Sexey-aux-Bois*, 1592 (*ibid*. l. Gondreville, n° 31). — *Xexey-au-Bois*, 1592 (*ibid*. B. 60, f° 464). — *Sexey-oultre-les-Bois*, 1596 (*ibid*. l. Gondreville, n° 79). — *Sexey-lès-Velaine et Sexey-lès-Gondreville*, 1708 (état du temporel). — *Sexey-aux-Bois ou Sexey-en-Haye*, 1719 (alph.). — Le fief de Sexcy relevait de la châtell. de Gondreville, baill. de Nancy.

Seyotte (La), scierie, c°° d'Abreschwiller.

Sibérie (La), f. c°° de Vic.

Sichardkopf, montagne, c°° de Dabo.

Sielmühl, m¹°, c°° de Haut-Clocher.

Silloncourt, fief au village de Pompey.

Sinzey, vill. détruit, entre Repaix et Igney, et dont la tradition a conservé le souvenir, mais en en dénaturant le nom. — *Azenzeis*, 1332 (Tr. des ch. l. Blâmont I, n° 86). — *Arenzey*, 1594 (dén. de la Lorr.). — Le fief de Sinzey relevait du comté de Blâmont.

Sion, éc. et église sur la montagne du même nom. — Couvent de Tiercelins fondé au xvii° siècle et remplacé aujourd'hui par une maison d'Oblats. Pèlerinage ancien et très-célèbre. — *Ecclesia Semitensis*, 1065 (H. T. p. 75). — *Cyon*, 1444 (Tr. des ch. l. Vaudémont dom. n° 22). — *Syon*, 1485 (dom. de Vaudémont).

Sionviller, c°° de Lunéville-Sud-Est. — *Sionni villa* (*Hist. eps. tull. ad ann*. 922-963, H. L. I, c. 131). — *Suainviller*, 1157 (*ibid*. II, c. 354). — *Suenviller*, 1249 (ch. de l'ordre de Malte). — *Sewoinviller*, 1447 (dom. d'Einville). — *Sewonviller*, 1502 (*ibid*.). — *Scionviller*, 1782 (table des villes, etc.). — Le fief de Sionviller relevait de la châtell. d'Einville, baill. de Nancy.

Cette commune donne son nom à un ruisseau qui sort du bois de la Coye, passe sur les territoires de Sionviller et de Bienville-la-Petite et se jette dans le ruisseau de la Grande-Fontaine.

Siraucourt ou Sérol, éc. c°° de Leintrey.

Sititorf, f. c°° de Harreberg.

Sitzesburg (*château de la résidence*), fort ruiné, près de Mittersheim.

Sivry, c°° de Nomeny. — *Siverey*, 1334 (Tr. des ch. l. Pont fiefs I, n°· 106). — *Syverey*, 1339 (*ibid*. n° 116). — *Civrey-desors-Toulon*, 1358 (dom. de Pont-à-Mousson). — *Severez*, 1370 (Tr. des ch. l. Nomeny II, n° 8). — *Severey*, 1498 (dom. de Pont-à-Mousson). — *Severy*, 1551 (*ibid*.). — *Severy-vaulx-Saincte-Marie*, 1559 (Tr. des ch. reg. B. 7951). — *Sivry-Val-Sainte-Marie*, 1779 (Descr. de la Lorr.). — Le fief de Sivry relevait du marquisat de Pont-à-Mousson.

Six-Maisons (Les), canton du territoire de Puxe où, d'après la tradition, il aurait existé un prieuré de Bénédictins.

Soffet, éc. c°° de Velle-sur-Moselle.

Soie (La), h. c°° de Pierre-Percée.

Soldat (Chemin du), c°° de Cercueil.

Soldatenthal, h. — Voy. Grand-Soldat.

Soldatenthal (Ruisseau de), prend sa source sous la scierie de Rougelbach, passe sur le territoire d'Abreschwiller et se jette dans la Sarre.

Soldats (Chemin des), c°° de Juville.

Solitude (La), éc. c°° de Bertrichamps.

Solterel, ancienne mairie à Croismare.

Solvimpré, ruiss. prend sa source à Fontenoy-la-Joute, passe sur le territoire de cette commune et sur celui de Glonville et se jette dans le Mazerot.

Sommerviller, c°° de Lunéville-Nord. — *Sameriler*, 1178 (ch. de l'abb. de Beaupré). — *Hulinus de Samervile*, 1186 (*ibid*.). — *Soumerviller*, 1353 (Tr. des ch. l. Nancy I, n° 25). — *Sommeviller*, 1416 (ch. de la coll. Saint-Georges). — *Soumeviller*, 1425 (dom. de Nancy). — *Sommeviler*, 1526 (*ibid*.). —

Chapelle de *Sompeviller*, 1530 (ch. de la cure de Dombasle : arch. de la Meurthe). — Le fief de Sommerviller relevait de la châtell. et du baill. de Nancy.

Son-Altesse (Chemin de), c^{ne} de Flavigny.

Sonard et Sonnard, chemins, c^{nes} d'Éply et d'Abaucourt. — Voy. Saunard (La).

Sonard (Bois de la), c^{ne} de Saint-Baussant.

Sonnberg ou Sonnenberg (*montagne du soleil*), montagne, c^{ne} de Walscheid.

Sornéville, c^{on} de Château-Salins. — *Apud Sorneville* (*Hist. eps. met. ad ann.* 1200-1260, H. L. I, c. 72). — *Sourneiville*, 1284 (Tr. des ch. l. Rosières I, n° 17). — *Soirneville*, 1420 (dom. de Nancy). — *Soneville*, 1424 (*ibid.*). — *Soinneville*, 1425 (*ibid.*). — *Sonneville*, 1477 (dom. d'Amance).

Sotzeling, c^{on} de Château-Salins. — *Locus qui dicitur Sutsolingas*, 965 (H. L. I, c. 372). — *Villa Zuzelinga*, 966 (ch. de l'abb. de Vergaville). — *Villa Sucelingæ*, 1102 (H. L. I, c. 515). — *Sotzelingen*, 1251 (ch. de l'abb. de Vergaville). — *Sotzelin*, 1281 (*ibid.*). — *Zucelenges*, 1285 (*ibid.*). — *Zucelanges*, 1285 (Tr. des ch. l. Dieuze I, n° 1). — *Zutzeling*, 1312 (ch. de l'abb. de Vergaville). — *Zuccelenges*, 1420 (Tr. des ch. l. Blâmont fiefs, n° 86). — *Sotzlingen*, 1594 (dén. de la Lorr.). — *Sotzselin*, 1617 (dom. de Marsal). — *Sotsling* ou *Sotslin*, hameau, 1719 (alph.). — *Zotzeling*, 1779 (Descr. de la Lorr.). — *Sotselin* (Cassini).

Souchot, éc. c^{ne} de Rosières-aux-Salines.

Souhait (Le), f. fief et haute justice érigés en 1717, c^{ne} de Badonviller.

Source (A la), anc. mⁱⁿ à la collégiale Saint-Gengoult de Toul, c^{ne} de Crézilles.

Souricière (La), éc. c^{ne} de Pont-à-Mousson.

Sous-le-Taillis, canton du territoire de Colombey où l'on a trouvé des restes d'anciennes constructions.

Sous-Montaigu, éc. c^{ne} de Jarville.

Souveraincourt, h. c^{ne} de l'Alœuf. — *Soveraincourt*, 1317 (Tr. des ch. l. Vaudémont dom. n° 7). — *Souvraincourt*, 1336 (*ibid.* l. Vaudémont fiefs, n° 13). — *Souvereincourt*, 1437 (*ibid.* n° 33). — Le fief de Souveraincourt relevait du comté de Vaudémont.

Souveraine, seigneurie au village d'Hénaménil.

Spada (Ruisseau de l'Étang-de-), sort de la forêt de Mondon, passe sur le territoire de Moncel-lez-Lunéville et se jette dans la Meurthe.

Sparsbrod (*pain chiche*), h. — Voy. Earbach.

Sparsbrod (Ruisseau de), a sa source à la baraque de Hettert, passe sur les territoires d'Hazelbourg et de Garrebourg et se jette dans la Zorn.

Speck, éc. c^{ne} de Virming; vill. détruit. — *Speckhous* (Cassini).

Spin (Le), ruiss. prend sa source au-dessus de Bourgaltroff, passe sur le territoire de cette commune, sur ceux de Guébling, Vergaville, Guébestroff, Guénestroff et Dieuze, et se jette dans la Seille.

Spitzberg ou Spitzenberg (*mont aigu*), f. et montagne, c^{ne} de Dabo.

Stanislas, faubourg de Nancy.

Steinbach, f. (chapelle), c^{ne} de Vergaville; elle est mentionnée sous le même nom en 1285 (Tr. des ch. l. Dieuze I, n° 1). — *Stambach, Stembach, Steinbach*, 1525 (papier des noms, etc.). — *Stainbach*, 1625 (ch. de l'abb. de Vergaville).

Steinkopf, montagne, c^{ne} de Walscheid.

Stinzel (pour *Steinsaale*, salle de pierre, ou *Stinsœle*, salles de pierre), chât. eu ruines, c^{ne} de Niderstinzel, anciennement appelé *Géroldzeck*. — Stinzel est aussi le nom sous lequel on désignait le village de Niderstinzel. — *Stensel*, 1424 (Tr. des ch. l. Steinsel, n° 27). — *Steinsal*, 1490 (*ibid.* l. Fiefs divers II, n° 39). — *Steinsil*, xve siècle (obit. de la coll. de Sarrebourg, f° 97). — *Steinzel*, xvie siècle (cart. Epitome des fiefs du baill. d'Allemagne). — *Stenesel*, 1779 (Descr. de la Lorr.).

Stock (Le), étang, c^{nes} de Rhodes et de Diane-Capelle. — *Stockweyer*, 1558 (cosmogr.). — Cet étang était autrefois défendu par une tour fortifiée. — Voy. Tour-du-Stock (La).

Stolhof, vill. détruit. — Voy. Holhoff.

Stranhof, f. c^{ne} de Guermange. — *Stranshof*, 1344 (ch. de l'abb. de Vergaville).

Streitwald ou Stritiwald (*forêt de la guerre* ou *de la querelle*), partie de la vallée d'Abreschwiller où l'on a trouvé des débris de constructions que l'on croit provenir d'un ancien fort. — C'est aussi le nom d'une montagne, c^{ne} d'Abreschwiller.

Sucrerie (La), éc. c^{ne} de Domèvre-en-Haye.

Sucrerie (La), éc. c^{ne} de Vandœuvre.

Sur-la-Ville, canton de terre au ban de Serrières, sur lequel il était dû annuellement une pinte de vin pour distribuer aux communiants de Pâques et pour laver les autels.

Saint-Amand, vill. c^{ne} de Saizerais. — Voy. Saizerais.

Saint-Amon, éc. et forêt, anc. ermitage, c^{ne} de Favières; à la fin du siècle dernier, hameau dépendant de Saulxerotte. — *Saint-Amont*, 1782 (table des villes, etc.).

Saint-Amon, bois et montagne. — Voy. Amon.

Saint-Antoine, f. c^{ne} de Blainville.

Saint-Antoine, commanderie d'Antonistes à Pont-à-Mousson, fondée au xiiie siècle.

Saint-Antoine, anc. cense, c^{ne} de Serres.
Saint-Antoine, anc. ermitage, c^{ne} de Lunéville.
Saint-Antoine, anc. ermitage, c^{ne} de Marimont.
Saint-Antoine, anc. ermitage et chapelle, c^{ne} de Pagney-derrière-Barine, à l'endroit où était le monastère du Val-des-Nonnes; cette chapelle dépendait de l'abbaye de Rengéval.
Saint-Antoine, anc. hôpital, c^{ne} de Magnières.
Saint-Antoine, éc. (anc. ermitage), c^{ne} de Bainville-aux-Miroirs.
Saint-Antoine, fief à Rosières-aux-Salines. Il y avait un canton de terre de ce nom, dont la dîme appartenait au marguillier de l'église.
Saint-Arnou, seigneurie à Morville-sur-Seille.
Saint-Barthélemy, ruiss. et vallon, dans la forêt de Haye, c^{ne} de Champigneules, où il y eut successivement un village avec une église, puis seulement un ermitage et quelques maisons de charbonniers; en 1626, on y créa un étang à truites. — *Ecclesia Sancti-Bartholomei infra septa silve Heii posita*, 1130 (cart. du pr. de Lay). — *Vaulx de Sainct-Bertremeu*, 1526 (Tr. des ch. reg. B. 7615). — Étang et ruisseau *Saint-Berthelemeu*, 1560 (ibid. B. 7622). — *Val Saint-Barthelemin*, 1590 (ibid. B. 7646). — *Saint-Bartholomey*, 1594 (ibid. B. 7654).
Saint-Baussant, c^{on} de Thiaucourt. — *Ecclesia Sancti-Balsami*, 1106 (Hist. de l'abb. de Saint-Mihiel, p. 453). — *Saint-Bausoume*, 1284 (Tr. des ch. l. Bouconville II, n° 5). — *Saint-Baulsomme*, 1289 (ibid. l. Einville, n° 2). — *Saint-Bausomme*, 1290 (ibid. n° 107). — *Saint-Balsoune*, 1326 (ibid. l. Bouconville I, n° 76). — *Saint-Baulsame*, 1377 (dom. de Pont-à-Mousson). — *Saint-Baulsemme*, 1387 (Tr. des ch. l. Saint-Mihiel, n° 62). — *Saint-Baussomme*, 1422 (ibid.). — *Saint-Baulsonne*, 1473 (ibid. n° 161). — *Saint-Baussone*, 1594 (dén. de la Lorr.). — *Roche-sur-Mad*, à la Révolution. — Le fief de Saint-Baussant relevait de la baronnie d'Apremont; il fut le siège d'une baronnie érigée en 1723.
Saint-Bernard, anc. hôpital à Pont-Saint-Vincent.
Saint-Blaise, éc. et chapelle, c^{ne} de Réchicourt-le-Château.
Saint-Blaise, anc. ermitage, c^{ne} de Moussey.
Saint-Blaise ou le Convers, anc. ermitage, c^{ne} de Loisy.
Saint-Blaise-aux-Forges, vill. détruit, que la tradition prétend avoir existé près de Chavigny.
Saint-Boing (par corruption *Sambois*), c^{on} de Bayon. — *Villa que dicitur Cembench*, 1177 (ch. de l'abb. de Beaupré). — *Cembeng*, 1179 (ibid.). — *Garsirius de Cembunge*, 1183 (ibid.). — *Cembenche*, 1188 (ibid.). — *Cembanche*, 1189 (ibid.). — *Chenbanch*, 1218 (ibid.). — *Samboin*, 1431 (dom. de Châtel). — *Sanctus-Bonus*, 1436 (ch. de l'abb. de Belchamp). — *Sambeing*, 1558 (dom. de Lunéville). — *Saint-Boin*, 1594 (dén. de la Lorr.). — Le fief de Saint-Boing relevait de la châtell. et du baill. de Châtel.
Saint-Cæsar, anc. ermitage, près de la cense de Vaudrecourt, c^{ne} d'Arracourt.
Saint-Charles, anc. cense, c^{ne} de Lunéville.
Saint-Charles, f. c^{ne} de Nancy. — *Saint-Charles-des-Champs*, 1667 (Tr. des ch. B. 7606).
Saint-Christophe, anc. ermitage et chapelle, c^{ne} de Burthecourt-aux-Chênes.
Saint-Christophe, anc. prieuré de Bénédictins à Vic, dépendant de l'abb. de Senones, fondé sur la fin du xie siècle. Une statue de saint Christophe, provenant de ce prieuré, est l'objet d'un pèlerinage assez fréquenté.
Saint-Christophe, anc. prieuré de Bénédictins à Xures, dépendant de l'abb. de Senones, et qui existait au commencement du xiie siècle.
Saint-Christophe, éc. c^{ne} de Baccarat, ainsi appelé à cause du prieuré de Saint-Christophe-le-Voué ou du Moniet. — Voy. Moniet (Le).
Saint-Claude, anc. chapelle, c^{ne} de Saint-Baussant.
Saint-Claude, anc. ermitage, c^{ne} de Blainville-sur-l'Eau.
Saint-Claude, anc. ermitage, c^{ne} de Thelod. — *Heremitagium capelle Sancti-Claudii in banno de Tholodio*, 1526 (reg. de l'officialité de Toul, f° 51 v°: arch. de la cour imp. de Nancy).
Saint-Clément, c^{on} de Lunéville-Sud-Est. — *Sanctus Clemens*, 1164 (ch. de l'abb. de Beaupré). — *Seint-Clément*, 1290 (Tr. des ch. l. Fiefs de Nancy, n° 129). — Ce village, de la châtellenie de Moyen, du temporel de l'évêché de Metz, était le chef-lieu d'un ban et d'une mairie composés de Saint-Clément, Chenevières et la Ronxe.
Saint-Clément, f. c^{ne} de Gelucourt.
Saint-Clément, vill. détruit. — Voy. Blaincourt.
Saint-Clou, titre donné au prieuré de Lay-Saint-Christophe, dans l'histoire de ce prieuré, par dom Calmet (ms aux arch. de la Meurthe).
Saint-Denis, anc. chapelle, sur le territoire de Lunéville. — *In banno Lunævillæ capella S. Dionysii*, 1542 (*Poleum universale diœcesis tullensis*, reg. C. collection de M. J. Desnoyers).
Saint-Denis, terres au ban de Crévic, qui étaient franches de dîmes et affectées d'une redevance au profit de l'église.
Saint-Dizier, vill. près de Nancy, ruiné en 1587, et sur l'emplacement duquel a été bâti le faubourg des Trois-Maisons. — *Capella Sancti-Desiderii in Bodonis*

villa, 1137 (coll. Moreau, t. LVII, f° 98). — *Ecclesia Sancti-Desiderii prope Nanceium*, 1212 (ch. de la coll. Saint-Georges). — *Sainct-Dizier-lez-Nancy*, 1600 (dom. de Nancy).

Saint-Don, anc. prieuré de Bénédictins, c^{ne} de Dombasle, dépendant de l'abbaye de Saint-Mansuy de Toul, fondé à la fin du xi° ou au commencement du xii° siècle, uni à la collégiale Saint-Georges de Nancy au xv°, remplacé par un ermitage et une chapelle qui furent détruits en 1709. — *Atrium Sancti-Dodonis*, 1122 (H. L. II, c. 268). — *Sanctus-Donatus*, 1147 (*ibid.* c. 330). — Il y a une fontaine de Saint-Don près de l'endroit où était le prieuré.

Saint-Éloi, anc. ermitage, c^{ne} d'Hampont.

Saint-Élophe, fontaine médicinale, c^{ne} de Trondes.

Saint-Epvre, c^{on} de Delme. — *Saint-Eivre*, xv° siècle (dén. des vill. des environs de Metz).

Saint-Epvre, f. c^{ne} de Blénod-lez-Pont-à-Mousson; anc. prieuré de Bénédictins, maison franche et seigneuriale à l'abbaye de Saint-Epvre, à laquelle le prieuré était uni au commencement du xviii° siècle. — *La maison de Saint-Eivre de Blenous*, 1265 (Tr. des ch. l. Pont fiefs III, n° 1). — *La maison de Saint-Eyvre à Blainnou*, 1317 (*ibid.* l. Pont dom. II, n° 15). — *Le Petit-Saint-Epvre-devant-Pont-à-Mousson*, 1724 (ch. de l'abb. de Saint-Epvre).

Saint-Epvre, f. c^{ne} de Deuxville; vill. et paroisse au xv° siècle; cense-fief et chapelle au xviii°. — *Ecclesia Sancti-Apri*, 1120 (Tr. des ch. l. Abb. de Senones, n° 6). — *La ville de Saint-Ewre*, 1310 (*ibid.* l. Blâmont, n° 70). — *Saint-Evre-desour-Leneville*, 1320 (*ibid.* n° 71). — *Le waingnage; la fort maison de Sainct-Epvre-près-Lunéville*, 1471, 1474 (*ibid.* l. Fiefs de Nancy, n°^{s} 21 et 22).

Saint-Epvre, faubourg de Toul; village où était l'abbaye de Bénédictins du même nom, fondée au commencement du vi° siècle. — *Vicus Sancti-Apri*, 836 (H. L. I, c. 301). — *Saint-Epvre-lès-Toul*, 1594 (dén. de la Lorr.).

Saint-Esprit (Chemin du), c^{ne} de Mont-le-Vignoble.

Saint-Étienne, anc. bois, c^{ne} de Bouxières-aux-Chênes, dont le revenu était employé à la décoration de la chapelle d'Écuelle.

Saint-Étienne, anc. collégiale à Sarrebourg, fondée en 1256.

Saint-Étienne, anc. collégiale à Vic, fondée au xiii° s°.

Saint-Étienne, église paroissiale, autrefois cathédrale, à Toul.

Saint-Étienne (Terre dite le Fief-de-), près de Salées-Eaux, c^{ne} de Ley. — *Terra que dicitur feodum Sancti-Stephani, que adjacet Salse aque*, xii° siècle (Tr. des ch. l. Abb. de l'Isle, n° 40).

Saint-Eucaire, chapelle (anc. ermitage), c^{ne} de Pompey, près de l'endroit où saint Eucaire souffrit le martyre. — *Capella Sancti-Eucharii in banno de Pompeyo, in loco vulgariter dicto au Thillot des Tombes*, 1523 (reg. de l'officialité de Toul, f° 44 v°: arch. de la cour imp. de Nancy). — Chapelle *Saint-Eulcaire*, 1597 (Tr. des ch. B. 7659). — Voy. Tombes (Champ-des-).

Saint-Eucaire, anc. collégiale à Liverdun, fondée au xii° siècle. — *Canonici Liberdunenses ecclesie Sancti-Eucharii*, 1169 (cart. de Rengéval, f° 18 v°).

Saint-Fiacre, anc. chapelle, près d'Ogéviller.

Saint-Fiacre, éc. c^{ne} de Blénod-lez-Toul.

Saint-Fiacre, éc. c^{ne} de Villers-lez-Nancy.

Saint-Fiacre, éc. et chapelle avec pèlerinage, c^{ne} de Charmes-la-Côte. Il y avait un petit hôpital qui fut réuni à celui de Toul.

Saint-Fiacre, faubourg de Thiaucourt.

Saint-Firmin, c^{ne} d'Haroué. — *Sanctus-Firminus*, 1179 (ch. de l'abb. de Clairlieu). — *Saint-Fremi*, 1296 (Tr. des ch. l. Nancy I, n° 101). — *Saint-Fremin*, 1398 (cart. Vaudémont dom. f° 178). — *Sainct-Fremy*, 1487 (dom. de Vaudémont). — Le fief de Saint-Firmin relevait du comté de Vaudémont.

Saint-Firmin, anc. oratoire, c^{ne} d'Affracourt.

Saint-Firmin, anc. prieuré de Bénédictins à Flavigny, fondé au x° siècle. — *Ecclesia Sancti-Firmini apud Flaviniacum*, 1177 (H. L. II, c. 375).

Saint-Firmin, éc. (anc. ermitage), c^{ne} de Loisy.

Saint-Flin, f. c^{ne} d'Art-sur-Meurthe; anc. prieuré qui appartint à l'abbaye de Saint-Clément de Metz, puis au prieuré de Saint-Nicolas: c'était une cense-fief au siècle dernier. — *Prioratus de Sancto-Felice*, 1402 (*Regestrum*). — *Sainct-Félix*, 1468 (ch. de la coll. Saint-Georges). — *Sainct-Fely*, 1524 (rec. gén.). — *Saint-Phlin*, 1782 (table des villes, etc.).

Saint-Florentin, anc. église près de Charmes-la-Côte. — *Capella Sancti-Florentini apud Chelmes*, 982 (H. L. I, c. 390).

Saint-François, anc. ermitage, sur la côte de Rupt, près de Pont-à-Mousson.

Saint-François, m^{in}. — Voy. Poudrerie (La).

Saint-Gall, chapelle, c^{ne} de Guénestroff.

Saint-Gengoult, seigneurie au village de Bagneux.

Saint-Gengoult, anc. collégiale à Toul, fondée au x° siècle, aujourd'hui église paroissiale.

Saint-Georges, c^{on} de Réchicourt-le-Château. — Cette commune était le siège d'une baronnie dont l'origine n'est pas connue, et qui comprenait en 1719 les villages de Bertrambois, Hattigny, Landange, Petit-Mont, Richeval, Saint-Georges, et les hameaux d'Hablutz, de Rouge-Rupt et de Sainte-Agathe.

Saint-Georges, faubourg de Nancy.

Saint-Georges, anc. collégiale à Deneuvre, fondée en 1301.

Saint-Georges, anc. collégiale princière à Nancy, fondée en 1339, unie à la primatiale en 1742.

Saint-Georges, anc. prieuré de Bénédictins à l'abbaye de Saint-Epvre, près de la ville de Toul, fondé au commencement du xiii° siècle.

Saint-Georges, éc. c^{ne} de Moncel-lez-Lunéville.

Saint-Georges, éc. c^{ne} de la Neuveville-aux-Bois.

Saint-Georges, hôpital fondé au xi° siècle; maison de Templiers, puis commanderie de Malte, près de Lunéville, ruinée en 1587; c'était une cense sur la fin du siècle dernier. — *Beraldus magister domus Dei Lunaris ville*, 1177 (ch. de l'abb. de Beaupré). — *Sent-George de Lunerville*, 1249 (ch. de l'ordre de Malte). — *Doumaison et Deumaison*, xv° siècle (*ibid.*).

Saint-Georges, vill. c^{ne} de Saizerais.

Saint-Germain ou Saint-Germain-devant-Lord, c^{on} de Bayon. — *Albertus de Sancto-Germano*, 1135 (Tr. des ch. l. Abb. de Beaupré, n° 1). — Le fief de Saint-Germain relevait de la châtell. et du baill. de Châtel.

Saint-Gibrien, m^{in} et chapelle, c^{ne} d'Essey-et-Maizerais. — Chapelle de *la Reine*, 1538 (dom. de Pont-à-Mousson), ainsi appelée parce qu'elle avait été fondée par Philippe de Gueldre, duchesse de Lorraine et reine de Sicile.

Saint-Gibrin, anc. chapelle, c^{ne} de Thuilley-aux-Groseilles.

Saint-Goëry-d'Épinal, anc. gagnage à Clévant, mentionné en 1574 (dom. de Nancy).

Saint-Gorgon, anc. prieuré de Bénédictins à Varangéville, fondé au viii° s° et dép. de l'abb. de Gorze.

Saint-Gorgon, nom d'anciens bans séparés, c^{nes} d'Arnaville et de Pagny-sur-Moselle. Ce dernier était d'une juridiction particulière et avait ses officiers pour l'exercice de la justice; il était exempt de dîmes.

Saint-Gorgon, fief à Morville-sur-Seille.

Saint-Gorgon (Terre de), entre Einville, Raville et la Neuveville-aux-Bois. — *Terra Sancti-Gorgonii, in pago Calmontense, super fluvium Cernone*, 922 (H. M. p. 58).

Saint-Hilaire, anc. église champêtre, mère-église de Leyr.

Saint-Hilaire ou Saint-Hilaire-au-Vermois, église paroissiale, c^{ne} de Ville-en-Vermois; vill. détruit. — *Ecclesia Sancti-Hilarii in Vermense*, x° siècle (*Hist. eps. tull. ad ann.* 907-922, H. L. I, c. 130). — *Theodericus de Sancto-Hilario*, 1147 (ch. de l'abb. de Beaupré). — *Alodium de Sancto-Hylario*, 1176 (ch. de la coll. Saint-Georges). — *Saint-Ylaire*, 1261 (ch. de l'ordre de Malte). — *Ecclesia de Sancto-Hyllario*, 1402 (*Regestrum*). — *Saint-Ylaire-on-Vermoix*, 1424 (dom. de Nancy).

Saint-Hubert, maison forestière, c^{ne} de Donnelay.

Saint-Jacques, anc. ermitage aux Bénédictins de Saint-Mansuy de Toul, c^{ne} de Flirey.

Saint-Jacques, éc. c^{ne} de Champigneules.

Saint-Jacques, éc. c^{ne} de Lironville.

Saint-Jacques, éc. c^{ne} de Toul.

Saint-Jacques (Ruisseau de), prend sa source à la fontaine du même nom, passe sur le territoire de Martincourt et se jette dans l'Ache.

Saint-Jean, anc. chapelle du village ruiné de Malzey. — Voy. Malzey.

Saint-Jean, anc. ermitage, c^{ne} de Frouard.

Saint-Jean, chapelle c^{ne} de Marthil, ermitage en 1719 sous le nom de *Saint-Jean-Baptiste* (alph.).

Saint-Jean, chapelle avec pèlerinage, c^{ne} de Phalsbourg.

Saint-Jean, collégiale à Vaudémont, fondée en 1325, unie en 1760 au chapitre de Bouxières.

Saint-Jean, éc. c^{ne} de Moyenvic, sur une montagne où fut, dit-on, un camp romain, peut-être même un *vicus*. Il y avait un ermitage et une chapelle.

Saint-Jean, éc. c^{ne} de Nancy. — *Briquerie de Saint-Jean-lez-Nancy*, 1583 (dom. de Nancy). Cette briqueterie existait encore il y a quelques années.

Saint-Jean, faub. de Nancy, ainsi nommé à cause de la commanderie de *Saint-Jean-du-Vieil-Aitre*, ordre de Malte, dont la chapelle et les bâtiments existent encore. C'est dans l'étang voisin, aujourd'hui en culture, que fut tué Charles le Téméraire, le 5 janvier 1477; une croix avec une inscription rappelle cet événement. — *L'hôpital du Viel-Astre*, 1244 (ch. de l'ordre de Malte). — *Le Viez-Aitre-delez-Nancei*, 1286 (*ibid.*). — *Veteratrium*, 1402 (*Regestrum*). — *Le Vies-Aitre-devant-Nancey*, 1411 (Tr. des ch. l. Amance, n° 11). — *Saint-Jean-du-Vieillastre*, 1649 (dom. de Nancy). — *Saint-Jean-du-Viel-Atre*, 1782 (table des villes, etc.). — Voy. Virlaÿ.

Saint-Jean, faubourg de Thiaucourt.

Saint-Jean, f. et chapelle (anc. ermitage), c^{ne} de Blâmont.

Saint-Jean, fontaine, c^{ne} de Craincourt, où viennent boire les fiévreux.

Saint-Jean, ruiss. — Voy. Moulin-de-Saint-Jean.

Saint-Jean, seigneurie au village de Laxou.

Saint-Jean, usine, c^{ne} de Bertrichamps.

Saint-Jean, usine, c^{ne} d'Essey-lez-Nancy.

Saint-Jean (Ruisseau de). — Voy. Étang (Ruisseau de l').

Saint-Jean ou Saint-Jean-Pierrefort, h. c^{ne} de Martincourt, autrefois village et paroisse. — *Lai ville de Saint-Jehan*, 1315 (Tr. des ch. l. fiefs de Nancy, n° 139). — *Saint-Jean-deley-Pierrefort*, 1347 (*ibid.* l. Pierrefort, n° 75). — *Sanctus-Johannes de Petra forti*, 1402 (*Regestrum*). — *Sainct-Jehan et Mertincourt*, 1421 (dom. de l'Avant-Garde). — *Sainct-Jehan-Martincourt*, 1551 (dom. de Pont-à-Mousson). — *Le Petit-Saint-Jean*, 1594 (dén. de la Lorr.).

SAINT-JEAN-BAPTISTE, anc. église paroissiale à Pont-à-Mousson.

SAINT-JEAN-BAPTISTE, anc. ermitage, c^{ne} de Jaillon, appartenant au commandeur de Libdeau.

SAINT-JEAN-BAPTISTE, anc. ermitage. — Voy. FROIDE-TERRE.

SAINT-JEAN-BAPTISTE, anc. oratoire, c^{ne} de l'Aître-sous-Amance.

SAINT-JEAN-BAPTISTE, chapelle (ermitage), c^{ne} de Bertrichamps.

SAINT-JEAN-BROUVILLER, éc. c^{ne} de Brouviller.

SAINT-JEAN-COURTZERODE, c^{on} de Phalsbourg.

SAINT-JEAN-DE-BASSEL (pron. *Bassle*), c^{on} de Fénétrange; couvent d'Augustines fondé au XIIe ou au XIIIe siècle, puis commanderie de l'ordre de Malte; aujourd'hui maison mère de la congrég. des sœurs enseignantes dites de Saint-Jean-de-Bassel. — *Bassola*, 1240 (ch. de l'ordre de Malte). — *Beatus-Johannes de Bassele*, XIIIe siècle (*ibid.*). — *Claustrum Sancti-Johannis an Bassel; silva de Bassel*, XVe s^e (obit. de la coll. de Sarrebourg, f°s 50 et 122). — *Sainct-Jehan-Bassel, Sainct-Jehan-de-Bassel*, 1476 (dom. de Dieuze).

SAINT-JEAN-FONTAINE, anc. ermitage, c^{ne} de Blainville-sur-l'Eau.

SAINT-JEAN-FONTAINE, forêt, c^{nes} de Vic, Bezange-la-Grande et Arracourt. Il y a dans cette forêt une source d'eau ferrugineuse appelée *Fontaine Ferrée*.

SAINT-JEAN-FONTAINE, mⁱⁿ et éc. (anc. ermitage), c^{ne} de Bezange-la-Grande.

SAINT-JEAN-FORÊT, f. c^{ne} de Prévocourt.

SAINT-JEAN-MAZERULES, f. c^{ne} de Mazerules.

SAINT-JOSEPH, éc. c^{ne} de Messein; anc. ermitage reconstruit en 1739 et où fut transféré du Val-des-Nonnes le noviciat de la congrégation des ermites de Saint-Antoine.

SAINT-JOSEPH, éc. c^{ne} de Nancy; appartenait avant la Révolution aux prêtres de l'Oratoire. — *Richardménil*, 1616 (ch. des Oratoriens de Nancy).

SAINT-JULIEN, f. c^{ne} de Marsal; il y avait autrefois une chapelle.

SAINT-LAMBERT, anc. ermitage, c^{ne} de Crépey.

SAINT-LAURENT, collégiale à Dieulouard, fondée au XIe s^e, unie en 1602 à la primatiale de Nancy, et dont l'église fut donnée aux Bénédictins anglais qui s'établirent à Dieulouard en 1660. — *L'englise Saint-Lorent en Deulowart*, 1277 (Tr. des ch. l. Pont fiefs III, n° 4).

SAINT-LAURENT-LE-VIEUX ou SAINT-LAURENT-LE-LÉVITE, éc. c^{ne} de Pont-à-Mousson; village détruit, dont la paroisse a formé celle de Saint-Laurent de Pont-à-Mousson.

SAINT-LÉGER, anc. gagnage au ban d'Aingeray, ainsi appelé à cause d'un autel ou d'une chapelle de ce nom qui existait dans l'église du village.

SAINT-LÉGER, collégiale à Marsal, fondée au XIIIe siècle, unie à la collégiale de Vic au XVIIIe. — *Ecclesia Sancti-Leodegarii in Marsallo*, 1252 (H. L. II, c. 432).

SAINT-LÉON, anc. abb. de Chanoines réguliers à Toul, fondée au Xe siècle.

SAINT-LÉON, f. et grotte profonde dite *de Saint-Léon* ou *Belle-Grotte*, c^{ne} de Walscheid; anc. ermitage. — *Saint-Léonard* (Cassini).

SAINT-LÉON, montagne et chapelle. — Voy. LÉONSBERG.

SAINT-LÉONARD, anc. prieuré de Bénédictins, près de Fénétrange, fondé au XIIIe siècle. — *Capella Beati-Leonardi in monte apud Vinstingen*, 1252 (H. L. II, c. 472).

SAINT-LÉOPOLD, abbaye de Bénédictins à Nancy, fondée au XVIIe siècle.

SAINT-LÉOPOLD, éc. c^{ne} de Lunéville; chapelle et ermitage où s'établirent momentanément, en 1707, les Carmes de Lunéville.

SAINT-LIVIEN, éc. fontaine et chapelle avec pèlerinage, c^{ne} de Salival.

SAINT-LOUIS, c^{on} de Phalsbourg, vill. construit en 1629 sur l'emplacement du village ruiné de *Rotherbach*.

SAINT-LOUIS, anc. ermitage, c^{ne} de Salival, dont les bâtiments furent vendus en l'an IV.

SAINT-LOUIS, f. c^{ne} de Bayonville.

SAINT-LOUIS, f. c^{ne} de Ville-au-Val.

SAINT-LOUIS-HABLUTZ, usine, c^{ne} d'Ibigny.

SAINT-LOUP, anc. chapelle, au hameau d'Humbepaire, c^{ne} de Baccarat, érigée en 1514.

SAINT-MANSUY, faubourg de Toul, autrefois village, où était l'abbaye de Bénédictins de ce nom, fondée au Xe siècle. — *Saint-Mansuy-lès-Toul*, 1719 (alph.).

SAINT-MANSUY, m^{ie}. — Voy. AUBERT.

SAINT-MARC, anc. chapelle, c^{ne} de Sarrebourg.

SAINT-MARD, c^{on} de Bayon. — *Sanctus-Medardus supra Mosellam*, 1292 (ch. de l'abb. de Belchamp). — *Sanctus-Marcus supra Mozellam*, 1402 (*Regestrum*). — *Saint-Marc*, 1403 (Tr. des ch. l. Confirmations, n° 33). — *Sanctus-Marcus*, 1436 (ch. de l'abb. de Belchamp). — *Saint-Maix*, vulgairement *Saint-Madevant-Bayon* ou *Saint-Mard*, 1779 (Descr. de la Lorr.). — *Saint-Mas-lès-Bayon*, 1779 (pouillé de Nancy). — *Saint-Maix-devant-Bayon*, 1779 (dén. des terres seign.). — *Saint-Mard*, dit *Saint-Médard*

(Cassini). — Le fief de Saint-Mard relevait de la châtell. de Rosières, baill. de Nancy.

Saint-Martin, anc. église et cimetière, c^{ne} de Liverdun. — *Cimiterium ecclesie Sancti-Martini que sita est ad montis pedem Liberduni*, 1160 (cart. de Rengéval, f° 19). — Cette église appartenait à l'hôpital fondé par les évêques de Toul, qui la donnèrent aux religieux de Rengéval, lesquels en firent un prieuré, puis l'abandonnèrent.

Saint-Martin, h. et chât. (seigneurie et chapelle), c^{ne} de Thézey-Saint-Martin. — *Saint-Martin-lez-Taizey*, 1613 (dom. de Nomeny).

Saint-Martin, vill. détruit, près de Marsal — *Ecclesia Sancti-Martini ante Marsal*, 1178 (H. M. p. 132). — Il y a à Moyenvic un chemin dit *du Ban-Saint-Martin*.

Saint-Martin, nom d'un ancien ban, c^{ne} de Pont-à-Mousson, dont les dîmes appartenaient à la cathédrale de Metz.

Saint-Martin ou Saint-Martin-sur-Vezouse, c^{on} de Blâmont. — Le fief de Saint-Martin relevait du comté de Blâmont.

Saint-Martin-Fontaine, éc. c^{ne} de Blénod-lez-Pont-à-Mousson.

Saint-Martin-Fontaine, anc. mét. à l'abbaye de Rengéval, c^{ne} de Bruley. — *In banno Brurei locus de Sancti-Martini fonte*, 1155 (cart. de Rengéval, f° 13). — *Grangia que dicitur Sancti-Martini fons, in banno de Brureio*, 1180 (ibid. f° 13 v°). — Voy. Val-des-Nonnes.

Saint-Martin-le-Bel (Champ de), vallon faisant suite à la plaine qui, près de Frouard, s'étend jusqu'au confluent de la Moselle et de la Meurthe, et où, en 1308, Thiébaut II, duc de Lorraine, battit les troupes d'Édouard Ier, comte de Bar, et de ses alliés.

Saint-Maurice, c^{on} de Baccarat. — *Ecclesia Sancti-Mauricii*, 1120 (Tr. des ch. l. Abb. de Senones, n° 6). — *Sainct-Maurixe*, 1422 (ibid. l. Blâmont fiefs, n° 88). — *Saint-Morise*, 1590 (dom. de Salm). — *Saint-Maurice-lès-Badonviller*, 1779 (Descr. de la Lorr.). — Le fief de Saint-Maurice relevait du comté de Blâmont.

Saint-Max (pron. *Mâ*), c^{on} de Nancy-Est. — *Sanctus-Marcus*, 1402 (Regestrum). — *Sainct-Marc*, 1402 (Tr. des ch. l. Nancy I, n° 27). — *Sainct-May*, 1521 (dom. de Nancy). — *Sainct-Marcx*, 1525 (Guerre des Rustauds, p. 129). — *Sainct-Mart*, 1526 (dom. de Nancy). — *Sainct-Mach*, 1578 (Tr. des ch. B. 7639). — *Saint-Maix*, 1594 (dén. de la Lorr.). — *Saint-Maixe-sur-Meurthe*, vulgairement *Saint-Ma*, 1779 (Descr. de la Lorraine). — Le fief de Saint-Max relevait de la châtell. et du baill. de Nancy.

Saint-Médard, c^{on} de Dieuze. — *Sanctus-Medardus*, 1258 (ch. de l'abb. de Salival). — *Saint-Marc*, 1264 (ibid.). — *Saint-March*, 1273 (Tr. des ch. l. Moyenvic I, n° 1). Cette commune donne son nom à un ruisseau qui a sa source dans la forêt de Bride-et-Kœking, passe sur les territoires d'Haraucourt et de Saint-Médard et se jette dans la Seille.

Saint-Melain, prieuré de Bénédictins à Vandœuvre, fondé au xie ou au xiie siècle, uni à la primatiale de Nancy en 1602.

Saint-Michel, anc. collégiale à Nancy.

Saint-Michel, anc. ermitage et chapelle, c^{ne} de Nomeny, ruinés au xviie siècle. — *Sainct-Michiel-lez-Nommeny*, 1612 (Tr. des ch. B. 7761). — Il existe sur la route de Nomeny à Pont-à-Mousson un pont, dit *de Saint-Michel*, qui rappelle celui dont parle la légende de la fondation de l'abbaye de Bouxières, au xe siècle.

Saint-Michel, anc. gagnage à l'abbaye de Saint-Mihiel, c^{ne} d'Essey-et-Maizerais.

Saint-Michel, éc. c^{ne} de Malzéville.

Saint-Michel, éc. c^{ne} de Pont-à-Mousson; prieuré fondé au xie siècle. — *Ecclesia Sancti-Michaelis sub castro Montione*, 1093 (H. L. I, c. 497).

Saint-Michel, f. c^{ne} d'Azerailles.

Saint-Michel, f. c^{ne} de Lafrimbolle; il y avait autrefois une chapelle.

Saint-Michel, prieuré, puis ermitage, sur le mont de Bar (voy. ce mot), près de Toul, uni à la mense conventuelle de l'abbaye de Saint-Mansuy. — *Ecclesia Sancti-Michaelis, in monte Barro noviter constructa*, 988 (H. L. I, c. 373).

Saint-Michel, seigneurie au village de Bagneux.

Saint-Nicolas ou Saint-Nicolas-du-Port, ville, ch.-l. de c^{on}, arrond. de Nancy. — Pèlerinage ancien et encore très-fréquenté. — Il y avait des foires importantes, qui furent déclarées franches en 1597. — *Villa quæ dicitur Port, in comitatu Calmuntinse, super fluvium Mort*, 912 (H. L. I, c. 335). — *Villa quæ vocatur Portus, in pago et comitatu Calmontinse*, 923 (coll. Moreau, t. IV, f° 104). — *Strata publica quæ versus Sanctum-Nycholaum ducit*, 1150 (ch. de l'abb. de Beaupré). — *Capella Beati-Nicholay de Port*, 1210 (ch. de la coll. Saint-Georges). — *Portus Sancti-Nicholai*, 1234 (ch. de l'abb. de Haute-Seille). — *Le Port*, 1243 (ch. de la coll. Saint-Georges). — *Saint-Nicholai-de-Port*, 1273 (Tr. des ch. l. Saint-Nicolas, n° 2). — *Saint-Nicolai-de-Poirt*, 1331 (ibid. n° 4). — *Saint-Nicolas*, 1498 (ibid. n° 45). — *Sainct-Nicolas-du-Port*, 1503

(Heures de la Vierge imprimées à Saint-Nicolas). — *Sanctus-Nicolaus*, 1513 (géogr. de Ptolémée). — *Portus quod et Sanctus-Nicholaus*, xvie s^e (compilation faite sur des documents anciens, Hist. des ducs de Champagne, II, p. cxxxvii). — *Le bourg et la ville de Port dict Sainct-Nicolas*, 1573, 1574 (dom. de Nancy). — *Saint-Nicolas, anciennement Port*, 1594 (dén. de la Lorr.). — *Port, alias Sainct-Nicolas*, 1618 (dom. de Nancy). — *Vicus Sancti-Nicolai*, 1675 (*Not. Gall.* p. 363). — *Port-sur-Meurthe*, à la Révolution.

Il y avait à Saint-Nicolas un prieuré de Bénédictins dépendant de l'abbaye de Gorze, et qui fut uni en 1602 à la primatiale de Nancy.

Saint-Nicolas était le siége d'un archidiaconé, diocèse de Toul, dont il est parlé dès le xiiie siècle (*archidiaconatus de Portu*, 1203 : cart. de l'abb. de Belchamp), et duquel dépendaient les doyennés de Port, Dieulouard, Prény, Deneuvre et Salm. — Le doyenné de Port, mentionné au xiie siècle (*Walterus decanus de Port*, 1147 : H. L. I, c. 331), et qui était beaucoup plus étendu que le pays du même nom, comprenait, au siècle dernier, les paroisses d'Agincourt, Amance, Anthelupt, Art-sur-Meurthe, Barbonville, Bauzemont, Bénaménil, Blainville-sur-l'Eau, Bouxières-aux-Chênes, Bouxières-aux-Dames, Buissoncourt, Burthecourt-aux-Chênes, Cercueil, Champenoux, Champigneules, Crévic, Crion, Croismare, Damelevières, Deuxville-Notre-Dame, Deuxville-Saint-Epvre, Dombasle, Dommartemont, Domptail, Drouville, Einville, Erbéviller, Essey-lez-Nancy, Eulmont, Ferrières, Gellenoncourt, Haraucourt, Heillecourt, Hoëville, Laxou, Lay-Saint-Christophe, Lenoncourt, Ludres, Lunéville, Lupcourt, Maixe, Malzéville, Marainviller, Maxéville, Mont, Moulins, Moyenvic, Nancy (Notre-Dame, Saint-Epvre, Saint-Sébastien), la Neuvelotte, la Neuveville-devant-Nancy, Raville, Rehainviller, Réméréville, Richardménil, Rosières-aux-Salines, Saffais, Saulxures-lez-Nancy, Séchamps, Serres, Saint-Hilaire, Saint-Mard, Valhey, Vandœuvre, Varangéville (Saint-Nicolas pour annexe), Velaine-sous-Amance, Ville-en-Vermois et Villers-lez-Nancy.

Saint-Nicolas fut le chef-lieu du petit pays appelé *le Portois* (voy. ce mot) et d'une prévôté créée en 1698, et dont la circonscription ne s'étendait qu'à cette ville, qui, en 1790, devint le chef-lieu d'un canton dépendant du district de Nancy et formé des communes d'Art-sur-Meurthe, Fléville, Ludres, Lupcourt, la Neuveville-devant-Nancy, Saint-Nicolas, Varangéville et Ville-en-Vermois.

Les armoiries de Saint-Nicolas, données à cette ville en 1546, sont *un champ d'or à un navire maillé, hunné, cordé de sable, flottant sur ondes d'azur et d'argent de cinq pièces, au chef de gueules, à l'alérion d'argent.*

Saint-Nicolas, anc. ermitage, c^{ne} de Liverdun, appartenant au commandeur de Libdeau.

Saint-Nicolas, anc. ermitage, c^{ne} de Rosières-en-Haye.

Saint-Nicolas, anc. hôpital, c^{ne} de Blénod-lez-Toul, fondé ou réparé par l'évêque Hugues des Hazards.

Saint-Nicolas (Ruisseau de), sort de la forêt de Parroy, passe sur le territoire de la Neuveville-aux-Bois et se jette dans le ruisseau des Amis.

Saint-Nicolas-de-la-Rochotte, anc. pr. — Voy. Rochotte.

Saint-Oury (mieux, *Saint-Ulrich*), chapelle avec pèlerinage et succursale de la maison de retraite ecclésiastique de Bon-Secours, c^{ne} de Dolving. — *Saint-Udalric*, xviiie s^e (reg. de l'état civil de Dolving).

Saint-Oury ou Saint-Ulrich, chapelle avec pèlerinage, c^{ne} de Réding. — *Capella in honore sancti Valdorici*, 1035 (inscription trouvée dans cette chapelle et rappelant sa fondation).

Saint-Oury, éc. c^{ne} de Haut-Clocher.

Saint-Pancrace, anc. ermitage, c^{ne} de Blainville-sur-l'Eau.

Saint-Pancrace, f. (cense-fief), c^{ne} de Bures. — *Saint-Pancrey*, 1524 (rec. gén.).

Saint-Paul, anc. église champêtre, c^{ne} de Chenicourt.

Saint-Paul, anciens bans particuliers, c^{nes} de Donjeux et de Rogéville.

Saint-Paul, éc. (fief), c^{ne} de Saizerais. — *Saint-Polt*, 1330 (Tr. des ch. l. Nomeny II, n° 32). — Le fief de Saint-Paul relevait du marquisat de Pont-à-Mousson. — Il y avait un bois dit *de Saint-Paul* sur le territoire de Saizerais, dont il est fait mention en 1595 (Tr. des ch. reg. B. 7655). — *Bois Sainct-Paoul*, 1610 (*ibid*. reg. B. 7684).

Saint-Paul, seigneurie à Rosières-aux-Salines. — *Sainct-Poul*, 1537 (copie d'un titre du xiie siècle, arch. de Rosières).

Saint-Piant, anc. abbaye, puis prieuré de Bénédictins, près de Moyenvic. — *Abbatia et abbatiola Sancti-Pientii*, xe siècle (*Hist. eps. tull. ad ann.* 600-622 et 895-907, H. L. I, c. 126 et 130).

Saint-Piant ou Saint-Pron, anc. prieuré de Bénédictins, sur la montagne de Mousson, uni à la collégiale Sainte-Croix de Pont-à-Mousson; il en reste encore des vestiges.

Saint-Pierre, anc. ban, c^{ne} de Praye, dont la moitié de la dîme appartenait au chapitre de Remiremont.

Saint-Pierre, anc. ban. — Voy. Ban-Saint-Pierre.

SAINT-PIERRE, anc. collégiale à Fénétrange, fondée en 1475.

SAINT-PIERRE, anc. église champêtre entre Bezaumont et Ville-au-Val.

SAINT-PIERRE, anc. ermitage et chapelle, c^{ne} de Bühl, autrefois sa mère-église et celle de ses annexes.

SAINT-PIERRE, anc. prieuré de Bénédictins à Neuviller-sur-Moselle, dépendant de l'abbaye Saint-Vanne de Verdun, fondé au commencement du XIIe siècle.

SAINT-PIERRE, chapelle, c^{ne} de Bezange-la-Petite; pèlerinage.

SAINT-PIERRE, chapelle, c^{ne} de Fontenoy-la-Joute.

SAINT-PIERRE, éc. c^{ne} de la Chapelle.

SAINT-PIERRE, éc. c^{ne} de Vandières. — Voy. COUR-SAINT-PIERRE (LA).

SAINT PIERRE, faubourg de Nancy.

SAINT PIERRE, h. (ermitage), c^{ne} de Choloy.

SAINT-PIERRE, léproserie. — Voy. BORDE (LA).

SAINT-PIERRE, scierie, c^{ne} de Raon-lez-l'Eau.

SAINT-PIERRE, seigneurie et ban particulier, c^{ne} d'Arnaville.

SAINT-PIERRE et SAINT-REMY, noms donnés aux différentes parties du ban de Maidières à cause des deux églises paroissiales qui existaient autrefois dans ce village. Il y avait aussi un ban dit *de Saint-Laurent,* où le chapitre de la cathédrale de Metz et le curé de Saint-Laurent de Pont-à-Mousson étaient décimateurs.

SAINT-PIERRE (RUISSEAU DE), formé des eaux de la fontaine Saint-Pierre, passe sur les territoires de Bezange-la-Petite et de Lezey et se jette dans le ruisseau des Salines.

SAINT-PIERRE (RUISSEAU DE), a sa source dans le département des Vosges, passe sur le territoire de la Chapelle et se jette dans la Meurthe.

SAINT-PIERRE-ET-SAINT-PAUL, anc. chapelle, c^{ne} de Limey. — *Erectio capellæ SS. Petri et Pauli per Matthæum Lambert, dicti loci curatus, 14 augusti 1560* (*Poleum universale diæcesis tullensis*, reg. E; collection de M. J. Desnoyers).

SAINT-QUIRIN, c^{on} de Lorquin (prieuré de Bénédictins dépendant de l'abbaye de Marmoûtier, fondé au xe siècle). — *De pago Saroense ad cellam Godelsadis, ubi sanctus Quirinus requiescit,* 1120 (*Als. dipl.* I, p. 198). — *Cella beati Quirini martyris in sylva vastissima quæ Vosagus dicitur,* 1179 (*ibid.* p. 268). — *Saint-Kurin, Saint-Quurin,* 1476 (dom. de Dieuze). — *Saint-Curien,* 1483 (*ibid.*). — *Sanctus-Quirinus. Hic sunt specula,* 1513 (géogr. de Ptolémée). — *Saint Curi, vulgairement Saint-Quirin,* 1558 (cosmogr.). — *Saint-Curin,* 1620 (dom. de Phalsbourg).

SAINT-QUIRIN, anc. chapelle, à Ville-en-Vermois.

SAINT-QUIRIN (HAUTE CHAPELLE DE), fontaine et chapelle avec pèlerinage, sur une montagne, c^{ne} de Saint-Quirin.

SAINT-REMIMONT, c^{on} d'Haroué. — *Ecclesia montis Sancti-Remigii, in comitatu Sanctensi,* 965 (H. L. I, c. 372). — *Sanctus-Remigius in comitatu Sanctensi,* 1137 (coll. Moreau, t. LVII, f° 98). — *Saint-Remeimont,* 1290 (Tr. des ch. l. Rosières I, n° 29). — *Saint-Remeymont,* 1399 (*ibid.* l. Confirmations, n° 33). — *Sancti Remigiimons en Sainctoix, Sancti Remigii mons,* 1402 (*Regestrum*). — *Saint-Remimont-lès-Craon,* 1782 (table des villes, etc.). — Le fief de Saint-Remimont relevait de la châtell. et du baill. de Nancy.

SAINT-REMY, fontaine, c^{ne} de Foulcrey.

SAINT-REMY, anc. abbaye de Chanoines réguliers à Lunéville, fondée au commencement du XIe siècle. — *Sanctus-Remigius,* 1033 (H. L. I, c. 412).

SAINT-REMY-AUX-BOIS, c^{on} de Bayon. — *Parochiatus Sancti-Remigii,* 1176 (ch. de l'abb. de Beaupré). — *Sainct-Remeig, Sainct-Remei-on-boix,* 1420 (dom. de Nancy). — *Sainct-Remey-on-boix,* 1421 (Tr. des ch. l. Rosières II, n° 7). — *Saint-Remey,* 1431 (dom. de Châtel). — *Saint-Remeig-au-boix,* XVIe siècle (ch. de l'abb. de Belchamp). — *Saint-Remy-au-bois,* 1600 (*ibid.*). — Le fief de Saint-Remy relevait de la châtell. de Rosières, baill. de Nancy.

SAINT-RICHARD, f. c^{ne} de Vitrimont.

SAINT-ROCH, chapelle, c^{ne} de Chambrey.

SAINT-ROCH, chapelle, c^{ne} de Hoff.

SAINT-SAUVEUR, c^{on} de Lorquin (abbaye de Bénédictins, fondée au commencement du XIe siècle, puis de Chanoines réguliers, transférée à Domèvre au XVIe siècle). — *H. custos Sancti-Salvatoris,* 1183 (Tr. des ch. l. Abb. de l'Isle, n° 44). — *Seint-Sauveur-en-Voge,* 1282 (*ibid.* l. Deneuvre, n° 3). — *Saint-Salvour-en-Voige,* 1309 (*ibid.* l. Dieuze I, n° 6). — *Saint-Salvour,* 1314 (*ibid.* l. Blâmont I, n° 96). — *Sainct-Sauveur-en-Vosges,* 1600 (dom. d'Einville).

SAINT-SAUVEUR ou SAINT-GÉRARD, anc. abbaye de Bénédictins, près de Toul, fondée au XIe siècle.

SAINT-SAUVEUR, anc. ermitage, c^{ne} du même nom.

SAINT-SÉBASTIEN, h. c^{ne} de Maxéville; anc. ermitage et chapelle fondée en 1516.

SAINT-SÉBASTIEN, tuilerie, c^{ne} de Villers-lez-Nancy.

SAINT-SIGISMOND, anc. ermitage et chapelle, c^{ne} de Rosières-aux-Salines, mentionnés en 1565 (arch. de Rosières).

SAINT-SIMON, canton du territoire de Rosières-aux-Salines, où l'on a trouvé des vestiges d'anciennes constructions.

Saint-Thiébaut, anc. ermitage, c^ne de Foulcrey, détruit en 1834. — *Saint-Liébaut* (Cassini).

Saint-Thiébaut, anc. ermitage, c^ne de Gogney.

Saint-Thiébaut, chât. c^ne de Méréville; prieuré de Bénédictins fondé au xie siècle, uni à la primatiale de Nancy. — *Prioratus de Sancto Theobaldo prope Merevillam*, 1402 (*Regestrum*). — *Sainct-Thiébault-prez-Méréville*, 1539 (ch. de la coll. Saint-Georges).

Saint-Thiébaut (Ruisseau de), anciennement *de l'Étanche*, prend sa source à Villers-lez-Nancy, passe sur les territoires de Villers et de Nancy et se jette dans la Meurthe. — *Le rupt de la Tainche*, 1411 (ch. de l'ordre de Malte). — Ce ruisseau alimentait un étang qui portait le même nom.

Saint-Thiébaut et Sainte-Marguerite-de-l'Étanche, anc. chapelle, près de Nancy, dans le faubourg dit de Saint-Thiébaut, qui subsista jusqu'à la fondation de la ville neuve. Une fontaine d'eau ferrugineuse porte encore ce nom.

Saint-Ulrich, chapelle. — Voy. Saint-Oury.

Saint-Urbain, anc. chapelle, c^ne de Thiaucourt.

Saint-Urbain, anc. chapelle dépendant de la paroisse Saint-Pierre de Toul, et dont le maître de la confrérie des vignerons ou de Saint-Urbain percevait le revenu.

Saint-Urbain, anc. ermitage, c^ne de Vic.

Saint-Urbain, anc. prieuré de Bénédictins à Gerbéviller, fondé vers le xiie siècle.

Saint-Urbain, f. — Voy. Rayeux (Le).

Saint-Val (Ruisseau de), prend sa source dans le bois des Portions, passe sur les territoires de Pulligny et de Ceintrey et se jette dans le Madon.

Saint-Volfgand, anc. chapelle, c^ne de Deneuvre.

Sainte-Agathe, f. et chapelle (seigneurie), c^ne d'Ancerviller.

Sainte-Agathe, m^in, c^ne de Neuviller-lez-Badonviller.

Sainte-Agathe, nom de l'anc. prieuré de Blanzey. — Voy. Blanzey.

Sainte-Anne, anc. cense, c^ne de Voinémont.

Sainte-Anne, anc. chapelle, c^ne de Bruley, déjà ruinée au commencement du xviiie siècle, unie à la mense abbatiale de Riéval.

Sainte-Anne, anc. chapelle, c^ne de Virming.

Sainte-Anne, anc. ermitage, c^ne de Velle-sur-Moselle.

Sainte-Anne, anc. ermitage, c^ne de Xermaménil.

Sainte-Anne, chapelle (ermitage), c^ne d'Albestroff; elle existait déjà au commencement du xvie siècle.

Sainte-Anne, chapelle, c^ne de Lorquin.

Sainte-Anne, f. c^ne de Sexey-aux-Forges.

Sainte-Anne, f. c^ne de Vitrimont; anc. ermitage qu'habita et que fit reconstruire, en 1736, Valentin Jameray-Duval. Les bâtiments subsistent encore.

Sainte-Anne, h. et chapelle, c^ne de Laxou, où les Chartreux s'établirent en 1632, avant la construction de leur maison de Bosserville. Le moulin fut bâti en 1623. — *Sainte-Anne-lès-Nancy*, 1633 (Tr. des ch. B. 7544).

Sainte-Anne, m^in, c^ne de Gogney.

Sainte-Anne (Ruisseau de), est formé par les eaux des fontaines du même nom, passe sur le territoire de Sexey-aux-Forges et se jette dans la Moselle.

Sainte-Barbe, anc. ermitage, c^ne de Millery.

Sainte-Barbe, chapelle (ermitage) érigée à la fin du xve siècle sur une montagne nommée *la Plaine Sainte-Barbe*, et où sont des carrières abandonnées, c^ne de Pont-Saint-Vincent.

Sainte-Barbe, f. c^ne de Phalsbourg.

Sainte-Barbe, fontaine, c^ne d'Abreschwiller, près du chœur d'une anc. chapelle appelée *la Vieille-Église*.

Sainte-Barbe, montagne au-dessus de Maxéville, où l'on a trouvé autrefois des carrières de marbre.

Sainte-Camille, éc. c^ne de Vandœuvre.

Sainte-Catherine, anc. chapelle, c^ne de Vennezey, dépendant de la commanderie de Saint-Jean de Nancy.

Sainte-Catherine, anc. faubourg d'Ormes.

Sainte-Catherine, anc. oratoire, c^ne de Velle-sur-Moselle.

Sainte-Catherine, chât. avec chapelle et scierie, c^ne de Bertrambois.

Sainte-Catherine, éc. c^ne de Baccarat.

Sainte-Catherine, faubourg de Nancy.

Sainte-Catherine, m^in, c^ne d'Écrouves.

Sainte-Catherine-la-Brussière, usine, c^ne de Baccarat.

Sainte-Cécile, chât. c^ne de Nancy.

Sainte-Claire, anc. chapelle et fontaine médicinale, c^ne de Prévocourt.

Sainte-Claire, chapelle et polissoir de glaces, c^ne de Vasperviller.

Sainte-Claire (Ruisseau de) ou de Saint-Quirin, ou de la Scierie-Brûlée, a sa source sous la Tête-du-Frésillon, passe sur les territoires de Saint-Quirin et de Vasperviller et se jette dans la Sarre.

Sainte-Colombe, chapelle, c^ne d'Essey-la-Côte.

Sainte-Croix, anc. collégiale à Pont-à-Mousson, fondée au xiiie siècle.

Sainte-Croix, f. (maison franche), c^ne de Fribourg; c'était un hameau en 1719. Il y a plusieurs chemins, sur le territoire de Fribourg, qui portent le nom de *Sainte-Croix*.

Sainte-Croix, us. — Voy. Tuilerie de Sainte-Croix (La).

Sainte-Croix-en-Rupt, anc. église sur la côte de Rupt, près de Pont-à-Mousson. — *Santa-Crux de Ruiel*, 1402 (*Regestrum*). — Voy. Haut-de-Rieupt.

Sainte-Élisabeth, f. c^ne de Vibersviller.

Sainte-Geneviève, c^on de Pont-à-Mousson. — *Saincte-Geneviere*, 1369 (dom. de Condé). — *Saincte-Jenevefve, Saincte-Jeneviefve*, 1498 (dom. de Pont-à-Mousson). — *Saincte-Geneviefve*, 1551 (*ibid.*). — *Sainte-Genefverre*, 1559 (Tr. des ch. reg. B. 7951).

Sainte-Geneviève, f. c^ne de Dommartemont; primitivement maison de chasse des ducs de Lorraine, puis ermitage. — *La meison de Sainte-Genevieve desor Acey*, 1248 (ch. de la coll. Saint-Georges).

Sainte-Libaire, anc. gagnage au ban d'Hammeville, engagé autrefois pour servir à bâtir la maison curiale.

Sainte-Libaire, f. c^ne de Serres.

Sainte-Libaire, m^in et f. c^ne de Valhey.

Sainte-Lucie, prieuré de Bénédictins, c^ne des Neuves-Maisons, dépendant de l'abbaye de Saint-Vincent de Metz, fondé au xiie siècle, uni en 1599 à la maison du noviciat des Jésuites de Nancy.

Sainte-Lucie ou Sainte-Pélagie, f. c^ne de Flainval, anc. ermitage et chapelle où l'on disait la messe le jour de Pâques.

Sainte-Marguerite, anc. ermitage, c^ne de Neuviller-lez-Badonviller. — *Heremitagium Sancte-Margarete, vulgariter dicte aux Bois, prope Neuviller, decanatus de Danubrio*, 1529 (reg. de l'officialité de Toul, f° 185 v°, arch. de la cour imp. de Nancy).

Sainte-Marguerite, éc. c^ne de Tomblaine; anc. ermitage et chapelle sous le nom de Notre-Dame de Loingwey, 1419 (ch. de la coll. Saint-Georges). — *Nostre-Dame de Longwey*, 1424 (H. L. III, c. 190); testament du duc Charles II). — *Nostre-Dame de Long-Woé*, 1523 (ch. de la coll. Saint-Georges).

Sainte-Marguerite-de-l'Étanche, anc. chapelle. — Voy. Saint-Thiébaut.

Sainte-Marie, chât. c^ne de Nancy, autrefois aux Jésuites de cette ville; érigé en fief en 1714. — *Sainte-Marie-lès-Nancy*, 1782 (table des villes, etc.).

Sainte-Marie, f. et m^in, c^ne de Bezange-la-Grande; prieuré de l'ordre de Cluny, fondé au xie siècle, uni en 1302 à celui de Froville. — *Sainte-Marie-lès-Bezange* ou *Sainte-Marie-aux-Bois*, 1779 (Descr. de la Lorr.).

Sainte-Marie, vill. détruit; anc. ferme aux Jésuites de Nancy, c^ne de Barbonville. — *Sancta-Maria*, 1261 (ch. des Jésuites de Nancy). — *Villa et bannum de Sancta-Maria*, 1288 (ch. de l'abb. de Belchamp). — Il y avait encore une chapelle ou petite église et un cimetière au commencement du siècle dernier.

Sainte-Marie (Ruisseau de), a sa source à Sainte-Marie-au-Bois, passe sur le territoire de Vilcey-sur-Trey et se jette dans le Trey.

Sainte-Marie-au-Bois, chapelle, c^ne de Fleisheim; petit pèlerinage.

Sainte-Marie-au-Bois, f. c^ne de Vilcey-sur-Trey; anc. abb. de Prémontrés fondée au xiie siècle, transférée à Pont-à-Mousson au commencement du xviiie. — *Sancta-Maria de nemore*, 1138 (H. L. II, c. 317). — *Ecclesia Sanctæ-Mariæ de Prisneo*, 1162 (*ibid.* c. 359). — *Sancta-Maria juxta Prisney*, 1127-1168 (ch. de l'abb. de Beaupré). — *Sancta-Maria ad nemus*, 1249 (ch. de l'abb. de Sainte-Marie). — *Sainte-Marie-ad-boix*, 1333 (Tr. des ch. l. Fiefs de Lorraine I, n° 19).

Sainte-Marie-aux-Bois, f. c^ne de Gelucourt.

Sainte-Marie-aux-Bois, f. c^ne de Tonnoy.

Sainte-Menne, f. et chapelle, c^ne de Blénod-lez-Toul.

Sainte-Odile, éc. c^ne d'Athienville, érigé en fief en 1736.

Sainte-Odile, anc. chapelle, c^ne de Dabo.

Sainte-Pôle, c^on de Baccarat. — *Lambertus villicus Sancti-Pauli*, 1175 (ch. de l'abb. de Beaupré). — *Sainte-Paule*, 1476 (dom. de Lunéville).

Sainte-Reine, anc. ermitage, c^ne de Pierre.

Sainte-Suzanne, f. c^ne de Rodalbe.

Sainte-Thérèse, anc. couvent des Carmes de Pont-à-Mousson, établi hors de la ville en 1623.

Sainte-Ursule, anc. chapelle et ermitage, c^ne de Lafrimbolle.

Sainte-Ursule, anc. ermitage, c^ne de Puttigny.

Sainte-Valburge, font. médicinale, c^ne de Chaudency.

Sainte-Valdrée, éc. et chapelle construite au xve siècle (anc. ermitage), c^ne de la Neuveville-devant-Nancy. — *Thirions dis de Sainte-Wadrée*, 1323 (Tr. des ch. l. Rosières I, n° 79). — *Sainte-Vaudrée* ou *Vaudrue*, 1779 (Descr. de la Lorr.).

Sainte-Valérie ou Sainte-Valérienne, chapelle au château du Montet, c^ne de Vandœuvre, construite au xvie siècle.

T

Tabioncôte, terre et vigne, c^on de Bouxières-aux-Chênes, affectées autrefois à la fourniture du vin pour la chapelle d'Écuelle.

Taconé, anc. cimetière pour les pestiférés, dans le district de la paroisse Saint-Pierre de Toul; les loges pour les malades étaient sur la hauteur.

Tanconville, c^on de Lorquin. — *Tamcolvilla*, 1145 (ch. de l'abb. de Haute-Seille). — *Parochia Tanco-*

nisville, 1154-1166 (ibid.). — *Tecchonis villa; feodum de Tenchere*, 1174 (H. L. II, c. 366-377). — *Tencheres*, xiie siècle (ch. de l'abb. de Haute-Seille).

Cette commune donne son nom à un ruisseau, dit aussi *du Moulin*, qui a sa source au-dessus de Tanconville, passe sur le territoire de Cirey et se jette dans l'Herbas.

TANNERIES (LES), faubourg de Nancy.

TANTONVILLE, c^{on} d'Haroué. — *Teudonis villa*, 976 (coll. Moreau, t. XI, f° 193). — *Tontonis villa*, 1033 (H. L. I, c. 408). — *Tantonis villa*, 1034 (ibid. c. 413). — *Alodium de Tantonvilla* (*Epitaphia eps. tull. ad ann.* 1108-1127, ibid. c. 179). — *Totoni villa*, 1127-1168 (ch. du pr. de Flavigny). — *Tantumville*, 1397 (Tr. des ch. l. Vaudémont fiefs, n° 101). — Le fief de Tantonville relevait du comté de Vaudémont. C'était le siège d'une haute justice appelée *féauté*, à laquelle ressortissaient les villages d'Omelmont et de Quevilloncourt. — Tantonville fut érigé en marquisat en 1763, avec prévôté de laquelle dépendaient Chaouilley, Clérey, Eulmont, Praye, Thorey et Vaudémont.

TANTONVILLE, seigneurie au village de Thelod.

TARPE (LA), canton du territoire d'Ognéville où l'on a trouvé des tombeaux.

TARQUINPOL, c^{on} de Dieuze. — *Decempagi* (Table théod.). — *Taikenpail*, 1274 (ch. de la cure de Tarquinpol). — *Taikenpaul*, 1286 (ibid.). — *Ecclesia de Tackembac*, 1295 (cart. de l'abb. de Salival). — *Tachempach*, 1295 (Ord. præm. ann. II, c. 467). — *Teckempaul*, 1339 (Tr. des ch. l. Dieuze I, n° 10). — *Tacampach*, 1345 (ibid. n° 15). — *Teckempal*, 1364 (cart. Baill. d'Allemagne dom. I, f° 260). — *Treckempaul*, 1392 (cart. Baill. d'Allemagne fiefs, f° 347). — *Tachenpful*, *Tacquinpol*, *Tacquinpul*, *Techanpful*, 1476 (dom. de Dieuze). — *Techempul*, 1506 (ibid.). — *Tachempful*, 1524 (ibid.). — *Tachempfull*, *Tachempul*, 1525 (papier des noms, etc.). — *Dechempful*, 1543 (dom. de Dieuze). — *Tachemphulle*, 1550 (ibid.). — *Tachemphoul*, 1553 (ibid.). — *Techempful*, 1564 (Tr. des ch. reg. B. 36, f° 52 v°). — *Thechempfoul*, 1575 (dom. de Dieuze). — *Tachemphul*, 1591 (ch. de la cure de Tarquinpol). — *Techempfoul*, 1600 (dom. de Dieuze). — *Tachempoltz*, 1612 (ch. de la cure de Tarquinpol). — *Tarquempol*, 1615 (ibid.). — *Teckempol*, 1616 (Tr. des ch. reg. B. 88, f° 8 v°). — *Techemfoul*, 1616 (dom. de Dieuze).

TAURUPT, h. c^{ne} de Bionville.

TAUTECOURT, f. (fief), c^{ne} de Prény, appartenant à l'abbaye de Sainte-Marie-au-Bois. — *Taultecourt*, 1710 (polium).

TAXONNIÈRE (LA), f. c^{ne} de Vathiménil.

TÉLÉGRAPHE DE CHÂTEAU-SALINS (LE), éc. c^{ne} de Fresnes-en-Saulnois.

TEMPLE (BOIS DU), anc. bois à l'abbaye de Beaupré, c^{ne} d'Hoéville.

TEMPLIERS (BOIS DES), anc. bois à l'ordre de Malte, c^{ne} de Lenoncourt.

TEMPLIERS (LES), canton des territoires de Foulcrey et de Barisey-la-Côte.

TEMPLIERS (LES), canton. — Voy. CHAMP-DES-TEMPLIERS.

TENUE (LA) ou LA TERRE-DU-PAIN-DE-PÂQUES, contrée de terre au ban de Regniéville, sur laquelle on percevait anciennement, chaque année, une certaine quantité de blé et un pot de vin qui se distribuaient à Pâques aux communiants.

TERNES (BOIS DE), c^{ne} de Saint-Remy-aux-Bois. — *Nemus quod vocatur Terna*, 1178 (ch. de l'abb. de Beaupré). — Il y avait aussi des bois du même nom sur les territoires de Saint-Boing et de Rozelieures, et qui ont été aliénés par le domaine.

TERRE-DU-CIERGE-BÉNIT (LA), héritage au ban de Grimonviller, saison de la Côte, autrefois chargé d'une redevance de trois livres de cire pour le cierge pascal.

TERRE-MAUDITE (CHEMIN DE LA), c^{ne} de Rosières-aux-Salines. — Un canton du territoire de cette commune porte aussi le nom de *Terre-Maudite*.

TERRE-MAUDITE, nom donné à une pièce de terre du territoire d'Atton en souvenir (suivant la tradition) du combat qui y eut lieu entre Jovin et les Germains. — Voy. ARBONNE.

TERRES-DE-L'HUILE (LES), cantons de terre au ban de Favières, dont le revenu était affecté à l'entretien de la lampe de l'église.

TERRES-DE-MADELEINE (LES), contrée de terre au ban d'Hamonville, ainsi appelée d'une femme de ce nom qui les donna pour la fondation d'un service.

TERRES-DE-SAINT-REMY (LES), anc. gagnage au ban de Lironville, dont le revenu était employé au luminaire et aux fournitures de l'église.

TERREUR (CHEMIN DE LA), c^{ne} d'Aingeray.

TERROUIN (LE), ruiss. prend sa source sous Lucey, passe sur le territoire de cette commune, sur ceux de la Neuville-derrière-Foug, Trondes, Lagney, Sanzey, Royaumeix, Ménil-la-Tour, Andilly, Manoncourt-en-Voivre, Avrainville, Jaillon, et se jette dans la Moselle. — *Terouein*, 1272 (ch. de l'ordre de Malte). — *Le Terrowain*, 1471 (Tr. des ch. l. Commanderies, n° 26).

TÊTE-DE-BRAQUE (LA), forêt. — Voy. BRACKENKOPF.

TÊTE-DE-LA-LOGE (LA), montagne, c^{ne} d'Abreschwiller.

TÊTE-DE-LA-VIEILLE-MARCARERIE (LA), montagne, c^{nes} d'Abreschwiller et de Walscheid.

Tête-de-Mort (La), montagne, cne de Saint-Quirin.
Tête-des-Noles (La), montagne, cne de Walscheid.
Tête-du-Calice (La), montagne, cnes de Saint-Quirin et d'Abreschwiller.
Tête-du-Frésillon (La), montagne, cne de Saint-Quirin.
Tête-du-Mirguet (La), montagne, cne de Turquestein.
Tête-du-Vieux-Chat (La), montagne, cne d'Abreschwiller.
Thalmatt, ruiss. prend sa source à Mittelbronn, passe sur le territoire de Veischeim et se jette dans le Zintzel.
Theilung (La) ou Hussanenhof, f. cne de Berthelming; source d'eau minérale ferrugineuse. — *Theiling* (Cassini). — *Theilling*, 1782 (table des villes, etc.). — *Theilliung*, 1790 (div. du départ.).
Thelod, con de Vézelise. — *Alodium de Toullo*, 1127-1168 (ch. du pr. de Flavigny). — *Feodum de Toulo*, 1235 (cart. Vaudémont fiefs, f° 1). — *Tullou*, 1279 (Tr. des ch. l. Fiefs de Nancy, n° 122). — *Tullon*, 1305 (ibid. l. Gondreville, n° 34). — *Thelou*, 1368 (ibid. l. Vaudémont dom. n° 170). — *Thelodium*, 1359 (ch. de l'abb. de Saint-Epvre). — *Telodium*, 1378 (Tr. des ch. l. Trèves I, n° 29). — *Tellodium*, 1380 (ibid. n° 21). — *Tello*, 1390 (Tr. des ch. l. Rosières III, n° 80). — *Chastel, fourteresse et ville de Thouloud*, 1427 (ibid. l. Vaudémont dom. n° 10). — *Thoulon*, 1456 (ibid. l. Vaudémont fiefs, n° 82). — *Thelloud*, 1487 (dom. de Vaudémont). — *Tholodium*, 1526 (reg. de l'officialité de Toul, f° 51 v° : arch. de la cour imp. de Nancy). — Le fief de Thelod relevait du comté de Vaudémont. C'était une seigneurie qui fut incorporée au comté de Chaligny en 1714.
Thermes (Aux-), canton du territoire d'Allain-aux-Bœufs où l'on a trouvé des vestiges d'anciennes habitations.
They ou They-sous-Vaudémont, con de Vézelise. — *Thil*, 1398 (cart. Vaudémont dom. f° 178). — *La forte maison de Ty*, 1451 (Tr. des ch. l. Vaudémont fiefs, n° 37). — *They-soubz-Vaudémont*, 1487 (dom. de Vaudémont). — Le fief de They relevait du comté de Vaudémont.
Thézey-Saint-Martin, con de Nomeny. — *Tasey*, 1181 (ch. de l'abb. de Saint-Vincent). — *Taysey*, 1192 (ibid.). — *Tazey*, 1277 (Tr. des ch. l. Salm I, n° 16). — *Thazey*, 1420 (dom. de Nancy). — *Taisey*, 1498 (dom. de Pont-à-Mousson). — *Taizey*, 1515 (Tr. des ch. l. Viviers, n° 41). — *Taixey, Taxey*, 1566 (dom. de Viviers). — *Thessey*, 1719 (alph.). — *Thaizé* ou *Thézé* (Cassini). — Le fief de Thézey, de la baronnie de Viviers, relevait du marquisat de Pont-à-Mousson.

Cette commune donne son nom à un ruisseau qui a sa source dans le département de la Moselle, passe sur le territoire de Thézey et se jette dans la Seille.
Thiaucourt, ville, ch.-l. de con, arrond. de Toul. — *Theaucort in pago Scarponinse, super fluviolum Magide*, 761 (H. M. p. 12). — *Alodium Tealdicurie*, 1053 (cart. de Gorze). — *Theoldi curtis*, 1106 (Hist. de l'abb. de Saint-Mihiel, p. 455). — *Bovo de Theaucourt*, 1134 (H. L. II, c. 301). — *Thiocourt*, 1138 (ibid. c. 316). — *Thiacort*, 1127-1168 (ch. de l'abb. de Clairlieu). — *Thiaulcourt, Thialcort*, 1477 (dom. de Prény). — Le fief de Thiaucourt relevait de la châtell. de la Chaussée, baill. de Saint-Mihiel.

Cette ville fut le chef-lieu d'une prévôté, baill. de Pont-à-Mousson, créée en 1698, puis d'un bailliage établi en 1751. — La prévôté comprenait les communes de Francheville, du canton de Domèvre; Charey, Dommartin-la-Chaussée, Pannes, Rembercourt et Thiaucourt, du canton de ce nom. — La circonscription du bailliage fut à peu près la même, moins Francheville, plus Bouillonville et Euvezin, du canton de Thiaucourt.

En 1790, Thiaucourt fut le chef-lieu d'un canton dépendant du district de Pont-à-Mousson, et formé des communes de Bouillonville, Charey, Dommartin-la-Chaussée, Essey-et-Maizerais, Euvezin, Jaulny, Pannes, Rembercourt, Réménauville, Thiaucourt, Viéville-en-Haye et Xammes.

Les armoiries de Thiaucourt, blasonnées dans l'Armorial de Lorraine, sont *d'azur à la tour d'argent crénelée et maçonnée de sable, côtoyée de deux barbeaux adossés d'or*.
Thiaville, con de Baccarat. — *Thiadivilla*, 962 (Als. dipl. I, p. 117). — *Thiavilla*, 1491 (arch. de Thiaville).
Thiaville, f. cne d'Angomont; elle est mentionnée en 1756.
Thiébault-Pont, ruiss. prend sa source à la Queue-de-l'Étang, territoire de Clémery, passe sur le territoire de cette commune et sur celui de Port-sur-Seille et se jette dans la Seille.
Thiébauménil, con de Lunéville-Sud-Est. — *Tibamesni*, 1152 (ch. de l'abb. de Belchamp). — *Raimbardus de Theobalmasnil*, 1156 (ch. de l'abb. de Beaupré). — *Theobalmesnil*, 1175 (ch. de l'abb. de Haute-Seille). — *Thiébautmanil*, 1268 (Tr. des ch. l. Blâmont I, n° 4). — *Thiébautmasnil*, 1272 (ibid. n° 7). — *Thiébamesnil*, 1284 (ch. de l'abb. de Belchamp). — *Thiébault mesnil, Thiébaultmanil, Thiébault mesnilz*, 1398 (ibid.). — *Thiébalmesnil*, 1489 (arch. de

Marainviller). — *Thiébault-Mesnil*, 1497 (dom. de Lunéville). — *Thiébaulmesny*, 1544 (Tr. des ch. l. Abb. de Beaupré, n° 2). — *Thibaumesnil*, 1594 (dén. de la Lorr.). — *Thiébaménil*, 1779 (Descr. de la Lorr.).

Thiéry-Moulin, m^in, c^ne de Dolcourt, mentionné en 1592 (Tr. des ch. reg. B. 62 *bis*, f° 93).

Thille (Ruisseau de) ou de Vaucourt, a sa source sous le village de Xousse, passe sur les territoires de Vaucourt et de la Garde et se jette dans le Sanon.

Thirey, vill. détruit, près de Pont-à-Mousson, et sur l'emplacement duquel a été construite la cense de la Vitré. — *Duæ ecclesiæ apud Tyriacum*, 1076-1093 (H. L. I, c. 476). — *Ecclesia de Tyreio*, 1139 (Hist. de l'abb. de Saint-Mihiel, p. 459). — *Vicairie et ville de Tyrei*, 1257 (Tr. des ch. l. Pont ecclés. n° 2). — *Therey*, 1441 (dom. de Pont-à-Mousson).

Thomasthal, éc. c^ne d'Abreschwiller. — *Thomastalerhoff*, 1722 (titres du comté de Dabo).

Thon, éc. c^ne de Saint-Sauveur.

Thorey, c^on de Vézelise. — *Ecclesia de Torreio villa*, 965 (H. L. I, c. 372). — *Ecclesia de Torreovilla*, 1137 (coll. Moreau, t. LVII, f° 98). — *Tourey*, 1127-1168 (ch. de l'abb. de Bouxières). — *Torey*, 1291 (Tr. des ch. l. Chaligny, n° 3). — *Thoreyum*, 1402 (*Regestrum*). — *Thorei*, 1408 (dom. de Vaudémont). — *Thourey*, 1487 (Tr. des ch. l. Nancy I, n° 75). — *Torrey*, 1594 (dénomb. de la Lorraine). — Le fief de Thorey relevait du comté de Vaudémont.

Thuilley-aux-Groseilles, c^on de Colombey. — *Tuillacum cum ecclesia*, 965 (H. L. I, c. 374). — *Tulliacum*, 982 (*ibid.* c. 290). — *Titiliacum*, xe siècle (Hist. eps. tull. ad ann. 600-622, *ibid.* c. 126). — *Tulley*, 1285 (ch. de l'abb. de Clairlieu). — *Theuley*, 1397 (Tr. des ch. l. Vaudémont fiefs, n° 19). — *Tulleyum*, 1402 (*Regestrum*). — *Theulley-aux-grouzelles*, 1527 (dom. de Gondrèville). — *Thuillet*, 1594 (dén. de la Lorr.). — *Theully-aux-grouselles*, 1596 (dom. de Gondreville). — *Thuylley* et *Tuilley*, 1600 (dom. de Vaudémont).

Timois, montagne, c^ne de Germonville, où, suivant la tradition, il y aurait eu un hôpital, ou plutôt un cimetière de pestiférés.

Tincry, c^on de Delme. — *Dincraha*, *Tincracha*, *Tinkaracha*, *Tinkiraca*, *Tinkerei*, du xe au xiie siècle (polyptyque de l'abb. de Mettloch). — *Dincrei in pago Salninse*, 962 (cart. de Saint-Maximin de Trèves). — *Dincriche in pago Sallingowe*, 1023 (*ibid.*). — *Matfridus de loco Tinquirey*, 1103 (cart. de l'abb. de Saint-Vincent). — *Balduinus de Tincheri*, 1186 (H. L. II, c. 397). — *Tinkrey*, 1235 (cart. de l'abb. de Saint-Arnou). — *Tinkerey*, 1301 (Tr. des ch. l. Viviers, n° 5). — *Tinkrey*, 1314 (*ibid.* n° 9). — *Cano de Tyncreio*, xive siècle (*Chr. med. mon.* H. L. II, c. 76). — *Tinkera*, 1397 (cart. de l'abb. de Mettloch). — *Tinkirchen*, 1421 (*ibid.*). — *Tinkarey*, *Tinqueren*, *Tynchera*, 1435 (*ibid.*). — *Tinkeringen*, 1460 (*ibid.*). — *Tinquerey*, xve siècle (*ibid.*). — *Tincquery*, 1498 (dom. de Pont-à-Mousson). — *Tinquerey*, 1505 (Tr. des ch. l. Viviers, n° 41). — *Taincquery*, *Taincry*, *Taincrey*, *Tainquerey*, *Tancry*, *Tincquery*, *Tincray*, *Tinquery*, *Teinquery*, 1566 (dom. de Viviers). — Le fief de Tincry, de la baronnie de Viviers, relevait du marquisat de Pont-à-Mousson.

Tincny, éc. c^ne de Xocourt.

Tivoli, éc. c^ne de Pont-à-Mousson.

Tivoli, usine, c^ne de Badonviller.

Tombe (Chemin de la), c^ne de Moutrot.

Tombe (Ruisseau de la), prend sa source à la ferme de Mehon, passe sur les territoires de Deuxville et d'Einville et se jette dans le Sanon.

Tombeau (Chemin du), c^ne de Noviant-aux-Prés.

Tombeaux (Sous-les-), chemin, c^ne d'Abaucourt.

Tombel (Le), éc. c^ne de Toul. — *Tombellum*, 1359 (ch. de l'abb. de Saint-Epvre).

Tombes (Champ-des-), canton du territoire de Pompey où l'on a exhumé, il y a quelques années, des tombeaux, des armes, des poteries, etc. provenant d'un cimetière gallo-romain et mérovingien.

Tomblaine, c^on de Nancy-Ouest. — *Molendinum de Tombelennes*, 1228 (ch. de l'abb. de Haute-Seille). — *Tombeleine*, 1258 (ch. de l'abb. de Clairlieu). — *Lou molin de Tombelaines*, 1273 (Tr. des ch. l. Deneuvre, n° 55). — *Tombellum*, 1386 (ch. de l'abb. de Belchamp). — *Tombellaine*, 1402 (Tr. des ch. l. Nancy I, n° 27). — *Tombelaine*, 1522 (dom. de Nancy). — *Tunba Alanorum*, 1525 (Guerre des Rustauds, éd. orig. f° 46 ; étymologie à rejeter). — *Le viez wei de Thombelaine*, 1536 (Tr. des ch. reg. B. 7615). — *Tomblaine-aux-Oies*, 1779 (Descr. de la Lorr.). — Le fief de Tomblaine relevait de la châtell. et du baill. de Nancy.

Cette commune donne son nom à un ruisseau qui a sa source au-dessus de Saulxures-lez-Nancy, passe sur le territoire de Tomblaine et se jette dans la Meurthe.

Tonnoy, c^on de Saint-Nicolas. — *Tornai*, 1172 (ch. de l'abb. de Clairlieu). — *Tornoi*, 1203 (*ibid.*). — *Tournoi*, 1332 (Tr. des ch. l. Nancy I, n° 106). — *Tournoy*, 1345 (*ibid.* n° 114). — *Tonnay*, 1428 (*ibid.* l. Blâmont II, n° 54). — *Thonnoy*, 1523 (dom. de Lunéville). — *Thonnois*, 1600 (dom. de

Rosières-aux-Salines). — Le fief de Tonnoy relevait de la châtell. de Rosières, baill. de Nancy.

Torchamp (mieux *Tors-Champ*), monticule à large plateau, entre Lorquin, la Neuveville-lez-Lorquin, Niderhoff et Fraquelfing, et au versant duquel s'élevaient autrefois : à l'est, le château du Hasard; plus loin, une maison qu'on croit avoir appartenu aux Templiers; au nord, la Haute-Ville (voy. ce mot), et au sommet ouest, un moulin à vent détruit peu de temps après sa construction.

Torcheville, c^on d'Albestroff. — *Godelmans de Torviler*, 1285 (cart. Baill. d'Allemagne, fiefs, f° 176). — *Guodelmannus de Torvillari; Toirvilleir*, 1293 (Tr. des ch. l. Bitche, Castres, etc. n° 24). — *Toirviler*, 1300 (ibid. n° 35). — *Torviller*, 1312 (cart. Baill. d'Allemagne, fiefs, n° 355). — *Dorswiler*, 1313 (Tr. des ch. l. Hesse, n° 13). — *Torvilleir*, 1316 (ibid. l. Dieuze I, n° 7). — *Godemannus de Dorneswilre*, 1320 (ibid. n° 8). — *Dorswilre*, 1328 (ibid. l. Fénétrange I, n° 12). — *La ville de Torvillers*, 1333 (ibid. l. Fiefs de Lorraine I, n° 18). — *Willemus dominus Torchwillensis*, 1335 (inscr. tumulaire dans l'église de Munster). — *Tourvilleirs*, 1339 (Tr. des ch. l. Deux-Ponts, n° 13). — *Dorwilre*, 1352 (ibid. l. Fénétrange II, n° 10). — *Dorsweiller*, 1594 (dén. de la Lorr.). — Le fief de Torcheville relevait de la châtell. de Dieuze, baill. d'Allemagne.

Toul, ville, ch.-l. d'arrond. — *Toullon* (Ptolémée). — *Tullum Leucorum* (César, *de Bello gallico*, lib. 1). — *Tullum Leucorum* et *Tullum* (Itin. d'Antonin). — *Tullio* (Table théod.). — *Civitas Leucorum Tullo* (*Notitia provinciarum et civitatum Galliæ*). — *Tullum oppidum*, vi° siècle (*Vita sancti Vedasti*). — *Leucus, Leutia* (Dict. tironien). — *Tullo civita* (tiers de sou : Ét. num. p. 159-162). — *Leuchorum urbs*, 836 (H. L. 1, c. 301). — *Leucorum oppidum*, 852 (ibid. c. 305). — *Leucorum civitas quæ nunc dicitur Tullensis*, 884 (ibid. c. 317). — *Tulla*, ix° siècle (géographe de Ravenne). — *Leucha urbs*, xii° siècle (Hugues Métel, *epist.* 17, dans Hugo, *Sacra antiquitatis monumenta*, II, p. 349). — *Tullium*, 1513 (géogr. de Ptolémée).

Il y avait à Toul ou sur son territoire, outre le chapitre de la cathédrale, sous le titre de Saint-Étienne, la collégiale de Saint-Gengoult et le chapitre de Saint-Sauveur ou de Saint-Gérard; trois abbayes : Saint-Epvre, Saint-Léon et Saint-Mansuy; deux prieurés : Saint-Georges et Saint-Michel (voy. ces mots); une commanderie de Saint-Jean-de-Jérusalem et la léproserie de Saint-Pierre ou de la Borde (voy. ce mot).

Toul était le chef-lieu d'un vaste diocèse dont l'origine paraît remonter au iv° siècle, et qui fut démembré en 1778 pour former les évêchés de Nancy et de Saint-Dié, puis supprimé définitivement en vertu de la constitution civile du clergé, qui transféra le siège de l'évêché à Nancy.

Le diocèse de Toul se divisait en six archidiaconés : Ligny, Port (Saint-Nicolas), Rinel (Reynel), Toul, Vittel et Vosge; ces archidiaconés se subdivisaient en vingt-six doyennés. — De celui de Toul dépendaient les six paroisses de la ville et des faubourgs : Notre-Dame, Saint-Amand, Sainte-Geneviève, Saint-Jean-Baptiste, Saint-Maximin et Saint-Pierre; celles d'Andilly, Bagneux, Bicqueley, Blénod, Bouvron, Bruley, Chaligny, Chaudeney, Choloy, Colombey, Crézilles, Domgermain, Dommartin-lez-Toul, Écrouves, Fontenoy, Francheville, Gondreville, Lagney, Lucey, Maron, Ménillot, Mont-le-Vignoble, Ochey, Sanzey, Sexey-les-Bois et Villey-Saint-Étienne.

Toul fut le chef-lieu d'une cité de laquelle dépendaient les *pagi Tullensis*, *Calvomontensis*, *Portensis*, *Vermensis*, *Segentensis*, *Bedensis*, et partie du *Scarponensis*, compris dans le territoire du département de la Meurthe; et les *pagi Solocensis* (le Soulossois), *Barrensis* (le Barrois), *Odornensis* (l'Ornois) et le *Blesensis* (le Blésois).

Après avoir été ville libre et impériale au moyen âge, Toul fut réuni à la France en 1552 et fit partie de la province des Trois-Évêchés. Il devint, en 1634, le siège d'un bailliage, et d'un présidial en 1685. Ce bailliage, auquel ressortissaient les appels du bailliage de l'évêché, comprenait la ville de Toul et ses faubourgs, les châtellenies de Blénod, Brixey, (Meuse), Liverdun et Maizières, dépendant du temporel de l'évêché, et celles de Vicherey (Vosges), Villey-Saint-Étienne et Void (Meuse), du temporel du chapitre de la cathédrale, plus quatre hautes justices à des laïcs.

La subdélégation de Toul, de la généralité ou du département de Metz, comprenait dans le département de la Meurthe les communes d'Allamps, Barisey-au-Plain, Barisey-la-Côte, Beuvezin, Housselmont, Mont-l'Étroit, Tramont-Émy, Tramont-Lassus et Tramont-Saint-André, du canton de Colombey; Francheville, Hamonville, Jaillon, Liverdun, Royaumeix et Villey-Saint-Étienne, du canton de Domèvre; Morey et Sivry, du canton de Nomeny; Belleville, Bezaumont, Dieulouard, Landremont, Loisy et Sainte-Geneviève, du canton de Pont-à-Mousson; Bouvron, Dommartin-lez-Toul, Écrouves, Lagney, Lucey, Ménil-la-Tour, Toul et Trondes, du canton de Toul-Nord; et enfin celles de Bainville-sur-Madon, Bicqueley, Blénod, Chaudeney, Gye, Maizières, Ménillot et Pierre, du canton de Toul-Sud.

En 1790, lors de l'organisation du département, Toul fut le chef-lieu d'un district comprenant les cantons d'Allamps, Bicqueley, Blénod, Fontenoy, Foug, Jaillon (primitivement Avrainville), Lucey, Royaumeix et Toul. — Ce dernier était formé de la ville de Toul et de ses environs.

Les armoiries de Toul sont *de gueules, au T fleuronné d'or*.

Toulois (Le), pays comprenant la ville de Toul et ses environs, et que les diplômes du moyen âge qualifient tantôt de *pagus*, tantôt de comté. — *Pagus Tullensis*, 727 (*Diplomata*, II, p. 352). — *Tullense*, 870 (H. L. I, c. 310). — *Comitatus Tullensis*, 898 (*ibid.* c. 330). — Gondreville, Villey-Saint-Étienne et Velaine-en-Haye sont désignés comme compris dans le Toulois. — Le *pagus Tullensis*, ou Toulois proprement dit, était beaucoup moins vaste que le grand *pagus* ou *comitatus* du même nom, qui était l'équivalent de la *civitas Leucorum* tout entière. Une charte de 1137 place le village de Bouxières-aux-Dames *in comitatu Leucorum* (coll. Moreau, t. LVII, f° 98).

Toulon ou Toullon, montagne, c^{ne} de Lixières, où existait un château fort, chef-lieu d'une seigneurie. La carte de l'État-major y place une «forteresse des Romains». — *Thoron et Toullon*, 1271 (Tr. des ch. l. Pont-à-Mousson, n° 6, et l. Commanderies, n° 26). — *Tollon*, 1318 (*ibid.* l. Pont ecclés. n° 126). — *Chaisteil de Thourons*, 1323 (*ibid.* l. Pont fiefs I, n° 94). — *Thouroins et Tourons*, 1334 (*ibid.* l. Pont fiefs III, n°s 22 et 23). — *Johannes de Tollo*, 1378 (*ibid.* l. Trèves I, n° 20). — Le fief de Toulon relevait du marquisat de Pont-à-Mousson.

Toupet, f. et mⁱⁿ, c^{ne} d'Azoudange, construits dans la seconde moitié du xvie siècle par Étienne Toupet, employé aux salines de Dieuze, pour qui ils furent érigés en fief en 1575. — Ce fief relevait de la châtell. de la Garde, baill. de Vic.

Tour (La), fief érigé en 1665, c^{ne} de Saint-Georges.

Tour (La), maison forte à Herbéviller (voy. ce mot).

Tour (La), seigneurie à Fossieux.

Tour-d'Affléville (La), fief au bourg de Foug.

Tour-de-Domèvre (La), colline, c^{ne} de Buissoncourt.

Tour-de-Frémonville (La), fief, c^{ne} de Frémonville.

Tour-de-Lindre (La), éc. c^{ne} de Lindre-Basse; anc. tour fortifiée destinée à protéger l'étang de Lindre. On construit près de cette ancienne tour un fortin pour défendre les écluses de l'étang.

Tour-des-Seigneurs-d'Anglure (La), anc. chât. et seigneurie, c^{ne} d'Essey-lez-Nancy.

Tour du-Stock (La), éc. c^{ne} de Langatte.

Tour-du-Vermois (La), fief, c^{ne} de Ville-en-Vermois.

Tour-Saint-Blaise (La), fief, c^{ne} de Chavigny.

Tour-Seigneuriale-d'Amelécourt (La), maison forte, c^{ne} de Leyr.

Tournefosse, fontaine, c^{ne} de Moyen.

Tournelle (La), f. (maison franche), c^{ne} de Pont-Saint-Vincent.

Tramont-Émy, c^{on} de Colombey. — *Tramont-Enmey*, 1402 (reg. cap. de la cath. de Toul). — *Tramon*, 1408 (dom. de Vaudémont). — *Tramont-en-Meix*, 1550 (*ibid.*). — *Tramont-Emmy*, 1719 (alph.).

Tramont-Lassus, c^{on} de Colombey. — *Tramons-Lassus*, 1374 (reg. cap. de la cath. de Toul). — *Tramont-Lasus*, 1719 (alph.). — *Tramont-la-Sus*, 1756 (dép. de Metz).

Tramont-Saint-André, c^{on} de Colombey. — *Tramons ad fontem*, 1235 (ch. de la cath. de Toul). — *Tramont-Lajux*, 1352 (reg. cap. de la cath. de Toul). — *Tramont-la-Fonteinne*, 1402 (*ibid.*). — *Tramont-la-Jus ou Saint-André*, 1756 (dép. de Metz).

Treiche (La) ou la Trêche, anc. ferme et ermitage, c^{ne} de Pierre; carrières de pierre déjà exploitées au commencement du xvie siècle.

Treille (La), éc. c^{ne} d'Ancerville.

Tremblebois, éc. c^{ne} de Velaine-sous-Amance.

Tremblecourt, c^{on} de Domèvre. — *Tremblecurt*, 1127-1168 (ch. du pr. de Flavigny). — *Tremblecort*, 1245 (Tr. des ch. l. Pont fiefs, n° 73). — *Tramblecourt*, 1249 (cart. d'Apremont, n° 127). — *Tranblecourt*, 1273 (Tr. des ch. l. Pont dom. II, n° 8). — *Tremblecort*, 1275 (*ibid.* l. Pont ecclés. n° 10). — Le fief de Tremblecourt relevait du marquisat de Pont-à-Mousson.

Tremblecourt, anc. cense, c^{ne} d'Halloville; les comtes de Blâmont y avaient un haras.

Trépassés (Chemins des), c^{nes} de Pont-à-Mousson et de Gerbécourt-et-Haplemont.

Trépassés (Les), anc. gagnages aux bans de Ceintrey, Fraisnes-en-Saintois, Pulney, Vitrey et Voinémont, dont le revenu était employé à des services pour les morts.

Trépassés (Les), anc. f. c^{ne} de Vaucourt, vendue en 1791.

Trey (Le), ruiss. prend sa source à Vilcey-sur-Trey, passe sur les territoires de Villers-sous-Prény et de Vandières et se jette dans la Moselle. — *Trien*, 1402 (Tr. des ch. l. fiefs de Nancy, n° 42). — *Toren*, 1441 (dom. de Pont-à-Mousson). — *Erien*, 1478 (Tr. des ch. l. Fiefs de Nancy, n° 44). —

Thoren, 1498 (dom. de Pont-à-Mousson). — *Trez*, 1504 (ch. de l'abb. de Sainte-Marie). — *Toron*, 1551 (dom. de Pont-à-Mousson). — *Thorein, Torein*, 1556 (*ibid.*).

Trinité (La), h. (chapelle), c^{ne} de Malzéville. Dans le voisinage sont les restes d'une enceinte présumée gauloise.

Tripoli, éc. (fief érigé en 1616), c^{ne} de Tarquinpol.

Trois-Colas (Chapelle des). — Voy. Justice (La).

Trois-Fontaines, c^{on} de Sarrebourg.

Trois-Fontaines, ancienne verrerie au ban de Bieberskirch.

Trois-Maisons (Les), éc. c^{ne} de Dannelbourg.

Trois-Maisons (Les), faubourg de Nancy, construit sur l'emplacement de l'ancien bourg de Saint-Dizier, ruiné au XVIe siècle. — Voy. Saint-Dizier.

Trois-Saints (Les), fontaine médicinale, c^{ne} de Gondreville.

Trois-Scieries (Les), usine, c^{ne} d'Abreschwiller.

Tronc-qui-Fume (Le), éc. c^{ne} d'Essey-lez-Nancy.

Trondes, c^{on} de Toul-Nord. — *Trondolæ* (Hist. eps. tull. ad ann. 963-994, H. L. I, c. 154). — *Alodium de Trondis* (Epitaphia eps. tull. ad ann. 1108-1127, ibid. c. 179). — *De Trundlis*, 1157 (cart. de Rengéval, f° 10 v°). — *Trundles*, 1181 ((ibid. f° 9 v°). — *Trondeles*, 1180 (ibid. f° 6). — *Molendinum apud Trundes*, 1220 (ibid. f° 15 v°). — *Ecclesia de Trondes*, 1402 (*Regestrum*). Cette commune donne son nom à un ruisseau qui prend sa source au Col-de-Trondes et se jette dans le Terrouin.

Trou de Diane (en patois : *Poteu de Dione*), excavation naturelle en forme d'entonnoir, territoire de Moutrot. — *Trou de Glannes* (Cassini).

Trou-des-Fées (Le), éc. c^{ne} de Liverdun.

Trou-du-Tonnerre (Le), fontaine médicinale, c^{ne} de Damelevières.

Trous de Sainte-Reine (Les), grottes souterraines sur la rive droite de la Moselle, c^{ne} de Chaudeney.

Tru, scierie, c^{ne} de Bionville.

Trübbachthal, montagne, c^{ne} de Harreberg.

Truhaupont, mⁱⁿ, c^{ne} de Fécocourt.

Tuile (La), mⁱⁿ, c^{ne} de Vandières.

Tuilerie (La), éc. c^{ne} de Bainville-aux-Miroirs.

Tuilerie (La), us^{es}, c^{nes} de Bouxières-sous-Froidmont, Champigneules, la Garde, Langatte, Maidières, Merviller, Moussey, Réchicourt-le-Château, Richardménil, Saint-Germain, Sainte-Geneviève, Torcheville, Vic, Viterne et Voyer.

Tuilerie (La Neuve-), usine, c^{ne} de Toul.

Tuilerie-de-Barbonville (La), f. c^{ne} de Barbonville.

Tuilerie de la Maison-de-Briques (La), usine, c^{ne} de Moncel-lez-Lunéville.

Tuilerie-de-Léning (La), éc. c^{ne} de Léning.

Tuilerie de Sainte-Croix (La), usine, c^{ne} de Rhodes.

Tuilerie-de-Ville-en-Vermois (La), f. c^{ne} de Ville-en-Vermois.

Tuilerie du Haut-de-la-Grande-Maison (La), usine, c^{ne} d'Hablainville.

Tuileries (Les), usine, c^{ne} de Dieuze.

Tuilotte (Ruisseau de la), prend sa source à Quevilloncourt, passe sur le territoire de cette commune et sur celui de Vézelise et se jette dans le Brénon.

Tumejus, f. et chât. c^{ne} de Bulligny; seigneurie au XVIIe siècle.

Turgis, fief au village de Domgermain.

Turique, éc. c^{ne} de Nancy, érigé en fief en 1660, maintenant maison du *Bon-Pasteur* (voy. ce mot). — *Richarmesnil, alias Thurique*, 1590 (dom. de Nancy).

Turquestein, c^{on} de Lorquin; commune entièrement composée d'écarts : la Haute-Turquestein, la Basse-Turquestein, f^e au bas de la montagne de ce nom; Turquestein, maison forestière sur la montagne même et au haut du rocher où s'élevait autrefois le château des barons de Turquestein, dont il ne reste plus que quelques vestiges. — *Bencelinus de Truchstein*, 1124 (H. L. I, c. 439). — *Durchelstein*, 1126 (Als. dipl. 1, p. 205). — *Truclisten*, 1128 (H. L. II, c. 285). — *Turchestein*, 1135 (ibid. c. 306). — *Turcestein et Turkestein*, 1157 (ibid. c. 354). — *Turchesten et Durchestein*, 1186 (ch. de l'abb. de Haute-Seille). — *Druchetein* (Chr. eps. met. ad ann. 1200-1260, H. L. I, c. 71). — *La chastellenie de Turkenstein*, 1314 (Tr. des ch. l. Blâmont I, n° 96). — *Turkestein*, 1324 (ibid. n° 77). — *Le chestel de Durkestein*, 1346 (ibid. n° 101). — *Durkestain*, 1350 (ibid. n° 164). — *Durquesteim*, 1352 (ibid. n° 111). — *Dursquestain*, 1422 (ibid. l. Blâmont fiefs, n° 88). — *Durkelstein*, XVe siècle (obit. de la coll. de Sarrebourg, f° 79). — *Turckstein*, 1490 (Tr. des ch. l. Fiefs divers II, n° 39). — *Tricquestain*, 1534 (ch. de l'abb. de Haute-Seille). — *Terkestain*, 1561 (Tr. des ch. reg. B. 33, f° 291). — *Turcquenstein*, 1566 (ibid. reg. B. 37, f° 153). — *Durckstein*, 1589 (dom. de Phalsbourg). — *Turquestain*, 1667 (dom. de Turquestein). — *Les Métairies-de-Turquestein*, 1719 (alph.). — *Turquestin*, cense, 1756 (dép. de Metz). — Turquestein fut le chef-lieu d'une baronnie et d'une châtellenie du temporel de l'évêché de Metz.

U

UNTERDORF, h. c^{ne} de Berthelming.
UNTERWINDSBURG (*fort sous le vent*), f. c^{ne} de Dabo.
UREPONT (L'), ruiss. prend sa source à Ludres, passe sur le territoire de cette commune et sur celui de Fléville et se jette dans le Frahaux.
URUFFE, c^{on} de Colombey. — *Rufia*, 707-735 (H. T. texte, p. 274) — *Rufiaco villa*, xe siècle (*Hist. eps.* *tull. ad ann.* 622-654, H. L. I, c. 127). — *Uruffiæ*, 1402 (*Regestrum*). — *Huruffe*, 1516 (dom. de Gondreville).
UVRY (L'), ruiss. prend sa source à Crépey, passe sur le territoire de cette commune, sur ceux de Selaincourt, Dolcourt, Goviller, Vitrey, Vézelise, et se jette dans le Brénon.

V

VACHERIE (LA), éc. c^{ne} de Gerbéviller.
VACHERIE (LA), éc. c^{ne} de Toul.
VACHERIE (LA), anc. métairie à la primatiale de Nancy, près de la Neuveville-devant-Nancy, créée au commencement du xviie siècle, et où le duc Charles III avait fait amener des vaches de Suisse. — *La Marcarerie* (Cassini).
VACHIÈRES, nom d'un ancien ban contigu à celui de Bérupt, près de Salival.
VACON (LE), ruiss. prend sa source à Petit-Mont, passe sur le territoire de cette commune et sur ceux de Parux, Nonhigny, Harboué, Barbas, Domèvre-sur-Vezouse, et se jette dans la Vezouse.
VACQUEVILLE, c^{on} de Baccarat. — *Episcopi villa*, 1120 (Tr. des ch. l. Abb. de Senones, n° 6). — *Vaskevile*, 1179 (ch. de l'abb. de Haute-Seille). — *Vacheviller*, 1186 (*ibid.*). — *Vesqueville*, 1327 (Tr. des ch. l. Deneuvre, n° 22). — *Vaquevilla, Waquevilla*, 1402 (*Regestrum*). — *Vacville*, 1420 (dom. de Nancy). — *Waqueville*, 1424 (*ibid.*). — *Wacqueville*, 1513 (dom. de Baccarat). — Ce village était, au xvie s^e, le chef-lieu d'un ban et d'une mairie comprenant Merviller et Neuf-Maisons.
VACRONCOURT, vill. détruit, près d'Aulnois. — *Wacruncurt*, 1121 (H. L. II, c. 266).
VAGNEAU (LE), éc. c^{ne} de Nancy.
VAGNEPONT, tuilerie, c^{ne} de Pannes.
VAHL, c^{on} d'Albestroff. — *Waelen prope Morsberg*, 1460 (cart. de l'abb. de Mettloch, f° 4). — *Valen près de Mersprich*, 1571 (Tr. des ch. l. Puttelange, n° 76). — *Wallen*, xvie siècle (*ibid. reg.* B. 284, f° 122). — *Walen*, 1594 (dén. de la Lorr.). — *Vahl-Neuf-Village*, 1720 (arch. de Vahl). — Le fief de Vahl relevait de la châtellenie de Dieuze, baill. d'Allemagne.

VAIMBOIS, vill. détruit au xviie siècle, près de Fraimbois; l'abbaye de Beaupré y avait une maison franche en 1446. — Il y a un chemin de *Vaimbois* sur le territoire de Fraimbois.
VAL (LA), endroit de la c^{ne} de Champigneules où se trouvait la maison-fief dite *la Grande-Maison*, qui fut ruinée pendant la guerre du duc de Bourgogne et rebâtie dans la première moitié du xvie siècle.
VAL (LA), h. — Voy. LAVAL.
VAL (LE), éc. c^{ne} de Lafrimbolle.
VALCOURT, h. et chapelle, c^{ne} de Bicqueley ; vill. détruit ; hôpital et léproserie. — *Ecclesia in villa quæ dicitur Vallis curia*, 1034 (H. L. I, c. 413). — *Walecort*, 1350 (ch. de l'abb. de Saint-Epvre). — *Sancta-Maria de Walco*, 1486 (arch. de Toul).
VAL-DE-BON-MOUTIER ou VAL-ET-CHÂTILLON (vulgairement *le Val* pour tout le village, et en patois *Vala* pour une partie, *Bon-Moté* pour l'autre), c^{on} de Lorquin. — *Wale*, 1265 (ch. de l'abb. de Haute-Seille). — *Lou Vault de Boinmoustier*, 1422 (Tr. des ch. l. Blâmont fiefs, n° 88). — *Le Val-Bonmotier* (Cassini). — *Le Val*, 1790 (div. du départ.). — Le fief de Val-de-Bon-Moutier relevait du comté de Blâmont. — Voy. BON-MOUTIER.
VAL DE GUGNEY, territoire comprenant, au xve siècle, les villages de Gugney, chef-lieu du val, They-sous-Vaudémont et Forcelles-sous-Gugney. — *Vault-de-Gugney*, 1487 (dom. de Vaudémont).
VAL DE LA FORGE, canton. — Voy. FORGE (VAL DE LA).
VAL-DE-L'ANE, f. c^{ne} de Foug.
VAL-DE-PASSEY, h. c^{ne} de Choloy; anc. prieuré de Bénédictins, dit *de Saint-Maur*, fondé au xiiie siècle, puis maison de l'ordre de Saint-Augustin. — *Paceium*, 1188 (H. L. II, c. 401). — *Passeyum*, 1359 (ch.

de l'abb. de Saint-Epvre). — *Pacé*, 1708 (état du temporel). — Voy. Choloy-et-Val-de-Passey.

Val des Faulx, vallon dans lequel se trouve situé le village de Faulx; la prévôté de Condé (Custines) s'appelait prévôté de Condé et du Val-des-Faulx. — *Vallis de Faus* (Chr. eps. met. ad ann. 1200-1260, H. L. I, c. 72). — *Vaulz-de-Faulz*, 1333 (Tr. des ch. l. Pont fiefs III, n° 12).

Val-des-Nonnes, h. c^{ne} de Pagney-derrière-Barine; couvent de religieuses, ordre de Prémontré, sous le nom de *Saint-Martin-Fontaine*, fondé au xiie siècle; ensuite ermitage et noviciat de la congrégation de Saint-Antoine, jusqu'en 1759.

Val-de-Vaxy, nom donné à un petit territoire dont le village de Vaxy était le chef-lieu et qui comprenait Château-Voué, Gerbécourt, Lubécourt, Puttigny et Vaxy. — *Val-de-Vaxi*, 1277 (Tr. des ch. l. Salm I, n°16).—*Val-de-Vexi*, 1289 (ibid. l. Amance, n°1).— *Vaul-de-Waixel*, 1420 (dom. de Nancy). — *Val-de-Waixey*, 1477 (dom. d'Amance). — *Val-de-Waxelz*, 1505 (Tr. des ch. l. Viviers, n° 41). — *Le Vaulx-de-Waxey*, 1566 (dom. de Viviers). — *Val-de-Vassy*, 1608 (Tr. des ch. l. Moyenvic II, n° 102).

Val-Dieu, nom donné à un canton de la forêt de Puvenelle dans un procès-verbal de visite des bois de la maîtrise de Pont-à-Mousson, en 1765.

Valence, f. c^{ne} de Badonviller.

Valérysthal, verrerie devenue importante, surtout depuis la suppression de celle de Plaine-de-Walsch, c^{ne} de Trois-Fontaines.

Valette (La Haute et la Basse), éc^s, c^{ne} d'Abreschwiller.

Valhey, c^{on} de Lunéville-Nord. — *Valches*, 1249 (ch. de l'ordre de Malte). — *Nemus de Valleheis*, xiiie s^e (Tr. des ch. l. Abb. de l'Isle, n° 42). — *Valleis*, 1290 (ibid. l. Blâmont I, n° 19).—*Valleheiz*, 1298 (ibid. l. Rosières I, n° 45). — *Nemus de Valheys unacum aqua salsata*, 1419 (ibid. l. Abb. de l'Isle, n° 47). — *Walhey*, 1570 (ibid. reg. B. 6593).— Le fief de Valhey relevait de la prévôté d'Einville, baill. de Nancy.

Cette commune donne son nom à un ruisseau qui a sa source au-dessus de Valhey, passe sur son territoire et sur celui d'Einville et se jette dans le ruisseau de la Fossatte.

Valhons, f. c^{ne} de Vahl.

Valières (Ruisseau de) ou de Barbonville, prend sa source sur le ban de Saffais, passe sur le territoire de cette commune et sur celui de Barbonville et se jette dans la Meurthe.

Valla, éc. c^{ne} d'Angomont. — *Wallas*, 1756 (dép. de Metz).

Vallée-du-Clos (La), éc. c^{ne} de Francheville.

Vallerade (La), f. c^{ne} d'Albestroff, construite et déclarée franche en 1602, érigée plus tard en fief. — *La Valleracht*, à présent *Sainte-Marie*, 1602 (titres de la châtell. d'Albestroff).

Cette ferme donne son nom à un ruisseau qui y prend sa source, passe sur le territoire d'Albestroff et se jette dans le ruisseau des Roses.

Vallois ou Vallois-sur-Mortagne, c^{on} de Gerbéviller. — *Valloys*, 1189 (ch. de l'abb. de Beaupré). — *Valloy*, 1539 (dom. de Moyenmoûtier).— Le fief de Vallois relevait de la châtellenie de Rosières, bailliage de Nancy.

Cette commune donne son nom à un ruisseau qui a sa source à Giriviller, passe sur le territoire de cette commune, sur ceux de Séranville, Mattexey, Vallois, et se jette dans la Mortagne.

Val-Sainte-Marie, seigneurie à Ville-au-Val, et vallon dans lequel se trouve ce village.

Valtembourg, c^{on} de Phalsbourg. — *Valdembourg*, 1756 (dép. de Metz). — *Waldenbourg* (Cassini). — *Voildenbourg*, 1790 (div. du départ.).

Cette commune donne son nom à un ruisseau qui y a sa source, passe sur les territoires de Valtembourg, Henridorff, Dannelbourg, Lutzelbourg, et se jette dans la Zorn.

Val-Thiébaut ou Val-Thibaut, canton du territoire de Champigneules. — *Val-le-duc-Thiébauld*, 1574 (dom. de Nancy).

Valthouse (La) (pour *Waldhaus*, maison de la forêt), f. (fief), c^{ne} de Vahl. — *La Valtreuze*, 1699 (Tr. des ch. fois et hommages). — *Valthous*, 1779 (Descr. de la Lorr.).

Vandelainville, c^{on} de Thiaucourt. — *Wandelevilla in comitatu Scarponensi*, 960 (H. L. I, c. 367). — *Wandilinvilla*, 977 (H. M. p. 82). — *Vandelinvilla*, 993 (ibid. p. 85). — *Wandelainvilla*, 1227 (cart. de Gorze).—*Wandelenville*, 1477 (dom. de Prény). — *Wandelainville*, 1546 (ibid.). — *Vandelinville*, 1594 (dén. de la Lorr.). — *Wandellainville*, 1600 (dom. de Prény).

Vandeléville, c^{on} de Colombey (prieuré dépendant de l'abbaye de Saint-Léon de Toul). — *Ecclesia de Wandelini villa*, 1091 (H. L. I, c. 489). — *Wandini villa*, 1105 (ibid. c. 516). — *Wandelainvilla*, 1235 (ibid. II, c. 449). — *Vendeivilla*, 1240 (ch. de l'abb. de Clairlieu). — *Wandelenville*, 1291 (Tr. des ch. l. Abb. d'Orval, n° 10). — *Wandeleinville*, 1318 (ibid. l. Fiefs de Nancy, n° 147).—*Wandelainville*, 1398 (ibid. l. Vaudémont, n° 23). — *Wandelainvilla, Wandelevilla*, 1408 (Regestrum). — *Wandellainville*, 1408 (dom. de Vaudémont).

— *Vandellainville*, 1500 (*ibid.*). — *Vandlainville*, 1600 (*ibid.*). — Le fief de Vandeléville relevait du comté de Vaudémont; il fut érigé en comté en 1723.

En 1790, Vandeléville devint le chef-lieu d'un canton dépendant du district de Vézelise et formé des communes d'Aboncourt, Beuvezin, Courcelles, Fécocourt, Grimonviller, Pulney, Tramont-Émy, Tramont-Lassus, Tramont-Saint-André et Vandeléville.

Cette commune donne son nom à un ruisseau qui y prend sa source, arrose d'abord son territoire, puis celui de Thorey, et va se jeter enfin dans le Brénon.

Vandières, c°ⁿ de Pont-à-Mousson. — *In fisco Vendr.* (denier d'argent de Charles le Chauve, 869-875 : Ét. num. p. 203). — *Villa Vindera dicta*, 960 (H. L. I, c. 368). — *Villa olim regia, vocabulo Vinderia*, xᵉ sᵉ (Vie du B. Jean de Vandières, Bollandistes, t. III de février, p. 692). — *Venderia*, 1106 (Hist. de l'abb. de Saint-Mihiel, p. 453). — *Venderiæ*, 1126 (ch. de l'abb. de Sainte-Marie). — *Vanderiæ*, 1138 (H. L. II, c. 318). — *Wandières*, 1276 (Tr. des ch. l. Fiefs de Nancy, n° 121). — *Vendières*, 1285 (*ibid.* l. Rosières I, n° 19). — *Vendière-dessoubz-Preney*, 1444 (*ibid.* l. Prény, n° 24). — *Vendière*, 1477 (dom. de Prény).

Vandœuvre, c°ⁿ de Nancy-Ouest (prieuré sous le titre de *Saint-Melain*, dépendant de l'abbaye de Cluny, fondé au xiiᵉ siècle). — *Beraldus de Vindopera*, 971 (H. T. p. 66). — *Vendopera castrum Beraldi comitis in Calmontensi*, xᵉ siècle (Benoît Picart, Origine de la maison de Lorraine, p. 10). — *Venduevre*, 1289 (*ibid.* l. Blâmont I, n° 15). — *Vendopera*, 1314 (Tr. des ch. l. Deneuvre, n° 15). — *Vendevre-lez-Nancy*, 1525 (Guerre des Rustauds, p. 167). — *Vandalorum opera* (*ibid.* éd. orig. f° 46; étymologie à rejeter). — *Venduevres*, 1526 (dom. de Nancy). — *Vendievore*, 1536 (Tr. des ch. reg. B. 7615). — *Vendœuvre*, 1573 (dom. de Nancy).

Vannecourt, c°ⁿ de Château-Salins. — *Warnugo curtis*, 777 (Hist. de l'abb. de Saint-Denis, pr. p. 38). — *Vivi curtis*, 1106 (Hist. de l'abb. de Saint-Mihiel, p. 453). — *Warnecuria*, 1293 (ch. de la coll. Saint-Georges). — *Varnecort*, 1344 (Tr. des ch. l. Fiefs de Lorraine I, n° 20). — *Waulnecourt*, 1477 (dom. d'Amance). — *Walnecourt*, 1478 (*ibid.*). — *Wanecourt*, 1492 (*ibid.*). — *Wannecourt*, 1550 (*ibid.*). — *Venencourt*, 1566 (dom. de Viviers).

Vannes, c°ⁿ de Colombey. — *Venna cum ecclesia*, xᵉ sᵉ (Hist. eps. tull. ad ann. 622,654, H. L. I, c. 126). — *Vennes*, 1226 (ch. de l'abb. de Murcau). — *Vannæ*, 1402. (*Regestrum*). — *Vannes-le-Château*, 1707 (état du temporel). — *Vannes-le-Châtel*, 1779 (Descr. de la Lorr.).

Varangéville, c°ⁿ de Saint-Nicolas (prieuré de Bénédictins, sous le titre de *Saint-Gorgon*, fondé au viiiᵉ siècle). — *Warengesi villa in pago Calvomontense*, 770 (H. L. I, c. 288); — *In pago Calmontense, in Vuarengisivilla, monasterium in honore sancti Gorgonii*, 910 (H. M. p. 52). — *Pagus Varengisi villæ*, 968 (H. T. p. 72). — *Warigis villa* (Fundatio monasterii Beati Arnulphi Metensis, ad ann. 960-984, H. L. I, c. 551). — *Waregevilla*, 1197 (ch. de l'abb. de Clairlieu). — *Varengevilla*, 1234 (ch. de l'abb. de Haute-Seille). — *Waringi villa*, xiii sᵉ (Chr. mon. sen. H. L. II, c. 34). — *Warempgeyvile*, 1248 (ch. de la coll. Saint-Georges). — *Warangievile*, 1275 (*ibid.*). — *Waurengeuville*, 1279 (Tr. des ch. l. Fiefs de Nancy, n° 123). — *Waringisi villa*, 1296 (ch. de la coll. Saint-Georges). — *Warengevile*, 1301 (*ibid.*). — *La Grande et la Petite Wairengeville*, 1385 (*ibid.*). — *Warengevilla*, 1402 (*Regestrum*). — *Warengeville*, 1522 (dom. de Nancy). — *Warangéville*, 1525 (Guerre des Rustauds, p. 52). — *Warrengeville*, 1526 (dom. de Nancy). — *Les Warrengevilles*, 1557 (ch. de la coll. Saint-Georges). — *La Grande et la Petite Varangéville*, 1633 (dom. de Nancy). — *La Basse et la Haute Varangéville*, 1712 (état du temporel). — Le fief de Varangéville relevait de la châtell. et du baill. de Nancy.

Varcoville, vill. détruit, sur l'emplacement duquel a été construite la métairie de la Neuve-Grange, cⁿᵉ de Bertrambois. — *Parochia de Warchovile*, 1208 (ch. de l'abb. de Haute-Seille). — *Warcovilla*, 1248 (*ibid.*). — *Guarchowilla*, 1288 (*ibid.*). — Le fief de Varcoville relevait du comté de Blâmont.

Varenseille, éc. cⁿᵉ d'Ommerey.

Varinchanot, Varinchanaux ou Voirin-Chanot, f. cⁿᵉ d'Hamonville; métairie à l'abbaye de Rengéval. — *Grangia que Garini quercetum dicitur*, 1180 (cart. de Rengéval, f° 9). — *Alodium quod dicitur Warini quercetum*, xiiiᵉ siècle (*ibid.* f° 16).

Varincourt, f. cⁿᵉ de la Neuvelotte, érigée en fief en 1664. — *Voirincourt*, 1664 (Tr. des ch. l. Amance, n° 84). — *Voirnecourt*, 1779 (Descr. de la Lorr.).

Vasperviller (vulg. *les Baraques*), c°ⁿ de Lorquin. — *Wasperviller*, 1708 (titre du pr. de Saint-Quirin). — *Walspervillers*, 1778 (*ibid.*).

Vathiménil, c°ⁿ de Gerbéviller. — *Parochiatus de Watermasnil; Watemasnil*, 1164 (ch. de l'abb. de Beaupré). — *Watiermasnil*, 1225 (*ibid.*). — *Waithiemesnil, Wathimesnil*, 1476 (dom. de Lunéville). — *Wathiemesnil*, 1497 (*ibid.*). — *Waulthiemesnil*, 1506 (*ibid.*). — *Walthiemesnil,* 1533 (dom. de Moyen-moûtier). — *Voithiemesnil,* 1605 (terrier de la châtellenie de Moyen). — *Walthinménil,* 1719 (alph.).

Cette commune donne son nom à un ruisseau qui sort du bois le Loup, passe sur le territoire de Vathiménil et se jette dans la Meurthe.

VAUCOURT, c^{on} de Blâmont. — *Waulcourt,* 1486 (dom. de Lunéville). — *Wacourt,* 1497 (*ibid.*). — *Walcourt,* 1549 (*ibid.*).

VAUDÉMONT, c^{on} de Vézelise; autrefois ville, avec une église collégiale sous le titre de *Saint-Jean* (voy. ce mot). — *Hugo comes de Gademonte,* 1135 (H. L. II, c. 307). — *Wadonimons, Wadamons,* 1127-1168 (ch. des abb. de Beaupré et de Clairlieu). — *Wedani mons,* 1150 (ch. de l'abb. de Clairlieu). — *Wadanimons,* 1174 (*ibid.*). — *Vadesmont,* 1188 (H. L. II, c. 403). — *Vaudeigmont,* 1201-1222 (Hist. des ducs de Champagne, II, p. xxj). — *Comes Vaudemontis,* 1222-1229 (*ibid.* p. xl). — *Wademons,* 1242 (Tr. des ch. l. Vaudémont dom. n° 139). — *Wadenmont,* 1245 (*ibid.* l. Rosières I, n° 2). — *Wadoimont,* 1263 (*ibid.* l. Fiefs de Nancy, n° 116). — *La contei de Wadmont,* 1265 (*ibid.* l. Vaudémont fiefs, n° 2). — *Wydeimont,* 1265 (*ibid.* l. Pont dom. II, n° 5). — *Comes de Vaudeimont,* 1256-1270 (Hist. des ducs de Champagne, II, p. xlvj).—*Waidemont,* 1276 (Tr. des ch. l. Fiefs de Nancy, n° 121). — *Waudoimont,* 1285 (*ibid.* l. Châtel I, n° 4). — *Woidemont,* 1288 (*ibid.* l. Nancy I, n° 5). — *Voydemont,* 1293 (*ibid.* l. Vaudémont fiefs I, n° 5). — *Waudemont,* 1310 (*ibid.* n° 6). — *Vauldemont,* 1336 (*ibid.* l. Vaudémont fiefs I, n° 13). — *Waideymont,* 1346 (*ibid.* l. Chaligny, n° 19). — *Waudelmont,* 1376 (*ibid.* n° 13). — *Waldemont,* 1387 (*ibid.* l. Vaudémont, n° 6). — *Moneta de Vadmont,* 2e moitié du XIVe s^e (monnaie de Jean de Bourgogne, comte de Vaudémont; Mém. de l'Acad. de Stanislas, 1845). — *Waudemons, Wadonismons,* 1402 (*Regestrum*). — *Wademont,* 1415 (ch. de la cure de Thelod). — *Capitulum Vaudemontanum,* 1456-1466 (*Poleum unic. diœc. tull. Reg.* B. collection de M. J. Desnoyers). — *Vallismontium comes,* 1525 (Guerre des Rustauds, édit. origin. f° 14). — *Comes Vadenemontis,* XVIe s^e (compilation faite sur des documents anciens, Hist. des ducs de Champagne, II, p. cxxij). — *Comes Vademontis ibid.* p. cxxxj). — *Vadani mons,* 1675 (*Not. Gall.* p. 579).

Vaudémont fut la capitale du Saintois (voy. ce mot); le siège d'un comté érigé en 1072; le chef-lieu d'un bailliage qui comprenait en 1594, dans le département de la Meurthe, le canton de Vézelise tout entier, moins Frolois, Marthemont, Pierreville, Pulligny et Viterne; Battigny, Courcelles, Dolcourt, Favières, Fécocourt, Gélaucourt, Grimonviller, Pulney, Saulxerotte et Vandeléville, du canton de Colombey; Bouzanville, Diarville, Housséville et Tantonville, du canton d'Haroué. — En 1698, Saint-Firmin, du canton de Colombey, fut compris en partie dans le bailliage du comté de Vaudémont. — En 1751, ce bailliage prit le nom de bailliage de Vézelise (voy. ce mot), ville où les officiers résidaient déjà précédemment.

En 1790, Vaudémont fut le chef-lieu d'un canton dépendant du district de Vézelise et formé des communes de Bouzanville, Diarville, Dommarie-Eulmont, Forcelles-sous-Gugney, Fraisnes-en-Saintois, Gugney, Housséville, Jevoncourt, Praye, Saint-Firmin, Saxon, They et Vaudémont.

VAUDEVILLE, c^{on} d'Haroué. — *Waldini villa,* X^e s^e (*Hist. eps. tull. ad ann.* 872-894, H. L. I, c. 172).— *Ecclesia de Vualdini villa,* 1127-1168 (ch. du pr. de Flavigny). — *Wandinivilla,* 1177 (*ibid.*). — *Vaudemville,* 1240 (H. L. II, c. 453). — *Wauderille,* 1243 (ch. du pr. de Flavigny). — *Wadeville,* 1244 (*ibid.*). — *Waidevilla,* 1273 (*ibid.*). — *Waudevilla, Wadevilla,* 1402 (*Regestrum*). — *Waideville,* 1496 (Tr. des ch. l. Fiefs de Nancy, n° 33). — *Vauldeville,* 1600 (dom. de Nancy). — *Vadeville,* 1719 (alph.). — *Vaudeville-sur-Madon,* 1779 (Descr. de la Lorr.). — Le fief de Vaudeville relevait de la châtell. et du baill. de Nancy.

VAUDEVILLE, vill. détruit. — Voy. HAUDEVILLE.

VAUDIGNY, c^{on} d'Haroué. — *Wadegneiz,* 1296 (Tr. des ch. l. Nancy I, n° 101). — *Voutegney,* 1408 (dom. de Vaudémont). — *Wadegney,* 1522 (dom. de Nancy). — Le fief de Vaudigny relevait de la châtell. et du baill. de Nancy.

VAUDRECOURT, mⁱⁿ et f. c^{ne} d'Arracourt, mentionnée en 1447 dans les comptes du domaine d'Einville; érigée en fief en 1612. Il y avait une chapelle. — *Wauldrecourt,* 1519 (dom. d'Einville). — *Wadrecourt,* 1524 (rec. gén.).

VAUDRECOURT, f. — Voy. MOULIN DE VAUDRECOURT (LE).

VAUX, mⁱⁿ, c^{ne} d'Écrouves.

VAUX (BAN DE LA), seigneurie au village de Dombasle.

VAUX (LES), pays ou comté qui paraît s'être étendu depuis Toul jusqu'à Vaucouleurs, et qu'on désigne aujourd'hui sous le nom des *Côtes-de-Toul.* — *Pagus et comitatus Vallium,* 1067 (H. T. texte, p. 81).

VAUX-LEZ-GERMONVILLE (LA) ou LES VAUX-GERMONVILLE, anc. maison-fief et seigneuriale, jouissant du droit d'asile, près de Germonville. Le canton du territoire de la commune où s'élevait cette maison porte le nom de *la Vaux-lez-Germonville*. Cette dernière est appelée *le Château-la-Vaux* dans la division du département en 1790.

VAUX-MARTIN (LA), éc. c^ne de Val-de-Bon-Moutier.

VAUX-TOUSSAINT (LA), nom d'un canton du territoire d'Aingeray où la tradition place un village appelé *le Vieil-Aingeray*.

VAXAINVILLE, c^on de Baccarat. — *Varsienville*, 1314 (Tr. des ch. l. Blâmont I, n° 96). — *Vaxinville* (Cassini).

VAXY (on prononce *Vachi*), c^on de Château-Salins. — *Vaxei*, 1277 (Tr. des ch. l. Salm I, n° 16). — *Vexi*, 1289 (*ibid*. l. Amance I, n° 1). — *Waixei*, 1299 (*ibid*. l. Châtel, n° 1). — *Waixel*, 1430 (dom. de Nancy). — *Vaixei et le Vaul*, 1457 (Tr. des ch. l. Viviers, n° 22). — *Waixey*, 1477 (dom. d'Amance). — *Waxelz*, 1505 (Tr. des ch. l. Viviers, n° 41). — *Waxey*, 1566 (dom. de Viviers). — *Vaxey*, 1600 (dom. d'Amance). — *Vassy*, 1608 (Tr. des ch. l. Moyenvic II, n° 102). — Le fief de Vaxy, de la baronnie de Viviers, relevait du marquisat de Pont-à-Mousson. C'était le chef-lieu du petit canton appelé *le Val-de-Vaxy* (voy. ce mot).

VECKERSVILLER, c^on de Fénétrange. — *Villa Volckerswiller* (?), 1126 (Als. dipl. I, p. 125). — *Weckersweiller*, 1669 (Tr. des ch. l. Lixheim II, n° 14). — *Weikersweiler*, 1719 (alph.). — *Veckerweiler* (Cassini).

VÉHO, c^on de Blâmont. — *Wihoth*, 1034 (ch. de l'abb. de Saint-Remy). — *Wehes*, 1312 (cart. Blâmont fiefs, f° 45 v°). — *Weho*, 1327 (Tr. des ch. l. Blâmont I, n° 82). — *Vehau* (Cassini). — Le fief de Vého relevait du comté de Blâmont.

VEISCHEIM, c^on de Phalsbourg. — *Wescheim* (Cassini).

VELAINE ou VELAINE-SOUS-VAUDÉMONT, vill. détruit; château où résidaient les comtes de Vaudémont, et près duquel a été bâtie la ville de Vézelise. — *Vellenia*, 1105 (Tr. des ch. l. Abb. d'Orval, n° 10). — *Villa de Villaine*, 1220 (*ibid*.). — *La ville de Vellaines*, 1397 (*ibid*. l. Vaudémont fiefs, n° 101). — Il y a un chemin de *Velaine* sur le territoire de Vézelise.

VELAINE-EN-HAYE, c^on de Nancy-Nord. — *Villenæ*, 836 (H. L. I, c. 301). — *Villeniæ*, 884 (*ibid*. c. 317). — *Vallenia*, 1033 (H. T. p. 26). — *Villennes*, 1258 (ch. de l'abb. de Clairlieu). — *Vilaine-delà-les-Boys*, 1536 (Tr. des ch. reg. B. 7615). — *Vellaine*, 1576 (Tr. des ch. l. Gondreville, n° 43). — *Velaine-entre-les-Bois*, 1629 (*ibid*.). — *Velaine-les-Bois*, 1697 (ch. du séminaire de Toul). — *Velaine-aux-Bois*, 1708 (état du temporel).

VELAINE-SOUS-AMANCE, c^on de Nancy-Est. — *Vellanis*, 875 (ch. de l'abb. de Sainte-Glossinde). — *Villa quæ dicitur Villanis sub Amantio castro*, 1033 (H. L. I, c. 408). — *Villeines* (*Chr. eps. met. ad ann.* 1200-1260, *ibid*. c. 72). — *Vileines et Villeines*, 1284 (Tr. des ch. l. Rosières I, n° 17). — *Villanæ*, 1402 (*Regestrum*). — *Villenne*, 1420 (dom. de Nancy). — *Velainne*, 1425 (*ibid*.). — Le fief de Velaine-sous-Amance relevait de la châtell. et du baill. de Nancy.

VELLE, h. c^ne de l'Alœuf. — *Ville*, 1317 (Tr. des ch. l. Vaudémont fiefs, n° 7). — *Vel*, 1594 (dén. de la Lorr.). — *Veel* (dom. de Vaudémont). — Le fief de Velle relevait du comté de Vaudémont.

Ce hameau donne son nom à un ruisseau qui prend sa source à Saulxerotte, passe sur le territoire de cette commune, sur ceux de Favières, Battigny, Gélaucourt, et se jette dans le Brénon.

VELLE-SUR-MOSELLE, c^on de Bayon. — *Veile*, 1290 (Tr. des ch. l. Rosières I, n° 20). — *Vyelle*, 1371 (*ibid*. l. Nancy I, n° 14). — *Vel-sur-Moselle*, 1562 (dom. de Pulligny). — *Veelle*, 1600 (dom. de Nancy). — Le fief de Velle relevait de la châtell. de Rosières, baill. de Nancy.

VENDÉE (LA), éc. c^ne de Bionville. — Voy. HARCHOLIN (LE).

VENEY, c^on de Baccarat. — *Venneiz*, 1327 (Tr. des ch. l. Deneuvre, n° 22). — *Venay*, 1719 (alph.). — Le fief de Veney relevait du comté de Blâmont.

VENEY (RUISSEAU DE). — Voy. GUIDOURIT (RUISSEAU DE).

VENISE, anc. m^on, près du pont de Malzéville, territoire de Nancy, construit et ruiné au XVII° siècle

VENNEZEY, c^on de Gerbéviller. — *Venerzey*, 1291 (ch. de l'abb. de Saint-Léopold). — *Venexeyum*, 1394 (ch. de l'abb. de Belchamp). — *Venaseyum*, 1402 (*Regestrum*). — *Wenezey*, 1533 (dom. de Moyenmoûtier). — *Wennezey, Wennezelle*, 1538 (*ibid*. et dom. de Lunéville). — *Ventzey*, 1550 (dom. de Rosières). — *Venazey*, XVI° siècle (Tr. des ch. reg. B. 281, f° 1 v°).

VÉNUS (RUISSEAU DE), a sa source sur le territoire de Cutting et se jette dans le Verbach.

VERBACH (LE), et mieux LE WERBACH, ruiss. prend sa source à Cutting, passe sur le territoire de cette commune, sur ceux de Domnom, Bidestroff, Zommange, Vergaville, Lindre-Haute et Dieuze, et se jette dans la Seille.

VERBOIS (LE), éc. c^ns de Nancy.

VERDENAL, c^on de Blâmont. — *Vardenois*, 1318 (Tr. des ch. l. Blâmont fiefs, n° 42). — *Verdenois*, 1350 (*ibid*. l. Blâmont I, n° 164). — *Verdenay*, 1476 (dom. de Lunéville). — *Wardenay*, 1506 (*ibid*.). — *Wardegnay*, 1534 (*ibid*.). — *Wardenoy*, 1536 (dom. de Saint-Dié).—*Wairdegnay*, 1541 (dom. de Lunéville).—*Wardennay*, 1546 (*ibid.*).—*Vardenay*, 1555 (*ibid.*). — *Vardena*, 1571 (*ibid.*). — *Vardenault*, 1572 (*ibid.*). — *Vardenal*, 1594 (dén. de la Lorr.). — Le fief de Verdenal relevait du comté de Blâmont.

VERDURETTE (LA), riv. prend sa source à Fenneviller, passe sur les territoires de Pexonne, Vacqueville, Merviller, Réhéray, Vaxainville, Pettonville, Réclonville, Ogéviller, Herbéviller, et va se jeter dans la Vezouse.

VERGAVILLE, c^{on} de Dieuze (abbaye de Bénédictines fondée en 966).—*Widirgoldesdorff* (?), 966 (ch. de l'abb. de Vergaville). — *Vergavilla*, 1086 (H. L. I, c. 483). — *Wargaville*, 1285 (ch. de l'abb. de Vergaville). — *Wargavilla*, 1294 (*ibid.*). — *Vargaville*, 1346 (*ibid.*). — *Wargaville* et *Waygaville*, 1476 (dom. de Dieuze). — *Wargauville*, 1481 (*ibid.*). — *Widersdorff*, 1513 (géogr. de Ptolémée). — *Wergaville*, 1553 (dom. de Dieuze). — *Widerstorff*, 1594 (dén. de la Lorr.).

Vergaville était le siége d'un archiprêtré de l'archidiaconé de Sarrebourg, au diocèse de Metz, qui comprenait les paroisses d'Angviller, Assenoncourt, Azoudange, Bassing, Bénestroff, Bidestroff, Bisping, Cutting, Desseling, Dieuze, Domnom, Fribourg, Gelucourt, Guéblange, Guébling, Guermange, Guinzeling, Kerprich-lez-Dieuze, Languimberg, Lhor, Lindre-Basse, Lostroff, Loudrefing, Mittersheim, Rhodes, Romécourt (chapelle castrale et paroissiale), Tarquinpol et Vergaville. — *Archipresbyteratus de Wargavilla*, 1539 (pouillé du dioc. de Metz; Topog. ecclés. de la France).

VERMILLIÈRE (LA), éc. c^{ne} de Battigny; gagnage affranchi en 1527; métairie érigée en haute, moyenne et basse justice en 1714. — *La Vermelière*, 1527 (Tr. des ch. reg. B. 16, f° 233 v°). — *La Vermeilière*, 1528 (*ibid.* reg. B. 17, f° 149 v°).

Cet écart donne son nom à un ruisseau qui a sa source sur le territoire d'Omelmont, passe sur ceux de Clérey et de Ceintrey et se jette dans le Madon.

VERMOIS (LE), petit canton voisin du *pagus Portensis*, et dont le nom s'est conservé jusqu'à nous; plus tard, mairie qui comprenait les villages d'Azelot, Burthecourt-aux-Chênes, Gérardcourt, Lupcourt, Manoncourt, Saint-Hilaire et Ville-en-Vermois, lesquels étaient renfermés sans doute dans le territoire de l'ancien *pagus*. — *Vermensis* (Hist. eps. tull. ad ann. 907-922, H. L. I, c. 130). — *Le Varmois*, 1261 (ch. de l'ordre de Malte). — *Vermodium*, 1396 (ch. de la coll. Saint-Georges). — *Vermoix*, 1424 (dom. de Nancy). — Il y avait, au xviie siècle, une garenne ducale dans la plaine du Vermois.

VERRERIE (LA), portion aujourd'hui considérable du bourg de Cirey; fonderie et forges au xviiie siècle, maintenant grande manufacture de glaces qui a remplacé les verreries de Saint-Quirin.

VERRERIE DE VANNES (LA), usine, c^{ne} d'Allamps.

VERRERIES-DE-SAINT-QUIRIN (LES). — Voy. LETTENBACH.

VERTIGNÉCOURT ou VITRINCOURT, vill. détruit, près de Puttigny. — *Vecterneia curtis in pago Salninse*, 782 (Hist. de l'abb. de Saint-Denis, pr. p. 40). — *Ecclesia in Veternegio curte, in honore Sanctæ-Mariæ*, 950 (ch. de la coll. Saint-Georges). — *Prædium in pago et comitatu Salnensi situm, Vitrinei curtim dictum*, 957 (H. M. p. 70). — *Viterneicurt*, 1180 (Ord. præm. ann. II, c. 454). — *Petrus de Vitreneicort*, 1192 (cart. de l'abb. de Salival). — *Vitrigneicourt*, 1195 (*ibid.*). — *Petrus de Viternicort*, 1197 (*ibid.*). — *Vitrigneicort*, 1228 (ch. de la coll. Saint-Georges). — *Vertignécourt près Hédival*, 1235 (*ibid.*). — *Vitrignicort*, 1291 (Ord. præm. ann. II, c. 463).

VEXO-FONTAINE, f. — Voy. CHAUFONTAINE.

VEYERSTEIN, éc. — Voy. WEIHERSTEIN.

VEYERSTUDEN, f. c^{ne} d'Abreschwiller.

VÉZELISE, ville, ch.-l. de c^{on}, arrond. de Nancy. — *Ecclesia Viziliensis in comitatu Sanctensi*, 960 (ch. de l'abb. de Bouxières). — *Ecclesia Vixiliensis*, 965 (H. L. I, c. 372). — *Vizerisia*, 1146 (*ibid.* II, c. 325). — *Vizelise*, 1291 (Tr. des ch. l. Chaligny, n° 3). — *Vézelisse*, 1390 (*ibid.* l. Vaudémont fiefs, n° 88). — *M. prepositus de Vezelisia*, 1399 (*ibid.* l. Vaudémont dom. n° 171). — *Vezelizia*, 1402 (*Regestrum*). — *Vizelixe*, 1417 (ch. du pr. de Flavigny). — *Moneta Vezelisi*, 1431-1441 (monnaie d'Antoine, comte de Vaudémont: Saulcy, Rech. sur les monn. des ducs héréd. de Lorr. p. 85-86). — *Vessellize*, 1550 (dom. de Rosières).

Vézelise fut, en 1751, le chef-lieu d'un bailliage (voy. VAUDÉMONT) qui comprenait le canton de Colombey, moins les communes d'Aboncourt, Allamps, Barisey-au-Plain, Barisey-la-Côte, Beuvezin, Gibeaumeix, Housselmont, Mont-l'Étroit, Saulxures-lez-Vannes, Tramont-Émy, Tramont-Lassus, Tramont-Saint-André, Uruffe et Vannes ; le canton d'Haroué, moins Bainville-aux-Miroirs, Bralleville, Germonville, Gripport et Lebeuville; Bulligny, Crézilles, Moutrot et Ochey, du canton de Toul-Sud; le canton de Vézelise, moins Frolois et Viterne.

En 1790, lors de l'organisation du département, Vézelise fut le chef-lieu d'un district qui comprenait les cantons de Colombey, Favières, Haroué, Neuviller-sur-Moselle, Pulligny, Vandeléville, Vaudémont et Vézelise. — Ce dernier était formé des communes de l'Alœuf, Chaouilley, Clérey, Étreval, Forcelles-Saint-Gorgon, Goviller, Hammeville, Houdreville, Ognéville, Omelmont, Quevilloncourt, Thorey, Vézelise, Vitrey et Vroncourt.

Les armoiries de Vézelise sont : *écartelé, aux premier et quatrième, facé d'argent et de sable de dix pièces; aux second et troisième, d'azur, à trois moutoiles (poissons) d'argent l'une sur l'autre.*

VEZIN; h. — Voy. GRAND-VEZIN et PETIT-VEZIN.

VEZOUSE (LA), riv. formée de plusieurs ruisseaux qui se réunissent à Cirey, coule de l'est à l'ouest, passe sur les territoires de Blâmont, Domèvre, Herbéviller, Fréménil, Marainviller, Croismare, Chanteheux, Lunéville, et se jette dans la Meurthe près de cette ville. — *Fluvius Vizuzia,* 816 (Hist. de l'Église de Strasbourg, pr. p. 160). — *Viososa,* 1157 (H. L. II, c. 353). — *Vernise* et *Vernize,* 1301 (Tr. des ch. l. Blâmont fiefs, n° 19, et l. Deneuvre, n° 13). — *Veososa,* 1336 (*Als. ill.* I, p. 671). — *Vyzuse,* 1342 (ch. de l'abb. de Haute-Seille). — *Vezuse,* 1350 (Tr. des ch. l. Blâmont I, n° 164). — *Vezuze,* 1352 (*ibid.* n° 111).

Le pays arrosé par cette rivière est désigné dans les diplômes du moyen âge sous les noms de *pagus Albinsis* et *Albechova.* — Voy. BLÂMONTOIS.

VIACELLE ou VIACEL, anc. église champêtre de Gripport. — *Le ban de Viacelle,* 1301 (Tr. des ch. l. Charmes, n° 15). — Il y a des chemins de *Viacelle,* c^{nes} de Gripport et de Germonville.

VIBERSVILLER (pour *Wiebersweiler*), c^{on} d'Albestroff. — *Wyberswiller,* 1525 (papier des noms, etc.). — *Wibersweiller,* 1737 (Tr. des ch. l. Fénétrange VII, n° 21). — *Wiéberweiller,* 1779 (Descr. de la Lorr.).

Cette commune donne son nom à un ruisseau qui a sa source à l'étang de Rottersveiher, passe sur le territoire de Vibersviller et se jette dans le ruisseau de Rhodes.

VICAIRE (RUISSEAUX DU) : l'un prend sa source dans la forêt de Croismare, l'autre dans celle de Parroy; ils passent sur les territoires de Marainviller et de Croismare et se jettent tous deux dans la Vezouse.

VICHEREY (Vosges), c^{on} de Châtenois, était le chef-lieu d'une prévôté du temporel du chapitre de la cathédrale de Toul, au baill. de cette ville, de laquelle dépendaient dans la Meurthe les villages de Beuvezin, Tramont-Émy, Tramont-Lassus et Tramont-Saint-André, du canton de Colombey.

VICHEREY (LE), ruiss. prend sa source sous le bois d'Haussonville, près d'Aboncourt, passe sur les territoires de Beuvezin et de Gémonville et se perd sous terre en aval de ce dernier village.

VIC-SUR-SEILLE, ville, ch.-l. de c^{on}, arrond. de Château-Salins. — *Bodesio vico, Bodisileio, Bodoso, Vadoso, Bodeisio* et *Bodatio vico* (tiers de sou : Ét. num. p. 138-140, et Bulletins de la Société d'archéologie lorraine I, p. 129-136). — *Vigum,* 709 (H. L. I, c. 265). — *Subterior vicus qui dicitur Bodesius vicus,* 757 (H. M. I, p. 11). — *Vicus Bodecius,* 777 (Hist. de l'Église de Strasbourg, p. 128). — *Wich in episcopatu Metensi, in Salninse,* 893 (polyptyque de l'abb. de Prüm). — *Bodesius vicus in pago Salinense, cum ecclesia in honore sancti Mariani,* 933 (H. L. I, c. 339). — *Ecclesia Sancti-Mariani in Subteriori vico,* 936 (H. M. p. 59). — *Vicus,* 987 (H. M. p. 83). — *Vicus qui vocatur Vuich,* 1065 (H. L. I, c. 459). — *Grandis Vicus,* 1218 (ch. de l'abb. de Beaupré). — *Vy,* 1265 (Tr. des ch. l. Pont dom. II, n° 5). — *Vi,* 1273 (*ibid.* l. Moyenvic I, n° 1). — *Wy,* 1275 (*ibid.* l. Rosières I, n° 13). — *Weich, Wiche,* 1435 (cart. de l'abb. de Mettloch). — *Wechsinger daill* (vallée de Vic), 1469 (*ibid.*). — *Oppidum de Vicque,* 1627 (bulle pour le chapitre de Vic).

Il y avait à Vic une collégiale sous le titre de Saint-Étienne et le prieuré de Saint-Christophe (voy. ces mots).

Vic fut le siége d'un archidiaconé, diocèse de Metz, comprenant les archiprêtrés de Delme, Nomeny, Mousson, Gorze et Hatrize; ces deux derniers de la Moselle. — *Archidiaconatus de Vico,* 1539 (pouillé du dioc. de Metz; Topog. ecclés. de la France).

Il était le chef-lieu du bailliage seigneurial de l'évêché de Metz, duquel dépendaient, outre les châtellenies d'Albestroff, Baccarat, Fribourg, Haboudange, la Garde, Moyen, Rémilly (Moselle), Vic et la mairie de Réméréville, un grand nombre de villages qui n'étaient pas du domaine de l'évêché. — La châtellenie de Vic comprenait : Attilloncourt, du canton de Château-Salins; Malaucourt, du canton de Delme; Bezange-la-Grande, Réchicourt-la-Petite, Moyenvic et Vic, du canton de Vic.

Les villages dont il a été parlé ci-dessus appartenaient dans la Meurthe à douze des cantons actuels de ce département, savoir : Bénestroff et Bermering (en partie), du canton d'Albestroff; Angomont, Bionville, Bréménil, Migneville, Neuviller-lez-Badonviller (en partie), du canton de Baccarat; Buriville, Fréménil, Halloville (en partie), Harboué, Herbéviller et Vaucourt, du canton de Blâmont; Chambrey, Grémecey, Moncel, Obreck et Pettoncourt, du canton de Château-Salins; Saint-Jean-de-Bassel, du canton de Fénétrange; Aspach, Bertrambois, Cirey, Fraquelfing, Hattigny, Lafrimbolle, Landange, Lorquin, Neuf-Moulin, la Neuveville-lez-Lorquin, Niderhoff, Petit-Mont, Saint-Quirin, Turquestein et Val-de-Bon-Moutier, du canton de Lorquin; Manonviller, du canton de Lunéville-Sud-Est; Bey et Jeandelaincourt, du canton de Nomeny; Port-sur-Seille, du canton de Pont-à-Mousson; Avricourt (en partie), Desseling, Gondrexange, Hertzing, Ibigny, Moussey, Richeval, Romécourt et Saint-Georges, du canton de Réchicourt-le-Château; Barchain, Bébing, Hesse et Xouaxange, du canton de Sarrebourg; Bathelémont-lez-Bauzemont, Bezange-la-Petite, Juvrecourt, Moncourt, Xanrey et Xures, du canton de Vic.

La subdélégation de cette ville, dépendant de la générálité de Metz, s'étendait sur quatorze de nos cantons actuels, la plupart mentionnés ci-dessus, moins ceux de Fénétrange, Lorquin et Sarrebourg; elle comprenait : Albestroff, Bénestroff, Bermering et Givrycourt, du canton d'Albestroff; Baccarat, Bertrichamps, Brouville, la Chapelle, Merviller, Mignéville, Montigny, Neuf-Maisons, Réhéray, Thiaville, Vacqueville, Vaxainville et Veney, du canton de Baccarat; Buriville, Fréménil, Herbéviller, Vaucourt, Vého et Xousse, du canton de Blâmont; Attilloncourt, Bellange, Burlioncourt, Chambrey, Dalhain, Dédeling, Fresnes-en-Saulnois, Grémecey, Haboudange, Hampont, Moncel, Obreck, Pettoncourt et Salival, du canton de Château-Salins; Alaincourt, Chénois, Delme, Donjeux, Juville, Lemoncourt, Liocourt, Malaucourt, la Neuveville-en-Saulnois, Oriocourt, Oron, Puzieux et Xocourt, du canton de Delme; Bourgaltroff, Gelucourt, Guéblange et Guébling, du canton de Dieuze; Moyen et Vathiménil, du canton de Gerbéviller; Chenevières, Manonviller, la Ronxe et Saint-Clément, du canton de Lunéville-Sud-Est; Velaine-sous-Amance, du canton de Nancy-Est; Bey, Jeandelaincourt et Moivron, du canton de Nomeny; Morville-sur-Seille et Port-sur-Seille, du canton de Pont-à-Mousson; Avricourt, Azoudange, Moussey, Réchicourt-le-Château et Romécourt, du canton de Réchicourt; Buissoncourt, Erbéviller et Réméréville, du canton de Saint-Nicolas; Bathelémont-lez-Bauzemont, Bezange-la-Grande, Bezange-la-Petite, Bourdonnay, Donnelay, la Garde, Hellocourt, Juvelise, Juvrecourt, Ley, Lezey, Maizières, Moncourt, Moyenvic, Ommerey, Réchicourt-la-Petite, Vic, Xanrey et Xures, du canton de Vic.

En 1790, lors de l'organisation du département, Vic devint le chef-lieu d'un district dont le siége fut ensuite transféré à Château-Salins (voy. ce mot). — Il fut le chef-lieu d'un canton qui comprenait le hameau de Burthecourt et les communes de Chambrey, Moyenvic, Salival, Salone et Vic.

Les armoiries de cette ville, blasonnées dans le Traité du département de Metz, sont *parti de gueules et d'argent.*

VIDE-BOUTEILLE, éc. c^{ne} de Pont-à-Mousson.

VIDELANGE, f. et m^{in} (maison forte et seigneurie), c^{ne} de Gelucourt. — *Widranges, Vidranges,* en allemand *Wittrengen* et *Widrengen,* xve s^e (arch. de la famille de Widranges). — *Vidlange,* petit village, 1756 (dép. de Metz).

Cette ferme donne son nom à un ruisseau qui a sa source au moulin de Brandebourg, passe sur les territoires de Maizières, Gelucourt, Guéblange, Blanche-Église, et se jette dans la Seille.

VIEILLE-ATRIE (CHEMIN DE LA), c^{ne} de Rosières-aux-Salines, ainsi appelé sans doute à cause d'un ancien cimetière auquel il conduisait.

VIEILLE-ÉGLISE (CHEMINS DE LA), c^{nes} d'Abreschwiller, Mattexey et Nitting.

VIEILLE-ÉGLISE (LA), cantons des territoires de Neuf-Maisons et de Puttigny.

VIEILLE-IDOTE ou VIEILLE-DATE (CHEMIN DE LA), c^{ne} de Lorquin.

VIEILLE-LEVÉE (LA), dite anciennement *route des Romains,* chemin, c^{ne} de Royaumeix.

VIEILLE-NANCY (LA), nom donné, dans un titre du xvie siècle, à un canton de l'ancien bois du Saulrupt, près de Nancy.

VIEILLE-ROUTE (LA), chemins, c^{nes} d'Azoudange, Diane-Capelle, Essey-et-Maizerais, Héming, Languimberg, Lixheim, Mittelbronn, Neuf-Moulin, Thuilley-aux-Groseilles.

VIEILLE-TUILERIE (LA), usine, c^{ne} de Bouvron.

VIEILLES-VIGNES (CHEMINS DES), c^{nes} de Marimont, de Nébing et de Saint-Médard.

VIEIL-MOUSTIER (LE), nom donné, sur la fin du xviie siècle, aux ruines d'une église, sur le chemin de Buissoncourt à Lenoncourt.

VIERGE-DE-RINCHARD (CHEMIN DE LA), c^{ne} de Favières.

VIERGE-DES-NOBLETS (LA), nom donné à un canton de la forêt de Puvenelle dans un procès-verbal de visite des bois de la maîtrise de Pont-à-Mousson, en 1765.

VIEUX-BOURG (SENTIER DU), c^{ne} de Prény.

VIEUX-CHÂTEAU (LE), canton du territoire de Tarquinpol où l'on a trouvé des antiquités.

VIEUX-CHÂTEAU (LE), canton du territoire de Villers-lez-Nancy. — *Le lieu condit en Vief-Chastel,* 1375 (ch. de l'abb. de Clairlieu).

VIEUX-CHÂTEAU (LE), chât. c^{ne} de Maizières-lez-Toul.

Vieux-Château (Le), anc. chât. — Voy. Florainville.
Vieux-Château (Le), anc. maison à Germonville.
Vieux-Chaufour (Chemins du), c^{nes} d'Azerailles, Jaillon et Vacqueville.
Vieux-Chemin (Le), chemins, c^{nes} de l'Aître, l'Alœuf, Armaucourt, Avrainville, Azerailles, Bouzanville, Custines, Dombasle, Domptail, Écrouves, Grimonviller, Hattigny, Heillecourt, Hérange, Houdreville, Jaillon, Kerprich-lez-Dieuze, Lafrimbolle, Lebeuville, Ludres, Malaucourt, Méhoncourt, Montreux, la Neuvelotte, la Neuveville-derrière-Foug, Neuviller-sur-Moselle, Ogéviller, Parey-Saint-Césaire, Romain, Sainte-Geneviève, Trois-Fontaines et Veney.
Vieux-Chemin (Le), chemin, c^{ne} de Pont-Saint-Vincent. — *Vetus callis*, 1126 (H. L. II, c. 279).
Vieux-Chemin (Le), chemin entre Flavigny et Méréville. — *Via vetus desuper vallem, usque ad ripam fluminis* (la Moselle) *et usque ad sylvulam de Flavigny*, 1094 (H. L. I. c. 498).
Vieux-Cimetière (Chemins du), c^{nes} d'Arscheviller, Bouvron, Bouxières-aux-Chênes et Rosières-aux-Salines (ou *de l'Atrie*).
Vieux-Couvent (Le), canton du territoire de Dolving, près de la chapelle de Saint-Oury.
Vieux-Lixheim, c^{on} de Fénétrange. — *Lixin-le-Village*, 1779 (Descr. de la Lorr.). — *Lixheim-le-Vieux*, 1782 (table des villes, etc.). — *Viel-Lixheim*, (Cassini). — *Viel*, 1790 (div. du départ.).
Vieux-Manhoué (Le), vill. détruit, près de Manhoué, et dont on montre encore l'emplacement. — *Le vieil Manwuey*, 1635 (dom. de Nomony).
Vieux-Moulin (Chemins du), c^{nes} d'Azerailles, Haussonville, Hilbesheim, Lezey, Lubécourt, Mailly, Manoncourt-sur-Seille et Nomeny.
Vieux-Moulin (Le), canton du territoire de Bagneux où fut construit le premier moulin à vent de cette commune.
Vieux-Moulin (Le), éc. c^{ne} de Fossieux.
Vieux-Moulin (Le), éc. c^{ne} de Mangonville.
Viéville-en-Haye, c^{on} de Thiaucourt (abbaye de l'ordre de Prémontré, qui était en ruines au commencement du xviiie siècle). — *Ecclesia Vetustæ villæ*, 1106 (Hist. de l'abb. de Saint-Mihiel, p. 453). — *Magna via Vieville*, 1138 (H. L. II. c. 317). — *Viesville*, 1250 (ch. de l'abb. de Sainte-Marie). — *Viesville-en-Heys*, 1402 (Tr. des ch. l. Fiefs de Lorraine II, n° 42). — *Vetteravilla*, 1402 (*Regestrum*). — *Viezville*, 1436 (ch. de l'abb. de Sainte-Marie). — Le fief de Viéville relevait de la châtell. de Prény, baill. de Nancy.
Vigne (La), f. c^{ne} de Cirey.

Vigne Barotte (La), pièce de vigne, c^{ne} de Vilcey-sur-Trey, dont le détenteur devait une chopine et demie de vin pour les communiants de Pâques.
Vignes-le-Duc (Chemin des), c^{ne} de Rosières-aux-Salines.
Vignes-le-Duc (Les), canton du territoire d'Amance.
Vigneules, c^{on} de Bayon. — *Alodium de Vineolis cum capella*, 1152 (Tr. des ch. l. Abb. de Senones, n° 8). — *Vigneulæ*, 1288 (ch. de l'abb. de Belchamp). — *Vignueles*, 1290 (Tr. des ch. l. Rosières I, n° 29). — *Vegnyeulles*, 1535 (dom. de Lunéville). — *Vigneul*, 1594 (dén. de la Lorr.). — *Vigneulle-sous-Saffais*, 1779 (Descr. de la Lorr.). — Le fief de Vigneules relevait de la châtell. de Rosières, baill. de Nancy.
Vigneux (Au-), canton du territ. de Bagneux où l'on trouve des restes d'anciennes constructions.
Vilcey-sur-Trey, c^{on} de Thiaucourt. — *Villecelz*, 1342 (Tr. des ch. l. Prény, n° 13). — *Vilcelz*, 1397 (ibid. l. Fiefs de Lorraine II, n° 21). — *Villeselz-sus-Trien*, 1402 (ibid. l. Fiefs de Nancy, n° 42). — *Villesceil-surs-Toren*, *Villesceil-sus-Trien*, 1402 (*Regestrum*). — *Villecel-sur-Toren*, 1441 (dom. de Pont-à-Mousson). — *Villecel-sus-Erien*, 1478 (Tr. des ch. l. Fiefs de Nancy, n° 44). — *Villecel-sur-Thoren*, 1498 (dom. de Pont-à-Mousson). — *Vellesel-sur-Trez*, 1504 (ch. de l'abb. de Sainte-Marie). — *Villessey-sur-Trey*, 1546 (dom. de Prény). — *Villecel-sur-Thoron*, 1551 (dom. de Pont-à-Mousson). — *Villecel-sur-Torein*, *Villecel-sur-Thorein*, 1556 (ibid.). — *Villecey-sur-Trey*, 1602 (ibid.).
Villacourt, c^{on} de Bayon. — *Vilascort*, 1152 (cart. de l'abb. de Belchamp). — *Ecclesia de Villacourt*, 1157 (H. L. II, c. 352). — *Garnerus de Velascort*, 1172 (Tr. des ch. l. Abb. de Clairlieu, n° 1). — *Vellascort*, 1178 (ch. de l'abb. de Beaupré). — *Velascurt*, *Velacort*, 1182 (ibid.). — *Velascorth*, 1189 (ibid.). — *Vellacort*, 1195 (ibid.). — *Ecclesia de Velaucourt*, 1206 (ch. de l'abb. de Belchamp). — *Vilescort*, 1218 (ch. de l'abb. de Beaupré). — *Agnes de Vilacort*, 1224 (cart. de l'abb. de Saint-Arnou). — *Valacort*, 1247 (ch. de l'abb. de Beaupré). — *Villacuria*, 1396 (ch. de l'abb. de Belchamp). — *Vellaucuria*, *Valaucourt*, *Vellaucourt*, 1397 (ibid.). — *Walaucourt*, 1402 (*Regestrum*). — *Velacourt*, *Vilaicourt*, *Villacourt*, 1534 (dom. de Bainville). — *Velaicourt*, 1543 (ibid.). — Le fief de Villacourt relevait de la châtell. et du baill. de Châtel.
Villard, f. c^{ne} de Chaouilley. — *Villars*, 1782 (table des villes, etc.).
Villaume-Fontaine, anc. cense, c^{ne} d'Autrey.
Ville, fief, c^{ne} de Ville-en-Vermois.

Villé, fief à Ménil-lez-Lunéville.
Villé ou Saint-Goëric, nom donné à une partie du ban d'Agincourt.
Ville (La), c°" du territoire de Desseling où l'on a trouvé de nombreux fragments de briques.
Ville-au-Val, c°" de Pont-à-Mousson. — *Ville on vaul Sainte-Marie*, 1476 (Tr. des ch. reg. B. 1, f° 349). — *Wille*, 1498 (dom. de Pont-à-Mousson). — *Ville près Mousson*, 1594 (dén. de la Lorr.). — *Ville-au-Val-Sainte-Marie*, 1710 (polium). — Le fief de Ville-au-Val relevait de la baronnie d'Apremont et du marquisat de Pont-à-Mousson.
Ville-Basse (La), nom donné à une des sections de la commune de Flavigny, en 1547 (ch. des arch. de la fabrique de Dombasle).
Ville-en-Vermois, c°" de Saint-Nicolas. — *Ville en Varmois*, 1261 (ch. de l'ordre de Malte). — *Villa en Vermois*, 1357 (ch. du pr. de Flavigny). — *Villa in Vermodio*, 1396 (ch. de la coll. Saint-Georges). — *Verles*, 1424 (dom. de Nancy). — *Ville-au-Vermois*, 1600 (*ibid.*).
Ville-Haute (La), nom donné à une des sections de la commune de Flavigny, en 1547 (ch. des arch. de la fabrique de Dombasle).
Ville-sur-Madon, h. (seigneurie), c"° d'Ormes. — *Guerardus de Villa*, 1178 (ch. de l'abb. de Beaupré). — *Villa supra Maudum*, 1240 (H. L. II, c. 453). — *Ville-sur-Maudon*, 1403 (Tr. des ch. l. Confirmations, n° 33). — *Ville-sur-Mauldon*, 1600 (dom. de Nancy). — Le fief de Ville relevait de la châtell. et du baill. de Nancy.
Viller, faubourg de Lunéville; village avec un hôpital fondé en 1406. — *Le mostier de Villers*, 1273 (Tr. des ch. l. Moyenvic I, n° 1). — *Lou pessaige de la neif de Villeir*, 1323 (*ibid.* l. Fiefs de Nancy, n° 151). — *Viller-davant-Lunéville*, 1420 (dom. de Nancy). — *Viller-lès-Lunéville*, 1779 (Descr. de la Lorr.).
Viller, f. (cense-fief), c"° d'Assenoncourt.
Viller (Au-), canton du territ. de Bagneux où l'on a trouvé des restes de constructions.
Villers, anc. gagnage-fief près de Vézelise. — *Le gaignaige de Villers près Vézelise*, 1543 (Tr. des ch. reg. B. 22, f° 227).
Villers ou Villers-lez-Saint-Remy, anc. métairie à l'abb. de Belchamp, près de Saint-Remy-aux-Bois, qui était ruinée en 1575 et fut rebâtie à cette époque. — *Alodium de Villare*, 1157 (H. L. II, c. 351). — *Villers davant Seint-Remy*, 1319 (ch. de l'abb. de Belchamp). — *Gagnage appelé la Petite-Viller*, 1710 (*ibid.*).
Villers (Ruisseau de), est formé des eaux de la fontaine Saint-Claude, passe sur les territoires de Saint-Remy-aux-Bois et de Loro-Montzey et se jette dans le ruisseau de Loro.
Villers-aux-Oies, c°" de Delme. — *Villers*, 1469 (ch. rappelée dans un inventaire des titres de la baronnie de Viviers).
Villers-Betnack, f. c"° de Marsal.
Villers-en-Haye, c°" de Domèvre. — *Villaris*, 965 (H. L. I, c. 372). — *Villare*, 1137 (coll. Moreau, t. LVII, f° 98). — *Vileirs*, 1305 (Tr. des ch. l. Pont-à-Mousson, n° 15). — *Villarium*, 1402 (*Regestrum*). — *Viller*, 1420 (dom. de Nancy). — *Villers-en-heix*, 1441 (dom. de Pont-à-Mousson). — *Villey-en-heix*, 1498 (*ibid.*). — *Villers-en-hey*, 1551 (*ibid.*). — *Viller-en-hey*, 1602 (*ibid.*).
Villers-le-Prud'homme, éc. et chapelle (fief), c"° de Ville-au-Val; vill. détruit. — *Villers-le-Preudhon*, 1476 (Tr. des ch. reg. B. 1, f° 326). — *Villers-le-Prudhon*, 1483 (ch. de la coll. Saint-Georges). — *Villers-le-Preudhomme*, 1551 (dom. de Pont-à-Mousson). — Le fief de Villers relevait de la baronnie d'Apremont.
Villers-lez-Moivron, c°" de Nomeny. — *Villare*, 875 (ch. de l'abb. de Sainte-Glossinde). — *Alodium quod dicitur Villare*, 1075 (H. M. p. 58). — *Viller-près-de-Moiveron*, 1420 (dom. de Nancy). — *Villey-davant-Moyveron*, 1424 (*ibid.*). — *Villey-près-de-Moiveron*, 1427 (*ibid.*). — *Viller*, 1477 (dom. d'Amance). — *Viller-lès-Moyveron*, 1492 (*ibid.*).
Villers-lez-Nancy, c°" de Nancy-Nord. — *Vilers*, 1169-1193 (ch. de l'abb. de Clairlieu). — *Vilers-desore-Nancey*, 1291 (Tr. des ch. l. Fiefs de Nancy, n° 130). — *Viller-davant-Nancey*, 1420 (dom. de Nancy). — *Villey-davant-Nancey*, 1424 (*ibid.*). — *Villers-devant-Nancey*, 1483 (ch. de la coll. Saint-Georges). — *Villey-devant-Nancey*, 1538 (Tr. des ch. B. 7616). — *Viller*, 1594 (dén. de la Lorr.). — Le fief de Villers relevait de la châtell. et du baill. de Nancy.
Villers-sous-Prény, c°" de Pont-à-Mousson. — *Villare*, 977 (H. M. p. 82). — *Petrus de Baruncort advocatus de Villers*, 1138 (H. L. II, c. 318). — *Villers-desoubz-Prigney*, 1433 (ch. de l'abb. Sainte-Marie). — *Villers-devers-Priney*, 1477 (dom. de Prény). — *Viller-darier-Prinei*, 1483 (*ibid.*). — *Viller*, 1546 (*ibid.*). — *Villey-soubz-Pregney*, 1559 (*ibid.*). — Le fief de Villers relevait de la châtell. de Prény, baill. de Nancy.
En 1790, Villers-sous-Prény fut le chef-lieu d'un canton dépendant du district de Pont-à-Mousson et formé des communes de Fey-en-Haye, Norroy, Regniéville, Vandières, Vilcey-sur-Trey et Villers-

sous-Prény. Ce canton fut supprimé au mois de novembre 1790 et réuni à celui de Pagny.

Villersvaux, m^in, c^ne de Rogéville.

Villey-le-Sec, c^on de Toul-Sud. — *Villula quæ dicitur Vitiliagus*, 836 (H. L. I, c. 301). — *Vitilacus*, 870 (H. T. p. 2). — *Utiliacus*, 936 (*ibid.* p. 62). — *Vidiliacus*, 948 (H. L. I, c. 352). — *Videliacus et alia villa eodem nomine nuncupata*, xe siècle (*Hist. eps. tull. ad ann.* 600-622, *ibid.* c. 126). — *Videliacus, Viliacus*, 1071 (*ibid.* c. 471). — *Villeium-le-sec*, 1369 (ch. de l'abb. de Saint-Epvre). — *Villers-le-sec*, 1393 (Tr. des ch. l. Gondrecourt V, n° 49). — *Villey-le-saicz*, 1424 (dom. de Nancy). — *Villiers-le-secque*, 1536 (Tr. des ch. reg. B. 7615). — *Villey-le-sec-lez-Gondreville*, 1572 (*ibid.* l. Nancy II, n° 58). — *Villiez et Viller-le-Sec*, 1594 (dén. de la Lorr.). — *Villers-le-Secq*, 1719 (alph.). — *Villey-la-Montagne*, à la Révolution.

Villey-Saint-Étienne, c^on de Domèvre. — *Villa Vidiliaca cum ecclesia*, 885 (H. T. p. 5). — *Vedeliacum cum basilica, in comitatu Tullensi*, 898 (H. L. I, c. 330). — *Villa quæ Videliacus dicitur* (*Hist. eps. tull. ad ann.* 895-907, H. L. I, c. 130). — *Villeyum* (*Epitaphia eps. tull. ad id. ann. ibid.* c. 173). — *Villeyum Sancti-Stephani*, 1402 (*Regestrum*). — *Viliez-Saint-Estienne*, 1594 (dén. de la Lorr.). — *Villers-Saint-Étienne*, 1719 (alph.).

Villey-Saint-Étienne fut, dès le xive siècle, le chef-lieu d'une prévôté, du temporel du chapitre de la cathédrale de Toul, baill. de cette ville, comprenant Villey-Saint-Étienne et Francheville (en partie), du canton de Domèvre; Dommartin-lez-Toul, Lagney et Lucey, du canton de Toul-Nord; — Ménillot, du canton de Toul-Sud.

Vilsberg, c^on de Phalsbourg. — *Wylsperch, Wildesbem, Wildesbeg*, 1367 (Tr. des ch. l. Fénétrange III, n° 2). — *Wilsperg*, 1589 (dom. de Phalsbourg). — *Vilsperg*, 1591 (*ibid.*). — *Viltzberg*, 1719 (alph.). — *Vilsperg*, 1756 (dép. de Metz). — *Vilschberg* ou *le Neuf-Village* (Cassini).

Vilsbergermühl (Ruisseau de), prend sa source près de Phalsbourg, passe sur le territoire de cette ville et se jette dans le Keillematt.

Vilsberg-Wald, montagne, c^ne de Vilsberg.

Vilvacourt, vill. détruit. — Voy. Vivalcourt.

Vinot (Le), éc. c^ne de Bouxières-aux-Chênes.

Vintersbourg (pour *Wintersburg*), c^on de Phalsbourg. — *Winterssberg*, 1601 (dom. de Phalsbourg). — *Wintersberg*, 1751 (*Als. ill.* II, p. 198).

Vintremont ou Vitrimont, cour ou métairie à l'abb. de Neuviller en Alsace, près du village d'Abaucourt. — *Wintremunt*, 1178 (ch. de la coll. de Fénétrange). — *Wintremont*, 1256 (*ibid.*). — *Vitremont*, 1560 (*ibid.*). — *Witremont, Vitrimont*, 1635 (dom. de Nomeny). — Il y a un chemin de *Vitrimont*, c^oe d'Abaucourt.

Viombois, éc. c^ne de Neuf-Maisons.

Virecourt, c^on de Bayon. — Maison de Templiers, puis commanderie de Malte. — *Theodericus de Vuiricurt; alodium apud Evereicurt* (?), 1127-1168 (ch. du pr. de Flavigny). — *Boso de Wiricort*, 1172 (Tr. des ch. l. Abb. de Clairlieu, n° 1). — *Werecort*, 1203 (ch. de l'ordre de Malte). — *Fratres Templi de Wirecort*, 1255 (H. L. II, c. 478). — *Veilecourt*, 1301 (Tr. des ch. l. Nancy I, n° 102 *bis*). — *Wyricuria*, 1402 (*Regestrum*). — *Wirecourt, Wyrecourt*, 1425 (ch. de l'abb. de Belchamp). — *Vourecourt*, 1481 (ch. de l'ordre de Malte). — *Wircourt*, 1491 (ch. de l'abb. de Belchamp). — *Vircourt*, 1550 (dom. de Rosières).

Virhagotte ou Voirhagotte, éc. c^ne de Pierre-Percée.

Virlay (Le), maisons, près de la commanderie de Saint-Jean de Nancy, ruinées lors du siége de cette ville en 1633. — *Virlet-lès-Nancy*, 1525 (Guerre des Rustauds, p. 95).

Virlogne (La), ruiss. prend sa source sur le territoire de Juvelise, passe sur celui de Guéblange et se jette dans le ruisseau de Videlange.

Virming, c^on d'Albestroff. — *Warningas in Salinense* (?), 777 (Hist. de l'Église de Strasbourg, pr. p. 28). — *Wirmenges*, 1231 (ch. de l'abb. de Haute-Seille). — *Waltherus de Warminga*, 1326 (cart. de l'abb. de Salival). — *Wurmyngen, Wurmingen, Wurmenges*, 1476 (dom. de Dieuze). — *Wirmenges*, 1524 (Tr. des ch. reg. B. 16, f° 135 v°). — *Wirmyngen*, 1524 (dom. de Dieuze). — *Wirmanges, Wirmange*, 1553 (*ibid.*). — *Virmanges*, 1573 (*ibid.*). — *Wirmangen*, 1594 (dén. de la Lorr.). — *Wirmingen*, 1600 (dom. de Dieuze). — *Virmingen*, 1667 (*ibid.*).

Viterne, c^on de Vézelise. — *Villa Stephani cum basilica*, 836 (H. L. I, c. 301). — *Villa Sancti-Stephani*, 1402 (*Regestrum*).

Cette commune donne son nom à un ruisseau qui y a sa source, passe sur les territoires de Maizières et de Bainville et se jette dans le Madon.

Vitré (La), éc. c^ne de Pont-à-Mousson. — *La Vieltry*, 1568 (Tr. des ch. reg. B. 7955). — *La Vitrée* (Cassini). — Voy. Thirey.

Vitrey, c^on de Vézelise. — *Ecclesia in Vitriaco*, 1033 (H. L. I, c. 408). — *Wutrei*, 1196 (ch. de l'abb. de Clairlieu). — *Bannum de Vietry*, 1235 (H. L. II, c. 449). — *Vuterei*, 1267 (Tr. des ch. l. Vaudémont fiefs, n° 3). — *Wuterei*, 1297 (*ibid.* l. Vaudémont dom. n° 144). — *Wutrey*, 1310 (*ibid.* l. Vaudémont fiefs, n° 6). — *Wultreyum*, 1402 (*Regestrum*). — *Weutrei, Weutrey, Weutri*, 1408 (dom. de Vaudémont). — *Vitreyum*, 1438 (ch. de l'abb. de Bouxières). — *Witrey*, 1451 (Tr. des ch. l. Vaudémont fiefs, n° 35). — *Vitry*, 1500 (dom. de Vaudémont). — Le fief de Vitrey relevait du comté de Vaudémont; il fut, au xv° siècle, le siége d'une prévôté seigneuriale, puis d'une baronnie érigée en 1720.

Vitrimont, c°ⁿ de Lunéville-Nord. — *Gerardus de Viterimont*, 1147 (H. L. II, c. 329). — *Viteremont*, 1274 (Tr. des ch. l. Rosières I, n° 12). — *Veterimont*, 1315 (*ibid.* l. Fiefs de Nancy, n° 140). — *Vetrimont*, 1348 (ch. du pr. de Ménil). — *Vitrimons*, 1491 (ch. de l'abb. de Belchamp).

Vitrimont, mét. — Voy. Vintremont.

Vitrincourt, vill. détruit. — Voy. Vertignécourt.

Vittersbourg, c°ⁿ d'Albestroff. — *Witerborch*, 1343 (Tr. des ch. l. Fénétrange II, n° 6). — *Vitersberg*, *Vittersberg*, 1559 (dom. de Dieuze). — *Witersburg*, 1594 (dén. de la Lorr.).

Vittonville, c°ⁿ de Pont-à-Mousson. — *Witonisvilla*, 1161-1170 (cart. de Gorze). — *Wytonville*, 1266 (Tr. des ch. l. Rosières I, n° 9). — *Witonville*, 1325 (*ibid.* l. Pont-à-Mousson, n° 1). — *Withonville*, 1441 (dom. de Pont-à-Mousson). — *Victhonville*, 1534 (*ibid.*). — *Wathonville, Wiethonville, Wyethonville*, 1551 (*ibid.*). — *Wicthonville*, 1565 (Tr. des ch. reg. B. 7952). — Le fief de Vittonville relevait du marquisat de Pont-à-Mousson.

Vivalcourt ou Vilvacourt, vill. détruit, qui semble avoir été situé dans les environs de Nonhigny. — *Morro de Vivalcourt*, 1092 (H. L. I, c. 495). — L'estang de *Willevacort* et *Willevaucourt*, 1332 (Tr. des ch. l. Blâmont I, n° 86). — *Veullevaulcourt*, 1413 (*ibid.* l. Blâmont fiefs, n° 80). — Il y a des chemins de *Vilvaucourt* et de *l'Étang-de-Vilvaucourt* sur les territoires de Barbas et de Nonhigny et un bois de *Vilvaucourt* près de Halloville. Il y avait aussi un bois du même nom sur le ban de Deuxville; il a été aliéné en 1815.

Vivelin (Ruisseau de), a sa source à Domnom, passe sur le territoire de cette commune et se jette dans le ruisseau de Bassing.

Viviers, c°ⁿ de Delme (prieuré de Chanoines réguliers, sous le titre de *Notre-Dame-de-Gloire*; fondé vers le xi° siècle). — *Bibera in pago Muselechgouve* (pays de Metz), 1024 (copie du xviii° s°, cart. du prieuré de Viviers). — *Castrum de Viviers*, v. 1150 (H. L. II, c. 434). — *Vivaria; castrum de Vivariis*, 1222 (Tr. des ch. l. Viviers, n°ˢ 1 et 2). — *Vivieres* et *Vivarium*, xiii° s° (*Chr. mon. sen.* H. L. II, c. 36 et 39). — *Vivuers*, 1460 (cart. de l'abb. de Mettloch, f° 4). — *Fievers*, 1552 (Cosmogr. éd. allem.). — *Vivier* et *Vyvier*, 1566 (dom. de Viviers).

Viviers était le siége d'une châtellenie (*châtel et châtellenie de Viviers*, 1457 (Tr. des ch. l. Viviers, n° 22) et d'une ancienne baronnie relevant en fief du marquisat de Pont-à-Mousson; elle fut érigée en titre de prévôté en 1579, et comprenait les villages de Bacourt, Château-Bréhain, Dalhain, Donjeux, Faxe, Frémery, Hannocourt, Oriocourt, Oron, Thézey-Saint-Martin, Vaxy. C'était aussi, au xvi° siècle, le siége d'une *mère-court*, de laquelle dépendait le village de Thézey.

Viviers, couvent de Prêcheresses, près de Sarrebourg, fondé au xi° siècle, ruiné vers la fin du xiv°. — *Sorores de Vivario prope Sarburch*, 1312 (Tr. des ch. l. Viviers, n° 8). — *Monasterium de Vivario prope Sarburg, ordinis predicatorum*, 1325 (*ibid.* l. Fénétrange I, n° 10).

Void (Meuse), ch.-l. de c°ⁿ, arrond. de Commercy, était le siége d'une prévôté du temporel du chapitre de la cathédrale de Toul, baill. de cette ville, de laquelle dépendait dans la Meurthe le village de Troudes.

Voide (La), pays. — Voy. Bédois (Le).

Voie d'Affrique, anc. chemin, c°ⁿ d'Heillecourt, conduisant à Ludres et au lieu dit *le Camp-d'Affrique*.

Voie de Charmes, chemin, c°ⁿ de Bicqueley.

Voie de Port, chemins, c°ᵉˢ d'Haussonville et de Vandœuvre.

Voie des Censiers, Voie des Maréchaux, chemins, c°ⁿ de Domgermain.

Voie de Toul, chemins, c°ᵉˢ de Boucq, Charmes-la-Côte, Favières et Tramont-Saint-André.

Voie romaine, chemins, c°ᵉˢ de Crézilles, de Gye et de Moutrot.

Voinémont, c°ⁿ d'Haroué. — *Capella de Waneneymont*, 1090 (H. L. I, c. 566). — *Wenemons*, 1402 (*Regestrum*). — *Venemont*, 1492 (Tr. des ch. l. Fiefs de Nancy, n° 32). — *Wanemont*, 1526 (dom. de Nancy). — *Voynnemont*, 1549 (dom. de Pulligny). — *Vannemont*, 1594 (dén. de la Lorr.). — Le fief de Voinémont relevait de la châtell. et du baill. de Nancy.

Voinotte (La), f. c°ⁿ de Lafrimbolle.

Voirhagotte, éc. — Voy. Virhagotte.

Voirin-Chanot, f. — Voy. Varinchanot.

Voise (Ruisseau de). — Voy. Gogney.

Voissieux (Le), ruiss. prend sa source à Vannecourt et se jette dans la Petite-Seille.

Voite-Joute, éc. c°ⁿ de Pont-à-Mousson.

Voitrine, mét. c°ⁿ de Vaxainville.

Voivre (Devant-la-), c^{on} du territ. de Bagneux où se trouvent des restes d'anciennes constructions, de même qu'aux cantons dits *Florey, En-Maizières, En-Champagne, En-Flexis, à la Croix, à l'Anglure.*

Voivre (La), bois, c^{ne} de Maizières-lez-Toul. — *Bois de la Weivre darrier Saint-Vincent*, 1291 (Tr. des ch. l. Chaligny, n° 3).

Voivre (La), bois, c^{ne} d'Ormes. — *La Weivre*, 1417 (Tr. des ch. l. Nancy I, n° 15).

Voivre (La), éc. c^{nes} de Custines et de Flavigny.

Voivre (La), éc. c^{ne} de Glonville. — *La Weivre*, 1295 (Tr. des ch. l. Deneuvre, n° 11). — *La Weyvre*, 1313 (ibid. l. Lunéville I, n° 17). — *La maison de Wevre*, 1381 (ibid. l. Blâmont I, n° 156). — Il y a entre Gélacourt et Azerailles, à peu de distance de Glonville, deux bois appelés *la Grande* et *la Petite Voivre*. — *Morigneiwevre*, 1291 (Tr. des ch. l. Fiefs de Nancy, n° 129). — *Boix que on dit Moringneweivre*, 1315 (ibid. l. Deneuvre, n° 21).

Voivre (La), forêt, c^{ne} de Boucq. — *Wevra et Weivra*, 1152 (cart. de Rengéval, f° 12). — *Wevria*, 1180 (ibid. f° 8 v°). — *La Wevre, la Weivre*, 1294 (cart. d'Apremont, n° 12).

Voivre (La), ruiss. prend sa source à l'étang de Verry, près de Sanzey, passe sur le territoire de cette commune et sur celui de Ménil-la-Tour et se jette dans le Terrouin.

Voivre (La), territoire situé entre le Toulois, le Scarponais, le pays de Metz et celui de Carme, et dans lequel étaient compris plusieurs villages des cantons de Domèvre et de Thiaucourt, notamment Beaumont, Charey, Essey, Mandres, Manoncourt et Rembercourt. — *Pagus Wabrinsis*, 691 (Diplom. II, p. 212-213). — *Pagus Vabrinsis*, 706 (ibid. p. 275-276). — *Wabrensis*, 776 (cart. de Gorze). — *Vippria, Vepria*, 1402 (Regestrum). — *Vabrensis*, 1675 (*Not. Gall.* p. 579).

Voivrottes (Les), f. c^{ne} des Ménils. — Bois de *la Wevrotte*, 1559 (Tr. des ch. reg. B. 7951).

Volmerholz, forêt, c^{nes} de Gosselming, de Haut-Clocher et de Langatte.

Vosges (Les), chaîne de montagnes dont une portion occupe la partie orientale du département. — *Vosegus* (inscription du IIIe ou du IVe siècle au Musée de Strasbourg). — *Vosagus* (Table théod.). — *Vogya*, 1191 (ch. de l'abb. de Haute-Seille).

Voyer, c^{on} de Lorquin. — *Veiher*, 1671 (titres du comté de Dabo). — *Weyher*, 1725 (ibid.). — *Voyer*, en allem. *Weyer*, 1751 (*Als. ill.* II, p. 195). — *Via romana* (Bégin, Mém. de la Soc. des Antiquaires de France, 1856; étymologie à rejeter).

Cette commune donne son nom à un ruisseau qui y a sa source, passe sur son territoire, sur ceux de Nitting et d'Abreschwiller, et se jette dans la Sarre.

Vrécourt, fief, c^{ne} de Rosières-aux-Salines.

Vrécourt, village détruit, près de Malaucourt. On le désigne aussi sous les noms de *Ruicourt* et d'*Oricourt*.

Vroncourt, c^{on} de Vézelise. — *Veroncort*, 1291 (Tr. des ch. l. Chaligny, n° 3). — *Veroncuria*, 1399 (ibid. l. Vaudémont dom. n° 171). — *Veroncourt*, 1406 (ibid. l. Vaudémont fiefs, n° 16 bis). — *Vroncourt-sur-Brénon* ou *Veroncourt*, 1779 (Descr. de la Lorr.). — Le fief de Vroncourt relevait du comté de Vaudémont.

Vuisse, c^{on} de Château-Salins. — *Alodium quod Wissa dicitur*, 1092 (cart. du pr. de Lay). — *Georgius de Wisse*, 1195 (cart. de l'abb. de Salival). — *Vyce*, 1264 (ibid.). — *Wysse*, 1346 (Tr. des ch. l. Dieuze, n° 17). — *Ecclesia de Wiss in Vred*, XVe s^e (ch. de la cure de Vuisse). — *Wiss*, 1553 (dom. de Dieuze). — *Wis*, 1660 (ibid.). — *Weis* ou *Wisse*, 1779 (Descr. de la Lorr.).

Vüstkann, f. — Voy. Wustkanné.

W

Wackenberg, éc. c^{ne} de Dabo.

Wackenmühl, mⁱⁿ, c^{ne} de Walscheid.

Walscheid (vulg. *Walsch*), c^{on} de Sarrebourg. — *Ecclesia Malscheidt* (pour *Walscheidt*), vers 1050 (H. L. I, c. 431; attribution donnée dans l'*Als. ill.* II, p. 195). — *J. villicus de Walschit*, XVe s^e (obit. de la coll. de Sarrebourg, f° 28). — *Walschult*, 1589 (dom. de Phalsbourg). — *Waschedt*, 1594 (dén. de la Lorr.). — *Valcheys prache Salbourg*, 1595 (dom. de Rosières).

En 1790, Walscheid fut le chef-lieu d'un canton dépendant du district de Sarrebourg et formé des communes de Dabo, Garrebourg, Harreberg, Hazelbourg, Hommert, Hültenhausen et Walscheid.

Warteville, éc. c^{ne} de Walscheid.

Wassersuppe (*soupe à l'eau*), éc. c^{ne} d'Abreschwiller.

Watguillerie, fief, c^{ne} de Bouillonville.

Webersdorf, f. c^{ne} d'Insviller.

Wègre (La), ruiss. a sa source à Fleisheim, passe sur le territ. de cette c^{ne} et se jette dans le Broudbach.

WEIHERSTEIN, éc. c^{ne} de Hoff; anc. couvent. — *Wirstein*, 1598 (dom. de Sarrebourg). — *Veyerstein*, xviii° siècle (arch. de Sarrebourg).

WEINSBERG, f. c^{ne} de Dabo.

WENSCHWEILLER, vill. — Voy. BROUDERDORFF.

WESCHEIMERMÜHL, m^{in}, c^{ne} de Berlingen.

WESTKOPF, montagne, c^{ne} de Dabo.

WESTRICH (LE), nom donné par quelques géographes à une portion du pays arrosé par la Sarre, et dans laquelle était comprise la principauté de Lixheim. — *Wastrich* (*La*), 1525 (Guerre des Rustauds, p. 26). — *Wuestrich*, 1552 (Cosmogr. éd. franç.). — *Vestereich*, 1558 (*ibid.* éd. allem.). — *Westrasia*, xvi° siècle (cart. de Mercator). — *Westreich*, 1576 (cart. de Specklin). — *Vastum regnum*, *Vausterich*, xvi° siècle (Herquel, H. L. III, c. 134-135). — *Westerreich*, 30 (Tr. des ch. reg. B. 284).

WISCHE (*torchon*), éc. c^{ne} d'Abreschwiller.

WOLFERD (LE), f. c^{ne} de Bidestroff.

WOLFFLINGERTHAL, anc. verrerie, c^{ne} d'Abreschwiller, construite en 1680.

WOLFFSBERG (LE GRAND et LE PETIT), montagnes, c^{ne} d'Abreschwiller.

WOLFGARTENKOPF, montagne, c^{ne} de Dabo.

WOLFGRABEN (LA), chapelle, c^{ne} de Romelfing; il y avait une louvière appartenant au domaine.

WOLFSTHAL (*vallée du loup*), f. c^{ne} d'Abreschwiller.

WUSCHTGASSE (LA), éc. c^{ne} de Romelfing.

WUSTKANNE ou VÜSTKANN, f. c^{ne} d'Abreschwiller, construite en 1743.

X

XADREXÉ (LE), ruiss. prend sa source au-dessus de Manonviller et se jette dans la Vezouse.

XAMMES (pron. *Chammes*), c^{on} de Thiaucourt. — *In pago Scarponense, in fine Scannuse vel in villa Scannis*, 776 (cart. de Gorze). — *Scannis in fine Scannise*, 815 (H. L. I, c. 339). — *Xame*, 1437 (ch. des Antonistes de Pont-à-Mousson). — *Xames-lès-Thiaucourt*, 1568 (*ibid.*). — *Xames* ou *Chames*, 1719 (alph.). — Le fief de Xammes relevait de la baronnie d'Apremont.

XANDRONVILLER, f. et chât. — Voy. SANDRONVILLER.

XANREY (pron. *Chanrey*), c^{on} de Vic.

XAPRENAMOULIN, h. c^{ne} de Pierre-Percée.
Ce hameau donne son nom à un ruisseau qui sort de la forêt des Élieux, passe sur le territoire de Pierre-Percée et se jette dans la Plaine.

XARUPT (LE), ruiss. prend sa source dans le bois de la Louvière, passe sur les territoires de Fontenoy-la-Joute, Glonville, Flin, et se jette dans la Meurthe.

XAVOY, m^{in}. — Voy. CHAOUÉ.

XERBÉVILLER, m^{ins}, c^{ne} de Lunéville. — *Cerbéviller*, 1779 (Descr. de la Lorr.).

XERMAMÉNIL (en patois *Chaméni*), c^{on} de Gerbéviller. — *Armemesni*, 1152 (cart. de l'abb. de Belchamp). — *David presbiter de Sarmanmasnil*, 1178 (ch. de l'abb. de Beaupré). — *Xarmamenil*, 1296 (Tr. des ch. l. Rosières I, n° 42). — *Xarmanmengny*, 1304 (ch. de l'abb. de Belchamp). — *Xarmanmesnil*, 1308 (Tr. des ch. l. Lunéville I, n° 14). — *Xarmanmesny*, 1315 (*ibid.* l. Fiefs de Nancy, n° 141). — *Xermamesny*, 1316 (ch. de l'abb. de Beaupré). — *Xermanmesnil*, 1427 (ch. de l'abb. de Belchamp). — *Xermaménil* ou *Chemaménil*, 1787 (état des biens de la mense canoniale de cette abbaye). — Le fief de Xermaménil relevait de la châtell. de Lunéville, baill. de Nancy.

XERMAMONT-LEZ-VACQUEVILLE, h. c^{ne} de Vacqueville.

XEUILLEY (pron. *Cheuilley*), c^{on} de Vézelise. — *Capella de Xuylleio*, 1051 (H. L. I, c. 433). — *Suleium*, 1168-1193 (H. T. p. 95). — *Cheulei*, 1183 (ch. de l'abb. de Clairlieu). — *Chewuley*, 1197 (*ibid.*). — *Gerardus de Suileio*, 1220 (ch. du pr. de Flavigny). — *Suyleyum*, 1293 (ch. de l'abb. de Belchamp). — *Fullei*, 1331 (cart. Év. et cité de Toul, f° 3). — *Suilleyum*, 1402 (Regestrum). — *Xulley*, 1408 (dom. de Vaudémont). — *Xeully*, 1600 (dom. de Nancy). — *Xuillet*, 1756 (dép. de Metz).

XIROCOURT, c^{on} d'Haroué. — *Seroucort*, 1183 (ch. de l'abb. de Clairlieu). — *Xirocourt-suz-Madon*, 1296 (Tr. des ch. l. Nancy I, n° 101). — *Syrocourt*, 1298 (*ibid.* n° 102). — *Xerocourt*, 1301 (*ibid.* n° 102 *bis*). — *Sirocourt*, 1387 (*ibid.* l. Vaudémont, n° 7). — *Siraucourt*, 1397 (*ibid.* l. Vaudémont fiefs, n° 20). — *Sironcuria*, 1402 (Regestrum). — Le fief de Xirocourt relevait de la châtell. et du baill. de Nancy.

XIRXANGE (LA HAUTE-) ou MALGRÉ-MOUSSEY, f. c^{ne} de Maizières-lez-Vic. — *Syrsenges*, 1271 (ch. de l'abb. de Haute-Seille). — *Xirzange*, 1756 (dép. de Metz). — Le fief de Xirxange relevait de la châtell. de la Garde, baill. de Vic. — Voy. BASSE-XIRXANGE (LA).

XOCOURT (pron. *Chocourt*), c^{on} de Delme. — *Xowolcourt*, xv° siècle (dén. des vill. des environs de Metz).

— *Xewocourt*, 1566 (dom. de Viviers). — *Xocourt* ou *Chocourt*, 1719 (alph.).

Cette commune donne son nom à un ruisseau, appelé aussi *Profondrupt*, qui a sa source sur le territoire de Xocourt, passe sur ceux de Tincry et de Delme et se jette dans la Seille.

Xon (pron. *Chon*), h. c^ne des Ménils. — *Soissons*, 1261 (Tr. des ch. l. Pont-à-Mousson, n° 2). — *Sixon*, 1297 (*ibid.* l. Pont dom. II, n° 10). — *Xixon*, 1371 (*ibid.* l. Pont cité, n° 21). — *Soixon*, 1385 (*ibid.* l. Pont-à-Mousson, n° 42). — *Sixons*, 1424 (*ibid.* l. Pont fiefs III, n° 47). — *Xeon*, 1708 (état du temporel). — *Chon* (Cassini). — Le fief de Xon relevait du marquisat de Pont-à-Mousson.

Xouaxange (pron. *Chouagsange*), c^on de Sarrebourg. — *Sowaquesange*, 1587 (dom. de Sarrebourg). — *Xeuaquesange*, 1611 (Tr. des ch. l. Salm, n° 81). — *Zuaquesanges*, *Xouaquesanges*, 1667 (dom. de Turquestein). — *Xarquezange*, 1719 (alph.). — *Xouagsange*, 1756 (dép. de Metz).

Xoudailles (pron. *Choudailles*), f. c^ne de Rosières-aux-Salines; franc-alleu; fief érigé en haute, moyenne et basse justice en 1719. — *Le waingnaige de Xourdaille*, 1444 (Tr. des ch. l. Fiefs de Lorraine II, n° 24). — *Xourdelle*, 1537 (copie d'un titre du xii° s°, arch. de Rosières). — *Xordaille*, 1587 (dom. de Rosières). — *Sourdaille*, 1601 (Tr. des ch. B. 8252). — *Xoudaye* ou *Chouday*, 1719 (alph.).

Xousse (pron. *Chousse*), c^on de Blâmont. — *Bertrannus de Sulza* (?), 1126 (*Als. dipl.* I, p. 205). — *De Solcia*, 1129 (H. L. II, c. 386). — *Xouces*, 1328 (ch. de l'abb. de Haute-Seille). — *Xouse*, 1497 (dom. de Lunéville). — *Xousses*, 1506 (*ibid.*).

Xures (pron. *Chures*), c^on de Vic (prieuré de Bénédictins, sous le titre de *Saint-Christophe*, dépendant de l'abbaye de Senones et fondé au xii° siècle). — *Allodium de Xuris*, 1022 (ch. de l'abb. de Saint-Vincent). — *In loco Scuris*, 1103 (*ibid.*). — *Cella de Suris*, 1120 (Tr. des ch. l. Abb. de Senones, n° 6). — *Ecclesia Beati Jacobi apostoli quæ Seuris sita est*, 1129 (H. L. II, c. 286). — *Capella de Cureis*, 1172 (cart. de Salival). — *Curees*, 1234 (*ibid.*). — *Prioratus de Xuris*, (xiii° s°, Chr. mon. sen. H. L. II, c. 40). — *Sures*, 1258 (Tr. des ch. l. Fiefs de Lorraine II, n° 1). — *Xure*, 1447 (dom. d'Einville).

Z

Zahlstadt, éc. c^ne de Dabo.

Zarbeling, c^on de Dieuze. — *Serlefenges*, 1476 (dom. de Dieuze). — *Sarbeling*, *Salbeling*, 1558 (*ibid.*). — *Serbelingen*, 1594 (dén. de la Lorr.). — *Sarbelin* ou *Zarbelin*, 1719 (alph.).

Ziegelscheuer, f. c^ne de Schalbach.

Zigelberg, montagne, c^ne de Phalsbourg.

Zilling, c^on de Phalsbourg. — *Zielingen*, 1557 (Tr. des ch. l. Fénétrange VII, n° 12). — *Zillingen*, 1751 (*Als. ill.* II, p. 198).

Zimmerfeld, h. c^ne de Dabo.

Zimmermann, f. c^ne de Guntzviller.

Zinswald, chât. c^ne d'Hommarting.

Zintzel (Le), ruiss. prend sa source à Vintersbourg, passe sur le territoire de cette commune, sur ceux de Veischeim, Berlingen, Hangviller, et se jette dans la Zorn.

Zommange, c^on de Dieuze. — *Semanges*, 1476 (dom. de Dieuze). — *Semenges*, 1499 (*ibid.*). — *Summingen*, 1559 (*ibid.*). — *Semanges*, alias *Simingen*, 1594 (dén. de la Lorr.). — *Sommanges*, 1600 (dom. de Dieuze). — *Soubmange*, 1627 (*ibid.*). — *Sommange* ou *Zommange*, 1719 (alph.).

Cette commune donne son nom à un ruisseau qui a sa source sous Rorbach, passe ensuite sur son territoire et sur celui de Zommange et se jette dans la Seille.

Zorn (La), riv. prend sa source au Spitzberg, montagne de la chaîne des Vosges, passe sur les territoires de Dabo, Hommert, Hazelbourg, Garrebourg, Saint-Louis, Henridorff, Lutzelbourg, et se jette dans la Moder à Rohrviller (Bas-Rhin). — *Sorna fluvius*, 713 (Diplom. II, p. 342). — *Sorne fluvius* (inscription du ix° s° dans l'église de Marmoutier, reproduite par Volcyr dans sa Guerre des Rustauds). — *Sor*, 1525 (*ibid.* p. 147). — *La Sore*, 1594 (dén. de la Lorr.).

Zoyart (Le), ruiss. sort de la forêt de Parroy, passe sur le territoire de la Neuveville-aux-Bois et se jette dans le ruisseau des Amis.

Zufall (pron. *Soufall*), chât. f. tannerie et m^in. — Voy. Hasard (Le).

TABLE DES FORMES ANCIENNES[1].

A

Abacort, 1314 (Tr. des ch. l. Viviers, n° 9). *Abaucourt.*
Abajum. *Bayon.*
ABAUCOURT. *Amance. Bergerie (La). Chatemagne. Croix-de-Mission (La). Guermange. Nomeny. Sonnard (Chemin). Saint-Pierre. Tombeaux (Chemin des). Vintremont.*
Abbonis curtis. *Aboncourt-sur-Seille.*
Abelica; Ablica. *Albe (L').*
Ablinville. *Hablainville.*
Abocour; Abocourt près Nomeny. *Abaucourt.*
Aboncort. *Aboncourt-sur-Seille.*
ABONCOURT-EN-VOSGE. *Borde (Chemin de la). Ferré (Chemin). Vandeléville. Vicherey (Le).*
ABONCOURT-SUR-SEILLE. *Amance. Bioncourt. Château-Salins. Croix-le-Meunier (Chemin de la).*
Aboni curtis. *Aboncourt-sur-Seille.*
Aboniscurtis. *Aboncourt-en-Vosge.*
Abouces (Les); Abowes. *Abouts (Les).*
ABRESCHWILLER. *Allemagne (Chemin d'). Croc (Le). Dabo. Dame-Blanche (Fontaine de la). Dunkelbach. Grand-Woffsberg (Le). Grossmann (Le). Haut-Rognol (Le). Kanslay (Le). Lorquin. Monacker (Le). Nonnenberg. Petit-Wolffsberg (Le). Romstein. Sainte-Barbe. Sarre (La). Sarrebourg. Soldatenthal. Streitwald. Tête-de-la-Loge (La). Tête-de-la-Vieille-Marcarerie (La). Tête-du-Calice. (La). Tête-du-Vieux-Chat (La). Vieille-Église (Chemin de la). Voyer (Ruisseau de). Wolfflingerthal.*
Abresviler. *Abreschwiller.*
Acci; Acciaca villa. *Essey-et-Maizerais.*
Acciagum. *Essey-lez-Nancy.*
Accraigne; Accraignes; Accregne; Accrengniæ, 1402 (Regestrum); Accrimges. *Frolois.*
Aceium. *Essey-la-Côte.*
Aceium. *Essey-lez-Nancy.*
Aceravallis; Acervallis. *Azerailles.*
Acey. *Essey-et-Maizerais.*
Acey. *Essey-lez-Nancy.*
ACHAIN. *Dieuze. Haboudange.*
Achrengnæ. *Frolois.*
Aciaca villa; Aciacum. *Essey-et-Maizerais.*
Aciacum; Aci-delez-Nancei. *Essey-lez-Nancy.*
Acloncourt. *Attilloncourt.*
Acraignes; Acrangnes; Acregnes; Acregniæ; Acreigne; Acreignes; Acrengnes; Acrengniæ. *Frolois.*
Acrouves. *Écrouves.*
Acton. *Atton.*

Acy. *Essey-et-Maizerais.*
Adelbehousse; Adelhusen. *Adelhouse.*
Adimartia villa, 777 (Hist. de l'abb. de Saint-Denis, p. 38; charte concernant le prieuré de Salone).
Adjoncourt. *Ajoncourt.*
Adomesnil. *Adoménil.*
Adonvilla. *Haudonville.*
Adrehous. *Adelhouse.*
Adsoloni mansus. *Ansoncourt.*
Aeseraule. *Azerailles.*
AFFRACOURT. *Borde (Chemin de la). Croix-Saint-Martin (Chemin de la). Ez-Morses, pièce de pré qui était affectée à la fourniture de l'huile pendant l'octave du Saint-Sacrement. Haroué. Madon (Le). Nancy. Outre-Moselle. Saint-Firmin. Vézelise.*
Affraucourt; Affroicourt. *Affracourt.*
Agencort. *Agincourt.*
Ageoncourt-sur-Saille. *Ajoncourt.*
AGINCOURT. *Amance. Ferré (Chemin). Pain-de-Sucre (Le). Port. Villé.*
Agnaldi curtis. *Ajoncourt.*
Agrea. *Frolois.*
Ahmantia. *Amance.*
Ailain. *Allain-aux-Bœufs.*
Ailleincourt. *Alincourt.*
AINGERAY. *Châlade (La). Côte-du-Château (La). Fontenoy. Goudreville. Malzey. Moselle (La). Nancy. Plates-Pierres (Les). Saint-Jean. Saint-Lé-*

---

[1] On a introduit dans cette Table quelques notes découvertes depuis le commencement de l'impression du Dictionnaire. La majeure partie a été empruntée à un document dont l'auteur n'a eu communication que récemment, et qui, pour cette raison, n'est pas indiqué dans la Liste alphabétique des sources; il est intitulé : *Regestrum beneficiorum diœcesis Tullensis, anno 1402.* Ce précieux registre est conservé à la Bibliothèque impériale, manuscrits latins, n° 5208; M. Desnoyers le cite dans sa *Topographie ecclésiastique de la France.* Les autres notes sont tirées, pour la plupart, du *Poleum universale diœcesis Tullensis* (collection de M. Desnoyers) et de l'un des registres de l'Officialité de Toul, qui se trouvent aux archives de la Cour impériale de Nancy.

ger. Sarrasinière (La). Terreur (Chemin de la). Vaux-Toussaint (La).
Aingerey-lez-Gondreville; Aingery. *Aingeray.*
Ainvau; Ainvault. *Einvaux.*
Ainville. *Einville.*
Airzeraulle. *Azerailles.*
Aiselot; Aiseloy. *Azelot.*
Aiserable. *Azerailles.*
Aispach. *Aspach.*
Aithienville. *Athienville.*
AÎTRE-SOUS-AMANCE (L'). *Amance. Amezule (L'). Metz (Chemin de). Nancy. Saint-Jean-Baptiste. Vieux-Chemin (Le).*
Aixeraille. *Azerailles.*
Aix-sur-Murth. *Art-sur-Meurthe.*
Aizan. *Ezan.*
Aizellot; Aizelloy; Aizeloi; Aizelois; Aizelot; Aizeloy. *Azelot.*
Aizerable; Aizeraille; Aizerailles; Aizeralle; Aizeraule; Aizerrailles. *Azerailles.*
Aizilloi. *Azelot.*
AJONCOURT. *Delme. Lotte (Ruisseau). Nomeny. Saulnois (Le). Seille (La).*
Ajoncourt-sur-Saille. *Ajoncourt.*
ALAINCOURT. *Château-Salins. Delme. Étang (Ruisseau de l'). Nomeny. Vic.*
Alamnum. *Allain-aux-Bœufs.*
Alancombe. *Allencombe.*
Alannum; Alanum; Alanum-aux-Beufs, 1527 (reg. de l'officialité de Toul, f° 82). *Allain-aux-Bœufs.*
Alba. *Blâmont.*
Alba flumen. *Albe (L'),* rivière.
Alba Ecclesia. *Blanche-Église.*
Alba-lez-Saint-Nicolas. *Alba.*
Albechova. *Blâmontois (Le).*
Alberhoff; Alberschoff; Alberschoffen. *Albéchaux.*
Albes (ou rui d'). *Albe (L'),* ruisseau.
Albeschot. *Albéchaux.*
Albestorff. *Albestroff.*
ALBESTROFF. *Châtellenie-d'Albestroff (Forêt de la). Croix-Mougin (La). Guittveiher. Morhange. Roses (Ruisseau des). Sessing. Vic.*
Albestroph. *Albestroff.*
Albexau. *Albéchaux.*
Albineis pagus. *Blâmontois (Le).*
Albistorf; Albistorff; Albstorff. *Albestroff.*
Albus Mons. *Blâmont.*
Alchemingen; Alchermingen; Alchmyngen, xv° siècle (obit. de la coll. de Sarrebourg, f°' 125 et 131). Cette localité paraît avoir été dans le voisinage de Réding.
Aldenh vicus. *Adoménil.*
Aldingen (Molendinum de), xv° siècle (obit. de la coll. de Sarrebourg, f° 46).
Aleincombe. *Allencombe.*
Alemecourt. *Amelécourt.*
Alencombe. *Allencombe.*
Aleyn, xiv° s° (Tr. des ch. 1. Gondreville, n° 35). *Allain-aux-Bœufs.*
Alhein (D'). *Dalhain.*
Aliacy, 1106 (Hist. de l'abb. de Saint-Mihiel, p. 455; charte concernant le prieuré de Salone).
Alieuf; les Alieufz. *Alœuf (L').*
Alincort. *Alincourt.*
Allain-aux-beufz. *Allain-aux-Bœufs.*
ALLAIN-AUX-BOEUFS. *Cercueil (Au-). Colombey. Gondreville. Monastère (Au-). Sarrasinière (La). Thermes (Aux-). Vézelise.*
Allaincourt. *Alaincourt.*
Allamcombe. *Allencombe.*
Allamp. *Allamps.*
ALLAMPS. *Brixey. Étange (Ruisseau de l'). Meuse-Vaucouleurs. Notre-Dame-des-Gouttes. Toul.*
Allancombe. *Allencombe.*
Allein. *Allain-aux-Bœufs.*
Alleincombe. *Allencombe.*
ALLENCOMBE. *Ban-le-Moine.*
Allerange. *Arlange.*
Allerscheviller. *Abreschwiller*
Allieuf. *Alœuf (L').*
Allincourt. *Alincourt.*
Allomp, 1545 (dom. de Pulligny). *Allamps.*
Almance, 1392 (Tr. des ch. 1. Remiremont, I, n° 90). *Amance.*
Almerega curtis; Almerici curtis; Almeri curtis. *Amelécourt.*
Almingas. *Insming.*
Alnaldivilla; Alnaldovilla. *Arnaville.*
Alnet. *Aulnois.*
Alnoldi villa. *Arnaville.*
ALOEUF (L'). *Vaudémont. Vézelise. Vieux-Chemin (Le).*
Alomps; Alon; Alona; Alonum. *Allamps.*
Alradi curtis. *Arracourt.*
Alstorff-lès-Leyningen. *Altroff.*
Alta Ecclesia. *Garde (La).*
Alta Petra, 699 (Diplom. II, p. 428-429). Mentionné, avec un lieu qui paraît être Einville, dans des diplômes pour l'abbaye de Wissembourg.
Alta Petra. *Autrepierre.*

Altasilva. *Haute-Seille.*
Altera villa. *Autreville.*
Altereium, 1402 (Regestrum); Alteria. *Autrey.*
Altorf; Altorff. *Albestroff.*
Altorff. *Altroff.*
Altorff. *Sarraltroff.*
Altorff-Leningen. *Altroff.*
Altorff près de Wargaville. *Bourgaltroff.*
Altorf super Saram. *Sarraltroff.*
Altorph. *Altroff.*
Altreium. *Autrey.*
Altrepierre. *Autrepierre.*
Altrivilla. *Autreville.*
Altroff. *Sarraltroff.*
ALTROFF. *Albestroff. Dieuze. Gosemark (Ruisseau de).*
Altweiller. *Altoville.*
Altzingen. *Alsing (L').*
Alum. *Allamps.*
Alumpnum, 1402 (Regestrum). *Allain-aux-Bœufs.*
Alveroncourt. *Avricourt.*
Alvinsis pagus. *Blâmontois (Le).*
Amalenmont. *Eulmont.*
Amaluth. *Amerlieu.* — Voy. *Clairlieu.*
AMANCE. *Amezule (L'). Croix-de-Bois (Chemin de la). La Fourasse ou la Fourape,* bois qui était chargé d'une redevance annuelle destinée à la fourniture du cierge pascal et du luminaire de Pâques. *Grand-Mont (Le). Haudeville. Jumécourt. Metz (Chemin de). Nancy. Petit-Mont (Le). Port. Vignes-le-Duc.*
Amance-lou-chastel; Amancia. *Amance.*
Amancieule. *Amezule (L').*
Amangen; Amanges; Amangia. *Insming.*
Amansia. *Amance.*
Amansuele; l'Amansuelle. *Amezule (L').*
Amantia; Amantium castrum. *Amance.*
Amazan. *Mazan.*
Ambertmesgnil. *Embermenil.*
Amblecourt, 1348 (Tr. des ch. 1. Fénétrange III, n° 6); Ameillecourt. *Amelécourt.*
Ameinavilla. *Hénaménil.*
Amelaincourt; Amelcornt; Amelcourt; Amelcuria; Amelcurt; Ameleicort. *Amelécourt.*
AMELÉCOURT. *Château-Salins. Delme. Fontaine-à-la-Solle. Petit-Bœuf (Le). Petite-Seille (La). Saulnois (Le).*
Amelum. *Amerlieu.* — Voy. *Clairlieu.*

Amelycourt. *Amelécourt.*
Amenges. *Insming.*
Amenoncort; Amenoncour. *Amenoncourt.*
AMENONCOURT. *Albe* (ruisseau). *Leintrey. Marsal.*
Amenuncort. *Amenoncourt.*
Ameralli villa. *Méréville.*
Amercicourt. *Amelécourt.*
Amerelli villa. *Méréville.*
Americurt. *Amelécourt.*
Amerlieu. *Clairlieu.*
Amermamenil; Amermasnil. *Hériménil.*
Amermasnil. *Méharménil.*
Amezan. *Mezan.*
Ammelecourt; Ammelcornt. *Amelécourt.*
Amnoncourt. *Amenoncourt.*
Ancerville. *Ancerviller.*
ANCERVILLER. *Blâmont. Couvay (Ruisseau de). Lunéville. Salm.*
Anchelus, 1402 (*Regestrum*). *Anthelupt.*
Andeiley; Andeleriæ; Andeley; Andeliacum, 1402 (*Regestrum*); Andeliers; Andelliers; Andillier; Andilliers. *Andilly.*
ANDILLY. *Corvée (Chemin de la Vieille-). Ferré (Chemin). Pont-à-Mousson. Royaumeix. Terrouin (Le). Toul.*
Angaumont. *Angomont.*
Angeliacum; Angerey; Angereyum, 1402 (*Regestrum*); Angeriaca villa; Angériacum. *Aingeray.*
Angiencourt; Angincourt. *Agincourt.*
Angoimont. *Angomont.*
ANGOMONT. *Badonviller. Ban-le-Moine. Bernu (La). Grand-Bréheux (Le). Corvée (Chemin de la Grande-). Salm. Sarrebourg. Vic.*
Angoviller; Angoviller. *Goviller.*
Angruxia flumen. *Ingressin (L').*
Angueviller; Anguiller. *Angviller.*
ANGVILLER. *Corvées (Chemin des). Fontaine (Chemin de la Bonne-). Fribourg. Nolweiher. Vergaville.*
Angweiller; Angwiller; Angwilre. *Angviller.*
Anoi; Anois. *Aulnois.*
Anon. *Amon.*
Anpons. *Hampont.*
Ansaulaville; Ansauvilla. *Ansauville.*
ANSAUVILLE. *Bouconville. Diculouard. Mandres. Pont-à-Mousson. Royaumeix.*
Ansaville; Ansavilles. *Ansauville.*
Anserville. *Ancerviller.*

Ansoldi villa; Ansonvilla, 1402 (*Regestrum*); Ansauville. Ausouville; Ansulivilla; Ansulvilla. *Ansauville.*
Antelou, 1526 (reg. de l'officialité de Toul, f° 24, arch. de la Cour imp. de Nancy); Antelu; Antelupanus; Antheleu; Anthelu; Anthelou, 1526 (reg. de l'offic.); Anthelui. *Anthelupt.*
ANTHELUPT. *Crévic. Danez. Lunéville. Moulnot (Le). Nancy. Port. Rosières-aux-Salines.*
Antheluy. *Anthelupt.*
Anthetviller (Villa nomine) in pago Calmotense, 935 (H. L. I, c. 341; titre de fondation de l'abbaye de Bouxières). Ce lieu est mentionné avec Champigneules et Pixerécourt.
Anthius locus; Anthlu. *Anthelupt.*
Antillier. *Andilly.*
Antlupt (Les). *Anthelupt.*
Anviler; Anweiler; Anweiller. *Angviller.*
Aplemont. *Haplemont.*
Apvrainville. *Avrainville.*
Arachort; Aracort; Aracourt. *Arracourt.*
Aragon. *Ragon.*
Araucourt. *Haraucourt-sur-Seille.*
Arca, 1402 (*Regestrum*); Arcas; Arch. *Art-sur-Meurthe.*
Archesingas. *Achain.*
Archeville. *Arscheviller.*
Archus; Archus super Mortam; Arc-sur-Mart. *Art-sur-Meurthe.*
Ardinio. *Andilly.*
Ard-suis-Meurt. *Art-sur-Meurthe.*
Arduno. *Andilly.*
Arembeaviller. *Erbéviller.*
Arenteres; Arenteriæ. *Arentières.*
Arenzey. *Sinzey.*
Argenteræ. *Arentières.*
Aridum Castrum. *Château-Voué.*
Armacourt; Armacourt-sur-Seille; Armalcourt-sur-Saille; Armaucourt. *Armaucourt.*
ARMAUCOURT. *Amance. Chantraine (Ruisseau de). Nancy. Pont-à-Mousson. Seille (La). Vieux-Chemin (Le).*
Armaulcourt. *Armaucourt.*
Armemasnil. *Hénaménil.*
Armemesni. *Xermaménil.*
Armonville. *Harmonville.*
Arnadivilla; Arnaldivilla; Arnaville. *Arnaville.*
ARNAVILLE. *Carme (Pays de). Château-d'Amour. Gorze. Juifs (Chemin des). Mad (Le). Maître-Pierre (Fontaine).*

Moselle (La). *Pagny. Pont-à-Mousson. Rud-Mont. Saint-Gorgon. Saint-Pierre. Scarponais (Le).*
Arnuncurt (Molendinum de), 1127-1168 (ch. du pr. de Flavigny). Ce moulin était vraisemblablement situé dans les environs de Flavigny.
Arracolt. *Arracourt.*
Arracourt. *Haraucourt-sur-Seille.*
ARRACOURT. *Aquitaine (L'). Bauzemont (Fief). Bois-de-la-Famine. Capitaine-Guillaume (Le). Croix (Chemin de la). Croix (Chemin du Haut-de-la-). Lunéville. Marsal. Moncel (Le). Moulin-de-Vaudrecourt (Ruisseau du). Prêle (La). Saint-Cæsar. Saint-Jean-Fontaine (Forêt).*
Arragon. *Ragon.*
Arraicourt. *Arracourt.*
ARRAYE-ET-HAN. *Delme. Enfer (Chemin de l'). Nancy. Nomeny. Seille (La).*
Arrée; Arrey; Arreye. *Arraye-et-Han.*
ARSCHEVILLER. *Eichnatt (L'). Glashutten. Hérange. Lixheim. Münsterhu. Niderviller. Pfarrbach. Sarrebourg. Vieux-Cimetière (Chemin du).*
Arsencourt. *Ressaincourt.*
Arsilleium. *Azelot.*
Arsincourt. *Ressaincourt.*
Ars-sur-Meurt; Art-suis-Meudz. *Art-sur-Meurthe.*
ART-SUR-MEURTHE. *Amance. Cour-Saint-Pierre (La). Metz (Chemin de). Nancy. Port. Saint-Nicolas.*
Art-sur-Murth; Art-sus-Murthe; Artz-sur-Meurthe. *Art-sur-Meurthe.*
Artzweiller. *Hartzwiller.*
Arusia fluvius. *Aroffe (L').*
Ascey. *Essey-la-Côte.*
Ascey-en-Weivre. *Essey-et-Maizerais.*
Ascey-près-de-Nancey. *Essey-lez-Nancy.*
Aschouua (locus qui dicitur) super fluvium Sornam (la Zorn), 724 (Als. dipl. I, p. 29).
Ascy. *Essey-et-Maizerais.*
Aseraula; Aseraule. *Azerailles.*
Asirlei. *Azelot.*
Askein. *Frolois.*
Asmancium; Asmantia; Asmantiæ. *Amance.*
Asmenges; Asmengia; Asmingia; Asmunges. *Insming.*
ASPACH. *Cordonniers (Sentier des). Hambourg (Étang). Lorquin. Neuf-Moulin (Ruisseau de). Sarrebourg. Vic.*
ASSENONCOURT. *Alteville. Athienville (Ruisseau d'). Belle-Ville. Fribourg. Vergaville.*

21.

Assenuncuria. *Assenoncourt.*
Assey. *Essey-la-Côte.*
Assey. *Essey-lez-Nancy.*
Assey-en-Waivre. *Essey-et-Maizerais.*
Asseyum. *Essey-la-Côte.*
Assoudange; Assudange. *Azoudange.*
Ateloncourt; Atheloncourt. *Attilloncourt.*
ATHIENVILLE. *Ancien-Château (L'). Arcourt, Boncourt, Borde (Sentier du Haut-de-la-). Châtelet (Chemin du). Hémont. Huguenotte (Chemin de la). Lajus. Marsal.*
Athons. *Atton.*
Aticinville; Atienville; Atinivilla. *Athienville.*
Atons; Atos ultra Pontem. *Atton.*
Atreium. *Autrey.*
Atreval. *Autreval.*
Atreville. *Autreville.*
Atrium. *Aître (L').*
ATTILLONCOURT. *Bioncourt. Scille (La). Vic.*
Attinvilla; Attivilla. *Athienville.*
ATTON. *Arbonne. Atrée-des-Allemands (L'). Comtesse (Chemin de la). Facq. Hollambois. Moselle (La). Mousson. Narbonne (Ruisseau de). Pont-à-Mousson. Pré des Bouchers. Romains (Chemin des). Terre-Maudite.*
Aubacour. *Abaucourt.*
Aubelette. *Blette (La).*
Aubencuria, 1402 (*Regestrum*). *Aboncourt-en-Vosge.*
Auberstorff. *Albestroff.*
Aubertmesgnil. *Emberménil.*
Aubestorff. *Albestroff.*
Aubocourt; Aubocurt. *Abaucourt.*
Auboncourt. *Aboncourt-en-Vosge.*
Auboudaingnes; Auboudange; Auboudanges. *Haboudange.*
Aubrich. *Obreck.*
Auhues. *Abouts (Les).*
Aucraingnes; Aucreignes. *Frolois.*
Audemaisnil; Audenmanile. *Adoménil.*
Audoenus villa. *Einville.*
Audoimesny; Audomesnil. *Adoménil.*
Aufferaucourt; Auffroicourt; Auffroicuria, 1402 (*Regestrum*). *Affracourt.*
Augecourt. *Agincourt.*
Aulnes (Les). *Aulne (L').*
AULNOIS. *Delme. Doncourt. Latte (Ruisseau). Nomeny. Seille (La). Vacroncourt.*
Aulnoy-sur-Seille. *Aulnois.*
Aulon. *Allamps.*
Aulsoncourt. *Ansoncourt.*

Aultreville. *Autreville.*
Aultrey; Aultreyum, 1402 (*Regestrum*). *Autrey.*
Aumance. *Amance.*
Aumereicort. *Amelécourt.*
Aumessuelle (L'). *Amezule (L').*
Auralcourt prope Vicum. *Arracourt.*
Auroncourt. *Ansoncourt.*
Auronis mansus, 836 (H. L. I, c. 301).
Auroris mansus, 948 (*ibid.* c. 352).
Ce lieu est mentionné avec Choloy dans des chartes pour l'abbaye de Saint-Epvre.
Ausoudange. *Azoudange.*
Aussainville. *Ansauville.*
Aussonne. *Auxonne.*
Aussonvilla, 1402 (*Regestrum*). *Ansauville.*
Aussudange; Ausudainge; Ausudange. *Azoudange.*
Autereium; Auterey; Auterium. *Autrey.*
Autienville. *Athienville.*
Autró; Autrei. *Autrey.*
Autremont. *Outremont.*
AUTREPIERRE. *Albe (ruisseau). Blâmont. Corvée-le-Muet (Chemin de la). Leintrey. Marquisat (Le). Marsal.*
Autrevaux. *Autreval.*
AUTREVILLE. *Belleau. Custines. Moselle (La). Nancy. Scarponais (Le).*
AUTREY. *Brénon (Le). Ferrée (La Petite). Madon (Le). Manille. Pulligny. Saintois (Le). Vaudemont. Vézelise.*
Autrey-la-Grande; Autrey-la-Petite; Autrey-sur-Brénon. *Autrey.*
Auxdomesnil. *Adoménil.*
Auzeralle. *Azerailles.*
Avantgarde-sur-Mezelle (L'). *Avant-Garde (L').*
Avarinvilla. *Avrainville.*
Avenneynnoa (rivulus de). *Aveline (L').*
Averoncort. *Avricourt.*
Aviaux (Les); les Avicaux; Aviol; Avios. *Aviots (Les).*
AVRAINVILLE. *Drapiers (Sentier des). Jaillon. Pierrefort. Pont-à-Mousson. Terrouin (Le). Vieux-Chemin (Le).*
Avrainville-sur-Terrouin. *Avrainville.*
Avricorth. *Avricourt.*
AVRICOURT. *Camp-des-Suédois (Le). Croix (Chemin du Haut-de-la). Église-d'Azey. Grand-Pré (Ruisseau du). Hembourg (Ruisseau de). Hosties (Prédes-). Lunéville. Notre-Dame-des-Ermites. Sanon (Le). Sarrebourg. Vic.*
Awroncourt. *Avricourt.*
Axeloy. *Azelot.*

Axeraille; Axeralle. *Azerailles.*
Aynville. *Einville.*
Ayzerable; Ayzeraulle. *Azerailles.*
Azelloy; Azelois. *Azelot.*
AZELOT. *Nancy. Prés (Ruisseau des). Rosières-aux-Salines. Vermois (Le).*
Azelot-au-Vermois; Azelotum. *Azelot.*
Azenzeis. *Sinzey.*
AZERAILLES. *Béhait. Blâmont. Bouxerupt. Bouxières (Bois). Deneuvre. Gélacourt (Ruisseau de). Lunéville. Meurthe (La). Vieux-Chaufour (Chemin du). Vieux-Chemin (Le). Vieux-Moulin (Chemin du). Voivre (Bois).*
Azerale; Azeralle; Azeralles; Azeraule; Azeraulle; Azeraulles; Aziraule. *Azerailles.*
Azoudanges. *Azoudange.*
AZOUDANGE. *Alteville. Fribourg. Réchicourt-le-Château. Vergaville. Vic. Vieille-Route (La).*

B

Babainvilla. *Bainville-sur-Madon.*
Babani villa. *Bainville-aux-Miroirs.*
Babunevillare ad Serræ; Bobunivilare ad Serra, 699 (*Diplom.* II, p. 428-430). Mentionnés, avec un lieu qui paraît être Einville, dans des diplômes pour l'abbaye de Wissembourg.
Bacaroy; Baccara. *Baccarat.*
BACCARAT. *Corvée (Chemin de la Grande-). Meurthe (La). Roche-des-Fées (Chemin de la).*
Baccaratum; Baccareat; Baccaroy; Baccarrat; Bacchalat; Bacchi ara. *Baccarat.*
Bachad (Le); les Bachas. *Bachats (Les).*
Backarrat. *Baccarat.*
Bacort. *Bacourt.*
BACOURT. *Allemands (Chemin des). Basse-Cour (La). Château-Salins. Corvée (Chemin de la). Cour-des-Soigneurs (La). Delme. Dideleau. Fontaine-de-Fer. Morville-sur-Nied. Pont-à-Mousson. Vic.*
Bacquarat. *Baccarat.*
Badascort. *Bacourt.*
Baddonviler. *Badonviller.*
Baderménil-sur-Meurthe; Bademesni; Bademesnif. *Badménil.*
Badenvillare, 1402 (*Regestrum*); Badonisvillare; Badonvilare, 1402 (*Regestrum*). *Badonviller.*
BADONVILLER. *Blâmont. Blette (La). Châ-*

TABLE DES FORMES ANCIENNES.

teau-de-Famine. Chaumont (Chemin de). Conrad. Courant. Fosse (Ruelle des Champs-de-la-). Lunéville. Salm. Souhait.

Badrecour. *Baudrecourt.*

Bagneulz, 1402 (*Regestrum*). *Bagneux.*

BAGNEUX. *Allamps. Bataille (Chemin de la). Bouvades (Les). Château-Rouge (Le). Gondreville. Justice (La), canton du territoire où était le signe patibulaire. Levée romaine (Chemin). Pérelle (La). Romains (Route des). Saint-Gengoult. Saint-Michel. Sarrasinière (La). Toul. Vézelise. Vieux-Moulin (Le). Vigneux (Au-). Viller (Au-).*

Bagnoliæ, 1402 (*Regestrum*); Bagnuelz. *Bagneux.*

Baiart. — Voy. *Bayarth.*

Baie. *Boyé.*

Baienville. *Bainville-aux-Miroirs.*

Baigneul; Baigneux. *Bagneux.*

Bailly. *Bailly (Le Petit-).*

Bainsing. *Binsing.*

Bainvilla. *Bainville-aux-Miroirs.*

Bainvilla supra Madonam, Bainvilla supra Madonem, 1402 (*Regestrum*). *Bainville-sur-Madon.*

Bainvilla supra Mozellam, 1402 (*Regestrum*); Bainville-à-Miroir; Bainville-au-Miroer; Bainville-au-Miroix; Bainville-au-Mirroir; Bainville-aux-Mirois. *Bainville-aux-Mirois.*

BAINVILLE-AUX-MIROIRS. *Charmes-sur-Moselle. Châtel-sur-Moselle. Malmaison (La). Moselle (La). Nouviller-sur-Moselle. Outre-Moselle. Pré-au-Bois (Ruisseau du). Saintois (Le). Saint-Antoine.*

Bainville-suis-Muzelle; Bainville-sur-Moselle. *Bainville-aux-Miroirs.*

BAINVILLE-SUR-MADON. *Bicqueley. Château-des-Sarrasins. Maizières-lez-Toul. Outre-Moselle. Toul. Viterne (Ruisseau de).*

Bainville-sur-Mauldon. *Bainville-sur-Madon.*

Baio; Baion; Baionum. *Bayon.*

Baionis villa; Baionville. *Bayonville.*

Baisse-Linder (La). *Lindre-Basse.*

Baiunvilla. *Bayonville.*

Bakarroit. *Baccarat.*

Balboni villa (Villa quæ dicitur), 884 (H. L. I, c. 318). Lieu mentionné avec Viterne dans une charte pour l'abbaye de Saint-Epvre. —Voy. *Boniriacus.*

Baldelmesnil; Baldeménil. *Badménil.*

Baldofovilla. *Bouillonville.*

Baldovillare. *Badonviller.*

Baldrecurt. *Baudrecourt.*

Balioni villa. *Bayonville.*

Ballaimmollin-sur-la-Ceille. *Bellamoulin.*

Baltzweiler. *Badonviller.*

Ban-de-Mesnil. *Badménil.*

Bandeuront (Nemus quod vocatur). Forêt indiquée comme dépendant de Vannecourt, dans un titre pour le prieuré de Salone, 1293 (ch. de la coll. Saint-Georges).

Banestorff, 1403 (Tr. des ch. l. Blâmont II, n° 7). *Bénestroff.*

Baniacum; Banniolum; Banviolum. *Bagneux.*

Bao; Baon. *Bayon.*

Baptegney. *Battigny.*

Bapteleymont; Baptheleymont. *Bathelémont-lez-Bauzemont.*

Bapthelemont. *Bathelémont (Saint-Médard).*

Baptheleymont. *Buthegnémont.*

Bapthellemont. *Bathelémont-lez-Bauzemont.*

Bapthlemont. *Bathelémont (Saint-Médard).*

Baptigney; Baptigny. *Battigny.*

Baranweare, forteresse hors des bois d'Hoëville, 1298 (Tr. des ch. l. Amance, n° 3). Cette forteresse semble avoir donné son nom à un bois appelé *Bertrand-Voivre*, 1562 (Tr. des ch. l. Fiefs de Nancy, n° 58), et *Harmand-Voivre*, 1770 (visite des bois de la maitrise de Lunéville).

Barbaix. *Barbas.*

Barbanvilla. *Barbonville.*

BARBAS. *Blâmont. Domèvre-sur-Vezouse. Grands-Pâtis (Ruisseau des). Marmottes (Chemin des). Vacon (Le). Vilvaucourt (Chemin de).*

Barba villa. *Barbonville.*

Barbax; Barbay; Barbes. *Barbas.*

Barbonvila; Barbonvilla. *Barbonville.*

BARBONVILLE. *Blainville-sur-l'Eau. Buisson-Romain. Chevers. Cour (La). Port. Rosières-aux-Salines. Sainte-Marie.*

BARCHAIN. *Bataille (Chemin de la). Lorquin. Rinting (Ruisseau de la). Sarrebourg. Vic.*

Barcxey-au-Plain. *Barisey-au-Plain.*

Barinum (Mons). *Barine.*

Bariscium ad Planum; Barisey-le-Plein. *Barisey-au-Plain.*

BARISEY-AU-PLAIN. *Allamps. Brixey. Corvée (Chemin de la). Croix-Rouge (Chemin de la). Meuse-Vaucouleurs. Planche (La). Romains (Route des). Toul.*

BARISEY-LA-CÔTE. *Allamps. Bouvades (Les). Brixey. Corvée (Chemin de la). Cour-Guarin (La). Templiers (Les). Toul.*

Bariseyum, 1402 (*Regestrum*). *Barisey-au-Plain.*

Bariseyum, 1402 (*Regestrum*). *Barisey-la-Côte.*

Barisnum (Mons). *Barine.*

Barizeyum. *Barisey (Thelod).*

Barnei; Barney; Barneyum, 1402 (*Regestrum*). *Benney.*

Barricinum; Barrisinum; Barrismum; Barrisnum (mons). *Barine.*

Barrivilla; Barrovilla; Barrum. *Bar ou Barville (Toul).*

Barrum (Mons). *Bar, puis Saint-Michel.*

Barthelémont. *Bathelémont-lez-Bauzemont.*

Bartholfingen. *Berthelming.*

Barunvilla. *Barbonville.*

Barville-de-Nitting. *Barville (Nitting).*

Bascors; Bascort; Bascurt. *Bacourt.*

Basemont; Basimons. *Bauzemont.*

Basiola (Domus hospitaliorum de), 1402 (*Regestrum*). *Bouzule (La).*

Basompont. *Bassompont.*

Basonis mons. *Bauzemont.*

Basopons. *Bassompont.*

Bas-Salone. *Salone.*

Basse-Brin. *Brin.*

Basse-Fouquerelle. *Foucrey (La Basse-).*

Basse-Lindre. *Lindre-Basse.*

Basse-Récourt. *Récourt (Les).*

Basse-Salone. *Salone.*

Basse-Varangéville (La). *Varangéville (Partie de la commune de).*

Bassel. *Saint-Jean-de-Bassel.*

Basses-Ferrières (Les). *Ferrières.*

Basses-Foucrey (Les). *Basse-Foucrey (La).*

Basses-Francs. *Francs (Les).*

Basses-Lay (Les). *Lay-Saint-Christophe (Partie de la commune de).*

Bassigen. *Bassing.*

BASSING. *Cutting. Dieuze. Justice (La). Marimont. Minimes (Les). Reine (La). Vergaville.*

Bassola. *Saint-Jean-de-Bassel.*

Bassopons; Bassumpunt; Bassunpont. *Bassompont.*

Bategney; Bateneæ. *Battigny.*

Bathelani mons; Bathelanmont. *Bathelémont-lez-Bauzemont.*
Bathelémont. *Buthegnémont.*
BATHELÉMONT-LEZ-BAUZEMONT. *Arracourt. Bête-de-Bois (Chemin de la). Corvée (Chemin de la). Einville. Fossatte. Lunéville. Vic.*
Bathelémont-lez-Marsal. *Bathelémont (Saint-Médard).*
Bathelémont-lez-Arracourt. *Bathelémont-lez-Bauzemont.*
Bathelémont-rue-de-la-Cour. *Bathelémont-lez-Bauzemont* (Partie de la commune de).
Bathelémont-sur-Seille; Bathlemont. *Bathelémont* (Saint-Médard).
Bathlemont. *Bathelémont-lez-Bauzemont.*
Batigneix; Batigney. *Battigny.*
Batlémont. *Buthegnémont*
Battenberg; Battendorff; Battholemont. *Bathelémont* (Saint-Médard).
BATTIGNY. *Côte-Saint-Germain (La). Favières. Vaudémont. Velle (Ruisseau de). Vézelise.*
Baucourt; Baucuria. *Bacourt.*
Baudecemont. *Bauzemont.*
Baudemanil; Baudemasnil; Baudemény; Baudemesnil. *Badménil.*
Baudonviler; Baudonvillier; Baudonviller; Baudoviller. *Badonviller.*
BAUDRECOURT. *Haboudange. Morville-sur-Nied. Nied (La). Notre-Dame-de-Lorette. Pompey (Ruisseau de).*
Baulcourt. *Bacourt.*
Bauldemeny; Bauldemesnil. *Badménil.*
Bauldrecourt. *Baudrecourt.*
Bauleheure (Grange dite la) au clos de Salone, 1602 (Tr. des ch. l. Moyenvic I, n° 131).
Baulsemont; Baulzemont. *Bauzemont.*
BAUZEMONT. *Anges (Ruisseau des). Einville. Fossatte. Lunéville. Poncel. Port. Pré des Noix (Le). Pré-Jacquemin (Le). Sanon (Le).*
Bayarth (Molendinum supra Saliam quod nominatur), 1214 (ch. de l'abb. de Beaupré). — Baiart, 1218 (*ibid.*). Ce moulin, détruit sur la fin du siècle dernier, était dans le voisinage de Bey.
Bayo. *Bayon.*
BAYON. *Épinal. Euron (L'). Maladrie (Ruelle de la). Montreuil. Moselle (La). Rosières-aux-Salines.*
Bayonnum; Bayons. *Bayon.*
BAYONVILLE. *Gorze. Pagny. Pont-à-Mousson. Scarponais (Le).*

Beachamp; Bealchamp. *Belchamp.*
Bealeu. *Beaulieu.*
Beapré. *Beaupré.*
Beata Maria de Monte. *Bouxières-aux-Dames.*
Beata Maria sub Asmantia. *Attre-sous-Amance (L').*
Beatæ Mariæ-Magdalenæ capella. *Madeleine (La) (Méhoncourt).*
Beati Leonardi capella. *Saint-Léonard (Chapelle de).*
Beati Quirini cella. *Saint-Quirin (Prieuré de).*
Beatus Johannes de Bassele. *Saint-Jean-de-Bassel.*
Beatus Nicholaus de Port. *Saint-Nicolas.*
Beauchamp; Beauchamps. *Belchamp.*
BEAUMONT. *Bouconville. Pont-à-Mousson. Voivre (La).*
Beaumont-en-Voivre. *Beaumont.*
Beauvau. *Croismare.*
BÉBING. *Rinting (Le Vieux-). Sarrebourg. Vic.*
Bec. *Beck.*
Beckarrat. *Baccarat.*
Bedensis pagus. *Bédois (Le).*
Bederstorff; Bedestorff. *Bédestroff.*
Bedinsis pagus. *Bédois (Le).*
Bédon-au-Vermois. *Bédon.*
Bedweiller. *Bettborn.*
Behu (le bois) que siet entre Ponpaig (Pompey) et Merbage (Marbache), 1272 (ch. de l'abb. de Sainte-Marie). — Behuel, 1421 (dom. de l'Avant-Garde). — Beheu, 1441 (dom. de Pont-à-Mousson). — Beheuz, 1590 (Tr. des ch. reg. B. 7646). Ce bois appartenait aux Prémontrés de Pont-à-Mousson.
Beichamp; Beichamps; Beilchamp; Beilchamps; Beilchampt. *Belchamp.*
Beille-ville. *Belleville.*
Beille-yawe. *Belleau.*
Beilrepaire. *Beaurepaire.*
Beinranges. *Bérange.*
Beinvilla. *Bainville-aux-Miroirs.*
Belanges. *Bellange.*
Belchamps; Belchampt. *Belchamp.*
Belenu; Belenneium. *Blénod-lez-Pont-à-Mousson.*
Belitresse. *Bellihesse.*
Bella aqua. *Belleau.*
BELLANGE. *Haboudange. Vic.*
Bellavilla. *Belleville.*
BELLEAU. *Justice (Chemin de la). Natagne (La). Nomeny. Pont-à-Mousson.*
Belleaue; Belleauwe; Belleawe. *Belleau.*

Bellecourt. *Rappes (Les).*
Bellelieu. *Beaulieu.*
BELLEVILLE. *Dieulouard. Duc-de-Bar (Bois). Moselle (La). Pierrefort. Pompey. Pont-à-Mousson. Scarponais (Le). Toul.*
Belle-ville-de-leiz-Deullouart; Belleville-lès-Dieulouard. *Belleville.*
Belliese. *Bellihesse.*
Bellieu. *Beaulieu.*
Bellum donum. *Bédon.*
Bellus campus. *Belchamp.*
Bellus locus. *Beaulieu.*
Bellus pratus. *Beaupré.*
Bellus rivus. *Bérupt.*
Belprei; Belprey. *Beaupré.*
Belranges. *Bérange.*
Bel-Repaire; Belrepaire, 1348 (Tr. des ch. l. Fénétrange III, n° 6). *Beaurepaire.*
Belronges. *Bérange.*
BÉNAMÉNIL. *Aveline (L'). Lunéville. Port.*
Bénamesnil. *Bénaménil.*
Benderstorf; Benestorf. *Bénestroff.*
BÉNESTROFF. *Altroff. Bois-du-Chauffeur. Conthil. Vergaville. Vic.*
Benevisis, 1127-1168 (ch. de l'abb. de Clairlieu). — Terre que Benevise vocantur, v. 1188 (H. L. II, c. 373). — Benevisæ, 1193-1198 (*ibid.* c. 374). Ce gagnage ou cette métairie était dans les environs de Germiny et appartenait à l'abbaye de Clairlieu.
Beney. *Benney.*
Bennestorf; Bennestorff, 1403 (Tr. des ch. l. Blâmont, II, n° 7). *Bénestroff.*
BENNEY. *Boulangers (Chemin des). Chapelle (Chemin de la). Flavigny. Grand-Ruisseau (Le). Neuviller-sur-Moselle. Orvillé (L'). Saintois (Le). Vézelise.*
Benschdorff. *Bénestroff.*
Bensingen. *Bassing.*
Benvilla. *Bainville-aux-Miroirs.*
Beon. *Bayon.*
Berba; Berbaix, 1378 (Tr. des ch. l. Blâmont I, n° 155). *Barbas.*
Berbonvilla. *Barbonville.*
Bergerie-lès-Madière (La). *Bergerie (La).*
Berlaut molin. *Bellamoulin.*
BERLINGEN. *Keillematt. Petite-Pierre (La). Phalsbourg. Saverne. Zintzel (Le).*
BERMERING. *Altroff. Conthil. Dieuze. Hayrget-Groben. Saulnois (Le). Vic.*
Bermeringe; Bermeringen; Bermerin-

ger; Bermringen; Bermringer. Bermering.
Bernaicuria. *Bernécourt.*
Bernardi vicus. *Bénaménil.*
Bernarmesnil; Bernarmesniz; Bernartmanil. *Bénaménil.*
BERNÉCOURT. *Dieulouard. Gorge-Salée. Pont-à-Mousson. Romains (Chemin des).*
Berney. *Benney.*
Berneycourt-Belle-Fontaine. *Bernécourt.*
Berneyum. *Benney.*
Beronis villa; Berovilla. *Brouville.*
Berrange. *Bérange.*
Berswiller. *Besville* (Bénestroff).
Bertecourt-au-Chesne. *Burthecourt-aux-Chênes.*
Berten-Chesne. *Batin-Chêne.*
Berthecurtis ad Quercus. *Burthecourt-aux-Chênes.*
BERTHELMING. *Brackenkopf. Fénétrange. Kellersbach (Le). Sarrebourg.*
BERTRAMBOIS. *Allemagne (Chemin d'). Cirey. Forêt. Herbas. Sarrebourg. Saint-Georges. Varcoville. Vic.*
Bertranboix. *Bertrambois.*
Bertrand-Voivre. — Voy. *Baranweare.*
Bertrecuria, 1402 (*Regestrum*). *Burthecourt-aux-Chênes.*
BERTRICHAMPS. *Baccarat. Blâmont. Chaumont (Chemin). Justice (Sentier de la Haie-de-la-). Meurthe (La). Moulin-de-Saint-Jean (Ruisseau du). Saint-Jean-Baptiste. Vic.*
Bertrici curtis. *Burthecourt-aux-Chênes.*
Bertzelingen (Villa de Edelhusen prope), xve siècle (obit. de la coll. de Sarrebourg, f° 30, v°). Peut-être *Bettling?*
Berum. *Bey.*
Berviller. *Besville* (Bénestroff).
Besangæ. *Bezange-la-Petite.*
Besanges; Besangia; Besenchæ; Besenchez; Besenge; Besenges. *Bezange-la-Grande.*
Besporn. *Bettborn.*
Bessanges. *Bezange-la-Grande.*
Bessing; Bessingen. *Bassing.*
Bestaingne; Bethaigne. *Bétaigne.*
Betainvileir *Bettainviller.*
Betboorn. *Bettborn.*
Betegnex; Betegniex; Betegnix. *Battigny.*
Betenviller; Betevilleir. *Bettainviller.*
Bethboren. *Bettborn.*
Bethegney. *Battigny.*

Bethlemont. *Bathelémont* (Saint-Médard).
Bethonville. *Pettonville.*
Betigney. *Battigny.*
Betlemont. *Bathelémont* (Saint-Médard).
Betonisvilla; Betonville. *Pettonville.*
BETTBORN. *Berthelming. Bouquenom. Fénétrange.*
Bettbornn; Betteburn. *Bettborn.*
Bettegney. *Battigny.*
Bettelinga; Bettelingen. *Bettling.*
Bettoncourt. *Pettoncourt.*
Betpert. *Bettborn.*
Beul. *Bühl.*
Beurnecourt-Bellefontaine. *Bernécourt.*
Beuvezain-lez-Vicherey. *Beuvezin.*
BEUVEZIN. *Morts (Chemin des). Toul. Vandeléville. Vicherey. Vicherey (Le).*
Beveinville. *Bienville-la-Petite.*
Bovero; Bevro. *Bouvron.*
BEY. *Amance. Bayarth (à la table). Croix-Rouge (Chemin de la). Delme. Fontenelle (La). Rupt-des-Bois (Le). Scille (La). Vic.*
Bezainge. *Bezange-la-Grande.*
BEZANGE-LA-GRANDE. *Arracourt. Athienville (Ruisseau d'). Carmes (Les Fermiers-des-). Fontaine-aux-Pierres. Marsal. Moncel (Le). Motte (La). Pèlerins (Sentier des). Prés-Saint-Thiébaut (Ruisseau des). Sainte-Marie. Saint-Jean-Fontaine (Forêt de). Saint-Pierre. Vic.*
BEZANGE-LA-PETITE. *Bourdonnay. Lachère. Marsal. Saint-Pierre (Ruisseau de). Saulnois (Le). Vic.*
BEZAUMONT. *Belleau. Converts (Bois des). Croix (Chemin de la). Dieulouard. Montignons (Les). Moselle (La). Natagne (La). Pont-à-Mousson. Saint-Pierre. Toul.*
Bezomont. *Bezaumont.*
Bialchamp. *Belchamp.*
Bibaracha; Bibaraha (fluvius). *Bièvre (La).*
Bibenvilla. *Bainville-sur-Madon.*
Bibera. *Viviers.*
Biberaca (Villa). *Biebersbirch.*
Biberacha; Biberaha (fluvius). *Bièvre (La).*
Biberkirich; Biberkirick. *Bieberskirch.*
Bibiniacum. *Bulligny.*
Bichepin. *Bisping.*
BICKENHOLTZ. *Butzel. Etterbach (L'). Lixheim. Sarrebourg.*
Bickenholtz-Sainte-Marie; Bickenholz; Bickerholtz. *Bickenholtz.*

BICQUELEY. *Blénod-lez-Toul. Bouvades (Les). Charlemagne (Chemin). Croix-Charbonnier. Gontard. Romains (Route des). Toul. Voie-de-Charmes.*
Bicquilley. *Bicqueley.*
Bictenholz. *Bickenholtz.*
Biderstroff. *Bidestroff.*
BIDESTROFF. *Bassing. Maladrerie (La). Verbach (Le). Vergaville.*
BIEBERSKIRCH. *Bièvre (La). Lixheim. Niderviller. Sarrebourg.*
Biel. *Bühl.*
Biencort. *Bioncourt.*
BIENVILLE-LA-PETITE. *Bouxal. Einville. Fosse. Grande-Fontaine (Ruisseau de la). Sionviller (Ruisseau de).*
Biers-sur-Seille; Biert. *Bey.*
Bieverkirch. *Bieberskirch.*
Bignecourt; Bigneicourt; Bignicourt. *Bénicourt.*
Bigny. *Ibigny.*
Bihle; Bilh. *Bühl.*
Biliniacum. *Bulligny.*
Bill. *Bühl.*
Billanges. *Bellange.*
Bille. *Bühl.*
Binranges. *Béranges.*
BIONCOURT. *Château-Salins. Delme. Ferré (Chemin). Patients (Chemin des). Rosières (Chemin des). Saulnois (Le). Seille (La).*
Bioniscurtis. *Bioncourt.*
BIONVILLE. *Allemands (Chemin des). Chaumont (Chemin de). Sarrebourg. Vic.*
Biquilleyum, 1402 (*Regestrum*). *Bicqueley.*
Bis (Rivulus de) de Roseriis (Rosières-aux-Salines), 1213 (ch. de l'abbaye de Clairlieu).
Bisainges-de-lez-Ranzis; Bisanga. *Bezange-la-Petite.*
Bisanges-Magna; Bizangia. *Bezange-la-Grande.*
Bisariga. *Bezange-la-Petite.*
Bispaigne; Bispange; Bispanges; Bispengen; Bispenges. *Bisping.*
BISPING. *Angviller. Champ-d'Honneur (Chemin du). Dieuze. Fort-Buisson. Fribourg. Vergaville.*
Bispingen. *Bisping.*
Bissoncourt. *Buissonçourt.*
Bladenaco; Bladenacum; Bladenacum super Mosellam. *Blénod-lez-Pont-à-Mousson.*
Bladenacum; Bladenau. *Blénod-lez-Toul.*

Bladenenacum; Bladeniacum. *Blénod-lez-Pont-à-Mousson.*
Bladiniacum. *Blénod-lez-Toul.*
Bladini villa. *Blainville-sur-l'Eau.*
Bladonau. *Blénod-lez-Pont-à-Mousson.*
Blaindevalsch. *Plaine-de-Valsch.*
Blainnou; Blainnouf. *Blénod-lez-Pont-à-Mousson.*
Blainvilla. *Blainville-sur-l'Eau.*
Blainville-aux-Marais. *Bienville-la-Petite.*
Blainville-la-Grande. *Blainville-sur-l'Eau.*
Blainville-la-Petite. *Bienville-la-Petite.*
BLAINVILLE-SUR-L'EAU. *Bléhors. Grand-Fontaine. Lunéville. Mourthe (La). Nouvelle-Bethléem (La). Port. Rosières-aux-Salines. Saint-Claude. Saint-Jean-Fontaine. Saint-Pancrace.*
Blaizière (La). Blaissière (La).
Blammont. *Blâmont.*
BLÂMONT. *Blette (La). Corvée de Frémonville (Chemin de la). Igney (Ruisseau d'). Giroville. Gogney (Ruisseau de). Haboudange. Haie-Vauhier (Ruisseau de la). Pendu (Chemin du). Salm. Vezouse (La).*
Blanche. *Bellange.*
BLANCHE-ÉGLISE. *Dieuze. Grand-Breuil. Marsal. Morsac-Saint-Jean. Passages (Chemin dés). Seille (La). Videlange (Ruisseau de).*
Blancmont. *Blâmont.*
Blandenacum; Blandonis in Blandanacum. *Blénod-lez-Pont-à-Mousson.*
Blankenberg; Blanmondum; Blanmont. *Blâmont.*
Blausey; Blansiacum; Blanzei. *Blanzey.*
BLANZEY. *Sainte-Agathe.*
Blanzey-soubz-Amance; Blanzeyum; Blanziacum. *Blanzey.*
Blaulmont. *Blâmont.*
Blaviniacum. *Blénod-lez-Toul.*
Bledonis. *Blainville-sur-l'Eau.*
Bleenou. *Blénod-lez-Pont-à-Mousson.*
Bleheres; Bleberiæ; Blehers; Blehoirs (bois de), 1596 (dom. de Rosières); Blehores; Blehor-la-Grande; Blehor-la-Petite; Bléhors-lès-Blainville. *Bléhors.*
Bleinvilla; Bleinville. *Blainville-sur-l'Eau.*
Blemereis. *Blémerey.*
BLÉMEREY. *Étang (Ruisseau de l'). Leintrey. Marsal. Rognelle (La).*
Blemmery. *Blémerey.*

Blenau. *Blénod-lez-Pont-à-Mousson.*
Blenchie (Le rux de), près de Hudiviller, 1537 (copie d'un titre du XII⁰ siècle, arch. de Rosières).
Blenhors. *Bléhors.*
Blenno, 1402 (*Regestrum*); Blennodevant-le-Pont; Blennoid; Blennoid-devant-le-Pont. *Blénod-lez-Pont-à-Mousson.*
Bleno; Blénod-aux-Oignons; Blenodium. *Blénod-lez-Toul.*
Blenodium; Blenodium ante Pontem, 1402 (*Regestrum*); Blenodium coram Pontemontionis. *Blénod-lez-Pont-à-Mousson.*
BLÉNOD-LEZ-PONT-À-MOUSSON. *Cour-Bulizel (La). Espagne (Sentier d'). Moselle (La). Pierrefort. Pont-à-Mousson. Romains (Chemin des).*
BLÉNOD-LEZ-TOUL. *Blarin (Le). Colomey. Cotani curtis (à la table). Croix (Chemin de la Grande-). Fredoni mansus (à la table). Galiaud. Gimées (Les). Hôpital (Chemin de l'). Prés-Ory (Ruisseau des). Saint-Nicolas. Toul.*
Blenodz; Blenou; Blenoud; Blenouf. *Blénod-lez-Pont-à-Mousson.*
Blesmery. *Blémerey.*
Bleuhor-la-Grande. *Bléhors.*
Blindewasch. *Plaine-de-Valsch.*
Blœnville. *Blainville-sur-l'Eau.*
Blumereix; Blumericz; Blumerys. *Blémerey.*
Bobunivilare. — Voy. *Babunevillare.*
Boc. *Boucq.*
Bocevilla. *Bosserville.*
Bodatius vicus. *Vic-sur-Seille.*
Boddonis villa. *Boudonville.*
Bodecius vicus; Bodeitius vicus; Bodesius vicus. *Vic-sur-Seille.*
Bodingiæ. *Haboudange.*
Bodisileius vicus. *Vic-sur-Seille.*
Bodonis monasterium. *Bon-Moutier.*
Bodonis villa. *Boudonville.*
Bodonvillare. *Badonviller.*
Bodosus vicus. *Vic-sur-Seille.*
Bodulfivilla. *Bouillonville.*
Boenmoustier. *Bon-Moutier.*
Boey. *Boyé.*
Boiacum. *Boucq.*
Boicey. *Boyé.*
Boincort. *Boncourt.*
Boinviler; Boinvilleir. *Bonviller.*
Boisseres. *Bouxières-sous-Froidmont.*
Boissiers-as-Nonains. *Bouxières-aux-Dames.*
Boixières. *Bouxières (Vallois).*

Bolhieux. *Bolhux (Le).*
Bonavallis. *Bonneval.*
Boncort. *Boncourt.*
Boniriacus (Villa quæ dicitur), 836 (H. L. I, c. 302). Ce lieu, qui est mentionné avec Viterne, paraît être le même que Balboni villa.
Bonmonstier. *Bon-Moutier.*
Bonnevaulx. *Bonneval.*
BONVILLER. *Bouxal (Le). Einville. Grande-Fontaine (Ruisseau de la). Haie-Sarrazin (Chemin de la). Lunéville.*
Bonviller-de-leis-Einville. *Bonviller.*
Borbonvilla. *Barbonville.*
Bordes (ad). *Bordes (Les) (Gerbéviller).*
Bordes-devant-Nancey (Les). *Bordes (Les) (Nancy).*
Borreville; Borvilla. *Borville.*
BORVILLE. *Bayon. Châtel-sur-Moselle. Deneuvre. Gerbéviller. Rosières-aux-Salines.*
Bosanivilla. *Bouzanville.*
Boscelein rivus. *Boyard.*
Boscevilla. *Bosserville.*
Boscherie. *Bouxières-aux-Dames.*
Bosonis mons. *Bauzemont.*
Bosseres; Bosseriæ. *Bouxières-aux-Dames.*
Bouc; Bouch. *Boucq.*
BOUCQ. *Commercy. Dommartin-aux-Fours. Foug. Hasoy. Lucey. Meuse-Commercy. Voie-de-Toul. Voivre (Bois).*
Boucquet. *Boucq.*
BOUILLONVILLE. *Gorze. Mad (Le). Madin (Le). Scarponais (Le). Thiaucourt. Watguillerie.*
Boulle. *Borde (La) (Haraucourt-sur-Seille).*
Boullehieux. *Bolhux (Le).*
Boullonville. *Bouillonville.*
Bonquonville, 1415 (Tr. des ch. l. Pierrefort, n° 1). *Bouconville.*
Bourcellula, 1402 (*Regestrum*). *Bosserville.*
Bourcières-aux-Dames. *Bouxières-aux-Dames.*
Bourde (La). *Borde (La) (Buissoncourt).*
Bourdeuey; Bourdenier; Bourdenniers. *Bourdonnay.*
Bourdes (Les). *Bordes (Les) (Gerbéviller).*
Bourdes (Les). *Bordes (Les) (Nancy).*
Bourdes (Le boix dit les). *Bordes (Les) (Rosières-aux-Salines).*
BOURDONNAY. *Bru. Garde (La). Goutte-Ganiche (Ruisseau de la). Marsal.*

Ommerey (Ruisseau d'). Pont-de-l'Eau-Salée (Chemin du). Vic.
BOURGALTROFF. Allemands (Chemin des). Dieuze. Justice (Chemin de la). Spin (Le). Vergaville. Vic.
Bourigaltorff. Bourgaltroff.
Bourrache. Bourache.
BOURSCHEID. Briche (La). Langmatt (Chemin de). Lixheim. Phalsbourg. Sarrebourg.
Bousainvilla, 1402 (Regestrum). Bouzanville.
Bouseule (La). Bouzule (La).
Bousonmont. Bezaumont.
Boussonvilla, 1402 (Regestrum). Bouzanville.
Bouveron; Bouveronnum, 1402 (Regestrum); Bouverons. Bouvron.
BOUVRON. Côtes-Lucey (Ruisseau des). Grands-Prés (Ruisseau des). Liverdun. Royauneix. Sauniers (Chemin des). Toul. Vieux-Cimetière.
Bouxanville. Bouzanville.
Bouxeire; Bouxier. Bouxières-sous-Froidmont.
Bouxeriæ, 1402 (Regestrum). Bouxières-aux-Chênes.
Bouxeriæ, Bouxeriæ ad Moniales, 1402 (Regestrum). Bouxières-aux-Dames.
Bouxeriæ ad Quercum, 1402 (Regestrum). Bouxières-aux-Chênes.
Bouxerieulles, XVIᵉ siècle (Tr. des ch. reg. B. 281, fᵒ 1 vᵒ). Bouzule (La).
Bouxières-au-Mont. Bouxières-aux-Dames.
BOUXIÈRES-AUX-CHÊNES. Amance. Croix (Chemin de la). Croix-Blanche (Chemin de la). Ferrée (Chemin de la). Haudeville. Hennot. Justice (Chemin de la). Metz (Chemin des). Morts (Chemin des). Moulins (Ruisseau des). Nancy. Pierre-Moulin. Port. Poteau (Ruelle du), Pré-de-l'Hôpital (Le). Rupt-des-Bois. Saint-Étienne. Tabioncôte. Vieux-Cimetière (Chemin du).
BOUXIÈRES-AUX-DAMES. Amance. Amezule (L'). Balthasard (Chapelle). Chapelle (Chemin de la). Chasupes (Sentier des). Chaumontois (Le). Chirfontaine (Ruisseau). Corvées (Chemin des Grandes-). Crosse (Sentier de la). Custines. Meurthe (La). Morte-Saint-Jean. Nancy. Petit-Chenois (Le). Port. Scarponais (Le). Woldesinguesilla (à la table).
Bouxières-devant-Gilebert-Viller. Bouxières (Vallois).

Bouxières-la-Grande. Bouxières-aux-Chênes.
Bouxières-lès-Gerbéviller. Bouxières (Vallois).
Bouxières-soubz-Fromont. Bouxières-sous-Froidmont.
BOUXIÈRES-SOUS-FROIDMONT. Centaine (Chemin de la). Corvée (Chemin de la). Croix (Chemin de la). Croix-de-Mission. Grange-aux-Dîmes (Chemin de la). Morville-sur-Seille. Nomeny. Pré-Chevalier (Sentier du). Prény. Sauniers (Chemin des).
Bouzainvilla. Bouzanville.
BOUZANVILLE. Autrey (Fief). Saintois (Le). Vaudémont. Vézelise. Vieux-Chemin (Le).
Bouzeulle (La); la Bouzieulles. Bouzule (La).
Bouzlainville. Bouzanville.
Boverons. Bouvron.
Boxeres-desor-Amance; Boxeriæ. Bouxières-aux-Chênes.
Boxevilla, 1402 (Regestrum). Bosserville.
Boyey. Boyé.
Bozuelle-soub-Amance (La); la Bozule; la Bozules. Bouzule (La).
Brachium Sancti Eucharii. Bras-de-Saint-Eucaire.
Bracken-Kopff. Brackenkopf.
Brai (Alodium de), 1222 (ch. de l'abb. de Beaupré).—Bray, 1238 (ibid.).
Braihoix. Brabois.
Braleville. Bralleville.
BRALLEVILLE. Châtel-sur-Moselle. Haroué. Madon (Le).
Brancquard (La). Brocarde (La).
Brates; Brathe. Bratte.
BRATTE. Cour (La). Custines. Nancy. Natagne (La).
Braulotte. Brouvelotte.
Bray. — Voy. Brai.
Brechembaul-devant-Nancey; Brechenbaul. Brichambeau.
BRÉHAIN. Calvelin. Haboudange. Nied (La).
Brehericolle (Alodium de), 1155 (cart. de Rengéval, fᵒ 13). Cet alleu était situé près de Foug.
Breheu. Breheux (La).
BRÉMÉNIL. Badonviller. Ban-le-Moine. Belle-Meunière (Chemin de la). Bernu (La). Blâmont. Blette (La). Lorraine. Lunéville. Salm. Sarrebourg. Vic.
Bréménil-ban-le-Moine; Bréménilban-Saint-Pierre. Bréménil.
Bremoncort. Brémoncourt.
BRÉMONCOURT. Bayon. Champ-Charle-

magne (Le). Corvée (Chemin de la). Deneuvre. Fouliot (Le). Rosières-aux-Salines.
Bremoncuria; Bremuncort. Brémoncourt.
Brenaicourt; Brenaicuria; Brenaincourt; Brenaincuria, Brenecuria, 1402 (Regestrum); Breneicourt; Breneincourt; Breneycourt. Bernécourt.
Breslevilla. Bralleville.
Bretengne. Bétaigne.
• Breth. Bratte.
Brichambal; Brichambault; Brichambaulx; Brichenbaul. Brichambeau.
BRIN. Amance. Croix (Chemin du Haut-de-la-). Delme. Étang (Ruisseau de l'). Nancy. Seille (La).
Brin-Bas et Brin-Haut; Brin-sur-Saille; Brin-sur-Seille; Brinum. Brin.
Brindebourg. Braiedebourg.
Brise-Pané. Brispané.
Britannia. Bétaigne.
Briviaracum; Briviriacum. Bruley.
Broc. Hellocourt.
Bromoncort; Bromoncourt. Brémoncourt.
Brotes; Brothe. Bratte.
Brouchin. Brouviller.
BROUDERDORFF. Bettling. Dieuze. Niderviller. Otterbach (L'). Ritterwald. Saarecke. Sarrebourg.
Broudergarten. Brudergarden.
Broullatte; Brouvellatte. Brouvelotte.
BROUVILLE. Ames (Ruisseau des). Baccarat. Béhait. Blâmont. Brouvelotte. Deneuvre. Ogéviller. Salm. Vic.
Brouville. Brouviller.
BROUVILLER. Hérange. Holhoff. Lixheim. Phalsbourg.
Brovelatte; Brovilate. Brouvelotte.
Brovile; Brovilla, 1402 (Regestrum). Brouville.
Brovillate. Brouvelotte.
Broville. Brouville.
Brovillette. Brouvelotte.
Bruchambault. Brichambeau.
Bruche. Bruch (Hampont).
Bruche nemus. Bruch (Vieux-Lixheim).
Bruchgarten; Bruchgerten. Brudergarden.
Bruct. Bruch (Hampont).
Bruderdorff; Bruederdorff. Brouderdorff.
Bruererum; Brueriacum. Bruley.
Bruillate. Brouvelotte.
Bruilloncort. Burlioncourt.
BRULEY. Ermites (Bois des). Lucey. Saint-Martin-Fontaine. Sainte-Anne. Toul.

Bruley-les-Nonnes, 1788 (papiers de l'Intendance, arch. de la Meurthe); Bruleyum, 1402 (*Regestrum*). *Bruley.*
Brulloncuria. *Burlioncourt.*
Brumenil; Brumeny; Brumesni; Brumesnil. *Bréménil.*
Bruque. *Hellocourt.*
Brureium; Brurey; Bruriacum; Bruviriacum; Bruvriacum. *Bruley.*
Bruxeriæ. *Bouxières-aux-Dames.*
Bryn. *Brin.*
Bubinga; Bubinguen. *Bébing.*
Bucculiacum; Buchaillei. *Bicqueley.*
Buchel. *Büchelberg.*
Bucheleium. *Bicqueley.*
Buchoncourt. *Buissoncourt.*
Buchuliacum. *Bicqueley.*
Buckenheimensis archipresbyteratus. *Bouquenom* (*Archiprêtré de*).
Bucsariæ. *Bouxières-sous-Froidmont.*
Budersdorff; Buderstorf; Buderstorff; Budestorf. *Bidestroff.*
Buevezaing. *Bouvezin.*
Bugneicourt. *Bénicourt.*
Buhel. *Bühl.*
BÜHL. *Bièvre* (*La*). *Dieuze. Endenvesser* (*L'*). *Langmatt. Niderviller. Otterbach* (*L'*). *Rodthoff. Rouge-Moitresse. Saarecke. Sarrebourg. Saint-Pierre.*
Buillonville. *Bouillonville.*
Buis. *Bey.*
BUISSONCOURT. *Fontaine-du-Bon-Père* (*Chemin de la*). *Grand-Étang. Port. Réméréville. Rosières-aux-Salines. Rouenne* (*La*). *Tour-de-Domèvre. Vic. Vieil-Moustier* (*Le*).
Buixières-soubz-Froymont. *Bouxières-sous-Froidmont.*
Büle prope Sarburg. *Bühl.*
Bullegny; Bulleigny; Bulligney. *Bulligny.*
BULLIGNY. *Blénod-lez-Toul. Étange* (*L'*). *Gondevaux. Poisson* (*Le*). *Vézelise.*
Bullinvilla. *Blainville-sur-l'Eau.*
Bullonville. *Bouillonville.*
Buquilleyum, 1402 (*Regestrum*). *Bicqueley.*
Buraltorff. *Bourgaltroff.*
Bure; Bure-lès-Paroy. *Bures.*
Bureriacum. *Bruley.*
BURES. *Arracourt. Lalence. Lunéville. Marsal. Nonnes* (*Chemin des*).
Bureville. *Buriville.*
Burgk-et-Alstroff; Burigaltorff. *Bourgaltroff.*
Burinivilla; Burivilla. *Buriville.*

BURIVILLE. *Ban-de-la-Rivière. Bénaménil. Vic.*
BURLIONCOURT. *Carey. Cors* (*Ruisseau des*). *Dieuze. Haboudange. Petite-Seille* (*La*). *Vic.*
Burtecourt; Burtecourt-au-Chesne. *Burthecourt-aux-Chênes.*
BURTHECOURT (Salone). *Delme.*
Burthecourt-au-Vermois. *Burthecourt-aux-Chênes.*
BURTHECOURT-AUX-CHÊNES. *Nancy. Port. Rosières-aux-Salines. Saint-Christophe. Vermois* (*Le*).
Burthecuria. *Burthecourt-aux-Chênes.*
Burtignemont. *Buthegnémont.*
Burtrecourt. *Burthecourt-aux-Chênes.*
Burtsoloni villa. *Haussonville.*
Burvilla. *Byriville.*
Busnei villa. *Belleville.*
Busommont; Busomond. *Bezaumont.*
Busseping. *Bisping.*
Busseriæ majores. *Bouxières-aux-Chênes.*
Bussoncourt; Bussoncuria, 1402 (*Regestrum*). *Buissoncourt.*
Butelemont; Buthignemont; Butignemont; Buttegnemont. *Buthegnémont.*
Buttelingen. *Bettling.*
Butthegnemont. *Buthegnémont.*
Buvisin. *Bouvezin.*
Buxarias; Buxarie; Buxeires; Buxeria. *Bouxières-aux-Dames.*
Buxeriæ; Buxeriæ ad Quercum; Buxeriæ majores; Buxeriæ subter Amantiam. *Bouxières-aux-Chênes.*
Buxeriæ super fluvium Salliam. *Bouxières-sous-Froidmont.*
Buxerie super fluvium Mortuum; Buxeriis; Buxerium ad Dominas, 1456-1466 (*Poleum univ. diœc. tull. reg. B.*); Buxier. *Bouxières-aux-Dames.*
Buxière. *Bouxières-sous-Froidmont.*
Buxières. *Bouxières-aux-Dames.*
Buxières-desoubz-Amance. *Bouxières-aux-Chênes.*
Byaiville; Byenville. *Bienville-la-Petite.*
Byoncort; Byoncourt; Byoncuria. *Bioncourt.*

C

Cadiniacum; Caldeniacum; Caldiniacum. *Chaudeney.*
Caleniacum; Caliniacum. *Chaligny.*
Calmons. *Chaumont* (Einville).
Calmontensis, Calmontinsis pagus et comitatus; Calmontensium comitatum; Calmontis; Calmuntinsis comitatus; Calmotensis pagus; Calmutensis comitatus. *Chaumontois* (*Le*).
Caluniacum. *Chaligny.*
Calvomontensis, Calvomontinsis pagus et comitatus; Calvomontisis pagus. *Chaumontois* (*Le*).
Calvus mons. *Chaumont* (Einvaux).
Camiacum. *Choloy.*
Campagneium; Campaneola. *Champigneules.*
Campania tullensis. *Champagne* (*La*) ou *Champ-des-Allemands.*
Campaniolæ. *Champigneules.*
Campeiæ; Campellæ; Campellum. *Champel.*
Campels. *Champey.*
Campeniulæ. *Champigneules.*
Campete. *Champel.*
Campi. *Champey.*
Campineola; Campiniola villa; Campinoles. *Champigneules.*
Campispinal; Campus penosus, 1402 (*Regestrum*); Campus spinosus. *Champenoux.*
Canaveræ; Canaveriæ; Canaverias. *Chenevières.*
Candale (La). *Léopoldval.*
Cani. *Cany.*
Cannabariæ. *Chenevières.*
Canonicurtis. *Cany.*
Canpes. *Champel.*
Canteheu; Cantohu; Conteu. *Chanteheux.*
Capel. *Diane-Capelle.*
Capella; Cappella, 1402 (*Regestrum*). *Chapelle* (*La*).
Cappelle. *Diane-Capelle.*
Careica villa; Carcium. *Charey.*
Carpe-Frite (La). *Carpe* (*La*).
Casa-Nova; Cassenoble. *Cassenove.*
Castella, canton du territoire de Vannecourt, 1293 (ch. de la coll. Saint-Georges).
Castellio. *Châtillon.*
Castellum. *Château-Voué.*
Castrasalina. *Château-Salins.*
Castrum Richiscurtis. *Réchicourt-le-Château.*
Castrum Salinense; Castrum Salinum; Castrum Sallum. *Château-Salins.*
Caulei villa. *Chaouilley.*
Cauliacum. *Choloy.*
Caviniacum. *Chavigny.*
Ceille (La). *Seille* (*La*).
CEINTREY. *Agneulle. Boulangers* (*Chemin des*). *Dame-Marguerite. Flavigny. Madon* (*Le*). *Nancy. Outre-Mo-*

selle. *Paspagard.* Pulligny. *Saintois (Le).* Saint-Val. *Trépassés (Les).*
Cembanche; Cembench; Cembenche. *Saint-Boing.*
Cembuemont. *Beaumont.*
Cembunge. *Saint-Boing.*
Centrey; Centry. *Ceintrey.*
Ceranvilla. *Séranville.*
Cerbéviller. *Xerbéviller.*
CERCUEIL. *Amance. Buissoncourt. Hôpital (Chemin de l').* Nancy. *Port. Réméréville. Soldat (Chemin du).*
Cercuel; Cercues. *Cercueil.*
Cerieires; Cerières. *Serrières.*
Cerizémont. *Kirschberg.*
Cernone; Cernonis fluvius; Cernune; Cernuni; Cernuns. *Sanon (Le).*
Ceronvilla. *Séranville.*
Chaceinval (H. de), 1149 (ch. de l'abb. de Beaupré). — Chacenval, 1177 (ch. du pr. de Flavigny).
Chairey. *Charey.*
Chaistel-voiet, 1342 (Tr. des ch. l. Bitche, Castres, n° 52). — Chaistelwoweit, 1404 (*ibid.*). *Château-Voué.*
Chaistillon. *Châtillon.*
Chaizelles. *Chazelles.*
Chaleini. *Chaligny.*
Chaleyum, 1402 (*Regestrum*). *Choloy.*
Chalignæ; Chaligneium; Chaligneyum, 1402 (*Regestrum*). *Chaligny.*
CHALIGNY. *Espagnol (Chemin de l'). Ferrières. Flavigny. Forge (Val-de-la-). Justice (Chemin de la). Moines (Chemin des). Moselle (La).* Nancy. *Pont-Saint-Vincent. Récompenses (Chemin des).* Toul.
Chalinei; Chalineium; Chalinne; Challigneium; Challigney; Challigneys; Challigneyum; Challigny. *Chaligny.*
Challot. *Choloy.*
Chambleirs; Chamblers; Chamblez. *Chamblé.*
Chambon. *Jambon.*
Chambrei. *Chambrey.*
CHAMBREY. *Amance. Delme. Grémeccy (Forêt et Ruisseau de). Haut-de-la-Croix. Houdremont. Reine (Route de la). Saint-Roch. Seille (La).* Vic.
Chambreyum; Chambry. *Chambrey.*
Chamon; Chamont; Chamunt. *Chaumont (Einvaux).*
Champaigne (La). *Champagne (La).*
Champé. *Champey.*
Champegnelle. *Champigneules.*
Champegneu; Champegnou; Champegnoul; Champegnoult; Champegnoulx. *Champenoux.*

Champegnuelles; Champeigneules; Champeignola. *Champigneules.*
Champeignou. *Champenoux.*
Champeilz; Champel; Champelz. *Champey.*
Champeneulle; Champeneulles. *Champigneules.*
Champenou; Champenoult; Champenoulx; Champenoulx-soub-Amance. *Champenoux.*
CHAMPENOUX. *Amance. Château-des-Fées. Falck-de-Brin. Haut-Voué (Le).* Nancy. *Port.*
Champenouz. *Champenoux.*
Champes. *Champel.*
Champé-sur-Moselle. *Champey.*
CHAMPEY. *Croix (Champ-de-la-). Morville-sur-Seille. Moselle (La). Pont-à-Mousson. Prény. Scarponais (Le).*
Champgneulles; Champigneul. *Champigneules.*
CHAMPIGNEULES. *Chanois (Bois du). Charlemagne (Chemin). Étangs (Ruisseau des). Fayencerie (La). Forge (Val-de-la-). Frouard. Grande-Maison (La). Justice (La). Meurthe (La).* Nancy. *Notre-Dame-de-Pitié. Port. Saint-Barthélemy. Val (La). Val-Thiébault.*
Champigneulle; Champignolæ; Champignoliæ, Champignolliæ, 1402 (*Regestrum*). *Champigneules.*
Champinos; Champinous; Champspenoins; Champspinous. *Champenoux.*
Chaneveres; Chanevieres. *Chenevières.*
Channoy; Chanoy. *Chénois.*
Chanteheu. *Chanteheux.*
CHANTEHEUX. *Dame-Marguerite-la-Sauvage. Lunéville. Vezouse (La).*
Chanteheuum; Chantebeux, ban d'Ochey. *Chanteheu.*
Chantehu; Chantehui. *Chanteheux.*
Chanuncort. *Cany.*
CHAOUILLEY. *Brebis (Ruisseau des). Enfer (Chemin de l'). Étreval (Ruisseau d'). Saintois (Le). Tantonville. Vaudémont. Vézelise.*
Chaoulley. *Chaouilley.*
CHAPELLE (La). *Baccarat. Meurthe (La). Moncelle (La). Saussenrupt. Saint-Pierre (Ruisseau de). Terthra (à la table).* Vic.
Chapelle-devant-Gerbevilleir (La). *Chapelle (La) (Gerbéviller).*
Chareium. *Charey.*
CHAREY. *Enfer (Chemin de l'). Fosses*

(*Chemin des*). *Pré à l'Huile (Le). Rupt (Le).* Thiaucourt. *Voivre (La).*
Charmæ, 1402 (*Regestrum*); Charmes-devant-Toul. *Charmes-la-Côte.*
CHARMES-LA-CÔTE. *Blénod-lez-Toul.* Commercy. *Gondreville. Queue-de-Mont (La). Saint-Fiacre. Saint-Florentin. Voie-de-Toul.*
Charmeyacum; Charmoi. *Charmois.*
CHARMOIS. *Blainville-sur-l'Eau. Fontaine-Noire (Chemin de la). Rosières-aux-Salines. Lunéville.*
Charmois (Le). *Chamois (Le).*
Charmois-lez-Gondreville. *Charmois (Gondreville).*
Charmoix; Charmoy. *Charmois.*
Charmoy. *Charmois (Gondreville).*
Charmoys. *Charmois.*
Charpeigne. *Scarpone.*
Chasel. *Chazelles.*
Chasnois. *Chénois (Le) (Emberménil).*
Chasnoy (Le). *Chanois (Le).*
Chasteau-Bréhan; Chasteaubrhan. *Château-Bréhain.*
Chasteauhouel; Chasteauwouel. *Château-Voué.*
Chastelbrehain; Chastelbreheim. *Château-Bréhain.*
Chastellet (Le). *Montet (Le).*
Chastelsalin; Chastel Salin; Chastelsallin; Chastel-Sallin. *Château-Salins.*
Chastelvoel; Chastelvouel; Chastelwouel. *Château-Voué.*
Chastillon; Chastillon-en-Vosge; Chatellon. *Châtillon.*
CHÂTEAU-BRÉHAIN. *Château-Salins. Haboudange. Pont-à-Mousson. Viviers.*
Château-Houez. *Château-Voué.*
Château-la-Vaux. *Vaux-lez-Germônville (La).*
Château-Oël; Château-Ouel. *Château-Voué.*
CHÂTEAU-SALINS. *Amance. Beaurepaire. Calvaire. Coutures (Ruisseau de). Dameloo. Delme. Houdremont. Madeleine (La). Petite-Seille (La). Saulnois (Le).*
Château-Voël. *Château-Voué.*
CHÂTEAU-VOUÉ. *Banvoie. Bride-et-Kæking. Canal de la Flotte. Châtelaine (Chemin de la). Destrich. Dieuze. Haboudange.*
Château-Woez. *Château-Voué.*
CHÂTILLON. *Purimont (à la table).*
Chaudenay-sur-Moselle. *Chaudeney.*
CHAUDENEY. *Blénod-lez-Toul. Bouvades (Les). Fontenoy-sur-Moselle. Moselle*

22.

(*La*). *Sainte-Valburge. Trous-de-Sainte-Reine* (*Les*).
Chaudeneyum, 1402 (*Regestrum*). *Chaudeney.*
Chaulley. *Chaouilley.*
Chauloy. *Choloy.*
Chaulrupt; Chaulrux. *Chaurupt.*
Chaumont; Chaumont-sur-Moselle. *Neuviller-sur-Moselle.*
Chaunilley. *Chaouilley.*
Chavegney; Chavignei. *Chavigny.*
CHAVIGNY. *Chaligny. Charlemagne* (*Plaine*). *Flavigny. Nancy. Pont-Saint-Vincent. Presle. Saint-Blaise-aux-Forges. Tour-Saint-Blaise* (*La*).
Chavilleiz-desoubz-Vaudémont; Chavilley; Chawillei; Chawilley; Chawilly. *Chaouilley.*
Chazel; Chazelle. *Chazelles.*
CHAZELLES. *Leintrey.*
Chegneicourt; Chegnicourt; Chegniecourt; Cheignicourt. *Chenicourt.*
Chelennei; Chelignei; Cheligney; Chelineium. *Chaligny.*
Chelmes. *Charmes-la-Côte.*
Chemaménil. *Xermaménil.*
Chenaveres. *Chenevières.*
Chenbanch. *Saint-Boing.*
Cheneveires; Cheneveræ; Cheneveres; Chenevière. *Chenevières.*
CHENEVIÈRES. *Azerailles. Martincroix. Meurthe* (*La*). *Moyen. Saint-Clément. Vic.*
CHENICOURT. *Nomeny. Seille* (*La*). *Saint-Paul.*
CHÉNOIS. *Château-Salins. Haboudange. Morville-sur-Nied. Pont-à-Mousson. Rotte* (*La*). *Vic.*
Chermoix; Chermoy; Chesmæ. *Charmois.*
Chesnois (Le). *Chénois* (*Le*) (Emberménil).
Chesnoy (Le). *Chanois* (*Le*).
Chestes. *Château-Bréhain.*
Cheulaium. *Chaouilley.*
Cheulei. *Xeuilley.*
Cheuliacum; Cheulley. *Chaouilley.*
Chevaini; Chevegney; Chevenei; Chevigney. *Chavigny.*
Chewuley. *Xeuilley.*
CHICOURT. *Château-Salins. Morville-sur-Nied.*
Chidulfo villa. *Chaouilley.*
Chiecourt. *Chicourt.*
Chierlieu. *Clairlieu.*
Chocourt. *Xocourt.*
Chodeney. *Chaudeney.*
Choleyum, 1402 (*Regestrum*). *Choloy.*

Choloi; Cholois. *Choloy.*
CHOLOY. *Braban* (*Chemin*). *Commercy. Foug. Ingressin* (*L'*). *Petit-Ingressin* (*Le*). *Saint-Maurice. Toul.*
Chon. *Xon.*
Choudaye. *Xoudailles.*
Chowilley-soubz-Vaudémont. *Chaouilley.*
Cinterey, 1403 (Tr. des ch. l. Confirmations, n° 33); Cintrei; Cintrey; Cintri. *Ceintrey.*
Cireis. *Cirey.*
CIREY. *Blâmont. Châtillon. Gresson. Herbas* (*L'*). *Ladrerie* (*La*). *Sarrebourg. Verrerie* (*La*). *Vic.*
Cirières. *Serrières.*
Cirseid; Cirseium. *Sexey-les-Bois.*
Civrey-desors-Toulon. *Sivry.*
Claeure; Claeures. *Clayeures.*
Clairey-sur-Madon. *Clérey.*
Claiures. *Clayeures.*
Clamerei; Clamerey. *Clémery.*
Claregium; Clarei; Clarevis; Clarey; Clarey-près-d'Autrey; Clareyum, 1402 (*Regestrum*). *Clérey.*
Clarus locus; Clarus locus ad Nanceium. *Clairlieu.*
Claude. *Haraucourt.*
Claures; Clausuræ. *Clayeures.*
Clayeure (La). *Crayère* (*La*).
CLAYEURES. *Bayon. Brouillot* (*Le*). *Croix-Rouge* (*Chemin de la*). *Deneuvre. Euron* (*L'*). *Fouliot* (*Le*). *Rosières-aux-Salines.*
Cleirey. *Clérey.*
Cleir-leu. *Clairlieu.*
Clemerey. *Clémery.*
CLÉMERY. *Croix-aux-Ames* (*La*). *Grève. Justice* (*Chemin de la*). *Nomeny. Pont-à-Mousson. Seille* (*La*). *Thiébault-Pont.*
CLÉREY. *Corvée* (*Chemin de la*). *Outre-Moselle. Saintois* (*Le*). *Tantonville. Vaudémont. Vermillière* (*La*). *Vézelise.*
Clerleu; Clerleus; Cler-lieu lès Nancy; Clerlui. *Clairlieu.*
Clery. *Clérey.*
Cleura; Cleuræ; Cleure; Cleures; Cleuriæ. *Clayeures.*
CLÉVANT. *Mousson. Saint-Goëry-d'Épinal.*
Clevent. *Clévant.*
Climerei; Climerey. *Clémery.*
Clivens. *Clévant.*
Cloeure. *Clayeures.*
Clous (Vinea que dicitur). *Clos* (*Le*).
Clous Bellizel (Le). *Cour-Bulizel* (*La*).
Coaincourt. *Coincourt.*

Cocta faba. *Cuite-Fève.*
Coencourt. *Coincourt.*
Coeture. *Coutures.*
Cœurs. *Cœur.*
COINCOURT. *Almaces* (*Les*). *Bourdonnay. Einville. Lunéville. Saulnière* (*Chemin de la*).
COIVILLER. *Rosières-aux-Salines.*
Colanbey. *Colombey.*
Colbat. *Couvay.*
Collectivus rivulus, 1127-1168 (ch. du pr. de Flavigny). Ce ruisseau devait être sur les territoires de Neuviller-sur-Moselle ou de Lorey.
Colleux (Le). *Couloir* (*Le*).
Collombier; Collumbier; Colombariæ. *Colombey.*
COLOMBEY. *Gondreville. Raies-Montant* (*Aux-*). *Sarrasinière* (*La*). *Sous-le-Taillis. Toul. Vézelise.*
Colombey-aux-belles-femmes; Colombiers. *Colombey.*
Colters; Colterss; Colterssen; Coltires; Colturss. *Coutures.*
Columbare; Columbarium; Columbey, Columbeyum, 1402 (*Regestrum*).
Colva. *Couvay.*
Commarceyum, 1402 (*Regestrum*). *Commercy.*
Commey. *Commet.*
Compflans, 1402 (*Regestrum*). *Pont-Saint-Vincent.*
Concourt. *Coincourt.*
Condate; Condeium; Conde supra Mosellam; Condeum; Condoy; Condey-sor-Moselle; Condey-sur-Mozelle; Condey-sur-Mezaille. *Custines.*
Conflans; Conflans et Sanctus Vincentius. *Pont-Saint-Vincent.*
CONTHIL. *Chanvres* (*Ruisseau des*). *Dieuze. Haboudange.*
Conthill; Contille. *Conthil.*
Contravilla. *Gondreville.*
Contrexon. *Gondrexon.*
Corbeçalz; Corbesal. *Courbessaux.*
Corcelles. *Courcelles.*
Corup. *Corrupt.*
Corvivum, 1402 (*Regestrum*). *Crévic.*
Cotani curtis, x° siècle (*Hist. eps. tull. ad ann.* 622-654, H. L. I, c. 126). Ce lieu est mentionné avec Blénod-lez-Toul et Mont-le-Vignoble.
Coture; Cotures. *Coutures.*
Couileux (Le), 1547 (arch. de la fabrique de Dombasle). *Couloir* (*Le*).
Courbesal; Courbesalz; Courbesault; Courbessal; Courbessaul; Courbessaulx. *Courbessaux.*

TABLE DES FORMES ANCIENNES.

COURBESSAUX. *Crévic. Étangs (Ruisseau des). Hoëville (Ruisseau d'). Lunéville. Rosières-aux-Salines. Rouenne (La).*

Cour-Boulizel. *Cour-Bulizel (La).*

Courcellæ, 1402 (Regestrum). *Courcelles.*

COURCELLES. *Corvée (Chemin de la). Saintois (Le). Vandeléville. Vaudémont. Vézelise.*

Courcelles - sous - Vaudémont. *Courcelles.*

Court-Belleze, Bellise, Bellize, Bullezel, Bullezelle. *Cour-Bulizel (La).*

Courtegoin. *Courtegain.*

Courxelle. *Courcelles.*

Coustures. *Coutures.*

COUTURES. *Amance. Château-Salins. Houdremont. Poirier-de-Jérusalem (Sentier du).*

Coutures-lès-Château-Salins. *Coutures.*

Couva. *Couvay.*

COUVAY. *Blâmont. Salm.*

Couvey; Coway. *Couvay.*

Coyeviller; Coyviller. *Coiviller.*

Crafftel. *Krafftel.*

Crahière (La). *Crayère (La).*

Craincort. *Craincourt.*

CRAINCOURT. *Bellamoulin. Bourguignons (Chemin des). Champ-de-Fer. Delme. Doncourt. Étang (Ruisseau de l'). Longeville. Nomeny. Saint-Jean (Fontaine).*

Craincourt-sur-Seille. *Craincourt.*

Crantenay; Cranteneyum, 1402 (Regestrum); Cranteno; Crantenol, 1399 (Tr. des ch. l. Confirmations, n° 33); Crantenon. *Crantenoy.*

CRANTENOY. *Bayon. Haroué. Nancy. Orcvaux (L'). Saintois (Le). Saunier (Chemin du). Vézelise.*

Crantheno; Cranthenou; Crantinau. *Crantenoy.*

Craon. *Croismare.*

Craon. *Haroué.*

Cratinau. *Crantenoy.*

Cravechamp; Cravechampz; Craveichamp; Craveichamps; Craveschamps. *Crévéchamps.*

Crayeure (Ea). *Crayère (La).*

Crepatus campus. *Crévéchamps.*

Crepels. *Crépey.*

CRÉPEY. *Colombey. Étrepy. Gondreville. Passage (Chemin du). Saintois (Le). Saint-Lambert. Uvry (L'). Vézelise.*

Crepiacum; Crepicum; Creppey; Crépy. *Crépey.*

Cresil; Cresiliæ, 1402 (Regestrum); Cresilla. *Crézilles.*

Crespy. *Crépey.*

Cretenau. *Crantenoy.*

Crévéchamp. *Crévéchamps.*

CRÉVÉCHAMPS. *Charmes-sur-Moselle. Duc (Chemin le). Hurviller. Moselle (La). Nancy. Neuviller-sur-Moselle. Outre-Moselle. Saintois. Vézelise.*

Creveichamp; Creveschamp, 1402 (Regestrum); Creveschamps. *Crévéchamps.*

Crévi. *Crévic.*

CRÉVIC. *Corps-Morts (Chemin des). Danez. Leurtel. Lunéville. Mollenot (Le). Nancy. Notre-Dame-de-Pitié. Petit-Vezin (Le). Port. Rosières-aux-Salines. Saint-Denis. Sanon (Le).*

Crevive, 1402 (Regestrum); Crevy. *Crévic.*

Crezeilles; Crezile; Creziliæ, 1402 (Regestrum). *Crézilles.*

CRÉZILLES. *Blénod-lez-Toul. Bouvades (Les). Champagne (Chemin de la). Deuille (La). Gondevaux. Gondreville. Pileau. Poisson (Le). Sarrasinière (La). Toul. Vézelise.*

Criencourt; Crincurt. *Craincourt.*

CRION. *Anges (Ruisseau des). Bourguignons (Les). Champ-des-Noix. Einville. Lorraine (Les). Lunéville. Port. Vicaire (Le).*

Cripiacum; Crippeyum, 1402 (Regestrum); Crippiacum. *Crépey.*

Grivilé; Criviler. *Créviller.*

CROISMARE. *Brasseux. Bristard. Brochet (Le). Lunéville. Port. Rubeus mons (à la table). Sotterel. Vezouse (La). Vicaire (Le).*

Croix-Mithay; Croix-Mitra. *Croix-Mitta (Bois de la).*

Croyère (La), 1587 (dom de Rosières). *Crayère (La).*

Crucelie; Cruciolæ. *Crézilles.*

Cruncurt. *Craincourt.*

Crupeium; Cruppei. *Crépey.*

Crusille; Crusiolæ; Crusiole. *Crézilles.*

Crusson. *Gresson.*

Cruvileir; Cruviller. *Créviller.*

Cryon. *Crion.*

Crypeyum, 1402 (Regestrum). *Crépey.*

Cuctanges. *Cutting.*

Cuidefebve (Ermitage de), 1616 (dom. de Rosières); Cuilfève; Cuitte-de-Fève; Cul-de-Fève. *Cuite-Fève.*

Culturæ. *Coutures.*

Cumegie; Cumugy. *Cumejus.*

Curcellæ. *Courcelles (Salone).*

Cureæ; Curees. *Xures.*

Curezelle. *Courcelles.*

Curtis Leonnis comitis. *Lenoncourt.*

Curtus Rivus. *Corrupt.*

Curvi. *Crévic.*

Curvuscampus, 1402 (Regestrum). *Crévéchamps.*

CUSTINES. *Bardinière (La). Dubois. Grande-Garenne. Lombards (Maison des). Mauchère. Mercy. Moselle (La). Mousson. Nancy. Vieux-Chemin (Le).*

CUTTING. *Angviller. Bassing. Dieuze. Marimont. Vénus. Verbach (Le). Vergaville.*

Cuvilloncourt. *Quevilloncourt.*

Cuytte febve, 1587 (dom. de Rosières). *Cuite-Fève.*

Cyon. *Sion.*

D

DABO. *Ballersternkopf. Furstein. Georgenberg. Grossmitt. Hackopt. Hengst. Médératt-Mühl. Rosskopf. Rothenphül. Saverne. Sichardkopf. Spitzberg. Sainte-Odile. Walscheid. Westkopf. Wolfgartenkopf. Zorn (La).*

Daborc; Daburc; Dachspurg; Dagesburg; Dagespurg; Dagisburgum. *Dabo.*

Dahervilla; Dainvilla (?), 1402 (Regestrum). *Déhainville.*

Dalchen; Dalem. *Dalhain.*

DALHAIN. *Dieuze. Haboudange. Morhange. Vic.*

Dalheim. *Dalhain.*

Damarie-Eumont. *Dommarie-Eulmont.*

Damelpvière; Damelevière; Dame Levière. *Damelevières.*

DAMELEVIÈRES. *Blainville-sur-l'Eau. Champ-de-Sainte-Libaire. Chapois. Lunéville. Meurthe (La). Petite-Béchamp (La). Port. Rosières-aux-Salines. Trou-du-Tonnerre Le).*

Damelipvière; Damelivère; Dame-Livière; Damelivière; Damelyvière. *Damelevières.*

Damemarie-Eumont. *Dommarie-Eulmont.*

Danelbourg. *Dannelbourg.*

Dann. *Danne-et-Quatre-Vents.*

DANNE-ET-QUATRE-VENTS. *Haspelmatt. Maison-d'Ardenne (La). Phalsbourg. Saverne.*

DANNELBOURG. *Hérange. Hesselbroun-Graben (Ruisseau d'). Ixheim. Phalsbourg. Valtembourg (Ruisseau de).*

Danorum opus; Danubre; Danubrium. *Deneuvre.*

Dasbor; Dasborc; Dasburc; Dasburch; Dasburg; Dasporch; Dauborc; Dauburgum. *Dabo.*

Decompagi; Dechempful. *Tarquinpol.*

DÉDELING. *Banvoie. Corvée (Chemin de la). Haboudange. Petite-Seille (La). Saulnois (Le). Vic.*

Dedling. *Dédeling.*

Dehenville; Dehevilla; Deheville. *Déhainville.*

Dei Custodia; Deilauwart; Deilewart; Deilowart. *Dieulouard.*

Deismes. *Delme.*

Delhain. *Dalhain.*

Dellonis villa. *Glonville.*

Delmæ; Delmes. *Delme.*

DELME. *Château-Salins. Étang (Ruisseau de l'). Fontigny. Nomeny. Vic. Xocourt (Ruisseau de).*

Delonville. *Glonville.*

Delouard. *Dieulouard.*

Demæ; Demes. *Delme.*

Denelbourg; Denelburg. *Dannelbourg.*

DENEUVRE. *Baccarat. Belchamp. Chapelle (Chemin de la). Gerbéviller. Lunéville. Meurthe (La). Moncelle (La). Moniet (Le). Morts (Chemin des). Saint-Loup. Saint-Volfegand.*

Denevre. *Deneuvre.*

Dennelbourg. *Dannelbourg.*

Dennevre; Denneuvre; Denuevre; Denuevres. *Deneuvre.*

Deologardo (decanatus de); Desluardum. *Dieulouard.*

Desme, 1559 (Tr. des ch. B. 7951); Desmes. *Delme.*

Desselanges; Desselenges. *Desseling.*

DESSELING. *Alteville. Calvaire (Chemin du). Dalhain. Dédeling (Ruisseau de). Sarrebourg. Vergaville. Vic. Ville (La).*

Desselingen; Desslingen. *Desseling.*

Deulewart; Deullewart; Deullouart; Deulouvart; Deulouwart; Deulowairt; Deulowart; Deusleuward; Deus-Louvart. *Dieulouard.*

Deumaison. *Saint-Georges (Lunéville).*

Deuville. *Deuxville.*

DEUXVILLE. *Einville. Justice (Chemin de la). Lunéville. Port. Salines (Chemin des). Tombe (Ruisseau de la). Vilvaucourt (Bois).*

Deuxville-Notre-Dame; Deuxville-Saint-Epvre. *Deuxville.*

Dextraul; Dextreium; Dextroch. *Destrich.*

Dhanne; Dhen. *Danne-et-Quatre-Vents.*

DIANE-CAPELLE. *Fénétrange. Réchicourt-le-Château. Sarrebourg. Stock. Vieille-Route (La).*

Diane-Cappel; Diane-la-Chapelle. *Diane-Capelle.*

Diarvilla, 1402 (Regestrum). *Diarville.*

DIARVILLE. *Beaulong (Le). Bouzanville (Ruisseau de). Mandreville. Meuniers, Morts (Chemins des). Saintois (Le). Sauniers (Chemins des). Vaudémont. Vézelise.*

Didersberg; Diderstroff. *Mont-Didier.*

Dierville. *Diarville.*

Dieueleward; Dieulewardt; Dieulewart; Dieullewart. *Dieulouard.*

DIEULOUARD. *Ache (L'). Champ-aux-Moines. Croix-Saint-Nicolas. Cuite. Moselle (La). Scarponais (Le). Toul.*

Diculowart. *Dieulouard.*

Dieuse. *Dieuze.*

DIEUZE. *Capucins (Les). Morsac-Saint-Jean. Nid-de-Cicogne (Chemin du). Seille (La). Spin (Le). Verbach (Le). Vergaville.*

Dillonis villa; Dillonvilla, 1402 (Regestrum). *Glonville.*

Dincraha; Dincrei. *Tincry.*

Diosmis. *Delme.*

Dislowart. *Dieulouard.*

Dix-Paings. *Hisping.*

Dodeismes. *Delme.*

Dodoniscurtis. *Doncourt (Landécourt).*

DOLCOURT. *Colombey. Uvry (L'). Vaudémont. Vézelise.*

Dolocourt. *Dolcourt.*

Dolfin; Dolfing; Dolfingen; Dolfflingen. *Dolving.*

Dollecourt. *Dolcourt.*

Dollffingen. *Dolving.*

DOLVING. *Bouquenom. Clostergarten. Lixheim. Saarecke. Sarrebourg. Vieux-Couvent (La).*

Dolvinga. *Dolving.*

Domæ. *Delme.*

Domalivera; Domaliveria. *Damelevières.*

Domarye. *Dommarie-Eulmont.*

Dombaile, 1397 (T. des ch. l. Vaudémont fiefs, n° 18); Dombaille; Dombaisle; Dombal; Dombâle-sur-Meurthe. *Dombasle.*

DOMBASLE. *Florainville. Fontaine-d'Ormes. Maladrerie (La). Meurthe (La). Mothe (La). Nancy. Notre-Dame-de-Grâce. Ormes. Port. Prisonniers (Chemin des). Rosières-aux-Salines. Saint-Don. Sanon (Le). Vaux (Ban de La). Vieux-Chemin (Le).*

Dombasley. *Dombasle.*

Domcourt. *Doncourt (Aulnois).*

Domeivre. *Domèvre-en-Haye.*

Domeley, 1613 (dom. de Nomeny). *Donnelay.*

Domenheim. *Domnom.*

Domepvre; Dom-Epvre. *Domèvre-sur-Vezouse.*

Domerey. *Donnelay.*

Domèvre; Domèvre-Haraucourt. *Haraucourt.*

DOMÈVRE-EN-HAYE. *Dieulouard. Pont-à-Mousson. Royaumeix.*

DOMÈVRE-SUR-VEZOUSE. *Albe (ruisseau). Danube (Le). Fontaine-du-Bon-Père-de-Mattaincourt. Fosse (Chemin de la). Haie-de-Mignéville (La). Jardin-d'Angleterre. Lunéville. Route des Prêtres (La). Salm. Vacon (Le).*

Domevria. *Domèvre-en-Haye.*

DOMGERMAIN. *Braban (chemin). Commercy. Foug. Ochey (ruisseau). Saint-Maurice. Toul. Turgis. Voie-des-Censiers. Voie-des-Maréchaux.*

Domgeux. *Donjeux.*

Domgevin. *Domjevin.*

Domheim. *Domnom.*

Domjeu. *Donjeux.*

DOMJEVIN. *Bénaménil. Chazal. Frisonviller. Marsal. Notre-Dame-sous-la-Croix. Roses (Ruisseau des).*

Domjuvin. *Domjevin.*

DOMMARIE-EULMONT. *Saintois (Le). Vaudémont. Vézelise.*

DOMMARTEMONT. *Amance. Croix (Chemin de la) Nancy Port.*

DOMMARTIN-LA-CHAUSSÉE. *Gorze. Thiaucourt.*

DOMMARTIN-LEZ-TOUL. *Fontenoy-sur-Moselle. Toul. Villey-Saint-Étienne.*

DOMMARTIN-SOUS-AMANCE. *Amance. Amezule (L'). Haie-du-Pendu (Chemin de la). Moulins (Ruisseau de). Nancy.*

Dommeivre. *Domèvre-sur-Vezouse.*

Dommeleveire. *Damelevières.*

Dommenem; Dommenheim; Dommenom. *Domnom.*

Dommerey. *Donnelay.*

Dommèvre; Dommeyvre. *Domèvre-sur-Vezouse.*

Domna Basula. *Dombasle.*

Domna Libaria, Domnalibaria, Domna Liberia, 1402 (Regestrum). *Damelevières.*

Domna Maria; Domnamaria. *Dommarie-Eulmont.*

Domno Busilla. *Dombasle.*

DOMNOM. *Bassing. Cutting. Dieuze. Kirkingen. Marimont. Verbach (Le). Vergaville. Vivelin (Le).*

TABLE DES FORMES ANCIENNES.

Domnus Aper. *Domèvre-en-Haye.*
Domnus Aper. *Domèvre-sur-Vezouse.*
Domnusbasalus, 1378 (Tr. des ch. l. Trèves I, n° 20); Domnus Basolus; Domnusbazolus. *Dombasle.*
Domnus Germanus. *Domgermain.*
Domnus Jovinianus; Domnus Juvinus. *Domjevin.*
Domnus Jwinus. *Donjeux.*
Domnus Martinus. *Garde (La).*
Domnus Martinus; Domnus Martinus secus Mosellam. *Dommartin-lez-Toul.*
Domnus Martinus. *Dommartin-sous-Amance.*
Domnus Martinus ad furnos. *Dommartin-aux-Fours.*
Domnus Stephanus. *Domptail.*
Dompbaille; Dompbaisle, 1529 (reg. de l'off. de Toul); Dompballe; Dompbasle. *Dombasle.*
Domphein. *Domnom.*
Dompmairie; Dompmarie. *Dommarie-Eulmont.*
Dompmairtin-de-lès-la-Chaulcie. *Dommartin-la-Chaussée.*
Dompmartemont. *Dommartemont.*
Dompmartin-aux-Fours. *Dommartin-aux-Fours.*
Dompmartin-desoubz-Amance; Dompmartin-soub-Amance. *Dommartin-sous-Amance.*
Dompmartin-sus-Muselle. *Dommartin-lez-Toul.*
Dompmeivre. *Domèvre-en-Haye.*
Dompmertin. *Dommartin-sous-Amance.*
Dompmevre; Dompmeyvre. *Domèvre-sur-Vezouse.*
Dompna Libaria. *Damelevières.*
Dompni Martini mons, 1402 (*Regestrum*). *Dommartemont.*
Dompnom. *Domnom.*
Dompnus Aper, 1402 (*Regestrum*). *Saint-Epvre* (Deuxville).
Dompnusbasollus; Dompnus Basolus, 1402 (*Regestrum*). *Dombasle.*
Dompnus Martinus ante Tullum. *Dommartin-lez-Toul.*
DOMPTAIL. *Blainville-sur-l'Eau. Gerbéviller. Maladrie (Champ-sous-la-). Port. Rosières-aux-Salines. Vieux-Chemin (Le).*
Domptail-en-l'Air; Domptaille; Domptailles; Domptaille-sur-Mexet; Domptelliæ. *Domptail.*
Domus Dei Lunaris ville. *Saint-Georges* (Lunéville).
Donalibaria. *Damelevières.*
Donamaria. *Dommarie-Eulmont.*

Donbaile; Donbaille. *Dombasle.*
Doncort. *Doncourt* (Landécourt).
Doncourt-sur-Seille. *Doncourt* (Aulnois).
Doncurt. *Doncourt* (Landécourt).
Doneuvre. *Deneuvre.*
Dongeu. *Donjeux.*
Dongevin. *Domjevin.*
Dongieu; Donjeus. *Donjeux.*
DONJEUX. *Delme. Destrich. Étang (Ruisseau de l'). Saint-Paul. Vic.*
Donjevin. *Domjevin.*
Donjieu; Donjus. *Donjeux.*
Donmartin. *Dommartin-sous-Amance.*
Donnalibaria. *Damelevières.*
DONNELAY. *Bourdonnay. Bru. Corvée (Chemin de la Grande-). Marsal. Vic.*
Donnenem. *Domnom.*
Donneney; Donnerey; Donnereys; Donneris; Donnery. *Donnelay.*
Donobrium; Donovre. *Deneuvre.*
Donsevrin. *Domjevin.*
Donstaine; Dontail; Donteille. *Domptail.*
Donuevre; Donuvre. *Deneuvre.*
Dorneswilre; Dorsweiller; Dorswilter; Dorswilre; Dorwilre. *Torcheville.*
Dosa; Dosia; Doso vico. *Dieuze.*
Doulecourt; Doullecourt. *Dolcourt.*
Doumaison. *Saint-Georges* (Lunéville).
Doumerey. *Donnelay.*
Douneuvre. *Deneuvre.*
Doza. *Dieuze.*
Drouvilla. *Drouville.*
DROUVILLE. *Crévic. Einville. Étangs (Ruisseau des). Gelloncourt (Ruisseau de). Port. Pré-le-Moine (Le). Rosières-aux-Salines.*
Drovilla, 1402 (*Regestrum*); Droville; Drowille. *Drouville.*
Druchetein. *Turquestein.*
Dructelingas; Drutheringa. *Dédeling.*
Duaillewart. *Dieulouard.*
Duesa; Dueze. *Dieuze.*
Du Hautoy. *Belleau.*
Du Hautoy. *Clémery.*
Dulcourt. *Dolcourt.*
Dummartinus. *Dommartin-sous-Amance.*
Dunbasla. *Dombasle.*
Duncurt. *Doncourt* (Aulnois).
Dunniovre. *Deneuvre.*
Dunningen. *Donnelay.*
Duodecimis villa; Duodecimum (ad). *Delme.*
Duosa. *Dieuze.*
Dupont. *Pont (Le).*

Durcastel. *Château-Voué.*
Durchelstein; Durchestein; Durchstein. *Turquestein.*
Durikastel. *Château-Voué.*
Durkestain; Durkelstein; Durkestein; Durquestein; Dursquestain. *Turquestein.*
Dusa; Duza; Duziacum oppidum. *Dieuze.*
Dyariville; Dyarvilla, 1402 (*Regestrum*); Dyarville. *Diarville.*
Dyeme. *Delme.*
Dyllonville; Dylonville. *Glonville.*

E

Eadallago in pago Saliuinse, 755 (Hist. de l'abb. de Saint-Denis, pr. p. 37). Lieu inconnu, mentionné avec Salone et appartenant au prieuré de ce nom.
Ebersweiller. *Abreschwiller.*
Eblica fluvius. *Albe (L').*
Eccerpouensis pagus et comitatus. *Scarponois (Le).*
Eche. *Acho (L').*
Eche. *Eicho (Le Grand-).*
ÉCNOÜVES. *Blénod-lez-Toul. Charuettes. Foug. Ingressin (L'). Martinval. Pantau (Le). Toul. Vieux-Chemin (Le).*
Edelhousen; Edelbusen. *Adelhouse.*
Edival. *Hédival.*
Eiberschweiller. *Abreschwiller.*
EINARTZHAUSEN. *Petite-Pierre (La).*
Einertzhausen; Einertzhaussen. *Einartzhausen.*
Einsmingen. *Insming.*
Einsweiller; Einswiller; Einswilre; Einszwilr. *Insviller.*
Einval; Einvallis; Einvalz; Einvaulz. *Einvaux.*
EINVAUX. *Badal (Le). Bayon. Blainville-sur-l'Eau. Deneuvre. Fouliot (Le). Rosières-aux-Salines.*
Einvauz. *Einvaux.*
Einvilla, 1402 (*Regestrum*). *Einville.*
EINVILLE. *Bouxal (Le). Fontaine-des-Tiercelins. Foucrey (Ruisseau de). Grande-Fontaine (La). Harmonville. Lunéville. Maladrerie (La). Poncel. Port. Sanon (Le). Saulnois (Le). Saint-Gorgon. Sainte-Lucie. Tombe (Ruisseau de la). Valhey (Ruisseau de).*
Einville-au-Ja; Einville-au-Jars; Einville-au-Parcq; Einville-aux-Jars. *Einville.*
Einvuraulx, 1402 (*Regestrum*). *Einvaux.*

Elbersveiler; Elbersweiler; Elberswilre; Elberswylre. *Abreschwiller.*
Elbingen. *Albin.*
Eligesendis villa. — Voy. *Pligesindis.*
Elmes (D'). *Delme.*
Elmeville *Lemainville.*
Embermengnil. *Embermémil.*
EMBERMÉNIL. Amis (Ruisseau des). Bénaménil. Fosse (Chemin de la). Jaulendez. Justice (Chemin de la). Lunéville. Marsal. Parroy (forêt). Prise (La).
Embermeny; Embermesnil. *Emberménil.*
Emelcourt; Emelkort. *Amelécourt.*
Emertzhausen. *Einartzhausen.*
Emmelcourt. *Amelécourt.*
Emmenonevilla ; Emmenovilla. *Hénaménil.*
Emmingen; Emmingon. *Héming.*
Encerviller. *Ancerviller.*
Engerey; Engereyum, 1402 (*Regestrum*). *Aingeray.*
Engiecourt; Engiencourt; Engincuria, 1402 (*Regestrum*); Engincurt; Engincurtis. *Agincourt.*
Engreshin; Engrusia. *Ingressin (L').*
Ennoy. *Aulnois.*
Enssmingen. *Insming.*
Ensweiller; Enswiller. *Insviller.*
Enthal. *Endenthal.*
Enuualdivilla. *Arnaville.*
Enval; Envalis; Envallis; Envalz; Envas; Envau; Envaus. *Einvaux.*
Envile; Enville; Enville-au-Jay. *Einville.*
Enwal; Enwaux. *Einvaux.*
Episcopi villa. *Vacqueville.*
ÉPLY. *Moince.* Morville-sur-Seille. Pain-Bénit (Chemin du). Pompey (Ruisseau de). Seille (La). Sonard.
Erbelviller; Erberviller; Erbévillé-lès-Réméréville. *Erbéviller.*
ERBÉVILLER. *Amance.* Champenoux. Château-des-Fées. Port. Réméréville. Vic.
Erbéviller-lès-Réméréville. *Erbéviller.*
Erbeyvilleir. *Herbéviller.*
Ercus fluviolus, 932 (ch. de l'abb. de Bouxières). C'est probablement le ruisseau qui alimente le moulin de Pixerécourt.
Érien. *Trey (Le).*
Erlingen. *Ehrling.*
Ermenbertovilare in pago Saroinse vel Salininse, super fluvio Bibaraha (peut-être la Bièvre?), 715 (*Diplom.* II, p. 443).
Ermerago villa. *Réméréville.*
Ermundies (Foresta regia quæ dicitur),

907-922 (*Hist. eps. tull.* H. L. I, c. 130). Cette forêt, donnée à Drogon, évêque de Toul, par Charles le Simple, est peut-être celle de Mondon?
Ernaldi villa; Ernaldovilla; Ernavilla; Ernaville. *Arnaville.*
Erneswilre (Bannum de Gosselmingen quod dicitur), XVᵉ siècle (obit. de la coll. de Sarrebourg, f° 58 v°).
Erouel. *Haroué.*
Erschweiller. *Arscheviller.*
Esca. *Ische (L').*
Escey. *Essey-et-Maizerais.*
Escey. *Essey-la-Côte.*
Escey-davant-Nancey. *Essey-lez-Nancy.*
Escey-en-Weivre. *Essey-et-Maizerais.*
Esceyum ante Nanceyum, 1402 (*Regestrum*). *Essey-lez-Nancy.*
Escheim; Eschen. *Achain.*
Escialus. — Voy. *Isciacus.*
Escio fluviolus. *Ache (L').*
Escovas, 1402 (*Regestrum*); Escouvaix. *Couvay.*
Escoviller-desuz-Rozières. *Coiviller.*
Escraignes; Escraines; Escrines. *Frolois.*
Escrouvles; Escrowes. *Écrouves.*
Escuelles; Escuelles-lez-Grand-Bouxières. *Écuelle.*
Esmancia. *Amance.*
Esmanges; Esmiga; Esminga. *Insming.*
Espilley. *Éply.*
Esseloncort. *Assenoncourt.*
Esserale, 1402 (*Regestrum*). *Azerailles.*
Essersdorff; Esserstorff; Esserstroff; Essestroff; Essestrouff. *Assenoncourt.*
Essey-devant-Nancy. *Essey-lez-Nancy.*
Essey-en-Voivre. *Essey-et-Maizerais.*
Essey-en-Vosges. *Essey-la-Côte.*
Essey-en-Weivre. *Essey-et-Maizerais.*
ESSEY-ET-MAIZERAIS. Bouconville. Carme (Pays de). Haie-des-Malades (Chemin de la). Mad (Le). Mandres-aux-Quatre-Tours. Pont-à-Mousson. Prény. Saint-Michel. Thiaucourt. Vieille-Route (La). Voivre (La).
ESSEY-LA-CÔTE. Corvée (Chemin de la). Côte-d'Essey. Lunéville. Rosières-aux-Salines.
ESSEY-LEZ-NANCY. Amance. Craincourt. Grenillon (Le). Nancy. Port. Tour-des-Seigneurs-d'Anglure (La).
Essey-près-de-Wenezey; Essey-sous-la-Côte. *Essey-la-Côte.*
Esseyum, 1386 (Tr. des ch. l. Trèves I, n° 26); Esseyum ante Nanceyum, 1402 (*Regestrum*). *Essey-lez-Nancy.*

Esseyum in Vepria, in Vippria, 1402 (*Regestrum*). *Essey-et-Maizerais.*
Essonis villa. *Haussonville.*
Estainche (L'). *Étanche (L')* (Maixe).
Esthons. *Atton.*
Estienville. *Athienville.*
Estons. *Atton.*
Estreval; Estrevaulx. *Étreval.*
ÉTREVAL. Saintois (Le). Vaudémont. Vézelise.
Etton-devant-le-Pont. *Atton.*
Euctmont. *Eulmont* (Dommarie).
EULMONT. Amance. Amezule (L'). Chevalier (Moulin-le-). Fosse (Chemin de la). Metz (Chemin de). Nancy. Port.
EULMONT (Dommarie). Maillet. Tantonville.
Eumons. *Eulmont.*
Eumont; Eumont-près-Vaudémont; Eumont-sous-Vaudémont. *Eulmont* (Dommarie).
Euserale, 1402 (*Regestrum*). *Azerailles.*
EUVEZIN. Corvées (Chemin des). Haute-Maison (La). Mad (Le). Thiaucourt.
Euvisin. *Euvezin.*
Evereboch (Sylva que vulgo dicitur), 1147 (ch. de l'abb. de Haute-Seille). Dom Calmet (t. II, c. 397) traduit ce mot par *Écerbois.*
Evereicurt. *Virecourt.*
Everocort. *Avricourt.*
Exeraille; Exeraule. *Azerailles.*
Eyberswire. *Herbéviller.*
Eych; Eyche. *Eich (Le Grand-).*
Eynortzhausen, Eynnerhouse. *Einartzhausen.*
Eynsmynga. *Insming.*
Eynvilla. *Einville.*
Eys; Eyx. *Ache (L').*
Eyziraille; Ezerail; Ezerauble. *Azerailles.*

F

Fabvières. *Favières.*
Fac (bois de), 1559 (Tr. des ch. reg. B. 7951). *Facq.*
Fache; Facherel. *Faxe.*
Facque (comme à Fac). *Facq.*
Fagnon. *Fagnoux.*
Fagum (La); Faho. *Foug.*
Faignou. *Fagnoux.*
Faix. *Faxe.*
Faix. *Fey-en-Haye.*
Faloart; Falloart. *Falloart.*
Falocurt. *Gelucourt.*
Falouart. *Falloart.*
Faltum; Falz. *Faulx.*

TABLE DES FORMES ANCIENNES. 177

Famine, alias Morteaue. *Mortauwe.*
Fao. *Foug.*
Farcriæ, 1402 (*Regestrum*). *Ferrières.*
Farlonis curia. *Assenoncourt.*
Farnoncourt; Farnuncort. *Fannoncourt.*
Farreriæ, 1402 (*Regestrum*); Farrières (les dous). *Ferrières.*
Farx; Fas; Fasse. *Faxe.*
Faucaudi curtis. *Fécocourt.*
Fauls. *Faulx.*
FAULX. *Beaume (La). Chavenois. Custines. Delme. Manchère. Nancy. Rumont.*
Faulx-à-Sainct-Pierre; Faulx-à-Sainct-Estenne; les dous Faulz; Faus; Faus-la-Grant; Faus-la-Petite. *Faulx.*
Faveires; Faveres; Faveriæ; Favière. *Favières.*
FAVIÈRES. *Corvée-d'Abrival (Chemin de la). Côte-Lahire (Chemin de la). Ermites (Chemin des). Giroud. Jardin du Cierge bénit (Le),* dont le revenu était affecté à la fourniture du cierge pascal. *Saintois (Le). Terres-de-l'Huile (Les). Velle (Ruisseau de). Vaudémont. Vézelise. Vierge-de-Rinchard (Chemin de la). Voie-de-Toul.*
Fawières. *Favières.*
FAXE. *Château-Salins. Écluse (Ruisseau de l'). Pont-à-Mousson.*
Faxe (La). *Faxe.*
Fay; Fay-le-Grand; Fay-le-Grand-en-Haye; Fays, Fays-le-Grand, 1402 (*Regestrum*); Fays-en-Haye; Fayt. *Fey-en-Haye.*
Febvière. *Favières.*
FÉCOCOURT. *Brénon (Le). Corvée (Chemin de la). Pâquis (Ruisseau des). Saintois (Le). Vandeléville. Vaudémont. Vézelise.*
Fecocuria, 1402 (*Regestrum*); Fecolcourt; Fecoucourt. *Fécocourt.*
Felckelffing. *Fraquelfing.*
Felin-en-Saulnois; Félix. *Phlin.*
Feluin. *Flin.*
Fenestranges; Fenestrenges. *Fénétrange.*
FÉNÉTRANGE. *Altbau. Berthelming. Bouquenom. Brackenkopf. Col-de-Cygne (Le). Herweg. Saint-Léonard.*
Feneviller. *Fenneviller.*
FENNEVILLER. *Badonviller. Ban-le-Moine. Bon-Père (Chemin du). Lunéville. Verdurette (La).*
Fenviller. *Fenneviller.*
Ferarœ. *Ferrières.*

Férienthall; Feriondal; Ferondal. *Fériondal.*
Ferraria. *Ferrières* (Chaligny).
Ferreræ; Ferreriæ. *Ferrières.*
FERRIÈRES. *Bettainviller. Croix-des-Baraques (La). Flavigny. Port. Rosières-aux-Salines.*
Ferrières-lai-Grante, Ferrières-lai-Petite. *Ferrières.*
FEY-EN-HAYE. *Gondreville. Haye (Terre de). Joyard. Pierrefort. Pont-à-Mousson. Prény. Villers-sous-Prény.*
Fezonis curtis. *Buzoncourt.*
Ficocourt; Ficoncourt. *Fécocourt.*
Fievers. *Viviers.*
Filicionis curtis. *Seraincourt.*
Filis. *Phlin.*
Filistinges. *Fénétrange.*
Fines (ad). *Boucq.*
Finstingen. *Fénétrange.*
Finvilleir. *Fenneviller.*
Flabegney. *Flavigny.*
Flabodi villa. *Fléville.*
Flaibeigney. *Flavigny.*
FLAINVAL. *Corps-Mort (Chemin du). Crévic. Croix (Chemin du Haut-de-la-). Lunéville. Mothe (La). Nancy. Sauniers (Chemin des). Sainte-Lucie.*
Flainvalle; Flainvaulx. *Flainval.*
Flaveniacum; Flavignei; Flavigneium; Flavigney; les dous Flavigney; Flavigneyum. *Flavigny.*
FLAVIGNY-SUR-MOSELLE. *Couloir (Le). Montagne-aux-Larrons. Nancy. Pont-Saint-Vincent. Sainte-Marie-au-Bois. Saintois (Le). Son-Altesse (Chemin de). Vieux-Chemin (Le). Ville-Basse (La). Ville-Haute (La).*
Flaviniaca villa; Flaviniacum. *Flavigny.*
Fleinvalz. *Flainval.*
FLEISHEIM. *Lixheim. Petite-Pierre (La). Sarrebourg. Sainte-Marie-au-Bois. Wègre.*
Flensheim. *Fleisheim.*
Flereyum, 1402 (*Regestrum*); Flery. *Flirey.*
Flesheim; Fletzin. *Fleisheim.*
Fleurey. *Flirey.*
Fleuville. *Fléville.*
Flevigney-surs-Muzelle. *Flavigny.*
FLÉVILLE. *Frahaux (Le). Francourt. Nancy. Saint-Nicolas. Thiebehaye* (à la table). *Urepont (L').*
Fléville-lès-Nancy. *Fléville.*
FLIN. *Azerailles. Fays. Fiquenonville. Gerbéviller. Grand-Pré (Ruisseau du).*

Lanchey. *Lunéville. Madeleine (La). Meurthe (La). Xarupt.*
FLIREY. *Bernécourt. Gondreville. Haye (Terre de). Pont-à-Mousson. Prény.*
Floreyum, 1402 (*Regestrum*). *Flirey.*
Fluem. *Flin.*
Flueville. *Fléville.*
Fluin; Flum; Fluu; Fluns. *Flin.*
Fluville. *Fléville.*
Focoucort. *Fécocourt.*
Focquerey. *Foucrey.*
Fointenoy. *Fontenoy-la-Joute.*
Foixe. *Faxe.*
Follye (La). *Folie (La)* (la Neuvelotte).
Fontana. *Chaufontaine.*
Fontanetum. *Fontenoy-sur-Moselle.*
Fonteneirs; Fonteneis; Fonteneium. *Fontenoy-la-Joute.*
Fontenetum. *Fontenoy-sur-Moselle.*
Fonteney. *Fonteny.*
Fonteniacum. *Fontenoy-sur-Moselle.*
FONTENOY. *Gondreville. Nancy. Toul.*
Fontenoy-en-Haye. *Fontenoy-sur-Moselle.*
Fontenoy-en-Voge. *Fontenoy-la-Joute.*
FONTENOY-LA-JOUTE. *Baccarat. Bourupt. Deneuvre. Lunéville. Mazerot. Solvimpré. Xarupt.*
Fontenoy-lez-Gondreville. *Fontenoy-sur-Moselle.*
FONTENY. *Amelécourt (Forêt d'). Château-Salins. Écluse (Ruisseau de l'). Haboudange. Morts (Chemin des). Pont-à-Mousson. Saulnois (Le).*
Fonterniacum. *Fontenoy-sur-Moselle.*
Fontheny. *Fonteny.*
Fontigniacum. *Fontenoy-sur-Moselle.*
Fontigny. *Fonteny.*
Fontiniacum. *Fontenoy-sur-Moselle.*
Fontinier-on-Salnoy. *Fonteny.*
Fonviller. *Fenneviller.*
Foquereiz. *Foucrey.*
Forbach. *Farbach ou Sparsbrod.*
Forcella. *Forcelles-Saint-Gorgon.*
Forcellæ, 1402 (*Regestrum*). *Forcelles-sous-Gugney.*
Forcellæ Sancti-Gorgonii, 1402 (*Regestrum*). *Forcelles-Saint-Gorgon.*
Forcelle-desour-Gugnei; Forcellee. *Forcelles-sous-Gugney.*
FORCELLES-SAINT-GORGON. *Forêt (Ruisseau de). Grand-Champ (Chapelle du). Saintois (Le). Vaudémont. Vézelise.*
Forcelles-soubz-Gugney. *Forcelles-sous-Gugney.*
FORCELLES-SOUS-GUGNEY. *Beaulong (Le). Breuil-des-Chevaliers (Le). Val-de-Gugney. Vaudémont. Vézelise.*

23

Forest (Grangia). *Forêt* (Praye).
Forest (La). *Forêt(La)* (Bertrambois).
Forlocort. *Gelucourt.*
Forxelle. *Forcelles-sous-Gugney.*
Fossa. *Fosse* (*La*).
Fossieux. *Delme. Latte. Nomeny. Tour* (*La*).
Fou. *Foug.*
Foucocourt; Fouconcourt; Fouconcuria, 1402 (*Regestrum*). *Fécocourt.*
Foucquerey. *Foucrey.*
Foucrey. *Foulcrey.*
Foug. *Bédois* (*Le*). *Brehericolle* (à la table). *Cimetière de Savonnières. Ingressin* (*L'*). *Meuse-Vaucouleurs: Tour-d'Affléville* (*La*).
Foukercis. *Foulcrey.*
Foulcrey. *Blâmont. Cloître* (*Le*). *Église-d'Azey. Grand-Étang. Haut-de-la-Chapelle. Réchicourt-le-Château. Saint-Remy* (*Fontaine*). *Saint-Thiébaut. Sarrebourg. Templiers* (*Les*).
Fourcelle-Saint-Gergonne; Fourcelles-Saint-Gergonne; Fourcelles-Saint-Gorgonne. *Forcelles-Saint-Gorgon.*
Fourcelles-soubz-Guegney. *Forcelles-sous-Gugney.*
Fourcheauvigne. *Fourchauvine.*
Foussieux; Foussuelx; Foussuelz; Foussues. *Fossieux.*
Fouxavoid. *Chaoué.*
Fouxelle. *Forcelles-sous-Gugney.*
Fouxelles-Saint-Gorgoinne. *Forcelles-Saint-Gorgon.*
Frahals (Nemus); le Frahoi. *Fréhaut* (Hériménil).
Fraimbois. *Axatte. Croix* (*Chemin de la*). *Deneuvre. Gerbéviller. Lunéville. Saint-Maurice. Vaimbois.*
Fraimbole (La); la Frainbolle. *Lafrimbolle.*
Fraimonyilla. *Frémonville.*
Frainboix. *Fraimbois.*
Fraine; Fraines; Fraisne. *Fresnes-Saulnois.*
Fraisne. *Fraisnes-en-Saintois.*
Fraisnes. *Fresnes-en-Saulnois.*
Fraisnes-en-Saintois. *Curel. Saintois* (*Le*). *Trépassés* (*Les*). *Vaudémont. Vézelise.*
Fraisnes-sous-Vaudémont. *Fraisnes-en-Saintois.*
Framonvile. *Frémonville.*
Franc. *Francs* (*Les*).
Francalfin. *Fraquelfing.*
Franc-Altorff. *Altroff.*
Franca villa; Franchavilla; Franchesville. *Francheville.*

Francheville. *Boulainville. Grands-Prés* (*Ruisseau des*). *Jaillon. Sauniers* (*Chemin des*). *Thiaucourt. Toul. Villey-Saint-Étienne.*
Franconis villa; Franconvilla; Francunvilla. *Franconville.*
Franconville. *Deneuvre. Gerbéviller. Grand-Rupt* (*Le*). *Lunéville.*
Frane; Franeilz, 1402 (*Regestrum*); Franes. *Fraisnes-en-Saintois.*
Franquelfin. *Fraquelfing.*
Frans (Ville de); Franz-desoubz-Toullon. *Francs* (*Les*).
Fraquelfin. *Fraquelfing.*
Fraquelfing. *Corvée* (*Chemin de la Grande-*). *Lorquin. Niderhoff* (*Ruisseau de*). *Sarrebourg. Torchamp. Vic.*
Frasne. *Fraisnes-en-Saintois.*
Fratbodi curtis. *Affracourt.*
Frayne en conté de Wauldemont. *Fraisnes-en-Saintois.*
Fredoni mansus, x^e s^e (*Hist. eps. tull. ad ann.* 622-654, H. L. I, c. 126). Ce lieu est mentionné avec Blénodlez-Toul et Mont-le-Vignoble.
Frehors (Le boix de). *Fréhaut* (Réméréville).
Frembois; Frembosc. *Fraimbois.*
Frembonne (Lai); la Fremboune. *Lafrimbolle.*
Fremeirevilla, 1402 (*Regestrum*). *Frémonville.*
Frémenil. *Ban-de-la-Rivière. Blâmont. Camp* (*Chemin du*). *Dambois. Herbéviller. Ogéviller. Vezouse* (*La*). *Vic.*
Fremere; Frémcrey. *Frémery.*
Frémery. *Château-Salins. Haie-des-Dames* (*Chemin de la*). *Morville-sur-Nied. Nied* (*La*). *Pont-à-Mousson.*
Frémiménil. *Frémenil.*
Fremonvilla, 1402 (*Regestrum*). *Frémonville.*
Frémonville. *Blâmont. Gimées* (*Les*). *Gresson. Salm. Tour-de-Frémonville.*
Frémymesnil. *Frémenil.*
Fresne. *Fresnes-en-Saulnois.*
Fresne-en-Saintois. *Fraisnes-en-Saintois.*
Fresnes-en-Saulnois. *Amance. Buzoncourt. Château-Salins. Delme. Grémecey* (*Forêt de*). *Péricourt. Reine* (*Chemin de la*). *Saulnois* (*Le*). *Vic.*
Frey-Altroff. *Altroff.*
Fribourch. *Fribourg.*
Fribourg. *Athienville* (*Ruisseau d'*). *Bainsing. Dédeling* (*Ruisseau de*). *Eau-Cuisante* (*Chemin de l'*). *Justice* (*Chemin de la*). *Langmatt. Méter-*

quin. *Sainte-Croix. Sarrebourg. Vergaville.*
Fribourg-l'Évêque; Friburch; Friburg. *Fribourg.*
Fricort. *Fricourt.*
Frimbole (La). *Lafrimbolle.*
Friscort. *Fricourt.*
Frisonviler; Frisunvillers; Frizonis villa. *Frisonviller.*
Froard; Froardum; Froart. *Frouard.*
Frodonisvilla; Frodovilla. *Froville.*
Froimont. *Froidmont.*
Frolois. *Bassompierre. Boulach. Dieude-Pitié. Étang* (*Ruisseau de l'*). *Flavigny. Foug. Madon* (*Le*). *Nancy. Outre-Moselle. Passagard. Pulligny. Saintois* (*Le*).
Fromonisvilla. *Frémonville.*
Fromont. *Froidmont.*
Fromontvilla; Fromonvilla; Fromonville; Fromunville. *Frémonville.*
Frondonensis cella. *Froville* (*Prieuré de*).
Froslois. *Frolois.*
Frosvilla. *Froville.*
Frouai. *Frouard.*
Frouard. *Côte-de-Pimont. Dame* (*La*). *Dieulouard. Fort-Joly* (*Chemin du*). *Fosse-des-Bourguignons* (*La*), canton du territoire. *Gueule-d'Enfer* (*La*), à l'art. Meurthe. *Meurthe* (*La*). *Moselle* (*La*). *Nancy. Pâquis* (*Le*). *Route* (*Ancienne-*). *Saint-Jean. Saint-Martin-le-Bel.*
Frouart. *Frouard.*
Froumonville. *Frémonville.*
Frouuart. *Frouard.*
Frouvaulx (Bois de), 1580 (Tr. des ch. reg: B. 7959). *Fréhaut.*
Frouville; Frovilla. *Froville.*
Froville. *Bayon. Deneuvre. Euron* (*L'*). *Loro* (*Ruisseau de*). *Michottes* (*Champdes-*). *Rosières-aux-Salines.*
Froward; Frowardum, 1402 (*Regestrum*); Frowart. *Frouard.*
Frowart. *Frouard* (*Ruisseau de*).
Frowault (Bois de), 1559 (Tr. des ch. B. 7951). *Fréhaut.*
Froymont. *Froidmont.*
Fruurt; Fruvart. *Frouard.*
Fryburg. *Fribourg.*
Frysonviler; Frysonvilleir. *Frisonviller.*
Fugneviller, Fugnevillers, Fugnevillier, 1402 (*Regestrum*). *Fenneviller.*
Fuley. *Puzieux.*
Fullei. *Xeuilley*
Funtenoi. *Fontenoy-la-Joute.*

G

Gaboudanges. *Haboudange.*
Gaboudanges. *Haboudange* (vers Blâmont).
Gademons. *Vaudémont.*
Gæboaldo.—Voy. *Gebolciagus.*
Gaiacum. *Galiaud.*
Gaignières. — Voy. *Hannerez.*
Garbourg; Garburg. *Garrebourg.*
GARDE (LA). *Bourdonnay. Bouxerupt. Châtellenie de la Garde (Forêt de la). Goutte-Ganiche (Ruisseau de la). Grosson. Lombard. Marsal. Remiremont (Le). Sanon (Le). Thille. Vic.*
Garini quercetum. *Varinchanot.*
GARREBOURG.*Ehrinbach. Maruette. Phalsbourg. Saverne. Sparsbrod. Walscheid. Zorn (La).*
Gavalongæ; Gavalungæ; Gavalunigæ; Gaveluche; Gavelutæ; Gavillo. *Jaillon.*
Gebelanges; Gebeldingen; Gebelenges; Gebellanges; Gebellenges. *Guéblange.*
Gebeni villare super fluvium Arusiam, x° siècle (*Hist. eps. tull. ad ann.* 622-654, H. L. I, c. 126). — Gerbenvillare (*Epitaphia eps. tull. ad id. ann. ibid.* c. 169). Ce lieu est mentionné avec Vannes.
Gebersdorff; Geberstorff. *Guébestroff.*
Gebertum villare. *Guerbéviller.*
Gebolciagus (super fluvio Abelica, in villare Adoaldo vel), 712 (*Dipl.* ll, p. 434). — Geboaldo (villa) super fluvio Eblica, in pago Salinense, 713 (*ibid.* p. 438). — Gæboaldo, *id.* (*ibid.* p. 439). On suppose qu'Abelica ou Eblica est la rivière d'Albe, et que Gebolciagus pourrait être le village de Guéblange; ce qui est plus que douteux. (Voy. *Rev. des Soc. sav.* 1860, 1ʳᵉ part. p. 729.)
Gehenneium. *Germiny.*
Goinsling. *Guinzeling.*
GÉLACOURT. *Azeraillcs. Baccarat. Blâmont. Deneuvre. Lunéville. Salm. Voivre (Bois de la).*
GELAUCOURT. *Favières. Paradis. Vaudémont. Velle (Ruisseau de). Vézelise.*
Gelbecourt. *Gerbécourt.*
Geleberviller. *Gerbéviller.*
Gelelancourt. *Gellenoncourt.*
Gellacort; Gellacourt; Gellaicourt. *Gélacourt.*
Gellaicourt. *Jallaucourt.*

Gellanimons. *Gellamont.*
Gellaucourt. *Gélacourt.*
Gellaucourt. *Jallaucourt.*
Gellelancourt; Gellenancourt. *Gellenoncourt.*
GELLENONCOURT. *Buissoncourt. Lunéville. Port. Rosières-aux-Salines. Rouenne (La).*
Gellerancourt. *Gellenoncourt.*
Gelleucourt. *Gelucourt.*
Gelliberti villa. *Gerbéviller.*
Gellocourt. *Gélacourt.*
Gelloucourt; Gellacourt. *Gelucourt.*
Gelnancourt. *Gellenoncourt.*
Gelocourt. *Gélaucourt.*
Gelocourt; Geloncourt; Geloucourt. *Gelucourt.*
GELUCOURT. *Dieuze. Morsac-Saint-Jean. Route (Vieille-). Vergaville. Vic. Videlange (Ruisseau de).*
Gemelles; Gemines. *Gimées (Les)* (Sexey-aux-Forges).
Geminy; Gemmeneæ; Gemmeneis. *Gimées (Les)* (Frémonville).
Gemmes. *Gimées (Les)* (Sexey-aux-Forges).
Gemmigneiæ; Gemmigneys. *Gimées (Les)* (Frémonville).
Gemonvilla. *Gémonville.*
GÉMONVILLE. *Croix-Saint-Privat (Chemin de la). Foug. Vézelise. Vicherey (Le).*
Gendelaincourt; Gendeleincort. *Jeandelaincourt.*
Genellaincourt. *Gellenoncourt.*
Genicourt. *Juvicourt.*
Géralcourt; Gérarcourt; Gerarcuria. *Gérardcourt.*
GÉRARDCOURT. *Cour (La). Vermois (Le).*
Gerardi curtis. *Gérardcourt.*
GERBÉCOURT. *Amance. Château-Salins. Saulnois (Le).*
Gerbécourt-en-Saulnois. *Gerbécourt.*
GERBÉCOURT-ET-HAPLEMONT. *Haroué. Madon (Le). Nancy. Saintois (Le). Trépassés (Chemin des). Vézelise.*
Gerbécourt-sur-Madon. *Gerbécourt-et-Haplemont.*
Gerbecurt. *Gerbécourt.*
Gerbeicourt; Gerbelcourt; Gerbercourt. *Gerbécourt-et-Haplemont.*
Gerbenvillare. — Voy. *Gebeni villare.*
Gerbercinsis comitatus; Gerbercursis pagus, territoire dont Gerbécourt était le chef-lieu.
Gerberticurtis. *Gerbécourt.*
Gerbertivilla; Gerbertivillare, 1378 (Tr. des ch. 1. Trèves I, n° 20); Gerbervilleir. *Gerbéviller.*

GERBÉVILLER. *Chapelle (Lu). Deneuvre. Esprits (Chemin des). Falomzey (Le). Grand-Mezant. Grand-Rupt. Lunéville. Méharménil. Mezan. Moranviller. Mortagne (La). Sabat (Ruelle du). Sauniers (Chemin des). Saussenrupt.*
Gerbicuria. *Gerbécourt.*
Gerebesdorff. *Guébestroff.*
Gerivilleirs; Geriviller; Gerivillers, 1402 (Regestrum). *Giriviller.*
Germanges. *Guermange.*
Germegny; Germeno; Germenei; Germeney; Germeni; Germines. *Germiny.*
GERMINY. Ar (L'). *Benevise (à la table). Blanche-Dame (Chemin de la). Colombey. Étrepy. Foug. Iane (à la table). Quatre-Fils-Aymon (Rue des). Vézelise.*
Germiny-aux-trois-Châteaux. *Germiny.*
GERMONVILLE. *Bralleville (Ruisseau de). Charmes-sur-Moselle. Dame-Marie. Haroué. Madon (Le). Ravages (Sentier des). Timois. Vieux-Château (Le).*
Germyngen. *Guermange.*
Gerolsecz; Gerolzecken; Gerolzeg; Gerolzeche. *Géroldzeck.*
Gerowilla. *Giroville.*
Gerozeke. *Géroldzeck.*
Gerskrich. *Juvelise.*
Gesainville; Gesienville. *Jezainville.*
Gesoncourt; Gesoncuria, 1402 (Regestrum). *Gozoncourt.*
Geubellenges. *Guéblange.*
Gevelise; Gevelize; Geverlize. *Juvelise.*
Geveroncort. *Gellenoncourt.*
Geveroucort. *Juvrecourt.*
Gevicourt (Le). *Juvicourt.*
Gevilla, 1402 (Regestrum). *Einville.*
Gevoncourt. *Jevoncourt.*
Gevrecourt; Geweilcourt. *Gerbécourt.*
Geys. *Gye.*
Gezainville. *Jezainville.*
GEZONCOURT. *Ache (L'). Croix (Chemin du Haut-de-la-). Pont-à-Mousson. Pré-de-la-Tarte (Le). Prény.*
Gibaumey; Gibbommeix; Gibbonis mansus. *Gibeaumeix.*
GIBEAUMEIX. *Allamps. Commercy. Foug. Potence (Chemin de la).*
Gibercuria, 1402 (Regestrum). *Gerbécourt-et-Haplemont.*
Gibertivillare, 1402 (Regestrum). *Gerbéviller.*
Gibodivilla; Gibomelz; Gibomey; Gibommeix; Gibommel; Gibonismansus. *Gibeaumeix.*

Giesslingen. *Guinzeling.*
Gieuvercourt; Gieuvrecourt; Gievrecourt. *Juvrecourt.*
Giey; Gieyum. *Gye.*
Gilbervcrer; Gilberviller. *Gerbéviller.*
Gilbommeix. *Gibeaumeix.*
Gilebertviller. *Gerbéviller.*
Gileraucourt. *Gellenoncourt.*
Gillacort; Gillacourt; Gillarcort. *Gélacourt.*
Gillebelviller; Gilleberti villarium; Gilleberviller; Gilliberti villare; Gilliberviler. *Gerbéviller.*
Gillocourt. *Gélaucourt.*
Gillocourt. *Gelucourt.*
Gilloncourt; Gilocourt; Giloncourt. *Gélaucourt.*
Gimées; les Gimeix; les Gimels; Gimes. *Gimées (Les) (Sexey-aux-Forges).*
Giminæ. *Gimées (Les) (Frémonville).*
Ginblingen. *Guébling.*
Gindersdorff. *Guénestroff.*
Ginsslingen; Ginzelingen. *Guinzeling.*
Giracourt; Giraldi curtis; Giraucourt. *Gérardcourt.*
Girbercuria, 1402 (*Regestrum*); Girbercurt; Girberti curtis. *Gerbécourt-et-Haplemont.*
Girbertivillare; Girberviller; Girbeviller. *Gerbéviller.*
GIRIVILLER. Croix (*Chemin du Haut-de-la-*). *Deneuvre. Gerbéviller. Lunéville. Malmaison (Chemin de la). Vallois (Ruisseau de).*
Girivillers. *Giriviller.*
Girmeney. *Germiny.*
Girovilla. *Giroville.*
Girriviller. *Giriviller.*
Gisainville. *Jezainville.*
Gisboni mansus. *Gibeaumeix.*
Gisencourt. *Gezoncourt.*
Gisienville. *Jezainville.*
Gislacurt. *Gélacourt.*
Gislebert-villers; Gislibertivillare. *Gerbéviller.*
Gisoncurt; Gisoncuria, 1402 (*Regestrum*). *Gezoncourt.*
Gissainville. *Jezainville.*
Gisselfingen dit Geloucourt. *Gelucourt.*
Giverlise. *Juvelise.*
Givicurtis. *Juvicourt.*
Givlize. *Juvelise.*
Givrecourt. *Juvrecourt.*
Givricurt. *Juvrecourt.*
GIVRYCOURT. *Albestroff. Brouck. Rhodes (Ruisseau de). Vic.*
Gizainville. *Jezainville.*
GLONVILLE. *Azerailles. Baccarat. Bourupt. Deneuvre. Gerbéviller. Mazerot (Le). Meurthe (La). Solvimpré. Voivre (Bois de la). Xarupt.*
Gocelmingen. *Gosselming.*
Godelinisvilla. *Bouillonville.*
Godelsadis cella. *Saint-Quirin (Prieuré de).*
Gogneis. *Gogney.*
GOGNEY. *Blâmont. Grand-Étang (Ruisseau du). Haie-Vauhier (Ruisseau de la). Marsal. Saint-Thiébaut.*
Gognys. *Gogney.*
Gondalvilla; Gonderville. *Gondreville.*
Gonderxon; Gondexon. *Gondrexon.*
Gondolphi villa; Gondorville; Gondravilla. *Gondreville.*
Gondrechanges; Gondrechingen. *Gondrexange.*
Gondrechon. *Gondrexon.*
Gondresenges; Gondressanges. *Gondrexange.*
Gondrestorf. *Guénestroff.*
Gondresum. *Gondrexon.*
Gondrevilla. *Gondreville.*
GONDREVILLE. *Bergerie (La). Braban (Chemin). Champagne (La). Charmois (Bois). Croix-Mitta (Bois de la). Fontenoy. Froville. Juré (Bois du). Moselle (La). Nancy. Pierre-Pendue (Route de la). Route-Renard. Toul. Toulois (Le). Trois-Saints.*
GONDREXANGE. *Étang (Ruisseau de l'). Petite-Pierre (La). Réchicourt-le-Château. Sarrebourg.*
GONDREXON. *Albe (ruisseau). Blâmont. Leintrey.*
Gondrexons. *Gondrexon.*
Gondrivilla; Gondulfi villa; Gondulphi villa. *Gondreville.*
Gonsoncuria. *Gossoncourt.*
Gorzia. *Gorze.*
Goselingen; Gosselingen; Gosselmanges; Gosselminga. *Gosselming.*
GOSSELMING. *Bouquenom. Drackenkopf. Fénétrange. Lixheim. Petite-Pierre (La). Saarecke. Sarrebourg. Volmerholz.*
Gosselmingen; Gosselminguen; Gosselmyngen; Gossmingen. *Gosselming.*
Goumoulin. *Gomoulin.*
Gournay. *Étreval.*
Govellé. *Goviller.*
GOVILLER. *Amon. Croix-Rouge-Rose. Pré-Notre-Dame (Le). Thiéry-Moulin. Uvry (L'). Vaudémont. Vézelise.*
Govillers; Gowilley. *Goviller.*
Goyse-Sallée. *Gorge-Salée.*
Gozelingen. *Gosselming.*

Graçuns. *Gresson.*
Grainge (La), près la Neufvillette. *Grange (La) (la Neuvelotte).*
Grainge-en-Heis. *Grange-en-Haye (La).*
Grand-Besanges. *Bezange-la-Grande.*
Grand-Bouxières; Grand-Buxières-dessus-Amance. *Bouxières-aux-Chênes.*
Grande-Bleuhor. *Bléhors.*
Grande-Cambreholtz. *Cambreholz-la-Grande.*
Grande-Doncourt (La). *Doncourt (Landécourt).*
Grande-Herbeviller (La). *Herbéviller.*
Grande-Récourt (La). *Récourt (Les).*
Grande-Saizerais (La). *Saizerais.*
Grande-Varangéville (La). *Varangéville.*
Grandes-Buxières (Les), 1529 (reg. de l'off. de Toul, f° 114 v°). *Bouxières-aux-Chênes.*
Grandhaye. *Grande-Haye (La).*
Grandis Rivus. *Grand-Rupt (Le) (ruisseau).*
Grandis Vicus. *Vic-sur-Seille.*
GRAND-MÉNIL. *Blénod-lez-Toul.*
Grand-Mesnil; le Grand-Mesnil-lez-Escouves; Grand-Mesnil-lès-Toul. *Grand-Ménil.*
Grand-Mont. *Grammont.*
Grand-Ufsin; Grand-Vezain. *Grand-Vezin.*
Graugia nova. *Neuve-Grange (La).*
Granicuria. *Craincourt.*
Grantheno, 1402 (*Regestrum*). *Crantenoy.*
Grant-Vezen (Le); Grant-Wezain; le Grant-Wezen. *Grand-Vezin.*
Grasson. *Gresson.*
Gravelungæ. *Jaillon.*
Greincourt. *Craincourt.*
Gremanges. *Guermange.*
GRÉMECEY. *Bioncourt. Blanche-Fontaine. Delme. Fontaine-de-Grémecey. Morts (Chemin de la Haie-des-). Vic.*
Gremecy; Gremeyum. *Grémecey.*
Gremonviler; Gremonvillers. *Grimonviller.*
Grezoliæ, 1402 (*Regestrum*). *Crézilles.*
Gricourt. *Giscourt.*
Grimaldi vicinium; Grimaldi vicinum. *Germiny.*
Grimaldi villa. *Grimonviller.*
Grimauldi mansum. *Germiny.*
Grimonvillare, 1402 (*Regestrum*). *Grimonviller.*
GRIMONVILLER. *Brénon (Le). Saintois (Le). Terre du Cierge bénit (La). Vande-*

TABLE DES FORMES ANCIENNES.

léville. *Vaudémont. Vézelise. Vieux-Chemin* (*Le*).
GRIPPORT. *Charmes-sur-Moselle. Moselle* (*La*). *Neuviller-sur-Moselle. Saintois* (*Le*). *Viacelle.*
GRISCOURT. *Ache* (*L'*). *Dieulouard. Pierrefort. Pont-à-Mousson.*
Grisecourt; Grisecourt-en-Heix. *Griscourt.*
Grisport. *Gripport.*
Grizecourt; Grizécourt. *Griscourt.*
Groddezech. *Géroldzeck.*
Grorouvre; Grosrouve; Gros-Rouve. *Grosrouvre.*
GROSROUVRE. *Ache* (*L'*). *Pont-à-Mousson. Royaumeix.*
Grosrowe. *Grosrouvre.*
Grosse-Marnouel (La). *Marnoël.*
Grossum robur, 1402 (*Regestrum*); Grossum rubrum. *Grosrouvre.*
Grussum. *Gresson.*
Grymonville; Grymonviller. *Grimonviller.*
Guarchevilla. *Varcoville.*
Gubersdorff. *Guébestroff.*
Guébelanges. *Guéblange.*
Guébeling. *Guébling.*
Guébellanges. *Guéblange.*
GUÉBESTROFF. *Dieuze. Spin* (*Le*).
Gueblanche. *Guéblange.*
GUÉBLANGE. *Corvée-des-Seigneurs* (*Ruelle de la*). *Dieuze. Hablange. Morsac-Saint-Jean. Vergaville. Vic. Videlange* (*Ruisseau de*). *Virlogne.*
Guéblenge. *Guéblange.*
GUÉBLING. *Dieuze. Dordhall*(*Ruisseau de*). *Marimont. Récling. Spin* (*Le*). *Vergaville. Vic.*
Gueblinger; Guébling-près-Bourgaltroff. *Guébling.*
Guebodenges. *Haboudange.*
Gué-de-Lexa (Le). *Gué-de-Laxat* (*Le*).
Guegney. *Gugney.*
Gueinselingen. *Guinzeling.*
Guémestorff; Guénestorf; Guénestorff. *Guénestroff.*
GUÉNESTROFF. *Bourguignons* (*Chemin des*). *Calvaire* (*Chemin du*). *Dieuze. Guébestroff* (*Ruisseau de*). *Kerprich* (*Ruisseau de*). *Marimont. Spin* (*Le*).
Guénestrouff. *Guénestroff.*
Guensellingen. *Guinzeling.*
Gueremenge. *Guermange.*
GUERMANGE. *Alteville. Corvée-d'Assenoncourt* (*Chemin de la*). *Dédeling* (*Ruisseau de*). *Dieuze. Fribourg. Nolweiher. Vergaville.*
Guermanges; Guermenge; Guermenges; Guerminga; Guermingen; Guermyngen. *Guermange.*
Guerodezeke; Gueroldeseke; Guerolzach. *Géroldzech.*
Gueublange; Gueublengen; Gueublingen. *Guébling.*
Gueuseling; Gueuselingen; Gueuselling; Gueusellingen. *Guinzeling.*
Gugnei. *Gugney.*
GUGNEY. *Beaulong* (*Le*). *Jubilé* (*Chemin du*). *Vaudémont. Vézelise.*
Gugney-sous-Vaudémont; Gugny. *Gugney.*
Guidville; Guidwiller. *Gideville.*
Guigneæ. *Gugney.*
Guindremont; Guindrimont. *Gindrimont.*
GUINZELING. *Bassing. Dieuze. Vergaville.*
Guise; Guize. *Frolois.*
Gula; Gulla. *Gye.*
Gulbestorf. *Guébestroff.*
Guldelinger; Gunderchingen; Gunderichingen. *Gondrexange.*
Gunderstof; Gunderstorf; Gunderstorff. *Guénestroff.*
Gundervilla. *Gondreville.*
Gundirsdorff. *Guénestroff.*
Gundolfi villa. *Gondreville.*
Gundrestorf; Gundrestors. *Guénestroff.*
Gundrevila; Gundrevilla; Gundrivilla; Gundulfi villa; Gundulphi villa; Gundumvilla. *Gondreville.*
Gunduino (In villare) super fluvio Biberacha; In villa Gundwino, 699 (*Diplom*. II, p. 429-430). Lieu situé sur une rivière qu'on croit la Bièvre.
Gunedrekin; Gunnedrekin. *Gondrexange.*
Gunselinga; Gunselingen; Gunsslingen. *Guinzeling.*
GUNTZVILLER. *Faersbach. Guntzviller-le-Vieux. Lixheim. Meuniers* (*Chemin des*). *Niderviller. Sarrebourg.*
Guntzweiller. *Guntzviller.*
GYE. *Blarin. Blénod-lez-Toul. Braban* (*Chemin*). *Comine* (*ruisseau*). *Prés-Ory* (*Ruisseau des*). *Toul.*
Gyer; Gyes. *Gye.*
Gyevrecourt. *Juvrecourt.*
Gyllacort. *Gélancourt.*
Gynderstorff. *Guénestroff.*
Gysleberviller. *Gerbéviller.*
Gywrovilla. *Giroville.*

H

Habitz. *Hablutz.*
HABLAINVILLE. *Ban-de-la-Rivière. Blâmont. Fays. Houé. Lanchey. Lunéville. Ogéviller. Salm.*
Hableinville; Hablenville. *Hablainville.*
Hablusse. *Hablutz.*
Habondangia. *Haboudange.*
Habondenges. *Haboudange* (vers Blâmont).
HABOUDANGE. *Bellange* (*Ruisseau de*). *Château-Neuf. Dalhain*(*Ruisseau de*). *Destrich. Fosse-d'Haboudange. Petite-Seille* (*La*). *Vic.*
Haboudangia; Habundanges. *Haboudange.*
Hadelhouze. *Adelhouse.*
Hadomeix; Hadomet. *Hadomey.*
Hadommesnil. *Adoménil.*
Hadonviler; Hadonvilla. *Croismare.*
Hadonville. *Haudonville.*
Hadonviller; Hadonvillers. *Croismare.*
Hadulfo curtis. *Heillecourt.*
Hadunvilla. *Haudonville.*
Hagnerviler. *Hagnevillers.*
Hagneville; Hagnonisvilla; Hagnonvilla. *Haigneville.*
Haiboudanges. *Haboudange* (vers Blâmont).
Haidonvilla; Haidunvilla. *Haudonville.*
Haidunviller. *Croismare.*
Haignevilla. *Haigneville.*
HAIGNEVILLE. *Bayon. Lunéville. Rosières-aux-Salines.*
Haignorvilla. *Hagnevillers.*
Haillecourt; Hailleicourt. *Heillecourt.*
Hainingneville. *Haigneville.*
Hainnerville. *Hagnevillers.*
Hainonis curtis. *Hannocourt.*
Hairoweilz; Haireuilz. *Haroué.*
Haiteygney. *Hattigny.*
Halambox (Le box de). *Hollambois.*
Halbessurt. *Hazelbourg.*
Haldonville. *Haudonville.*
Haldonviller. *Croismare.*
Halecourt; Hallecourt. *Heillecourt.*
HALLOVILLE. *Blâmont. Châtillon. Sarrebourg. Tremblecourt. Vic. Vilvaucourt.*
Halmuntcurt (Alodium de), 1127-1168 (ch. du pr. de Flavigny). Ce lieu est mentionné avec Houdelmont et Voinémont.
Halocourt. *Hellocourt.*
Halsborg; Halsporch. *Dabo.*
Hameharmasnil. *Méharménil.*
Hamermasnil. *Hériménil.*
Hamermasnil. *Méharménil.*
Hamevilla; Hameville; Haméville. *Hammeville.*
Hameville; Hameyville. *Héminville.*

TABLE DES FORMES ANCIENNES.

Hammartin. *Hommarting.*
HAMMEVILLE. *Hardéval. Justice (Chemin de la). Saintois (Le). Sainte-Libaire. Vaudémont. Vézelise.*
HAMONVILLE. *Apremont. Grosrouvre (Ruisseau de). Pont-à-Mousson. Royaumeix. Terres-de-Madeleine (Les). Toul.*
Hampatte (La). *Givrycourt.*
Hampons. *Hampont.*
HAMPONT. *Bruch. Canal-de-la-Flotte. Chaumont (Chemin de). Cors (Ruisseau des). Dieuze. Haboudange. Petite-Seille (La). Saint-Éloi. Vic.*
Hamunvilla. *Hamonville.*
Hanacort; Hanacourt; Hanaucourt. *Hannocourt.*
Hauckweiler; Hangenweiller; Haugeweiller. *Hangviller.*
Hangneville. *Haigneville.*
HANGVILLER. *Hyvresmatt. Mühl-Wald. Petite-Pierre (La). Phalsbourg. Saverne. Zintzel (Le).*
Hannalcourt. *Hannocourt.*
Hannaumaignil. *Hermaménil.*
Hannerez (Lou fief de), 1255 (ch. de l'abb. de Belchamp). Ce fief paraît avoir été situé dans les environs de Méhoncourt; il est appelé *Gaignières* dans une copie du XVIIe siècle d'un titre de 1281 (ibid.).
HANNOCOURT. *Château-Salins. Croix (Chemin du Haut-de-la-). Delme. Ferré (Chemin). Morville-sur-Nied. Nied (La). Pont à-Mousson.*
Hannocuria. *Hannocourt.*
Hannolvilla. *Hainville.*
Hanpon; Hanpont; Hanpunt. *Hampont.*
Hanry (Molin). *Henri.*
Hau-sur-Saille; Han-sur-Seille. *Han.*
Hantelus, 1402 (*Regestrum*). *Anthelupt.*
Haplemons; Happlemont. *Haplemont.*
Haracort devant Marsal. *Haraucourt-sur-Seille.*
Haracourt. *Arracourt.*
Haracourt; Haracuria. *Haraucourt.*
Haraucort. *Haraucourt-sur-Scille.*
HARAUCOURT. *Buissoncourt. Champ-Mongadin*, canton de terre dont le détenteur était chargé de payer un gâteau qui se donnait en offrande pour le pain bénit, à Pâques. *Einville. Lunéville. Port. Pourpre (Champ-le-). Rosières-aux-Salines. Rouenne (La).*
Haraucourt-lès-Marsal. *Haraucourt-sur-Seille.*

Haraucourt-lès-Saint-Nicolas. *Haraucourt.*
HARAUCOURT-SUR-SEILLE. *Bride-et-Kœking. Dieuze. Maldiné. Marsal. Saint-Médard (Ruisseau de).*
Haraulcourt; Haraulcuria. *Haraucourt.*
Harberg. *Harxeberg.*
Harbevilleir; Harbeviller. *Herbéviller.*
Harboier; Harbouay. *Harboué.*
HARBOUÉ. *Blâmont. Châtillon. Embanie (L'). Fléville. Haut-de-la-Tour (Ruisseau du). Salm. Sarrebourg. Vacon (Le). Vic.*
Harbouey. *Harboué.*
Hardevallis; Hardevalz; Hardevaulz. *Hardéval (Hammeville).*
Hariesmesnil; Harimasnil; Harimesnil. *Hériménil.*
Harmand-Voivre. — Voy. *Baranweare.*
Harmeharmasnil. *Méharménil.*
Harmunvilla. *Harmonville.*
Haroel. *Haroué.*
HAROUÉ. *Cartenay. Charmes-sur-Moselle. Corvées (Chemin des). Madon (Le). Nancy. Orevaux. Saintois (Le). Vézelise.*
Harouel; Harouël; Harouelz; Harowei; Harowel; Harowelz; Harowez. *Haroué.*
Harracourt; Harraucourt. *Haraucourt.*
HARREBERG. *Bièvre (La). Dalbo. Magdelberg. Trübbacthal. Walscheid.*
Harroueilz; Harrouel; Harrowel; Harrowey; Harruel. *Haroué.*
Hartberg. *Harreberg.*
HARTZVILLER. *Lixheim. Niderviller.*
Hartzviller-Nitting. *Hartzviller.*
Haruel; Harwoel. *Haroué.*
Haseium. *Hasoy (Le).*
Haselbourg; Haselburg. *Hazelbourg.*
Hasmancia. *Amance.*
Hasmingia. *Insming.*
Hassay. *Essey-la-Côte.*
Hassebourch. *Dabo.*
Hasselbourg; Hasselburg. *Hazelbourg.*
Hassemborch. *Dabo.*
Hassonville; Hassonville; Hassuuvilla. *Haussonville.*
Hatesalle. *Haute-Seille.*
Hatonville. *Croismare.*
HATTIGNY. *Cirey. Gogney (Ruisseau de). Minière. Neuf-Moulins (Ruisseau de). Niderhoff (Ruisseau de). Sarrebourg. Saint-Georges. Vic. Vieux-Chemin (Le).*
Hatton. *Atton.*
Hatum. *Croismare.*
Haube. *Hoube (La).*

Haucourt, village de la châtellenie d'Einville, indiqué dans le dénombrement de la Lorraine, en 1594; aujourd'hui inconnu.
Haudemesnil. *Badménil.*
Haudomey. *Hadomey.*
Haudonvillare, 1402 (*Regestrum*). *Croismare.*
HAUDONVILLE. *Deneuvre. Gerbéviller. Grand-Rupt. Lunéville. Moranviller. Mortagne (La). Sauniers (Chemin des).*
Haudonville-lez-Gerbéviller. *Haudonville.*
Haudonviller. *Croismare.*
Hauldonville. *Haudonville.*
Hauldonviller. *Croismare.*
Haulraulcourt. *Haraucourt.*
Haulte-Linder (La); la Haulte-Lindre. *Lindre-Haute.*
Haultesalle; Haultseille; Haultselle. *Haute-Seille.*
Hauracourt. *Haraucourt.*
Hausonville; Haussonvilla. *Haussonville.*
HAUSSONVILLE. *Blainville-sur-l'Eau. Justice (Chemin de la). Malade (Chemin du). Maxel. Rogations (Pré des). Rosières-aux-Salines. Route (Vieille-). Sauniers (Chemin des). Vieux-Moulin (Chemin du). Voie-de-Port.*
Haut-Bois. *Mont-Didier.*
HAUT-CLOCHER. *Bouquenom. Fénétrange. Fort-Buisson. Landbach. Sarrebourg. Volmerhols.*
Haut-Essey. *Essey-lez-Nancy (Portion de la commune d').*
Haut-Montdidier (Le). *Mont-Didier.*
Haute-Faulx. *Faulx (Portion de la commune de).*
Haute-Récourt (La). *Récourt (Les).*
Haute-Salone. *Salone (Portion de la commune de).*
Haute-Varangéville (La). *Varangéville (Portion de la commune de).*
Hautesalve. *Haute-Seille.*
Hautes-Foucrey (Les). *Foucrey.*
Hautes-Francs. *Francs (Les).*
Hautes-Lay (Les). *Lay-Saint-Christophe (Portion de la commune de).*
Hautigney. *Hattigny.*
Hautoy (Du). — Voy. *Du Hautoy.*
Hauvoldingas. *Haboudange.*
Hauzonville. *Haussonville.*
Havinervilla. *Hagnevillers.*
Haydunville. *Haudonville.*
HAYE (FORÊT DE). *Charlemagne (Route de). Malmontée, Malpierre (Routes).*
HAZELBOURG. *Petite-Pierre (La). Phals-*

bourg. Réchicourt-le-Château. Sarrebourg. Sparsbrod (Ruisseau de). Walscheid. Zorn (La).
Hazelois. Azelot.
Hazevarg. Hazelbourg.
Heibermeis. Sabiémeix.
Heich. Eich (Le Grand-).
HEILLECOURT. Francourt. Morts (Chemin des). Nancy. Port. Vieux-Chemin. Voie-d'Affrique.
Heilleringen. Hellering.
Heillicort. Heillecourt.
Heimingen. Héming.
Heimwilrevorst. Neuve-Grange (La).
Heiraulcourt. Haraucourt.
Heirbeviller. Herbéviller.
Heis (Silva); silva Heium; Heix. Haye (Forêt de).
Helberswilre. Abreschwiller.
Heleringa; Helgering; Helgeringa; Helgeringen; Helgeringon. Hellering.
Hellecuria; Helliecourt. Heillecourt.
HELLERING. Briche (La). Goldgrub. Lixheim. Sarrebourg.
HELLOCOURT. Fontaine-du-Renard. Vic.
Helloville. Halloville.
Helmeranges. Hermelange.
Helmingen. Héming.
Heltenhausen. Hültenhausen.
Hembelperre; Hembepaire. Humbepaire.
Hemeville. Héminville.
HÉMING. Canon (Chemin du). Étang (Ruisseau de l'). Lorquin. Rinting (Ruisseau de). Sarrebourg. Vieille-Route (La).
Hemingen. Héming.
Hemmeville. Hammeville.
Hemmingen; Hemmyngen. Héming.
Henaicourt. Hannocourt.
Henamaignil. Hermaménil.
HÉNAMÉNIL. Anges (Ruisseau des). Grande-Goutte (Ruisseau de la). Holvesse. Lunéville. Marsal. Montjoie. Parroy (Forêt de). Pré-sous-le-Rupt (Ruisseau du). Sanon (Le). Senet. Souveraine.
Henaucort. Hannocourt.
Henaultmesnil. Hénaménil.
Hengnevilje. Haigneville.
Hennacort; Hennacurt. Hannocourt.
Hennalmesnil; Hennalmesny. Hénaménil.
Hennalmesny; Hennamaignil. Hermaménil.
Hennamesnil. Hénaménil.
Henneville; Hennolvilla. Haigneville.
Henoucort. Hannocourt.

HENRIDORFF. Buchholtzkopf. Phalsbourg. Sarrebourg. Valtembourg (Ruisseau de). Zorn (La).
HÉRANGE. Briche (La). Lixheim. Sarrebourg.
Herbelmont; Herbemons-en-Sainctoix; Herbermont. Herbémont.
Herbervillers; Herbevillare. Herbéviller.
Herbevilleir. Erbéviller.
Herbevilleir; Herbéviillé-Launoy. Herbéviller.
HERBÉVILLER. Blette (La). Launoy. Lunéville. Ogéviller. Salm. Tour (La). Verdurette (La). Vezouse (La). Vic.
Herbeviller-de-delà-l'eau; Herbéviller-la-Tour; Herbevillers. Herbéviller.
Herboier; Herboué; Herbouhier; Herbouier; Herboye. Harboué.
Herchweiller. Arschwiller.
Herdeval. Hardéval (Hammeville).
Herewey. Haroué.
HÉRIMÉNIL. Axatte (L'). Fraimbois (Ruisseau de). Fréhaut. Lunéville. Reines (Ruisseau des).
Herimesnil. Hériménil.
Héring; Heringen. Hérange.
Hermamaigny; Hermameny. Hermaménil.
Hermamesnil; Hermanmani. Hénaménil.
Hermanmesnil; Hermanmini. Hermaménil.
HERMELANGE. Gasse (torrent). Lixheim. Lorquin. Sarre (La).
Hernadi villa. Arnaville.
Herouel; Herowel. Haroué.
Hersin; Hersing. Hertzing.
HERTZING. Bataille (Chemin de la). Croix-du-Tonnerre (Sentier de la). Étang (Ruisseau de l'). Lorquin. Sarrebourg. Vic.
Herweil; Herwel; Herwelz. Haroué.
Herymesnil. Hériménil.
Hessa. Hesse.
HESSE. Croix-Noire (Chemin de la). Lorquin. Marjac. Niderviller (Ruisseau de). Sarrebourg. Vic.
Hesselonis villa. Haussonville.
Hessen. Hesse.
Hessonisvilla; Hessonvilla. Haussonville.
Hessum (Boscus). Haye (Forêt de).
Hetrorbach. Rorbach.
Hettigney; Hettigny. Hattigny.
Heuillecourt. Heillecourt.
Heulmont. Eulmont (Dommarie).

Hey (Bois de); silva Heys; forêt de Heyz. Haye (Forêt de).
Hidiviller. Hudiviller.
Hidiviller. Jolivet.
HILBESHEIM. Fénétrange. Kachelschlosse. Lixheim. Sarrebourg. Vieux-Moulin (Chemin du).
Hilbetzheim; Hilbischeim. Hilbesheim.
Hillensis monasterium. Hesse (Prieuré de).
Hiltenhausen. Hültenhausen.
Hisca. Ische (L').
Hitersdorff. Haut-Clocher.
Hittengen. Hattigny.
Hiuviller. Jolivet.
Hoceivilla. Housséville.
Hocellemont. Housselmont.
Hodeimont. Houdemont.
Hodelmont; Hodemons; Hodemont. Houdelmont.
Hodemont. Houdemont.
Hodreville. Houdreville.
Hoenvorst. Haute-Seille.
Hoëville. Amance. Ancienne-Église (Chemin de l'). Baranweare (à la table). Einville. Croix de Serres (La). Fontaine-aux-Pierres (Chemin de la). Lunéville. Metz (Chemin de). Port. Rosières-aux-Salines. Temple (Bois du).
Hofe; Hoffe; Hoff-lez-Sarburg. Hoff.
HOFF. Lixheim. Maladrie (La). Sarrebourg. Weiherstein.
Hoheiville. Hoëville.
Hohmert. Hommert.
Hoia sylva. Haye (Forêt de).
Hoindemont. Houdemont.
Holdemont; Holdenmont. Houdelmont.
Holhoff. Hoff.
Hollant-boix. Hollambois.
Holwesse. Holvesse.
Homarting. Hommarting.
Homemont. Omelmont.
Homerey. Ommerey.
Homert. Hommert.
Homertingen. Hommarting.
HOMMARTING. Eichmatt (L'). Langst. Niderviller. Saarecke. Sarrebourg.
Hommeres; Hommerey; Hommeris. Ommerey.
HOMMERT. Dabo. Hohalzel. Sarrebourg. Walscheid. Zorn (La).
Hommertingen. Hommarting.
Honckerchien; Honckierchen; Houkerchen; Honkierchen; Honkirch; Honskirich. Hunskirch.
Hosselammont; Hosselamont; Hosselemont; Houcelaumont. Housselmont.

Houceville; Houcieville. *Housséville.*
Houdainmont-on-Saintois; Houdeinmont. *Houdelmont.*
Houdelmont. *Houdemont.*
HOUDELMONT. *Athenay. Grandes-Côtes (Ruisseau des). Groselière (La). Halmuntcurt (à la table). Nancy. Pulligny. Saintois (Le). Vézelise.*
Houdemont. *Houdelmont.*
HOUDEMONT. *Francourt. Moulin (Ruisseau du). Nancy.*
Houdrevile; Houdrevilla. *Houdreville.*
HOUDREVILLE. *Bassompierre. Brénon (Le). Grandes-Côtes (Ruisseau des). Saintois (Le). Sanlich. Vaudémont. Vézelise. Vieux-Chemin (Le).*
Houldelmont; Hourdemont. *Houdelmont.*
Hourdivillier. *Hudiviller.*
Houselemont-devant-Alomp. *Housselmont.*
Houseville. *Housséville.*
Housselemont. *Housselmont.*
HOUSSELMONT. *Allamps.*
HOUSSÉVILLE. *Cœli (Chemin de). Haut-de-Cœli (Chemin du). Morts (Chemin des). Pilliers (Les). Vaudémont. Vézelise.*
Houyviller-devant-Lunéville. *Jolivet.*
Hudingen. *Hampont.*
Hudival. *Hédival.*
HUDIVILLER. *Crévic. Croix-Rouge (Chemin de la). Portieux (Ruisseau de). Rosières-aux-Salines.*
Hudivillore; Huduviller; Hudyviller; Hydyviller. *Hudiviller.*
Huictzmontz. *Eulmont.*
Huiviller. *Jolivet.*
Hulcioli villa. *Housséville.*
Huldeni Mons. *Houdelmont.*
Huncilini Mons. *Housselmont.*
Hunckeringen. *Hunskirich.*
Hundaimeis (Alodium de), 1194 (ch. de l'abb. de Clairlieu). Ce francalleu appartenait à cette abbaye et paraît avoir été situé près de la Neuveville-devant-Nancy.
Hundoymont. *Houdemont.*
Hunkerchen; Hunkerchien; Hunkierchen; Hunkirchen. *Hunskirich.*
HUNSKIRICH. *Albestroff. Enckelgelgraben. Insming. Marimont. Morhange. Rhodes (Ruisseau de). Route (Grande-). Sarrebourg.*
Huruffe. *Uruffe.*
Hutinges; Huttinis. *Hattigny.*
Huviller; Huviller-lez-Lunéville; Huviller-près-Lunéville. *Jolivet.*
Huydiviller. *Hudiviller.*
Huyviller. *Jolivet.*

I

Iane; Iohane (Alodium de), XII° siècle (ch. de l'abb. de Clairlieu). Francalleu appartenant à cette abbaye et situé dans la paroisse de Germiny.
IBIGNY. *Châtillon. Réchicourt-le-Château. Sarrebourg. Vic.*
IGNEY. *Réchicourt-le-Château. Sarrebourg. Sinzey.*
Igny. *Igney.*
Ile-Richard (L'). *Mont-Richard.*
Ilibas super fluvium Cernone, in pago Calvomontense, 770 (H. L. I, c. 289).
— Tlibas, 770 (Meurisse, Hist. des év. de Metz, p. 174).
Imclingen; Immelingen. *Imling.*
IMLING. *Étang (Ruisseau de l'). Galba. Metz (Vieille Route de). Sarrebourg. Sarrupt. Sentingen.*
Imminivilla; Imminuni villa. *Hénaménil.*
Ingeray. *Aingeray.*
Iniensis pagus (créé probablement par une faute de copiste), compris dans le Scarponais, et où un diplôme de 752 place le village de Dombasle (H. L. I, c. 273).
Inservila juxta Pontem à Monsson. *Jezainville.*
INSMING. *Albe (L'). Albestroff. Dieuze. Guittœiher. Marimont. Morhange. Rhodes (Ruisseau de).*
INSVILLER. *Angviller. Dieuze. Fénétrange. Rhodes (Ruisseau de).*
Intervallæ. *Étreval.*
Iohane (Alodium de). — Voy. *Iane.*
Isca. *Ische (L').*
Isciacus (Villa quæ dicitur), lieu inconnu, mentionné dans une charte d'environ l'an 925, pour l'abbaye de Bouxières (coll. Moreau, t. IV, f° 141). Un sommier des titres de l'abbaye, conservé à la Bibliothèque publique de Nancy, porte : *Escialus.* D'après l'inventaire des titres de l'abbaye de Bouxières, ce lieu paraît avoir été situé dans le Saintois.
Iserella rivulus. *Perèle (La).*

J

Jaiacum. *Gye.*
Jaillacourt. *Jallaucourt.*
Jaillaicourt. *Gélacourt.*
JAILLON. *Commanderie (La). Croix (Chemin de la). Dieulouard. Ermitage (Chemin de l'). Forge (Pâtis-de-la-). Himbercourt (Chemin d'). Liverdun. Notre-Dame (Côte). Saint-Jean-Baptiste. Terrouin (Le). Toul. Vieux-Chaufour (Chemin du). Vieux-Chemin.*
Jaillonnum; Jaillons. *Jaillon.*
Jaindelaincourt; Jaindeleincort. *Jeandelaincourt.*
Jalacourt; Jallacourt; Jallacourt-on-Saulnois; Jallacuria. *Jallaucourt.*
JALLAUCOURT. *Ban-Saint-Pierre. Château-Salins. Delme. Homme-Tué (Chemin de l'). Latte. Saulnois (Le).*
Jallons; Jalonnum. *Jaillon.*
Jambroc; Jambroy. *Jambrot.*
Jandelaincourt; Jandeleincourt; Jandelencort; Jandelencourt; Jandellencourt. *Jeandelaincourt.*
Janeis; Jancy; Janneyum. *Jaulny.*
JARVILLE. *Bon-Secours (Ruisseau de). Brocarde (La). Champ-le-Roi (Chemin du). Francourt. Héronnière (La). Meurthe (La). Nancy.*
Jaulney. *Jaulny.*
JAULNY. *Mad (La). Pont-à-Mousson. Pré du Pain-à-chanter (Le). Prény. Rupt (Le). Thiaucourt.*
Jauluns. *Jaillon.*
Jauly; Jaunei; Janneyum. *Jaulny.*
Javelons; Javillons; Javulns. *Jaillon.*
Jay (Le). *Jard (Le).*
JEANDELAINCOURT. *Blaquemont. Moulins (Ruisseau des). Mont-Saint-Jean. Nomeny. Rosserie. Ruelle Métropolitaine (Chemin dit la). Vic.*
Jebandelincourt. *Jeandelaincourt.*
Jellaucourt. *Jallaucourt.*
Jellelancourt. *Gellenoncourt.*
Jelucourt. *Gelucourt.*
Jéricoho. *Jéricho.*
Jeuville. *Juville.*
Jevelise. *Juvelise.*
JEVONCOURT. *Madon (Le). Nancy. Vaudémont. Vézelise.*
JEZAINVILLE. *Ache (L'). Cour-en-Haye (La). Espagne (Sentier d'). Masellos (à la table). Papeterie (La). Pierrefort. Pont-à-Mousson. Prény. Puvenelle.*

Joannevillare super fluvio Zernuni; Johanne villare super fluvio Cernune (le Sanon), 699 (*Diplom.* II, p. 428-430). — Johannevilare super fluvio Kerno, 715 (*ibid.* p. 443).

Jolinveau. *Jolivelle.*

JOLIVET. *Abouts (Ruisseau des). Dame-Marguerite - la - Sauvage. Lunéville. Nancy. Pâtis-de-la-Croix.*

Jovini mansus, 885 (H. T. p. 5). Ce domaine appartenait à la cathédrale de Toul.

Jovisvilla; Jovilla; Jueville. *Juville.*

Juratum nemus, 1168-1193 (ch. de l'abb. de Clairlieu). Cette forêt paraît avoir été située dans le voisinage de Chavigny.

Juré-lez-Gondreville. *Juré (Bois le).*

Jurivilleirs. *Giriviller.*

Jusoncourt. *Gezoncourt.*

JUVELISE. *Calvaire (Chemin du). Croix (Les Trois-). Grand-Breuil (Le). Grêle (Chemin de la). Marsal. Ommerey (Ruisseau d'). Vic. Virlogne.*

JUVILLE. *Aine (L'). Morville-sur-Nied. Nomeny. Soldats (Chemin des). Vic.*

Juvoncourt. *Jevoncourt.*

JUVRECOURT. *Arracourt. Croix-des-Allemands. Derrière-la-Tour. Haut-de-Châtel. Haut-de-la-Justice. Haut-des-Monts. Moncel (Ruisseau de). Vic.*

Juzainville. *Jezainville.*

K

Kamerholtz. *Cambreholz-la-Grande.*

Kauffman-Sarburg. *Sarrebourg.*

Kéquin. *Kœking.*

Kerno; Kernono. *Sanon (Le).*

KERPRICH-AUX-BOIS. *Lixheim. Petite-Pierre (La). Saavecke. Sarrebourg.*

KERPRICH-LEZ-DIEUZE. *Chapelle (Chemin de la). Dieuze. Kirschberg. Nid-de-Cigogne (Chemin du). Vergaville. Vieux-Chemin (Le).*

Keutefève; Keutte-febve. *Cuite-Fève.*

Kierberg. *Kerprich-lez-Dieuze.*

Kiercheperg. *Kirschberg.*

Kierperg; Kierprich. *Kerprich-lez-Dieuze.*

Kinthaus. *Romécourt.*

Kiperg; Kirchberc ad Saram; Kirchberg; Kirpech juxta Sarbruch; Kirperch. *Kerprich-aux-Bois.*

Kirperg. *Kerprich-lez-Dieuze.*

Kirpperg; Kirprich; Kirprich-aux-Bois. *Kerprich-aux-Bois.*

Kirprig; Kirrberg. *Kerprich-lez-Dieuze.*

Kittingen. *Cutting.*

Kolter. *Coutures.*

Köpfelhoff. *Iægerhoff.*

Kramsveiler; Kremsviller. *Krœmswiller.*

Kuctinga; Kucthingen. *Cutting.*

Kurtzrode. *Courtzerode.*

Kutingen; Kuttanges; Kutting; Kuttingen; Kuttinger. *Cutting.*

Kyerprich; Kyrprech. *Kerprich-aux-Bois.*

L

Labeuville. *Lebeuville.*

Laceos. *Laxou.*

Lacus ou Lacum. *Lay-Saint-Christophe.*

Laffemborn; Laffenborna; Laffenborne; Lafferburn; Laffremborne; Laffrenbonne. *Lafrimbolle.*

LAFRIMBOLLE. *Allemagne (Chemin d'). Châtillon (Ruisseau de). Sarre (La). Sarrebourg. Sainte-Ursule. Vic. Vieux-Chemin (Le).*

Lagneium. *Lagney.*

LAGNEY. *Coie (La). Côtes-Lucey (Ruisseau des). Croix-le-Meunier (Chemin de la). Fort (Chemin du). Fourneaux (Chemin des). Lucey. Paradis (Chemin du). Terrouin (Le). Toul. Villey-Saint-Étienne.*

Lagniacum; Lagny. *Lagney.*

Lahr. *Lhor.*

Laia. *Lay-Saint-Christophe.*

Laiacum; Laiers; Laiey. *Leyr.*

Laisnel. *Lané.*

Laisous. *Laxou.*

Laisse. *Lesse.*

Laistre. *Aître (L') (Deneuvre).*

Laistre-soubz-Amance. *Aître-sous-Amance (L').*

Lait. *Lay-Saint-Christophe.*

Laitre-desouz-Amance. *Aître-sous-Amance (L').*

Laittre, 1477 (dom. de Prény). *Aître (L') (Arnaville).*

Laium. *Lay-Saint-Christophe.*

Laixou; Laixour. *Laxou.*

Lallœuf. *Alœuf (L').*

Lamath. *Langatte.*

LAMATH. — Voy. MATH (LA).

Lamay; Lamays. *Math (La).*

Lamfeborne. *Lafrimbolle.*

LANDANGE. *Lorquin. Neuf-Moulins (Ruisseau de). Sarrebourg. Saint-Georges. Vic.*

Landanges. *Landange.*

Landecort. *Landécourt.*

LANDÉCOURT. *Badal. Bayon. Blainville-sur-l'Eau. Clairlieu (Bois). Deneuvre. Doncourt. Rosières-aux-Salines.*

Landecuria; Landecurt; Landeicort; Landeicourt; Landrecourt. *Landécourt.*

LANDREMONT. *Belleau. Croix-Rouge (Chemin de la). Dieulouard. Montignons (Les). Toul.*

LANEUVEVILLE. — Voy. NEUVEVILLE (LA).

Lanfracourt; Lanfrecurt; Lanfrocourt. *Lanfroicourt.*

LANFROICOURT. *Amance. Fontenelle. Nancy.*

Lanfroicourt-sur-Seille. *Lanfroicourt.*

Langata; Langathe. *Langatte.*

LANGATTE. *Bouquenom. Fénétrange. Fort-Buisson. Landbach. Sarrebourg. Volmerholz.*

Langd. *Langatte.*

Langeivilla. *Longeville.*

Langemath. *Langmatt.*

Langemberg. *Languimberg.*

Langestein. *Langstein.*

Langete. *Langatte.*

Langmat; Langmath. *Langmatt.*

Langney; Langneyum. *Lagney.*

Langote. *Langatte.*

Languenberg. *Languimberg.*

Languesse. *Langatte.*

Languestein. *Langstein.*

LANGUIMBERG. *Brainches. Bride-et-Kœking. Camp-des-Suédois. Corvée (Chemin de la Grande-). Fribourg. Hauts-Hêtres. Landbach. Maison-Neuve-de-la-Tranchée (La). Nidrequin. Sarrebourg. Vergaville. Vieille-Route. (La).*

Lannoy; Lanoy. *Launoy.*

Lansguemberg. *Languimberg.*

Lantfridi curtis. *Lanfroicourt.*

Lar. *Lhor.*

Lara. *Ley.*

Larceos; Lorçous; Larczos. *Laxou.*

Lare. *Lhor.*

Larey, 1402 (*Regestrum*). *Lay-Saint-Christophe.*

Larneyum. *Lagney.*

Larnose. *Larnouse (La) (chemin).*

Larsour; Larsouz; Larzous; Larzuhs. *Laxou.*

Lascobranne. *Lafrimbolle.*

Lasticas. *Lesse.*

Latran (Villa), 1106 (Hist. de l'abb. de Saint-Mihiel, p. 453). Ce lieu est mentionné dans une charte pour le prieuré de Salone.

Laugney. *Lagney.*

Laulnel. *Lané.*
Launarigó (Villa); villa Laurigu, 699 (*Diplom.* II, p. 429). Mentionné, avec un lieu qui doit être Einville, dans des diplômes pour l'abbaye de Wissembourg.
Laure (Notre-Dame-de-). *Lhor* (Les Métairies-de-Saint-Quirin).
Laurigu (Villa). — Voy. *Launarigo.*
Laviniacum. *Lagney.*
Laxeræ. *Lachère.*
Laxotum. *Laxou.*
Laxou. *Champ-des-Morts* (*Chemin du*). *Cimetière-des-Juifs. Croix-Saint-Claude* (*Chemin de la*). *Lenoncourt. Ludres. Moulin* (*Ruisseau du*). *Nancy. Port. Saint-Jean.*
Laxour. *Laxou.*
Lay. *Lay-Saint-Remy.*
Lay. *Ley.*
Layes; Layeyum; Layez. *Leyr.*
Laynel. *Lané.*
Layre. *Ley.*
Layrey-en-Saulnois. *Leyr.*
Lay-Saint-Christophe. *Amance. Amezule* (*L'*). *Bouxières* (*Ruisseau des Moulins-de-*). *Chavenois. Flamémont. Nancy. Port. Saint-Clou.*
Lay-Saint-Remy. *Commercy. Foug. Hautes-Bruyères* (*Ruisseau des*). *Marais-de-Lay. Meuse-Vaucouleurs.*
Laysou. *Laxou.*
Layum. *Lay-Saint-Christophe.*
Layum retro Fagum. *Lay-Saint-Remy.*
Layzay. *Lezey.*
Lebedos. *Libdeau.*
Lebeilcourt; Lebelcourt. *Lubécourt.*
Lebeufville. *Lebeuville.*
Lebeuville. *Bainville-aux-Miroirs. Charmes-sur-Moselle. Neuviller-sur-Moselle. Saintois* (*Le*). *Vieux-Chemin* (*Le*).
Lebluville; Lebuevilla; Lebueville. *Lebeuville.*
Lecl. *Ley.*
Leffeburne; Leffelbron; Leffenborne; Leffrenborne. *Lafrimbolle.*
Lebevilla. *Hoëville.*
Leiey. *Leyr.*
Leiningen-et-Altroff. *Léning.*
Leintrey. *Aulnes. Croix* (*Chemin du Haut-de-la-*). *Étang* (*Ruisseau de l'*). *Grand-Rupt. Malades* (*Les*). *Marsal.*
Lcl. *Ley.*
Lemainville. *Chapelle* (*Chemin de la*). *Falloir. Flavigny. Grand-Ruisseau* (*Le*). *Grange* (*Ruisseau du Bas-de-la-*). *Haroué. Madon* (*Le*). *Nancy. Orvillé. Outre-Moselle. Vézelise.*

Lemeinville; Lemeville; Lemeyville. *Lemainville.*
Lemoncourt. *Delme. Nomeny. Vic.*
Lemoncuria. *Lemoncourt.*
Lende. *Lindre-Basse.*
Leneville. *Lunéville.*
Lenezeis (La grange de), 1282 (Tr. des ch. l. Deneuvre, n° 3). — Lunezeis, 1313 (*ibid.* l. Lunéville, I, n° 17). Cette grange ou métairie est mentionnée avec les fermes de Mazelures et d'Olzey.
Lenfrocurt. *Lanfroicourt.*
Léning. *Albestroff. Altroff. Dieuze. Gossmark. Marimont. Morhange. Resgreben* (*Ruisseau de*). *Sessing.*
Léning-lès-Hingsanges; Lenningen; Lenningen-Altorf. *Léning.*
Lenoncourt. *Buissoncourt. Nancy. Port. Rosières-aux-Salines. Rouenne* (*La*). *Templiers* (*Bois des*). *Vieil-Moustier* (*Le*).
Lenoncuria. *Lenoncourt.*
Lenterium; Lentrey. *Leintrey.*
Lenuncort. *Lenoncourt.*
Leocourt; Leonis curia. *Liocourt.*
Leonismons. *Léomont.*
Leronvilla; Leronville; Leronville-en-Helz. *Lironville.*
Lertiaux, 822 (Hist. de l'abb. de Saint-Mihiel, p. 428). Ce lieu est mentionné dans une charte pour le prieuré de Salone.
Lescherim. *Lachère.*
Lesse. *Château - Salins. Haboudange. Lucy* (*Ruisseau de*). *Morville-sur-Nied. Pont-à-Mousson. Rotte* (*La*).
Lesses. *Lesse.*
Letereicourt; Letreicourt. *Létricourt.*
Létricourt. *Craincourt* (*La Maison forte de*). *Delme. Fief-Richard. Nomeny. Pont-à-Mousson.*
Letricuria; Letriercourt. *Létricourt.*
Leubedos. *Libdeau.*
Leucha urbs; Leuchorum urbs; Leucorum civitas; Leucorum oppidum; Leucus. *Toul.*
Leudes. *Ludres.*
Leueneville. *Lunéville.*
Leutbodi villa. *Lebeuville.*
Leutia. *Toul.*
Leverdun; Leverdung; Leverdunum. *Liverdun.*
Lexieres; Lexières. *Lixières.*
Ley. *Bourdonnay. Chazeau. Garde* (*La*). *Marsal. Morts* (*Chemin des*). *Ommerey* (*Ruisseau d'*). *Salines* (*Ruisseau des*). *Saint-Étienne. Vic.*

Leyer. *Leyr.*
Leyningen. *Léning.*
Leyr. *Amance. Custines. Delme. Jarræ. Nancy. Saulnois* (*Le*). *Saint-Hilaire. Tour-Seigneuriale-d'Amelécourt* (*La*).
Leys. *Leyr.*
Lezay. *Lezey.*
Lezeires-desouz-Toulon, 1358 (dom. de Pont-à-Mousson). *Lixières.*
Lezey. *Einville. Marsal. Ommerey* (*Ruisseau d'*). *Salines* (*Ruisseau des*). *Saint-Pierre* (*Ruisseau de*). *Vic. Vieux-Moulin* (*Chemin du*).
Lhor. *Angviller. Bassing. Fénétrange. Haras* (*Chemin du*). *Rhodes* (*Ruisseau de*). *Vergaville.*
Lialdivilla. *Haudeville.*
Liberdunum. *Liverdun.*
Libremeix. *Royaumeix.*
Libueville. *Lebeuville.*
Lidersingen. *Lidrezing.*
Lidrekin. *Lidrequin.*
Lidrequin. *Banvoie* (ruisseau). *Conthil. Dieuze. Morhange. Riche.*
Lidrezin. *Lidrezing.*
Lidrezing. *Banvoie* (ruisseau). *Conthil. Dieuze.*
Liebedo; Liebedos; Liebidos. *Libdeau.*
Liebodis villa. *Lebeuville.*
Liedersingen. *Lidrezing.*
Liemeri villa. *Lemainville.*
Lienatis villa. *Lunéville.*
Liencort. *Liocourt.*
Liozeie. *Lezey.*
Limay; Limeæ. *Limey.*
Limciville; Limeiville. *Lemainville.*
Limers. *Limey.*
Limevilla. *Lemainville.*
Limey. *Bernécourt. Gondreville. Haye* (*Terre de*). *Pont-à-Mousson. Prény. Saint-Pierre-et-Saint-Paul.*
Limieville. *Lemainville.*
Limoncourt. *Lemoncourt.*
Lincières. *Lixières.*
Linde; Linder; Lindes. *Lindre-Basse.*
Linder lacus; Linderweyer; Lindrensis lacus. *Lindre* (*Étang de*).
Lindre-Basse. *Dieuze. Morsac-Saint-Jean. Morts* (*Chemin des*). *Nid-de-Cigogne* (*Chemin du*). *Salines* (*Chemin des*). *Scille* (*La*). *Vergaville.*
Lindre-Haute. *Croix* (*Chemin de la*). *Dieuze. Verbach* (*Le*).
Lindrexin. *Lidrezing.*
Linelvilla; Linervilla; Linevilla. *Lunéville.*
Lingiviler foresta, 1085 (Hist. de l'abb. de Saint-Mihiel, p. 451). Cette forêt

paraît avoir été dans le voisinage de Leyr.
Lingruscia fluviolus. *Ingressin* (*L'*).
Liniville. *Lunéville*.
Linningen-Aldorf. *Léning*.
Linoncuria. *Lenoncourt*.
Lintrey. *Leintrey*.
Liocort. *Liocourt*.
LIOCOURT. *Delme. Nomeny. Vic.*
Lioncourt. *Liocourt*.
Lionis mons. *Léomont*.
Lirnevilla. *Lunéville*.
LIRONVILLE. *Aprcmont. Bernécourt. Hamonrus. Heymonrupt. Pont-à-Mousson. Prény. Saint-Jacques. Terres-de-Saint-Remy* (*Les*).
Lissier. *Lixières*.
Litricourt. *Létricourt*.
Litterfdorffs. *Haut-Clocher*.
Liukesheim. *Lixheim*.
LIVERDUN. *Bras-de-Saint-Eucaire. Croix-de-Bois* (*Chemin de la*). *Croix-Saint-Eucaire. Dieulouard. Flie* (*La*). *Hazotte. Jaillon. Moselle* (*La*). *Natrou. Notre-Dame-du-Bel-Amour. Scarponais* (*Le*). *Saint-Martin. Saint-Nicolas. Toul.*
Liverdung; Liverdunum. *Liverdun*.
Lixeium. *Lixheim*.
Lixeriæ. *Lachère*.
LIXHEIM. *Briche* (*La*). *Galgen-Platz. Krieg-Wasser. Reiterwald. Sarrebourg. Vieille-Route* (*La*). *Westrich.*
Lixheim-le-Vieux. *Vieux-Lixheim*.
Lixheium. *Lixheim*.
Lixière-sur-Seille. *Lixières*.
LIXIÈRES. *Belleau. Grève. Marchands* (*Chemin des*). *Montignons* (*Les*). *Nomeny. Pont-à-Mousson. Toulon.*
Lixin-le-Village. *Vieux-Lixheim*.
Lixingen. *Lixheim*.
Lizeis. *Lezey*.
Lizières. *Lixières*.
Lochorth; Locort; Locurt. *Lupcourt*.
Loirou; Loiroy. *Loro-Montzey*.
Loisey. *Loisy*.
LOISY. *Converts* (*Les*). *Croix-Mattirion. Dieulouard. Montignons* (*Les*). *Moselle* (*La*). *Or-Fontaine. Pont-à-Mousson. Romains* (*Chemin des*). *Saint-Blaise. Saulcy-Lambert* (*Le*). *Toul.*
Loizy. *Loisy*.
Longa aqua. *Longeau*.
Longavilla. *Longeville*.
Longue-Eau. *Longeau*.
Lorching; Lorchingen; Lorchinges. *Lorquin*.
Lore. *Lhor*.

Lorea; Lorei; Loreium. *Lorey*.
LOREY. *Bayon. Belles-Dames* (*Chemin des*). *Chaligny. Collectivus rivulus* (*à la table*). *Euron* (*L'*). *Flavigny. Moselle* (*La*). *Romont. Rosières-aux-Salines. Saintois* (*Le*).
Lorey-devant-Bayon; Lorey-lès-Bayon; Lorey-sur-Moselle; Lorium. *Lorey*.
Lorkin; Lorking. *Lorquin*.
Lono-MONTZEY. *Bainville-aux-Miroirs. Bayon. Épinal. Loro* (*Ruisseau de*). *Villers* (*Ruisseau de*).
LONQUIN. *Folie* (*La*). *Gasse* (torrent). *Hambourg. Haute-Ville* (*La*). *Juifs* (*Chemin du Champ-des-*). *Minière* (*La*). *Notre-Dame-des-Ermites. Pêche* (*La*). *Pins* (*Les*). *Plaine. Potence* (*La*). *Réchicourt-le-Château. Sarre* (*La*). *Sarrebourg. Sarrupt. Torchamp. Vic. Vieille-Idote* (*Chemin de la*).
Lorreit; Lorret; Lorrey. *Lorey*.
Lorro. *Loro-Montzey*.
Losceyium. *Loisy*.
Losdorf; Losdorfen. *Lostroff*.
Losey, 1377 (dom. de Pont-à-Mousson). *Loisy*.
Losseivilla. *Bosserville*.
Lostorff. *Lostroff*.
LOSTROFF. *Angviller. Bassing. Dieuze. Fontaine-Mariotte* (*Ruisseau de la*). *Marimont. Rhodes* (*Ruisseau de*). *Vergaville.*
Loucort; Loucourt; Loucurt. *Lupcourt*.
Louderfingen. *Loudrefing*.
LOUDREFING. *Angviller. Bassing. Dieuze. Fénétrange. Hamesbille. Insviller* (*Ruisseau d'*). *Kalestross. Marimont. Mühlgraben. Mühlweiher. Rhodes* (*Ruisseau de*). *Vergaville.*
Louerstorff; Loucstorff. *Lostroff*.
Loupcourt; Loupcourt au Vermois. *Lupcourt*.
Lourey. *Lorey*.
Loussey. *Loisy*.
Loyro. *Loro-Montzey*.
Loyron. *Euron* (*L'*).
LUBÉCOURT. *Amance. Amelécourt* (*Forêt d'*). *Château-Salins. Gerbécourt* (*Ruisseau de*). *Petite-Seille* (*La*). *Vieux-Moulin* (*Chemin du*).
Lubécurt. *Lubécourt*.
Lnbverdun. *Liverdun*.
Lucci; Luceium. *Lucy*.
Luccium. *Lucey*.
Lucelbourg; Lucelburg; Lucelburgum; Lucenbourg. *Lutzelbourg*.
LUCEY. *Cois* (*La*). *Corvées* (*Chemin des*). *Croix-Blanche* (*Chemin de la*). *Fort*

(*Chemin du*). *Sauniers* (*Chemin des*). *Terrouin* (*Le*). *Toul. Villey-Saint-Étienne.*
Lucey; Luceyum. *Lucy*.
Luciacum. *Lucey*.
Lucourt. *Lupcourt*.
LUCY. *Château-Salins. Frémery* (*Ruisseau de*). *Haboudange. Haut-Château* (*Le*). *Morville-sur-Nied. Nied* (*La*).
Lucy. *Lucey*.
Luczeluburgum. *Lutzelbourg*.
Luda; Luddes. *Ludres*.
Ludelvinga; Luderfanges; Luderfenges; Luderfingen. *Loudrefing*.
Ludes; Ludey; Ludia. *Ludres*.
Ludrefingen. *Loudrefing*.
LUDRES. *Affrique* (*Côte d'*). *Caboche. Camp-de-César* (*Le*). *Flavigny. Nancy. Port. Saint-Nicolas. Urepont* (*L'*). *Vieux-Chemin* (*Le*).
Ludresing; Ludresingen. *Lidrezing*.
Lugdes. *Ludres*.
Lukesheim. *Lixheim*.
Lumey. *Limey*.
Lunaris villa; Lunarivilla; Lunervilla. *Lunéville*.
LUNÉVILLE. *Champ-Saint-Remy* (*Le*). *Chatis* (*Les*). *Cour-Sauvage* (*La*). *Maladrie* (*La*). *Meurthe* (*La*). *Port. Saint-Antoine. Saint-Charles. Saint-Denis. Vezouse* (*La*).
Lunczeis. — Voy. *Lenezeis*.
Luni villa; Lunnarisvilla. *Lunéville*.
Luocourt; Luokurt; Luonkurt. *Liocourt*.
LUPCOURT. *Epvrecourt. Frahaux* (*Le*). *Meuniers* (*Chemin des*). *Nancy. Port. Saint-Nicolas. Prés* (*Ruisseau des*). *Rosières-aux-Salines. Vermois* (*Le*).
Luppicuria. *Lupcourt*.
Lusciaci villa. *Bosserville*.
Lusda; Lusde. *Ludres*.
Lusiaci villa. *Bosserville*.
Luterecort. *Létricourt*.
Lutzbourg; Lutzburg. *Lutzelbourg*.
LUTZELBOURG. *Burger-Wald. Ehrinbach* (*L'*). *Hazelbourg* (*Forêt d'*). *Hesselbrounn-Graben* (*Ruisseau de*). *Hung-Wald. Langmatt. Petite-Pierre* (*La*). *Phalsbourg. Sarrebourg. Valtembourg* (*Ruisseau de*). *Zorn* (*La*).
Lutzelbron; Lutzelburg; Lutzeluburch; Lutzeluburg; Lutzenlburg. *Lutzelbourg*.
Luverdhung; Luverdun; Luverdung; Luverdunum. *Liverdun*.
Luxey. *Lucey*.
Luxheim. *Lixheim*.

Luzda. *Ludres.*
Luzelburg; Luzemburc. *Lutzelbourg.*
Lyaumont. *Léomont.*
Lybueville. *Lebeuville.*
Lymeiville. *Lemainville.*
Lymers. *Limey.*
Lymucort; Lymuncort; Lymuncurt. *Lemoncourt.*
Lyocourt. *Liocourt.*
Lyommont. *Léomont.*
Lyoncourt. *Liocourt.*
Lyronville. *Lironville.*

M

Maceriæ. *Maizières-lez-Toul.*
Maceriæ. *Maizières-lez-Vic.*
Macesci villa, 1106 (Hist. de l'abb. de Saint-Mihiel, p. 453). Ce lieu est mentionné dans une charte pour le prieuré de Salone.
Mache. *Maixe.*
Machennuras. *Ménival.*
Madelaine-lez-Nancey (La). *Madeleine (La) (Nancy).*
Madeleine (La). *Rochotte (La).*
Maderiæ; Madière; Madières; Madierres. *Maidières.*
Mado. *Madon (Le).*
MADON (LE). *Athenay. Beaulong. Bralleville. Brénon. Émine. Étang. Gradvanel. Grand-Ruisseau. Grange (Bas-de-la-). Lacée. Orevaux. Orvillé. Praye. Ruvry. Viterne (Ruisseau de).*
Madons. *Madon (Le).*
Maffennenias. *Ménival.*
Magdelaine-devant-Nancey (La). *Madeleine (La) (Nancy).*
Magdelaine-devant-Port (La); la Magdelainne. *Madeleine (La) (Saint-Nicolas).*
Magdis fluvius; Magide fluviolus. *Mad (Le).*
Magnavilla. *Mignéville.*
Magneres; Magneriæ. *Magnières.*
Magnervilla; Magneville. *Mignéville.*
MAGNIÈRES. *Azerailles. Deneuvre. Emblevette (L'). Gerbéviller: Laiderie (Chemin de la). Lunéville. Mortagne (La). Morts (Chemin des). Saint-Antoine.*
Magniers. *Magnières.*
Magnilz-desoubz-le-chastei-de-Mouson (Les); Magnis. *Ménils (Les).*
Magnolvilla. *Haigneville.*
Magnonvilla. *Manonville.*
Magunville. *Mangonville.*
Maidera. *Maidières.*
MAIDIÈRES. *Bergerie (La). Haye (Terre de). Ferré (Chemin). Folie (La). Pont-à-Mousson. Prény. Ravoi (à la table). Saint-Pierre et Saint-Remy.*
Maigneriæ; Maignières. *Magnières.*
Maignix. *Ménil (Prévocourt).*
Maigniz-dezous-Mousons. *Ménils (Les).*
Maignye. *Ménil (Prévocourt).*
Mailleloy. *Malloloy.*
Mailley. *Mailly.*
MAILLY. *Chêne-à-la-Vierge (Le). Croix-Blanche (La). Croix-Noire (Chemin de la). Croix-Rouge (Chemin de la). Nomeny. Pont-à-Mousson. Vieux-Moulin (Chemin du).*
Mainbermont. *Maimbermont.*
Maingnières; Mainneres. *Magnières.*
Mainville (Le). *Lemainville.*
Mainwe. *Manhoué.*
Maioron. *Maron.*
Mairenoël. *Marnoël.*
Mairenviler; Mairenviller. *Marainviller.*
Mairon. *Maron.*
Mairs (La). *Math (La).*
Mairtincourt. *Martincourt.*
Mais (La). *Math (La).*
Maiserey; Maiseris. *Maizerais.*
Maiserois (Rupt dés), 1402 (Tr. des ch. l. Nancy I, n° 27). Ce ruisseau semble indiqué comme étant près d'Essey-lez-Nancy.
Maiserueles. *Mazerules.*
Maisnilz. *Ménil (Lunéville).*
Maison-de-l'Évêque. *Maison-Neuve-de-la-Tranchée (La).*
Mait (lou rui de). *Mad (Le).*
Maith (La); la Maix. *Math (La).*
MAIXE. *Bansey. Crévic. Einville. Étanche (L'). Lunéville. Moulinet (Le). Port. Rosières-aux-Salines. Salines (Chemin des). Sanon (Le).*
Maixe-la-Grande. *Maixe.*
Maixereulle. *Mazerules.*
Maixières. *Maizières-lez-Toul.*
Maizeray-en-Voivre. *Maizerais.*
Maizeruelle; Maizeruelles. *Mazerules.*
Maizière. *Maizières-lez-Toul.*
Maizières-lès-Marsal). *Maizières-lez-Vic.*
MAIZIÈRES-LEZ-TOUL. *Bicqueley. Rouaux. Saintois (Le). Saux (La). Toul. Viterne (Ruisseau de). Voivre (Bois de la).*
MAIZIÈRES-LEZ-VIC. *Bourdonnay. Derrière-la-Tour. Haut-de-Galas (Le). Marsal. Rancourt. Vic. Videlange (Ruisseau de).*
Malacourt; Malacuria ou Saulnoix. *Malaucourt.*
Maladerie de la Petite-Rosières (La); la Maladie. *Maladrie (La) (Rosières-aux-Salines).*
Maladrerie (La). *Eich (Le Petit-).*
Malarie de Nancey (La). *Madeleine (La) (Nancy).*
MALAUCOURT. *Croix-de-la-Bataille. Croix-de-Neinport (La). Croix-Son-Altesse (Chemin de la). Delme. Latte. Vic. Vieux-Chemin (Le). Vrécourt.*
Maldon. *Madon (Le).*
Male-grainge (La). *Malgrange (La Grande-).*
Malenviler; Malenviller. *Marainviller.*
Maleroy. *Malleloy.*
Malescvilla; Malescville; Malezéville-près-Nancy; Malisevila. *Malzéville.*
Malinetum. *Ménillot.*
Mallacourt. *Malaucourt.*
Malladerie (La). *Madeleine (La) (Nancy).*
Mallaucourt; Mallecuria. *Malaucourt.*
Mallo-grainge (La); la Mallegrange-lès-Nancy. *Malgrange (La Grande-).*
MALLELOY. *Custines. Faulx. Nancy.*
Mallenoy. *Malleloy.*
Mallepierre. *Malpierre (La).*
Malleroy. *Malleloy.*
Mallezéville; Mallisei villa. *Malzéville.*
Mallisey. *Malzey.*
Malloville. *Moutrot.*
Malnoy. *Malleloy.*
Malocourt. *Madeleine (La) (la Nouveville-devant-Nancy).*
Malodicurtis. *Malaucourt.*
Malonvilla; Malonville; Maloville dit le Mousterot; Mploville dit le Moutrot. *Moutrot.*
Malscheidt. *Walscheid.*
MALZÉVILLE. *Amance. Clos (Le). Corvée (Chemin de la). Côte-Chevalier. Flamémont. Meurthe (La). Port. Nancy. Sauvage (Le).*
Malzéville-devant-Nancy. *Malzéville.*
Mamacus; Mamei; Mameis. *Mames. Mamey.*
MAMEY. *Dieulouard. Haye (Terre de). Pierrefort. Pont-à-Mousson. Pré Notre-Dame (Le). Royaumeix. Scarponais (Le).*
Mammonis curtis. *Manoncourt-en-Voivre.*
Mancieulle (La). *Amezule (L').*
Mandles; Mandræ. *Mandres-aux-Quatre-Tours.*
MANDRES-AUX-QUATRE-TOURS. *Voivre (La).*

Mandres-en-Wœvre. *Mandres-aux-Quatre-Tours.*
MANGONVILLE. *Corvée-des-Moines (Chemin de la). Champ-des-Templiers. Chaurupt* (ruisseau). *Nancy. Moselle (La). Neuviller-sur-Moselle. Outre-Moselle. Vézelise.*
Manguey. *Manhoué.*
Mangunvile. *Mangonville.*
MANHOUÉ. *Bioncourt. Château-Salins. Croix-le-Meunier. Delme. Fontaine (La). Moulin. Nomeny. Seille (La). Vieux-Manhoué (Le).*
Manicocurtis. *Manoncourt-en-Vermois.*
Maniletum juxta Choleyam; *Manilla. Ménillot.*
Manille. *Ménil-Mitry (Le).*
Manillum. *Grand-Ménil.*
Manillum. *Ménil-Flin.*
Manillum; Manis. *Ménil-la-Tour.*
Manmonis curtis. *Manoncourt-en-Voivre.*
Mannis. *Ménil* (Prévocourt).
Mannisi, 699 (*Diplom.* II, p. 429). Mentionné, avec un lieu qui paraît être Einville, dans des diplômes pour l'abbaye de Wissembourg.
Mannoni curtis. *Manoncourt-en-Vermois.*
Mannonis Cortis. *Manoncourt-en-Voivre.*
Mannonis villa. *Manonville.*
Manoncort; Manoncourt-en-Saulnois. *Manoncourt-sur-Seille.*
MANONCOURT-EN-VERMOIS. *Nancy. Pré-Lallemand (Ruisseau du). Pache (La). Rosières-aux-Salines. Vermois (Le).*
MANONCOURT-EN-VOIVRE. *Dieulouard. Drapiers (Sentier des). Ermite (Chemin du Pré-l'). Ettenots (Les). Gondreville. Pont-à-Mousson. Royaumeix. Terrouin (Le). Voivre (La).*
MANONCOURT-SUR-SEILLE. *Grève (Ruisseau de). Nomeny. Notre-Dame-de-Brionne. Pont-à-Mousson. Saulnois (Le). Vieux-Moulin (Chemin du).*
Manoncuria. *Manoncourt-en-Vermois.*
Manoncuria; Manoncuria-en-Voivre; Manonis curtis. *Manoncourt-en-Voivre.*
Manonval (La tieulerie de), 1500 (dom. de l'Avant-Garde).
Manonvillare; Manonville. *Manonviller.*
Manonville. *Minorville.*
MANONVILLE. Ache (L'). *Bernécourt. Bois-le-Diable (Chemin du). Dieulouard. Pont-à-Mousson.*
Manonville-le-chastel. *Manonville.*

Manonville-Saint-Gengoult. *Minorville.*
MANONVILLER. *Bénaménil. Lunéville. Marsal. Vic. Xadrexé (Le).*
Mansile. *Ménil-la-Tour.*
Mansionile Berenhardi, super ripam Mosellæ fluminis, in pago Tullensi, in comitatu Admontensi, 976 (coll. Moreau, t. XI, f° 193). Ce lieu est mentionné dans une charte pour l'abbaye de Bouxières.
Mansionile juxta Cauliacum. *Ménillot.*
Mansionile juxta Scopulam. *Grand-Ménil.*
Mantoncort; Mantucor. *Mantoncourt.*
Manugua. *Manhoué.*
Manullum. *Ménil-Mitry (Le).*
Manuncuria; Manuncurt. *Manoncourt-en-Vermois.*
Manvais; Mauveit; Manveoid; Manvuey; Manwet; Manwey; Manwoy; Manwy. *Manhoué.*
Marainvillare. *Marainviller.*
Marainville. *Maréville.*
MARAINVILLER. *Amis (Ruisseau des). Bénaménil. Écu-de-France (L'). Frouard (Ruisseau de). Lunéville. Nolféres (à la table). Port. Vezouse (La). Vicaire (Ruisseau du).*
Maranvillers. *Marainviller.*
MARBACHE. *Batin-Chêne. Behu (à la table). Corvée (Chemin de la Petite-). Dieulouard. Forge (Chênevière-de-la-). Frouard. Moselle (La). Nancy. Pompey. Scarponais (Le). Vouey (à la table).*
Marbaches; Marbaga; Marbagium; Marbaiche; Marbasches; Marbeches; Marbechiæ; Marbesthe; Marbesthes. *Marbache.*
Marc. *Mad (Le).*
Marceallum. *Marsal.*
Marcei. *Mexet.*
Marcellum. *Marsal.*
Marceyum. *Mexet.*
Marchæ. *Maixe.*
Marchainville; Marchainville-lez-Nancy; Marcheinvilla. *Maxéville.*
Marches; Marchesse. *Maixe.*
Marchevilla; Marcheville. *Maxéville.*
Marchiæ. *Maixe.*
Marchineval; Marchinivals. *Ménival.*
Marenbois. *Martinbois.*
Marenviler; Marenvillare; Marenvilleir. *Marainviller.*
Maresalis. *Marsal.*
Mareseivilla; Marezeville; Margeville. *Malzéville.*

Marienvillare; Marienviller. *Marainviller.*
MARIMONT. *Bassing. Bru. Dieuze. Saint-Antoine. Vieilles-Vignes (Chemin des).*
Marimont-la-Basse. *Marimont* (Bourdonnay).
Marimont-la-Haute. *Marimont.*
Marleinru domus leprosorum. *Madeleine (La)* (la Neuveville-devant-Nancy).
Marmonel; Marnouel; Marnouelle; Marnoüelle. *Marnoël.*
MARON. *Charlemagne (Route de). Flavigny. Marie-Chanois. Martinval. Moselle (La). Nancy. Pont-Saint-Vincent. Toul.*
Maronelle. *Marnoël.*
Marosallum. *Marsal.*
Marrenviller. *Marainviller.*
Marron. *Maron.*
Mars (La). *Math (La).*
MARSAL. *Bouge (Ruisseau du Moulin-du-). Court-Douaire. Croix-Blanche (Chemin de la). Dieuze. Maison-Carrée (La). Meule (La). Ommerey (Ruisseau d'). Seille (La). Saint-Martin.*
Marsalium; Marsalla; Marsalli; Marsallo vico; Marsallum; Marsalz; Marsau; Marsaul; Marsault; Marsaulum; Marsaulz; Marsella. *Marsal.*
Marseriæ. *Maizières-lez-Toul.*
Marte. *Marthil.*
Martemont. *Marthemont.*
Martexeyum. *Mattexey.*
Marth. *Math (La).*
MARTHEMONT. *Gondreville. Notre-Dame-de-Recouvrance. Pulligny. Saintois (Le). Saux (La). Vézelize.*
MARTHIL. *Calvaire (Chemin du). Dieuze. Haboudange. Metz (Pays de). Nied (La). Saint-Jean.*
Martille. *Marthil.*
Martinbos; Martinbosc; Martinbosquim. *Martinbois.*
Martincort. *Martincourt.*
MARTINCOURT. *Croix (Chemin de Sainte-). Dieulouard. Ermite (Chemin de l'). Pierrefort. Prény. Romaul-Moulin (à la table). Saint-Jacques (Ruisseau de).*
Martincruix. *Martincroix.*
Martincurt; Martinicuria. *Martincourt.*
Martini Mons. *Marthemont.*
Martini Nemus. *Martinbois.*
Martini Vallis; Martinvaulx. *Martinval.*
Martius Nemus. *Martinbois.*
Maruchasnel (Petrosa de), 1168-1193

(ch. de l'abb. de Clairlieu). Cette carrière était dans le voisinage de Chaligny.
Marviller. *Merviller.*
Marxal; Marxaul. *Marsal.*
Marxey. *Mexet.*
Marz (La). *Math (La).*
Marzeville; Marzeville-lès-Nancy. *Malzéville.*
Mas. *Mad (Le).*
Masellos, 836 (H. L. I. c. 301). — Mosellas, 884 (*ibid.* c. 318). — Minasellos, 965 (*ibid.* c. 376). Ce lieu est mentionné dans des chartes pour l'abbaye de Saint-Epvre, et pourrait bien être Jezainville, où cette abbaye avait des biens.
Maseriæ; Maseriarœ. *Maizières-lez-Toul.*
Maseris. *Maizerais.*
Maseroles; Maseruelles. *Mazerules.*
Masières. *Maizières-lez-Toul.*
Masires. *Maizières-lez-Vic.*
Masiriacum. *Maizerais.*
Masnile. *Ménil-Flin.*
Masnilum. *Grand-Ménil.*
Masnis. *Ménil (Lunéville).*
Masnis. *Ménil-Flin.*
Masnis; Masniz. *Ménil (Prévocourt).*
Massenevias. *Ménival.*
Mastx. *Mad (Le).*
Matemule; Matenmule. *Mattmühl.*
Math (La). *Badal Doncourt. Mortagne (La).*
Matiriaco mallo. *Croix-Mattirion (La).*
Matrecort; Matricort. *Mattecourt.*
Mattemul. *Mattmühl.*
Mattexey. *Deneuvre. Gerbéviller. Lunéville. Vallois (Ruisseau de). Vieille-Église (Chemin de la).*
Matt fluvius. *Mad (Le).*
Matticus; Mattis fluvius. *Mad (Le).*
Maudon; Maudum; Mauldon. *Madon (Le).*
Maulrui (La fontaine de), 1333 (cart. Pont, fiefs f° 209). Cette fontaine semble avoir été dans le voisinage de Mailly.
Maumey. *Mamey.*
Maurivilla. *Morville-sur-Seille.*
Mauronias. *Moivron.*
Max (La). *Math (La).*
Maxainville; Maxenville. *Maxéville.*
Maxe; Maxe-près-Einville. *Maixe.*
Maxeruelle. *Mazerules.*
Maxéville. *Côte-le-Prêtre. Château-du-Haut-de-l'Orme. Croix (Maison de la).* Justice (*Chemin de la*). *Meurthe (La). Nancy. Port. Sainte-Barbe.*
Maxey; Maxey-lez-Domptaille. *Mexet.*
May (La). *Math (La).*
Mayey. *Mamey.*
Mays (La). *Math (La).*
Maz. *Mad (Le).*
Mazaruelles. *Mazerules.*
Mazelieures. *Mazelure.*
Mazelure; Mazereulle; Mazereulles. *Mazerules.*
Mazeriæ. *Maizières-lez-Toul.*
Mazerueles. *Mazelure.*
Mazeruelle-dessous-Amance. *Mazerules.*
Mazerules. *Amance. Bioncourt. Nancy. Metz (Chemin de).*
Mazerulles. *Mazerules.*
Mebarchia. *Marbache.*
Meciens. *Messein.*
Medianus. *Moyen.*
Medianus vicus; Mediovicus. *Moyenvic.*
Medium castrum. *Moyen.*
Medius vicus. *Moyenvic.*
Medulphi mansus. *Mérigny.*
Medz. *Mad (Le).*
Megineville. *Mignéville.*
Megni-delez-lou-Pont-à-Mousson (Les). *Ménils (Les).*
Megnières; Meignières. *Magnières.*
Mebainville. *Héminville.*
Mehartmesnil. *Méharménil.*
Méhoncourt. *Dugon. Bluinville-sur-l'Eau. Côte-de-Belchamp. Fouliot (Le). Gazelle. Grignonviller. Haut-de-Montreuil. Lunéville. Madeleine (La). Pèlerins (Chemin des). Romain (Bois). Rosières-aux-Salines. Salomon (Bois). Vieux-Chemin (Le).*
Meilley. *Mailly.*
Meladerie (La). *Maladrie (La) (Rosières-aux-Salines).*
Melariclum; Melaridum. *Millery.*
Melecey; Melleccy. *Mulcey.*
Mellerey. *Millery.*
Melly. *Mailly.*
Memey. *Mamey.*
Memny. *Ménils (Les).*
Mendreville. *Mandreville.*
Mengnières; Mengniers; Mengnires. *Magnières.*
Mengny (Le). *Ménil-Flin.*
Ménil (Lunéville). *Villé.*
Ménil-devant-Bayon. *Ménil-Mitry (Le).*
Ménil-Flin. *Gerbéviller.*
Ménil-la-Grenade; Ménil-la-Grenade-devant-Bayon. *Ménil-Mitry (Le).* Ménil-la-Tour. *Ferré (Chemin). Royaumeix. Terrouin (Le). Toul. Voivre (La).*
Ménil-lès-Bayon. *Ménil-Mitry (Le).*
Ménil-lez-Toul. *Ménil-la-Tour.*
Ménil-Mitry (Le). *Charmes-sur-Moselle. Ménil. Neuviller-sur-Moselle. Outre-Moselle. Saintois (Le). Vézelise.*
Ménil-Thomassin. *Ménil-Saint-Martin.*
Ménillot. *Foug. Toul. Villey-Saint-Étienne.*
Ménils (Les). *Ferré (Chemin). Morville-sur-Seille. Mousson. Pont-à-Mousson. Scille (La).*
Menolfi villa. *Minorville.*
Menonville. *Manonville.*
Menonville-Saint-Gegoul, Saint-Geigoult, Saint-Gengolt, Saint-Gengoul, Saint-Gigoul; Mengrville-Saint-Gigoul, Saint-Gigoulx. *Minorville.*
Menovile. *Manonville.*
Menoville dit le Mousterot. *Moutrot.*
Menoville-Saint-Gegoul; Menovilli villa. *Minorville.*
Mensires. *Maizières-lez-Vic.*
Mensny. *Ménil-Flin.*
Menulfi villa. *Minorville.*
Meranviler. *Marainviller.*
Merbache; Merbage; Merbeche; Merbechia; Merbechiæ. *Marbache.*
Merbuechamp (Fontaine de), 1290 (Tr. des ch. l. Rosières I, n° 29). Elle est mentionnée avec Velle-sur-Moselle et la Neuveville-devant-Bayon.
Mercei; Mercey. *Mexet.*
Merches. *Maixe.*
Mereiville; Merelvilla; Merevilla. *Méréville.*
Méréville. *Chapelle (Chemin de la). Ferré (Chemin). Flavigny. Justice (Chemin de la). Marchands (Chemin des). Morts (Chemin des). Moselle (La). Nancy. Outre-Moselle. Pont-Saint-Vincent. Saintois (Le). Saint-Thiébaut. Vieux-Chemin (Le).*
Merinveau. *Marivaux.*
Merlinga. *Morhange.*
Mernoncuria. *Manoncourt-en-Vermois.*
Mernonel. *Marnoël.*
Mersa. *Marsal.*
Mersperg; Mersprich; Merspurg; Merssperg. *Marimont.*
Mertemont. *Marthemont.*
Mertincourt; Mertincourt-desous-Pierefort. *Martincourt.*
Mervalville; Mervarvilla; Mervavilla. *Mervaville.*

TABLE DES FORMES ANCIENNES.

Merville. *Maréville.*
Mervillé. *Merviller.*
MERVILLER. Baccarat. *Blâmont. Ogéviller.* Vacqueville. *Verdurette* (*La*).
Meselle. *Moselle* (*La*).
Meseruelle. *Mazerules.*
Mesguilz (Les). *Ménils* (*Les*).
Mesmey. *Mamey.*
Mesnil. *Ménil* (Prévocourt).
Mesnil (Le). *Grand-Ménil.*
Mesnil (Le). *Ménil-Mitry* (*Le*).
Mesnil (Lou). *Ménil-Flin.*
Mesnil-de-Flin (Le); le Mesnil-de-Fluin. *Ménil-Flin.*
Mesnil-devant-Lunéville. *Ménil* (Lunéville).
Mesnil-devant-Ormes (Le). *Ménil-Mitry* (*Le*).
Mesnil-lès-Toul. *Ménil-la-Tour.*
Mesnil-lez-Lunéville. *Ménil* (Lunéville).
Mesnillot-lez-Choloy (Le); le Mesnillot-près-Challot. *Ménillot.*
Mesnillum. *Grand-Ménil.*
Mesnil-près-Bayon (Le). *Ménil-Mitry* (*Le*).
Mesnilz (Les); les Mesnilz-devant-le-Pont. *Ménils* (*Les*).
Mesnilz-sur-Niedz. *Ménil* (Prévocourt).
Mesnis; Mesny. *Ménil* (Lunéville).
Mesperg; Mesprich. *Marimont.*
MESSEIN. Boyard. *Moselle* (*La*). *Nancy.* Pain (*Champ-du-*). *Pont-Saint-Vincent.*
Messenival. *Ménival.*
Messien; Messin. *Messein.*
Mesule (La). *Amezule* (*L'*).
MÉTAIRIES-DE-SAINT-QUIRIN (LES). *Barbête* (*La*). *Sarre* (*La*). *Sarrebourg.*
Métairies-de-Turquestein (Les). *Turquestein.*
Metensis comitatus. *Metz* (Pays de).
Metiens. *Messein.*
Metinsis pagus. *Metz* (*Pays de*).
Metlesbem pagus, indiqué par M. Desnoyers, dans sa Topographie ecclésiastique de la France, comme ayant été compris dans l'archiprêtré d'Hornbach et s'étant étendu jusque sur une partie du canton de Dieuze.
Mettezey; Metthexey-près-de-Valloy; *Mattexey.*
METTING. Anguiller (*Ruisseau d'*). *Bouquenom. Fénétrange. Hautz-Holtz. Illing. Lixheim. Sarrebourg.*
Mettingen. *Metting.*
Mettinsis pagus. *Metz* (*Pays de*).
Metzey. *Mexet.*

Metzingen. *Mulcey.*
Meudz. *Meurthe* (*La*).
MEURTHE (LA). *Amezule* (*L'*). *Axatte* (*L'*). *Béhait* (*Le*). *Bouxerupt. Chaufontaine. Clospré. Cras* (*Ruisseau de la Pointe-des-*). *Étangs. Fauchées. Fays. Frahaux. Fraimbois* (*Ruisseau de*). *Francourt. Gélacourt* (*Ruisseau de*). *Grand-Fontaine. Grand-Pré. Grands-Fins. Grenillon. Lanchey. Mazerot* (*Le*). *Moncelle* (*La*). *Mortagne* (*La*). *Moulins-de-Bouxières. Pixerécourt, Portieux* (*Ruisseaux de*). *Rhône* (*Le*). *Rouenne* (*La*). *Sanon* (*Le*). *Spada. Saint-Pierre. Saint-Thiébaut. Tomblaine* (*Ruisseau de*). *Valières. Vezouse* (*La*).
Meux. *Meurthe* (*La*).
Meuzelle. *Moselle* (*La*).
Mexy. *Mexet.*
Meyeres. *Maizières-lez-Vic.*
Mezaille; Mezelle. *Moselle* (*La*).
Mezeray. *Maizerais.*
Mezereulle; Mezerueles. *Mazerules.*
Mezier. *Maizières-lez-Vic.*
Mezule (La), 1633 (Tr. des ch. reg. B, 104, f° 73 v°). *Amezule* (*L'*).
Michel-Ménil. *Ménil-Saint-Michel.*
Micins. *Messein.*
Miderch; Miderche; Mieters. *Mittersheim.*
MIGNÉVILLE. *Blâmont. Haie-du-Château* (*La*). *Herbéviller. Ogéviller. Salm. Vic.*
Milcei; Milcey; Milcheyum. *Mulcey.*
Miliriaeus. *Millery.*
Millecey; Millecy. *Mulcey.*
Millerei; Millerey. *Millery.*
MILLERY. *Belleau. Custines. Montagno* (*Ruisseau de la*). *Moselle* (*La*). *Mousson. Nancy. Scarponais* (*Le*). *Sainte-Barbe.*
Milticha; Miltiche juxta Marsallum. *Mulcey.*
Minasellos. — Voy. *Masellos.*
Minorvilla. *Minorville.*
MINORVILLE. *Ache* (*L'*). *Dieulouard. Pont-à-Mousson. Rome* (*Ruisseau de l'Étang de*). *Royaumeix.*
Minorville-Saint-Gengoult. *Minorville.*
Minster. *Munster.*
Minulfi villa. *Minorville.*
Missieus. *Messein.*
Miterscheim. *Mittersheim.*
Mittelbron. *Mittelbronn.*
MITTELBRONN. *Petite-Pierre* (*La*). *Phalsbourg. Saverne. Thalmatt. Vieille-Route* (*La*).
Mittelbrun; Mittelbrunn. *Mittelbronn.*
Mitters. *Mittersheim.*

MITTERSHEIM. *Angviller. Brackenkopf. Fénétrange. Kalestross. Mühlgraben. Mühlweiher. Sitzesburg. Vergaville.*
Mizon. *Messein.*
Moacourt; Moaulcourt. *Monacourt.*
Modium. *Moyen.*
Moenvic. *Moyenvic.*
Moersberg. *Marimont.*
Moeurthe. *Meurthe* (*La*).
Mohoncourt. *Méhoncourt.*
Moiens. *Moyen.*
Moienvic. *Moyenvic.*
Moigniey-desous-Denuevre (Lou). *Moniet* (*Le*).
Moin. *Moyen.*
Moinces. *Moince.*
Moincia. *Monze.*
Moiniei (Lou); lou Moinier. *Moniet* (*Le*).
Moins. *Moince.*
Moinse. *Monze.*
Moins-lez-Nomeny. *Moince.*
Moirey. *Morey.*
Moiveron; Moiverons. *Moivron.*
MOIVRON. *Amance. Custines. Delme. Lumières* (*Chemin des*). *Saulnois* (*Le*). *Scarponais* (*Le*). *Vic.*
Moiweron. *Moivron.*
Molberc. *Marimont.*
Molendinum Sancti Apri. *Moulin de Saint-Epvre.*
Molesiacum; Molisiacum. *Malzey.*
Molin-soubz-grant-Bouxières. *Moulins.*
Mollenis villa; Mollonis villa; Molonis villa. *Moutrot.*
Mollering; Moloringue. *Molring.*
Mollinivilla. *Moutrot.*
Molon. *Moulon.*
Molosiacum. *Malzey.*
Molzberg. *Marimont.*
Molzeville. *Malzéville.*
Momonis curtis. *Moncourt.*
Mon. *Mont.*
Monasteriolum. *Montreuil.*
Monasterium. *Munster.*
Monceas. *Moncel-lez-Lunéville.*
Moncees. *Moncel.*
Monceiæ. *Moncel-lez-Lunéville.*
MONCEL. *Bioncourt. Sauniers* (*Canton des*). *Seille* (*La*). *Vic.*
MONCEL-LEZ-LUNÉVILLE. *Cras* (*Ruisseau de la Pointe-des-*). *Lunéville. Grande-Mondon* (*La*). *Mondon. Spada.*
Moncellæ. *Moncel-lez-Lunéville.*
Moncels; Moncel-sur-Seille; Moncels-sur-Seille. *Moncel.*

Monceps; Monees. *Moncel-lez-Lunéville.*
Monces. *Moncel.*
Moncez. *Moncel-lez-Lunéville.*
Moncio; Monçon; Monçons. *Mousson.*
Moncort. *Moncourt.*
Moncourt. *Bourdonnay. Chazeau. Haie-Sarrazin (Chemin de la). Marsal. Salines (Ruisseau des). Vic.*
Mondon. — Voy. *Ermundies.*
Mondonii nemus; Mondonum. *Mondon.*
Mondriæ. *Mandres-aux-Quatre-Tours.*
Money. *Monet.*
Monnoniscurtis. *Moncourt.*
Monoldi villa. *Manonville.*
Mononcourt. *Manoncourt-en-Vermois.*
Mons. *Mont.*
Mons. *Monze.*
Mons (Le). *Moulin-Haut* (Barbonville).
Mons acutus. *Montheu* (Le).
Monsey. *Montzey.*
Mons-lo-Vinouz. *Mont-le-Vignoble.*
Monso; Monsons. *Mousson.*
Mons Sanctæ Trinitatis. *Belchamp.*
Mons Sancti Remigii. *Saint-Remimont.*
Monsson. *Mousson.*
Monsterol. *Montreuil.*
Monstre. *Munster.*
Mons Viro; Mons Vironis. *Moivron.*
Mont. *Blainville-sur-l'Eau. Coincing. Fontaine-Saint-Aignan. Lunéville. Meurthe (La). Mortagne (La). Port. Rosières-aux-Salines.*
Montacville. *Derrière-la-Misère (Chemin de). Fort-Saint-Ignon. Haye (Terre de). Lorraine (Chemin de la). Maidières (Ruisseau de). Pierrefort. Pont-à-Mousson. Pxvenelle.*
Montayt (Le). *Montet (Le).*
Montcourt. *Moncourt.*
Mont-Didier. *Dieuze. Morts (Chemin des).*
Montegney; Monteigneiz; Monteigney; Monteini; Montengney. *Montigny.*
Mont-en-oetroy; Montenonis. *Mont-l'Étroit.*
Montenoy. *Custines. Faulx. Mauchère. Nancy.*
Montereul. *Montreux.*
Montes. *Mont.*
Montes. *Mont-le-Vignoble.*
Montes en atroie. *Mont-l'Étroit.*
Montes supra Mortanam. *Mont.*
Monteu-de-lez-Dommartin-desous-Amance; Monteux. *Montheu (Le).*
Montevironis. *Moivron.*
Monley (Le). *Montet (Le).*

Monthauville. *Montauville.*
Monthegney; Monthegny. *Montigny.*
Monthenoy. *Montenoy.*
Monthignons (Les). *Montignons (Les).*
Monthonville; Monthoville. *Montauville.*
Montiacum. *Mousson.*
Montigney; Montigneyum. *Montigny.*
Montigny. *Baccarat. Blâmont. Blette (La). Couvay (Ruisseau de). Ogéviller. Petite-Fontenelle. Salm. Vic.*
Montiniacum. *Montigny.*
Montio. *Mousson.*
Montis. *Mont.*
Montis. *Mont-le-Vignoble.*
Mont-la-Troye; Mont-Lattroye. *Mont-l'Étroit.*
Mont-l'Étroit. *Allamps. Brixey. Toul.*
Mont-le-Vignoble. *Borde (Chemin de la). Comine. Commercy. Cotani curtis (à la table). Fredoni mansus (à la table). Gondreville. Saint-Esprit (Chemin du). Toul.*
Mont-le-Vignot. *Mont-le-Vignoble.*
Montoiville preis dou Pont-à-Moussons; Montoville. *Montauville.*
Montoy (Le). *Montet (Le).*
Montreux. *Badonviller. Blâmont. Salm. Vieux-Chemin (Le).*
Monts. *Mont.*
Montson. *Mousson.*
Mont-sur-Meurthe. *Mont.*
Monuldivilla. *Lemainville.*
Monz. *Mont.*
Monzé; Monzeis; Monzey; Monzeys; Monzeyum. *Montzey.*
Monzuns. *Mousson.*
Mooncort. *Méhoncourt.*
Morainviller; Moranville. *Moranviller.*
Moreiacum; Moreium. *Morey.*
Moresperch; Morespert. *Marimont.*
Morey. *Belleau. Justice (Chemin de la). Montagne (Ruisseau de la). Mousson. Natagne (La). Toul.*
Morhangia. *Morhange.*
Moricurtis. *Burthecourt* (Vic).
Morigneiwevre. *Voivre (La)* (Glonville).
Morillunmasnil. *Hériménil.*
Moringneweivre. *Voivre (La)* (Glonville).
Morini villa; Morinivillare. *Moriviller.*
Morisevilla. *Malzéville.*
Moriviller. *Brouillot (Le). Chaumontois (Le). Cour-des-Seigneurs (La). Deneuvre. Gerbéviller. Grand-Rupt (Le). Lunéville.*
Morlin. *Molring.*

Morlinga. *Morhange.*
Morlingen. *Molring.*
Mornuer (Lou); Mornuet. *Moniet (Le).*
Morpach; Morpas; Morpech. *Marimont.*
Morrey. *Morey.*
Morspait; Morsperch; Morsprich; Morssperg. *Marimont.*
Mort fluvius; Morta. *Meurthe (La).*
Mortagne (La). *Badal. Emblevette (L'). Falemzey. Fauchier. Moranviller.*
Mortagne-sur-Meurthe; Mortaine. *Mortagne.*
Mortana; Mortane. *Mortagne (La).*
Mortane; Mortanne. *Mortagne.*
Mortanne. *Mortagne (La).*
Mortasme. *Mortagne.*
Mortasne. *Mortagne (La).*
Mortau (La); Mortawe. *Mortauwe.*
Mortenna. *Mortagne (La).*
Mortenna; Mortenne. *Mortagne.*
Mortensis fluvius. *Meurthe (La).*
Mortesna fluvius; Mortesne. *Mortagne (La).*
Morthaigne; Morthaingne. *Mortagne.*
Mortheau (La). *Mortauwe.*
Mortisna comitatus. *Mortagne (Comté de).*
Mortua villa. *Morville-lez-Vic.*
Mortus fluvius; Mortuus fluvius. *Meurthe (La).*
Morvillate-sur-Seille; Morville-au-Saulnois. *Morville-sur-Seille.*
Morville-de-Gorze; Morville-lès-Château-Salins; Morville-lès-Metz. *Morville-lez-Vic.*
Morville-lez-Vic. *Château-Salins. Dameloo. Delme.*
Morville-sur-Nied. *Dideleau. Fontaine-de-Fer. Grand-Étang (Ruisseau du).*
Morville-sur-Seille. *Amance. Fourchauvine. Nomeny. Pont-à-Mousson. Roche de Morville (La). Saulnois (Le). Saint-Arnou. Saint-Gorgon. Vic.*
Morwey (Alodium de), 1152 (ch. de l'abb. de Belchamp). Ce franc-alleu appartenait à cette abbaye, après avoir été au prieuré de Beaulieu.
Moseille; Mosella. *Moselle (La).*
Mosellas. — Voy. *Masellos.*
Moselle (La). *Ache (L'), Ar (L'). Bouvades (Les). Champey, Crévéchamps (Ruisseaux de). Euron (L'). Ferrières (Ruisseau de). Ingressin (L'). Mad (Le). Madon (Le). Maidières (Ruisseau de). Mauchère. Meurthe (La). Moulon. Narbonne. Natagne (La). Nied (La). Pagny (Ruisseau de). Préau-Bois. Presle. Queue-de-Mont (La).*

TABLE DES FORMES ANCIENNES.

Rochotte. Sainte-Anne. Sarre (La).
Seille (La). Trey (Le). Terrouin (Le).
Mosilensis pagus; Moslensis pagus; Moslingis et Moslinsis ducatus. Metz (Pays de).
Mosse. Monze.
Mostereul; Mosterieul; Mosteriolum; Mosterol; Mosteruel; Mosteruol; Mostureul; Mosturuel. Montreuil.
MOUACOURT. Bénaménil. Chapelle-Saint-Laurent (Chemin de la). Chaumoulin. Einville. Lunéville. Marsal. Parroy (Forêt de). Sanon (Le).
MOULINS. Amance. Cimetière des Pestiférés. Port.
Moullon. Moulon.
Mourey; Mourey-on-vault-Sainte-Marie. Morey.
Mouriviller. Moriviller.
Mourtanne; Mourtenne. Mortagne.
Mouselle. Moselle (La).
Mousin. Bernécourt.
MOUSSEY. Chavon. Fontaine-du-Renard (Ruisseau de la). Grand-Pré (Ruisseau du). Hembourg. Réchicourt-le-Château. Sarrebourg. Saint-Blaise. Vic.
MOUSSON. Cimetière des Juifs. Forré (Chemin). Pont-à-Mousson. Saint-Piant.
Moussons. Mousson.
Mousterot (Le). Moutrot.
Mousteruelx. Montreux.
Moute (La). Mothe (La).
Mouterot (Le); le Moutrot. Moutrot.
MOUTROT. Bicqueley. Colombey. Gondreville. Poisson (Le). Sarrasinière (La). Tombe (Chemin de la). Toul. Trou de Diane. Vézelise.
Moutroy (Le). Moutrot.
Mouvaucourt. Mouacourt.
Mouveron. Moivron.
Mouzelle. Moselle (La).
Mouzey. Moussey.
Moyan. Moyen.
MOYEN. Azerailles. Deneuvre. Fauchier (Ruisseau du). Gerbéviller. Hubert (Fontaine). Mortagne (La). Piroué (Fontaine). Putaigne. Quiquengrogne. Tournefosse (Fontaine). Vic.
Moyens nemus. Moyenbois.
Moyenvi. Moyenvic.
MOYENVIC. Allemagnes (Sentier des). Châtry (Le). Corrupt. Croix (Chemin de la). Ermites (Chemin du Haut-des-). Lunéville. Mont-Saint-Jean. Moulin-des-Champs (Ruisseau du). Neuvic. Ommerey (Ruisseau d'). Port. Saint-Martin (Chemin du Ban-).

Saint-Piant. Sauvages (Sentier des). Seille (La). Vic.
Moyenvy. Moyenvic.
Moyeuveron. Moivron.
Moyn. Moyen.
Moynier (Le). Moniet (Le).
Moyns nemus. Moyenbois.
Moyveron. Moivron.
Mozella. Moselle (La).
Muert. Meurthe (La).
MULCEY. Calvaire (Chemin du). Corvées (Chemin des). Dieuze. Marsal. Seille (La).
Mundane; Munduni. Mondon.
MUNSTER. Albestroff. Fénétrange. Morhange. Rhodes (Ruisseau de). Roderban. Roses (Ruisseau des).
Munsteriolum. Montreux.
Munstre. Munster.
Mur. Meurthe (La).
Murinviler. Marainviller.
Murinvilla. Moranviller.
Murivillaris; Muriviller. Moriviller.
Murt; Murta flumen; Murth; Murtha; Murthe; Murtis. Meurthe (La).
Murvilleir; Murviller. Merviller.
Musalla; Musella; Muselle. Moselle (La).
Muslensis, Muslinsis pagus. Metz (Pays de).
Mussey. Ménagerie (La).
Mussiponti; Mussipontum. Pont-à-Mousson.
Muterchingen. Mittersheim.
Muterchingen prope Friburg. Métrequin.
Muusseys. Moussey.
Muzalo; Muzelle. Moselle (La).
Mygnières. Magnières.
Myttersheim. Mittersheim.

N

Nabecorre; Nabecourt. Nabécor.
Nancei; Nanceiacum; Nanceiatum; Nanceium; Nancey; Nanceyacum; Nanceyum; Nanciacum. Nancy.
NANCY. Bordes (Les). Bourguignons (Chemin des). Butte (La). Cliancourt. Côte-des-Chanoines. Haye (Forêt de). Madeleine (La). Meurthe (La). Mon-Désert. Pâquis (Le). Port. Rouge-Eau (Ruisseau de la). Saint-Dizier. Saint-Thiébaut. Venise. Vieille-Nancy (La).
Nantiacum. Nancy.
Nanziville. Nanzéville.
Narbonne (Estang). Arbonne.

Nébanges. Nébing.
NÉBING. Bassing. Dieuze. Marimont. Morhange. Roses (Ruisseau des). Vieilles-Vignes (Chemin des).
Nebingen. Nébing.
Neda. Nied (La).
Nerbonne. Arbonne.
Neuf-Chaire; Neufcherre. Neufchère.
Neuflotte; la Neuflotte. Neuvelotte (La).
Neufmaison. Neuf-Maisons.
NEUF-MAISONS. Baccarat. Badonviller. Blâmont. Capitaine (Chemin du). Forge-Évrard (La). Petite-Verdurette (La). Reclos (Le). Vacqueville. Vic. Vieille-Église (La).
NEUF-MOULINS. Lorquin. Sarrebourg. Vic. Vieille-Route (La).
Neufvechère. Neufchère.
Neufve-Grainge (La). Grange (La) (Rosières-aux-Salines).
Neufves-Maisons (Les). Neuves-Maisons (Les).
Neufveville (La). Neuveville-devant-Nancy (La).
Neufveville (La). Neuveville-en-Saulnois (La).
Neufveville-au-Bois (La). Neuveville-aux-Bois (La).
Neufveville-devant-Deismes (La). Neuveville-en-Saulnois (La).
Neufveville-devant-Nancy (La). Neuveville-devant-Nancy (La).
Neufveville-on-Bois (La). Neuveville-aux-Bois (La).
Neufvevillette-desoubz-Amance (La). Neuvelotte (La).
NEUF-VILLAGE. Albe (L'). Albestroff. Altroff. Dieuze.
Neuf-Village (Le). Neuf-Village.
Neuf-Village (Le). Vilsberg.
Neufville. Neuveville-aux-Bois (La).
Neufville (La). Neuveville-devant-Bayon (La).
Neufville-au-Bois (La); la Neufville-aux-Bois. Neuveville-aux-Bois (La).
Neufville-devant-Foug (La). Neuveville-derrière-Foug (La).
Neufville-devant-Lorquin (La). Neuveville-lez-Lorquin (La).
Neufville-devant-Ormes (La). Neuveville-devant-Bayon (La).
Neufville-on-Bois (La). Neuveville-aux-Bois (La).
Neufviller. Neuwiller-lez-Badonviller.
Neufviller; Neufvillers. Neuwiller-sur-Moselle.
Neufvillette (La). Neuvelotte (La).
Neumoulin. Neuf-Moulins.

Neuve-Grange (La). *Grange (La)* (Rosières-aux-Salines).

Neuvellette (La); Neuvelotte. *Neuvelotte (La)*.

NEUVELOTTE (LA). Amance. Bourguignons (*Chemin des*). Bréhatte (*La*). Champenoux. Folie (*La*). Nancy. Port. Vieux-Chemin (*Le*).

Neuve-Maison-sous-Amance (La). *Neuve-Maison (La)*.

Neuve-Mallegrange (La). *Malgranges* (*Les Petites-*).

Neuve-Récourt (La). *Récourt (Les)*.

NEUVES-MAISONS. Justice (*Chemin de la*). Moselle (*La*). Nancy. Presle.

Neuve-Solrup (La). *Saulrupt (Le)*.

NEUVEVILLE-AUX-BOIS (LA). Amis (*Ruisseau des*). Bénaménil. Jaulendez. Lunéville. Marsal. Parroy (*Forêt de*). Saint-Gorgon. Saint-Nicolas (*Ruisseau de*). Zoyart.

NEUVEVILLE-DERRIÈRE-FOUG (LA). Commercy. Foug. Lucey. Mandeguerre (*Chemin de*). Terrouin (*Le*). Vieux-Chemin (*Le*).

NEUVEVILLE-DEVANT-BAYON (LA). Nancy. Neuviller-sur-Moselle. Outre-Moselle. Vézelise.

NEUVEVILLE-DEVANT-NANCY (LA). Arentières. Cour (*La*). Dalez. Frahaux (*Le*). Madeleine (*La*). Meurthe (*La*). Nancy. Port. Saint-Nicolas.

NEUVEVILLE-EN-SAULNOIS (LA). Bourguignon (*Chemin du Champ-*). Delme. Fontaine-aux-Fées (*Chemin de la*). Saulnois (*Le*). Vic.

Neuveville-lès-Bayon (La); la Neuveville-lès-Ormes. *Neuveville-devant-Bayon (La)*.

NEUVEVILLE-LEZ-LORQUIN (LA). Cambrecholz. Corvée (*Chemin de la Haute-*). Lhor (*Ruisseau de*). Lorquin. Réchicourt-le-Château. Sarre (*La*). Sarrebourg. Torchamp. Vic.

Neuveville-lès-Saint-Nicolas (La). *Neuveville-devant-Nancy (La)*.

Neuville (La). *Neuveville-derrière-Foug (La)*.

Neuville (La). *Neuveville-devant-Nancy (La)*.

Neuville (La). *Neuveville-en-Saulnois (La)*.

Neuville-au-Bois (La). *Neuveville-aux-Bois (La)*.

Neuville-devant-Bayon (La). *Neuveville-devant-Bayon (La)*.

Neuville-devant-Nancy (La). *Neuveville-devant-Nancy (La)*.

Neuville-lès-Bayon (La). *Neuveville-devant-Bayon (La)*.

Neuville-lès-Lorquin (La). *Neuveville-lez-Lorquin (La)*.

Neuviller-ban-le-Moine. *Neuviller-lez-Badonviller*.

NEUVILLER-LEZ-BADONVILLER. Badonviller. Blâmont. Lunéville. Salm. Sarrebourg. Sainte-Marguerite. Vic.

NEUVILLER-SUR-MOSELLE. Collectivus rivulus (à la table). Corvée-la-Dame (*Chemin de la*). Flavigny. Héronnière (*La*). Justices (*Chemin des*). Nancy. Outre-Moselle. Roceni curtis (à la table). Rosières-aux-Salines. Saintois (*Le*). Vézelise. Vieux-Chemin (*Le*).

Nevia villa. *Neuveville-derrière-Foug (La)*.

Newille (La). *Neuveville-devant-Nancy (La)*.

Nida. *Nied (La)*.

Nidengen. *Nitting*.

Niderhau. *Niderhoff*.

NIDERHOFF. Lhor (*Ruisseau de*). Lorquin. Pâquis (*Le*). Sarre (*La*). Sarrebourg. Torchamp. Vic.

Niderhovum. *Niderhoff*.

Niderlinde. *Lindre-Basse*.

Nidersteinselle. *Niderstinzel*.

NIDERSTINZEL. Berthelming. Bouquenom. Brackenkopf. Fénétrange. Géroldzeck. Lang-Weiher. Nieder-Géroldzeck. Stinzel.

Nidersweiller. *Niderviller*.

NIDERVILLER. Oberweiler. Otterbach (*L'*). Sarrebourg.

Nidrehoff; Nidrehove; Nidrehowe. *Niderhoff*.

NIED (LA). Aine (*L'*). Calvelin. Frémery (*Ruisseau de*). Gas. Grand-Étang. Lucy (*Ruisseau de*). Rotte (*La*).

Niederwilre. *Niderviller*.

Nied romande. *Nied-Française (La)*.

Nietting. *Nitting*.

Niguiemons. *Montaigu*.

Nios. *Nied*.

Nita fluvius. *Nied (La)*.

Nitachova; Nitensis pagus. *Nied (Pays arrosé par la)*.

NITTING. Lixheim. Lorquin. Plaine (*La*). Saarecke. Sarre (*La*). Sarrebourg. Vieille-Église (*Chemin de la*). Voyer (*Ruisseau de*).

Nodulfum. *Neuvelotte (La)*.

Noeroi. *Norroy*.

Noeroie. *Norroy (les Ménils)*.

Noeroy. *Norroy*.

Nœuf-Moulin (Le). *Neuf-Moulins*.

Nœuveville-devant-Ormes (La). *Neuveville-devant-Bayon (La)*.

Noewroy. *Norroy (les Ménils)*.

Nogaredum. *Norroy*.

Nohegenæ; Nohegnèy; Nohenneis; Nohennes; Nohenneum; Nohigny; Nohigny-lès-Badonviller; Nohonies. *Nonhigny*.

Noiereyum. *Norroy*.

Nolferes (Alodium de), 1157 (ch. de l'abb. de Belchamp). Cet alleu, à l'abbaye de Belchamp, était situé près de Marainviller.

Nomeneium; Nomenium. *Nomeny*.

NOMENY. Brionne. Cour (*La*). Enfer (*Le Petit-*). Florimont. Maladrie (*Champ-de-la-*). Malleloy (*Ruisseau de*). Malnoy. Moince. Rappe (*La*). Ressaincourt. Seille (*La*). Robert. Rouxey (à la table). Saunard (*Chemin*). Saint-Michel. Vieux-Moulin (*Chemin du*).

Nominey; Nominoyum, Nominy; Nommeney; Nommeni; Nommeny; Nomminy. *Nomeny*.

Noncourt (Le). *Lenoncourt*.

Nonbegney; Nonhigney. *Nonhigny*.

NONHIGNY. Cirey. Haut-de-la-Tour. Lunéville. Montreux (*Ruisseau de*). Salm. Vacon (*Le*). Vilvaucourt (*Chemin de*). Vivalcourt.

NORROY. Carrières (*Chemin des*). Croix-l'Ermite (*Chemin de la*). Enfer (*Chemin de l'*). Espagnols (*Chemin des*). Pont-à-Mousson. Prény. Rougeotte (*Le Jardin-*). Villers-sous-Prény.

Norroy-devant-le-Pont. *Norroy*.

Northbrancurt in comitatu Mortisma, 966 (ch. de l'abb. de Vergaville). Lieu indiqué dans le titre de fondation de cette abbaye, comme situé au comté de Mortagne.

Nostre-Dame-de-Alleranges. *Arlange*.

Nostre-Dame-de-Longwey. *Sainte-Marguerite*.

Notre-Dame-d'Aviot. *Aviots (Les)*.

Notre-Dame-de-la-Outre. *Deuxville*.

Notre-Dame-de-la-Victoire ou des Rois. *Bon-Secours*.

Notre-Dame-de-Loingwey, de Longwoé. *Sainte-Marguerite*.

Notre-Dame-de-Montfort. *Montfort*.

Notre-Dame-du-Mont-Aigu. *Montaigu*.

Nouretum; Nouroi; Nouroy. *Norroy*.

Nouroy. *Norroy (les Ménils)*.

Nourroy. *Norroy*.

Nouvel lieu. *Nouveau-Lieu (Le)* (Rosières-aux-Salines).

Nouveroy. *Norroy.*
Nouviant; Nouviant-en-prei; Nouvoiant. *Noviant-aux-Prés.*
Nouweroit. *Norroy* (les Ménils).
Novavilla. *Neuveville-derrière-Foug*(*La*).
Novavilla ante Nanceyum. *Neuveville-devant-Nancy* (*La*).
Nova Villa ante Vivaria. *Neuveville-en-Saulnois* (*La*).
Novavilla in Bosco; Novavilla in Busco; Novavilla in Nemore. *Neuveville-aux-Bois* (*La*).
Nova Villa juxta Nanceium. *Neuveville-devant-Nancy* (*La*).
Nova Villa juxta Ulmos. *Neuveville-devant-Bayon* (*La*).
Noveil-Leu (Lou). *Nouveau-Lieu* (*Le*) (Rosières-aux-Salines).
Noveroy. *Norroy.*
Noviant-aux-Prés. Bernécourt. Dioulouard. Marchands (Chemin des). Mine (Chemin de la). Pont-à-Mousson.
Novidens. *Noviant-aux-Prés.*
Novileir; Noviler; Novillare; Novivillare. *Neuviller-sur-Moselle.*
Novoiant en Hey. *Noviant-aux-Prés.*
Novo Vico. *Neuvic.*
Novoviler; Novovillare. *Neuviller-sur-Moselle.*
Novovillare. *Neuveville-aux-Bois* (*La*).
Novumcastrum. *Neufchâteau.*
Novumvillare. *Neuviller-lez-Badonviller.*
Novum Villare; Novum Villarium. *Neuviller-sur-Moselle.*
Novus Locus. *Nouveau-Lieu* (*Le*) (Rosières-aux-Salines).
Nowarai; Noweroit-de-les-Prigney; Noweroy. *Norroy.*
Noweroy; Noweroy ad Magnis. *Norroy* (les Ménils).
Nubinguen. *Nébing.*
Nuefveilleir. *Neuviller-lez-Badonviller.*
Nuefveville (La). *Neuveville-devant-Bayon* (*La*).
Nuefveville-davant-Nancey (La). *Neuveville-devant-Nancy* (*La*).
Nuefviller. *Neuviller-sur-Moselle.*
Nueves-Mauson (Les). *Neuves-Maisons* (*Les*).
Nueveville (La). *Neuveville-devant-Bayon* (*La*).
Nueveville-à-Pont (La). *Pont-Saint-Vincent.*
Nueveville-au-Pont (La). *Pont-à-Mousson.*
Nueveville-devant-Nancy (La). *Neuveville-devant-Nancy* (*La*).

Nueveville-devant-Ourmes (La). *Neuveville-devant-Bayon* (*La*).
Nueveville-on-Boix (La). *Neuveville-aux-Bois* (*La*).
Nuevileir; Nuevillor. *Neuviller-sur-Moselle.*
Numeniaca villa; Numeniacum; Numiniacum. *Nomeny.*
Nunkirched; Nunkirchen. *Hunskirich.*
Nuthin; Nutting. *Nitting.*
Nuweroit. *Norroy.*
Nyderlinde. *Lindre-Basse.*
Nyderwilre; Nydter-Wuelles. *Niderviller.*
Nyedz. *Nied.*

O

Oberlinde. *Lindre-Haute.*
Obermule. *Obermühl.*
Obersteinsel; Obersteinselle; Oberstensil; Obersteynsel. *Oberstinzel.*
Oberstinzel. *Enfer* (*Le Petit-*). *Lixheim. Nachveit. Saarecke. Sarrebourg.*
Oblesei; Obleseis; Oblisei; Obliseis, Obliseum; Oblisiacum; Oblizey; Obloseis. *Olzey.*
Obrech. *Obreck.*
Obreck. *Canal-de-la-Flotte*(*Ruisseau du*). *Cors* (*Les*). *Haboudange. Petite-Seille* (*La*). *Rosière* (*Chemin de la*). *Vic.*
Obrecken; Obrich; Obriekes. *Obreck.*
Obrinca. *Moselle* (*La*).
Ochey. *Bicqueley. Chantcheu. Gondreville. Haut-de-la-Croix* (*Le*). *Toul. Vézelise.*
Ocheyum; Ochier. *Ochey.*
Ociaca villa. *Housséville.*
Octemont; Octomontes. *Eulmont.*
Odanivilla; Odeuvilla. *Einville.*
Oemunt. *Eulmont.*
Offonis villa. *Fenneviller.*
Offracourt; Offraucourt; Offroicourt. *Affracourt.*
Ogeriivillare; Ogovillare. *Ogéviller.*
Ogéviller. *Blâmont. Hôpital* (*Chemin de l'*). *Lunéville. Saint-Fiacre. Verdurette* (*La*). *Vieux-Chemin* (*Le*).
Ogiervilleir; Ogierviller; Ogieviler; Ogievillare; Ogievilleir; Ogieviller; Ogievillers. *Ogéviller.*
Ognéville. *Porchapts* (*Les*). *Salprey. Tarpe* (*La*). *Vaudémont. Vézelise.*
Oheiville; Oheville; Ohiville. *Hoëville.*
Oigneville. *Ognéville.*
Oilezeis. *Olzey.*
Olaiprato (Crucis de), 1168-1193 (ch.

de l'abb. de Clairlieu). Cette croix était dans le voisinage de l'abbaye.
Olchey; Olchiez. *Ochey.*
Olizey; Olleses; Ollezeis; *Olzey.*
Omelmont. *Brénon* (*Le*). *Tantonville. Vaudémont. Vermillière* (*La*). *Vézelise.*
Omemont. *Omelmont.*
Omeray; Omeris. *Ommerey.*
Omertingen. *Hommarting.*
Ommeray. *Bourdonnay* (*Ruisseau de*). *Mantoncourt. Marsal. Salines* (*Ruisseau des*). *Vic.*
Ommercis. *Ommerey.*
Ongnevilla; Ongneville. *Ognéville.*
Oriaucourt; Oricourt; Oriencourt. *Oriocourt.*
Oriocourt. *Delme. Étang* (*Ruisseau de l'*). *Vic. Viviers.*
Orioucourt. *Oriocourt.*
Ormanges. *Ormange.*
Ormes. *Bayon. Folie* (*La*). *Gradvanel. Grange* (*Ruisseau du Bas-de-la-*). *Haroué. Madon* (*Le*). *Maladie* (*La*). *Nancy. Notre-Dame-de-la-Conception. Or* (*Chapelle d'*). *Saintois* (*Le*). *Sainte-Catherine. Vézelise. Voivre* (*Bois de la*).
Ormes-sur-Madon. *Ormes.*
Oron. *Bergerie* (*La*). *Château-Salins. Écluse* (*Ruisseau de l'*). *Haboudange. Morville-sur-Nied. Pont-à-Mousson. Vic.*
Orsaville. *Housséville.*
Orvilare. *Hurville.*
Oscadæ; Oscadum; Oscher; Oschers; Oschier; Oschir. *Ochey.*
Oudanges. *Haboudange.*
Ougeviller; Ougiervilleir. *Ogéviller.*
Oulese; Oulesci. *Olzey.*
Oulmes. *Ormes.*
Oultre-Mezelle. *Outre-Moselle* (*Prévôté d'*).
Ourches. *Cercueil.*
Ourmes. *Ormes.*
Oyenvilla. *Einville.*
Oygiewiller. *Ogéviller.*

P

Pacé; Paceium. *Val-de-Passey.*
Pagney-derrière-Barine. *Commercy. Foug. Grands-Prés* (*Ruisseau des*). *Longeau. Lucey. Pantau* (*Le*). *Question* (*Sentier de la*). *Saint-Antoine.*
Pagny-soubz-Prény. *Pagny-sur-Moselle.*
Pagny-sous-Barine. *Pagney-derrière-Barine.*

PAGNY-SUR-MOSELLE. *Corcole. Grand-Maison* (*La*). *Moineville. Moulon. Pont-à-Mousson. Prény. Rogations* (*Sentier des*). *Saint-Gorgon. Serre.*
Paignei; Paigney. *Pagny-sur-Moselle.*
Palru; Palrux. *Parux.*
Pangney. *Pagney-derrière-Barine.*
PANNES. *Corvée* (*Chemin de la*). *Gorze. Lorraine* (*Chemin de la*). *Madin* (*Le*). *Scarponais* (*Le*). *Thiaucourt.*
Parcid-Saint-César; Parel; Parel-Saint-Césaire; Parel-Saint-Césare; Parel-Saint-Cezar; Parel-Saint-Sezare; Parel-Sainct-Césare. *Parey-Saint-Césaire.*
Parelz. *Parux.*
Pares; Parey-la-Montagne; Parey-Sainct-César; Parey-Sainct-Cezaire; Parey-Sainct-Sezaire. *Parey-Saint-Césaire.*
PAREY-SAINT-CÉSAIRE. *Athenay* (*L'*). *Dame* (*Chemin de la*). *Émine* (*L'*). *Nancy. Pré des Trépassés* (*Le*). *Pulligny. Vaudémont. Vézelise. Vieux-Chemin* (*Le*).
Pargnei. *Pagney-derrière-Barine.*
Pargnei-dessous-Prignei. *Pagny-sur-Moselle.*
Pargneium; Pargneium juxta Tullum; Pargney-derrière-Barine. *Pagney-derrière-Barine.*
Pargney. *Pagny-sur-Moselle.*
Pargneyum. *Pagney-derrière-Barine.*
Pargneyum subtus Parneyum; Pargny. *Pagny-sur-Moselle.*
Parneia; Parneium. *Pagney-derrière-Barine.*
Parney. *Pagny-sur-Moselle.*
Parney; Parneyum. *Prény.*
Paroyes; Parradium; Parreia; Parreya; Parroia; Parroie; Parroies. *Parroy.*
PARROY. *Anges* (*Ruisseau des*). *Brasseur* (*Le*). *Chaumoulin. Court* (*La*). *Croix-Saint-Nicolas* (*Chemin de la*). *Einville. Frouard* (*Ruisseau de*). *Grande-Goutte* (*La*). *Grave. Haut-Château* (*Le*). *Jaulondez. Lunéville. Marsal. Pré-sous-le-Rupt* (*Ruisseau du*). *Richacourt. Rozat* (*Le*). *Sanon* (*Le*). *Saint-Nicolas* (*Ruisseau de*). *Vicaire* (*Ruisseau du*). *Zoyart* (*Le*).
Parroya; Parroye; Parroyes; Parroys. *Parroy.*
Parru; Paru. *Parux.*
PARUX. *Blâmont. Cirey. Lunéville. Salm. Vacon* (*Le*).

Parux-la-Basse et Parux-la-Haute. *Parux.*
Parva Bisangia. *Bezange-la-Petite.*
Passeyum. *Val-de-Passey.*
Paterniacum. *Pagny-sur-Moselle.*
Paterniacum; Paugneyum; Pauniacum. *Pagney-derrière-Barine.*
Pecincurtis. *Pessincourt.*
Penal (Le). *Jéricho.*
Penna; Pennes. *Pannes.*
Perchericurt. *Pixerécourt.*
Perny. *Prény.*
Perroya; Perroie; Perroye; Perroyes. *Parroy.*
Persomme; Personne; Personnes; Perxonne. *Pexonne.*
Pessaincourt; Pessincourt-devant-Einville. *Pessincourt.*
Petaigne; Peteigne; Pethaigne. *Bétaigne.*
Pethigney; Petigneit. *Puttigny.*
Petit-Bailly (Le). *Bailly* (*Le*).
Petite-Bleinville. *Bienville-la-Petite.*
Petite-Foug (La). *Neuveville-derrière-Foug* (*La*).
Petite-Lindre (La). *Lindre-Haute.*
Petite-Rechiecourt (La). *Réchicourt-la-Petite.*
Petite-Récourt (La). *Récourt* (*Les*).
Petite-Rioville (La). *Rionville.*
Petite-Saizerais (La). *Saizerais* (Portion de la commune de).
PETITE-SEILLE (LA). *Bellange* (*Ruisseau de*). *Canal-de-la-Flotte* (*Ruisseau du*). *Coutures. Dalham* (*Ruisseau de*). *Dameloo. Fontaine-à-la-Solle. Gerbécourt. Haboudange* (*Ruisseau d'*). *Petit-Bœuf* (*Le*). *Puttigny* (*Ruisseau de*). *Voissieux* (*Le*). *Riche* (*Ruisseau de*).
Petite-Varangéville (La). *Varangéville* (Portion de la commune de).
Petite-Viller (La). *Villers* (Saint-Remy aux-Bois).
Petit-Marimont. *Marimont* (Bourdonnay).
PETIT-MONT. *Blâmont. Cirey. Fontaine-du-Bon-Père. Sarrebourg. Saint-Georges. Vacon* (*Le*). *Vic.*
Petit-Saint-Epvre-devant-Pont-à-Mousson (Le). *Saint-Epvre.*
Petit-Saint-Jean (Le). *Saint-Jean-Pierrefort.*
Petit-Vezen (Le). *Petit-Vezin* (*Le*).
Petra. *Pierre.*
Petra fortis. *Pierrefort.*
Petra perceia; Petra pertusata. *Pierre-Percée.*
Petraria (Nemus de), 1343 (ch. de

l'abb. de Clairlieu). Canton de la forêt de Haye, dans le voisinage de l'abbaye de Clairlieu.
Petravilla; Petrevilla. *Pierreville.*
Petri Scamnum. *Pexonne.*
PETTONCOURT. *Ban-Saint-Pierre. Bioncourt. Blanche-Fontaine. Moncel* (*Ruisseau de*). *Seille* (*La*). *Vic.*
PETTONVILLE. *Ban-de-la-Rivière. Lunéville. Ogéviller. Verdurette* (*La*).
Peulney. *Pulney.*
Peuvenelle. *Puvenelle.*
PÉVANGE. *Conthil. Dieuze. Morhange. Riche* (*Ruisseau de*).
Pevenelles. *Puvenelle.*
PEXONNE. *Allemagne* (*Chemin d'*). *Badonviller. Blâmont. Lunéville. Salm. Verdurette* (*La*).
Pfaltzbourg. *Phalsbourg.*
Pfaltzweiller. *Badonviller.*
Pfalzburg; Pfalzburgum; Phaltzbourg. *Phalsbourg.*
PHALSBOURG. *Dames* (*Chemin des*). *Dichmatt. Einartzhausen. Haspelmatt. Hesselbrounn-Graben. Keillematt. Petite-Pierre* (*La*). *Saverne. Saint-Jean. Vilsbergermühl. Zigelberg.*
Phelin. *Phlin.*
Phinstingen. *Fénétrange.*
PHLIN. *Nomeny. Pont-à-Mousson.*
Phylestanges. *Fénétrange.*
Picencurt. *Pessincourt.*
Picholtz. *Bickenholtz.*
Picincorth. *Pessincourt.*
Pickholtz. *Bickenholtz.*
Piereville. *Pierreville.*
PIERRE. Ar (L'). *Bicqueley. Blénod-lez-Toul. Champ-au-Cercueil. Évêque* (*Forêt l'*). *Moselle* (*La*). *Rochotte* (*La*). *Sainte-Reine. Toul. Treiche* (*La*).
PIERREFORT. *Gomouillon. Gravier* (*Le*).
PIERRE-PERCÉE. *Allemagne* (*Chemin d'*). *Damegaude. Élieux. Langstein. Lunéville. Salm.*
Pierre-percie; Pierrepeciée. *Pierre-Percée.*
PIERREVILLE. *Madon* (*Le*). *Nancy. Outre-Moselle. Pré Ganard* (*Le*). *Pulligny. Vézelise.*
Pigelberg. *Bücherlberg.*
Pincheracourt. *Pixerécourt.*
Pinsincor. *Pessincourt.*
Pisserécourt. *Pixerécourt.*
PIXERÉCOURT. *Ercus fluviolus* (à la table). *Famine* (*Sentier de la*). *Meurthe* (*La*). *Nancy. Pendus* (*Fontaine des*). *Villercourt.*
Plaindevalche. *Plaine-de-Valsch.*

PLAINE-DE-VALSCH. *Lixheim.*
Plaine-de-Walche. *Plaine-de-Valsch.*
Platerbech. *Molring.*
Pleindevalche. *Plaine-de-Valsch.*
Pligesendis villa, 822 (Hist. de l'abb. de Saint-Mihiel, p. 428). — Eligesendis villa, 1106 (*ibid.* p. 453). Ce lieu est mentionné dans des chartes pour le prieuré de Salone.
Pompagne; Pompain; Pompaing; Pompains; Pompang; Pompangium; Pompania villa; Pompanium; Pompaye. Pompeing. *Pompey.*
POMPEY. *Béhu* (à la table). *Dieulouard. Frouard. Moselle* (*La*). *Nancy. Paradis* (*Chemin du*). *Scarponais* (*Le*). *Silloncourt. Saint-Eucaire. Tombes* (*Champ-des-*).
Pompeyum; Pomponium. *Pompey.*
Poncel. *Poncé.*
Ponpaig; Ponpain; Ponpaing; Ponpen. *Pompey.*
Pons. *Pont-Saint-Vincent.*
Pons; Pons ad Monticulum; Pons ad Montionem; Pons Camassionis; Pons Camisionis; Pons Camisonis; Pons Mausonius; Pons Monsanus; Pons Montionis; Pons Mussonius; Pons subtus Montionem. *Pont-à-Mousson.*
Pons Sancti Vincentii. *Pont-Saint-Vincent.*
Pont (Le). *Pont-à-Mousson.*
Pont-à-Jaillons (Le). *Pont-de-Jaillon* (*Le*).
Pont-à-Monçons; Pont-à-Monssons. *Pont-à-Mousson.*
PONT-À-MOUSSON. *Ache* (*L'*). *Belrus. Châtelain* (*Étang le*). *Comte* (*Moulin le*). *Croix-Saint-Urbain* (*Chemin de la*). *Crosse* (*Chemin de la*). *Gibet* (*Chemin du*). *Lépine. Maidières* (*Ruisseau de*). *Mandeguerre. Moselle* (*La*). *Mousson. Prény. Riolle. Saint-François. Saint-Laurent-le-Vieux. Saint-Martin. Sainte-Croix-en-Rupt. Sainte-Thérèse. Thirey. Trépassés* (*Chemin des*).
Pont-à-Sainct-Vincent (Le). *Pont-Saint-Vincent.*
Pont-Camoson; Pontemontionis. *Pont-à-Mousson.*
Pontesaravi; Ponte-Sarvix. *Sarrebourg.*
Pontimussani; Ponti Mussi; Pontimussum. *Pont-à-Mousson.*
Pontinsis comitatus, vers 925 (coll. Moreau, t. VI, f° 141). Le village de Cléry est mentionné comme enclavé dans ce comté, qui est complétement inconnu.
Pont-la-Montagne. *Pont-Saint-Vincent.*
PONT-SAINT-VINCENT. *Chaligny. Hartchanoy. Madon* (*Le*). *Moselle* (*La*). *Nancy. Pain-Bénit* (*Chemin du*). *Romains* (*Route des*). *Saintois* (*Le*). *Saint-Bernard. Vieux-Chemin* (*Le*).
Pontus (Villa) sub castro Montionis. *Pont-à-Mousson.*
Porcheræ curtis. *Pixerécourt.*
Porcieux. *Portieux.*
Port; le Port; Port, alias Sainct-Nicolas; Port, dict Sainct-Nicolas. *Saint-Nicolas.*
Portense. *Portois* (*Le*).
Porteriaci curtis. *Pixerécourt.*
Portesieux; Portesseulx; Portesseux; Portessieulx; Portessieux; Portessieux-lès-Rosières-au-Sel; Porticiolum. *Portieux.*
Portiriaci curtis. *Pixerécourt.*
Portsieulx. *Portieux.*
Port-sor-Soille. *Port-sur-Seille.*
Port-sur-Meurthe. *Saint-Nicolas.*
Port-sur-Saille. *Port-sur-Seille.*
PORT-SUR-SEILLE. *Morville-sur-Seille. Nomeny. Thiébault-Pont. Vic.*
Portum ad Saliam. *Port-sur-Seille.*
Portus; Portus quod et Sanctus Nicolaus; Portus Sancti Nicholai. *Saint-Nicolas.*
Portus Sancti Vincentii. *Pont-Saint-Vincent.*
Portussuavis. *Poussay.*
Portyeraci curtis. *Pixerécourt.*
Posdorff; Postorff. *Postroff.*
POSTROFF. *Berthelming. Bouquenom. Fénétrange. Ische* (*L'*). *Ohling.*
Poulegni. *Pulligny.*
Pourtesseul - lez - Ronzière; Pourtesseulx; Pourtesuel; Pourthessieux. *Portieux.*
Praes; Praez; Praie. *Praye.*
PRAYE. *Forêt. Morts* (*Chemin des*). *Paradis* (*Chemin du*). *Saint-Pierre. Tantonville. Vaudémont. Vézelise.*
Prayos; Praye-sous-Vaudémont; Préedesoubz-Sion. *Praye.*
Préelles. *Prêle.*
Prees; Prée-soubz-Syon; Prée-sous-Sion; Preez; Preez-sous-Vaudémont; Preies. *Praye.*
Preille. *Prêle.*
Preis. *Praye.*
Preney. *Prény.*
PRÉNY. *Bourgognes* (*Sentier des*). *Court-Sainte-Glossinde. Forges* (*Chemin des*). *Homme-Mort* (*Chemin de la Haie de l'*). *Latte. Maitre-Pierre* (*Fontaine*). *Mandeguerre. Moulon. Notre-Dame-de-Pitié. Pagny-sur-Moselle. Passage* (*Chemin du Grand-*). *Pèlerins* (*Sentier des*). *Pont-à-Mousson. Scarponais* (*Le*). *Trey* (*Le*). *Vieux-Bourg* (*Sentier du*).
Prény-le-Duc. *Prény.*
Près-de-Ville; Presville. *Préville.*
PRÉVOCOURT. *Allemands* (*Chemin des*). *Château-Salins. Gas* (*Les*). *Morts* (*Chemin des*). *Morville-sur-Nied. Nied* (*La*). *Pont-à-Mousson. Sainte-Claire.*
Prévoscourt. *Prévocourt.*
Preyé. *Praye.*
Prignei; Prigney; Prinei; Priney; Priney-au-Duc; Prineyum; Pringuey; Prigny; Prisgney; Prisnay; Prisnei; Prisneium; Prisneum; Prisney. *Prény.*
Provocourt; Provocurt. *Prévocourt.*
Prugneyum; Prunidum. *Prény.*
Puecherecourt. *Pixerécourt.*
Pugnei. *Pulnoy.*
Pugneroy. *Pulnoy.*
Pugney. *Pulnoy.*
Puis. *Puxe.*
Puisieux. *Puxieux.*
Puix. *Puxe.*
Pulcravilla, 1402 (*Regestrum*). *Belléville.*
Pulgney. *Pulnoy.*
Pulgneyum; Puligney; Puligneyum; Pullegney; Pullegneyum. *Pulligny.*
Pullegnois. *Pulnoy.*
Pullegny. *Pulligny.*
Pullenetum; Pullenois; Pullenoy. *Pulnoy.*
Pullignei; Pulligney. *Pulligny.*
PULLIGNY. *Dame-Marguerite. Flavigny. Madon* (*Le*). *Nancy. Outre-Moselle. Paspagard. Reuvry. Ruvry. Saintois* (*Le*). *Savignon. Saint-Val. Vézelise.*
PULNEY. *Fontaine de l'Ermite* (*La*). *Justice* (*Chemin de la Vieille-*). *Saintois* (*Le*). *Trépassés* (*Les*). *Vandeléville. Vaudémont. Vézelise.*
PULNOY. *Champenoux. Grenillon. Nancy.*
Punerot; Puneroy. *Pulnoy.*
Purcherei curtis. *Pixerécourt.*
Purgnercyum. *Pulnoy.*
Puris. *Puxe.*
Purnei; Purnelz. *Pulnoy.*
Purnelz; Purneriaca villa; Purneroy. *Pulnoy.*
Purnes; Purnez. *Pulnoy.*
Purs. *Puxe.*
Purymont (Lou rui de), près de Châ-

tillon, 1352 (Tr. des ch. l. Blâmont I, n° 111).
Pusieux. *Puzieux.*
Putci. *Puxe.*
Puteny; Puthegney; Puthegny; Puthigney. *Puttigny.*
PUTTIGNY. Amance. *Château-Salins. Couvent-des-Moines* (Le). *Haboudange. Longs-Prés* (Ruisseau des).*Onze-Mille-Vierges* (Chapelle des). *Petite-Seille* (La).*Vertignécourt.Vieille-Église* (La).
Putz. *Puxe.*
PUXE. *Saintois* (Le). *Six-Maisons* (Les).
Puxe-en-Saintois. *Puxe.*
Puxieux; Puzeuz. *Puzieux.*
PUZIEUX. Delme. *Étang* (Ruisseau de l'). *Nomeny. Notre-Dame-de-Puzieux. Vic.*

Q

Queutefève. *Cuite-Fève.*
QUEVILLONCOURT. *Tantonville. Tuilotte* (Ruisseau de la).*Vaudémont. Vézelise.*
Quoyviller. *Coiviller.*

R

Racolingias. *Récling.*
Racuriacum. *Raucourt.*
Radaldi villa. *Raville.*
Radenei. *Reding.*
Radonis villa. *Raville.*
Ragimberciaca villa; Raginbertiaca finis; Raginberticurtis. *Rembercourt.*
Raherey; Rahery. *Réhéray.*
Rainneboix. *Rhindebois.*
Ralcourt. *Raucourt.*
Ralcourt-devant-Marsal. *Récourt* (Les).
Rambecourt-sur-May; Rambercourt-sur-Maz; Rambercourt-sur-Medz; Rambescourt-aux-Grozelles; Rambcuscourt; Rambuecuria. *Rembercourt.*
Ramei villa; Ramereivilla; Ramere villa; Ramereville. *Réméréville.*
Ranzis. *Ranzey.*
RAON-LEZ-L'EAU. *Allemagne* (Chemin d'). *Blâmont. Charaye. Châtillon* (Ruisseau de). *Chaume-de-Réquival* (Le). *Cirey. Côte-du-Moutier. Domèvre-sur-Vezouse. Donon* (Le). *Réquival.*
Rape-lez-Haudonviller (La). *Rappe* (La) (Croismare).
Rapwille. *Raville.*
Raucourt. *Récourt* (Les).
RAUCOURT. *Moince. Morville-sur-Seille.*
Nomeny. *Pompey* (Ruisseau de). *Rappe* (La).
Rausariæ; Rauseras; Rauserias. *Rosières-en-Haye.*
Ravenmühl. *Romur.*
Ravilla. *Raville.*
RAVILLE. *Bouxal. Einville. Grande-Fontaine. Lunéville. Port. Saint-Gorgon.*
Raville-sur-Sanon. *Raville.*
Ravoi (Molin de), 1245 (Tr. des ch. l. Pont fiefs I, n° 73). Ce moulin est mentionné avec Maidières et Tremblecourt.
Ravon-sur-Plaine, dit lez-l'Eau; Rawons. *Raon-lez-l'Eau.*
RÉCHICOURT-LA-PETITE. *Arracourt. Croix-de-Pierre* (La). *Grand-Moulin. Marsal. Moncel* (Ruisseau de).*Mont-Chapelle. Préle* (La). *Rozat. Vic.*
RÉCHICOURT-LE-CHÂTEAU. *Azey* (Église d'). *Haut-du-Mont* (Le). *Hembourg* (Le). *Sanon* (Le). *Sarrebourg. Vic.*
Rechiecourt; Rechiecourt-le-Chastel. *Réchicourt-le-Château.*
Reclingen. *Récling.*
RÉCLONVILLE. *Ban-de-la-Rivière. Fosses* (Chemin des). *Lunéville. Ogéviller. Verdurette* (La).
Recourts (Les). *Récourt* (Les).
RÉDING. *Alchmingen* (à la table). *Eichmatt* (L'). *Langst. Petite-Pierre* (La). *Sarrebourg.*
Redingen. *Réding.*
Reecourt; Reehecurt. *Récourt* (Les).
Regieville. *Rogéville.*
Regis curia juxta Marsallum. *Récourt* (Les).
Regisvillare. *Rehainviller.*
Régnebois. *Rhindebois.*
REGNIÉVILLE. *Haye* (Terre de). *Pierrefort. Pont-à-Mousson. Prény. Tenue* (La). *Villers-sous-Prény.*
Regniéville-en-Heys; Regnyville. *Regniéville.*
Rehainvillare. *Rehainviller.*
REHAINVILLER. *Axatte* (L'). *Fontaine-Bénite* (Chemin de la). *Lunéville. Meurthe* (La). *Port.*
Reheinvilla. *Rehainviller.*
Rehensacoldocurtis. *Réchicourt-le-Château.*
Rehenvillare; Rehenviller. *Rehainviller.*
RÉHÉRAY. *Baccarat. Deneuvre. Fosse* (Chemin de la). *Ogéviller. Verdurette* (La). *Vic.*
Réhéré; Rehereix; Rehereiz. *Réhéray.*
Reicort; Reicourt. *Récourt* (Les).
Reillion. *Reillon.*

REILLON. *Étang* (Ruisseau de l'). *Leintrey. Marsal.*
Reine (Chapelle de la). *Saint-Gibrien.*
Reintin. *Rinting.*
Relecort; Rellecurt; Relleicort; Relleicurt; Relleycort. *Relécourt.*
Rellon; Rellons; Relon. *Reillon.*
Relonville, 1559 (Tr. des ch. reg. B. 7951). *Lironville.*
REMBERCOURT. *Mad* (Le). *Prény. Rupt* (Le). *Scarponais* (Le). *Thiaucourt. Voivre* (La).
Rembercourt-sur-Matz; Rembuecourt. *Rembercourt.*
Remcorth; Remecourt; Remeicourt. *Remicourt.*
RÉMÉNAUVILLE. *Gondreville. Haye* (Terre de). *Pierrefort. Pont-à-Mousson. Prény. Puits* (Le). *Thiaucourt.*
Réménauville-en-Heys. *Réménauville.*
Réménauville-lès-Gerbéviller; Remenonville. *Rémenoville.*
Remenonville. *Réménauville.*
Remenonvilla; Remenovilla. *Rémenoville.*
Remenovilla. *Réménauville.*
RÉMENOVILLE. *Chartons* (Chemin des). *Deneuvre. Gerbéviller. Lunéville. Moranviller.*
Réménoville. *Remonville.*
Remercivilla; Remerevilla. *Reméréville.*
RÉMÉRÉVILLE. *Beaufort. Champenoux. Fréhaut. Froid-Pertuis. Ourches. Port. Rosières-aux-Salines. Rouenne* (La). *Vic.*
Remeycort; Remicort; Remigii curtis. *Remicourt.*
Remoldi villa. *Rémenoville.*
Remoncort. *Remoncourt.*
REMONCOURT. *Aulnes* (Les). *Hermaménil. Leintrey. Marsal.*
Remoncourt-devant-la Garde. *Remoncourt.*
Remonouvilla. *Réménauville.*
Remuncurt. *Remoncourt.*
Remyngen. *Réning.*
Renault-la-Pie. *Renaud.*
RÉNING. *Albe* (L'). *Albestroff. Insming.*
Reningen; Rennyngen. *Réning.*
Renouamey. *Royaumeix.*
Rentingen. *Rinting.*
REPAIX. *Belmont. Dame* (Chemin de la). *Igney* (Ruisseau d'). *Marsal. Sinzey.*
Repas; Repaseum; Repay; Reppaix. *Repaix.*
Requellonville. *Réclonville.*
Rescruelle. *Rozelicures.*
Respaix. *Repaix.*

Reutingen. *Réding.*
Reycourt; Reycuria. *Récourt (Les).*
Rezeruelle. *Rozelieures.*
Rhindebois-Catoire. *Rhindebois.*
Rhodes. *Brainches. Champ - Chrétien. Croix (Chemin de Sainte-). Dieuze. Fribourg. Sarrebourg. Stock (Le). Vergaville.*
Rhorbach. *Rorbach.*
Rich. *Riche.*
Richard. *Mont-Richard.*
Richardi menillum. *Richardménil.*
Richardménil. *Flavigny. Moselle (La). Nancy. Pont-Saint-Vincent. Port.*
Richardménil. *Saint-Joseph.*
Richardmenillum; Richardmeny; Richardmesnil; Richarmesnil. *Richardménil.*
Richarmesnil. *Turique.*
Richarmėnil; Richartmainil; Richartmesnil. *Richardménil.*
Riche. *Conthil. Dieuze. Égyptiens (Chemin des). Petite-Seille (La).*
Richecort. *Réchicourt-le-Château.*
Richeicourt. *Réchicourt-la-Petite.*
Richercort. *Réchicourt-le-Château.*
Richeval. *Cordonniers (Sentier des). Gogney (Ruisseau de). Haie-Vauhier. Réchicourt-le-Château. Sarrebourg. Saint-Georges. Vic.*
Richeyrcort; Richicort. *Réchicourt-la-Petite.*
Richiecourt; Richircort. *Réchicourt-le-Château.*
Richiscurt. *Réchicourt-la-Petite.*
Richtz. *Riche.*
Richycourt. *Réchicourt-le-Château.*
Ricort juxta Marsallum; Ricourt; Riecort; Riecort ante Marsallum. *Récourt (Les).*
Riexingen. *Réchicourt-le-Château.*
Rigneville; Rignieville. *Regniéville.*
Rihecort juxta Marsallum. *Récourt (Les).*
Rillon. *Reillon.*
Riouville; Riovilla; Rioville. *Riouville.*
Riparia Mose; Ripparia Mose. *Rivière-de-Meuse (Doyenné de la).*
Risholtz. *Riesholz.*
Robermasnil (Terra de), 1189 (ch. de l'abb. de Beaupré).
Roceni curtis, 1127-1168 (ch. du pr. de Flavigny). Ce lieu est mentionné avec Neuviller-sur-Moselle.
Roceres. *Rosières-en-Haye.*
Rochelle (La). *Petite-Rochelle-au-Parc (La).*
Rocheringa. *Riche.*

Roche-sur-Mad. *Saint-Baussant.*
Rochete. *Rochotte (La) (Pierre).*
Rochotte-lez-Deneuvre (La). *Rochotte (La) (Deneuvre).*
Rocours (Les). *Récourt (Les).*
Rodalbe. *Albe (L'). Bois-du-Chauffeur (Ruisseau du). Conthil. Dieuze. Morhange.*
Rodalben. *Rodalbe.*
Rodaldivilla. *Raville.*
Rodlabe. *Rodalbe.*
Rogéville. *Croix (Chemin de la Grande-). Dieulouard. Pont-à-Mousson. Sauniers (Chemin des). Saint-Paul.*
Rogéville-en-Haye; Rogieville. *Rogéville.*
Rohanviler. *Rehainviller.*
Rohey. *Rohé.*
Roillon. *Reillon.*
Roinchère (La). *Ronchère (La).*
Roinxe (La). *Ronxe (La).*
Romain. *Blainville-sur-l'Eau. Morts (Chemin des). Rosières-aux-Salines. Vieux-Chemin (Le).*
Romain-lès-Méhoncourt. *Romain.*
Romans (Villa de), 822 (Hist. de l'abb. de Saint-Mihiel, p. 428). — Roncans (Villa de), 1106 (ibid. p. 453). Lieu inconnu, mentionné dans des titres concernant le prieuré de Salone.
Romaul-Moulin (Lou Moulin com dit) entre Saint-Jehan et Mairtincourt, 1315 (Tr. des ch. l. Fiefs de Nancy, n° 139). C'est probablement l'un des moulins qui dépendent de Martincourt.
Romécourt. *Fontaine-du-Renard (Ruisseau de la). Fribourg. Maison-de-l'Évêque. Niterquin. Réchicourt-le-Château. Vergaville. Vic.*
Romelfing. *Berthelming. Bouquenom. Brackenkopf. Fénétrange. Herweg, Hunweg (Chemins). Loup (Chapelle du). Nachtweit.*
Romenovilla; Romonoldi villa; Romonouvilla; Romonovilla. *Rémenoville.*
Romuicurtis. *Romécourt (Villa de).*
Romule. *Romur.*
Roncans. — Voy. *Romans (Villa de).*
Ronce (La); la Ronche. *Ronxe (La).*
Ronchelle (Maison du parc de la). *Rochelle (La).*
Ronxe (La). *Azerailles. Fauchées (Ruisseau des). Martincroix. Moyen. Saint-Clément.*
Ronzière; Ronzières. *Rosières - aux - Salines.*

Rorbach. *Angviller. Bassing. Dieuze. Marimont. Zommange (Ruisseau de).*
Rorebach. *Rorbach.*
Rosariæ. *Rosières-aux-Salines.*
Rosariæ. *Rosières-en-Haye.*
Roseilleurs; Roseillieures; Roseillieurs. *Rozelieures.*
Roseires. *Rosières-en-Haye.*
Roseolæ. *Rozelieures.*
Roseres. *Rosières-en-Haye.*
Rosercules; Roserculle; Rosereures. *Rozelieures.*
Roseriæ. *Rosières-en-Haye.*
Roseriæ; Roseria salinita. *Rosières-aux-Salines.*
Roseroifaiz (Sylva que dicitur), 1262 (ch. de l'abb. de Beaupré). Cette forêt est indiquée comme située dans le voisinage de la ferme d'Olzey.
Roserolæ; Roseruelle; Roserulæ. *Rozelieures.*
Rosières-au-Sel. *Rosières-aux-Salines.*
Rosières - aux - Salines. *Bassompierre. Belle-Croix. Ris rivulus (à la table). Bordes (Bois des). Boucotte. Brun. Corvée (Chemin de la). Croix (Moulin la). Haut-d'Armont. Henri (Moulin). Maladrie (La). Meurthe (La). Papeterie (Ruelle de la). Port. Portieux (Ruisseau de). Rhône (Le Petit-). Saint-Antoine. Saint-Paul. Saint-Sigismond. Saint-Simon. Terre-Maldite (Chemin de la). Vieille-Atrie (Chemin de la). Vieux-Cimetière (Chemin du). Vignes-le-Duc (Chemin des). Vrécourt.*
Rosières-en-Haye. *Cropello. Dieulouard. Jaillon. Pierrefort. Pont-à-Mousson. Scarponais (Le). Saint-Nicolas.*
Rosierres-en-Heix. *Rosières-en-Haye.*
Rosires; Rositum. *Rosières-aux-Salines.*
Rotha. *Rotte (La).*
Rouaulmey; Rouaumeis; Rouaumeix; Rouaumez. *Royaumeix.*
Rouge-Moitrosse. *Alteville.*
Rougevilla; Rongeville; Rougeyville; Rougieville. *Rogéville.*
Rouseires. *Rosières-en-Haye.*
Rouselleures; Rouseluerres. *Rozelieures.*
Rousière; Rousières; Rousières-au-Sel; Rousières-aux-Salinnes. *Rosières-aux-Salines.*
Rouve. *Rouves.*
Rouves. *Hôpital (L'). Nomeny. Pompey (Ruisseau de). Route-Romaine. Seille (La).*
Rouvile. *Roville.*
Rouwaulmeix. *Royaumeix.*
Rouxey (Lou rui de) on ban de No-

mency, 1307 (Tr. des ch. 1. Nomeny I, n° 87).
Rouzerueles. *Rozelieures.*
Rouzières. *Rosières-en-Haye.*
Rouzières; Rouzierres. *Rosières-aux-Salines.*
Rovilla. *Roville.*
ROVILLE. *Bayon. Châtel (Le). Moselle (La). Nancy. Neuviller-sur-Moselle. Papeterie (Chemin de la). Saintois (Le). Vézelise.*
Roville-devant-Bayon; Roville-lès-Bayon; Roville-suis-Muzelle. *Roville.*
Royaumaix. *Royaumeix.*
ROYAUMEIX. *Liverdun. Mosé. Reine (Forêt la). Rome (Ruisseau de l'Étang de). Terrouin (Le). Vieille-Levée (La).*
Royne (Bois de la). *Reine (Forêt la).*
ROZELIEURES. *Bainville-aux-Miroirs. Bayon. Chasté. Châtel-sur-Moselle. Deneuvre. Euron (L'). Ferré (Chemin). Fosse (Sentier de la Noire-). Gerbéviller. Rosières-aux-Salines. Ternes (Bois de).*
Rozelleures; Rozereulle; Rozereulles. *Rozelieures.*
Rozeriæ; Rozeriæ ad Salinas. *Rosières-aux-Salines.*
Rozeriæ-en-Heilz; Rozerium. *Rosières-en-Haye.*
Rozeruelles. *Rozelieures.*
Rozière-en-Hey. *Rosières-en-Haye.*
Rozières. *Rosières-aux-Salines.*
Rozières-en-Heix. *Rosières-en-Haye.*
Rozerioulles. *Rozelieures.*
Rozierres; Roziers. *Rosières-aux-Salines.*
Rualmeix; Ruameix; Rnaumeix. *Royaumeix.*
Rubeus mons, sur le chemin qui conduisait de Croismare à Sionviller, 1157 (H. L. II, c. 354). Cette colline a peut-être donné son nom à la ferme de la Maison-Rouge.
Ruchesingue; Ruckesingen. *Réchicourt-le-Château.*
Ruding; Rudingen. *Réding.*
Rue; Ruelz. *Haut-de-Rieupt.*
Rufia; Rufiaco. *Uruffe.*
Rui-de-lez-Moiveron. *Rupt-lez-Moivron.*
Ruiel, 1402 (*Regestrum*). *Haut-de-Rieupt.*
Rukesingen. *Réchicourt-le-Château.*
Rullons. *Reillon.*
Rumecorth. *Remicourt.*
Rumelfingen. *Romelfing.*
Rupt (Le). *Haut-de-Rieupt.*

Ruxinga; Ruxsingen. *Réchicourt-le-Château.*
Ruz-lès-Moyveron. *Rupt-lez-Moivron.*

S

Saaraltroff. *Sarraltroff.*
SAARECKE. *Petite-Pierre (La).*
Sachepréc; Sachepreie. *Seicheprey.*
SAFFAIS. *Port. Rhône (Le Petit-).Rosières-aux-Salines. Valières.*
Saffaits; Saffas; Saffat; Saffatz; Saffays; Saffet. *Saffais.*
Sagatinsis pagus; Sagintensis comitatus. *Saintois (Le).*
Saignon. *Sanon (Le).*
Sailinvalz. *Salival.*
Saille. *Seille (La).*
Sailonne. *Salone.*
Sainct-Bertremeu. *Saint-Barthélemy.*
Sainct-Boing; Sainctboing. *Saint-Boing.*
Sainct-Dizier-lez-Nancy. *Saint-Dizier.*
Saincte-Genefverre; Saincte-Genevief-ve; Saincte-Geneviere; Saincte-Jenevefve; Saincte-Jeneviefve. *Sainte-Geneviève.*
Sainct-Epvre-près-Lunéville. *Saint-Epvre (Lunéville).*
Sainct-Fely. *Saint-Flin.*
Sainct-Fremin; Sainct-Fremy. *Saint-Firmin.*
Sainct-Jehan-Bassel; Sainct-Jehan-de-Bassal. *Saint-Jean-de-Bassel.*
Sainct-Jehan-de-Liebedo. *Libdeau.*
Sainct-Jehan et Mertincourt; Sainct-Jehan-Martincourt. *Saint-Jean (Martincourt).*
Sainct-Mach; Sainct-Marc; Sainct-Marcx; Sainct-Mart. *Saint-Max.*
Sainct-Maurixe. *Saint-Maurice.*
Sainct-May. *Saint-Max.*
Sainct-Michiel-lez-Nommeny. *Saint-Michel (Nomeny).*
Sainct-Nicolas-du-Port. *Saint-Nicolas.*
Sainctois; Sainctoix; Sainctoys. *Saintois (Le).*
Sainct-Pancrey. *Saint-Pancrace* (Bures).
Sainct-Paoul. *Saint-Paul* (Saizerais).
Sainct-Poul. *Saint-Paul* (Rosières-aux-Salines).
Sainct-Remeig; Sainct-Remeig-au-Boix; Sainct-Remei-on-Boix; Sainct-Remey-on-Boix. *Saint-Remy-aux-Bois.*
Sainct-Saulveur-en-Vosges. *Saint-Sauveur.*

Sainct-Thiébault-prez-Méréville. *Saint-Thiébaut (Méréville).*
Sainctrey. *Cointrey.*
Saint-Balsoume. *Saint-Baussant.*
Saint-Barthelemin; Saint-Bartholo-mey. *Saint-Barthélemy.*
Saint-Baulsame; Saint-Baulsemme; Saint-Baulsomme; Saint-Baulsonne; Saint-Bausomme; Saint-Bausoume. *Saint-Baussant.*
SAINT-BAUSSANT. *Bernécourt. Borde (La). Bouconville. Brunehaut (Chaussée). Fort (Chemin du). Mad (Le). Pont-à-Mousson. Pré des Chopinettes (Le). Prény. Saunard (Chemin). Sonard (Bois). Saint-Claude.*
Saint-Baussomme; Saint-Baussonc. *Saint-Baussant.*
Saint-Berthelemeu. *Saint-Barthélemy.*
Saint-Boin. *Saint-Boing.*
SAINT-BOING. *Bayon. Épinal. Euron (L'). Noire-Fosse (Sentier de la). Pré du Voiré (Le). Ternes (Bois de).*
Saint-Charles-des-Champs. *Saint-Charles.*
SAINT-CLÉMENT. *Azerailles. Cras (Ruisseau de la Pointe-des-). Fauchées (Ruisseau des). Lunéville. Martincroix. Meurthe (La). Moyen. Salm. Vic.*
Saint-Curi; Sainct-Curien; Saint-Curin. *Saint-Quirin.*
Sainte-Anne-lès-Nancy. *Sainte-Anne.*
SAINTE-GENEVIÈVE. *Montignons (Les). Mousson. Pierrefort. Pont-à-Mousson. Saunaire (Chemin). Toul. Vieux-Chemin (Le).*
Saint-Eivre. *Saint-Epvre.*
Saint-Eivre-de-Blenoud. *Saint-Epvre (Blénod-lez-Pont-à-Mousson).*
Sainte-Madelaine. *Madeleine (La) (Nancy).*
Sainte-Marie. *Bickenholtz.*
Sainte-Marie. *Vallerade (La).*
Sainte-Marie-ad-Boix. *Sainte-Marie-au-Bois.*
Sainte-Marie-aux-Bois. *Sainte-Marie (Bezange-la-Grande).*
Sainte-Marie-Bickenholtz. *Bickenholtz.*
Sainte-Marie-des-Anges; Sainte-Marie-du-Reclus. *Reclus (Le).*
Sainte-Marie-lès-Bezange. *Sainte-Marie (Bezange-la-Grande).*
Sainte-Marie-lès-Nancy. *Sainte-Marie (Nancy).*
Sainte-Paule. *Sainte-Pôle.*
SAINTE-PÔLE. *Badonviller. Blâmont. Blette (La). Lunéville. Salm.*
SAINT-EPVRE. *Aine (L'). Corvée (Chemin*

TABLE DES FORMES ANCIENNES.

de la). Haboudange. Morville-sur-Nied. Nied (La). Pompey (Ruisseau de).
Saint-Epvre-lès-Toul. Saint-Epvre (Toul).
Saintereium; Sainterey; Sainteri. Ceintrey.
Saint-Eulcaire. Saint-Eucaire.
Sainte-Vaudrée ; Sainte-Vaudrue. Sainte-Valdrée.
Saint-Evre-desour-Leneville. Saint-Epvre (Lunéville).
Sainte-Wadrée. Sainte-Valdrée.
Saint-Ewre. Saint-Epvre (Lunéville).
Saint-Eyvre-à-Blainnou. Saint-Epvre (Blénod-lez-Pont-à-Mousson).
Saint-Félix. Saint-Flin.
SAINT-FIRMIN. Charmes-sur-Moselle. Praye (Ruisseau de). Saintois (Le). Vaudémont. Vézelise.
Saint-François-du-Désert. Brispané.
Saint-Fremi; Saint-Fremin. Saint-Firmin.
SAINT-GEORGES. Baronnies (Les). Corvée (Chemin de la). Neuf-Moulins (Ruisseau de). Réchicourt-le-Château. Sarrebourg. Tour (La). Vic.
Saint-Germain. Herbéviller.
SAINT-GERMAIN. Bayon. Bouzey. Épinal. Fosse (Chemin de la). Pré-au-Bois (Ruisseau du).
SAINT-HILAIRE (Ville-en-Vermois). Port. Rosières-aux-Salines.
SAINT-JEAN-COURTZERODE. Phalsbourg.
Saint-Jean-cuyt-de-febvre, xvi⁰ siècle (Tr. des ch. reg. B. 281, f⁰ 1 v⁰). Cuitefève.
SAINT-JEAN-DE-BASSEL. Bambach. Berthelming. Bouquenom. Kellersbach. Sarrebourg. Vic.
Saint-Jean-du-Vieil-Atre; Saint-Jean-du-Vieillastre. Saint-Jean-du-Vieil-Aître.
Saint-Jean-lez-Nancy. Saint-Jean (Nancy).
SAINT-JEAN-PIERREFORT. Dieulouard. Pierrefort.
Saint-Jehan; Saint-Jehan-deley-Pierefort. Saint-Jean (Martincourt).
Saint-Kurin. Saint-Quirin.
SAINT-LOUIS. Heigerst. Hofmuld. Langmatt. Lixheim. Niderviller. Rotherbach. Zorn (La).
Saint-Ma-devant-Bayon; Saint-Maix. Saint-Mard.
Saint-Maix. Saint-Max.
Saint-Maix-devant-Bayon. Saint-Mard.
Saint-Maixe-sur-Meurthe. Saint-Max.

Saint-Mansuy-lès-Toul. Saint-Mansuy (Toul).
Saint-Marc. Saint-Mard.
Saint-Marc; Saint-March. Saint-Médard.
SAINT-MARD. Bayon. Croix (Chemin de la). Moselle (La). Port. Rosières-aux-Salines.
SAINT-MARTIN. Albe (Ruisseau). Leintrey. Lunéville. Marsal. Notre-Dame-de-Lorette.
Saint-Martin-Fontaine. Val-des-Nonnes.
Saint-Martin-lez-Taizey. Saint-Martin (Thézey).
Saint-Martin-Mónil. Ménil-Saint-Martin.
Saint-Mas-lès-Bayon. Saint-Mard.
SAINT-MAURICE. Badonviller. Blette (La). Gerbéviller. Lunéville. Salm.
Saint-Maurice-lès-Badonviller. Saint-Maurice.
SAINT-MAX. Grenillon (Le). Nancy.
SAINT-MÉDARD. Bride-et-Kœking. Dieuze. Enfer (Chemin de l'). Marsal. Morts (Chemin des). Vieilles-Vignes (Chemin des).
Saint-Médard. Saint-Mard.
Saint-Memin-Buzange. Bezange-la-Petite.
Saint-Michel-Ménil. Mesnil (Le).
Saint-Michel-Mesnil. Ménil-Saint-Michel.
Saint-Morise. Saint-Maurice.
SAINT-NICOLAS. Bellihesse. Butte (Chemin de la). Côte-Grise (La). Haut-du-Mont (Le). Juifs (Ruelle des). Loges (Sentier des). Madeleine (La). Meurthe (La). Nancy. Papeterie (La). Portois (Le). Pré-Lallemand (Ruisseau du). Rhône (Le). Rosières-aux-Salines. Rouenne (La).
Saint-Phlin. Saint-Flin.
Saint-Polt. Saint-Paul (Rosières-aux-Salines).
SAINT-QUIRIN. Belle-Roche (La). Corvée, Corvée-d'Allemagne, Croix (Chemins de la). Fauteuil de Saint-Quirin. Franck-Mühl. Grande-Côte (La). Gros-Sapin (Le). Grosse-Côte (La). Haut-de-Marion (Le). Lettenbach. Lorquin. Maison-Rouge (La). Malcôte. Morts (Chemin des). Procession (Chemin de la). Revers-du-Vac. Rheinkopf. Saint-Quirin (Chapelle). Sarre (La). Sarrebourg. Tête-de-Mort (La). Tête-du-Calice (La). Tête-du-Frésillon (La).

Saint-Quurin. Saint-Quirin.
Saintrel. Ceintrey.
Saint-Remeimont. Saint-Remimont.
Saint-Remey. Saint-Remy-aux-Bois.
Saint-Remeymont. Saint-Remimont.
SAINT-REMIMONT. Bordes (Chemin des). Corvée-la-Dame (Chemin de la). Crévéchamps (Ruisseau de). Flavigny. Malnaison (La). Nancy. Neuvillersur-Moselle. Outre-Moselle. Vézelise.
Saint-Remimont-lès-Craon. Saint-Remimont.
Saint-Remy-au-Bois. Saint-Remy-aux-Bois.
SAINT-REMY-AUX-BOIS. Bayon. Châtel-sur-Moselle. Loro (Ruisseau de). Pré du Verrat (Le). Pré du Waré (Le). Ternes (Bois de). Villers (Ruisseau de).
Saint-Remymont. Saint-Remimont.
Saintrey; Saintreyum, 1402 (Regestrum). Ceintrey.
Saint-Salvour; Saint-Salvour-en-Voige. Saint-Sauveur.
SAINT-SAUVEUR. Blâmont. Bon-Moutier. Bousson. Cirey. Croix (Chemin de la). Domèvre-sur-Vezouse. Ermitage (L'). Grand-Chéneau (Le). Haut-de-la-Soie (Le). Salm.
Saintterey, 1399 (Tr. des ch. l. Confirmations, n⁰ 33). Ceintrey.
Saint-Udalric. Saint-Oury (Dolving).
Saint-Vincent; Saint-Vincent-de-Ponte. Pont-Saint-Vincent.
Saint-Ylaire; Saint-Ylaire-en-Vermoix. Saint-Hilaire (Ville-en-Vermois).
Saisereis (Les); Saiserey (les dous); Saizereis (les dous); Saizerey-Sainct-Georges et Sainct-Amand (Les). Saizerais.
Saison; Saisons. Saxon-Sion.
SAIZERAIS. Bailliage-d'Ancillon. Dieulouard. Nancy. Pèlerins (Chemin des). Pompey. Saint-Paul (Bois). Scarponais (Le).
Salaborch; Salbourg; Saleborc; Saleborch; Salebourch; Saleburc. Sarrebourg.
Salbeling. Zarbeling.
Salia. Seille (La).
Saliensis pagus; Salinensis pagus. Saulnois (Le).
Saline vallis. Salival.
Salininsis pagus; Salinoringum. Saulnois (Le).
Salins-Libre. Château-Salins.
Salinvas; Salinwas. Salival.
Salionno. Salone.

SALIVAL. *Bérupt. Bourmont. Corrupt. Saint-Louis. Vachières. Vic.*
Salivalz; Salivas; Salivaulx. *Salival.*
Salléawe. *Saléaux.*
Sallebourg. *Sarrebourg.*
Salleprey; Sallepreys. *Salprey.*
Sallia fluvius. *Seille (La).*
Sallingowe pagus. *Saulnois (Le).*
Sallins. *Château-Salins.*
Sallinvals; Salliival; Salli vallis. *Salival.*
Sallona; Sallonæ; Sallones; Sallonne; Sallonnes. *Salone.*
Sallum Castrum. *Château-Salins.*
Salmensis decanatus. *Salm (Doyenné de).*
Salnensis pagus et comitatus; Salninse; Salninsis pagus et comitatus *Saulnois (Le).*
Salona. *Salone.*
SALONE. Adimartia villa (à la table). *Aliacy (ibid.). Amance. Baulsheure (à la table). Bergerie (La). Château-Salins. Courcelles. Delme. Eadallago (à la table). Hazelle. Latran (à la table). Lertiaux (ibid.). Macesci villa (ibid.). Metz (Pays de). Petite-Seille (La). Pligesendis (à la table). Romans (ibid.). Seille (La). Turnugo villa (à la table). Vic.*
Salonia. *Salone.*
Saloninsis pagus. *Saulnois (Le).*
Salsa aqua. *Saléaux.*
Salsuræ; Salsure; Salsures. *Saulxures-lez-Nancy.*
Salsuriæ. *Saulxures-lez-Vannes.*
Saltzborren; Saltzburch; Saltzburg. *Château-Salins.*
Sambeing. *Saint-Boing.*
Sambuemont. *Beaumont.*
Samboin. *Saint-Boing.*
Samboldi Mons; Sambuefmont; Samhuelmont; Sambumont. *Beaumont.*
Samervila; Samerviler. *Sommerviller.*
Sanbuesmont. *Beaumont.*
Sancta Crux de Ruiel. *Sainte-Croix-en-Rupt.*
Sancta Margareta. *Sainte-Marguerite (Neuviller-lez-Badonviller).*
Sancta Maria. *Sainte-Marie (Barbonville).*
Sancta Maria ad Nemus. *Sainte-Marie-au-Bois (Vilcey-sur-Trey).*
Sancta Maria de Buxeriis. *Bouxières-aux-Dames (L'abbaye de).*
Sancta Maria de Nemore; Sancta Maria de Prisneo; Sancta Maria juxta Prisney. *Sainte-Marie-au-Bois (Vilcey-sur-Trey).*

Sancta Maria sub Asmantia. *Aître-sous-Amance (L').*
Sanctensis comitatus. *Saintois (Le).*
Sancti Apri villa. *Saint-Epvre (Toul).*
Sancti Deodati decanatus. *Saint-Dié (Doyenné de) ou de Salm.*
Sancti Fontaine. *Santifontaine.*
Sancti Martini fons. *Saint-Martin-Fontaine (Bruley).*
Sancti Remigii Mons; Sancti Remigii mons en Sainctoix. *Saint-Remimont.*
Sancti Vincentii villa. *Pont-Saint-Vincent.*
Sanctoix. *Saintois (Le).*
Sanctus Amandus. *Saint-Amand (Saizerais-).*
Sanctus Aper. *Saint-Epvre (Deuxville).*
Sanctus Aper. *Saint-Epvre (Lunéville).*
Sanctus Aper. *Saint-Epvre (Toul).*
Sauctus Balsamus. *Saint-Baussant.*
Sanctus Bartholomeus. *Saint-Barthélemy.*
Sanctus Bonus. *Saint-Boing.*
Sanctus Claudius. *Saint-Claude (Thelod).*
Sanctus Clemens. *Saint-Clément.*
Sanctus Deodatus. — Voy. *Sancti Deodati decanatus.*
Sanctus Desiderius; Sanctus Desiderius prope Nanceium. *Saint-Dizier.*
Sanctus Dodo; Sanctus Donatus. *Saint-Don.*
Sanctus Eucharius. *Saint-Eucaire (Pompey).*
Sanctus Eucharius. *Saint-Eucaire (Liverdun).*
Sanctus Felix. *Saint-Flin.*
Sanctus Firminus. *Saint-Firmin.*
Sanctus Firminus. *Saint-Firmin (Flavigny).*
Sanctus Florentinus apud Chelmes. *Saint-Florentin (Charmes-la-Côte).*
Sanctus Germanus. *Saint-Germain.*
Sanctus Hilarius; Sanctus Hilarius in Vermense; Sanctus Hylarius; Sanctus Hyllarius. *Saint-Hilaire (Ville-en-Vermois).*
Sanctus Johannes an Bassel. *Saint-Jean-de-Bassel.*
Sanctus Johannes de Petraforti. *Saint-Jean-Pierrefort.*
Sanctus Leodegarius. *Saint-Léger (Marsal).*
Sanctus Marcus. *Saint-Max.*
Sanctus Marcus supra Mozellam. *Saint-Mard.*
Sanctus Martinus. *Saint-Martin (Liverdun).*

Sanctus Martinus ante Marsal. *Saint-Martin (Marsal).*
Sanctus Mauricius. *Saint-Maurice.*
Sanctus Medardus. *Saint-Médard.*
Sanctus Medardus supra Mosellam. *Saint-Mard.*
Sanctus Michael. *Saint-Michel (Mousson).*
Sanctus Michael. *Saint-Michel (Toul).*
Sanctus Nicolaus; Sanctus Nycholaus. *Saint-Nicolas.*
Sanctus Paulus. *Sainte-Pôle.*
Sanctus Pientius. *Saint-Piant.*
Sanctus Quirinus. *Saint-Quirin.*
Sanctus Remigius. *Saint-Remimont.*
Sanctus Remigius. *Saint-Remy-aux-Bois.*
Sanctus Salvator. *Saint-Sauveur.*
Sanctus Theobaldus prope Merevillam. *Saint-Thiébaut (Méréville).*
Sanctus Vincentius. *Pont-Saint-Vincent.*
Sanctus Voldoricus. *Saint-Oury (Réding).*
SANON (LE). *Almaces (Les). Anges (Les). Bansey (Ruisseau de). Bouxal (Le). Chaumoulin. Fontaine-d'Ormes. Fontaine-du-Renard. Fossatte (Ruisseau de la). Foucrey (Ruisseau de). Goutte-Ganiche. Grande-Fontaine. Grande-Goutte. Grand-Pré. Grave. Hembourg. Moulinet (Le). Moulnot (Le). Poulot (Le). Pré-sous-le-Rupt. Remiremont (Le). Rozat. Senet. Thille. Tombe (Ruisseau de la).*
Sanponne. *Scarpone.*
Sansey. *Sanzey.*
Santoix. *Saintois (Le).*
Sanzeium; Sanzé-lez-Ménil-la-Tour; Sanzeyum. *Sanzey.*
SANZEY. *Coie (La). Commercy. Gondreville. Royaumeix. Terrouin (Le). Toul. Voivre (Ruisseau de).*
Sanzeyum. *Sanzey.*
Saphas; Saphat; Saphez. *Saffais.*
Saponaria; Saponariæ. *Savonnières.*
Sar; Sara. *Sarre (La).*
Saraborc; Saraburg. *Sarrebourg.*
Saraburg comitatus. *Sarrebourg (Comté de).*
Saraburgum; Sara castrum. *Sarrebourg.*
Sarachowa. *Sarre (Pays arrosé par la).*
Saracum. *Saarecke.*
Saraltoff. *Sarraltroff.*
Saravensis pagus. *Sarre (Pays arrosé par la).*
Saraviburgum. *Sarrebourg.*
Saravicum. *Saarecke.*

TABLE DES FORMES ANCIENNES.

Saravus. *Sarre (La)*.
Sarbelin; Sarbeling. *Zarbeling*.
Sarbourg; Sarbruch; Sarbruche; Sarbur; Sarbure; Sarburch; Sarburg; Sarburgum. *Sarrebourg*.
Sarcophagus. *Cercueil*.
Sareborch; Sarebourch; Sareburco; Sareburgo; Sare-burgum; Sareburgum; Sareburt. *Sarrebourg*.
Sareck; Sarecke. *Saarecke*.
Sareckesingen. *Sarixin ou la Forge*.
Saredurgo. *Sarrebourg*.
Sareick. *Saarecke*.
Sarixin. *Forge (La)*.
Sarmanmasnil. *Xermaménil*.
Sarminsis pagus. *Carme (Pays de)*.
Sarnon. *Sanon (Le)*.
Saroa. *Sarre (La)*.
Saroensis pagus. *Sarre (Pays arrosé par la)*.
Sarpannes. *Scarpone*.
Sarpontensis comitatus. *Scarponais (Le)*.
Sarra. *Sarre (La)*.
Sarræ. *Serres*.
SARRALTROFF. *Bièvre (La). Bouquenom. Castelwald. Lixheim. Petite-Pierre (La). Saarecke*.
Sarre-Altroff. *Sarraltroff*.
SARRE (LA). *Albe (L'). Étang (Ruisseau de l'). Franck-Mühl. Heidenbronn. Heidenmatt. Heidenmauer. Heidenschloss. Ische (L'). Kellersbach. Landbach. Lang-Weiher. Lettenbach. Lhor (Ruisseau de). Mühlgraben. Niderhoff (Ruisseau de). Rhô (Le). Romansberg. Voyer (Ruisseau de)*.
Sarreborc. *Sarrebourg*.
SARREBOURG. *Bettling. Bièvre (La). Hofferingerdor. Ladres (Pont des). Obermühl. Outre-Sarre. Saint-Marc. Viviers*.
Sarrech; Sarreck; Sarrecken. *Saarecke*.
Saruba. *Sarre (La)*.
Saruensis pagus. *Sarre (Pays arrosé par la)*.
Sarux. *Sarreux*.
Sarzereyum; Saseray; Sasere; Sasereis (les); Sasireium; Sasiriaca villa; Sasiriacum. *Saizerais*.
Sassures. *Saulxures-lez-Nancy*.
Sasuræ; Sasures. *Saulxures-lez-Nancy*.
Saubelmeix. *Sabiémeix*.
Saulney. *Jauny*.
Saulruy. *Saulrupt (Le)*.
Saulsseure-lez-Barizey. *Saulxures-lez-Vannes*.

Saulsures. *Saulxures-lez-Nancy*.
SAULXEROTTE. *Favières. Notre-Dame-de-Pitié. Saintois (Le). Vaudémont. Vézelise*.
Saulxures-aux-Bois; Saulxures-lès-Barisey. *Saulxures-lez-Vannes*.
SAULXURES-LEZ-NANCY. *Bazin. Buissoncourt. Corvée-de-Misère (Chemin de la). Folie (La). Nancy. Port. Tomblaine (Ruisseau de)*.
SAULXURES-LEZ-VANNES. *Allamps. Commercy. Commet. Corvée-de-Commet, Corvée-de-Mérigny (Chemins de la). Gondreville*.
Saulzures. *Saulxures-lez-Nancy*.
Sauseru. *Saussenrupt (la Chapelle)*.
Saussure; Saussures; Saussuriæ. *Saulxures-lez-Nancy*.
Sausurus. *Saussenrupt (la Chapelle)*.
Sauvageon. *Renômont*.
Sauvois (Le). *Sauvoy (Le)*.
Sauxerette; Sauxerettes; Sauxerotte; Sauxerottes. *Saulxerotte*.
Sauxuros. *Saulxures-lez-Vannes*.
Sauxuretæ; Sauzuretes. *Saulxerotte*.
Sauxuriæ ante Nanceyum. *Saulxures-lez-Nancy*.
Sauzuretæ. *Saulxerotte*.
Sauzuriæ. *Saulxures-lez-Vannes*.
Saviley. *Chaouilley*.
Savonnières-lès-Toul. *Savonnières*.
Saxerettes. *Saulxerotte*.
SAXON-SION. *Reposoir (Chemin du). Vaudémont. Vézelise*.
Saxuriæ. *Saulxures-lez-Nancy*.
Saxuriæ. *Saulxures-lez-Vannes*.
Sayon. *Sanon (Le)*.
Saysons. *Saxon-Sion*.
Sazerey; Sazereye; Sazereys (les). *Saizerais*.
Scannis; Scannisis; Scannusis. *Xammes*.
Scarbona. *Scarpone*.
Scarmensis pagus; Scarmis pagus. *Carme (Pays de)*.
Scarpona. *Scarpone*.
Scarpona pagus; Scarponensis pagus et comitatus; Scarponiensis pagus; Scarponinse; Scarponinsis pagus et comitatus. *Scarponais (Le)*.
Scarponna; Scarpounæ. *Scarpone*.
Scarponnensis pagus. *Scarponais (Le)*.
SCHÆFFERHOFF. *Dabo. Darenbach*.
Schailbach. *Schalbach*.
SCHALBACH. *Bouquenom. Etterbach (L'). Fénétrange. Illing. Langmatt. Lixheim. Niderschalbach. Oberschalbach*.

Schalhenbach; Schalkbach; Schalkenbach; Schalkenbach; Schalquenbach. *Schalbach*.
Scharpeigne. *Scarpone*.
Schneckebouche; Schneckenbech; Schneckenbesch; Schneckenbouch. *Schneckenbüsch*.
SCHNECKENBÜSCH. *Bièvre (La). Lixheim. Niderviller*.
Schonenbach; Schonebach (Molendinum dictum), xv° siècle (obit. de la coll. de Sarrebourg, f°° 44 et 79).
Scionviller. *Sionviller*.
Scopatium; Scopax; Scovagium. *Couvay*.
Scribulum. *Écrouves*.
Scriniæ. *Frolois*.
Scripulæ; Scropolæ; Scropula; Scropulæ; Scrubulum; Scrupulæ. *Écrouves*.
Scuræ. *Xures*.
Seccamp. *Séchamps*.
Secchéprée. *Seicheprey*.
Séchamp. *Séchamps*.
SÉCHAMPS. *Amance. Champenoux. Grenillon (Le). Nancy. Port*.
Séchant. *Séchamps*.
Sécheprée. *Seicheprey*.
Seffey; Seffez. *Saffais*.
Segentensis pagus; Sagintisis pagus. *Saintois (Le)*.
Seichamp. *Séchamps*.
SEICHEPREY. *Bailly. Bernécourt. Bouconville. Nicéville. Pont-à-Mousson. Prény. Renaud*.
Seifez. *Saffais*.
SEILLE (LA). *Blanche-Fontaine (Ruisseau de). Chanvres (Ruisseau des). Corrupt. Cors (Ruisseau des). Étang (Ruisseau de l'). Fontaine-de-Grémecey (Ruisseau de la). Grève, Houdremont, Malcloy, Moince, Moncel (Ruisseau de). Mulcey (Ruisseau du Moulin-de-). Nolweiher. Ommerey (Ruisseau d'). Petite-Seille (La). Pompey (Ruisseau de). Rupt-des-Bois (Le). Saint-Médard (Ruisseau de). Spin (Le). Thézey (Ruisseau de). Thiébault-Pont. Verbach (Le). Videlange, Xocourt, Zommange (Ruisseaux de)*.
Seint-Clément. *Saint-Clément*.
Seinte-Geneviève-desor-Acey. *Sainte-Geneviève*.
Seint-Sauvour-en-Voge. *Saint-Sauveur*.
SELAINCOURT. *Colombey. Gondreville. Saintois (Le). Uvry (L'). Vézelise*.
Selaincuria. *Selaincourt*.
Sella. *Seille (La)*.

Sellacort. *Gélacourt.*
Sellaincourt; Sellancourt; Sellincourt. *Selaincourt.*
Selme. *Salm (Pays de).*
Semanges. *Zommange.*
Sémbeusmont; Sembuefmont; Sembuemont. *Beaumont.*
Semenges. *Zommange.*
Semi-Besainge; Semibesanges; Semibesenge; Semibesengia; Semibessange. *Bezange-la-Petite.*
Semita. *Sion.*
Sendronis Villa; Sendronviller; Sendruviller. *Sandronviller.*
Senterei. *Ceintrey.*
Sent-George-de-Lunerville. *Saint-Georges* (Lunéville).
Sentrey. *Ceintrey.*
Senzey. *Sanzey.*
SÉRANVILLE. *Deneuvre. Gerbéviller. Lunéville. Vallois (Ruisseau de).*
Serbelingen. *Zarbeling.*
Sercœur; Sercofagus, 1402 (*Regestrum*); Sercueil; Sercuel; Sercuer; Sercucul; Sercueulf; Sercueur; Sercuer subtus Amantiam, 1402 (*Regestrum*). *Cercueil.*
Serieires. *Serrières.*
Serlefenges. *Zarbeling.*
Serlefing; Serlefingen. *Sarrelfing.*
Seronæ. *Écrouves.*
Seroucort. *Xirocourt.*
Serpage; Serpaigne; Serpanne; Serpeigne. *Scarponæ.*
Serra. *Sarre (La).*
Serra; Serræ. *Serres.*
Serrepagne. *Scarponæ.*
SERRES. *Bansey. Einville. Port. Rosières-aux-Salines. Saint-Antoine.*
SERRIÈRES. *Belleau. Nomeny. Pont-à-Mousson. Sur-la-Ville.*
Sertilluel seu Cercuel, 1402 (*Regestrum*). *Cercueil.*
Sesanivilla; Sesaraivilla. *Séranville.*
Sesariacum. *Saizerais.*
Seschepreie. *Seicheprey.*
Seseravilla. *Séranville.*
Sessiacum. *Sexey-aux-Forges.*
Sessiacum. *Sexey-les-Bois.*
Seuræ. *Xures.*
Severey; Severez; Severy; Sevrey-vaulx-Saincte-Marie. *Sivry.*
Sewoinviller; Sewonviller. *Sionviller.*
Sexei-delez-Villennes; Sexey-au-Bois; Sexey-aux-Bois. *Sexey-les-Bois.*
SEXEY-AUX-FORGES. *Bicqueley. Comte (Chemin du). Gondreville. Haut-Fourneau (Chemin du). Larnouse (Chemin). Moselle (La). Nancy. Sainte-Anne (Ruisseau de).*
Sexey-en-Haie; Sexey-en-Hey. *Sexey-les-Bois.*
Sexey-la-Larnouse. *Sexey-aux-Forges.*
Sexey-là-les-Bois. *Sexey-les-Bois.*
Sexey-Lanouze; Sexey-Larnouse. *Sexey-aux-Forges.*
SEXEY-LES-BOIS. *Croix-Blanche (Chemin de la). Fontenoy-sur-Moselle. Gondreville. Nancy. Toul.*
Sexey-lès-Gondewille; Sexey-lès-Velaine; Sexey-oultre-les-Bois; Sexey-près-de-Gondreville. *Sexey-les-Bois.*
Sicca-Petra. *Seicheprey.*
Siccus Campus; Sichamp. *Séchamps.*
Siclini Curtis. *Selaincourt.*
Sicramrio Curte. *Craincourt.*
Sicuscampus. *Séchamps.*
Siglini Curtis; Silaincuria; Silencourt; Silini Curtis; Sillioncourt. *Selaincourt.*
Simingen. *Zommange.*
Simonvilla, 1402 (*Regestrum*). *Gémonville.*
Sindronis Villa. *Sandronviller.*
SION. *Saintois (Le).*
Sionni Villa. *Sionviller.*
SIONVILLER. *Brochet (Ruisseau du). Champ-du-Gâteau (Le). Croix (Chemin du Bois-de-la-). Einville. Lunéville. Parroy (Forêt de). Pré des Trépassés (Ruisseau du). Pré-sous-le-Rupt (Le). Rubeus mons (à la table).*
Sirancourt. *Xirocourt.*
Sirceium. *Sexey-les-Bois.*
Siré. *Cirey.*
Sireckesingen; Sirecksingen. *Sarixin.*
Sireis; Sires. *Cirey.*
Sirexingen. *Sarixin.*
Sirey; Sireys. *Cirey.*
Sirocourt; Sironcuria. *Xirocourt.*
Sissei; Sisseiacum; Sisscium. *Sexey-aux-Forges.*
Sittersdorff; Sitterssdorff; Sitterstorf; Sitterstorff. *Haut-Clocher.*
Siverey. *Sivry.*
SIVRY. *Belleau. Montignons (Les). Natagne (La). Toul. Voué (à la table).*
Sivry-Val-Sainte-Marie. *Sivry.*
Sixey; Sixeyum. *Sexey-les-Bois.*
Sixon; Sixons. *Xon.*
Skarmensis pagus. *Carme (Pays de).*
Slaincourt. *Selaincourt.*
Sochepré. *Seicheprey.*
Sodrunni Villa. *Sandronviller.*
Soicheprey. *Seicheprey.*
Soinneville; Soirneville. *Sornéville.*
Sointinsis comitatus. *Saintois (Le).*
Soiru; Soirui-devant-Nancey; Soiruy. *Saulrupt (Le).*
Soissons; Soisson-près-Syon; Soixon; Soixon-sous-Vaudémont. *Saxon-Sion.*
Soixon. *Xon.*
Solcia. *Xousse.*
Solru; Solrup-lès-Nancy; Solrupt; Solrux; Solruys. *Saulrupt (Le).*
Sommange; Sommanges. *Zommange.*
SOMMERVILLER. *Crévic. Nancy. Or (Chemin d'). Rosières-aux-Salines. Sanon (Le).*
Sommeviler; Sommeviller; Sompeviller. *Sommerviller.*
Soneville; Sonneville. *Sornéville.*
Sor; Sorna fluvius; Sorne. *Zorn (La).*
SORNÉVILLE. *Amance. Bioncourt. Grande-Fontaine. Justice (Chemin de la). Marsal. Nancy. Prés-Saint-Thiébaut (Ruisseau des).*
Sorr. *Sarre (La).*
Sorroy; Soru; Sorup; Sorux. *Saurupt (Le).*
Sotselin; Sotslin; Sotsling; Sotzelin. *Sotzeling.*
SOTZELING. *Banvoie. Camp (Le). Conthil. Corvée (Chemin de la). Destrich. Dieuze. Morhange. Riche.*
Sotzelingen; Sotzlingen; Sotzselin. *Sotzeling.*
Soubmange. *Zommange.*
Soubzure. *Saulxures-lez-Nancy.*
Soumerviller; Soumeviller. *Sommerviller.*
Sourdaille. *Xoudailles.*
Sourneiville. *Sornéville.*
Souvereincourt; Souvraincourt; Soveraincourt. *Souveraincourt.*
Sowaquesange. *Xouaxange.*
Sparsbrott; Spartzbrode. *Sparsbrod.*
Speckhous. *Speck.*
Spiegelberge. *Büchelberg.*
Spinallum. *Épinal.*
Stadonis. *Atton.*
Stainbach; Stambach. *Steinbach.*
Steinsal. *Stinzel.*
Steinsel; Steinsel-Haut. *Oberstinzel.*
Steinsel-Bas. *Niderstinzel.*
Steinsil. *Stinzel.*
Steinsilide. *Niderstinzel.*
Steinssel. *Oberstinzel.*
Steinzel. *Niderstinzel.*
Steinzel; Stenesel; Stensel. *Stinzel.*
Stembach. *Steinbach.*
Stensil; Steynsel. *Oberstinzel.*
Stocweyer. *Stock (Étang du).*

TABLE DES FORMES ANCIENNES.

Stodonis. *Atton.*
Stranshof. *Stranhoff.*
Suainviller. *Sionviller.*
Subterior vicus. *Vic-sur-Seille.*
Succlingæ. *Sotzeling.*
Suentisiacum comitatum; Suentisium. *Saintois (Le).*
Suenviller. *Sionviller.*
Suetensis pagus; Sugentensis; Suggentensis; Suggentinsis. *Saintois (Le).*
Suileium; Suilleium; Suilleyum. *Xeuilley.*
Sulaltdorff; Sulaltorff. *Sarraltroff.*
Suleium. *Xeuilley.*
Sully. *Chaouilley.*
Sulza. *Xousse.*
Sungintensis pagus. *Saintois (Le).*
Suræ; Sures. *Xures.*
Sutsolingas. *Sotzeling.*
Suyleyum. *Xeuilley.*
Sychamp; Sychamps. *Séchamps.*
Synterei. *Cointrey.*
Syon. *Sion.*
Syrey. *Cirey.*
Syrocourt. *Xirocourt.*
Syrsenges. *Xirxange.*
Syttersdorff; Sytterstorff. *Haut-Clocher.*
Syverey. *Sivry.*

T

Tacampach; Tackembach; Tachempach; Tachempful; Tachempfull; Tachemphoul; Tachemphul; Tachemphulle; Tachempoltz; Tachempul; Tachenpful; Tackembac; Tacquinpol; Tacquinpul. *Tarquinpol.*
Tageshurc; Tagisburc. *Dabo.*
Taikenpail; Taikenpaul. *Tarquinpol.*
Tainche (Le rupt de la). *Saint-Thiébaut (Ruisseau de).*
Tainequery; Taincrey; Taincry; Tainquerey. *Tincry.*
Taisey; Taixey; Taizey. *Thézey-Saint-Martin.*
Tamcolvilla. *Tanconville.*
Tanche (La). *Étanche (L') (Thorey).*
Tanconisvilla. *Tanconville.*
TANCONVILLE. *Blâmont. Cirey. Lunéville. Haroué. Ponthus. Saintois (Le). Vaudémont. Vézelise.*
Tancry. *Tincry.*
Tantonis villa; Tantonvilla; Tantumville. *Tantonville.*
Tarquempol. *Tarquinpol.*
TARQUINPOL. *Alteville. Côte-du-Château. Commandeur (Chemin du). Dieuze.*

Morsag. *Vergaville. Vieux-Château (Le).*
Tasborc. *Dabo.*
Tasey. *Thézey-Saint-Martin.*
Taultecourt. *Tautécourt.*
Taxey; Taysey; Tazey. *Thézey-Saint-Martin.*
Taxporc. *Dabo.*
Tealdicuria. *Thiaucourt.*
Tecebonis villa. *Tanconville.*
Techanpful; Techemfoul; Techempfoul; Techempul; Teckempal; Teckempaul; Teckempol. *Tarquinpol.*
Teinquery. *Tincry.*
Tello; Tellodium; Telodium. *Thelod.*
Tenchere; Tencheres. *Tanconville.*
Terkestain. *Turquestein.*
Terna (nemus). *Ternes (Bois de).*
Terouein; Terrowain (le). *Terrouin (Le).*
Terthra (Grangia de), 1156 (ch. de l'abb. de Beaupré). — Tertra (Alodium de), 1170 (*ibid.*). — Grangia Tertrum, 1262 (*ibid.*). — Cette métairie, située sur le ban de la Chapelle, près de Gerbéviller, appartenait à l'abbaye de Beaupré.
Tesseling; Tesselingen. *Desseling.*
Teudonis villa. *Tantonville.*
Tezonis curtis. *Buzoncourt.*
Thaizé; Thazey. *Thézey-Saint-Martin.*
Theaucort; Theaucourt. *Thiaucourt.*
Theiling; Theilling; Theilliung. *Theilung (La).*
Thellod. *Thelod.*
THELOD. *Barisey. Comte (Chemin du). Côte-de-Thelod. Prémont. Pré des Trépassés (Le). Pulligny. Saintois (Le). Saint-Claude. Tantonville. Vaudémont. Vézelise.*
Thelodium; Thelon. *Thelod.*
Theobalmesnil; Theobalmesnil. *Thiébauménil.*
Theoldi Curtis. *Thiaucourt.*
Therey. *Thirey.*
Thesselingen. *Desseling.*
Thessey. *Thézey-Saint-Martin.*
Thessling. *Desseling.*
Theuley; Theulley-aux-Grouzelles; Theully-aux-Grouselles. *Thuilley-aux-Groseilles.*
THEY. *Beaulong (Le). Val de Gugney. Vaudémont. Vézelise.*
They-soubz-Vaudémont. *They.*
Thézé. *Thézey-Saint-Martin.*
THÉZEY-SAINT-MARTIN. *Justice (La). Nomény. Pont-à-Mousson.*
Thiacort. *Thiaucourt.*
Thiadivilla. *Thiaville.*

Thialcort. *Thiaucourt.*
THIAUCOURT. *Désert (Chemin du). Gorze. Mad (Le). Paradis (Chemin du). Scarponais (Le). Saint-Urbain.*
Thiaulcourt. *Thiaucourt.*
Thiavilla. *Thiaville.*
THIAVILLE. *Baccarat. Gerbéviller. Grands-Fins (Ruisseau des). Meurthe (La). Vic.*
Thibaumesnil; Thiébalmesnil; Thiébaménil; Thiébamesnil; Thiébaulmesny; Thiébaultmanil; Thiébault-Mesnil; Thiébault-Mesnilz. *Thiébauménil.*
THIÉBAUMÉNIL. *Bénaménil. Lunéville.*
Thiébaut-Manil; Thiébautmasnil. *Thiébauménil.*
Thiebehaie (La grange con dit) desus Fleuville (Fléville), 1274 (Tr. des ch. l. Rosières l·, n° 12).
Thil. *They.*
Thille. *Marthil.*
Thiocourt. *Thiaucourt.*
Tholodium. *Thelod.*
Thomastalerhoff. *Thomasthal.*
Thombelaine. *Tomblaine.*
Thonnois; Thonnoy. *Tonnoy.*
Thorei. *Thorey.*
Thorein; Thoren. *Trey (Le).*
THOREY. *Brénon (Le). Tantonville. Vandeléville (Ruisseau de). Vaudémont. Vézelise.*
Thoreyum. *Thorey.*
Thoron. *Toulon.*
Thoron. *Trey (Le).*
Thoulon; Thouloud. *Thelod.*
Thourey. *Thorey.*
Thouroins; Thourons. *Toulon.*
Thuillet. *Thuilley-aux-Groseilles.*
THUILLEY-AUX-GROSEILLES. *Colombey. Gondreville. Potiers (Chemin des). Saint-Gibrin. Vézelise. Vieille-Route (La).*
Thurique. *Turique.*
Thus. *Dieuze.*
Thuylley. *Thuilley-aux-Groseilles.*
Tibamesni. *Thiébauménil.*
Til; Tilio; Tilium. *Marthil.*
Tillon. *Fleur-Fontaine.*
Tincheri; Tincquery; Tincray. *Tincry.*
TINCRY. *Château-Salins. Delme. Gus (Les). Pont-à-Mousson. Saulnois (Le). Xocourt (Ruisseau de).*
Tinkaracha; Tinkarey; Tinkera; Tinkerei; Tinkerey; Tinkeringen; Tinkiraca; Tinkirchen; Tinkracha; Tinkrey; Tinqueren; Tinquerey; Tinquery; Tinquirey. *Tincry.*

Tintinei, 1127 (cart. de l'abb. de Saint-Arnou). — Tintiniacum, 1228 (ibid.).
Titiliacum. *Thuilley-aux-Groseilles.*
Tlibas. — Voy. *Ilibas.*
Toirviler; Toirvilleir; Toirvillers. *Torcheville.*
Tollo; Tollon. *Toulon.*
Tombelaine; Tombelaines; Tombeleine; Tombellaine; Tombellaines; Tombellum. *Tomblaine.*
Tombellum. *Tombel (Le).*
Tomblaine. Metz (*Chemin de*). Meurthe (*La*). Nancy.
Tomblaine-aux-Oies; Tonbelennes. *Tomblaine.*
Tonnay. *Tonnoy.*
Tonnoy. Ferrières (*Ruisseau de*). Flavigny. Fosse (*Chemin de la*). Moselle (*La*). Rosières-aux-Salines. Rue-de-Pulligny (*La*).
Tontonis villa. *Tantonville.*
Torcheville. Albestroff. Altroff. Brouck. Dieuze. Morhange. Roses (*Ruisseau des*).
Torchwilla. *Torcheville.*
Torein; Toren. *Trey (Le).*
Torey. *Thorey.*
Tornai; Tornoi. *Tonnoy.*
Torreium; Torreum villa; Torrey. *Thorey.*
Torviler; Torvillare; Torvilleir; Torviller. *Torcheville.*
Totoni villa. *Tantonville.*
Toul. Bar. Barine. Barville. Borde (*La*). Brabant (*Chemin*). Butte (*Chemin de la*). Champagne (*La*). Corvées-Saint-Gengoult (*Chemin des*). Froide-Terre. Haut-de-la-Judée (*Chemin du*). Haye (*Forêt de*). Ingressin (*L'*). Mont-Saint-Michel. Moselle (*La*). Notre-Dame-du-Refuge. Perèle (*La*). Quatre-Fils-Aymon (*Rue des*). Queue-de-Mont (*La*). Romains (*Chemin des*). Saint-Urbain. Taconé. Vaux (*Pays des*). Vieux-Chemin (*Le*).
Toullo; Toulo. *Thelod.*
Toullon. *Toul.*
Toullon. *Toulon.*
Tourey. *Thorey.*
Tournoi; Tournoy. *Tonnoy.*
Tourons. *Toulon.*
Tourvilleirs *Torcheville.*
Trakenkope. *Drackenkopff.*
Tramblecort; Tramblecourt. *Tremblecourt.*
Tramon. *Tramont-Émy.*

Tramons ad fontem. *Tramont-Saint-André.*
Tramons-Lassus. *Tramont-Lassus.*
Tramont-Émy. Croix (*Chemin de la*). Toul. Vicherey.
Tramont-en-Meix; Tramont-Enmey; Tramont-Enmy. *Tramont-Émy.*
Tramont-la-fonteinne. *Tramont-Saint-André.*
Tramont-la-Jus; Tramont-Lajux. *Tramont-Saint-André.*
Tramont-Lassus. Aroffe (*L'*). Toul. Vicherey.
Tramont-Lasus; Tramont-la-Sus. *Tramont-Lassus.*
Tramont-Saint-André. Toul. Vicherey. Voie-de-Toul.
Tranblecourt. *Tremblecourt.*
Treckempaul. *Tarquinpol.*
Tremblecort. *Tremblecourt.*
Tremblecourt. Dieulouard. Jaillon. Malbronque (*Chemin de*). Pont-à-Mousson. Ravoi (à la table).
Tremblecurt. *Tremblecourt.*
Trez. *Trey (Le).*
Tricquestain. *Turquestein.*
Trien. *Trey (Le).*
Troctufi villa, 957 (H. L. I. c. 364). Ce lieu est mentionné avec Bainvilleaux-Miroirs et Lebeuville dans une charte pour l'abbaye de Saint-Epvre.
Trois-Fontaines. Bièvre (*La*).
Trois-Fontaines. *Imling.*
Trondæ; Trondeles. *Trondes.*
Trondes. Fontaine-l'Évêque. Hautes-Bruyères. Lucey. Meuse-Commercy. Romont. Saint-Élophe. Terrouin (*Le*). Toul. Void.
Trondolæ. *Trondes.*
Trou-de-Glannes. *Trou-de-Diane.*
Truchstein; Truclisten. *Turquestein.*
Trundes. *Trundles. Trondes.*
Tuderstroff. *Mont-Didier.*
Tuillacum; Tuilley. *Thuilley-aux-Groseilles.*
Tulla. *Toul.*
Tullense; Tullensis pagus; Tullensis comitatus. *Toulois (Le).*
Tulley; Tulleyum; Tulliacum. *Thuilley-aux-Groseilles.*
Tullio; Tullium; Tullo civitas; Tullo civitas Leucorum. *Toul.*
Tullon; Tullou. *Thelod.*
Tullum; Tullum Leucorum; Tullum oppidum. *Toul.*
Tumba Alanorum. *Tomblaine.*
Turcestein; Turchestein; Turchesten;

Turcquenstein; Turkenstein; Turkestein; Turkstein. *Turquestein.*
Turnugo villa, 777 (Hist. de l'abb. de Saint-Denis, pr. p. 38). — Ce lieu est mentionné dans un titre pour le prieuré de Salone.
Turquestain. *Turquestein.*
Turquestein. Allemagne (*Chemin d'*). Baronnies (*Les*). Blanc-Rupt. Haut-du-Rupt-des-Dames. Large-Pierre (*La*). Motimont. Nid-des-Oiseaux (*Le*). Rougimont. Sarre (*La*). Sarrebourg. Tête-du-Mirguet (*La*). Vic.
Turquestin. *Turquestein.*
Tuttilinges. *Dédeling.*
Ty. *They.*
Tynchera; Tyncreium. *Tincry.*
Tyrei; Tyreium; Tyriacum. *Thirey.*

U

Ugneys. *Benney.*
Ulmæ; Ulmes. *Ormes.*
Ultra Saram. *Outre-Sarre.*
Ultris villa. *Autreville.*
Umelmont. *Omelmont.*
Undesmeys. — Voy. *Hundaineis.*
Ungieviller. *Ogéviller.*
Unvisin. *Euvezin.*
Unzonis curtis. *Gosoncourt.*
Ursiniaci villa. *Housséville.*
Ursuvacus. *Ochey.*
Uruffe. Allamps. Brabant (*Chemin*). Champagne (*Chemin de la*). Meuse-Vaucouleurs.
Uruffiæ. *Uruffe.*
Urvillare. *Hurviller.*
Utiliacus. *Villey-le-Sec.*
Utris villa. *Autreville.*
Uvezin. *Euvezin.*
Uzeralle. *Azerailles.*

V

Vabrensis pagus; Vabrinsis pagus. *Voivre (La).*
Vacariæ; Vacheriæ. *Bouxières-sous-Froidmont.*
Vacheviller. *Vacqueville.*
Vacqueville. Baccarat. Badonviller. Batans. Blâmont. Petite-Verdurette (*La*). Verdurette (*La*). Vic. Vieux-Chaufour (*Chemin du*).
Vacville. *Vacqueville.*
Vadani mons; Vademons; Vadenemons; Vadesmont. *Vaudémont.*
Vadeville. *Vaudeville.*
Vadmont. *Vaudémont.*

TABLE DES FORMES ANCIENNES.

Vadosus vicus. *Vic-sur-Seille.*
VAHL. *Albe (L').* Altroff. *Dieuze. Schirdorff.*
Vahl-Neuf-Village. *Vahl.*
Vaixey. *Vaxy.*
Val (Le). *Laval.*
Val (Le). *Val-de-Bon-Moutier.*
Valaucourt. *Villacourt.*
Val-Bonmotier (Le). *Val-de-Bon-Moutier.*
Valches. *Valhey.*
Valcheys prope Salbourg. *Walscheid.*
VAL-DE-BON-MOUTIER. *Allemagne (Chemin d'). Blâmont. Châtillon. Cirey. Gagère (La). Haie-René (Chemin de la). Nitra (Sentier de). Salm. Sarrebourg. Vic.*
Valdembourg. *Valtembourg.*
Val-de-Vaxelz; Val-de-Vexi. *Val-de-Vaxy.*
Valen-près-de-Mersprich. *Vahl.*
Valgrange (La). *Malgrange (La Grande-).*
VALHEY. *Croix-Blanche (Chemin de la). Einville. Fossatte (Ruisseau de la). Foucrey (Ruisseau de). Lunéville. Port.*
Valheys. *Valhey.*
Val-le-duc-Thiébauld. *Val-Thiébaut (Le).*
Valleheis; Valleheiz; Valleis. *Valhey.*
Valleniæ. *Velaine-en-Haye.*
Valleracht (La). *Vallerade (La).*
Vallesmontium. *Vaudémont.*
Vallis Coloris. *Meuse-Vaucouleurs.*
Vallis curia. *Valcourt.*
Vallis de Faus. *Val-des-Faulx.*
Vallium pagus et comitatus. *Vaux (Pays des).*
VALLOIS. *Gerbéviller. Lunéville. Mortagne (La).*
Valloy; Valloys. *Vallois.*
VALTEMBOURG. *Phalsbourg.*
Valthous; Valtreuze (la). *Valthouse (La).*
Valzey. *Olzey.*
Vandalorum opera. *Vandœuvre.*
VANDELAINVILLE. *Gorze. Pagny-sur-Moselle. Pont-à-Mousson. Prény. Scarponais (Le).*
Vandelenville. *Vandeléville.*
VANDELÉVILLE. *Brénon (Le). Roville. Saintois (Le). Vaudémont. Vézelise.*
Vandelinvilla. *Vandelainville.*
Vandellainville. *Vandeléville.*
Vanderiæ. *Vandières.*
Vandevre-lez-Nancy. *Vandœuvre.*
VANDIÈRES. *Albus Fons (à la table). Cour-Saint-Pierre (La). Moselle (La).* Moulon. *Pont-à-Mousson. Prény. Trey (Le). Villers-sous-Prény.*
Vandlainville. *Vandeléville.*
VANDOEUVRE. *Cloître (Le). Croix (Sentier de la Belle-). Nancy. Notre-Dame-de-Consolation. Port. Voie de Port.*
Vannæ. *Vannes.*
VANNECOURT. *Amance. Bandeuront nemus (à la table). Castella. Château-Salins. Fontaine-Sainte-Barbe. Gossoncourt. Halibach. Morts (Chemin des). Notre-Dame-de-Pitié. Puttigny (Ruisseau de). Vic. Voissieux (Le).*
Vannemont. *Voinémont.*
VANNES. *Allamps. Geboni villare (à la table). Gondreville. Maize. Meuse-Vaucouleurs. Prés Saint-Martin (Les).*
Vannes-le-Château; Vannes-le-Châtel. *Vannes.*
Vaquevilla. *Vacqueville.*
VARANGÉVILLE. *Capucins (Les). Chaumont. Meurthe (La). Nancy. Notre-Dame-de-Lorette. Port. Rouenne (La). Saint-Nicolas.*
Vardena; Vardenal; Vardenault; Vardenay; Vardenois. *Verdenal.*
Varengevilla; Varengisi villa. *Varangéville.*
Varmois (Le). *Vermois (Le).*
Varnecort. *Vannecourt.*
Varsienville. *Vaxainville.*
Vaskevile. *Vacqueville.*
VASPERVILLER. *Lottenbach. Rondsdorff. Sarrebourg.*
Vassy. *Vaxy.*
Vastum regnum. *Westrich (Le).*
VATHIMÉNIL. *Allemand (Chemin de l'). Azerailles. Gerbéviller. Moyen. Vic.*
VAUCOURT. *Bônaménil. Grave. Thille (Ruisseau de). Trépassés (Les). Vic.*
Vaudeigmont; Vaudemons. *Vaudémont.*
VAUDÉMONT. *Brebis (Ruisseau des). Brunehaut (Tour). Rappe (La). Saintois (Le). Tantonville. Vézelise.*
Vaudemontanum capitulum. *Vaudémont (Chapitre de).*
Vaudemville. *Vaudeville.*
VAUDEVILLE. *Flavigny. Haroué. Madon (Le). Nancy. Orcvaux (L'). Outre-Moselle. Saintois (Le). Vézelise.*
Vaudeville-sur-Madon. *Vaudeville.*
VAUDIGNY. *Haroué. Madon (Le). Nancy. Vézelise.*
Vaudigny-sur-Madon. *Vaudigny.*
Vauldemont. *Vaudémont.*
Vauldeville. *Vaudeville.*
Vaul-de-Waixel. *Val-de-Vaxy.*
Vault-de-Boimoustier (Lou). *Val-de-Bon-Moutier.*
Vault-de-Gugney. *Val-de-Gugney.*
Vaulx-de-la-Forge. *Forge (Val-de-la-).*
Vaulx-de-Waxey (Le). *Val-de-Vaxy.*
Vaulz-de-Faulx. *Val-des-Faulx.*
Vausterreich. *Westrich (Le).*
VAXAINVILLE. *Baccarat. Ban-de-la-Rivière. Chancelière (La). Ogéviller. Verdurette (La). Vic.*
Vaxei; Vaxey. *Vaxy.*
VAXY. *Amance. Amelécourt (Forêt d'). Château-Salins. Écluse (Ruisseau de l'). Haboudange. Longs-Prés (Ruisseau des).*
VECKERSVILLER. *Bouquenom. Hérange. Lixheim.*
Veckerweiler. *Veckersviller.*
Vecterneia curtis. *Vertignécourt.*
Vedeliacum. *Villey-Saint-Étienne.*
Veel. *Velle (l'Alœuf).*
Veelle. *Velle-sur-Moselle.*
Vegnyeulles. *Vigneules.*
Vehau. *Vého.*
VÉHO. *Étang (Ruisseau de l'). Fontaines (Ruisseau des). Garde (La). Grand-Rupt (Le). Leintrey. Roses (Ruisseau des). Vic.*
Veiher. *Voyer.*
Veile. *Velle-sur-Moselle.*
Veilecourt. *Virecourt.*
VEISCHEIM. *Petite-Pierre (La). Phalsbourg. Saverne. Talmatt. Zintzel (Le).*
Veiskirchen. *Blanche-Église.*
Vel. *Velle (l'Alœuf).*
Velacort; Velacourt. *Villacourt.*
Velacourt; Velaicort. *Gélacourt.*
Velaicourt. *Villacourt.*
Velaine-aux-Bois. *Velaine-en-Haye.*
VELAINE-EN-HAYE. *Frouard. Gondreville. Nancy. Toulois (Le).*
Velaine-entre-les-Bois; Velaine-les-Bois. *Velaine-en-Haye.*
Velainne. *Velaine-sous-Amance.*
Velascort; Velascorth; Velascurt; Velaucourt; Vellocort. *Villacourt.*
Vellaine. *Velaine-en-Haye.*
Vellaines. *Velaine (près de Vézelise).*
Vellanis. *Velaine-sous-Amance.*
Vellascort; Vellaucourt; Vellaucuria. *Villacourt.*
Velleniæ. *Velaine (près de Vézelise).*
Vellesel-sur-Trez. *Vilcey-sur-Trey.*
VELLE-SUR-MOSELLE. *Bayon. Bordé (Chemin de la). Rosières-aux-Salines. Sainte-Anne. Sainte-Catherine.*
Vel-sur-Moselle. *Velle-sur-Moselle.*
Veltharingen. *Hellering.*

Venascyum. *Vennezey.*
Venay. *Veney.*
Venazey. *Vennezey.*
Vendeivilla. *Vandeléville.*
Venderia; Venderiæ; Vendière; Vendière-dessoubz-Prency; Vendières. *Vandières.*
Vendiewre; Vendœuvre; Vendopera; Venduevre; Venduevres. *Vandœuvre.*
Venemont. *Voinémont.*
Venencourt. *Vannecourt.*
Venerzey; Venexeyum. *Vennezey.*
VENEY. *Baccarat. Gerbéviller. Guidourit (Ruisseau de). Lunéville. Vic. Vieux-Chemin (Les).*
Venna. *Vannes.*
Venneiz. *Veney.*
Vennes. *Vannes.*
Vennezelle. *Vennezey.*
VENNEZEY. *Deneuvre. Rosières-aux-Salines. Sainte-Catherine.*
Vintzey. *Vennezey.*
Veososa. *Vezouse (La).*
Vepria. *Voivre (La).*
VERDENAL. *Albe (Ruisseau). Blâmont. Danube (Le). Lunéville. Marsal.*
Verdenay; Verdenois. *Verdenal.*
VERDURETTE (LA). *Ames (Ruisseau des). Chancelière (La). Guidourit (Ruisseau de). Petite-Verdurette (La).*
Vergavilla. *Vergaville.*
VERGAVILLE. *Bride-et-Kœking. Corvée-du-Plône (Chemin de la). Croix (Chemin de la). Dieuze. Juifs (Chemin des). Marimont. Spin (Le). Verbach (Le).*
Verles. *Ville-en-Vermois.*
Vermeillière (La); Vermelière (la). *Vermillière (La).*
Vermensis pagus. *Vermois (Le).*
Vermering; Vermeringa. *Bermering.*
Vermodium; Vermoix. *Vermois (Le).*
Vernise; Vernize. *Vezouse (La).*
Veroncourt; Veroncourt; Veroncuria. *Vroncourt.*
Vertignécourt-près-Hédival. *Vertignécourt.*
Veselisum. *Vézelise.*
Vesqueville. *Vacqueville.*
Vesscllize. *Vézelise.*
Vestigneyum, 1402 (*Regestrum*). *Vennezey.*
Veterimont. *Vitrimont.*
Veternegii curtis. *Vertignécourt.*
Vetrimont. *Vitrimont.*
Vetteravilla. *Viéville-en-Haye.*
Vetusatrium, 1402 (*Regestrum*). *Saint-Jean ou Saint-Jean-du-Vieil-Aître.*

Vetus Ferraria. *Ferrières (sous Chaligny).*
Vetusta villa. *Viéville-en-Haye.*
Veuilevaulcourt. *Vilvacourt.*
Vexi. *Vaxy.*
VÉZELISE. *Belle-Fontaine (La). Brénon (Le). Épinotte (L'). Folie (La). Maladrie (La). Menge. Paradis. Saintois (Le). Tuilotte (La). Uvry (L'). Vaudémont. Velaine. Villers.*
Vezelisia; Vézelisse; Vezelizia. *Vézelise.*
Vezen. *Grand-Vezin.*
VEZOUSE (LA). *Abouts (Ruisseau des). Albe (Ruisseau). Amis (Les). Aveline (L'). Brasseux. Bristard (Ruisseau de l'Étang). Brochet (Ruisseau du). Châtillon (Ruisseau de). Chazal (Le). Danube (Le). Étang (Ruisseau de l'). Gogney (Ruisseau de). Gresson (Le). Herbas (L'). Vacon (Le). Verdurette (La). Vicaire (Ruisseau du). Xadrexé.*
Vezuse; Vezuze. *Vezouse (La).*
Via mercatoria. *Marchands (Chemin des).*
Via romana. *Voyer.*
Viaucelle. *Viacelle.*
Via vetus. *Vieux-Chemin (Le).*
Vibersville. *Vibersviller.*
VIBERSVILLER. *Albestroff. Bouquenom. Fénétrange. Rhodes (Ruisseau de). Roderban. Schwanhals.*
Vicque. *Vic-sur-Seille.*
VIC-SUR-SEILLE. *Beauregard. Bourmont. Carmes (Les Fermiers-des-). Châtry (Le). Delme. Désert (Chemin du). Fosses (Chemin des). Haut-de-la-Forêt (Le). Neuvic. Pestiférés (Chemin des). Saulnois (Le). Seille (La). Saint-Jean-Fontaine. Saint-Urbain.*
Victhonville. *Vittonville.*
Vicus. *Vic-sur-Seille.*
Videliacus. *Villey-le-Sec.*
Videliacus; Vidiliaca villa. *Villey-Saint-Étienne.*
Vidiliacus. *Villey-le-Sec.*
Vidlange; Vidranges. *Videlange.*
Vief-Chastel (Le). *Vieux-Château (Le).*
Vieille-Ferrière. *Ferrières (sous-Chaligny).*
Vieille-Malgrange (La). *Malgrange (La Grande-).*
Vieille-Récourt (La). *Récourt (Les).*
Viel. *Vieux-Lixheim.*
Viel-Astre (Le). *Saint-Jean ou Saint-Jean-du-Vieil-Aître.*
Viel-Manwuey (Le). *Vieux-Manhoué (Le).*
Vieltry. *Vitré (La).*
Vielz-Foucquerey (Le). *Foucrey.*

Vies-Aitre-devant-Nancy (Le). *Saint-Jean ou Saint-Jean-du-Vieil-Aître.*
Viesville; Viesville-en-Heys; Vievilla. *Viéville-en-Haye.*
VIEUX-LIXHEIM. *Briche (La). Lixheim. Oettersburg. Sarrebourg.*
VIÉVILLE-EN-HAYE. *Chapelle (La). Cour (La). Marchands (Chemin des). Pont-à-Mousson. Prény. Thiaucourt.*
Viez-Aitre-delez-Nancei (Le). *Saint-Jean ou Saint-Jean-du-Vieil-Aître.*
Viezville. *Viéville-en-Haye.*
Vigneul; Vigneulæ. *Vigneules.*
VIGNEULES. *Blainville-sur-l'Eau. Croix (Chemin de la). Rosières-aux-Salines.*
Vigneulle-sous-Saffais; Vignueles. *Vigneules.*
Vigum. *Vic-sur-Seille.*
Vihivilleir; Vihuvilleir; Vihuviller. *Jolivet.*
Vilacort; Vilaicourt. *Villacourt.*
Vilaine-delà-les-Boys. *Velaine-en-Haye.*
Vilascort. *Villacourt.*
VILCEY-SUR-TREY. *Blaincourt. Blanche-Fontaine. Corde (Sentier de la). Espagnols (Chemin des). Joyard. Justice (Chemin de la). Pont-à-Mousson. Prény. Sainte-Marie-au-Bois. Vigne-Barotte (La). Villers-sous-Prény.*
Vilcelz. *Vilcey-sur-Trey.*
Vileines. *Velaine-sous-Amance.*
Vileirs. *Villers-en-Haye.*
Vileirs; Vilers-desor-Nancey. *Villers-lez-Nancy.*
Vilescort. *Villacourt.*
Viliacus; Viliez-le-Sec. *Villey-le-Sec.*
Viliez-Saint-Estienne. *Villey-Saint-Étienne.*
Villa. *Ville-sur-Madon.*
VILLACOURT. *Arc. Bainville-aux-Miroirs. Bayon. Épinal. Loro (Ruisseau de). Reposoir (Chemin du).*
Villacuria. *Villacourt.*
Villa en Vermois; Villa in Vermodio. *Ville-en-Vermois.*
Villaicourt. *Villacourt.*
Villaines. *Velaine (près de Vézelise).*
Villanæ; Villanis sub Amantio castro. *Velaine-sous-Amance.*
Villare. *Villers (Saint-Remy-aux-Bois).*
Villare. *Villers-en-Haye.*
Villare. *Villers-lez-Moivron.*
Villare. *Villers-sous-Prény.*
Villarium. *Villers-en-Haye.*
Villars. *Villard.*
Villa Sancti Stephani; Villa Stephani. *Viterne.*
Villa supra Maudum. *Ville-sur-Madon.*

Ville. *Velle* (l'Alœuf).
Ville. *Ville-au-Val.*
VILLE-AU-VAL. *Belleau. Brunehaut* (Chaussée). *Croix-Saint-Claude* (Chemin de la). *Gibet* (Chemin du). *Montignons* (Les). *Mousson. Natagne* (La). *Pont-à-Mousson. Saint-Pierre. Val-Sainte-Marie.*
Ville-au-Val-Sainte-Marie. *Ville-au-Val.*
Ville-au-Vermois. *Ville-en-Vermois.*
Villecel-sur-Thorein, sur-Thoren, sur-Thoron, sur-Torein, sur-Toren, sus-Erien; Villecelz; Villecey-sur-Trey. *Vilcey-sur-Trey.*
VILLE-EN-VERMOIS. *Brandebourg* (Chemin de). *Frahaux* (Le). *Gagnage-du-Haut. Nancy. Port. Prés* (Ruisseau des). *Saint-Nicolas. Saint-Quirin. Tour* (La). *Vermois* (Le). *Ville.*
Villeines. *Velaine-sous-Amance.*
Villeir. *Viller* (Lunéville).
Villeium-le-Sec. *Villey-le-Sec.*
Villenæ. *Velaine-en-Haye.*
Ville-Neufve (La). *Neuveville-en-Saulnois* (La).
Villeniæ. *Velaine-en-Haye.*
Villenne. *Velaine-sous-Amance.*
Villennes. *Velaine-en-Haye.*
Ville-on-vaul-Sainte-Marie; Ville-près-Mousson. *Ville-au-Val.*
Viller. *Villers-en-Haye.*
Viller. *Villers-lez-Moivron.*
Viller. *Villers-lez-Nancy.*
Viller; Viller-darier-Priney. *Villers-sous-Prény.*
Viller-davant-Lunéville. *Viller* (Lunéville).
Viller-davant-Nancey. *Villers-lez-Nancy.*
Viller-en-Hey. *Villers-en-Haye.*
Villericurtis. *Villercourt.*
Viller-le-Sec. *Villey-le-Sec.*
Viller-lès-Lunéville. *Viller* (Lunéville).
Viller-lès-Moyveron; Viller-près-de-Moiveron. *Villers-lez-Moivron.*
Villers. *Viller* (Lunéville).
Villers. *Villers-sous-Prény.*
VILLERS-AUX-OIES. *Château-Salins. Morville-sur-Nied. Nied* (La). *Pont-à-Mousson.*
Villers-davant-Seint-Remy. *Villers* (Saint-Remy-aux-Bois).
Villers-desoubz-Prigney. *Villers-sous-Prény.*
Villers-devant-Nancy. *Villers-lez-Nancy.*
Villers-devers-Priney. *Villers-sous-Prény.*

VILLERS-EN-HAYE. *Ache* (L'). *Dieulouard. Pierrefort. Pont-à-Mousson. Pré des Trépassés* (Le).
Villers-en-Heix; Villers-en-Hey. *Villers-en-Haye.*
Villers-le-Preudhomme; Villers-le-Preudhon; Villers-le-Proudhon. *Villers-le-Prud'homme.*
Villers-le-Sec; Villers-le-Secq. *Villey-le-Sec.*
VILLERS-LEZ-MOIVRON. *Amance. Custines. Delme. Nancy.*
VILLERS-LEZ-NANCY. *Moulin* (Ruisseau du). *Nancy. Port. Saint-Thiébaut* (Ruisseau de). *Vieux-Château* (Le).
Villers-près-Vézelise. *Villers.*
Villers-Saint-Étienne. *Villey-Saint-Étienne.*
VILLERS-SOUS-PRÉNY. *Galères* (Chemin des). *Maison-d'Orne* (La). *Pont-à-Mousson. Prény. Trey* (Le).
Villesceil-surs-Toren, sus-Trien; Villeselz-sus-Trien; Villessey-sur-Trey. *Vilcey-sur-Trey.*
Ville-sur-Maudon; Ville-sur-Mauldon. *Ville-sur-Madon.*
Villevacourt; Villevaucourt. *Vivalcourt.*
Villey-davant-Moyveron. *Villers-lez-Moivron.*
Villey-davant-Nancey; Villey-devant-Nancey. *Villers-lez-Nancy.*
Villey-en-Heix. *Villers-en-Haye.*
Villey-la-Montagne; Villey-le-Saicz. *Villey-le-Sec.*
VILLEY-LE-SEC. *Corvées* (Chemin des). *Croix-Noire* (Chemin de la). *Duc* (Bois le). *Fontenoy-sur-Moselle. Gondreville. Moselle* (La). *Nancy. Pèlerins* (Chemin des).
Villey-le-Sec-lez-Gondreville. *Villey-le-Sec.*
Villey-près-de-Moiweron. *Villers-lez-Moivron.*
VILLEY-SAINT-ÉTIENNE. *Jaillon. Moselle* (La). *Toul. Toulois* (Le).
Villey-soubz-Pregney. *Villers-sous-Prény.*
Villeyum; Villeyum Sancti Stephani. *Villey-Saint-Étienne.*
Villiers-le-Secque. *Villey-le-Sec.*
VILSBERG. *Bonne-Fontaine* (La). *Dichmatt. Keillematt. Petite-Pierre* (La). *Phalsbourg. Saverne. Schlossgarden. Vilsberg-Wald.*
Vilsperg; Viltzberg. *Vilsberg.*
Vindera; Vinderia. *Vandières.*
Vindopera. *Vandœuvre.*
Vineolæ. *Vigneules.*

Vinstinga; Vinstingen; Vinstringium. *Fénétrange.*
VINTERSBOURG. *Petite-Pierre* (La). *Phalsbourg. Sarrebourg. Zintzel* (Le).
Viososa. *Vezouse* (La).
Vippria. *Voivre* (La).
Vircourt. *Virecourt.*
VIRECOURT. *Bayon. Champ-des-Michottes* (Le), canton de terre sur lequel il était dû un bichet de blé qui se convertissait en pains pour les distribuer aux pauvres au retour de la procession des Rogations. *Châtelet* (Chemin du). *Épinal. Moselle* (La). *Rosières-aux-Salines.*
Virlet-lès-Nancy. *Virlay* (Le).
Virmanges. *Virming.*
VIRMING. *Albe* (L'). *Altroff. Conthil. Dieuze. Heidenbrunnen. Heidenstrass. Lansbronn. Marimont. Morhange. Sainte-Anne.*
Virmingen. *Virming.*
Virnevalt (Nemus quod dicitur), 1312 (Tr. des ch. l. Viviers, n° 8). Cette forêt était près de Gosselming.
Visionis mons. *Bauzemont.*
Vissa. *Vuisse.*
Viteremont; Viterimont. *Vitrimont.*
VITERNE. *Chartons* (Chemin des). *Colombey. Gondreville. Pré-Saint-Nicolas* (Le). *Pulligny. Reine* (Chemin de la). *Rouaux. Saintois* (Le). *Saulx* (La).
Viterneicurt; Viternicort. *Vertignécourt.*
Vitersberg. *Vittersbourg.*
Vitilacus; Vitiliagus. *Villey-le-Sec.*
Vitrée (La). *Vitré* (La).
Vitremont. *Vintremont.*
Vitreneicort; Vitrenei curtis. *Vertignécourt.*
VITREY. *Cour* (La). *Jard-du-Pâquis* (Le). *Saintois* (Le). *Trépassés* (Les). *Uvry* (L'). *Vaudémont. Vézelise.*
Vitreyum; Vitriacum. *Vitrey.*
Vitrignecourt; Vitrigneicort; Vitrignicort; Vitrinei curtis. *Vertignécourt.*
Vitrimons. *Vitrimont.*
VITRIMONT. *Chapelle-Notre-Dame* (La). *Clospré. Einville. Justice* (Chemin de la). *Lunéville. Moyenbois. Princes* (Fontaine des). *Rosières-aux-Salines.*
Vitrimont. *Vintremont.*
Vitry. *Vitrey.*
Vittersberg. *Vittersbourg.*
VITTERSBOURG. *Albestroff. Enckelgelgraben. Marimont. Morhange.*
VITTONVILLE. *Champey* (Ruisseau du Moulin-de-). *Froidmont. Morville-*

Venascyum. *Vennezey.*
Venay. *Veney.*
Venazey. *Vennezey.*
Vendeivilla. *Vandeléville.*
Venderia; Venderiæ; Vendière; Vendière-dessoubz-Prency; Vendières. *Vandières.*
Vendiewre; Vendœuvre; Vendopera; Venduevre; Venduevres. *Vandœuvre.*
Venemont. *Voinémont.*
Venencourt. *Vannecourt.*
Venerzey; Venexeyum. *Vennezey.*
VENEY. *Baccarat. Gerbéviller. Guidourit (Ruisseau de). Lunéville. Vic. Vieux-Chemin (Les).*
Venna. *Vannes.*
Venneiz. *Veney.*
Vennes. *Vannes.*
Vennezelle. *Vennezey.*
VENNEZEY. *Deneuvre. Rosières-aux-Salines. Sainte-Catherine.*
Vintzey. *Vennezey.*
Veososa. *Vezouse (La).*
Vepria. *Voivre (La).*
VERDENAL. *Albe (Ruisseau). Blâmont. Danube (Le). Lunéville. Marsal.*
Verdenay; Verdenois. *Verdenal.*
VERDURETTE (LA). *Ames (Ruisseau des). Chancelière (La). Guidourit (Ruisseau de). Petite-Verdurette (La).*
Vergavilla. *Vergaville.*
VERGAVILLE. *Bride-et-Kœking. Corvée-du-Plône (Chemin de la). Croix (Chemin de la). Dieuze. Juifs (Chemin des). Marimont. Spin (Le). Verbach (Le).*
Verles. *Ville-en-Vermois.*
Vermeillière (La); Vermelière (la). Vermillière (La).
Vermensis pagus. *Vermois (Le).*
Vermering; Vermeringa. *Bermering.*
Vermodium; Vermoix. *Vermois (Le).*
Vernise; Vernize. *Vezouse (La).*
Veroncort; Veroncourt; Veroncuria. *Vroncourt.*
Vertignécourt-près-Hédival. *Vertignécourt.*
Veselisum. *Vézelise.*
Vesqueville. *Vacqueville.*
Vessellize. *Vézelise.*
Vestigneyum, 1402 (Regestrum). *Vennezey.*
Veterimont. *Vitrimont.*
Veternegii curtis. *Vertignécourt.*
Vetrimont. *Vitrimont.*
Vetteravilla. *Viéville-en-Haye.*
Vetusatrium, 1402 (Regestrum). *Saint-Jean ou Saint-Jean-du-Vieil-Aître.*

Vetus Ferraria. *Ferrières (sous Chaligny).*
Vetusta villa. *Viéville-en-Haye.*
Veullevaulcourt. *Vilvacourt.*
Vexi. *Vaxy.*
VÉZELISE. *Belle-Fontaine (La). Brénon (Le). Épinotte (L'). Folie (La). Maladrie (La). Menge. Paradis. Saintois (Le). Tuilotte (La). Uvry (L'). Vaudémont. Velaine. Villers.*
Vezelisia; Vézelisse; Vezelizia. *Vézelise.*
Vezen. *Grand-Vezin.*
VEZOUSE (LA). *Abouts (Ruisseau des). Albe (Ruisseau). Amis (Les). Aveline (L'). Brasseux. Bristard (Ruisseau de l'Étang). Brochet (Ruisseau du). Châtillon (Ruisseau de). Chazal (Le). Danube (Le). Étang (Ruisseau de l'). Gogney (Ruisseau de). Gresson (Le). Herbas (L'). Vacon (Le). Verdurette (La). Vicaire (Ruisseau du). Xadrexé.*
Vezuse; Vezuze. *Vezouse (La).*
Via mercatoria. *Marchands (Chemin des).*
Via romana. *Voyer.*
Viaucelle. *Viacelle.*
Via vetus. *Vieux-Chemin (Le).*
Vibersville. *Vibersviller.*
VIBERSVILLER. *Albestroff. Bouquenom. Fénétrange. Rhodes (Ruisseau de). Roderban. Schwanhals.*
Vicque. *Vic-sur-Seille.*
VIC-SUR-SEILLE. *Beauregard. Bourmont. Carmes (Les Fermiers-des-). Châtry (Le). Delme. Désert (Chemin du). Fosses (Chemin des). Haut-de-la-Forêt (Le). Neuvic. Pestiférés (Chemin des). Saulnois (Le). Seille (La). Saint-Jean-Fontaine. Saint-Urbain.*
Victhonville. *Vittonville.*
Vicus. *Vic-sur-Seille.*
Videliacus. *Villey-le-Sec.*
Videliacus; Vidiliaca villa. *Villey-Saint-Étienne.*
Vidiliacus. *Villey-le-Sec.*
Vidlange; Vidranges. *Videlange.*
Vief-Chastel (Le). *Vieux-Château (Le).*
Vieille-Ferrière. *Ferrières (sous-Chaligny).*
Vieille-Malgrange (La). *Malgrange (La Grande-).*
Vieille-Récourt (La). *Récourt (Les).*
Viel. *Vieux-Lixheim.*
Viel-Astre (Le). *Saint-Jean ou Saint-Jean-du-Vieil-Aître.*
Viel-Manwuey (Le). *Vieux-Manhoué (Le).*
Vieltry. *Vitré (La).*
Vielz-Foucquercy (Le). *Foucrey.*

Vies-Aître-devant-Nancy (Le). *Saint-Jean ou Saint-Jean-du-Vieil-Aître.*
Viesville; Viesville-en-Heys; Vievilla. *Viéville-en-Haye.*
VIEUX-LIXHEIM. *Briche (La). Lixheim. Oettersburg. Sarrebourg.*
VIÉVILLE-EN-HAYE. *Chapelle (La). Cour (La). Marchands (Chemin des). Pont-à-Mousson. Prény. Thiaucourt.*
Viez-Aître-delez-Nancei (Le). *Saint-Jean ou Saint-Jean-du-Vieil-Aître.*
Viezville. *Viéville-en-Haye.*
Vigneul; Vigneulæ. *Vigneules.*
VIGNEULES. *Blainville-sur-l'Eau. Croix (Chemin de la). Rosières-aux-Salines.*
Vigneulle-sous-Saffais; Vignueles. *Vigneules.*
Vigum. *Vic-sur-Seille.*
Vihivilleir; Vihuvilleir; Vihuviller. *Jolivet.*
Vilacort; Vilaicourt. *Villacourt.*
Vilaine-delà-les-Boys. *Velaine-en-Haye.*
Vilascort. *Villacourt.*
VILCEY-SUR-TREY. *Blaincourt. Blanche-Fontaine. Corde (Sentier de la). Espagnols (Chemin des). Joyard. Justice (Chemin de la). Pont-à-Mousson. Prény. Sainte-Marie-au-Bois. Vigne-Barotte (La). Villers-sous-Prény.*
Vilcecelz. *Vilcey-sur-Trey.*
Vileines. *Velaine-sous-Amance.*
Vileirs. *Villers-en-Haye.*
Vileirs; Vilers-desor-Nancey. *Villers-lez-Nancy.*
Vilescort. *Villacourt.*
Viliacus; Viliez-le-Sec. *Villey-le-Sec.*
Viliez-Saint-Estienne. *Villey-Saint-Étienne.*
Villa. *Ville-sur-Madon.*
VILLACOURT. *Arc. Bainville-aux-Miroirs. Bayon. Épinal. Loro (Ruisseau de). Reposoir (Chemin du).*
Villacuria. *Villacourt.*
Villa en Vermois; Villa in Vermodio. *Ville-en-Vermois.*
Villaicourt. *Villacourt.*
Villaines. *Velaine (près de Vézelise).*
Villanæ; Villanis sub Amantio castro. *Velaine-sous-Amance.*
Villare. *Villers (Saint-Remy-aux-Bois).*
Villare. *Villers-en-Haye.*
Villare. *Villers-lez-Moivron.*
Villare. *Villers-sous-Prény.*
Villarium. *Villers-en-Haye.*
Villars. *Villard.*
Villa Sancti Stephani; Villa Stephani. *Viterne.*
Villa supra Maudum. *Ville-sur-Madon.*

Ville. *Velle* (l'Alœuf).
Ville. *Ville-au-Val.*
VILLE-AU-VAL. *Belleau. Brunehaut* (Chaussée). *Croix-Saint-Claude* (Chemin de la). *Gibet* (Chemin du). *Montignons* (Les). *Mousson. Natagne* (La). *Pont-à-Mousson. Saint-Pierre. Val-Sainte-Marie.*
Ville-au-Val-Sainte-Marie. *Ville-au-Val.*
Ville-au-Vermois. *Ville-en-Vermois.*
Villecel-sur-Thorein, sur-Thoren, sur-Thoron, sur-Torein, sur-Toren, sus-Erien; Villecelz; Villecey-sur-Trey. *Vilcey-sur-Trey.*
VILLE-EN-VERMOIS. *Brandebourg* (Chemin de). *Frahaux* (Le). *Gagnage-du-Haut. Nancy. Port. Prés* (Ruisseau des). *Saint-Nicolas. Saint-Quirin. Tour* (La). *Vermois* (Le). *Ville.*
Villeines. *Velaine-sous-Amance.*
Villeir. *Viller* (Lunéville).
Villeium-le-Sec. *Villey-le-Sec.*
Villenæ. *Velaine-en-Haye.*
Ville-Neufve (La). *Neuveville-en-Saulnois* (La).
Villeniæ. *Velaine-en-Haye.*
Villenne. *Velaine-sous-Amance.*
Villennes. *Velaine-en-Haye.*
Ville-on-vaul-Sainte-Marie; Ville-près-Mousson. *Ville-au-Val.*
Viller. *Villers-en-Haye.*
Viller. *Villers-lez-Moivron.*
Viller. *Villers-lez-Nancy.*
Viller; Viller-darier-Priney. *Villers-sous-Prény.*
Viller-davant-Lunéville. *Viller* (Lunéville).
Viller-davant-Nancey. *Villers-lez-Nancy.*
Viller-en-Hey. *Villers-en-Haye.*
Villericurtis. *Villercourt.*
Viller-le-Sec. *Villey-le-Sec.*
Viller-lès-Lunéville. *Viller* (Lunéville).
Viller-lès-Moyveron; Viller-près-de-Moiveron. *Villers-lez-Moivron.*
Villers. *Viller* (Lunéville).
Villers. *Villers-sous-Prény.*
VILLERS-AUX-OIES. *Château-Salins. Morville-sur-Nied. Nied* (La). *Pont-à-Mousson.*
Villers-davant-Seint-Remy. *Villers* (Saint-Remy-aux-Bois).
Villers-desoubz-Prigney. *Villers-sous-Prény.*
Villers-devant-Nancy. *Villers-lez-Nancy.*
Villers-devers-Priney. *Villers-sous-Prény.*

VILLERS-EN-HAYE. *Ache* (L'). *Dieulouard. Pierrefort. Pont-à-Mousson. Pré des Trépassés* (Le).
Villers-en-Heix; Villers-en-Hey. *Villers-en-Haye.*
Villers-le-Preudhomme; Villers-le-Preudhon; Villers-le-Proudhon. *Villers-le-Prud'homme.*
Villers-le-Secq; Villers-le-Secq. *Villey-le-Sec.*
VILLERS-LEZ-MOIVRON. *Amance. Custines. Delme. Nancy.*
VILLERS-LEZ-NANCY. *Moulin* (Ruisseau du). *Nancy. Port. Saint-Thiébaut* (Ruisseau de). *Vieux-Château* (Le).
Villers-près-Vézelise. *Villers.*
Villers-Saint-Étienne. *Villey-Saint-Étienne.*
VILLERS-SOUS-PRÉNY. *Galères* (Chemin des). *Maison-d'Orne* (La). *Pont-à-Mousson. Prény. Trey* (Le).
Villesceil-surs-Toren, sus-Trien; Villeselz-sus-Trien; Villessey-sur-Trey. *Vilcey-sur-Trey.*
Ville-sur-Maudon; Ville-sur-Mauldon. *Ville-sur-Madon.*
Villevacourt; Villevaucourt. *Vivalcourt.*
Villey-davant-Moyveron. *Villers-lez-Moivron.*
Villey-davant-Nancey; Villey-devant-Nancey. *Villers-lez-Nancy.*
Villey-en-Heix. *Villers-en-Haye.*
Villey-la-Montagne; Villey-le-Saicz. *Villey-le-Sec.*
VILLEY-LE-SEC. *Corvées* (Chemin des). *Croix-Noire* (Chemin de la). *Duc* (Bois le). *Fontenoy-sur-Moselle. Gondreville. Moselle* (La). *Nancy. Pèlerins* (Chemin des).
Villey-le-Sec-lez-Gondreville. *Villey-le-Sec.*
Villey-près-de-Moiweron. *Villers-lez-Moivron.*
VILLEY-SAINT-ÉTIENNE. *Jaillon. Moselle* (La). *Toul. Toulois* (Le).
Villey-soubz-Pregney. *Villers-sous-Prény.*
Villeyum; Villeyum Sancti Stephani. *Villey-Saint-Étienne.*
Villiers-le-Secque. *Villey-le-Sec.*
VILSBERG. *Bonne-Fontaine* (La). *Dichmatt. Keillematt. Petite-Pierre* (La). *Phalsbourg. Saverne. Schlossgarden. Vilsberg-Wald.*
Vilsperg; Viltzberg. *Vilsberg.*
Vindera; Vinderia. *Vandières.*
Vindopera. *Vandœuvre.*
Vineolæ. *Vigneules.*

Vinstinga; Vinstingen; Vinstringium. *Fénétrange.*
VINTERSBOURG. *Petite-Pierre* (La). *Phalsbourg. Sarrebourg. Zintzel* (Le).
Viososa. *Vezouse* (La).
Vippria. *Voivre* (La).
Vircourt. *Virecourt.*
VIRECOURT. *Bayon. Champ-des-Michottes* (Le), canton de terre sur lequel il était dû un bichet de blé qui se convertissait en pains pour les distribuer aux pauvres au retour de la procession des Rogations. *Châtelet* (Chemin du). *Épinal. Moselle* (La). *Rosières-aux-Salines.*
Virlet-lès-Nancy. *Virlay* (Le).
Virmanges. *Virming.*
VIRMING. *Albe* (L'). *Altroff. Conthil. Dieuze. Heidenbrunnen. Heidenstrass. Lansbronn. Marimont. Morhange. Sainte-Anne.*
Virmingen. *Virming.*
Virnevalt (Nemus quod dicitur), 1312 (Tr. des ch. l. Viviers, n° 8). Cette forêt était près de Gosselming.
Visionis mons. *Bauzemont.*
Vissa. *Vuisse.*
Viteremont; Viterimont. *Vitrimont.*
VITERNE. *Chartons* (Chemin des). *Colombey. Gondreville. Pré-Saint-Nicolas* (Le). *Pulligny. Reine* (Chemin de la). *Rouaux. Saintois* (Le). *Saulx* (La).
Viterneicurt; Viternicort. *Vertignécourt.*
Vitilacus; Vitiliagus. *Villey-le-Sec.*
Vitrée (La). *Vitré* (La).
Vitremont. *Vintremont.*
Vitreneicort; Vitrenei curtis. *Vertignécourt.*
VITREY. *Cour* (La). *Jard-du-Pâquis* (Le). *Saintois* (Le). *Trépassés* (Les). *Uvry* (L'). *Vaudémont. Vézelise.*
Vitreyum; Vitriacum. *Vitrey.*
Vitrignecourt; Vitrigneicort; Vitrignicort; Vitrinei curtis. *Vertignécourt.*
Vitrimons. *Vitrimont.*
VITRIMONT. *Chapelle-Notre-Dame* (La). *Clospré. Einville. Justice* (Chemin de la). *Lunéville. Moyenbois. Princes* (Fontaine des). *Rosières-aux-Salines.*
Vitrimont. *Vintremont.*
Vitry. *Vitrey.*
Vittersberg. *Vittersbourg.*
VITTERSBOURG. *Albestroff. Enckelgelgraben. Marimont. Morhange.*
VITTONVILLE. *Champey* (Ruisseau du Moulin-de-). *Froidmont. Morville-*

210 TABLE DES FORMES ANCIENNES.

sur-Seille. Moselle (La). Mousson. Noue (La). Pont-à-Mousson. Route (l'Ancienne-).

Vivaria; Vivariæ; Vivarium. *Viviers.*
Vivarium prope Sarbuch. *Viviers* (près de Sarrebourg).
Vivi curtis. *Vannecourt.*
Vivier. *Viviers.*
Vivieres; Vivuers. *Viviers.*
VIVIERS. *Château-Salins. Delme. Facherelle. Pont-à-Mousson.*
Vixilium; Vizelise; Vizelixe; Vizerisia; Vizilium. *Vézelise.*
Vizuzia fluvius. *Vezouse (La).*
Vogya. *Vosges (Les).*
Void-de-Lexat (Le). *Gué-de-Lexat (Le).*
Voildenbourg. *Valtembourg.*
VOINÉMONT. *Flavigny. Halmuntcurt* (à la table). *Madon (Le). Nancy. Outre-Moselle. Pulligny. Saintois (Le). Sainte-Anne. Trépassés (Les). Vézelise.*
Voirincourt; Voirnecourt. *Varincourt.*
Voithiemesnil. *Vathiménil.*
Volckersviller. *Veckersviller.*
Voldesingesvilla. — Voy. *Woldesinguesilla.*
Vosagus; Vosegus. *Vosges (Les).*
Vouel-au-Val-de-Vassy. *Château-Voué.*
Vouey (Boix com dit lou), 1334 (Tr. des ch. l. Ponts fiefs 1, n° 106). Il est mentionné avec Marbache et Sivry.
Vourecourt. *Virecourt.*
Voutegney. *Vaudigny.*
Voydemont. *Vaudémont.*
VOYER. *Corvée (Chemin de la). Dabo. Lorquin.*
Voynnemont. *Voinémont.*
Vrachelvingen; Vrahelvingen. *Fraquelfing.*
VRONCOURT. *Saintois (Le). Vaudémont. Vézelise.*
Vroncourt-sur-Brénon. *Vroncourt.*
Vualdini villa. *Vaudeville.*
Vuarengisivilla. *Varangéville.*
Vuich. *Vic-sur-Seille.*
Vuiricurt. *Virecourt.*
VUISSE. *Bride-et-Kœking. Canal-de-la-Flotte (Ruisseau du). Conthil. Dieuze. Haboudange.*
Vuterei. *Vitrey.*
Vy. *Vic-sur-Setlle.*
Vyce. *Vuisse.*
Vyelle. *Velle-sur-Moselle.*
Vyhivilleir. *Jolivet.*
Vyvier. *Viviers.*
Vyzuse. *Vezouse (La).*

W

Wabrensis pagus; Wabrinsis pagus. *Voivre (La).*
Wacourt. *Vaucourt.*
Wacqueville. *Vacqueville.*
Wacruncurt. *Vacroncourt.*
Wadomons; Wadanimons. *Vaudémont.*
Wadegneiz; Wadegney. *Vaudigny.*
Wademons; Wademont; Wadenmont. *Vaudémont.*
Wadevilla; Wadeville. *Vaudeville.*
Wadoimont; Wadoni mons; Wadonis mons. *Vaudémont.*
Wadrecourt. *Vaudrecourt.*
Waelen prope Morsberg. *Vahl.*
Waidemont. *Vaudémont.*
Waidevilla; Waideville. *Vaudeville.*
Waideymont. *Vaudémont.*
Wairdegnay. *Verdenal*
Wairengeville. *Varangéville.*
Waithiemesnil. *Vathiménil.*
Waixel; Waixey. *Vaxy.*
Walaucourt. *Villacourt.*
Walco. *Valcourt.*
Walcourt. *Vaucourt.*
Waldemont. *Vaudémont.*
Waldenbourg. *Valtembourg.*
Waldini villa. *Vaudeville.*
Wale. *Val-de-Bon-Moutier.*
Walecort. *Valcourt.*
Walen. *Vahl.*
Walhey. *Valhey.*
Wallas. *Valla.*
Wallen. *Vahl.*
Walnecourt. *Vannecourt.*
WALSCHEID. *Altkopf. Bembach. Blonis (Le). Dabo. Grostankopf. Hinerskopf. Holwasch. Klikesberg. Léonsberg. Lichelkopf. Martelberghof. Monacker. Peugst. Princes (Chemin des). Prunstmühl. Saverne. Sonnberg. Steinkopf. Saint-Léon. Tête-de-la-Vieille-Marcarerie (La). Tête-des-Noies (La).*
Walschit; Walschult. *Walscheid.*
Walspervillers. *Vasperviller.*
Walthiemesnil; Walthinmesnil. *Vathiménil.*
Wandelainvilla. *Vandelainville.*
Wandelinvilla; Wandelainville. *Vandeléville.*
Wandelainville. *Vandelainville.*
Wandeleinville. *Vandeléville.*
Wandelenville; Wandelovilla. *Vandelainville.*

Wandelinivilla; Wandellainville. *Vandeléville.*
Wandières. *Vandières.*
Wandilinvilla. *Vandelainville.*
Wandinivilla. *Vandeléville.*
Wandinivilla. *Vaudeville.*
Wanecourt. *Vannecourt.*
Wanemont; Waneneymont. *Voinémont.*
Wannecourt. *Vannecourt.*
Waquevilla; Waqueville. *Vacqueville.*
Warangevilla; Warangeville; Warangievile. *Varangéville.*
Warchovile; Warcovilla. *Varcoville.*
Wardegnay; Wardenay; Wardennay; Wardenoy. *Verdenal.*
Waregevilla; Warempgeyville; Warengesivilla; Warengevile; Warengevilla. *Varangéville.*
Wargauville; Wargavilla; Wargaville. *Vergaville.*
Waringisi villa; Warigisvilla; Waringivilla. *Varangéville.*
Warmi quercetum. *Varinchanot.*
Warminga. *Virming.*
Warnecuria. *Vannecourt.*
Warnemasnil, 1218 (cart. de Rengéval, f° 15 v°). Ce lieu paraît avoir été dans les environs d'Arnaville.
Warningas. *Virming.*
Warnugo curtis. *Vannecourt.*
Warrengeville; Warrengevilles (les). *Varangéville.*
Waspervillers. *Vasperviller.*
Wastriche (La). *Westrich (Le).*
Watemasnil; Watermasnil; Wathiemesnil; Wathimesnil. *Vathiménil.*
Wathonville. *Vittonville.*
Watiermasnil. *Vathiménil.*
Waudeimont; Waudelmont; Waudemons; Waudemont. *Vaudémont.*
Waudevilla; Waudeville. *Vaudeville.*
Waudoimont. *Vaudémont.*
Waulcourt. *Vaucourt.*
Wauldrecourt. *Vaudrecourt.*
Waulnecourt. *Vannecourt.*
Waulthiemesnil. *Vathiménil.*
Waurengeuville. *Varangéville.*
Waxei; Waxelz. *Vaxy.*
Waxinville. *Vaxainville.*
Waygaville. *Vergaville.*
Wechsinger daill. *Vic (Vallée de).*
Weckersweiller. *Veckersviller.*
Weheviller. *Jolivet.*
Wehez. *Vého.*
Wehiveler; Wehiviller. *Jolivet.*
Weho. *Vého.*
Weich. *Vic-sur-Seille.*
Weikersweiller. *Veckersviller.*

Weis. *Vuisse.*
Weivra; Weivre (la). *Voivre (La)* (Boucq).
Weivre (La). *Voivre (La)* (Glonville).
Weivre (La). *Voivre (La)* (Maizières-lez-Toul).
Weivre (La). *Voivre (La)* (Ormes).
Welteringon; Weltringen, xv° siècle, (obit. de la coll. de Sarrebourg, f° 31 v°). *Hellering.*
Wendelevilla. *Vandeléville.*
Wendellainville. *Vandelainville.*
Wenemons. *Voinémont.*
Wenezey; Wennezey. *Vennezey.*
Werecort. *Virecourt.*
Wergaville. *Vergaville.*
Wescheim. *Veischeim.*
Westereich; Westerreich; Westrasia; Westreich. *Westrich (Le).*
Weutrei; Weutrey; Weutri. *Vitrey.*
Wevra; Wevre (la). *Voivre (La)* (Boucq).
Wevre (La). *Voivre (La)* (Glonville).
Wevria. *Voivre (La)* (Boucq).
Wevrotte (La). *Voivrottes (Les).*
Weyer; Weyher. *Voyer.*
Weyvre (La). *Voivre (La)* (Glonville).
Wezen. *Grand-Vezin.*
Wibersweiller. *Vibersviller.*
Wich; Wiche. *Vic-sur-Seille.*
Wicthonville. *Vittonville.*
Widersdorff; Widerstorff; Widirgoldesdorff. *Vergaville.*
Widranges; Widrengen. *Videlange.*
Wiëberweiller. *Vibersviller.*
Wiethonville. *Vittonville.*
Wietry. *Vitrey.*
Wihoth. *Vého.*
Wihuviller. *Jolivet.*
Wildesbeg; Wildesbem. *Vilsberg.*
Willardesdorff. *Albestroff.*
Wille. *Ville-au-Val.*
Wilre; Wilre proche Saint-Quirin. *Courtegain.*
Wilschberg; Wilsperg. *Vilsberg.*
Wintersberg; Winterssberg. *Vintersbourg.*
Wintremont; Wintremunt. *Vintremont.*
Wircourt; Wirecort; Wirecourt; Wiricort; Wiricurt. *Virecourt.*
Wirmange; Wirmangen; Wirmanges; Wirmenges; Wirmingen; Wirmyngen. *Virming.*
Wirstein. *Veyerstein.*
Wis; Wissa; Wisse; Wiss in Vred. *Vuisse.*
Witerboch; Witersberg; Witersburg. *Vittersbourg.*

Withonville; Witonisvilla; Witonville. *Vittonville.*
Witremont. *Vintremont.*
Witrey. *Vitrey.*
Wittersberg. *Vittersbourg.*
Wittrengen. *Videlange.*
Woidani mons; Woidemont. *Vaudémont.*
Woldesinguesilla (Prædium), 965 (H. L. I. c. 372). — Voldesinges villa, 1137 (coll. Moreau, t. LVII, f° 98). Ce lieu est mentionné dans des chartes pour l'abbaye de Bouxières.
Wuestrich. *Westrich (Le).*
Wultreyum. *Vitrey.*
Wurmenges; Wurmingen; Wurmyngen. *Virming.*
Wuterei; Wutrei; Wutrey. *Vitrey.*
Wyberswiller. *Vibersviller.*
Wydeimont. *Vaudémont.*
Wyethonville. *Vittonville.*
Wyhuviller. *Jolivet.*
Wylsperch. *Vilsberg.*
Wyrecourt; Wyricuria. *Virecourt.*
Wysse. *Vuisse.*
Wytonville. *Vittonville.*

X

Xame; Xames; Xames-lès-Thiaucourt. *Xammes.*
XAMMES. *Fiquépré*, pré qui était tenu par le curé à charge de fournir les hosties. *Fosse-d'Enfer (La). Justice (Chemin de la). Gorze. Rupt (Le). Scarponais (Le). Thiaucourt.*
XANDEY. *Arracourt. Lunéville. Ommerey (Ruisseau d'). Vic.*
Xaouilley. *Chaouilley.*
Xarmaménil; Xarmanmengny; Xarmanmesnil; Xarmanmesny. *Xarmaménil.*
Xarpaigne; Xarpanes; Xarpenne. *Scarpone.*
Xarquezange. *Xouaxange.*
Xaulru. *Saulrupt (Le).*
Xauxerate. *Saulcerotte.*
Xauxures. *Saulxures-lez-Vannes.*
Xeon. *Xon.*
XERMAMÉNIL. *Borde (Chemin de la). Lunéville. Méharménil. Poteau (Chemin du). Sainte-Anne.*
Xermamesny; Xermanmesnil. *Xarmaménil.*
Xerocourt. *Xirocourt.*
Xerpagnes; Xerpaigne; Xerpainne; Xerpanne. *Scarpone.*

Xeuaquesange. *Xouaxange.*
Xeuillet. *Xeuilley.*
XEUILLEY. *Athenay (L'). Comte (Chemin du). Ferrée (Chemin). Lacée. Madon (Le). Maizières-lez-Toul. Outre-Moselle. Pulligny. Saintois (Le). Vaudémont. Vézelise.*
Xeully. *Xeuilley.*
Xewocourt. *Xocourt.*
Xexey. *Sexey-aux-Forges.*
Xexey; Xexey-au-Bois. *Sexey-les-Bois.*
Xey-aux-Forges. *Sexey-aux-Forges.*
XIROCOURT. *Ferrée (Chemin). Haroué. Madon (Le). Nancy. Saintois (Le). Secrettes (Les). Sensart (En-). Vézelise.*
Xirocourt-suz-Madon. *Xirocourt.*
Xirzange. *Xirxange.*
Xixon. *Xon.*
Xlexevoye. *Chaoué.*
XOCOURT. *Aine (L'). Delme. Vic.*
Xofontaine. *Chaufontaine.*
Xordaille. *Xoudailles.*
Xouagsange; Xouaquesanges. *Xouaxange.*
XOUAXANGE. *Étang (Ruisseau de l'). Lorquin. Pré-des-Saints (Chemin du). Réchicourt-le-Château. Sarrebourg. Vic.*
Xouces. *Xousse.*
Xoudaye; Xourdaille; Xourdelle. *Xoudailles.*
Xouse. *Xousse.*
XOUSSE. *Amis (Ruisseau des). Blâmont. Einville. Hermaménil (Forêt d'). Lajus (Chemin du Pont-). Leintrey. Marsal. Remiremont. Thille. Vic.*
Xousses. *Xousse.*
Xowolcourt. *Xocourt.*
Xulley. *Xeuilley.*
Xuræ; Xure. *Xures.*
XURES. *Bourdonnaye. Grave (Ruisseau de l'Étang de). Poulot (Le). Sanon (Le). Vic.*
Xuylleyum. *Xeuilley.*

Y

Ybegney. *Ibigny.*
Ygneis. *Igney.*
Ymbermesnil. *Emberménil.*
Ymelingen. *Imling.*
Ysenbartzmüle (Molendinum de), xv° s° (obituaire de la coll. de Sarrebourg, f° 72). Ce moulin paraît avoir été situé dans le voisinage d'Hilbesheim.
Yseravle. *Azerailles.*

TABLE DES FORMES ANCIENNES.

Z

Zarbelin. *Zarbeling.*
ZARBELING. Banvoie. Conthil. Corvée (*Chemin de la Grande-*). Dieuze. Morhange. Morts (*Chemin des*).
Zernuni fluvius. *Sanon* (*Le*).

Zielingen. *Zilling.*
ZILLING. *Petite-Pierre* (*La*). *Phalsbourg.*
Zillingen. *Zilling.*
ZOMMANGE. *Alteville. Dieuze. Verbach* (*Le*).
ZORN (LA). *Bembach. Darenbach. Ehrinbach. Faersbach. Hesselbrounn-Graben. Mederatt-Mühl. Sparsbrod* (*Ruisseau de*). *Valtembourg* (*Ruisseau de*). *Zintzel* (*Le*).
Zotzeling. *Sotzeling.*
Zuaquesanges. *Xouaxange.*
Zuccelenges ; Zucelanges ; Zucelenges ; Zutzeling ; Zuzelinga. *Sotzeling.*

ADDITIONS.

RENVOIS À QUELQUES FORMES ANCIENNES NON INDIQUÉES DANS LE CORPS DU DICTIONNAIRE, ET AJOUTÉES À LA TABLE.

Abaucourt. — Voy. *Abacort.*
Aboncourt-en-Vosge. — Voy. *Auboncuria.*
Affracourt. — Voy. *Auffroicuria.*
Agincourt. — Voy. *Engincuria.*
Aingeray. — Voy. *Angereyum, Engereyum.*
Aître (L') (Arnaville). — Voy. *Laittre.*
Allain-aux-Bœufs. — Voy. *Alanum aux Beufs, Aleyn, Alumpnum.*
Allamps. — Voy. *Allomp.*
Amance. — Voy. *Almance.*
Amelécourt. — Voy. *Amblecourt.*
Amezule (L'). — Voy. *Mezule* (*La*).
Andilly. — Voy. *Andeliacum.*
Ansauville. — Voy. *Ansonvilla, Aussonvilla.*
Anthelupt. — Voy. *Anchelus, Antelou, Anthelou, Hantelus.*
Art-sur-Meurthe. — Voy. *Arca.*
Autrey. — Voy. *Altercium, Aultreyum.*
Azerailles. — Voy. *Esserale, Euserale.*
Badonviller. — Voy. *Badenvillare, Badonvilare.*
Bagneux. — Voy. *Bagneulz, Bagnoliæ.*
Bainville-aux-Miroirs. — Voy. *Bainvilla supra Mozellam.*
Bainville-sur-Madon. — Voy. *Bainvilla supra Madonam, Bainvilla supra Madonem.*
Barbas. — Voy. *Berbaix.*
Barisey-au-Plain et Barisey-la-Côte. — Voy. *Bariseyum.*

Beaurepaire. — Voy. *Belrepaire.*
Belleville. — Voy. *Pulcravilla.*
Bénestroff. — Voy. *Banestorff, Bennestorff.*
Benney. — Voy. *Barneyum.*
Bernécourt. — Voy. *Brenaincuria, Brenecuria.*
Bicqueley. — Voy. *Biquilleyum, Buquilleyum.*
Bléhors. — Voy. *Blehoirs.*
Blénod-lez-Pont-à-Mousson. — Voy. *Blenno, Blenodium ante Pontem.*
Bosserville. — Voy. *Bourcellula, Boxcvilla.*
Bouconville. — Voy. *Bouquonville.*
Bouvron. — Voy. *Bouveronnum.*
Bouxières-aux-Chênes. — Voy. *Bouxeriæ, Bouxeria ad Quercum, Grandes-Buxières* (*Les*).
Bouxières-aux-Dames. — Voy. *Bouxeriæ, Bouxeriæ ad Moniales, Buxerium ad Dominas.*
Bouzanville. — Voy. *Bousainvilla, Boussonvilla.*
Bouzule (La). — Voy. *Basiola, Bouxerieulles.*
Brouville. — Voy. *Brovilla.*
Bruley. — Voy. *Bruley-les-Nonnes, Bruleyum.*
Buissoncourt. — Voy. *Bussoncuria.*
Burthecourt-aux-Chênes. — Voy. *Bertrecuria.*

Ceintrey. — Voy. *Cinterey, Saintreyum, Saintterey.*
Cercueil. — Voy. *Cercuel, Sercofagus, Sercuer subtus Amantiam, Sertilluel.*
Chaligny. — Voy. *Chaligneyum.*
Champenoux. — Voy. *Campus penosus.*
Champigneules. — Voy. *Champignoliæ, Champignolliæ.*
Chapelle (La). — Voy. *Cappolla.*
Charmes-la-Côte. — Voy. *Charma.*
Château-Voué. — Voy. *Chaistel-voiet, Chaistel-woweit.*
Chaudeney. — Voy. *Chaudeneyum.*
Choloy. — Voy. *Chaleyum, Choleyum.*
Clérey. — Voy. *Clarcyum.*
Colombey. — Voy. *Columbey, Columbeyum.*
Commercy. — Voy. *Commarceyum.*
Couloir (Le). — Voy. *Coulleux* (*Le*).
Courcelles. — Voy. *Courcellæ.*
Couvay. — Voy. *Escovas.*
Crantenoy. — Voy. *Crantencyum, Crantenol, Grantheno.*
Crayère (La). — Voy. *Croyère* (*La*).
Crépey. — Voy. *Crippeyum, Crypeyum.*
Crévéchamps. — Voy. *Creveschamp, Curvuscampus.*
Crévic. — Voy. *Corvivum, Crevivc.*
Crézilles. — Voy. *Cresiliæ, Crezilia, Grezoliæ.*
Croismare. — Voy. *Haudonvillare.*
Cuite-Fève. — Voy. *Cuidefebve, Cuyttefebve, Saint-Jean-cuyt-de-febvre.*

TABLE DES FORMES ANCIENNES.

Damelevières. — Voy. *Domna Libaria*, *Domna Liberia*.

Déhainville. — Voy. *Dainvilla*. (Cette dénomination s'applique plutôt à l'une des paroisses de Deuxville, qui s'appelait Deuxville-Notre-Dame.)

Delme. — Voy. *Desme*.

Deuxville. — Voy. ci-dessus *Déhainville*.

Diarville. — Voy. *Diarvilla*, *Dyarvilla*.

Dombasle. — Voy. *Dombaile*, *Domnusbasalus*, *Dompbaisle*, *Dompnus Basolus*.

Dommartemont. — Voy. *Dompni Martini mons*.

Donnelay. — Voy. *Domeley*.

Drouville. — Voy. *Drovilla*.

Einvaux. — Voy. *Einvuraulz*.

Einville. — Voy. *Einvilla*, *Gevilla*.

Essey-et-Maizerais. — Voy. *Esseyum in Vepria*, *Esseyum in Vippria*.

Essey-lez-Nancy. — Voy. *Esceyum ante Nanceyum*, *Esseyum*, *Esseyum ante Nanceyum*.

Éverbois. — Voy. *Evereboch*.

Facq. — Voy. *Fac*, *Facque*.

Fécocourt. — Voy. *Fecocuria*, *Fouconcuria*.

Fenneviller. — Voy. *Fugneviller*, *Fugnevillers*, *Fugnevillier*.

Ferrières. — Voy. *Farcriæ*, *Farreriæ*.

Fey-en-Haye. — Voy. *Fays*, *Fays-le-Grand*.

Flirey. — Voy. *Floreyum*, *Floreyum*.

Forcelles-Saint-Gorgon. — Voy. *Forcellæ Sancti Gorgonii*.

Forcelles-sous-Gugney. — Voy. *Forcellæ*.

Fraisnes-en-Saintois. — Voy. *Franeilz*.

Fréhaut. — Voy. *Frouvaulx*, *Frowault*.

Frémonville. — Voy. *Fremeircvilla*, *Fremonvilla*.

Frolois. — Voy. *Accrougniæ*.

Frouard. — Voy. *Frowardum*.

Gémonville. — Voy. *Simonvilla*.

Gerbécourt-et-Haplemont. — Voy. *Gibercuria*, *Girbercuria*.

Gerbéviller. — Voy. *Gerbertivillare*, *Gibertivillare*.

Gezoncourt. — Voy. *Gesoncuria*, *Gisoncuria*.

Giriviller. — Voy. *Gerivillers*.

Glonville. — Voy. *Dillonvilla*.

Grimonviller. — Voy. *Grimonvillare*.

Gros-Rouvre. — Voy. *Grossum robur*.

Haut-de-Rieupt. — Voy. *Ruiel*.

Hellering. — Voy. *Weltringen*.

Lay-Saint-Christophe. — Voy. *Larey*.

Lironville. — Voy. *Relonville*.

Lixières. — Voy. *Lezeires-desouz-Toulon*.

Loisy. — Voy. *Losey*.

Pont-Saint-Vincent. — Voy. *Compflans*.

Saint-Epvre (Deuxville). — Voy. *Domnus Aper*.

Saint-Jean ou Saint-Jean-du-Vieil-Aitre. — Voy. *Vetusatrium*.

Vennezey. — Voy. *Vestigneyum*.

www.ingramcontent.com/pod-product-compliance
Lightning Source LLC
Chambersburg PA
CBHW061955180426
43198CB00036B/1192